山钢年鉴

SD STEEL YEAR BOOK

2016

《山钢年鉴》编纂委员会　编

冶 金 工 业 出 版 社

图书在版编目(CIP)数据

山钢年鉴.2016/《山钢年鉴》编纂委员会编.—北京：冶金工业出版社，2017.2

ISBN 978-7-5024-7462-1

Ⅰ.①山… Ⅱ.①山… Ⅲ.①钢铁厂—山东—2016—年鉴 Ⅳ.①F426.31-54

中国版本图书馆 CIP 数据核字(2017)第 033459 号

出 版 人 谭学余

地　　址 北京市东城区嵩祝院北巷 39 号 邮编 100009 电话 (010)64027926

网　　址 www.cnmip.com.cn 电子信箱 yjcbs@cnmip.com.cn

责任编辑 李 臻 美术编辑 彭子赫 版式设计 孙跃红

责任校对 王永欣 责任印制 牛晓波

ISBN 978-7-5024-7462-1

冶金工业出版社出版发行；各地新华书店经销；固安华明印业有限公司印刷

2017 年 2 月第 1 版，2017 年 2 月第 1 次印刷

787mm×1092mm 1/16；34.75 印张；8 彩页；843 千字；540 页

199.00 元

冶金工业出版社 投稿电话 (010)64027932 投稿信箱 tougao@cnmip.com.cn

冶金工业出版社营销中心 电话 (010)64044283 传真 (010)64027893

冶金书店 地址 北京市东四西大街 46 号(100010) 电话 (010)65289081(兼传真)

冶金工业出版社天猫旗舰店 yjgycbs.tmall.com

(本书如有印装质量问题，本社营销中心负责退换)

《山钢年鉴》编纂委员会

主　　任　侯　军

常务副主任　陶登奎

副 主 任　陈向阳　毕志超　苏　斌　罗登武　田克宁

　　　　　张俊芳　刘德华　董立志　万鲁愚　张相军

委　　员　(以姓氏笔画为序)

　　　　　马光亭　王向东　王景洲　王广云　卢彤书

　　　　　付　博　吕正平　刘　伟　刘　军　刘圣刚

　　　　　刘远清　朱玉廷　李自然　张省军　陈明玉

　　　　　罗文军　贺　强　姚　斌　杨再昌

《山钢年鉴》(2016)

主　　审　万鲁愚

主　　编　李自然

副 主 编　封常福　张海明　于　华

责任编辑　张海明　于　华　吴玉峰　胡　玉　王凤智

　　　　　卢建刚　李海新　徐继山　李宪华　朱向前

　　　　　邹　红　赵伟田　王　喆　李　辉　刘振海

　　　　　叶　华

特约审稿　田玉山　董保树

主要摄影　朱向前

英文翻译　郑　玮　宋琳达

编辑说明

《山钢年鉴》是山东钢铁集团有限公司（简称山钢集团或集团公司）主办的综合性年刊，主要记录山钢集团及各权属单位重点工作，展现改革发展的重要成果，反映各方面的新进展、新情况、新经验。本部年鉴是山钢集团成立以来的第7部年鉴，与《山钢年鉴》（2015）相衔接。标期为出版年份。

本卷收录2015年发生在山钢集团的大事要闻，有些资料适当上溯或下延。卷首刊载了反映山钢集团重大事件、重要工作、特色产品的彩色图片。全卷设特载、概况、专论专文、大事记、机构与人事、战略合作与交流、专业管理、党群工作、山钢股份、权属单位、统计资料、荣誉、附录，共13个栏目，全面展现山钢集团按照中共山东省委、山东省人民政府确定的"资产重组、淘汰落后、调整布局、提升档次"的指导方针，推进"聚焦发展，精益运营"的发展战略，构建"1+4+N"的产业格局，努力建设现代化的、具有国际竞争力的绿色钢铁产业集团的发展历程。

全卷框架结构及内容经集团公司领导审阅，稿件由山钢集团各单位、各直属机构及机关各部门提供，部分稿件由编纂委员会办公室撰写，均经单位主要负责人审阅。主要数据资料由规划部、财务部、企业管理部、人力资源部提供并审阅，机构与人事部分由企业管理部、党委组织部、人力资源部提供并审阅，主要图片资料由党群工作部、山东钢铁报社提供并审阅。

全卷的编辑出版，得到了各级领导及各单位、各部门的大力支持和帮助，山钢股份济南分公司、莱芜分公司和莱钢集团派员帮助审稿，在此谨表诚挚谢意。由于时间较紧，加之水平所限，纰漏与不足在所难免，恳请读者批评指正。

《山钢年鉴》编纂委员会

2016年12月

2015 年 1 月 15 日，中共山东省委副书记、省长郭树清（左四）到山钢股份莱芜分公司型钢厂视察安全生产工作

2015 年 9 月 1 日，中共山东省委副书记龚正（右一）一行到莱钢和山钢股份莱芜分公司调研

2015 年 5 月 18 日，中共山东省委常委、济南市委书记王文涛（左三）在济南市委常委、副市长苏树伟，市委常委、秘书长杨峰陪同下到山钢股份济南分公司调研

2015 年 6 月 25 日，山东省副省长赵润田（右一）到莱钢新疆公司调研，看望慰问坚持生产的干部职工

2015 年 2 月 12 日，山东省国资委主任、党委书记张新文到集团公司调研

2015 年 6 月 2 日，省国资委召开山钢集团经营绩效综合评价启动会议

2015 年 4 月 24 日，集团公司召开发展战略推进暨一季度经营绩效分析会议

2015 年 7 月 22 日，集团公司召开上半年经营绩效分析（扩大）会议

2015 年 10 月 15 日，集团公司召开三季度工作座谈会

2015 年 11 月 23 日，山钢集团、山东省冶金工业总公司领导干部会议在集团公司总部召开，宣布省委调整山钢集团、省冶金工业总公司领导班子的决定。山东省副省长王书坚（左四），省政府副秘书长齐涛，省委组织部副部长时培伟，省国资委主任、党委书记张新文出席

2015年12月5日，集团公司召开改革发展工作调度会

2015年12月1日，集团公司董事长、党委书记侯军，总经理、副董事长、党委副书记陶登奎等领导到山钢股份莱芜分公司调研

2015年11月30日，集团公司董事长、党委书记侯军，总经理、副董事长、党委副书记陶登奎到山钢股份济南分公司调研

2015 年 12 月 3 日，集团公司董事长、党委书记侯军会见到访的建设银行山东省分行客人

2015 年 12 月 4 日，集团公司董事长、党委书记侯军会见到访的民生银行济南分公司客人

2015年3月23日至28日，集团公司董事长任浩率团到塞拉利昂考察，与塞拉利昂总统科罗马（右）会谈

2015年5月6日，集团公司唐克里里铁矿项目复产仪式在塞拉利昂首都弗里敦举行。塞拉利昂总统科罗马（左二）出席并讲话，中国驻塞拉利昂大使赵彦博（右二）出席仪式

2015年6月8日，集团公司领导会见澳大利亚铁之路有限公司客人

2015年5月12日，集团公司召开钢材出口工作座谈会

2015 年 1 月 16 日，日照钢铁精品基地主体工程合同签约暨项目建设推进会在日照市举行，集团公司与中国重型机械研究院股份公司等 7 家代表单位签署合同

2015 年 9 月 16 日，日照钢铁精品基地主体工程全面施工誓师大会暨炼铁总承包单位进场仪式在高炉施工现场举行

2015 年 11 月 17 日，日照钢铁精品基地 1 号 5100 立方米高炉、热风炉基槽挖下第一铲

2015年6月29日，集团公司党委召开庆“七一”表彰大会，庆祝中国共产党成立94周年，表彰党内先进集体和个人

2015年5月5日，集团公司召开党委会暨理论中心组学习会

2015年5月18日，集团公司党委、省冶金工业总公司党组在集团公司总部办公楼举办“三严三实”专题教育党课，对“三严三实”专题教育进行动员部署

2015年11月17日，集团公司党委举行省管企业学习贯彻党的十八届五中全会精神宣讲报告会。省管企业学习贯彻党的十八届五中全会精神宣讲团成员，省国资委党委委员、副主任邵泽武主讲

2015年11月10日，集团公司召开道德模范座谈会，表彰获得“第三届省管企业道德模范”和“第三届山钢集团道德模范”称号的职工

2015年6月24日，山钢集团微信公众号“厚道山钢”正式上线

2015 年 2 月 10 日，集团公司董事长、党委书记任浩，总经理、副董事长、党委副书记陈启祥到相关单位走访慰问老干部、老党员、老模范、生活困难党员和职工

2015 年 9 月 16 日，集团公司向德州市庆云县捐赠精准扶贫资金 100 万元

2015 年 7 月 26 日，山钢股份济南分公司团委组织开展“快乐工作、幸福生活”职工家属到厂参观活动

2015 年 6 月 1 日，山钢股份莱芜分公司职工网上图书馆正式上线运行

2015 年 7 月 30 日，山钢股份济南分公司宽厚板厂嘉奖 4 名技术状元，每人奖励 1 辆电动自行车

2015 年 3 月 28 日，莱钢集团、山钢股份莱芜分公司联合主办“第三届文化体育节”职工健身行动暨单车行活动

2015 年 6 月 26 日，张钢举办“青春好声音”歌手大赛

济钢重视离退休干部职工工作，使老同志老有所养、老有所乐、安享晚年

山东耐材举办职工运动会

金岭铁矿新疆喀什球团公司少数民族女职工与汉族女职工以跳绳活动迎接国际妇女节

莱芜分公司生产区

济南分公司生产区

张钢生产区

日照钢铁精品基地施工现场

金岭铁矿生产区

张钢房地产项目

山东工业职业学院校区

目　录

特　载

概　况

专论专文

大事记

机构与人事

战略合作与交流

专业管理

党群工作

山钢股份

权属单位

统计资料

荣　誉

附　录

Contents

Special Issue

General Situation

Monograph

Chronicle of Events

Organization and Personnel

Strategic Cooperation and Exchange

Professional Management

Party-Masses Work

Shandong Steel Corporation

Secondary Units

Statistical Data

Honor

Appendixes

山钢年鉴 2016

山钢集团
SD STEEL

特载

山钢文化

核心理念

山钢使命：

为客户提供满意的产品和服务

郭树清到莱芜分公司视察安全环保工作

1月15日，中共山东省委副书记、省长郭树清在省政府秘书长蒿峰，省直有关部门负责人和莱芜市领导陪同下到山钢股份莱芜分公司型钢厂视察安全环保工作。集团公司董事长、党委书记任浩，莱钢集团董事长、党委书记、总经理田克宁，山钢股份莱芜分公司总经理、党委书记罗登武及型钢厂负责人向郭树清汇报了有关情况。郭树清详细了解了企业生产经营、安全生产方面的隐患排查治理、应急预案制定及应急演练等情况。他要求，要牢固树立以人为本、安全发展的理念，强化红线意识和底线思维。要全面落实企业主体责任，从源头抓起，扎实开展安全隐患大排查大整治，加强企业职工安全知识、安全技能培训，开展经常性的应急演练，不断提高应急处置能力。要始终把职工生命安全放在第一位，绷紧安全生产这根弦，决不能有丝毫放松。郭树清对莱芜分公司在经营面临重大困难情况下仍加大环保投入，确保环保达标表示满意。他强调，要切实增强危机意识和机遇意识，更多引进利用先进技术推进节能减排，大力发展循环经济，努力实现环保和发展双赢。他特别叮嘱，在当前钢铁行业十分困难的严峻形势下，要坚定信心、扎实工作，大力开拓市场，搞好生产经营，尽快使企业走出困境。

日照钢铁精品基地主体工程签约

1月16日，日照钢铁精品基地主体工程签约仪式暨项目推进会在日照市举行，集团公司董事长、党委书记任浩参加签约仪式并致辞，中共日照市委书记、市人大常委会主任杨军参加有关活动，日照市委常委、常务副市长钱焕涛致辞，集团公司董事、副总经理，日照公司执行董事、总经理、党委书记陈向阳介绍日照钢铁精品基地进展情况并与中国重型机械研究院股份公司等7家代表单位签署合同。

集团公司董事长、党委书记任浩在致辞中说，承载着国家和省委、省政府的高度信任，在日照市委、市政府及全市人民的关心支持，参与建设的各合作单位的鼎力相助下，日照钢铁精品基地项目的前期准备工作取得了重大阶段性成果，一个具有世界先进水平的高端精品钢铁生产系统即将建成，日照钢铁精品基地项目必将搭建起我省钢铁产业结构调整、转型

陈向阳与日本三菱电机产业系统株式会社签署合作协议

升级的重要平台，为全省和日照市经济社会发展注入新的强劲动力。山钢集团将勇担建设重任，秉承“共创、共进、共赢”理念，做开明甲方，一如既往与驻地各级党委、政府和参建单位竭诚合作，尽快把宏伟蓝图化为美好现实。

集团公司副总经理，日照公司执行董事、总经理、党委书记陈向阳在介绍项目进展情况时说，日照公司将以主体工程签约为契机，团结配合各参建方，保安全、保质量、保工期、控成本，全面提升管理水平，在建设过程中固化前期形成的优秀成果，为项目建成后竞争力的形成创造先决条件。牢固树立环保理念，坚定不移推进项目环保建设，与日照人民共同守护蓝天、白云、金沙滩；积极配合各级政府招引配套产业落户日照，并尽最大努力照顾当地百姓的利益。

日照钢铁精品基地项目获批后，日照公司联合国内外专业机构和工程技术人员对可研报告先后进行了25次大规模论证，组织技术交流、方案优化1200余次，选用89项全球首创、国内首创、前沿成熟技术，形成了1000余项自主创新项目。

张新文到集团公司调研

2月12日，山东省国资委主任、党委书记张新文到集团公司调研，表示将设身处地为企业解决实际困难。集团公司董事长、党委书记任浩，总经理、副董事长陈启祥分别汇报了集团公司改革发展及生产经营等情况。

任浩从积极推进集团化运营、稳妥推进生产经营、深入开展转型提升活动、有序推进日照钢铁精品基地建设以及企业中长期发展战略等几个方面汇报了集团公司改革发展的有关情况，陈启祥着重介绍了目前钢铁市场形势、企业生产经营状况以及日照钢铁精品基地建设等情况。

张新文在讲话中指出，去年山钢集团领导班子和广大干部职工积极努力，做了大量工作，取得了很好的成效，只要沿着正确的路线坚持不懈走下去，加大各项工作力度，山钢集团一定能战胜各种困难。

张新文表示，省国资委是国有资产出资人代表，注重监管，更突出服务。企业有困难，省国资委就要当成自己的困难，设身处地为企业解决实际困难，帮助困难企业脱困，战胜经济危机带来的困难。把国有企业做活、做好、做强是大家共同的责任。

张新文强调，在经济形势不好的情况下，困难企业更要坚定信心，形成合力。要研究党委如何在企业脱困中起到领导核心作用，怎么在企业脱困中起到保证作用，形成坚强有力的领导核心，让大家看到走出困境的希望。要改革创新，系统设计，重点突破。改革创新是困难企业脱困的不二法则，不改革，顺着原先的思路走，就很难突破。对大的改革，要精心设计，精心组织。进行大的改革会遇到大困难，但是如果力度不大、步子不大，看起来似乎比较平稳，实际上蕴藏着危机。要谋划长远，分步实施，山钢集团的战略规划要兼顾当前和未来，合理定位，既要立足现实又要有革命性的、创造性的举措。要有干事创业、勇于取胜的精神，有我在功必能成、我在功必可成的决心，不回避问题和矛盾。

在谈到日照钢铁精品基地项目建设时，张新文说，核心问题是要加快推进，对于需要省国资委审批、办理的事项，要简化审批流程，加快办理；对于需要召开现场会的，可以请省领导现场办公。

集团公司副董事长、党委副书记崔聚荣，董事毕志超，副总经理陶登奎，党委副书记、纪委书记苏斌，财务总监王思军，总法律顾问张家新，总经理助理万鲁愚、张相军及相关部门负责人参加调研座谈，省国资委派驻监事张建斌、史德仁列席调研座谈会。

集团公司完全控股唐克里里铁矿

4月16日，集团公司在香港通过公开竞标，分别收购唐克里里铁矿（塞拉利昂）有限公司100%的股权、唐克里里铁矿贸易有限公司100%的股权、非洲铁路与港口（塞拉利昂）服务公司90%的股权，并于当日按照法定程序完成股东变更登记手续。被收购的两家公司是位于塞拉利昂的唐克里里铁矿项目75%股权的持有者。至此，集团公司完全拥有唐克里里铁矿项目。

唐克里里铁矿项目资源储量136亿吨，拥有自成体系的矿山、铁路、港口与电力系统，形成每年2000万吨的产能。2012年3月30日，集团公司投资15亿美元获得项目25%股权，3年累计采购2000万吨以上的项目产品，为集团公司钢铁主业降本增效作出了积极的贡献。

唐克里里铁矿项目复产仪式在塞拉利昂举行

5月6日，集团公司唐克里里铁矿项目复产仪式在塞拉利昂首都弗里敦隆重举行。塞拉利昂总统科罗马出席并讲话，中国驻塞拉利昂大使赵彦博出席仪式，集团公司副董事长崔聚荣致辞。塞拉利昂矿业部、外交部、交通部、农业部、教育部、社会福利部等27位内阁部长，议会议员、协会负责人、部落酋长、社区负责人，中国驻塞拉利昂大使馆官员、中资机构和企业代表，集团公司和唐克里里铁矿项目相关人员共200余人参加仪式。

科罗马在讲话中说，中国人民是塞国人民多年的好兄弟，山钢是塞拉利昂友好的合作伙伴。塞拉利昂在国家喜庆的重大历史时刻欢迎山钢，共同见证由新股东山钢集团启动的唐克里里铁矿项目复产，对最终由山钢获得100%股权深感满意。相信山钢有充足的资金和雄厚的技术，有能力战胜面临的挑战，使唐克里里铁矿项目长期持续发展，通过增加政府收入、增加就业机会、帮助社区等途径给塞拉利昂人民带来利益。山钢会用辛勤的工作在与矿业部达成的框架协议下，与政府分享收益，并保护社区和环境。期待今天的复产仪式揭开未来双方企业和人民友谊的新篇章。

复产仪式现场

赵彦博对塞拉利昂政府、山钢集团使唐克里里项目恢复生产表示热烈祝贺。他说，去年同一时间，埃博拉疫情的爆发，使塞拉利昂经济受到沉重打击，矿产工业亦未能幸免。由于原大股东管理不善，唐克里里铁矿项目被迫关停。紧急关头，山钢集团接管项目并履行了职责义务。赵彦博鼓励山钢克服困难，迎接挑战，最大限度提高生产率，降低生产成本，同时承担社会责任，保护环境并维持可持续发展。希望塞拉利昂政府、人民给予项目和山钢以最大帮助和支持。相信通过山钢的持续努力、双方的诚挚合作，项目将使双方共同受益。作为塞拉利昂最好的朋友，中国将与塞拉利昂人民和政府站在一起，持续提供支持，帮助恢复经济发展。

崔聚荣代表集团公司感谢科罗马总统和塞国政府对项目复产给予的真诚关心和巨大支持。他说，山钢就像爱护自己的眼睛一样爱护唐克里里项目，将以价值最大化为目标，按照国际化经营思路促成项目尽快恢复生产和后续工程建设开发。当前，国际铁矿石价格断崖式下跌，唐克里里铁矿竞争力没有明显优势，山钢面临的困难和挑战十分巨大。但有塞国政府和人民的坚定支持，有全体员工的共同努力，矿山一定会有光明的未来。希望承包商、供应商、服务商同舟共济、共渡难关，在困境中合作，在合作中生存，在生存中发展。山钢将秉承“共创、共进、共赢”的核心价值观，以优秀的团队、过硬的技术、科学的管理、系统的规划为保障，全力运营好项目，为塞拉利昂经济社会发展作出贡献。

这次复产仪式是继3月下旬，集团公司董事长任浩应塞拉利昂政府邀请赴塞协商推动项目公司股权重组、4月中旬成功控股项目公司后，集团公司连续做出的重要工作安排。在塞拉利昂期间，崔聚荣拜会了科罗马总统并就项目公司运营发展进行了深入沟通，到中国驻塞拉利昂大使馆拜会赵彦博大使并汇报了项目公司未来的运作构想，听取大使的指导意见。深入唐克里里矿山、铁路沿线和佩佩尔港考察，在矿山和港口举行了中国国旗、塞拉利昂国旗和山钢旗帜升旗仪式，宣示权利，提振信心，凝聚力量；多次召开内部会议，明确了相关人员职责和考核要求，对项目公司下一步重点工作进行了详细安排，力争全面实现早日出矿的目标，为集团公司发展、为塞拉利昂经济振兴作出贡献。

集团公司党委、省冶金工业总公司党组启动“三严三实”专题教育

5月18日，集团公司党委、省冶金工业总公司党组在集团公司总部办公楼举办“三严三实”专题教育党课，正式启动“三严三实”专题教育。集团公司党委书记、省冶金工业总公司党组书记任浩为集团公司和省冶金工业总公司各级党员领导干部讲专题党课，并对“三严三实”专题教育进行动员部署。他强调，要通过专题教育，进一步提升领导干部素质和水平，进一步树立各级领导干部在广大职工中的新形象，凝聚起强大正能量，推动集团公司改革发展和生产经营各项目标的实现，推进集团公司健康发展。

会议由集团公司党委副书记崔聚荣主持，党委委员陈向阳、毕志超等，省冶金工业总公司总经理助理尹国林出席。

任浩指出，要清晰认识习近平总书记提出并阐述的“三严三实”的深远意义，深刻理解、准确把握其丰富内涵。“三严三实”言简意赅而又精辟深刻，是党员干部的修身之本、为政之道、成事之要，是党员干部的思想和行为准则，是对马克思主义党建理论的丰富发展，进一步回答新的历史条件下加强党的建设的关键问题。“三严三实”体现了共产党人的价值追求和政治品格，具有丰富的科学背景，为加强新形势下党的思想政治建设和作风建设提供了重要遵循。

任浩要求，立足山钢和冶金工业总公司改革发展与干部队伍建设实际，自觉对照“三严三实”要求，着力发现和解决思想、作风上不严不实的突出问题。从山钢集团和冶金工业总公司总体情况来看，这几年作风建设的成效有目共睹，尤其是党的群众路线教育活动开展以来，作风建设的一些突出问题，特别是“四风”问题得到有效遏制，党员干部作风建设的主流是好的。但是，“四风”问题具有反复性，用“三严三实”这个高标准、严尺度来衡量，还存在不少值得重视的问题，涉及信仰信念、党性修养、权力行使、纪律规矩、做人做事等方方面面。这些问题在各单位、各部门、各级干部中都不同程度的存在，有些问题还比较突出。

当前，集团公司正处在由大到强战略性转变和扭亏增盈的关键时期，实施中长期发展战略的新的创业已经启动，改革、发展、稳定的任务异常艰巨繁重。贯彻落实好省国资委的目标要求，还面临不少困难、挑战，需要全公司各级领导干部进一步提高能力水平，以更严的精神、更实的作风做好各项工作。各级领导干部要带头践行“三严三实”要求，在改造主观世界，严守政治纪律、政治规矩，秉公用权、清廉用权，谋事创业、勇于担当上树标杆做表率，凝聚起推进企业改革发展的正能量。扎实开展“三严三实”专题教育，努力打造“三严三实”干部队伍。

任浩指出，深刻认识开展专题教育的意义，明确工作的总体要求。坚持从严从实，优化政治生态；坚持问题导向，解决突出问题；坚持领导带头，注重以上率下；坚持制度治党，建立长效机制；坚持融入中心，全面深化改革。

严格专题教育的步骤措施，尤其做好关键动作。以高质量的专题党课开局起步；

“三严三实”专题教育党课现场

以深入的专题学习研讨启发自觉；以高标准的专题民主生活会和组织生活会锤炼增强党性；以严格的整改落实和立规执纪巩固深化。

切实加强组织领导，确保专题教育取得成效。有关部门要各司其职，分工合作；各级党组织切实担负起领导责任，对专题教育的深入开展、扎实推进和实践成果实际成效负责；建立有效的专题教育评价考核机制。

任浩强调，开展“三严三实”专题教育是一项硬任务，也是一次难得的机遇。我们要通过严密的组织和扎实的工作，使专题教育真正见到实效，进一步巩固和拓展党的群众路线教育实践活动成效，营造守纪律讲规矩、风清气正的良好政治生态，把领导干部的工作热情和进取精神激发出来，把广大干部职工的力量与智慧凝聚起来，坚决打赢扭亏增盈生存保卫战，全面实现企业中长期发展战略，早日把和谐幸福新山钢的梦想变成美好的现实。

崔聚荣在主持时指出，集团公司各级领导干部要认真学习领会专题党课精神，深刻领会中央、省委和集团公司党委、省冶金工业总公司党组的部署要求，切实提高对“三严三实”专题教育重要意义的认识。以务实的作风和精神，保证专题教育工作不空不虚不偏。切实做到两手抓、两促进，用专题教育为企业改革发展提供动力，以改革发展的实际成果检验专题教育效果。各级党委要立即行动，明确责任，职能部门各司其职，共同完成专题教育的各项任务。

专题党课采取视频形式举行，在总部办公的有关单位和各直属机构负责人、总部机关全体党员、省冶金工业总公司有关负责人在主会场参加，各单位党政领导班子成员及有关部门负责人在分会场参加。

王文涛到集团公司调研

5月18日上午，中共山东省委常委、济南市委书记王文涛在济南市委常委、副市长苏树伟，市委常委、秘书长杨峰的陪同下到集团公司进行调研。集团公司总经理、副董事长、党委副书记陈启祥，济钢董事长、党委书记、总经理张俊芳，山钢股份济南分公司总经理、党委书记徐有芳，副总经理薄涛等陪同调研并介绍了有关情况。

王文涛一行先后到济南分公司炼铁厂3200立方米高炉主控室和高炉生产现场、薄板厂、能源管控中心等单位，了解有关生产情况。他仔细询问3200立方米高炉炉料结构、物流运输、生产成本等情况，察看了薄板厂冷轧生产线，听取钢轧生产工艺流程介绍，了解产品结构、工序成本、市场营销等情况。在能源管控中心，王文涛非常关心节能环保现状，就余热余能回收、燃气蒸汽发电、电量并网输送等技术经济指标进行深入了解。

调研过程中，王文涛就企业转型发展与陈启祥等进行了沟通交流，他对集团公司各方面工作所取得的成绩给予充分肯定，对干部职工攻坚克难、勇于进取的拼搏精神表示高度赞赏。陈启祥表示，山钢集团将按照已经确定的2015—2020年发展战略，围绕“运营转型、管理提升”重点工作，坚决做好节能环保等项工作，打赢生存保卫战，为山东省和济南市经济社会发展作出更大贡献。

省国资委启动山钢集团经营绩效综合评价工作

根据省国资委的要求和国资委经营绩效综合评价工作组的安排，山钢集团经营绩效综合评价启动会议于6月2日召开。省国资委企业改革处副处长雷霞，省国资委山钢经营绩效综合评价工作组组长杨振峰和评价工作组成员，集团公司党政领导任浩、陈启祥、毕志超、陶登奎，财务总监王思军，总法律顾问张家新，总经理助理万鲁惠、张相军参加会议，集团公司总经理、副董事长陈启祥主持会议。

雷霞传达省国资委对此次经营绩效综合评价工作的意见和要求，就经营绩效综合评价的重要意义、目的、范围、内容、依据、组织领导和实施步骤作了详细说明，对下一步山钢集团经营绩效综合评价工作提出具体建议。

雷霞在讲话中指出，山钢集团在前段工作中积极主动，组织准备工作比较充分。下一步的主要任务是组织相关单位做好配合工作，全面准确及时地提供相关资料，客观理性地反映情况和问题，确保这次经营绩效综合评价取得圆满成功，同时也为省国资委和其他省管企业开展经营绩效综合评价探索出一条有效模式。

杨振峰在讲话中强调，选择山钢集团等单位开展经营绩效综合评价，是省政府、省国资委的一项重要工作安排和部署，要正确把握综合评价的主要内容、计划安排、工作方式，坚持绩效提升、重要性和系统性、客观公正、内外结合、分层分类等5个原则，与战略实施和规划编制、商业模式创新、内部市场化管理、职工民主评价相结合，强化评价组织协同管理，强化评价过程闭环管理，强化评价团队自律管理，强化评价活动考核管理，确保高质量完成评价工作。

集团公司董事长、党委书记任浩在发言中表示，全力支持省国资委在山钢集团开展经营绩效综合评价工作，全力配合支持专家组的工作，把经营绩效综合评价作为自身查找不足、提高管理水平、提高降本增效能力的一次重要机遇，作为解决山钢发展重大问题的一次重要机遇，作为实现发展突破的一次重要机遇。按照国资委经营绩效评价领导小组的要求，认真抓好整改，做到即知即改、系统整改，尽快取得成效。

任浩强调，全集团要切实提高对经营绩效综合评价的认识，评价过程要坚持查找问题和挖掘典型两手抓。各单位既要对照评价标准，重点查找分析企业经营管理中影响效率效益的薄弱环节和突出问题，强化与先进单位、先进标准对标，找准症结所在，实事求是地向评价工作组反映问题，与评价工作组一起研究问题，找到针对性整改措施。又要深入挖掘在各项管理中涌现出的典型，总结提炼成在全集团推广复制的经验，为进一步提高运营质量和效益水平发挥引领作用。

任浩指出，要通过综合评价进一步推动重点工作的落实。一要推动集团公司发展战略的加快实施。要借助这次经营绩效综合评价的机遇，系统梳理落实集团公司发展战略存在的困难和问题，提出应对之策，提高战略落地的质量和效率。要借助这次经营绩效综合评价的成果，突破一些重大问题，加快集团公司发展战略的实施，加快集团公司结构调整和转型升级的步伐，实现集团确定的战略目标和战略愿景。二要推动“运营转型、管理提升”活动深入开展。重点把握3个要点：一是抓好“精”与“实”。每一项工作都要强调精准考核、精益计划、精细解析、精准操作，让精益成为山钢的文化和特质。二是全员参与，全流程开展。三是管理是重要关节，管理是灵魂。各级领导要发挥导向作用，狠抓落实，坚决杜绝“说说就算了”的现象。要通过这次经营绩效综合评价，综合反映开展“运营转型、管理提升”活动的成果，实事求是地诊断存在的薄弱环节和突出问题，提出解决这些问题的措施。三要与“三严三实”专题教育相结合。各级领导干部要以强烈的担当精神和责任意识，勇于直面矛盾，深入查摆、深刻剖析、深度整改，把经营绩效综合评价成果的落实作为“三严三实”专题教育的重要成果。

任浩要求，要明确工作任务和责任分工，抓好整改措施制定和落实，强化督导检查，做到边评价边整改、边整改边见效，力争6个月取得阶段性成果。

陈启祥提出会议贯彻意见。一是认真学习领会会议精神，提高思想认识。二是全力支持配合经营绩效综合评价工作。三是与正在开展的战略推进、“运营转型、管理提升”活动、扭亏增盈生存保卫战等重点工作紧密结合，对照年初确定的任务目标，主动分析查找深层次原因，挖掘持续改进的潜力，坚定不移地完成全年各项任务目标。

集团公司推进内部市场化运营试点

6月19日，集团公司印发关于推进内部市场化运营工作的通知，决定在全公司范围内以点带面推进内部市场化运营工作，并确定5个内部市场化运营管理试点单位。

内部市场化运营是在企业内部按照市场体系建立模拟市场，引入价格机制、竞争机制和风险机制，并按照外部市场规则进行运作的一种经营管理模式，是基于内部市场的全面预算管理的深化，是企业内部各单位之间形成一种市场契约关系，按照市场交易规则进行自我约束、自我规范、自我发展的一种新的精细化管理方法。既是企业提高经济效益、增强竞争力的一种管理创新，也是企业建立利益分配机制、竞争机制，减少冗余浪费，降低成本，提高效率的必然选择。

按照集团公司的统一部署，具体推进工作分为3个阶段：试点带动阶段（2015年6月至12月底）。集团公司确定山钢股份济南分公司炼铁厂、山钢股份莱芜分公司煤化工实业部、张钢炼钢事业部、金岭矿业侯庄矿、山东耐材鲁耐窑业等5个单位进行内部市场化运营管理试点。全面推行阶段（2015年11月至2016年5月底）。集团公司各单位全面推进内部市场化管理工作，纳入公司重点工作进行督察和考核。总结提升阶段（2016年6月至12月底）。全面总结内部市场化管理推进工作情况，深入分析存在的问题，及时调整工作方法、手段，修订完善相关管理制度，改进、持续提升管理效能，不断完善内部市场化管理工作体系，形成内部市场化运营的长效机制。

赵润田到新疆公司调研

6月25日，山东省副省长赵润田冒雨来到莱钢新疆公司生产一线调研，看望慰问坚持生产的干部职工，详细询问他们在新疆的生产生活情况，鼓励大家坚定信心，拼搏奋进，抢抓机遇，再树援疆典范，为山东省产业援疆工作再立新功。

在炼钢作业区连铸生产线，新疆公司负责人向赵润田一行汇报了生产经营、人员配置和产品销售等情况。

赵润田对新疆公司在产业援疆方面取得的成绩给予充分肯定。他强调，新疆公司要紧紧抓住国家“一带一路”、中巴经济走廊战略实施等重大机遇，用创新思维和改革办法积极稳妥推进钢铁企业转型升级，处理好企业利益和社会稳定的关系。在巩固原有发展的基础上，大力拓展南疆乃至全疆市场；处理好自身优势与政府帮扶的关系，加快产品销售网点向周边国家延伸。

赵润田非常关心新疆公司的维稳工作。他指出，新疆公司在维稳形势严峻的情况下，职工队伍保持了稳定态势，这充分证明新疆公司干部职工队伍是一支团结和谐、综合素质高的优秀团队。他叮嘱大家在艰苦的环境中要保重身体，祝愿大家身体好、心情好、工作好，希望新疆公司加快转型升级，大力开拓市场，提升企业核心竞争力，在新常态下实现新作为，为推动钢铁产业健康、稳定发展再立新功。

张新文慰问山钢抗战老兵

8月28日，山东省国资委主任、党委书记张新文，集团公司董事长、党委书记任浩，总经理、副董事长、党委副书记陈启祥分别看望慰问了济钢抗战老兵王庆林、申洪太。91岁的王庆林11岁就加入儿童团，多次被安排“查路条”、送鸡毛信，之后又参加了青抗团和自卫队，1983年离休。申洪太，1928年出生，1944年5月在山西洪洞县入伍，参加了多次抗击日寇的战斗，1989年离休。看到省国资委和集团公司领导到来，两位老人非常高兴和激动，兴致勃勃地讲述了自己当年的抗战经历。

张新文及集团公司领导看望山钢集团抗战老兵

张新文、任浩、陈启祥关切地询问老人的生活情况，并代表组织转交“中国人民抗日战争胜利70周年纪念章”，送上慰问金。张新文表示，今年是中国人民抗日战争胜利70周年，党和国家没有忘记为抗战胜利作出贡献的功臣们，照顾好他们的生活、确保他们安享晚年是组织的政治责任和重要任务，祝愿他们身体健康。

龚正到莱钢调研

9月1日，中共山东省委副书记龚正一行到莱钢和山钢股份莱芜分公司调研。在莱钢银山型钢宽厚板事业部，莱钢集团董事长、党委书记、总经理田克宁，山钢股份莱芜分公司总经理、党委书记罗登武分别介绍了莱钢集团、山钢股份莱芜分公司概况及生产经营、改革发展等相关情况。龚正详细询问企业的生产经营、技术创新、市场营销、转型发展等方面情况，对企业应对危机、改善管理、推动改革等方面采取的各项措施给予肯定，希望干部职工进一步统一思想、开拓思路、创新思维，提高各级组织创造价值的动力和能力，推动企业走出困境，为地方经济发展作出新贡献。莱芜市及钢城区领导和相关部门负责人陪同调研。

日照钢铁精品基地全面转入主体工程施工阶段

9月16日，日照钢铁精品基地主体工程全面施工誓师大会暨炼铁总承包单位进场仪式在高炉施工现场举行。以此为标志，日照钢铁精品基地工程项目已从初步设计和设计审查阶段全面转入主体工程施工阶段。

总包单位代表、施工单位代表，日照市钢铁办、日照公司领导分别发言。

在社会各界的广泛关注下，日照公司始终坚持广取博引，开展技术交流、设计优化，与世界顶级钢铁生产商及设备供应商洽谈、合作，集成创新。依靠内生动力，整合国际国内社会资源，自主创新。

在基本完成工艺方案、技术路线、施工队伍、重大关键设备确定等任务的同时，现场施工前期各项基础性准备工作稳步推进。6月5日至9月15日开展“大干100天，开创现场施工新局面”活动，日照公司干部职工齐心协力，克服初步设计、设计审查、现场施工等叠加压力，在高炉区基础、地质详勘、粗场平、围堰填海等重点工程施工中取得较大突破，完成征海征地各项准备工作。加快招标，活动期间，共完成定标项目21项，定标金额11亿元。截至9月15日，完成现场施工项目重点工程节点任务，阶段性工程合格率达100%。严格执行安全生产责任制与安全操作规程，实现零工亡、零伤害。实现了保安全、保质量、保工期的阶段性目标，具备了主体工程开始施工的必要条件，为全面施工奠定了基础。以主体工程第一个总承包单位进场施工为标志，吹响全面施工的冲锋号，从这一天开始，其他总承包单位和施工单位将陆续进场施工。

集团公司党委举行学习贯彻党的十八届五中全会精神宣讲报告会

11月17日，集团公司党委举行省管企业学习贯彻党的十八届五中全会精神宣讲报告会。省管企业学习贯彻党的十八届五中全会精神宣讲团成员，省国资委党委委员、副主任邵泽武主讲，集团公司党委书记、董事长任浩主持报告会。

邵泽武围绕党的十八届五中全会精神和中央“十三五”规划建议，从全面建成小康社会决战阶段的形势、“十三五”时期经济社会发展的指导思想和主要目标及基本理念、“十三五”时期经济社会发展各项任务和重大举措、提高党领导经济社会发展能力等方面，深入讲解了党的十八届五中全会的重大理论观点、重要工作部署，深刻阐述了十八届五中全会精神。同时，他针对深化国有企业改革，谈了省国资委的一些举措和打算。宣讲报告对深刻理解、全面把握全会精神具有重要的辅导作用。与会人员纷纷表示，报告生动精彩，听后深受教育和启发。

任浩对集团公司深入宣传贯彻好党的十八届五中全会精神提出3点要求：一要切实抓好全会精神的学习宣传。各级党组织和广大党员干部要把学习贯彻好党的十八届五中全会精神作为当前和今后一个时期的首要政治任务，切实增强学习贯彻的自觉性和坚定性；充分运用各类传统媒体和新媒体等宣传平台，采取多种形式，形成宣传全会精神的舆论强势；要通过学习全会精神，让干部职工进一步明确形势任务、保持战略定力、提振信心士气、提升工作绩效。二要将贯彻落实全会精神与推动当前中心工作结合起来，与加快实施集团公司新的发展战略和管控思路相结合；与以精益方式深化降本增效、以精益管理提升管理水平相结合；与持续深化改革、推进新一轮三项制度改革相结合；与建立新型分配机制、严格执行效益决定收入原则相结合，超前筹划，扎实推进，务求实效。三要以全会精神为指导，谋划好明年乃至“十三五”期间的发展路线图。要按照“信心要足、措施要强、指标要好”的总要求，以胸怀全局的眼光，统筹谋划好明年的工作。在“十三五”规划的编制中，紧密结合行业和集团公司的实际情况，坚持问题导向和目标导向，自觉落实党的十八届五中全会提出的“创新发展、协调发展、绿色发展、开放发展、共享发展”五大理念；按照“三严三实”的要求持续推进思想观念的进一步解放，推进改革创新意识的进一步增强，推进工作措施的进一步完善，全面推进集团公司中长期战略规划落地实施，推动企业更好更快发展，为建设经济文化强省而不懈努力。

报告会通过视频形式召开，设主会场和分会场。集团公司监事会主席杨少军，集团公司党委领导崔聚荣、苏斌、陶登奎，财务总监刘德华，总经理助理万鲁愚、张相军，省冶金工业总公司总经理助理尹国林；山钢国贸、钢铁研究院、财务公司、金控公司、烟钢领导班子成员和党群部门主要负责人；各直属机构在总部办公的领导班子成员；新力公司、鲁冶项目管理公司领导班子成员；省冶金工业总公司机关党员干部代表，集团公司总部机关全体人员在主会场听取了报告。济南片区、莱芜片区、日照片区、青岛片区、张钢、金岭铁矿、耐材公司分别设立了分会场。根据省国资委统一安排，济青高速铁路有限公司领导也参加了主会场报告会。

党的十八届五中全会精神宣讲报告会现场

省委调整山钢集团领导班子

11月23日，山钢集团、省冶金工业总公司领导干部会议在集团公司总部召开，宣布省委调整山钢集团、省冶金工业总公司领导班子的决定。副省长王书坚出席并作重要讲话。省政府副秘书长齐涛出席。省委组织部副部长时培伟主持会议并宣读省委决定。省国资委主任、党委书记张新文出席。

省委决定，侯军任山钢集团党委委员、书记，山钢集团董事、董事长，省冶金工业总公司党组书记、总经理；陶登奎任山钢集团党委副书记，山钢集团董事、副董事长、总经理。免去任浩的山钢集团党委书记、委员，山钢集团董事长、董事，省冶金工业总公司党组书记、总经理职务；免去陈启祥的山钢集团党委副书记、委员，副董事长、董事、总经理职务。省委组织部决定，免去崔聚荣的山钢集团党委副书记、委员，副董事长、董事职务。

王书坚在讲话中充分肯定了任浩、陈启祥、崔聚荣为山钢发展所做的工作，介绍了侯军、陶登奎的基本情况。对山钢新一届领导班子及企业改革发展，王书坚提出 4 个方面的要求：一是坚定必胜信心，沉着应对市场挑战。既要充分估量困难，更要全面把握机遇，沉着应对挑战，赢得主动，赢得优势，赢得未来。二是发挥中流砥柱作用，在改革发展中建功立业。把个人命运紧紧与企业前途捆在一起，把山钢发展壮大作为自己事业的追求，走在队伍最前面，冲在改革最前沿，迎在市场最前端，带动引领广大职工，汇集起无坚不摧的强大合力。三是坚定不移推进改革，在凤凰涅槃中浴火重生。当前，必须顺应大势，顺应民意，立足长远，谋好全局，把各项改革谋划到位，落实到位。要研究落实集团中长期发展规划、整体战略定位、分步实施方案，使之成为山钢集团全体职工的共同愿景，引领事业发展。要突出问题导向，打赢扭亏增盈生存保卫战，在管理上更投入，在“止血”上更坚决，在挖潜上更努力，在创新上更下工夫，保持顽强生命力，打不倒、摧不垮，走出困境，再创辉煌。四是毫不动摇坚持党的领导，充分发挥国有企业独特优势。

时培伟在主持会议时要求，认真学习领会、传达贯彻王书坚副省长重要讲话精神，把思想认识高度统一到省委决定上来，认真履职，扎实工作，确保山钢集团主要负责同志工作顺利交接，确保生产经营活动有序推进，确保安全生产平稳运行。他表示相信山钢职工都应当是“钢铁战士”，大家万众一心，戮力同心，一定能够开创山钢集团改革发展新局面。

任浩、陈启祥、侯军、陶登奎先后作了表态发言。任浩表示，完全接受、拥护、支持省委决定。衷心希望新一届领导班子和广大干部职工更加紧密地团结起来，不断改革、开拓创新、扎实工作，以更大的气魄、更艰苦的努力，取得更大的成绩。他相信，在新班子的坚强领导下，山钢集团一定能够站在新的起点上，迈出新的步伐，推进新的发展，一定能早日建成具有国际竞争力和影响力的绿色钢铁产业集团，为建设经济文化强省作出新的更大的贡献。陈启祥表示，积极拥护省委对山钢领导班子作出的调整，诚心祝福山钢砥砺前行、健康发展；衷心祝愿山钢的事业朝气蓬勃、蒸蒸日上；真诚祝福山钢干部职工心如一家、幸福安康！侯军表示，坚决拥护并完全服从组织决定，同时深感责任重大、使命光荣。将与班子成员一道，团结带领广大干部职工，定战略、管大事，抓改革、增效益，控风险、造环境，同心戮力，共克时艰，共同打造“决策科学化、管理现代化、运营市场化、竞争国际化”的山钢集团；将和同志们一道，顺应大势，对接大局；革新自我，做改革的先行者；打造风清气正、政通人和的发展环境。他向组织和广大职工郑重作出 4 点承诺：第一，讲政治、顾大局，团结协作。第二，殚精竭虑、鞠躬尽瘁。第三，廉洁从业，锤炼作风。第四，强化学习，增强修养。陶登奎郑重承诺：政治坚定，对党忠诚；知行合一，勇于担当；廉洁自律，干净做事。表示，将牢记使命，像爱护眼睛一样维护班子团结，全力配合好侯军同志的工作；紧紧依靠全集团干部职工，在集团公司党委和董事会的领导下，全力以赴工作，做一个让组织放心、让职工满意的企业领导干部，向省委、省政府和全集团干部职工交一份合格答卷。杨少军、崔聚荣、陈向阳、毕志超、苏斌、刘德华、张家新、万鲁愚、张相军等领导出席会议。

集团公司召开改革发展工作调度会

12月5日，集团公司召开改革发展工作调度会，交流各单位、各直属机构、机关各部门工作情况，研究明年工作思路。董事长、党委书记侯军作重要讲话，号召全集团干部职工，以破釜沉舟的勇气、壮士断腕的胆气、敢于亮剑的豪气，打拼扭亏增盈，继往开来开创山钢发展新局面。

侯军在讲话时指出，今年以来，在上届班子领导和同志们的共同努力下，山钢集团直面异常严峻的市场形势，很多方面取得了显著成效。大家的发言思路清晰，重点突出，坚定了新班子继往开来开创山钢发展新局面的信心和决心。

在分析了当前面临的形势后，侯军对下一阶段的工作提出要求。

一是审时度势，问题导向。摒弃侥幸心理，做好长期过冬准备。当前首要任务是保生存。保生存刻不容缓，保现金流维持健康运行，保新建项目积蓄后劲，保职工稳定总揽全局。形势越是不好，问题越会充分暴露，现在就是发现、梳理和分析解决问题的好时机。对问题整改要明确责任和时限，建立跟踪问效的评价机制。

二是降本增效，“止血”止损。要在物料组织、精益管控、工艺提升、市场拓展、资金融通、人才支撑等牵动企业发展的关键支点与内生素质方面赢得主动权。降本增效必须出实招、严考核、见实效。“止血”与止损要逐个产业和单位有针对性的剖析，一企一策。要加大降本增效奖惩力度，对降本和“止血”止损成效明显的单位实行特别激励，对成效不明显甚至指标持续倒退的加大处罚力度，收入与绩效、与全员挂起钩来，经营超出常态的亏损收入要下调。要强化决策风险、运营风险防控。确立“均衡预算，模板运行”的原则，建立现金流为正的倒逼机制。

三是完善规划，突出重点。提升理念，做实载体，在研究市场动态中把握阶段及中长期发展定位，在结构调整上有所为、有所不为，调视角、开眼界，打好主动仗。稳控钢铁主业，把优势发挥到最高水平，放大品牌效应，增强优势主导产品对效益贡献调优的柔性度。引入“非钢产业主业”概念，激活非钢产业，力促非钢产业增加对整体效益的贡献度，安置转移劳动力，为职工谋生计拓展渠道。转型升级要明确转到什么型、升到什么级，转型的根本方向是创新型企业，升级主要是产业层次升级。要遵循“创新、协调、绿色、开放、共享”五大发展理念，突出做国家政策鼓励支持的事情，做顺应行业发展趋势的事情，做自身有基础有优势的事情。

四是理顺体制，提速增效。国企改革的方向是市场化、资本化，市场化就是以价值创造为核心，资本化就是将资金、资产上升到资本运作的档次与水平。山钢改革前行将是改建国有资本投资运营公司，要加快探索集团与权属公司国有资本投资运营的新模式，明晰总部功能定位，理顺产权管理关系，优化管理架构。学习借鉴兖矿等先进企业经验，岗位注入价值理念，引入价格机制，增强市场观念，强化核算意识，压力传导到位。坚持产业经营与资本运营双轮驱动，优化资本、资产结构，大力推进产融结合，降低负债率。

五是振奋精神，坚定信心。各级党组织要把握正确方向，在统一思想中解放思想，在解放思想中统一思想，保障改革不断引向深入。要注重以集团文化融合促进产业结构重组整合和管控模式的调整。领导干部要带头传递正能量，畅通职工反映问题、表达心声的渠道，把职工盼改革、促改革的诉求与愿望转化为为民服务、促进发展的务实工作，科学引领，保护和调动好广大干部职工干事创业的积极性，群策群力支持好事关企业方向矫正、生死攸关、体制转换、利益趋同的重大决策。要加强干部队伍建设，加强企业家队伍建设。

陶登奎对各单位各部门的发言逐一进行点评，肯定其工作亮点，对下一步工作提出要求。他在讲话中指出，必须明确当前的主要问题，抓住主要矛盾，寻求突围之策。2016 年要重点抓好 4 项工作，一是全力以赴提高劳动生产率，实现人均年产钢 700 吨，用 2 至 3 年的时间，达到人均年产钢 1000 吨目标。二是做好资本性融资工作，要调动全集团积极性，用资本性融资置换有息负债，降低财务费用。要跟踪国家政策，做好资本运营这篇大文章，发挥好上市公司作用，建立并用好激励机制。三是强化降本增效，要继续抓好精益运营工作，成本水平要向省内民营钢企看齐。四是化解风险，力争做到原有的风险控制好，不能出新的风险，对风险的产生要严格问责，责任到人。

陶登奎要求，总部机关要率先垂范，从我做起，以市场化标准去衡量工作，强化执行力，增强创新意识和大局意识，为基层服好务。要抓紧做好几项改革方案的起草和 2016 年预算编制、“十三五”规划制定，做好日照项目建设、安全生产等各方面工作，努力为广大职工创造幸福安康的条件。

监事会主席杨少军，集团公司领导陈向阳、毕志超、苏斌，财务总监刘德华，总法律顾问张家新，总经理助理万鲁愚、张相军出席。会上，各直属单位、直属机构和机关部门负责人分别汇报了 2015 年以来的主要工作情况、存在的主要问题和困难、2016 年工作思路及主要措施和建议。

集团公司党委启动
“学党章、学准则、学条例”专题教育活动

12 月 14 日，集团公司党委印发《关于在全体党员中开展“学党章、学准则、学条例”专题教育活动的实施方案》，全面启动专题教育活动，引导各级党组织和全体党员牢固树立党章党规党纪意识，始终做到遵规守纪、畏纪敬法。

中共中央近期颁布的《中国共产党廉洁自律准则》和《中国共产党纪律处分条例》，于 2016 年 1 月 1 日起正式实施。新版《准则》《条例》，以党章为遵循，以问题为导向，把全面从严治党的要求落脚在立德和立规上。为引导广大党员学纪、知纪、守纪，集团公司党委决定利用半年时间，以“十个一”活动为抓手，集中开展专题教育。即：组织一次党委中心组专题学习、党政主要领导讲一堂专题党课、召开一次专题民主生活会、掀起一轮学习宣传热潮、组织一轮廉洁从业谈话、开展一次案例警示教育活动、撰写一篇学习体会、组织一次党规党纪测试、建立一批党风廉政建设制度、开展一次专项监督检查。通过系列活动进一步督促广大

党员干部学制度、守纪律、讲规矩，知敬畏、存戒惧，努力营造风清气正的干事创业氛围。集团公司党委要求各级党委、纪委，把本次教育活动与学习党的十八届五中全会精神、“三严三实”专题教育、党的群众路线教育实践活动、落实党委主体责任工作方案和贯彻新领导班子指示精神等工作相结合，确保取得实效。专题教育活动分为动员部署、组织实施、总结完善3个阶段。

（撰稿：李宪华　审稿：卢彤书　张兰润）

山钢集团
SD STEEL

概 况

山钢集团
SD STEEL

山钢文化

核心理念

山钢愿景：

打造具有国际竞争力的钢铁强企

公司简况

山东钢铁集团有限公司于2008年3月17日注册成立，是山东省人民政府出资设立，并授权山东省人民政府国有资产监督管理委员会和山东省社会保障基金理事会共同履行出资人职责的有限责任公司。下辖济钢、莱钢、日照公司、淄博张钢、金岭铁矿、山钢塞矿、山钢金控、山钢地产、山东耐材、职业学院等19个子公司（单位）；控股山东钢铁、金岭矿业、鲁银投资、鲁证期货4家上市公司。在中国香港、新加坡、越南、澳大利亚、新西兰以及中东、非洲等地拥有多家实体生产企业或贸易公司，钢铁及相关产品远销几十个国家和地区。注册资本104.5亿元。截至2015年底，共有职工81092人，总资产2496亿元。企业信用等级AAA。

山钢集团成立以来，认真贯彻落实国家钢铁产业政策和省委、省政府部署，扎实开展内部实质性重组和集团化运营，不断深化关键资源及核心业务整合。2012年，济南钢铁与莱钢股份吸收合并，成立山东钢铁股份有限公司，整体优势和协同效应逐步增强。2015年生产铁2264万吨、钢2169万吨、钢材2132万吨，钢产量列国内第7位、全球第12位；实现营业收入1021亿元、利润总额16.36亿元。列2016年“中国企业500强”第143位，“中国制造业企业500强”第55位。

山钢集团钢铁产业已形成年产生铁2640万吨、粗钢2915万吨、钢材3084万吨的综合生产能力。产品品种涵盖了全部22个标准分类中的14个，主要有中厚板、热轧板卷、冷轧板卷、H型钢、优特钢、热轧带肋钢筋、线材等。H型钢、锅炉容器钢板、高强度建筑结构用中厚钢板获得中国名牌产品称号，齿轮钢、造船板、锅炉容器板、门架槽钢等国内市场占有率居前列。中低速磁浮轨道系统用F型钢供货北京中低速磁浮交通示范线工程，是国内唯一的生产供应商。推进钢铁产业结构调整，布局沿海，在建的日照钢铁精品基地是国家钢铁产业结构调整重点项目；优化内陆，济南作为海洋工程和装备制造业用

山钢集团办公楼外景

钢专业化生产厂区、莱芜作为高端制造业用钢专业化生产厂区、淄博作为建筑用钢专业化生产厂区的布局结构初步成型。

面对供给侧结构性改革的机遇与挑战，山钢集团进一步明确了稳控钢铁主业、突出非钢主业的发展思路，积极推进改革转型，“一个集团+若干个产业公司”的架构正在形成。发展非钢产业，先后组建山钢国际、财务公司、金控公司、国贸公司、房地产公司等，全资控股塞拉利昂唐克里里铁矿项目，矿产资源、金融、贸易物流、房地产板块实现公司化运营，信息技术、节能环保、资源综合利用等产业初具规模。

山钢集团拥有较完善的技术创新体系和较强的研发转化能力，建立了国家级、省级技术中心，设有博士后工作站、院士工作站，形成了以钢铁研究院为核心、子分公司技术中心为补充、国内外专业研究机构积极合作的相互支撑、协同开放的技术创新体系。

山钢集团重视企业文化建设。确立了以“共创、共进、共赢”为核心价值观的山钢文化体系。坚持与客户、职工、股东、社会等各相关方和谐共创、合力并进、利益共享，山钢文化得到广大职工和社会各界的认同。

面向未来，山钢集团牢固树立“创新、协调、绿色、开放、共享”的发展理念，主动适应经济发展新常态，着眼全产业链推进钢铁产业转型升级，加速沿海布局和内陆结构优化，着力提高有效供给能力，充分运用钢铁、金融等平台优势，培植做强非钢主业，把山钢集团打造成为决策科学化、管理现代化、运营市场化、竞争国际化的现代企业集团。

2015年工作综述

【主要经营指标】 全年生产生铁2263.56万吨，比上年减少5.74%；粗钢2169.21万吨，比上年减少7.05%；钢材（最终产量）2131.50万吨，比上年减少7.33%；焦炭642.87万吨，比上年减少3.72%；铁矿石成品矿304.76万吨，比上年减少12.67%；耐材制品19.36万吨，比上年减少30.21%；自发电44.64亿千瓦时，比上年减少22.06%。出口创汇总额5.95亿美元，比上年减少7.89%，其中钢铁产品出口创汇额5.24亿美元，比上年减少14.24%；出口钢铁产品131.37万吨，比上年增长27.54%，其中出口钢材119.56万吨，比上年增长20.73%。完成工业总产值625.10亿元，比上年减少26.82%。实现营业收入1021.08亿元，比上年减少11.97%；利润总额16.36亿元，比上年增加743.30%；净利润-5.85亿元，比上年增加4.56亿元。年末资产总额2496.16亿元、负债2064.07亿元、所有者权益432.09亿元，分别比上年增加495.31亿元、424.48亿元、70.83亿元，资产负债率82.69%。

【生产经营】 深入推进降本增效。持续开展对标挖潜，以行业先进、集团内部先进企业为标杆，开展产线系统对标，针对问题定措施。各单位强化精细操作、节能降耗，工序成本控制能力提升，生铁成本比行业平均成本低64.90元/吨。加强资金运作和资金管理。创新资金管理模式，平衡资金预算，建立人民币和外币两个跨境资金池，多平台、多渠道运作资金。提升直接融资比例，全年平均融资成本5.31%。强化采购物流协同。发挥集团公司统一采购平台的规模优势，以量换价，全年降低采购成本1.74亿元，获取协同效益1.2亿元。降低矿石港耗，推进水陆联运，物流系统降本增效3.4亿元。扎实开展运营改善和管理提升活动。强化精益管理培训，启动运营转型试点，推行模范车间创建，实施532个运营改善和管理提升项目，其中51个集团公司级项目取得落袋效益12.7亿元。加大亏损企业治理，年末列入亏损企业治理范围的41家企业，比基础年份2013年减少亏损4.56亿元，减亏幅度81.76%，亏损户数减少21家。

加强安全环保工作。层层签订安全生产目标责任书，将安全生产责任落实到厂、车间、班组、岗位和个人，形成一级抓一级、层层抓落实的工作格局。全年负伤人数5人，比上年减少2人，千人负伤率0.06‰，比上年下降0.02个千分点，全年实现零工亡、零重伤。自2014年2月启动集团公司生产企业环保状况全面普查、诊断，2015年3月基本完成，形成了《生产企业环保综合治理诊断报告》。该报告对生产过程中污染物排放存在的问题进行了清晰、透彻的分析，提出了污染物治理技术路线和技术措施。强力推进重点环保项目建设，持续提升减排治污本质化水平。全年污染物综合排放合格率98.13%，固体废物利用率99.5%，工业水重复利用率97.69%，约束性指标二氧化硫、氮氧化合物、化学需氧量、氨氮量排放总量均完成与地方政府签订的目标责任书进度要求。

加强营销工作。按照销售中心负责营销管理、各分公司操作具体销售业务的要求，加强营销管理职能，统一协同营销政策、策略、价格等，9月1日实现了产品销售价格统一对外发布。多次召开省内建材钢厂价格协调会议，参加和组织南北方板材市场协调会议，努力稳定市场，促进山东区域各品种钢材价格的稳定。积极应对复杂多变的市场，强化营销目标管理，实施订货节奏管控，引导各分公司在不同的市场阶段抓商机、防风险、创效益，把握营销主动权。以麦肯锡咨询项目诊断问题为切入点，以精细管理实施项目落地，在客户价值定价、新产品价格管理、销售底线价格执行、库存控制等方面有效推进。以降库存加快周转为重点，严控市场价格，保持销售价格合理稳定，产成品实物库存保持在近几年的低位水平。推进战略和重点工程客户合作，成立轨道交通协调小组，跟踪济南轨道交通招投标进程，济钢、莱钢、张钢全部入围该工程项目的钢材合格供应商名录。

【科技创新】 加强创新体系建设，山钢股份技术中心通过了国家级企业技术中心的复审认定。加强技术研发，高效高端产品比例提高。供应亚马尔项目欧标耐低温H型钢4万吨，海工用钢板实现6~80毫米范围内320~570兆帕共7个强度级别21个钢种全覆盖。完成ϕ1219毫米×33毫米X80M直缝埋弧焊钢管试制、卷管及环焊工艺评定，通过中石油、中钢协的技术鉴定。通过军用物资合格供应商现场评审和资格审查，入选一级军用物资供应商名单。落实《省科技厅关于加快建立科技报告制度的实施意见的通知》（鲁政办字〔2015〕10号），筛查符合规定的科技项目纳入报告编制与汇报。落实《关于印发山东省专利奖励办法的通知》（鲁政办字〔2015〕45号）文件精神，组织符合条件的专利项目进行申报。组织8项成果申报中国钢铁工业协会、中国金属学会冶金科技奖，“180吨以下转炉冶炼洁净钢的高效稳定生产技术创新”项目获得二等奖。

【资本运营】 完成股权投资120.2亿元，其中钢铁板块85.3亿元、金融板块完成投资34.9亿元。加强资本运作，减持鲁银投资股份，获取投资收益4.35亿元；山东钢铁股份公司通过非公开定向发行股票募集资金向日照公司增资66.91亿元；济钢、莱钢分别出资33498万元、274244万元参与中泰证券增资扩股。4月16日，集团公司在香港通过公开竞标，分别收购唐克里里铁矿（塞拉利昂）有限公司100%的股权、唐克里里铁矿贸易有限公司100%的股权、非洲铁路与港口（塞拉利昂）服务公司90%的股权，并于当日按照法定程序完成股东变更登记手续。完成实物资产处置7宗，资产账面净值107.08亿元，评估值128.23亿元，转让价格128.24亿元，增值21.16亿元，增值率19.76%。

【日照钢铁精品基地建设】 加强投资控制，优化工艺、技术路线，与项目可研报告相比预计可降低投资近100亿元。根据不同项目特点，采用EPC、BOO、BOT、合资等多种合作模式，可减少直接投资近100亿元。项目土地、海域申请分别获得国土资源部、国家海洋渔业局批准。现场施工有序展开，1号高炉、热风炉混凝土基础浇注完毕，其他主体产线工程场平、回填、地基处理及填海造陆工程正在进行，工程节点控制稳定。

【固定资产投资】 全年固定资产计划投资100.82亿元，实际完成固定资产投资39.30亿元，完成年度计划的38.98%。主要实施了日照钢铁精品基地项目、济钢海洋工程及能源装备用特殊钢材基础能力提升改造项目、济钢6号板坯连铸机项目、济钢化工厂煤气脱硫系统升级改造项目、莱钢750初轧车间生产异型钢改造和棒材厂第一轧钢车间生产线工艺升级改造项目、金钢矿业乔普卡铁矿采选扩建（二期）项目、集团公司ERP项目、智慧物流供应链一体化协同系统项目及张钢MES信息系统等信息化项目、职业学院技能训练中心项目等重点项目。济钢6号板坯连铸机项目、莱钢棒材厂第一轧钢车间生产线工艺升级改造项目等8个项目建成投用。以塞拉利昂唐克里里铁矿和东平彭集铁矿为重点，开展矿业项目运作。控股唐克里里铁矿项目后，积极做好项目接收、复产工作，集团公司成立塞矿事务办公室，全面承担塞矿公司业务管理、服务和信息资料传递工作。彭集铁矿项目移交金岭铁矿开展工作，办理探矿权保留手续，完成了探矿权年度检查。

【改革改制】 认真贯彻落实省委、省政府《关于深化省属国有企业改革几项重点工作的实施意见》，紧密结合企业实际扎实推进改革。深入推进钢铁业务专业化、规范化运营。进一步完善公司治理结构，完成了董事会和监事会换届，进一步健全“三会一层”。探索实施内部市场化改革。选择5个基层单位进行内部市场化试点。先后2次由集团公司领导带队赴兖矿学习内部市场化经验。改革检修业务运行体制机制，推进设备检修业务和检修队伍的完全社会化、市场化改革。按照省国资委的要求，选择13个单位列入省国资委混合所有制试点名单。积极推进张钢、新疆公司、医院、维修混合所有制改革的研究以及气体市场化等重大改革事项。推进三项制度改革。修订完善领导干部退出现职、任职等制度，规范中层领导岗位设置，合理控制领导人员总量规模。推进减员增效，钢铁主业从业人员比年初减少2120人，减少5.1%。进一步清退劳务用工，减少外委费用，主要钢铁生产单元劳务用工压减率在20%～40%。改变工资总额预算管理方式，按2014年考核工资的80%确定2015年考核工资总额基数。全年发放工资总额比上年减少8.65亿元，人均工资比上年降低14.38%，传递了市场压力。推进相关板块专业化运营。实现房地产公司整合，并取得较好运营成果。启动金融板块筹建工作，组建了金控公司及相关子公司。推进财务体制改革。制定实施《财务总监管理办法》，分别向济钢、莱钢等主要二级单位委派财务总监。

【企业管理】 研究制定集团公司中长期发展战略，经集团公司董事会审议通过，《山东钢铁集团有限公司2015至2020年发展战略》正式发布。明确“聚焦发展，精益运营”的发展战略，确定“建设具有国际竞争力和影响力的绿色钢铁产业集团”的愿景。明确产业结构调整思路，把钢铁产业作为集团公司发展平台，形成以钢铁为依托、相关多元化的产业格局。明确集团管控模式，集团公司对各业务板块运营实体实行战略管控，各产业公司为利润中心和运营中心。启动“十三五”规划编制工作，委托冶金工业规划研究院编制钢铁、金融、矿业（海外部分）、新材料和农机业务“十三五”发展规划，委托山东省物流协会编制物流业务“十三五”规划。省国资委对山钢集团开展经营绩效综合评价工作，形成了《山东钢铁集团有限公司经营绩效综合评价报告》。集团公司把落实省国资委经营绩效综合评价报告整改作为推进改革、创新发展的总抓手，成立领导机构和相应工作机构，围绕钢铁产业转型升级、山钢股份公司规范化运营、三项制度改革、止血止损与降本增效、日照钢铁精品基地核心竞争力构建、资产重组与资本运营、重大风险防控等核心内容，形成52项整改课题，明确责任单位、责任人、完成时限，坚持用改革的思路和举措系统整改。出台《关于新进人员统筹外补贴的规定》，新进人员退休后不享受统筹外补贴待遇。妥善处理统筹外补贴，执行《山钢集团退休人员统筹外补贴暂行规定》和《山钢集团调整退休人员统筹外补贴计发比例通知》，年均降低费用1.5亿元以上。开展经济责任审计、管理效益及绩效审计、工程审计、专项审计、内控审计等，找出企业运营管理中的问题点，提出审计整改意见和建议，促进企业进一步完善法人治理结构，改善经营管理，强化内部控制，加强风险防范，提高经济效益。法律事务管理从防控法律风险入手，完善基础管理制度，促进规范管理，全年共出具法律意见书172份，审查各类合同4000余份、标的额1180亿元，处理各类纠纷864件、标的额超过45亿元。

【人才工作】 通过多种方式培养引进钢铁研发、房地产、金融、国际贸易等专业的高层次人才。加强培训，推进专业技术人员知识更新；借助钢铁研究院和各单位技术中心、博士后工作站等平台，培养重点项目、重点领域的创新领军人物；加强校企合作，增进学术交流；发挥优秀人才的模范作用，聚集培养技术创新团队。开展高层次人才选拔推荐，推荐山东省有突出贡献的中青年专家1人，推荐泰山领军技能人才1人，推荐2015年国家百千万人才工程人选，推荐山东省有突出贡献的技师3人；推荐中钢协中国工程教育认证材料类专业认证专家人选5人。参加省管企业第3届职工技能大赛，获得一等奖2人，二等奖1人，三等奖2人。

【非钢产业】 按照“1+4+*N*”产业布局要求，非钢产业板块重点发展矿业、金融、房地产、贸易物流产业。控股唐克里里铁矿项目后组建山钢集团塞拉利昂矿业有限公司，围绕复产和降成本积极开展工作。财务公司充分发挥集团融资平台作用，创新拓宽融资渠道，对集团公司的融资余额达到102亿元，列所有金融机构之首。组建山钢金融控股（深圳）有限公司及相关子公司，全面启动注资、验资和银行授信工作。山钢地产突破营销、盘活存量、优化增量，经营业绩明显提升。山钢国贸强化资源获取和渠道建设，促进贸易量快速提升，实现营业收入127.5亿元，社会贸易利润4275万元。信息技术产业板块推进工程项目集成、产品销售和自动化信息化技术服务的发展，信息化中心济钢、莱钢两分部全年共实现营业收入1.8亿元、利润3568万元。在年末召开的改革发展调度会上，集团公司提出“稳控钢铁主业，激活非钢产业”的发展思路，在转型过程中引入“非钢产业主业”概念，力促非钢产业增加对整体效益的贡献度。

【和谐山钢建设】 完善形势任务教育重点课题协调推进机制，围绕各阶段形势任务特点，编写专题材料，答疑释惑、凝聚共识。充分发挥报纸、电视、网站等媒体作用，对重大课题宣传教育实现了上下联动、全面覆盖。在山钢网站开设“形势任务”专栏，对混合所有制、产权制度改革等重大热点话题进行正确引导。《山东钢铁》报开辟“观象台”专版，对钢铁行业及相关行业的动态、趋势及时刊发，拓展干部职工的视野。关注职工思想动态，确定10个单位作为舆情信息直报点，舆情收集工作更加接近基层一线。积极应对网络舆情，快速组织宣传稿件在社会主流媒体发声，及时解惑释疑、引导舆论。搭建“厚道山钢”微信公众平台，强化宣传推广，积极引导各单位开展微信宣传，形成了覆盖全集团的三级微信宣传网络体系。以大力弘扬社会主义核心价值体系为核心，深入开展群众性精神文明创建活动，进一步完善《山钢文明单位建设管理规定》《文明单位考核细则》，组织开展文明单位创建。推荐7个单位申报省级文明单位；5个单位申报省管企业文明单位。组织开展道德模范人物评选，广泛发动职工群众学习道德典型、践行道德规范，建设文明和谐山钢。有20人获山钢道德模范、6人获得省管企业道德模范称号。持续深化“共赢文化”体系建设，策划制定《企业文化建设考核评价办法》《关于进一步深化企业文化建设的实施方案》，开展“同铸山钢魂，共圆山钢梦”文化深度融合践行活动，强化文化建设在各单位落地开花，不断丰富文化内涵。编印《山钢文化手册之二》和《山钢文化读本之二》，利用网站、新媒体、报纸、电视等媒体，广泛开展山钢文化宣传教育。坚持全心全意依靠职工办企业，扎实推进厂务公开与民主管理，积极构建和谐劳动关系。

（撰稿：董保树　审稿：李自然）

山钢年鉴 2016

山钢集团
SD STEEL

专论专文

山钢集团
SD STEEL

山钢文化

核心理念

山钢核心价值观：共创、共进、共赢

在集团公司2015年度工作会议上的讲话

董事长、党委书记 任 浩

（2014年12月27日）

同志们：

这次会议的主要议题是，总结2014年集团公司和公司党委的工作，分析存在的问题，明确2015年的工作目标和重点任务，发挥党建和思想政治工作优势，进一步动员全集团干部职工统一思想，坚定信心，深化改革，精益管理，坚定不移打赢扭亏增盈生存保卫战，促进集团公司持续健康发展。刚才苏斌同志作了纪检工作报告，系统安排了明年工作，各单位要认真落实。

下面，我根据集团公司和公司党委研究的意见，讲3个方面问题。

一、2014年的主要工作

即将过去的2014年，面对日益严峻复杂的内外部形势，我们主动打响扭亏增盈生存保卫战，以聚焦发展、精益运行为突破口积极推进改革，加大降本增效减亏扭亏工作力度，生产经营总体呈平稳运行态势，各项工作保持良好发展势头。

全年预计生产铁2388万吨、粗钢2322万吨、钢材2295万吨，分别比上年增加1.02%、1.89%、0.88%。出口钢材94万吨，创汇6.29亿美元，同比分别增长49%、34%。

全年预计实现营业收入1180亿元，可实现集团公司整体盈利。

今年以来，我们主要做了以下重点工作：

（一）着眼企业中长期发展，研究形成整体战略定位，全面推进改革，聚焦发展取得突破。

企业中长期发展战略已经形成。一是明确了结构调整的思路，将集团公司涉及国民经济40多个门类的产业布局聚焦到钢铁、矿业、贸易物流、金融、房地产等5大产业和若干个培育类产业，其余产业有序退出，形成以钢铁为依托、适度多元化的发展格局。二是管控架构更加清晰。“1+5+2”的管控格局基本形成；体现现代化管理理念，实现机构扁平化，将组织体系逐步压缩到3个层级以内。

专业化管理成效初显。一是推进钢铁业务专业化管理。调整钢铁业务管理关系，将山钢股份济南、莱芜两个分公司的管理关系分别从济钢集团和莱钢集团分离出来，钢铁业务以山钢股份为核心，充分发挥聚焦优势。山钢股份实质性独立运营，形成聚集资本的条件，集中力量办大事，不断提高管理效率和效益。二是推进房地产板块专业化管理和聚焦发展。整合成立山钢房地产公司，作为集团房地产业务专业化管理、板块化发展的基本平台，以“聚焦发展、管控风险、加快融合、形成品牌”，实现区域内具有影响力和全国细分目标市场居前列为目标，将会成为山钢新的经济增长点和人力资源优化调整的平台。三是贸易物流、矿业、金融等产业发展思路初步形成。

体制机制改革持续深化。认真学习贯彻中央和省委、省政府、省国资委等上级改革方针、政策，先后推出产权制度改革、检修业务市场化改革等方案。钢铁研究院业务逐步理顺，审计、法律管理体制改革调整到位。推进内部关联交易市场化，规范内部法人之间交易活动。深化三项制度改革，制定实施《各单位领导岗位设置暂行办法》，对各单位中层岗位设置和干部配备情况进行了调查登记；从7月开始，在各子公司推行领导干部职务任期制，首届任期至2017年底。

（二）审时度势，主动出击，打响扭亏增盈生存保卫战，实现扭亏为盈。

基于对钢铁行业未来几年面临形势的判断和对集团公司运营状况的分析，经过认真研究，公司党委、集团公司作出《关于深化改革，精益运行，主动出击，全力打赢扭亏增盈生存保卫战的决定》，全面发动干部职工积极行动起来，全力扭转经营困局。建立完善职工收入与企业效益紧密挂钩的新型分配机制，层层传递压力、激发动力，引导干部职工转变思想观念。着力强化集团化运营，提升协同效益，大宗原燃料集中采购实现了主要原燃料采购成本在上年基础上与全国行业平均水平相比再优化5~10元的目标；资金归集度水平逐月提升，下半年可归集资金归集度超过90%；炼铁成本大幅下降，比上年进步近100元/吨，降到行业平均成本以下，实现历史性突破。自7月份开始集团公司实现月度扭亏为盈，全年在消化掉各种增支减利因素15亿元的基础上实现扭亏为盈。

（三）抓住止血止损、减亏扭亏这个关键，全面开展“运营转型、管理提升”活动。

为应对钢铁市场严峻挑战，适应企业改革发展、转型升级战略需要，组织开展了“运营转型、管理提升”活动，重点是全力推进钢铁主业扭亏增盈，实施“止血优先”策略，把所有目标聚焦于止血止损、减亏扭亏，聚焦于以降低成本为核心的竞争力提升上，逐步实现管理由粗放型向集约化、精细化转变，形成精益生产、精准操作、精细管理的局面，提高效率和效益。在济南分公司3200立方米高炉开展运营改善试点取得初步成功，促进了思想解放、观念更新。学习掌握先进管理理念、方法和工具，启动实施运营改善和管理提升项目，其中集团监管类项目61个，各单位自主开展的项目700余个，涉及运营体系和管理架构优化、降本增效、指标提升等方面。经各单位财务和审计部门审核，第一批结题验收的23个项目初步取得效益8.7亿元。开展营销转型专项诊断，针对交易定价、价值定价以及渠道维护等环节存在的问题，及时调整现有新产品定价、螺纹钢定价、价格确定随意和优惠政策使用的决策机制和结算流程等。

（四）日照钢铁精品基地项目建设有序推进。

经过日照公司和参与各方共同努力，在地方政府部门的支持下，日照钢铁精品基地项目建设取得阶段性成果，实现了既定目标。项目优化和现场施工工作并行推进，充分吸收借鉴行业内外先进技术，汲取国内外知名公司智慧，先后25次对可研报告进行较大规模专题讨论，各类技术交流、方案优化1200余次，选用89项全球首创、国内首创、前沿成熟技术。各项招标工作有序进行，已经签订了一批施工合同。从下半年开始，现场施工陆续展开，高炉区陆地详勘结束，转入回填工程施工阶段；热轧工程旋流井详勘具备施工条件的区域已施工完毕；厂前区工程转入强夯阶段；主厂区护岸工程正在组织开工；大临设施建设积极推进。根据工程建设期工作需要，组建项目指挥部相应的管理机构，选聘管理人员，形成以工程建设为主线的管理制度框架体系。

（五）坚持问题导向抓整改，以点带面提升整体素质和水平。

今年，我们先后接受了省审计厅的经济责任审计和省委的专项巡视，集团公司党政领导班子对此态度鲜明：问题也是资源，审计和巡视既是对我们的监督检查，也是帮助我们查摆问题，同时也是解决山钢存在的突出问题、推动科学发展的重要机遇。我们主动狠抓反馈问题的整改，制定周密措施，高标准细化落实，取得了明显成效。对省审计厅专项审计提出的66个具体问题，逐项列出整改计划，明确责任人和整改时限，采取得力措施抓好整改，堵塞管理漏洞。截至目前，整改工作报告已经完成。将省委巡视组反馈意见分解细化为18个问题，制定整改分工方案，明确整改要求和时限，着眼长远制定完善相关配套制度和保障措施，从源头上遏制问题的发生。按照省委巡视组的要求，已形成并上报整改工作台账，目前正认真开展整改落实并已形成整改报告。

（六）党建和思想政治工作持续加强，发挥了凝心聚力、保驾护航的作用。

教育实践活动专题民主生活会提出的问题已全部整改完成。对群众路线教育实践活动所列27项主要问题，坚持党委书记负总责，党委班子成员、分管领导分工负责，各部门各负其责，把解决当前问题与长远问题相结合，扎实落实中央“八项规定”，集团公司出台了正风肃纪“十条禁令”、《职工违规违纪处理管理办法》等10余项制度，初步解决了一批重点难点问题。27项整改事项已经全部完成整改，建立和完善21项制度，废止2项制度。

领导班子建设有新进展，干部队伍整体素质有了新改善。坚持以服务中心为目标，紧紧围绕集团公司改革发展需要，扎实做好选人用人工作，及时调整组建有关单位领导班子，健全组织机构，优化班子结构，充实干部力量；加强干部监督工作，认真落实领导干部民主生活会、述职述廉和任职、廉洁、诫勉谈话等制度，做好党员领导干部个人有关事项报告和配偶子女均已移居国（境）外情况报告集中填写、抽查工作。健全完善两级党委中心组学习制度，规范化程度提高。

创新宣传思想文化工作，企业文化建设取得新成就。突出做好“改革发展年”“运营转型、管理提升”和生存保卫战活动的系统宣传，加强形势任务教育，统一思想认识，为深化改革、促进发展营造了浓厚氛围；建立实行集团公司政工例会制度，搭建政工信息沟通、经验共享平台；着力加强企业文化建设，丰富完善“共赢文化”体系，启动开展“同铸山钢魂、共圆山钢梦”文化深度融合践行活动；扎实开展社会主义核心价值观建设，提升了山钢文化内涵。

严格落实党风廉政建设责任制，反腐倡廉建设取得新进展。认真贯彻中纪委三次全会要求，落实党委主体责任，扎实推进反腐倡廉体制机制创新和制度保障，充分发挥纪检监察组织的作用，全力打造干部清正、班子清廉、政治清明的党员干部队伍。各级纪委担负起执纪问责、惩治腐败、纠正“四风”的监督责任，坚持教育为先，抓好关键时段，坚持有案必查、有腐必惩，强化监督检查，有力地促进了企业管理和降本扭亏工作的开展。

同志们，2014年在山钢发展史上具有特殊意义。这一年，我们顶住了市场持续低迷带来的压力，经受了来自方方面面的考验，围绕生产经营、改革发展、重点工程建设和持续转变作风等各个方面，审时度势作出了一系列重大部署，有些已经取得明显成效，有些虽然还没有根本性突破，但进步是显著的，还有一些虽然起步不久，但也已经显示了其重要的战略价值。事实证明，集团公司和公司党委做出的一系列决策是正确的，只要我们勇于负责，敢于担当，坚定不移地沿着既定的方向和思路走下去，就一定能够实现预期的目标。

当然，在肯定一年来取得成绩的同时，

我们更要清醒地认识到工作中存在的问题和不足。比较突出的问题是：

钢铁主业持续亏损的状况没有根本改变。经营性净现金流长期为负，资产质量持续恶化，负债总额进一步增加，负债率攀升，融资难度加大。部分子公司、三级公司亏损严重、持续亏损，集团公司整体亏损的负面效应持续累积，严重威胁着企业的生存与发展。

管理不精、不严、不实的现象还普遍存在。管理粗糙，主观臆断多，系统量化分析少；管理失之于粗、失之于宽、失之于软，存在有令不行、有禁不止、效率不高、考核不到位的现象，违规违纪和经营风险时有发生；在管理环节、生产经营的组织环节还存在一些损害、侵害公司利益的问题；管理的科学性、严肃性、有效性都亟待加强。

高质、高效、高附加值产品研发能力不足，产品结构调整的任务依然繁重，产品质量稳定性较差，市场开发机制有待创新，开拓市场、服务用户方面需要进一步提升；大宗原燃料采购和常规性产品的市场营销协同效应、市场影响力体现不够。

考核导向作用和内部市场化运作发挥不够。对基层组织和职工考核的针对性、准确性和有效性需要深入研究，大量的效益流失在营销和生产一线的具体操作中。在关联交易、资源配置等方面对充分竞争、价格发现、价值导向等市场化的手段体现不够，外部市场压力不能准确及时地传递到企业内部，大锅饭思维、企业包办思维、收入只能增不能降的思维和工作自我满足心理根深蒂固。

国有企业政治优势未充分发挥。严格的党内生活、严肃的组织和政治纪律、凝聚智慧的群众路线、党员的先进性和纯洁性、职工的主人翁意识等国有企业独特的政治优势对中心工作的方向引领和保驾护航作用发挥不够。党委和纪委“两个责任”的落实还存在差距。全集团步调一致、融为一体、形成整体力量的目标还未很好地实现。省委巡视组、省审计厅还发现了我们做事不正确、不准确的若干问题，发现了一些干部工作不适应的问题，及个别管理过程造成公司利益损失的问题。涉及利益调整的重大改革举措出台时，政策解释和思想引导工作超前性、针对性、有效性还有欠缺，有时引发了职工的情绪波动，维护稳定的压力还比较大。

对于以上问题，集团公司及各级领导班子、集团公司机关职能部门要高度重视，举一反三，深刻剖析原因，紧密联系工作实际，认真整改。

二、2015年的形势与任务

2015年仍然是钢铁行业极为困难的一年。世界经济仍处在国际金融危机后的深度调整期，总体复苏疲弱态势难有明显改观。国内经济运行仍面临不少困难和挑战，经济下行压力较大，经济发展进入新阶段、呈现新常态，发展速度、发展方式、发展动力等正在发生新变化。受宏观经济和钢铁行业自身深层次矛盾影响，钢铁行业面临的困难局面持续存在，经济新常态给钢铁企业带来一系列新挑战、新考验。一是产能严重过剩长期存在，供大于求矛盾常态化。在经济新常态下，单位GDP钢铁消费强度下降，主要用钢行业消费钢铁的高峰期已过，使得钢铁国内消费进入“峰值弧顶区”，年消费量在7亿至8亿吨，而目前粗钢产能已在12亿吨左右，意味着供求矛盾在未来较长时间不能化解。虽然钢铁新增产能的速度在放缓，铁矿石供需格局发生了根本性变化，但钢铁行业的竞争态势和盈利能力仍处在压力不断加大的通道中。二是钢铁产业结构调整、转型升级步伐加快。下游用钢产业结构调整、转型升级对钢铁材料提出了更高要求。能否在这次调整中实现转型升级，对企业可持续发展提出考验。三是钢铁企业环保压力越来越大。新《环境保护法》明确界定环保问题是法律问题，是企业不可逾越的红线，要达到环保标准要求，吨钢环保投资需增加近一倍，吨钢环保运营费用需由目前的140元左右提高到200元左右，增加近40%。四是集团公司历史积累的一些困难和矛盾没有缓解。钢铁主业持续亏损，资产质量下降，历史矛盾和社会负担重，劳动生产率低，在成本和品种结构方面的竞争优势不足，减亏扭亏任务繁重。总体判断，2015年面临的形势不会有明显改善，而且有可能是更为困难的一年。

客观分析我们面临的形势，也要充分看到有利因素。中央经济工作会议确定要努力保持经济稳定增长，继续实施积极的财政政策和稳健的货币政策，促进“三驾马车”更均衡地拉动增长，积极发现培育新增长点，优化经济发展空间格局等。这些政策有利于营造一个相对稳定的经济环境，有利于维持钢铁需求相对平稳。钢铁产能、产量与需求三者增量基本保持同步，呈现出低增速、低价格、低需求“三低”的稳定运行态势。我们内部的一些优势正在培育形成，中长期发展战略已经确定，聚焦发展思路更加明晰，一系列改革开始启动，运营转型、管理提升初见效果，扭亏增盈生存保卫战进一步明确了扭转困局的思路和举措，对生产经营将带来根本性变化，极大激发了干部职工背水一战、敢打必胜的信心和决心。只要我们坚定信心，坚持事在人为，充分调动广大职工的积极性、创造性，就一定能够扭转困局，推动集团公司走上健康发展轨道。

2015年工作的总体思路是：以中长期发展战略为统领，着力推进深化改革、全面突破，着力推进精益运营、管理提升，着力强化监督督办、规范管理，加快日照钢铁精品基地建设，将国有企业的政治优势转化为核心竞争力，坚决打赢扭亏增盈生存保卫战。

2015年的主要目标是：集团公司实现营业收入1200亿元，实现利润总额18亿元、力争28亿元。

确保股份公司盈利；金融证券板块实现利润总额25.6亿元；矿业板块实现利润总额3亿元；国贸公司实现营业收入150亿元、利润总额3000万元；房地产公司实现利润总额2.5亿元。

三、2015年重点工作

（一）以改革突破为动力，着力推进中长期发展战略落地实施。

山钢集团中长期发展战略已经形成，概括描述为“聚焦发展，精益运营，建设具有国际竞争力和影响力的绿色钢铁产业集团”。

基本内涵是：

聚焦发展——以价值创造为导向，突破传统思维，重构产业格局。根据未来行业吸引力和自身竞争力，筛选确定钢铁、矿业、贸易物流、金融、房地产等五大核心产业和若干培育类产业，优化调整集团公司在各个产业的投资和持股比例，集中资源发展重点业务，形成以钢铁业务为核心、五大产业板块相融共生、1个集团公司带动5个产业板块和2个子集团的“1+5+2”发展格局。钢铁与非钢在产业划分上要清晰、明确，钢铁业与其他产业的关系都要向交易关系转变。进一步明确房地产业的发展定位。研究并适时启动矿业。贸易物流产业按照国际化、规模化、专业化、金融衍生化的方向融合发展。金融产业开展研究，梳理资源，确立思路，明确目标，适时启动。对现有产业进行全面梳理，凡连续亏损、扭亏无望的，都要研究改革或者退出；凡不属于产业方向的，研究促进其独立发展或者退出。

精益运营——适应经济转型升级的大趋势，在同质化竞争的环境下苦练内功，通过精益管理、精益操作和持续创新，实现运营转型，使山钢成为一个具有精益特质的企业。

建设具有国际竞争力和影响力的绿色钢铁产业集团——通过优化提升钢铁产业，积极发展上游资源产业，大力发展金融业，加快拓展贸易物流业，稳健发展房地产业，培育发展战略性新产业，到2020年力争实现：综合竞争能力显著提升；价值创造能力、品牌影响力和竞争能力国内领先、国际一流；产业协同能力明显增强，完成国有资本的战略性重组，产业组合优势充分发挥，非钢产业的利润占据半壁江山；发展模式更加科学合理，核心产业集群协同发展，产融结合发展能力明显增强，价值服务商转型深入人心；建设绿色钢厂行动和效果得到社会高度认可，企业健康度达到冶金行业国际先进水平，员工收入和满意度持续提高。

上述战略目标的实现大体分3步走：2015年至2016年是扭亏增盈阶段，2017年至2018年是巩固深化阶段，2019年至2020年是优化提升阶段，最终要把山钢集团建设成为具有全球竞争力的绿色钢铁产品服务商，具有国际影响力的新型综合产业集团的探索者，具有持续发展活力的和谐幸福现代国企践行者。

实施中长期发展战略，必须以改革为总抓手，实现体制机制改革等一系列重大突破。

一是调整管控模式。根据中长期发展战略，集团公司对各业务板块运营实体实行战略管控，解决集团总部与一级子公司集权、分权、授权问题。总部机关发挥“引领、服务、监管”的职能定位，通过战略规划、投资决策、财务资金管理、业绩管理、人力资源管理、风险监管等6项管理，实现集约化管控价值。以后集团总部主要就是管这6件事。各业务板块为利润中心和运营中心。

二是系统研究济南、莱芜两个区域和4个子分公司的规划发展与竞争力问题。按照“城市能接受、企业能生存”的原则，推进实施济南分公司转型升级方案，确保各项排放性指标满足环保要求，生产经营实现盈利。抓紧研究济钢集团、莱钢集团的战略方向，尽快明确和启动两个子集团新的发展定位，实现突破发展。济钢要加大铸管生产的研究，尽快确立是否将这一业务作为济钢集团的战略方向；莱钢要研究是否以冶金环保为起点，把莱钢集团打造成一个集环保科技研发、技术及装备制造和工程为一体的环保类产业集团。环保产业发展要瞄准高端，瞄准治污、治霾。这些，明年都要有所突破。与当地政府一道，促进济南、莱芜大力发展用钢产业，形成产钢和用钢产业集群。

三是全面推进改革，增强体制机制活力。坚持资本增量和体制富有活力优先、产业链构建和市场统筹优先、价值创造优先，围绕引进社会资本和产业链构建、产业互补等，积极发展混合所有制经济，使社会股东与国有股东各司其职、有效制衡，提高国有资本的影响力、带动力，壮大国有资本，促进企业建立科学规范的决策经营机制，提高决策质量。集团公司二级及以下各级控股或实际控制的实体性子公司均可纳入混合所有制改革范畴进行研究，我们要回顾和分享上一轮改制激发资本快速增长的成果，促进思想观念转变。2015年的主要安排是：钢铁产业维修业务公司化改革，制氧系统社会化运营、医院引进资本促进发展等体制改革，喀什钢铁、张钢、耐材以及济钢、莱钢部分所属企业混合所有制改革，确定日照钢铁精品基地股权方案，探索重要业务板块引进战略投资者实施混合所有制改革的思路，探索山钢集团整体改革的思路。积极培育上市公司资源，加快资产证券化进程，推动核心业务资产上市。探索员工持股计划与股权激励、期权、虚拟股权、岗位分红权等以涉及股权权力为特征的激励政策的有效结合，配套建立内部产（股）权交易平台和流转有序的转让退出机制。探索向其他各产业、法人单位转移安置钢铁产业人员的思路。启动新一轮“三项制度”改革，建立完善能增能减的收入分配制度、能进能出的劳动用工制度、能上能下的选人用人制度。改革现有工资制度，以岗定薪，建立差异化的薪酬分配政策。每年按照5%的比例对各级管理人员实施末位调整、末位淘汰。对专业技术人员采取市场化管理办法，通过竞争获取研发课题和项目，以业绩论英雄。技术工艺、产品研发与创新要坚持内力、外智相结合，放开胸怀接纳外力外智。以创造优秀经营业绩为尺度，以科技研发项目为载体，以职业培训、岗位技能培训和网上练兵为手段，加快培育一批高素质经营管理人才、科技人才和技能人才。健全内部产品的市场化定价体系，形成公平公正的市场化交易关系，促进资源科学合理配置，依靠市场机制，形成相生相融的产业体系。

四是深入推进集团化运营。集团化运营是现代大型企业集团的基本属性，过去我们进行了若干年的探索，取得了很好的成果，但是我们用了6年才做到当前这样，如果现在我们还要再争论、再彷徨、再博弈，可能就会失去最后的机会。明年要研究整合钢铁业务营销体制，强化营销业务管控，实现营销变革，推进钢铁全业务流程协同。尽快实现统一营销战略和策略，统一市场研究，统一品牌使用管理，统一营销渠道与布局，统一营销政策，统一共性客户开发与管理，推进螺纹钢、热卷、冷卷的强制性协同，平板钢的互补性协同，优钢和型钢的市场性协同，整合驻外销售公司，实现营销活动一个面孔、一个声音、一个政策、一个意志对外。适应信息化与工业化加速融合的趋势，加快信息化进程，探索和布局电子商务。充分整合集团内部信息资源，推进信息系统在集团内部管理各层级的纵向贯通和管理各环节的横向集成，为战略决策、经营管理、风险管控提供精准高效服务。加快产业耦合，以钢铁为依托，构建五大核心业务以及培育业务相生相融的产业生态圈。明年要突破钢铁、贸易物流、金融之间的价值协同，以金融促进贸易，以贸易带动金融，力争2015年铁矿石贸易总量达到2000万吨以上，加上融资租赁公司运行、国际销售业务整合，融资能力达到350亿元。进一步实施资金管理改革。研究推进以统一结算为基础，进一步发挥集团优势和各层级融资资源潜力，推进统一资金预算、统一融资。严格资金控制，发挥集团公司资金池、票据池和各跨境本外币资金池的作用，提高资金链安全度和资金运行效率。

这里要特别说一下国际化的问题。山钢集团的国际化业务，总体上的状态是“自然生长，没有着力培植”，仅有的一些资源没形成拳头，已经到了需要整体上研究的时候了。山钢集团需要有一个国际化的形象，要把集团能够提供国际化业务的资源进行整合，形成体系，拓展和聚焦业务方向，逐步形成以集团为依托的业务布局，形成战略板块。基本的考虑是：以中国香港为核心，对全集团分散的海外贸易、金融、矿业等业务平台进行整合、调整，以集团为依托扩大业务范围，不断趋近资本市场，借助资本的力量实现迅速壮大，形成相对独立的战略板块，要建立一支富有活力的国际化人才队伍，把能使用外语、有经营能力、有国际化思路、忠诚山钢的同志集合到这支队伍中，推进海外事业加快发展，未来2年进行战略布局，用5~6年取得突破性的大发展。

五是以战略管理主导经营管理。根据总体战略，各业务板块和职能部门分别组织制定业务规划和职能战略，并通过年度计划对达到目标的方法和举措进行分解、落地实施。战略管理部门每年组织对战略规划的实施情况进行全面的检查和评估，形成评估报告，找出差距不足，并提出相应的改进对策。在集团公司内外部环境发生重大变化时，适时组织对总体战略进行动态优化调整。通过对战略研究、战略制定、战略实施到战略评估与调整全过程的闭环管理，实现以战略管理主导经营管理的格局。

（二）以精益管理、精益运行为核心，聚焦降本增效、止血止损，深入推进运营转型、管理提升。

管理提升，要害是精益管理；关键是按事物运行、变化、发展的规律办事，即实事求是；重点是掌握正确的工具，使用有效的方法和坚持不懈的执行，既要提高决策水平，做正确的决策、高水平的决策，找到关键问题，找到先进的标杆指标体系和具体目标值，更要研究高效执行、精心执行、执行到位；基本抓手是考核。要以“运营转型、管理提升”活动为载体，通过持之以恒、坚持不懈地推行精益管理，实现精益运行，逐步把山钢打造成为一个具有精益特质的企业，一个具有自适应、自调整、自优化、自提升能力的现代化公司。

推行精益管理、实现精益运行，首先在思想上要牢固树立精益理念。精益管理的本质是按客观规律办事，精益管理就是要运用科学的工具和方法，分析梳理管理中存在的问题，摸索并把握其中的规律，抓根本、抓要害、抓纲带目，以创新的思路和手段系统挖掘潜力，而不能拍脑袋决策、凭想象按习惯做事。推行精益管理，必须勇于否定自我，对一代代传承下来的管理理念、管理方式、业务流程等进行系统的梳理、诊断，先进的保留下来并加以提升，已经落伍了的，特别是有些已经被证明是错误的，则坚决地丢弃，以科学的、先进的、正确的取而代之。对此，态度必须坚决，不容许留恋那些已经被证明低效却长期“捧着”的做法。

精益管理、精益运行要继续聚焦止血止损、减亏扭亏、降本增效。一是强化竞争择优，大力推行招标采购，规范关联交易。充分运用信息化招标采购平台，凡能实行招标采购的都要实行招标，确保阳光采购。全面推进关联交易市场化，内部所有法人之间的交易活动必须按照规范的招投标程序通过竞争确定供求关系。二是抓好营销体系转型升级，推进营销体制改革，实现市场、资源、重点客户、营销策略等协同，向营销一体化目标推进。三是以效益为中心优化生产组织和资源配置，提高效率，降低成本，扭转全流程大亏损的局面。四是进一步研究建设以钢铁研究院为核心、以各业务单元为补充的研发体制，明确自主研发和引进外智相结合的研发方式，既突出自主研发，又强调“拿来就用”，调动内外研发力量，研发成果为我所用。建立研发人员收入与所创实际价值充分挂钩的激励约束机制，杜绝为“研发”而研发现象，解决“新产品研发见光死”问题。五是围绕生产经营中的关键环节和效益洼地，深化对标挖潜。瞄准“炼铁成本低于行业平均成本50元，吨材售价缩小与行业平均差距60元”的目标，运用麦肯锡的理念、方法诊断问题，以历史水平上限、设备设计上限、行业标杆上限为依据，深入对标，深挖潜力。六是推广运营改善模范工厂成果。进一步提炼济南分公司炼铁厂试点经验，推广到全集团各单位，重点推广项目团队观察问题、分析问题、解决问题的思路和方法，抓好麦肯锡工具和方法的培训。七是抓好风险管理工作，切实防范财务风险。研究探索上下联动、步调一致、管控有力的风险管理长效机制，以风险管理专业化支撑各产业板块聚焦发展。强化资金预算管理和资金集中统一管理，优化债务结构，大力压缩“三项资金”占用，提高风险预警和管理水平。八是以落实管理者责任为核心，强化安全生产和环境保护。认真学习遵守新《安全生产法》，增强“红线意识”，筑牢“底线思维”，加大“四不两直”检查和隐患排查治理。按照新《环境保护法》的要求，强化环保治理，推行清洁生产，实现生产全过程减排。

推行精益管理，实现精益运行，要以精准考核和全面预算管理作支撑。创新问题发现与改进机制，强化精准考核，把转型的动力充分激发出来，鼓励大家发现问题，缩小全面预算管理及层层分解的绩效体系与精益化管理之间的差距，在更深层次上挖掘潜力。2015 年的绩效考核设置了几个档次，包括底限指标、预算指标、奋斗目标，与不同档次的工资总额挂钩，充分体现“多盈多得”的原则，奋斗目标之后再设一个突出贡献奖的奖项，对成绩突出者实施突破传统思维的奖励。

推行精益管理，实现精益运行，各级管理者责任重大，党员队伍是一支不可忽视的力量。一个企业运行质量如何，与各级管理者是否尽心尽力直接相关，管理者糊里糊涂、浑浑噩噩、敷衍塞责，他所在的单位、部门也必然马马虎虎、毫无生气。如果有的单位领导者对集团公司决策说三道四，不认真执行，这个单位也将思想混乱，后患必起。希望各级管理者认真履行职责和使命，带头推行精益管理，发挥好示范和引领作用。各级党组织要善于发挥广大共产党员在运营转型、管理提升中的作用。大家一定记得毛泽东同志讲过的“世界上怕就怕‘认真’二字，共产党就最讲认真”这句名言。“认真”是中国共产党人的专利，也是精益思想的精髓，推行精益管理重在坚持“认真”。全公司广大党员要继承光荣传统，自觉树立“不讲认真、做不到精益就不是合格党员”的观念，将精益思想、认真作风充分体现在岗位上，体现在日常工作中，把“认真”专利发扬光大。

（三）健全完善体制机制，加强监督，堵漏减损，提质增效。

现在社会管理越来越严格，各种违法违纪问题不断被查处，无论从爱护干部的角度，还是从强化企业管理、维护企业利益的角度，都必须多管齐下强化监督。各级领导干部和关键岗位人员要正确认识监督的重要性和必要性，克服“监督是对自己不信任”的错误认识，以对事业负责、对个人负责的胸怀自觉接受各方面的监督。

强化监督重在把握职权运行规律，健全完善监督机制；核心目标是各项管理工作和各级管理者的经济活动及经济责任，重点是履职尽责、执纪问责。对那些不执行公司决策、屡禁不止、不拿公司利益当回事、给企业利益造成损害的，要严格追责，要动钱包、动板凳、动帽子，严重的追究党纪、政纪和法律责任。要探索构建以党内监督、职能监督、民主监督为主体，积极接受上级、社会、群众、舆论等各方面监督，全方位、多层次的监督体系，有效保障各类职权规范运行。

一是发挥政治核心作用，加强党内监督。各级党委、纪委要认真落实“两个责任”，扎实开展党内监督。各级党委要充分发挥政治核心和保证监督作用，认真落实民主集中制，坚持“三重一大”决策制度和请示报告制度，推行党务公开，规范职权运行，形成不易腐败的保障机制、不敢腐败的惩戒机制。各级纪检监察组织要强化监督、执纪、问责，严明党的政治纪律和企业组织纪律，杜绝阳奉阴违、组织涣散、纪律松弛等不良现象；强化纪律刚性约束，把执行纪律纳入对党员干部的日常培养、选拔、管理和使用全过程，确保集团公司和公司党委各项工作部署及改革举措有效贯彻落实。

二是发挥专业优势，加强职能监督。审计、监察、财务、人事、法律事务、督查督办等部门是企业行政职能监督主体。要充分发挥审计监督作用，强化经济责任审计，明年开始对全部法人单位及在任的董事长、党委书记、总经理逐级进行全面审计，继续抓好省审计厅所提审计意见的整改工作。通过审计纠正不规范的做法，防止违规违法行为发生，解决效率低下等问题，对发现有严重问题的移交纪检部门立案查处。同时对管理者进行科学评价，好的坏的给出结论，提出建议。深入开展效能监察，围绕降本增效、管理提升，针对物资采购、工程建设、计量质量检化验、货物运输等容易跑冒滴漏环节开展专项效能监察。加强招标采购监督，严格规范招标程序，避免暗箱操作。加强财务监督，重点从授权批准控制、会计系统控制、全面预算控制、风险防范控制等方面完善制度，规范财务管理和会计核算工作。加强干部监督，严格执行领导干部个人有关事项报告、述职述廉、民主评议、诫勉谈话、组织函询等制度，建立领导干部廉洁从业档案，加强监督检查。加强法律事务监督，完善法律风险防范机制，提高各级管理人员的法治思维和依法办事能力，对内依法治理、对外依法经营，维护企业合法权益。加强督查督办工作，排除决策实施过程中的各种阻力，促进各级领导干部转变作风，促进集团公司和公司党委的决策部署落到实处。

三是发挥主人翁作用，加强民主监督。工会、职工代表大会是企业民主管理、民主监督的重要主体。各单位各级党组织要牢固坚持全心全意依靠职工办企业方针，畅通民主监督渠道，深入推行厂务公开，正确引导职工参与监督，使全体职工都成为企业利益的守护神。

（四）全力推进日照钢铁精品基地项目工程建设。

日照精品基地的建设目标早已经确定，即“建设效率高、成本低、竞争力强的生命工程、希望工程和高效工程”，在时间节点上，力争2016年底一期工程建成投产。因此，2015年将是工程建设决定胜负的关键一年，必须进入全面开工建设、高效推进阶段。

实现这一目标，集团公司责无旁贷，各单位、各部门都肩负重任，特别是工程建设团队要付出艰苦的努力。

在项目建设方面，要全面加强过程管控，激发参建各方的积极性和创造性，以项目合同管理为核心，全面加强质量管理、工程进度管理、投资预算管理、安全管理等，在建设过程中要特别注重交流、考察、优化设计、联合研发、自主创新过程中形成的优秀成果，为项目建成后竞争力的形成创造先决条件。钢铁研究院和日照公司要突出做好市场研究和产品研发，加强与高等院校、研究机构、钢材用户的交流与合作，深入调查研究汽车制造商等高端钢材市场的发展趋势、用户需求和升级目标，严格按照需求和趋势研发升级换代产品，通过为所有用户创造价值获取客户资源，引领市场消费，努力规避同质同构导致的恶性价格竞争。

在公司治理上，要积极探索混合所有制改革，以混合所有制建设为契机，进一步提升建设、管理、运营效率，努力打造具有较强竞争力和影响力的钢铁企业，成为市场引领者。要进一步明确日照公司和项目建设指挥部有关部门及各项目部既是对应子项的建设管理者，也是将来各单元的生产经营管理者，要在体制机制上倒逼建设过程中责任到位。

要树立风险控制观念，实施全过程风险辨识与控制。要全面梳理风险源，确立风险控制措施，编制风险控制预案，特别重视政策风险、法律风险、合同风险、建筑质量风险、自然灾害风险、企地关系风险和廉洁风险。

（五）加强党建和宣传思想文化工作，把政治优势转化为引领和保障企业改革发展稳定的核心竞争力。

2015年，企业生存的压力、改革的压力、发展的压力和稳定的压力都非常大，越是在困难的时候，党的建设、宣传思想政治工作越要显示独特的魅力与价值，打好主动仗，作出新贡献。关于政治领域的工作任务，党委还要下发年度《工作要点》，纪委也有专门的工作部署，请各级党群组织认真贯彻落实。今天我只强调几个重点内容。

一是要深入开展形势任务教育和思想政治工作，凝聚全体职工对实施企业中长期发展战略的共识，凝聚对全面深化改革、务求取得突破的共识，凝聚企业生存是职工最现实利益和最根本利益的共识，凝聚精益管理是山钢扭亏为盈必由之路的共识，真正形成渡难关、增效益、促改革、强管理的合力。

形势任务教育要增强超前性和预见性，紧紧围绕中心工作，贴近职工思想实际，完善重点课题协调推进和分层落实机制，积极探索形势任务教育的有效形式，充分发挥党内“三会一课”以及座谈会、宣讲会、辅导报告等的作用，运用报纸、电视、网络、手机等媒介向职工宣讲形势政策，用职工群众听得懂的语言、记得住的讲法、用得上的案例，把政策讲清、道理讲透，统一思想、凝聚力量。

宣传思想工作要树立强烈的大局观，进一步强化全党动手做好宣传思想工作的自觉性，围绕改革发展目标大胆探索创新，有效发挥思想政治工作化解矛盾、理顺情绪的作用，切实帮助职工思想上解惑、精神上减负、心理上减压、生活上解困，增强职工的改革承受力，保障和促进改革的顺利进行。

为了增强形势任务教育和思想政治工作的整体性与一致性，要把构建山钢统一的舆论宣传平台作为推进企业文化融合的重要内容，加快实施媒体资源整合，积极探索具有山钢特色的传统媒体与新兴媒体融合发展模式，提高宣传舆论工作的质量与效率。

二是全面加强党的建设，各级党组织、领导班子和干部队伍要在深化改革、推进精益管理和打赢扭亏增盈生存保卫战中当标杆、作表率。

进一步修订完善领导干部选拔任用相关规定和领导人员任期考核、年度综合考核办法，加大对重点工作、重点任务的日常考核。核定单位领导干部职数，加大对单位中层岗位总量的控制和监督。逐步建立规范的干部管理序列，推进董事、监事、财务总监等队伍建设。对考核不适应、不称职的干部采取组织措施，对工作失职、管理失责、决策失误造成恶劣影响和企业利益损失的严肃追究责任。按照“四型机关”“六强化、六提升”和推进精益管理的要求，加强总部机关干部队伍建设，提升辅助决策能力、执行能力和政治素质，使之成为认真落实集团公司决策的高执行力队伍。尽快出台集团公司高端人才公开招聘方案，面向社会公开招聘集团公司急需的高端专业管理人才。贯彻落实领导干部“四项监督制度”，制定干部选拔任用工作监督规定、领导干部追责制度。规范选拔任用工作程序，继续做好选拔任用工作全程纪实。

把创建“三型”党组织作为强化党建

基础工作的龙头工程，引导党员干部养成良好的学习习惯，提高综合素质和履职尽责的本领；牢固树立服务意识，规范服务行为，提高服务效率和质量；创新工作思路，不断破解工作难题，开创工作新局面。紧紧围绕改革突破等重点工作，搭建“服务转型发展、服务基层组织、服务党员、服务职工群众、服务社会”5个平台，在改进服务手段、拓宽服务渠道、提高服务水平上下工夫，引导各级党组织和广大党员在改革发展中勇挑重担、创先争优，充分体现先进性，增强吸引力、影响力、战斗力。

要特别强调，各级党组织、各级领导干部和广大党员要严格遵守政治纪律和组织纪律，在政治上自觉与党中央保持高度一致，自觉执行集团公司、集团公司党委的决策部署，确保集团公司政令畅通，令行禁止，团结带领广大干部职工落实好各项重点工作任务。对不执行公司决策、弄虚作假等各种不良行为，要依照正风肃纪“十条禁令”和职工违规违纪处理办法严肃处理。

三是运用法治思维治理企业，持续提升作风建设和反腐倡廉工作水平。

党的群众路线教育实践活动的深化、省委专项巡视和省审计厅审计等反馈问题的整改，是深入贯彻落实中央十八届四中全会精神，运用法治思维治理和规范企业管理行为的具体实践，要以此为契机，密织制度网络，扎牢制度笼子，让遵法守法敬法成为习惯，让自觉遵守制度和规范成为一种文化。

全面落实教育实践活动整改措施，巩固拓展作风建设成果。认真总结教育实践活动的成功经验，健全完善抓党建、纠“四风”、转作风的长效机制。把认真落实好党委主体责任、纪委监督责任作为突出的政治任务，进一步健全反腐倡廉领导体制和工作机制，把落实党风廉政建设责任制纳入落实中央“八项规定”、集团公司“十条禁令”、纠正“四风”新内容，制定并落实好党风廉政建设责任制责任追究实施细则和日常考核办法。建立实施领导干部述职述纪述廉述作风的“四述”新机制，增强贯彻执行党风廉政建设责任制的自觉性和威慑力，强化监督，管住权力，打造阳光企业。认真落实巡视反馈意见整改措施，从严格执行党风廉政建设责任制，采取“一岗双责”失职倒查责任追究制度，对发生重大腐败案件和问题突出的地方，实行“一案双查”。切实加强反腐败体制机制创新和制度保障，保证各级纪委监督权的相对独立性和权威性。

同志们，2015年即将来临。新的一年充满着挑战，孕育着希望，新的一年是我们走向健康发展的关键一年，让我们共同努力！

借此机会，向同志们并通过大家，向全集团干部职工和离退休老同志、职工家属以及关心支持我们的社会各界致以诚挚的问候，预祝大家新年快乐！

在集团公司安全生产工作会议上的讲话

董事长、党委书记　任　浩

（2015年1月21日）

同志们：

刚刚过去的2014年，各单位、各部门认真贯彻落实上级有关会议精神，积极主动作为，在管理关系深度调整的情况下，集团公司整体保持了安全生产持续稳定好转的势头，为生产经营业绩的持续改善提供了坚强保障。但是，仍然发生了2起死亡事故，7起轻伤事故，这些事故给这些家庭带来巨大的伤害，造成了永远无法弥补的损失，我们深感痛惜。各单位要从这些事故当中吸取教训，转变“事故不可避免”的错误观念，把安全生产工作做扎实做到位。

刚才，集团公司对2014年安全生产工作进行了总结，分析了形势，提出了目标任务，对今年的工作进行了部署，此前，还下发了《2015年安全生产管理工作指导意见》和《2015年第一季度安全生产管理工作要点》，各单位、各部门要认真贯彻落实，坚定不移地完成安全生产工作的各项任务目标。下面，我就安全生产工作强调几点。

一、认清企业面临的内外部安全形势，切实把安全生产放在第一位

应该清醒地看到，中央对安全生产工作的重视程度是空前的，要求是严格的。近年来，习近平总书记、李克强总理对安全生产工作做出一系列重要讲话和指示，把以人为本、安全发展的理念提升到新的高度，提出了抓好安全工作的一系列新思路、新要求。省委、省政府对安全生产工作的重视程度也是空前的，大力构建全社会、全领域、全行业、全区域的大安全工作格局，全方位落实安全责任，进一步加大对生产安全事故责任问责。总体来看，国家和省委省政府对安全事故采取“零容忍”的态度，对人民生命健康安全的重视程度和对安全管理失职渎职的惩罚力度空前提高，各级政府在处理近年来发生的重大安全事故中都呈现出趋紧趋严的特征。大家都要清醒地认识到这种趋势性变化，都要适应安全管理严格监管、严肃问责的新常态。在坚守安全红线的这个重大问题上，我们必须与党中央和省委、省政府保持高度一致，必须旗帜鲜明、态度坚决地贯彻落实，把安全生产工作上升到关乎企业稳定发展的战略高度，上升到“企业不消灭事故，事故一定会消灭企业”的高度，以极端负责的态度，在思想上和行动上切实把安全生产工作放在第一位，切实抓紧抓牢抓出成效。

2015年是集团公司改革突破之年，打赢扭亏增盈保卫战的关键之年，各项工作任务目标艰巨繁重，日照精品基地建设全面开工，体制机制优化的力度加大，利益调整逐步深化，职工思想比较活跃，这些都给安全生产带来新的影响。各级安全管理者都要紧绷安全生产这根弦，充分辨识安全管理过程中出现的各种新情况新问题，时时刻刻把安全生产抓在手上。近年来安全生产呈现不断向好的势头，但越是安全形势向好的时候，越是多年没有发生安全事故的单位，越要注重研究“安全周期律”，越要保持足够强烈的警醒，增强做好安全生产工作的危机感和紧迫感，任何时候都不能骄傲和麻痹大意，如稍有松懈，就有可能当头一棒。今年，各单位都必须拿出更加有效的措施取得安全生产新突破，取得更加明显的成效，整体上形成持续向好的势头，为全年完成各项改革发展目标提供良好的安全氛围。

二、认真贯彻落实新《安全生产法》，坚守依法依规生产经营建设的安全工作底线

党的十八届四中全会作出了全面推进依法治国的总体部署，这是中央治国理政的重大战略抉择，《安全生产法》的修订就是依法治国方略在安全生产领域的具体体现。大家要增强政治敏感性，要充分认识到法治中国建设步入新征程，我们国家的治理体系正在发生历史性变化，要丢掉“人治大于法治”传统思维，切实对新

《安全生产法》满怀敬畏之心，增强自觉性和使命感，严肃认真遵守执行。第一，要落实好第一负责人的安全生产责任制。严格落实“党政同责、一岗双责、齐抓共管”，党委和行政一把手都是安全生产第一责任人，负有安全生产第一的责任，要亲力亲为，就是亲自领导、亲自布置、主动思考、亲自落实安全生产工作。第二，要强化各级安全管理网络上的管理者的责任，要一直延伸到班组长。各级安全生产管理者都要加强对新法的学习贯彻，以身作则，全面增强法律意识，切实把新法要求落实到制度和行动中，形成依法管理、依法履职、依法追究的工作局面。第三，落实好安全监督责任。一方面，要接受好社会监督，尤其是各级政府安全生产监督管理部门对我们的监督、检查。另一方面，要落实好专职安全管理者的责任，作为专职安全管理者，不说不做有责任，说了没落实有责任，说了落实不到位出了问题还有责任，说到做到落实到位不出事故就是工作富有成效。对于责任不落实出现问题的，要严肃追究相关人员的责任。抓好安全生产工作，是对职工生命的保护，也是对安全管理者自己的保护。

三、突出重点和基础工作，以最严格的要求狠抓落实

安全生产工作不能心存侥幸，必须以高度务实的态度，扎实做好每一项工作。要在态度上做到“真认真”，在制度上做到“真落实”，在检查上做到“真较真”，在事故处理上做到“真追究”，通过实打实地抓、硬碰硬地做，推动安全生产工作再上新台阶。重点抓好以下几个方面的工作：

（一）安全生产责任要清晰到位。按照习近平同志提出的“人命关天，发展决不能以牺牲人的生命为代价”的要求，牢固树立安全生产的“红线”意识，严格落实各级安全生产主体责任。各单位要持续完善全员、全过程、全方位的安全生产责任体系，要把责任界定得更精细、更精确，更具有针对性和有效性，更容易抓到安全的要害。要层层分解落实安全责任，生产经营建设延伸到哪里，责任体系就要覆盖到那里，真正做到横向到边、纵向到底，不留盲区、不留死角，特别在落实员工、岗位、具体环节的责任上要做更多更细的工作，使安全责任真正有效落地。要积极落实监管责任，采取“四不两直”方式，严肃查处违章违纪行为，提高督查的效能，要看原生态，揪出真问题。严格落实“党政同责，一岗双责，齐抓共管”的要求，要明确党委负责什么，行政负责什么。所有领导干部都要负责分管领域的安全生产工作，都要签订安全生产责任书。要严肃责任追究，动真碰硬，坚持正确的原则和立场，要有一股狠劲，对歪风邪气不妥协、不让步，不讲情面，严格执行有关处理规定。

（二）重点领域的安全工作要到位。钢铁、矿山、化工、建筑施工等都是高危行业，容易发生群死群伤事故，必须对重点领域严防死守。要突出抓好金属冶炼、危险化学品、能源介质、设备检修、特种设备及特种作业、有限空间作业、矿山开采、建筑施工、职业病危害防治等重点领域的安全管理，确保万无一失。要按照“全覆盖、零容忍、严执法、重实效”的要求，对重点单位、重点领域、重要场所、重大危险源进行高频次监督检查，建立以自查、互查和督查为主要方式的隐患排查治理长效机制，严格落实有关排查治理责任制，各级管理者要对检查本身的行为高度负责，谁检查谁签字，谁负责谁监督整改，隐患整改要做到“措施、责任、资金、时限、方案”五落实，单位主要负责人对整改结果签字画押，对限期整改不到位或因工作不力导致事故的，要倒查追究有关责任人的责任。

（三）基础工作要打牢抓实。安全管理的要害在基础、基层、基本功，关键在狠抓落实。班组是安全管理的前沿阵地，各单位都要把班组建设作为加强安全生产基础的重点来抓，推动班组建设、基层管理上台阶，切实把生产作业要求、安全管理措施、事故防范技能落实到一线员工，确保员工生产作业无违章，突发事件能处理。要把安全培训抓实，无知是“第一杀手”，要提高各类人员的安全意识和素质，根据“业务主导培训”的原则，聚焦事故多发的非重复性作业、异常作业、设备检修、建设技改等，落实专业管理责任，提高履职能力。要把设备的本质化安全抓实，加大对设备安全的监控和辨识，避免设备缺陷对人的伤害。把安全生产的标准化抓实，持之以恒地抓好4个标准化建设，通过标准化的推进，养成良好的管理、操作习惯。把职业卫生工作抓实，强化职业卫生基础建设，强化职业健康检查。把相关方的安全管理抓实，各单位尤其是日照公司要按照新安全法的要求统一管理相关方的安全，按照“谁引进、谁负责”“谁用工、谁管理”的原则，统一标准、统一要求、统一考核。

（四）应急体系关键时刻要管用。应急管理是减少人员伤亡和财产损失的最后一道屏障，必须筑牢筑实。要细化应急预案，完善应急组织体系，明确职责分工，加强协同配合。强化政企联动，主动与地方政府应急预案衔接，统筹配置应急救援队伍、装备和物资，共享区域内应急资源。加强培训演练，提高各级负责人的应急指挥能力、作业人员自救互救能力，特别要提高系统处置能力，确保紧急情况下的科学施救、有效施救。

同志们，安全生产是企业生存发展的基础。希望大家牢固树立“以人为本、安全发展”的理念，把保护职工生命安全健康作为最高职责，把各项安全管理措施落实到位，努力实现优异的安全绩效，为集团公司完成各项任务目标提供坚实的安全保障。

在山钢集团庆“七一”表彰大会上的讲话

党委书记、董事长　任　浩

（2015年6月29日）

同志们：

今天，我们召开这次大会，共同庆祝中国共产党成立94周年，表彰集团公司2014~2015年度党内先进和企业文化建设先进集体及道德模范，回顾一年来集团公司党的建设工作情况，对下一步的重点工作作出部署。

首先，我代表公司党委，向受到表彰的各类先进集体和个人表示热烈的祝贺！向全公司广大共产党员致以节日的问候！

中国共产党诞生至今，已经走过了94年的光辉历程。94年来，在几代中央领导集体的坚强领导下，我们党在中国革命、改革和建设的历史进程中，始终勇立时代发展的潮头，带领全国各族人民取得了一个又一个伟大胜利，谱写了辉煌篇章。党的十八大以来，以习近平同志为总书记的党中央承前启后、继往开来，以“四个全

表彰大会现场

面”战略布局为引领，带领全党和全国人民为实现“两个一百年”奋斗目标和中华民族伟大复兴的“中国梦”而奋斗。

去年以来，集团公司认真贯彻执行中央和省委决策部署，解放思想，干事创业，真抓实干，生产经营改革发展等各项工作成效显著。扭亏增盈生存保卫战取得一定成绩，2014 年全集团实现扭亏为盈，今年前 5 个月继续保持了较好的经营状态；发展战略颁布实施，“聚焦发展，精益运营”的一系列措施正在落地，金融板块正有序推进，对外贸易合作成果丰硕；“运营转型、管理提升”活动持续开展，精益管理理念逐步深入人心，精益生产、精准操作、精细管理的氛围开始形成；改革持续深化，日照公司混合所有制改革、财务总监委派制有了新突破，维修体制、内部市场化运营等改革正在加快推进；集团公司成功实现对唐克里里铁矿项目 100%控股，山钢股份定向增发获得中国证监会核准；日照钢铁精品基地项目推进步伐加快，掀起了建设高潮；企业在重重困难中发展，职工队伍整体保持稳定。

一年来集团公司取得的成绩，进一步彰显了国有企业的政治优势。全集团各级党组织充分发挥党委的政治核心作用、党支部的战斗堡垒作用和党员的先锋模范作用，融入中心，服务大局，团结一心，为企业改革发展提供了强大的动力，也实现了党的建设各项工作的新突破。

巩固拓展教育实践活动成果，“三严三实”专题教育实现良好开局。坚持多措并举，扎实推进“四风”突出问题整治工作。“敞开大门”公开整改，广泛倾听职工群众的意见和反映，多次召开专题会议研讨，接受职工群众的监督和评议；突出重点强力整改，对集团公司领导班子 27 项主要问题明确整改目标、整改时限，制定详细整改措施，整改已全部完成；深化改革主动整改，先后推出一批深化改革方案，发展战略更加明确，管控架构更加清晰，精益管理、运营转型更具实效；强化责任严肃整改，整改任务和目标实行干部问责制，纳入班子年度考核和党建工作责任制考核，确保了整改效果；建章立制促进整改，全面梳理山钢成立以来制定的管理制度和规范性文件，及时出台了一批改进工作作风规章制度。各级党组织在“三严三实”专题教育中，制定工作方案突出“三严三实”主题，聚焦对党忠诚、个人干净、敢于担当，以高质量党课开局起步，以深入的专题学习研讨启发自觉，坚持边学边查、即知即改，着力解决“不严不实”问题，专题教育深入人心、取得初步成效。

抓基层打基础，强化作用发挥，不断提升基层党建工作科学化水平。扎实开展学习型服务型创新型党组织建设，加强组织领导，制定实施方案，从载体上入手，从制度上规范，从机制上保障，增强了建设工作的思想自觉性和行动自觉性。坚持典型引路与试点先行，涌现出济南分公司化工厂、莱芜分公司焦化厂等“三型”党组织建设先进典型。党建工作一体化建设有效推进，以落实党建工作目标责任制为抓手，强化检查考核与结果运用，开展基层党组织书记抓党建工作述职评议，增强各级党组织及主要负责人的管党治党意识。健全完善党的基层组织体系，实现党的组织和工作全覆盖。开展“严格党的组织生活”专项治理，高质量开好民主生活会，完善并有效落实党内组织生活制度，各级领导班子的凝聚力、战斗力进一步增强，党员干部作风进一步转变。

加强领导班子和干部队伍建设，干部队伍结构和整体素质不断改善。紧紧围绕企业发展战略，选优配强领导班子，调整交流干部80余人次。完善法人治理结构，调整充实山钢股份、济钢集团董事会、监事会成员，充实经理层成员。深化干部人事制度改革，对集团公司党委管理的各企业党政领导干部实行任期制，每届任期三年，任期内和任期末进行年度考核和任期考核。深入贯彻落实“四项干部监督制度”，实行新出台的干部选拔任用纪实工作办法。认真落实领导干部民主生活会、述职述廉、任职、廉政和诫勉谈话等党内民主和监督制度，严格执行党员领导干部报告个人有关事项等监督制度。坚持“逢提必查”要求，开展领导干部报告个人有关事项抽查核实工作。整合利用各类培训资源，创新培训形式，丰富培训内容，提高了培训工作的针对性、实用性。

创新宣传思想文化工作，凝聚干事创业的正能量。深入学习宣传贯彻党的十八大和十八届三中、四中全会精神，学习习近平总书记系列重要讲话精神，严格执行《理论学习中心组学习制度》，各级党组织在复杂形势下保持政治定力，驾驭全局能力进一步提高。围绕集团公司工作主线，认真开展形势任务教育，深入解读集团公司重要决策、重大部署以及阶段性重点工作，答疑释惑、凝聚共识。注重做好日常思想政治工作，密切关注职工思想热点，针对管理人员考核降薪、调整考核基数以及调整退休人员统筹外补贴等事项，及时做好心理疏导工作。丰富山钢文化体系，开展“共筑山钢魂，共圆山钢梦”文化深度融合践行活动，努力将文化理念融入渗透到生产经营管理各领域各环节。大力倡树新风正气，文明创建氛围日益浓厚，一批优秀单位成功跻身省级以上文明单位行列。各级工会、共青团组织充分发挥桥梁纽带作用，在服务党委中心工作中规范化水平进一步提高。

严格落实党风廉政建设责任制，反腐倡廉建设取得新进展。集团公司党委把省委专项巡视视为对党委工作的“整体把脉”和提高党建工作水平的重要机遇，制定整改分工方案，建立台账，实行一对一、点对点的销号式管理，整改落实工作已经完成。落实党委主体责任，强化识责、明责、督责、追责等“五位一体”的工作措施，在层层签订“党风廉政建设责任书”的基础上，集团公司党政领导班子带头做出廉洁从业十项公开承诺。落实纪委监督责任，聚焦主业、突出重点，从严履行党章赋予的监督、执纪、问责职责。全面加强党的纪律建设，严明党的政治纪律，引导和督促广大党员干部讲政治、顾大局，牢记党员身份，固守政治定力。紧紧扭住落实中央“八项规定”和省委实施办法精神不放松，制定实施正风肃纪“十条禁令”，采取明察暗访、交叉检查等方式，在全公司对公车私用、公款吃喝和“庸懒散”等作风问题进行监督检查，发现问题严肃处理。坚决查办违纪违法案件，有35人次受到党纪政纪处分。深化反腐倡廉教育，开展德廉知识学习考试，多渠道对党员干部进行警示教育。创新廉洁文化建设，各单位探索建立微信反腐公众平台，搭建“手机廉洁课堂”，开展廉洁文化征文活动，进一步强化了各级领导干部和关键岗位人员的廉洁自律意识。

一年来所取得的成绩可圈可点，涌现了一大批辛勤付出、无私奉献的典型。今天受到表彰的先进集体和个人，就是其中的优秀代表，为我们树立了学习的榜样和标杆。

在“四强”党组织、“四好”领导班子、“四优”共产党员和优秀党务工作者身上，集中体现了信念坚定、对党忠诚的政治品格，务实担当、干事创业的拼搏精神，淡泊名利、甘于奉献的高尚情操，大爱无私、一心为民的公仆情怀。我们要学习他们的崇高精神境界，始终做到心中有党，把个人追求融入党的事业，在企业最需要、职工最期盼的地方发光发热；始终做到心中有民，倾听群众呼声，维护群众利益，带领职工群众攻坚克难、勇创一流；始终做到心中有责，干事创业、创新创效、敢为人先，努力做到谋事实、创业实、做人实，创造出经得起实践、群众、历史检验的实绩；始终做到心中有戒，严以修身、严以用权、严以律己，时刻廉洁奉公、率先垂范。

企业文化建设中涌现出来的先进集体，在工作中自觉践行集团公司“共赢文化”核心价值理念体系，认真贯彻落实集团公司员工行为规范，紧扣集团公司中心工作，坚持管理提升与文化建设相互促进，以突出实践、融入管理为重点，持续推进山钢文化深度融合，山钢文化日益深入人心，文化的引领作用逐步显现。

受到表彰的道德模范，有的长期主动无私帮助他人，积极参加社会公益事业，赢得干部职工高度赞誉；有的关键时刻临危不惧，挺身而出，勇于维护集体利益和群众的生命财产安全；有的自觉坚持诚信为本、操守为重，严格自律、履行承诺；有的多年如一日立足本职，爱岗敬业，艰苦奋斗，在提高生产经营管理质量、创新创效等方面贡献突出；有的克服自身困难，在孝敬父母、培育子女、维护家庭和谐方面事迹感人。

榜样的力量是无穷的。各级党政组织要通过各种有效手段，宣传他们的先进事迹，让他们的精神发扬光大，凝聚成为推进企业发展的正能量。

同志们，当前集团公司面临着更加严峻复杂的形势和更加艰巨繁重的任务。一方面，我国经济发展进入新阶段、呈现新常态，经济运行下行压力大，钢材消费强度降低，需求增长弱化，产能过剩矛盾突出，竞争更加激烈，钢材价格持续下滑，企业经营愈加困难。另一方面，也有许多有利因素，中央不断加大保持经济稳定增长的措施力度，经济发展环境总体稳定，集团公司采取的一系列强化管理、止血止损措施逐步见到成效，一些优势正在培育形成，扭亏增盈生存保卫战的阶段性成果不断巩固扩大，不仅积累了战胜困难的经验，也增强了广大干部职工的信心和勇气。

今年及今后一个时期，集团公司发展改革任务十分艰巨，钢铁主业减亏扭亏任务十分繁重。我们要加快推进中长期发展战略落地实施，实现集团公司确定的战略目标；继续扎实推进扭亏增盈生存保卫战，完成集团公司今年利润总额18亿元，力争28亿元，确保股份公司盈利的年度经营目标；进一步深化各项改革，坚持以业绩论英雄，调动一切积极因素，为企业发展注入活力；加快日照钢铁精品基地建设，推进转型升级，提升核心竞争力等。

在这种关键时期，应对严峻形势挑战，把握重要战略机遇，完成重大发展任务，必须更加充分地发挥党的政治优势，必须更加重视和更加扎实地推进党的思想建设、组织建设、制度建设、作风建设和反腐倡廉建设，造就一支理想信念坚定、作风过硬、素质优良、奋发有为的党员干部队伍，带领和依靠职工群众，更加顽强地肩负起建设山钢、发展山钢的历史重任。

——深刻学习领会中央关于加强国有企业党建工作的新要求，进一步提升加强党建工作的自觉性、积极性和创造性。6月5日，中央全面深化改革领导小组第十三次会议审议通过了《关于在深化国有企业改革中坚持党的领导加强党的建设的若干意见》。《意见》指出，坚持党的领导是我国国有企业的独特优势。把国有企业做强做优做大，不断增强国有经济活力、控制力、影响力、抗风险能力，要坚持党的建设与国有企业改革同步谋划、党的组织及工作机构同步设置，实现体制对接、机制对接、制度对接、工作对接，确保党的领导、党的建设在国有企业改革中得到体现和加强。要坚持党管干部原则，建立适应现代企业制度要求和市场竞争需要的选人用人机制。要把加强党的领导和完善公司治理统一起来，明确国有企业党组织在公司法人治理结构中的法定地位。国有企业党组织要承担好从严管党治党责任。《意见》进一步明确了加强国有企业党的建设工作的重要性，提出了一系列新要求、新指示，为我们在新的形势下进一步加强企业党的建设各项工作指明了方向，明确了目标。各级党组织一定要结合实际，认真学习，深刻领会，切实提高对加强企业党建工作重要性的认识。要充分认识到，国有企业党建工作担负着统一思想、凝聚人心、鼓舞士气、促进和谐的重要任务，在企业改革发展进程中发挥着不可替代的作用。面对严峻复杂的市场形势和发展环境，企业降本增效、减亏扭亏、改革发展、转型升级等任务繁重，更需要通过加强和改进党的建设，进一步培育和增强国有企业政治优势，为企业发展保驾护航。各级党组织一定要坚定“新形势下国有企业党建工作只能加强、不能削弱”的信念，不断研究新情况、解决新问题，以改革创新精神全面推进企业党建各项工作。

——扎实开展“三严三实”专题教育，着力提升领导干部素质水平。在县处级以上领导干部中开展“三严三实”专题教育，是党的群众路线教育实践活动的延展深化，是持续深入推进党的思想政治建设和作风建设的重要举措，是严肃党内政治生活、严明党的政治纪律和政治规矩的重要抓手。各级党组织要以此为契机，认真落实中央、省委部署，扎实开展“三严三实”专题教育，突出教育主题，强化问题导向，贯彻从严要求，坚持以上率下，推动领导干部自觉践行“三严三实”，在深化“四风”整治上见实效，在守纪律讲规矩、营造良好政治生态上见实效，在真抓实干、推动改革发展稳定上见实效，进一步增强党的创造力、凝聚力、战斗力。各级领导干部要带头践行“三严三实”要求，着力发现和解决思想上、作风上不严不实的突出问题，以严的标准、严的措施、严的纪律，深入学习、自觉践行“三严三实”，牢牢把握“三严三实”的基本内涵和实践要求，进一步明规矩、严纪律、强约束，进一步增强思想自觉性和行动自觉性，坚定不移地贯彻执行集团公司党委和集团公司决策部署，以实际行动树标杆作表率，上下同欲、共克时艰，保持和发展作风建设良好态势。要以改善结构、强化交流和提升执行力为重点，大力加强领导班子和干部队伍建设。围绕集团公司发展战略落地实施，进一步完善领导干部竞争性选拔制度，拓宽选人用人视野，加大优秀中青年干部选拔培养力度和职业经理人市场化选拔培养力度。加大领导干部交流调整力度，推进机关部室与直属单位、子分公司之间领导干部的挂职、岗位交流，促进多岗锻炼，提升领导干部综合素质和能力。

——牢固树立“党要管党，从严治党”思想，深入推进“三型”党组织建设，着力提升企业党建工作科学化水平。各级党组织要树立正确的政绩观，把抓好党建、促进发展作为最大的政绩，牢固树立“抓好党建是本职、不抓党建是失职”的理念，坚持党建工作和中心工作一起谋划、一起部署、一起考核，对全面从严治党工作主动担责、认真履责、扎实尽责，以实实在在的党建工作业绩凝聚智慧力量、推动企业发展。要严肃党内政治生活，认真按照党内政治生活准则和党的各项规定办事，坚持和发扬党的优良传统和作风，提高党内政治生活的政治性、原则性、战斗性，提高党的组织生活质量。要紧紧围绕全面深化改革、建设日照钢铁精品基地、战略规划推进实施、打赢扭亏增盈生存保卫战等重点工作，搭建“服务转型发展、服务基层组织、服务党员、服务职工群众、服务社会”5个平台，引导各级党组织和广大党员勇挑重担、凝心聚力、创先争优。进一步健全完善党组织学习教育、创新提升、组织保障、党群联动、作风改进、监督约束6项工作机制，促进党建工作的规范化、程序化、制度化。深入开展党员责任区、党员先锋岗、党员公开承诺等有效管用的党性实践活动，使广大党员在推进精益管理、打赢扭亏增盈生存保卫战中当标杆、作表率。坚持抓点带面、推广经验、表彰先进，打造“三型”党组织建设品牌，着力提升企业党建水平。

——紧密结合形势任务，加强宣传思想工作，巩固发展广大干部职工团结奋斗谋发展的共同思想基础。各级党组织和广大党员干部都肩负着做好形势任务教育的重要责任，要面向全体职工，按照全覆盖、无死角的要求，把形势任务教育做深、做细、做到位，达到“讲形势增强危机意识，讲愿景增强发展意识，讲改革增强创新意识，讲措施增强进取意识”。要做好深化改革的宣传教育，大力宣讲全面深化国企改革的理念、思路、目标、举措和成效，让职工群众明确目标、看到希望、增强信心；做好谋发展的宣传教育，引导干部职工科学认识、主动适应新常态；做好依法治企的宣传教育，着力营造规范管理、依法治企的良好氛围。要牢牢把握正确舆论导向，坚持团结稳定鼓劲、正面宣传为主，加强策划、形成合力，组织开展有声势、有影响的主题宣传活动，深入宣传各单位攻坚克难、闯关取胜的精神状态和思路措施。要把培育和践行社会主义核心价值观融入企业改革发展中，使之成为凝聚企业正能量的动力源泉。继续深化群众性精神文明创建活动，组织开展好道德模范评选活动，不断提升干部职工的道德素质和精神境界。加强企业文化建设，落实和完善企业文化建设考核评价体系，实现企业文化建设的规范化、制度化、科学化。大力开展“厚道鲁商”倡树行动，围绕“守法诚信经营、人本和谐管理、履行社会责任、创新企业文化”4项内容，努力打造“厚道山钢”新形象。加强稳定工作，努力化解各类矛盾，消除不稳定因素，维护企业稳定、社会稳定。

——严格落实“两个责任”，强化正风肃纪，为企业健康发展营造风清气正良好氛围。各级党委要认真履行党风廉政建设主体责任，建立健全党风廉政建设责任体系和反腐败协调机制，把主体责任具体化、程序化。党委书记要当好第一责任人，班子其他成员要各负其责，认真履行“一岗双责”。要加强党员队伍思想建设，增强党员干部的党员意识、党章意识、纪律和规矩意识。各级纪检监察部门要认真履行监督责任。要严肃执纪，坚持抓早抓小，让纪律和规矩成为不可触碰的底线，使广大党员真正敬畏纪律、遵守纪律。要严格监督，加强对党员干部遵守纪律、规矩、制度情况的监督，促进纪律、规矩和制度严格执行。对顶风违纪行为，发现一起，查处一起，通报曝光一起，对顶风违纪者所在部门和单位要严肃追究主体责任、监督责任、领导责任。要严厉惩处，坚持无禁区、全覆盖、零容忍，保持惩治腐败高压态势不放松。发挥反腐倡廉协调工作机制，统筹纪检监察和审计等方面力量，重点查办贪污受贿、吃里爬外、损害企业利益的案件。

同志们，在中国共产党成立94周年之际，我们隆重集会，缅怀党的丰功伟绩，表彰先进，更加激发了广大党员奋发向上、勇往直前的豪迈情怀。让我们始终保持更加昂扬、更加振奋的精神状态，时刻牢记党的宗旨，坚定履行职责使命，团结带领广大职工群众，知难而进、迎难而上，求真务实、开拓进取，为集团公司全面实现今年的任务目标和中长期发展战略扎实推进作出更大的贡献！

在集团公司2015年上半年经营绩效分析（扩大）会议上的讲话

董事长、党委书记　任　浩

（2015年7月22日）

同志们：

刚才财务部对公司上半年的情况作了基本分析，各单位、各部门也要对自己的情况进行深入细致的分析研究，以便对下一步工作安排作出部署和调整。

今年以来，集团公司生产经营遭遇了市场需求不足、产品价格持续走低、资金紧张等困难局面。面对复杂严峻的市场形势，集团公司认真贯彻执行省委、省政府和省国资委决策部署，解放思想，干事创业，真抓实干，扭亏增盈生存保卫战取得一定成绩，保持了稳定的运营状态。同时，集团公司改革发展各项工作也都取得了一定的进步，2015~2020年发展战略颁布实施，“聚焦发展，精益运营”的一系列措施正在落地；“运营转型、管理提升”活动持续开展，精益管理理念和精益生产、精准操作、精细管理的氛围逐渐形成；各专业板块的运营管理取得新进展，唐克里里铁矿项目渡过了股权投资的巨大风险，成功实现了100%控股，公司组建、复产工作都在有序开展，金融板块建设正有序推进，贸易业务有所进步，房地产业务以稳为主、稳中有进；改革持续深化并有所突

上半年经营绩效分析（扩大）会议现场

破，日照公司混合所有制改革、维修体制和内部市场化运营等改革正在加快推进；日照钢铁精品基地项目建设步伐加快，推进工作全面提速；山钢股份定向增发获得中国证监会核准；企业在重重困难中发展，职工队伍整体保持稳定。

应该说，经过全体职工的共同努力，今年以来我们取得的成绩是显著的，在攻坚克难方面积累的经验也是弥足珍贵的，但现实存在的问题也是非常突出的。就生产经营层面分析：一是钢铁主业持续亏损，累计亏损额同比增加；二是有息负债不断增加，资产负债率过高，财务费用负担加重，经营性净现金流不断减少，融资难度加大，资金紧张的压力持续加大；三是创新活力不足，创新能力薄弱，产品缺乏竞争力，服务能力很薄弱；四是人员多，特别是非直接生产性人员比重大，严重制约了劳动生产率的提升。

将上述问题放在宏观经济背景下考量分析，我们会更清醒地认识到山钢所处的环境和形势是多么的复杂，未来生产经营和发展所要克服的困难是多么的巨大，而解决这些问题和困难又是多么的刻不容缓！

当前钢铁行业面临的宏观经济形势，如果用一句话概括就是：长期不看好。这样一个判断，我希望能成为全集团的共识。因为对形势的判断，直接影响着我们的决策思路、管理理念和运营原则，如果对形势判断错误，就会导致一系列严重的后果。世界经济复苏变数增多，发达国家回归制造业和非发达国家制造业逐渐起步，给我国经济结构性调整带来紧迫性。我国经济充满结构性矛盾，调整需要很长很长时间，国家为经济发展注入活力的方式不再靠大投资拉动，而是以调结构、发展基础设施和发展民生为主，这样的政策取向将在一个较长时期内存在。上半年，我国经济继续承受下行压力。受需求下降、钢铁生产保持高水平产出等因素的影响，国内钢材供大于求的矛盾更加突出，市场恶性竞争日趋激烈，钢材价格加速下跌，持续创出新低。钢材综合价格指数从去年底的83.09点跌到6月末的66.69点，降幅19.7%，持续突破有指数记录以来的低点，7月份又有较大下降，大部分钢材价格已经突破2000元/吨关口。尽管铁矿石等原燃料价格明显回落，并在较低价位波动，但仍无法弥补钢价下跌造成的损失。事实上，矿石价格下降反而受物流成本基本固定、与海边钢厂是同一个市场的因素制约，更加剧了我公司降本增效的困难。钢铁企业经济效益难以提高，钢铁主业呈现大幅亏损的局面。融资难、融资成本高的问题日益突出，主营业务亏损加剧，企业经营状况两极分化日益明显，一部分企业在当前最困难的时期仍取得了较好的经济效益，保持了健康的运营状态，也有一部分企业资金短缺，经营出现严重困难，甚至难以为继。

对我公司而言，即使受投资收益大幅增长的影响，总体经济效益有所好转，但仍难消除和缓解钢铁业务亏损带来的现金流缩减、竞争力减弱、运营难度增加的困难。从财务报表看，我公司到6月份累计实现利润总额34.56亿元，主要是因为齐鲁证券盈利50亿元。前不久，美国《财富》杂志发布了2015年中国500强排行榜，山钢股份以上年度的营业收入额位列第120名，在入围该榜单的34家冶金及相关企业中排名第12位，但同时也是为数不多的亏损企业之一。这是巨大的反差，是苦涩的现实，客观反映了我们钢铁主业的经营现状。

可以断言，在一个较长的时期内，钢铁市场形势将越来越严峻，有些企业将面临出局的危险，而坚持下来的企业，经营状态和发展环境也不会有大的好转。总之，我们将面临事关生死的一场重大考验！

下半年，山钢集团必须坚定不移地推进各项战略部署。集团公司领导班子上月中旬召开专门会议，对一系列重点工作作了系统研究和安排，并进行了明确分工，责任到人、到部门，全力向前推进。今天我就其中几项大的方面的重点工作提些要求：

一、深入推进扭亏增盈生存保卫战，坚定不移扭转钢铁业务持续亏损局面

钢铁业务连续多年亏损，造成公司资产质量严重下降，我们钢铁主业亏损带来的竞争力、生存能力下降，是其他产业盈利能力不能弥补的，企业发展已经难以持续，减亏扭亏已经刻不容缓，必须采取断然措施，以更大的力度、更铁的手腕、更硬的举措强力推进扭亏增盈生存保卫战，坚定不移地完成集团公司今年的利润目标，确保股份公司盈利的年度目标。

（一）坚持“以业绩论英雄”，优化激励机制，重奖突出贡献者，激发干部职工创造价值和效益的积极性。

要建立“以业绩论英雄”的激励机制。集团公司层面，在年度目标、主要绩效指标、考核方式原则保持基本不变的情况下，进一步优化激励机制，实行与业绩紧密挂钩的考核政策，体现“以业绩论英雄”，激励多创效益。只要经营绩效有明显改善，就给予一定比例奖励，尤其要重奖作出突出贡献的单位主要负责人和班子成员，激励各单位把水平打上去，尽快取得减亏扭亏的明显成效。

要认真推行精准考核。现在的考核机制平均主义色彩严重，集团公司对考核基数做出调整后，有些单位生搬硬套，没有进行二次分解和体现激励约束的对接，虽然一定程度上传递了市场压力，但总体效果大大衰减，有些单位还出现部分低收入职工的负面反应。下半年，各单位要根据各自实际情况细化考核办法，实施分类考核、差异化考核，使考核工作更加精准，使考核工作变为一个基本动力源，要理直气壮，不羞羞答答，切实做到奖励业绩贡献大者，重奖有突出贡献者并有理有据，让干部职工口服心服，真正起到激励作用，坚决破除平均主义“大锅饭”，彻底扭转考核机制缺乏活力的局面，通过公平公正

的评价考核，真正激发调动起干部职工创造价值、创造效益的积极性。为此，建议在年初确定的考核基数的基础上，增加3亿元左右专事用于推进精准考核。主要办法是以“总经理奖励基金”切块管理，参考上半年的业绩水平，核定分配到各单位，各单位从工资总额中再拿出一块与之合并，形成活的部分，增大考核数量，加大考核力度，增强考核的精准性，切实做到以业绩定收入，大力倡导“以业绩论英雄”，更加有力地调动各层级、全体职工创造业绩、增加效益的工作热情。关于参考上半年的业绩水平，就是要把握上半年进步大的要多核一些，进步小的就要少给，体现业绩贡献与收入挂钩。各企业、各单元要抓紧与企业管理部对接，拿出自己的方案思路，推进这项工作。凡无思路，继续搞平均主义的，活的部分达不到一定比例的，集团公司在核定这一块奖励基金时一律不给。关于各单位工资活的部分调整为多少，企业管理部与各单位对接，按研究确定的原则迅速给出指导意见。整体上，企业管理部要抓紧拿出适当办法，促进这项工作尽快产生效力。

（二）以求真务实的作风和抓严抓实的要求，深入推进“运营转型、管理提升”活动。

要认真总结和推广济南分公司3200立方米高炉能效提升试点经验。3200立方米高炉的试点工作确实取得了实实在在的效益，吨铁完全成本由2013年的高于行业平均138元，降至2014年低于行业平均41元。今年以来又有了进一步的改善，按照1~5月份对标口径吨铁成本低于行业平均84元，与莱钢同类型高炉的成本差距也在逐月缩小，五六月份已经略低于莱钢3200立方米高炉吨铁成本。济南分公司3200立方米高炉能效提升试点取得成功的主要经验有4个方面：一是领导重视，尤其是“一把手”亲自组织策划和调度推动，分管领导主抓。二是强化培训，大力转变观念，不断提升素质。三是注重运用工具，尊重规律。四是工作抓得实、抓得细、抓得紧。济南分公司3200立方米高炉初步树起了精益运营的标杆，各单位都要见贤思齐、认真学习。济南分公司要全力抓好降低1750立方米高炉铁成本的工作，现在这个级别的高炉铁成本比行业平均还高34.62元/吨，这是全集团当前仍高于行业平均的高炉，其他高炉都比行业平均低。济南分公司要抓紧突破，当其所有铁成本都有了明显进步时，3200立方米高炉的说服力才能更大。如果全集团每一座高炉、每一个工序都能在原来基础上取得大踏步的进步，全集团降本增效、减亏扭亏工作就会呈现出另一种全新的格局。

要进一步引入麦肯锡深入开展管理诊断咨询，推动持续改进。钢铁产业总是亏损是不可持续的，一年亏损若干个亿，任何企业都维持不了，必须尽快突破。首先是在精益运营上要有根本性突破。当前钢铁板块降本增效工作遇到了瓶颈，今年上半年大家做出了很大努力，但钢铁板块实际亏损仍同比增加2.6941亿元，考虑人工成本降低2.9149亿元，相当于比上年同期增亏5.6亿元，年化就是11亿元。三大生产单元中，山钢股份莱芜分公司同比减亏6083万元，吨钢减亏13元，比去年同期有明显进步；济南分公司增亏28729万元，吨钢增亏96元；张钢增亏4531万元，吨钢增亏74元。这里有市场因素，更有主观努力方面的问题。我说有主观努力方面的问题，莱芜分公司整体减亏，就是一个例证；永锋公司盈利2.01亿元，同比增盈4989万元，也是一个例证；再一个例证是扣除市场因素后各生产单元之间单位产品降成本的差距还比较大，上半年济南分公司自身努力降成本1.8064亿元，钢产量

300万吨，单位成本下降60元/吨钢；莱芜分公司降成本4.263亿元，钢产量460万吨（不含永锋和新疆公司），单位成本下降93元/吨钢；张钢降成本7183万元，钢产量60万吨，单位成本下降118元/吨钢，张钢还消化了增加的1817万元财务费用，如果包括在内，单位成本下降达到了147元/吨钢。这样分析可能是片面的，但从中能看出今年是不是有进步，也能看出进步大小。希望济南分公司、莱芜分公司和张钢对自己的情况作符合实际的深入分析，全力开展好对标活动，与公司内部对标，与行业最高水平对标，与钢协统计资料对标，与同一个市场内的钢厂对标，使下半年的工作都再上一步。钢铁产业持续亏损的状况不能再继续下去了，必须从根本上采取措施，这就要大力推进生产过程、经营环节的运营转型、管理提升，走精益化的路子，进一步减亏扭亏，扭亏为盈。从投入产出的效果上分析，引进外脑外智具有十分明显的收益。这一点，济南分公司3200立方米高炉试点就是很好的例子。在借用外脑外智方面，各单位要解放思想，破除固步自封、夜郎自大，立足自身实际，发挥好外脑外智在系统诊断和解决关键问题、难点问题和系统性问题上的重要作用，尽快实现突破。当然，如果感觉麦肯锡水平还不行，或者哪些方面不合适，也可以选择别的咨询公司。各单位自我评估，有什么困难可以找集团公司，关键是要快，不能掂量一下又是一年，把机会丢掉了。还要特别注意一个问题，就是务必务实，不能再出现以往管理措施、管理活动用了很多，最终还是老样子的状态。

要落实好省国资委经营绩效评价组所提的意见，与正在开展的“运营转型、管理提升”活动紧密结合起来，逐项抓好整改。省国资委经营绩效评价组进驻山钢，对我们是一次重大机会。他们以第三者的角度，通过调研、归纳、分析、判断，会发现通常或被我们视而不见，或没引起重视，或意愿相左，或属孤立，或成系统性的若干问题。他们都是富有经验的专家，对我们会有一个确实的分析，我们要高度重视，认真采纳。作为一次免费的高端咨询，是我们求之不得的。下一步，公司还要专门研究，开展一次全面整改活动。

要在严和实上下工夫，扎扎实实推进精益运营。如有些单位在推进运营改善项目中，工作不扎实，在成果申报上水分过大、虚的成分过多。我们开展“运营转型、管理提升”活动不是用来装门面、做给别人看的，而是自身止血止损、改善经营绩效的内在需要，否则就会劳民伤财，失去应有意义。“运营转型、管理提升”的内涵还要再挖掘，氛围还要再浓厚，面还要再广泛，效果还要再提升。要将“三严三实”专题教育的核心要求贯彻到“运营转型、管理提升”活动中，对照“三严三实”的要求，深入推进精益运营，实实在在地提升管理水平，改善经营绩效。落实严和实的要求，务必聚焦到效益提升这个根本问题上来。要按照“目标指标化、指标参数化、参数精准化”的要求，扎实推进运营改善项目，以落袋收益和最终经营效果为衡量标准，与财务预算相结合，打上去的指标必须要保持住，不能掉下来，切实把提升指标档次和运营水平建立在流程优化、制度固化等长效机制和措施的基础上，我曾经说过，要把精益思想变成我们公司的一种基因，这需要一个过程，一个从强制到规范，逐步进入一种自然王国、自由王国，成为我们一种基本素养。运营转型、管理提升工作搞得实不实、好不好、有没有成效，各单位是责任主体，主要领导要亲自抓、抓实、抓出成效，集团公司领导班子、企业管理部及各部门、各单位领导班子分别有决策、推进的相关责任，都要好好总结，全力、有效地推进这项工作。

（三）强化营销工作，推进品种结构调整，保持生产运行稳定。

当前的生产经营应执行什么样的原则，我想到了几句话，回头有关部门讨论一下：成本为王，现金流为王，订单为王，边际贡献为王。这里我说一下营销工作。我们的营销工作务必进行改革和强化，一是体制上要按照协同、协调、定价政策和销售策略研究、考核等要求强化营销管理，还要参考麦肯锡咨询意见，努力调整我们在营销工作中存在的弊端，使我们的工作更符合营销业务的规律，强化我们的营销能力，发挥营销工作自身是一种资源、一个增值过程的核心作用。二是深耕周边市场，体制的布局上、考核上都要有所体现，以服务带动消费，力争一定半径内生产性用材基本上独占，尽快运用各种办法，促进直销直供和区域性销售。三是改革销售人员的考核办法，尽可能与销售利润挂钩。四是成立新产品销售团队，在考核上仅关注新产品的销售业绩。五是充分重视出口工作，从战略高度推进出口工作，实施出口带动战略。各单位要提高出口工作的积极性和主动性，国贸公司要加强协调，优化流程，完善机制，强化市场开发，不断拓宽销售渠道，扩大传统市场，开发新兴市场，促进产品出口。下半年，要进一步提高出口量，首先要确保完成全年出口钢材120万吨的任务，根据情况力争再增加一些。我们作为沿海经济带的钢厂，出口比例要力争达到20%。国贸公司要多拿订单，各单位要做好资源切块，确保执行。对出口贸易工作也要研究改善，把出口业务做成主渠道而不是可有可无的，做成战略措施而不是急时所需，做成产业链延长的基础而非仅外销钢材。要筹划好海外布局，加快海外渠道建设，学习河北钢铁集团创新海外营销渠道的经验，积极探索建立海外销售网络。

要加快新产品研发，推进产品结构调整优化。研发工作当前的重点是新产品研发，新产品研发对我公司来说现在是两大部分，一是适应当前经营的，二是为日照钢铁精品基地储备的。今天我说一下当前生产经营的部分。一是研究体制，各单位研发人员应与销售新产品的人员组成具体的新产品团队，即若干个新产品的SBU小组，对这部分研发和销售新产品的人员实行底薪加销售效益提成的办法。二是用更有吸引力的办法，如销售效益提成等方式，广泛吸引社会专家参与公司的研发，长期为我们独享性地服务。三要加大用户应用技术研究，千方百计满足客户需求，通过增加用户价值或者减少用户麻烦带动用户对我们的偏好。这些工作，近期都要快速启动，看到成效。

（四）强化资产资金管理，防范各类风险。

受钢铁主业长期亏损影响，经营性净现金流大幅减少，有息负债不断增加，资产负债率过高，财务费用负担加重，全公司上下必须高度警惕并加强资金管理和风险防控。要强化财务预算管理，特别是资金预算管理，控制贷款总量，做到除日照工程和唐克里里项目外，贷款总量不再增加、财务费用不增加，并力争做到双下降。要进一步降低“三项资金”占用，“三项资金”占用指标还要压，现在没有什么原燃料是紧缺的，要大力提高周转率。要优化融资结构，增加海外融资规模，降低融资成本。要切实加强资产经营和资本运营力度，研究资产经营、资本运营的措施，不断优化资产结构、资本结构，甚至于组织结构，为公司注入更大活力，通过各种运营和融资措施，改善和降低资产负债率。我公司产品成本高，有五大原因：物流成本高，人员多，财务费用高，资产泡沫大，运营效率低，管理粗放。这些都要下决心改善。扭亏增盈是降低资产负债率的根本举措，各单位要加大降本增效力度，提高盈利水平，确保完成扭亏增盈目标。

当前，市场处于低迷期，经营风险、资金风险、法律风险增多，同时随着国际化业务的深入发展，面临的各类风险更加复杂。各级经营管理者、各级业务职能部门都要把防范风险放在重要位置，建立完善风险识别和防控机制，系统落实风险防控措施，确保各类风险始终处于受控状态。要强化风险责任追究，凡给公司造成损失的，不找理由，不强调客观，坚决处理人。这不是与谁过不去，是因为他对这个企业不负责任，我们就应该抛弃他，在这个问题上，各级领导都不要说情，都要横下一条心，猛药才能去顽疾。已经发生的风险，如厂商银纠纷案件、COA 等，要千方百计抓紧处理，千方百计降低损失，并举一反三，强化管理，坚决杜绝类似事件重复发生。

（五）稳妥发展多元产业，扎实推进亏损企业治理。

各非钢产业单位要发挥优势，培育新的利润增长点，推进转型升级，提高盈利能力。同时积极发挥非钢产业吸纳钢铁主业人员转移的功能，努力创造条件，扩大经济总量，尽可能多地承接钢铁产业人员转移，为钢铁产业提高劳动生产率、降低成本费用作出贡献。

继续深入推进亏损企业治理工作。结合集团公司发展战略落地实施，加大对亏损企业的改革力度，建立产业退出机制，对于不符合战略布局规划、缺乏市场潜力和资源利用效率低下的企业，制订转型升级或产业退出方案，集中精力发展优势产业。各相关单位要认真落实集团公司亏损企业治理 3 年目标，确保完成 2015 年进度安排。

二、扎实推进发展战略落地实施，持续深化企业改革

（一）进一步推进股份公司规范化运营。

股份公司规范化运营，是上市公司治理属性的要求，是我公司板块化、专业化、产业聚焦的战略决定的，是厘清职责、提高效率的需要。在公司治理方面，上半年我们又迈出了重要一步。下一步，将进一步进行业务整合和重组，进一步推进规范化的工作，从而实现钢铁板块专业化运营。

（二）全力推进各板块专业化运营。

唐克里里铁矿项目的各项工作要实现突破。完成股权收购、100%控股项目公司只是化解了投资风险，而尽快恢复生产、恢复现金流、尽快实现正的经营性现金流是化解矿山经营风险的关键，也是当前工作的重中之重。一是高效推进复产前的各项工作。抓好谈判、成本控制和人员管理等重点，抓好团队、体制、机制建设。在所有工作中，成本是决定这个矿山命运的指标，要树立成本为王的理念，全力把成本降下来。对项目要着眼长远，有长期打算，复产要立足于长期成本更低的更广泛的合作交流，千方百计降低成本，实现低成本运营，提高盈利水平。二是加大融资力度，加快推进与国开行的战略合作。要广开融资渠道，保证资金充裕。要建立资金预算制度，提高预算精度，制定项目专项资金管理办法，提高资金使用效率，保证项目资金需求。三是强化文化建设。按照“适应、融入、融合”的要求和国际化的属性，促进文化建设，促进塞拉利昂公司尽快成为一个真正的国际化公司；骨干队伍建设要抓紧，用人要坚持山钢化、属地化和国际化“三化”融合，形成国际化还要坚持不论什么时候我们都掌控这个公司的命脉；要特别注意人身安全和健康。四是积极研究资本运营思路。五是发挥项目在塞拉利昂国家的地位优势，积极研究实施在西非的国际化战略，择机成立产业开发研究机构，培育集团公司新的增长点。另外，金岭铁矿一要强化降本增效的措施，二要尽快完成彭集铁矿项目可行性研究报告优化工作，加快项目申请报告、环境评价报告、安全预评价报告等材料编制、报审工作进度，争取年底前基本完成相关工作。

金融板块要加快发展，确保今年见效。7月11日集团公司党委会、董事会决策通过了关于设立山钢金融控股有限公司等议案，下一步的工作就是要加快推进落实。一是着眼于以产业资本为核心，发挥山钢集团资产盘子大、需求大、资源多、协同能力强、金融市场议价能力强的特点，实现产业资本与金融资本的深度融合、相互带动、相互促进、共同发展。要将金融控股公司打造成拥有完整金融业务体系，省内制造业中金融业务最有特色、金融实力最强、风险防控能力强、综合竞争优势强的金融控股集团。抓紧做好金融控股等4个公司的筹建，完成工商登记、税务登记、银行开户、注资等工作，建立起完整的组织架构和公司治理结构。二是研究业务管理重组。根据集团公司董事会的决议，金控公司要管控和运营全集团实质性管理的金融资产。这既是形成拳头，发挥协同优势的需要，也是金融类业务风险防控的需要，金控公司和各单位都要积极主动落实集团公司的战略决策，这项工作涉及很多内容，要尽快推进。三是强化风险控制。金控公司必须把风险防控放在首位。要建立有效的制度，并确保始终贯彻执行；要建立确认制度，确保脑子里想的事、手上做的事和做的结果都一致；要建立不能容错的问题清单，对发生的清单上的问题要严肃追责等。四是做好各类人员招聘及培训工作。人员招聘，要注重品德、性格、合作能力，选聘对集团公司忠诚度高、业务能力强的人员。培训工作要结合实际，安排有实践经验的人员进行实战讲解，树立防控风险、细致操作的思想意识，为金融业务板块的发展储备力量。人员选聘要有多种形式，既要从应届大学毕业生中招聘，又要从行业内招聘人才，还要成建制地从金融机构引进团队。集团公司各有关单位和部门，要积极创造条件，争取金控公司今年第四季度能够正式运作，早创效。我们期待着金控公司、金融业务板块尽快形成拳头，理顺关系，稳扎稳打，积极创新，为促进和保证集团公司健康运行、增加创效能力作出积极的贡献。

贸易物流板块要进一步拓展业务。要坚定不移地贯彻集团公司“做大贸易量，以贸易带动金融和物流”的战略部署，快速推进社会资源经营，尽快做大做强。持续推进国外矿石资源获取，拓宽资源渠道。继续推进、探索联合采购模式，拓宽销售渠道，重点是与省内钢厂的合作，争取有较大突破。积极推进煤炭贸易工作开展，利用上游资源渠道和价格优势，促进与周边煤、焦企业及钢厂贸易合作。积极推进出口第三方贸易，实行拼船、配货或代理出口等方式，不断提高效益。发挥境外融资平台作用，加强境外融资能力建设，不断提升融资能力，确保钢铁主业所需进口原燃料全部通过跨境融资运作，降低资金成本。加强贸易风险控制，提高运营质量。要改进考核的内容和指标，实施包括贸易、物流和融资效益综合计算与考核，促进这个业务板块的快速发展。

稳健发展房地产板块。山钢地产板块当前的工作重点是：控制风险，消化存量，择优选取新项目，落实规划，推进战略实施。一是启动养老地产实质性研究。在第一季度会议上，我提出了“启动养老地产，在山东要坐第一把交椅”的要求，会后山钢地产组建了专门的工作团队，就养老养生产业的相关政策与政府主管部门进行了沟通，并对国内主要的养老地产模式进行了考察研究。下一步，山钢地产要根据集团公司发展战略，进一步明确养老地产的发展思路，切实将养老地产作为公司未来重点发展业务，实现“在山东要坐第一把交椅”的目标。二是积极介入保障房地产。三是进一步盘活在手的资源，走快开发、快消化的路子，减少资金沉淀和占用，提高资金效率。四是积极改善融资条件，研究从根本上解决成本高、融资难的措施。五是认真梳理在手的资源，一项一项地分别采取措施，避免风险发生。

（三）实现重点领域改革的新突破。

加快推进混合所有制改革。按照省国资委要求，扎实做好日照公司、鲁新建材、铸管公司混合所有制试点工作。日照公司通过增资、引入外部战略投资者、实施管理层和核心技术管理骨干持股，创新体制机制，激发内部活力，增强综合竞争力；鲁新建材要完善股权结构，实施管理层及骨干员工持股，实现股权多元化，尽快在新三板上市；全集团仍要坚持上市资源优先的原则，积极探索同类资源整合的办法；铸管公司通过搬迁引入外部战略投资者，实施管理层和核心技术管理骨干持股，完善公司治理结构，实现产业升级。做好山东耐材公司发展与改革，推进青耐与深圳南山集团合作、山东镁矿与地产公司合作。抓好张钢、新疆公司混合所有制改革，以及医院、气体、维修业务改革等工作。

围绕改善资产、资本结构，提高资产运营效益，进行大幅度变革，加强研究，梳理方案，争取用一年到一年半时间实现重大突破。

以改革的精神和手段持续推进钢铁业务减员增效，提高劳动生产率。人工成本高、劳动生产率低是钢铁业务竞争力不强的重要原因，山钢与先进企业相比存在很大差距。永锋公司计划通过减员增效，明年人均产钢达到900吨；沙钢人均产钢已超过800吨，钢铁业务今年略有盈利；南钢人均产钢已超过1000吨；河北钢铁集团规划，到2018年，员工10万人，其中钢铁主业5万人，人均年产钢达到1000吨以上，非钢产业实现5万人稳定就业，并且自我消化全部人工成本。钢铁行业困难的局面还将长时间持续，严酷的现实摆在面前，我们不能坐以待毙！必须痛下决心、下大气力推进钢铁业务减员增效！要按照集团公司中长期发展战略的要求，从钢铁主业的整体利益出发，深化劳动用工制度改革，有效控制用工总量，通过科学核定编制定员、清理劳务用工和非在岗人员、完善职工退出政策、推进管理、技术及劳务输出、向新建单位转移人员等方式和手段，调整优化钢铁主业职工队伍结构，降低人工成本，提高劳动效率和经济效益。进一步推进维修业务改革，将维修业务从钢铁业务中分离出来，坚定不移实施公司化改革，走市场化路子。抓紧推进集团公司各级组织机构改革及定编定岗工作，压缩管理层级，严格控制编制定员，特别是要严格控制各级机关、管理、技术和非直接生产岗位人员数量，非生产性人员占比要有一个紧而又紧的比例，尤其要减少机关人员和辅助人员，将精简下来的人员充实到主体生产操作岗位。山钢股份两个分公司要马上各成立一个管理、技术、劳务输出性质的公司，到社会上承揽业务。从明年开始，要按照700吨钢/(人·年)对钢铁业务进行工资考核。到2016年，济南分公司、莱芜分公司和银山型钢公司实物劳动生产率达到700吨钢/(人·年)，张钢达到800吨钢/(人·年)。有关部门、单位要抓紧分解目标，提出措施。

（四）尽早完成集团公司“十三五”规划编制工作。

编制集团公司“十三五”发展规划，是确保发展战略落地实施的重大举措，也是今年集团公司最重要的工作之一。今年4月份，集团公司下发了通知，对“十三五”规划编制工作进行了统筹安排。

编制集团公司“十三五”发展规划，要坚持科学发展观，坚持战略指导，切忌大而全、小而全，集团公司战略确定了的，不能改变，坚持有效有用，立足当前，着眼长远，认真总结“十二五”期间取得的成绩及存在的问题，深入研究“十三五”期间企业所处的内、外部发展环境及产业发展趋势，全面分析我国经济发展新常态产生的机遇与挑战，深刻剖析自身的竞争优势与劣势，按照集团公司中长期发展战略要求，以结构调整、转型升级为主线，以培育提升综合竞争力、实现集团公司持续健康发展为目标。

要创新编制的组织工作。在规划文件体系上，组织编制集团公司“十三五”发展规划、各业务板块/子公司发展规划及相关职能发展规划，与发展战略共同构成集团公司系统的战略规划文件体系；在编制程序上，采用“自上而下，自下而上，上下结合”方式，集团公司对有关单位上报的规划初稿进行优化、完善，完成集团公司发展规划，然后各单位按照集团公司发展规划对有关业务板块/子公司规划进行修改完善后，组织实施；在编制方式上，采用内外结合的方式，充分利用外部智慧，集团公司已委托国内高水平的专业咨询团队参与集团公司钢铁业务和有关产业板块规划的研究编制工作。

有关部门要与外委单位一起系统梳理研究、统筹资源平衡，开展山钢集团钢铁业务及有关多元产业板块“十三五”发展规划的编制工作，协调各职能规划的编制工作，确保按既定进度计划完成集团公司“十三五”发展规划的编制工作。

规划管理还要重视一个问题，要对规划实施情况和固定资产投资情况进行严格的后评估，今年要着手安排一次全面的后评估工作，以后形成常规的管理机制。

三、加快推进日照钢铁精品基地建设

日照公司和指挥部要按照年度工作会议部署要求，全力推进各项工作。

一是要继续扎实推进“大干100天，开创现场施工新局面”活动，要通过开展劳动竞赛等一系列措施，提升全体建设者的工作热情。

二是要制定并严格执行投资计划，始终以投资计划为准绳，加强过程监督，按合同约定控制支付强度，保证每项工程投资支付进度和总投资额始终受控。

三是要狠抓质量和工期。公司将严格根据国家有关法规，对所有参与项目建设的管理和监理人员实施终身责任追究，请相关人员本着对自己终身负责的态度做好质量管控工作，始终以高于国家标准的内控标准确保精品基地基业长青。还要高度关注项目投运后效果与设计的一致性，务必达到设计水平。

四是要对EPC、BOO、BOT等不同建设模式下的建设项目进行实时高度关注，根据不同建设模式的特点从不同侧面重点关注，保证各个项目按合同要求、按规范和进度计划实施，保证安全和质量。要认真分析这些项目未来能够给我们带来综合效益的提升，确保不因建设模式的选择而成为新的负担。

五是要积极创造条件推进工作。尽早完成征地征海手续办理，有效规避政策风险，同时为强力推进拆迁等工作提供依据。年内必须把项目建设所涉及的所有手续全部办理完毕。

六是要落实集团公司战略规划，积极寻求战略合作的新突破。在推进项目建设具体工作的同时，积极进行战略思考及策划，努力提高公司战略发展层次，为将来参与竞争奠定坚实基础。

四、全员努力，多措并举，为生产经营和改革发展提供有力保障

下半年，集团公司发展改革的任务十分艰巨，而要完成既定的各项目标，必须调动各个方面的积极性，各个系统、组织和每一个专业都要从各自角度发挥应有作用。

一是强化安全管理，确保安全生产。今年以来，全集团安全工作保持稳定状态，支撑了全集团生产经营各项工作顺利进行。要进一步认真落实安全生产责任制，层层分解目标和责任，做到事事有人管、工作有标准、过程有监督、落实有考核，责任落实到岗到人。建立健全安全生产监督检查机制，加强对重点单位、重点领域、重点场所和重大危险源的安全生产监督检查，深入排查治理安全生产隐患。强化应急管理，进一步完善安全生产应急预案，明确应急责任及措施，从实战角度出发加强演练和评价，提高系统应急处置能力。要突出做好夏季“四防”工作，进一步改善一线职工生产工作环境，确保各方面安全。

二是快速推进环保设施建设和升级改造，进一步提高环保治理水平，确保达标。按照“城市能接受、企业能生存”的目标，全方位加强环保治理工作。要加大对国家和省市有关节能环保政策法规的研究，积极争取政策和资金支持。深入贯彻能源管理体系，开展精益管理节能活动，打造精益能源价值管理模式，全员、全流程、全方位推进节能工作，为公司降成本工作提供强力支撑。快速推进环保设施建设和升级改造工程建设进度，确保达标排放。要抓好与中国国土学会在治霾领域的合作，加强与国家环评中心的战略合作，借助高端环保机构，促进我公司环保工作可持续发展。

三是突出强调“以业绩论英雄”，进一步加强文化保障。要在全公司倡导“以业绩论英雄”的理念，营造浓厚氛围。各专业系统、各业务板块、各单位都要注意做好选典型树标杆的工作，使各项工作学有目标、赶有榜样，用典型的事迹提振职工信心，用榜样的力量带动全局工作。要进一步做实做细形势任务教育，搞好信息发布和政策解读工作，让职工群众认清形势、明确目标、看到希望、增强信心。要启动媒体资源整合的实质性工作，充分发挥各类媒体的舆论引导、凝心聚力和稳定鼓劲功能。

四是扎实开展“三严三实”专题教育，着力提升领导干部素质水平。“三严三实”专题教育是一项硬任务，必须不折不扣地落实好有关计划和要求，通过教育，推动领导干部自觉践行“三严三实”，在深化“四风”整治上见实效，在守纪律讲规矩、营造良好政治生态上见实效，在真抓实干、推动改革发展稳定上见实效，进一步增强党的创造力、凝聚力和战斗力，坚定不移地贯彻执行集团公司党委和集团公司决策部署，以实际行动树标杆作表率，上下同欲、共克时艰，保持和发展作风建设良好态势。干部作风问题，在我们公司还是需要讲一讲的。存在的问题不能说少，有精神状态方面的，有思想意识方面的，也有能力素质方面的，有工作方面的，也有生活方面的，有涉及做事的，也有涉及做人的，还有政治上离心离德的问题，甚至有令不行、有禁不止。希望各级领导干部，尤其是集团公司领导班子成员、各一级子分公司领导班子成员，不论是在哪个方面都要做群众的榜样，别让群众戳脊梁骨。

五是要认真贯彻中央《关于加强和改进党的群团工作的意见》精神，系统研究集团公司有关工作，全面提升群团社团管理水平，发挥应有作用。集团公司工会组建工作要提上日程，尽快研究并适时推进。

六是要持续加强领导班子和干部队伍建设，进一步提高组织和人力资源保障。坚持党管干部原则，建立适应现代企业制度要求和市场竞争需要的选人用人机制。修订完善领导干部选拔任用相关规定和涵盖领导人员任期考核的年度综合考核办法，加大对重点工作、重点任务的日常考核。根据集团公司战略规划实施进展情况，积极推进总部机关干部队伍建设。结合集团战略管控需要，建立规范的干部管理序列。健全完善培养工作体系，创新培训内容，增强培训的针对性和实效性，不断提升干部队伍整体素质。结合企业战略实施创新人才队伍建设，积极引进部分高端业务人才，适应各业务板块发展要求。在高端人才的引进方面，务必要解放思想、开阔视野、有所突破。

七是要加强依法治企建设，进一步提供法律保障。要深入开展全员学法、知法、用法活动，尤其是对各级法定代表人要进行依法履职的教育，增强法治意识和用法能力。要将法律风险防控管理和生产经营管理有机融合，确保公司依法决策，规范操作，防范发生重大经营决策风险。不断增强全体员工的风险防控意识，全面提升法律风险防控人员辨识及防控风险的能力。进一步深化企业法律风险防范机制、总法律顾问制度和法律工作体系建设，继续扎实做好法律风险防控基础管理工作和制度建设。进一步提升公司治理能力、合规管理能力、知识产权管理能力和企业法律工作队伍专业化水平，全面提升依法治企工作能力，发挥法律事务对生产经营的保驾护航和价值创造作用。

八是要严格履行审计监督职能，深入开展内部控制和管理效益审计，提高企业管控水平。强化审计问责，谋求整改合力，推进落实审计评价结果，多措并举，进一步强化风险管理，以专项风险评估为抓手，突出战略规划、投资决策、资金管理、业绩管理、人力资源管理等关键职能，完善风险评估程序设计，将专项风险评估纳入决策流程，把好事前风险防控关口。做好重大风险预警监控，落实风险管理责任，提升风险管理价值。

今天我的讲话和一会儿启祥同志的要求，请办公室整理出具体推进事项配档表，责任分工到人、到单位、到部门，大家都要按照这些要求，加紧工作，加快落实。

同志们，形势严峻，任务艰巨，时不我待，山钢不仅要生存下去，而且要发展得更好，这是全体山钢人的根本利益所系。只要我们鼓足克服困难的勇气，凝聚改革发展的力量，持之以恒，脚踏实地，不懈努力，企业改革发展的各项任务目标就一定能够实现。

在机关党委“三严三实”专题教育党课暨党建工作交流会议上的讲话

党委副书记、总经理、副董事长　陈启祥

（2015年6月5日）

同志们：

今天，我们在这里召开机关党委“三严三实”专题教育党课暨党建工作交流会议，这既是深入开展“三严三实”专题教育的规定要求，也是紧密结合机关实际，进一步加强机关党建和能力作风建设，提质提效、推动集团公司战略实施和改革发展的再动员和再部署。

刚才，3个党总支（支部）对去年以来的工作进行了简要汇报，对下一步工作提出了措施计划，从一定层面体现了总部机关业务工作和党建工作、能力作风建设都取得了一定成效，总部机关的表率和龙头作用得到强化，围绕集团公司重点任务，机关党委和各部门工作都有新的进步，刚才的发言是有代表性的，有特色有亮点。在这里，我代表集团公司党委感谢机关党组织和党员干部近两年来所作出的努力、取得的成效。大家在工作中付出了不少心血与汗水，也克服了不少困难，经受了磨炼、得到了提高。希望大家认清形势，正视成绩和问题，继续以更高的标准对待自身的工作，更好地转变作风、理清思路、加倍努力，切实将机关工作和党的建设、能力作风建设提升到新的水平。

下面，我结合学习习总书记系列重要讲话精神和中央、省委及集团公司党委“三严三实”专题教育要求，联系总部机关工作和党建、能力作风建设实际，谈几点认识和体会，与大家交流、共勉。

一、深刻认识“三严三实”的丰富内涵和重大意义

2014年3月，习总书记在参加全国“两会”安徽代表团讨论时首次提出，“各级领导干部都要树立和发扬好的作风，既严以修身、严以用权、严以律己，又谋事要实、创业要实、做人要实”。之后，习总书记多次在不同场合强调“三严三实”，在全党、全社会引起高度共鸣，形成了广泛共识。“三严三实”只有短短6句话24个字，言简意赅，却内涵丰富、精辟深刻，是每名共产党员尤其是领导干部做人做事、为官用权的警世箴言，是总部机关党员干部修身做事用权、提升机关整体素质能力、更好地发挥龙头带动作用的总指导、总要求，这对深入贯彻集团公司一系列决策部署，进一步加强机关党建和能力作风建设，推动集团公司战略落实和改革发展，尽快提升管理绩效和经营业绩，具有十分重要的意义。

严以修身，就是要加强党性修养，坚定理想信念，提升道德境界，追求高尚情操，自觉远离低级趣味，自觉抵制歪风邪气。古人讲，修身齐家治国平天下，修身摆在第一位。习总书记多次强调，做人做事第一位的是崇德修身。作为党员领导干部，修身正己最主要的就是强化党的意识，牢记自己的第一身份是共产党员，第一职责是为党和人民工作。衡量党员干部合不合格、称不称职，第一标准就是有没有坚定不移跟党走的信念，能不能在党言党、在党忧党、在党为党。高尚的信仰，是净化灵魂的甘露，是催人奋进的动力。革命战争年代，我们的党为什么能战胜强大的敌人？关键一条就是党员领导干部吃苦在前、冲锋在前，与战士同甘共苦。正所谓将不畏死、兵不惜命。今天，我们生活好了，但是革命传统不能丢，作为新时代的党员领导干部，应当更加严格要求自己，在道德修养、忠诚履职、廉洁实干上当好模范，在山钢战略推进和改革发展中，勇挑重担，敢于担当，为全公司做出榜样。要坚决维护党的团结统一，全面贯彻执行中央和集团公司的决策部署，令必行、禁必止、言必信、行必果，不打折扣、不做选择、不搞变通，确保政令畅通。修身就是要净化心灵，做到思想与欲望的宁静，非宁静无以致远。静是人从内而外、从精神而形貌的一种状态，人静方能心无杂念，全神贯注地向着既定目标努力。宁静源于淡泊。高尚而有远大志向的人，能控制自己的欲望，不让其影响人生理想的实现。

人没志向，就没有努力的方向，也就谈不上致远。宁静是内心少有或能够排除外部因素的纷扰，向着自己的追求，心无旁骛，笃定前行的巨大力量。要追求真理、坚持原则，在大是大非面前敢于亮剑，在歪风邪气面前敢于发声，坚决同各种背离我们党和集团公司规章制度的行为作斗争。要不断增强政治敏锐性和鉴别力，时刻保持清醒头脑，站稳脚跟、明辨是非、坚定立场，旗帜鲜明地站出来批驳错误言论、纠正错误做法，消除认识偏差。

严以用权，就是要坚持用权为民，按规则、按制度行使权力，把权力关进制度的笼子里，任何时候都不搞特权，不以权谋私。古语有云，“居官守职以公正为先，公则不为私所惑，正则不为邪所媚”。习总书记反复强调，我们的权力是党和人民赋予的，是为党和人民做事的，只能用来为党分忧、为国干事、为民谋利。人民群众在党员干部心中分量有多重，党在人民群众心中的分量就有多重。党员干部没有自己特殊的利益，一切工作都是为了人民群众。总部机关作为集团公司的决策、指挥中心，承上启下，联结内外，在很大程度上决定了集团公司整体谋划和未来走向，责任重大，影响广泛。机关的工作质量和效率对全面战胜困难、扭亏增盈，扎实推进“聚焦发展，精益运营”的发展战略，具有极其重要的意义，尤其对整个集团工作的带动和影响十分明显。可以说，总部权力和责任规范了，工作质量和效率提高了，整个集团工作就会相应理顺和提升，否则就会有怨气、损形象，甚至影响集团大局工作的推进。因此，我们必须牢固树立正确的权力观，从集团大局出发，对原来的管理权限、职责来一次全面的梳理，明确内容，规范程序，提高效率，树立形象。两周前在机关运行协调会上，我提出对总部机关权限清单进行梳理。从上报情况来看，审批内容达到163项。少的部室有1项，多的有30多项。这说明我们的工作有很大的压缩空间，我们的运行效率还很低。这些审批事项分3类：一类是确实需要审批的，第二类是请示或口头进行审批的，第三类是下放或是备案的，且第三类要占总数的三成以上。现在从中央到地方，权力都在下放，这对发展转型有着重大的意义，大家要充分重视，这对确定机关管理边界，提高工作质量和效率是非常重要的。机关转作风不能只靠说，要有实质性的动作。要敬畏权力、敬畏责任，在其位、谋其政、尽其责、求实效，不能借“做事不易”之名而不作为，更不能乱作为，要真心实意为集团公司和职工群众办实事、解难事、做好事，创造更多让基层、上级、相关方和职工群众满意的工作业绩。要持续深化巩固集团公司党的群众路线教育实践活动成果，持之以恒抓好机关能力作风建设，进一步转变观念谋事、转变作风干事，努力从思想上、行动上一心一意做实事、求实效，持续深入开展以“六强化、六提升”为主要内容的能力作风建设，牢固树立服务意识，增强服务能力，提升管理工作质量和效率，规范权力的运行，更好地发挥好总部机关“引领、服务、监管”的职能，进一步树立总部机关的良好形象。

严以律己，就是要心存敬畏、心中有戒，慎独慎微、勤于自省，遵守党纪国法，做到为政清廉，为人清白。常言道：官有所畏，业有所成，有畏方有为。机关党员干部要保持敬畏意识，畏法度、畏良知、畏群众、畏党组织，时刻保持清醒，知道哪些事情能做，哪些事情不能做，做到慎独、慎微、慎权。能不能经受住错综复杂的考验和形形色色的诱惑，关键靠自省自律，靠节制私欲，靠个人修为，靠自我约束，始终保持对党纪国法的敬畏之心。清正廉洁是党员干部做人做事、立世处世的底线，一旦底线被突破，廉洁上出了问题，那就一切都无从谈起，一切都等于零。在这个问题上，有的同志仍然没有想明白、搞清楚，因而不能正确处理干净与干事、勤政与廉政的关系。干净与干事不是对立的，两者舍其一都不可取，勤而不廉要出事，廉而不勤要误事，不廉不勤会坏事。作为集团公司总部机关的党员干部，一定要强化规矩意识，说话办事要有原则、有分寸，始终以党纪国法为准绳，做到心有所畏、言有所戒、行有所止。要持续加强主观世界的改造，强化党性锻炼，提升道德境界，抵制歪风邪气，筑牢拒腐防变的思想防线。要时刻拧紧廉洁自律的关口，常怀律己之心，常思贪欲之害，常修为政之德，清清白白做人，干干净净做事，坦坦荡荡为官，始终保持共产党人的政治品格。要时刻想到自己是党的人，是组织的一员，时刻不忘自己应尽的义务和责任，相信组织、依靠组织、服从组织，自觉接受组织的安排和纪律的约束，自觉维护党的团结。要按照“两个责任”的总体要求，强化党委党风廉政建设的主体责任和纪委的监督责任，在集团公司转型发展的实践中，一心一意谋发展，聚精会神抓党建，处理好公与私、情与法、利与法的关系，将全面从严治党要求贯穿到履职尽责的全过程。

谋事要实，就是要从实际出发谋划事业和工作，出点子、定方案、拿思路都要符合实际情况、符合客观规律、符合科学精神、符合职工群众的根本利益，不好高骛远，不脱离实际。习近平总书记多次强调大力弘扬求真务实精神，树立正确的政绩观，强调抓好打基础利长远的工作。我们要时刻保持联系实际、真抓实干的良好作风，时刻牢记求真务实、实事求是的根本要求。在落实集团公司的决策部署时，要结合各自的工作实际，充分研究透彻集团公司的部署要求，准确了解把握基层情况，扎实推进工作落实。要理论联系实际，密切联系群众，坚持实地调查研究，确保看到的是实情，听到的是真话，取到的是“真经”，做的每一件事都有实效。要进一步解放思想，以审视的眼光反思既有的思路和措施，以科学的标准衡量工作的成就，以严细的态度和基层的期盼，思考我们存在的问题，使各项决策与具体开展的工作，建立在科学有效的基础上。防止因循守旧、墨守成规，更不能自高自大，甚至带有官僚主义色彩。必须坚持问题导向，严格遵循规律，积极适应国际国内形势新变化，准确把握规律，切实解决问题，以更高的标准和崭新的作风，开创各项工作新局面。

创业要实，就是要脚踏实地、真抓实干，敢于担当责任，勇于直面矛盾，善于解决问题，努力创造经得起实践检验的工作实绩。空谈误国、实干兴邦；一分部署、九分落实；定了的事情都要马上办，并且办就办好。不允许左顾右盼、患得患失，更不允许在犹豫中推进、在怀疑中落实。在一系列新的矛盾和问题面前，我们要舍得付出，勇于吃苦，敢于自我牺牲，主动扛起推动山钢发展、战胜困难的责任担当，敢作敢为、善作善成，在实干中破解难题、抢抓机遇、增进职工群众福祉。要树立强烈的事业心和责任感，不断激发干事创业热情，牢牢把握山钢改革发展稳定的工作大局，明确并咬定总体目标和自身工作目标不放松，以锲而不舍、久久为功的韧劲，干一样成一样，不达目的不罢休，千方百计见成效。要围绕实现集团公司战略目标，抢抓新机遇，迎接新挑战，尤其在集团公司当前面临复杂形势时，更要增强发展意识、责任意识、进取意识，坚决反对懒政、怠政，克服暮气和官气，焕发新精神，追求新节奏和高效率，奋力推动集团公司战略目标的实现。

做人要实，就是要对党、对组织、对人民、对同志忠诚老实，做老实人、说老实话、干老实事，襟怀坦白，公道正派。以诚感人，人以诚应。你怎么对别人，别人就会怎么对你。做人要实，简单地说就是做老实人、讲老实话、办老实事。就是要忠实面对党、面对组织、面对人民、面对同志；具体地说就是对工作要有激情，对职工群众要有真情，敢于坚持真理，随时修正错误，心怀坦荡，光明磊落。思想上与党和组织同心，行动上与党和组织同步，真心实意，言行一致、表里如一，做到台上台下一个样，人前人后一个样。

以上对“三严三实”的逐条分析，可以概括为一句话来表达，就是：对党忠诚、个人干净、敢于担当。“三严三实”是从党的历史传统中挖掘优秀思想资源凝练概括而成的。它既体现了对党的优良传统的历史传承，又体现了现代社会发展的时代要求，是领导干部承接历史、继往开来、肩负责任、不辱使命的极为宝贵的精神支撑和作风保证，是对当代党员领导干部追求卓越、勇于担当、善于作为的精神新塑造。当前，集团公司正面临战略全面落地和改革发展深入推进等诸多艰巨任务，我们必须深刻认识“三严三实”的丰富内涵和重要意义，切实把思想和行动统一到党中央和习总书记对全面从严治党的要求上来，统一到省委和集团公司党委的各项要求上来，自觉践行“三严三实”，努力做到内化于心、外化于行，真正使机关党员干部的作风和为人处世、工作状态、工作标准严起来、实起来，为全集团带好头，做表率，使总部机关真正成为整个集团公司的“龙头”和“中枢”，在集团公司走出困境、谋求新的发展中保持良好态势、作出积极贡献。

二、对照“三严三实”要求，结合机关实际，着力解决思想上、作风上、工作上不严不实的问题

近两年来，机关的各项管理水平、员工的精神面貌整体发生了较大转变，各部门也较好地完成了所担负的工作任务，公司领导对机关工作总体是满意的。但是，我们也应清醒地看到，机关面对新的形势和要求仍然存在这样和那样的问题，有些问题还比较突出。从我听到、了解和感受到的主要体现在4个方面：一是作风不实，务实精神不够，包括一些漂浮的作风、自大、自负，对上对下的工作态度不实、不诚、不热情。二是本领不够，本事不行，缺乏高层次、能够独当一面的能力，引领能力、理论认识高度、思想境界、观念及工作创新、驾驭能力都不够。尽管我们能够处理一些事情，但是总体上本事不够，这个也包括领导干部。三是居高不下，遇事高高在上，深入基层、深入了解情况、深入解决实际问题的能力不够。四是有的同志过于关注职位和待遇，主动担责和务实少。很多同志到了新的工作岗位，首先是看收入比原来高了还是低了，横向比怎么样、上下比怎么样。对职位不是不能关注，而是不能过于关注。大家要更注重研究解决实际问题，现在我们真正创造价值的东西不够。

除去这4个主要方面，还有以下突出问题。

（1）有的党员干部在理想信念上还不够坚定，对集团公司的发展缺乏坚定的信心，面对激烈的市场竞争和严峻的困难挑战缺乏攻坚克难、勇于担当的精神，改革创新的勇气、办法、措施不够有力。更有甚者，个别人理想信念动摇，做出令人费解的事情，与机关党员干部的身份极不相称。

（2）在管党治党意识和发挥党组织与

党员作用上，有的支部成员重业务、轻党建，重工作、轻党性锻炼。总强调工作忙没有时间，“三会一课”不经常、不正规。有的甚至认为机关党建不好抓，走走过场就行。对上级党组织部署的任务不认真落实，不联系实际，存在就学习抓学习、就活动抓活动的现象。有的党员先进性、纯洁性讲得少、做得少，认为只要把业务做好了就可以“一俊遮百丑”，甚至不按时交纳党费，催交时还心存不耐烦。这些现象看似不是大事，实质是党性不强、组织纪律不强的问题。

（3）在管理职能上，一些管理的流程优化不够，管理幅度和岗位职责不够明确，管理界面不够清晰，部分同志不能够完全尽心履职担责，存在着到岗不到位，在职不尽责的问题。有的甚至存在架子大、脾气大、口气大的问题。对基层情况了解不透彻，对上级精神把握不精准，对内对外协调工作缺乏底气。在这里我要举几个例子。前一个时期，一个国家机关的领导来我们这里调研，找部分同志谈话。可能我们一开始自己内部的沟通不是很够，或是我们一开始对重心的把握不够，在谈话过程当中，他们向我反映“山钢的机关作风很差，架子很大、很官僚”，说我们有些同志叼着烟、跷着二郎腿、指手画脚，而且被他指出后态度很不冷静，甚至拍桌子。我们已经经过了教育实践活动，经过了去年省审计厅的审计，但很多同志还是这样，所以对作风的转变，我们时刻也不能放松。这是对上，那么对下呢？莱钢的一个同志跟我反映，说我们一个职位不小的干部到山钢去，到一个权力部门，冷板凳坐了半个小时，第一没人倒水，第二一句话就打发了，表现得盛气凌人！我们有的干部就是把公权当私权。在机关时间长了，很多同志自觉不自觉就有一种高高在上，目无上下的情况。我觉得对上不行，那么对下面就更不行。大家要深刻反思一下，这是职责问题，还是我们的重心把握不好，所以我们要尽快把权力清单梳理清楚。第二个事是彭集铁矿，我们弄了大概 3 年了，当时拿了 11 亿获得采矿权。一年光利息就 7000 万，这都是计入我们亏损的。矿业部和规划部一直在优化方案，但是测算的结果是每吨矿成本在 560 块钱左右，就是下不来。我们当时考虑：主要一是没钱，二是是否直接交给金岭来运作。结果今年交给金岭以后，两次优化，现在测算的成本降到了 470 块钱，按照前期矿价最低的时候，我们还能保平，有 30 块钱的利润。还有融资问题，重心下移，一个多月就确定方案了。我们原计划发行 12 个亿可转债，中介进来以后帮助我们做方案可以筹资 30 多个亿，这样我们就能够顺利地推进，这也是资源板块国内这一部分的一项大业绩。这些过程需要我们反思。工作的界面要清晰，权责要明确，要发挥各方面积极性，才能提高效率。另外，是我们两个公司上市的事，反映了我们对情况的了解不足。两年以前，鲁新建材提出来要上市 IPO，因为涉及与鲁碧建材同业竞争，一直到现在也没解决。上个月我去这两个地方调研，到了鲁碧，发现鲁碧自己已经委托齐鲁证券在做，要在新三板上市。当天下午，鲁新新加坡的合作总裁过来说：“我们的事情已经拖了两年了，到现在还不行，我们同样的情况在武钢，二月份提出来的，武钢一个礼拜就批了，现在已经上报材料进京，年底就能把融资拿下来。”这说明一是我们力度不够、效率不高，二是我们对下面情况了解不够。我们原来没有考虑新三板，而且如果按原有方案在 A 股市场上市，再做一年两年可能还解决不了。后来与有关同志议了一下，明确由两公司为主做，资本运营部协助，力争尽快上新三板。所以我们有些事是不是非要拿到上面来做？应该反思。有很多事情，我们一定要充分发挥方方面面的作用。我们现在是9.8万人的公司，需要大家齐心协力干工作，该抓的要抓，该放的就要放。这几个事反映了我们的程序或是管控的职责需要清晰。

(4) 在综合素质上，有些同志专业素养不精，更缺乏一专多能的实干本领。有的不研究新问题，不能熟练掌握政策和运用政策，参谋决策能力、指导工作能力不足，解决问题的深度和高度不够。有的考虑问题不够精细，做事标准不高，出了问题埋怨体制不顺，埋怨职位不高，埋怨别人不配合、不支持。还有的埋怨收入低、待遇差，而很少想自己的缺点和不足，很少想自己的业绩和工作状况的差距。也有的不会想、不善写、表达和协调能力欠缺，更缺乏实干精神、务实作风和执行落实能力。这些问题应当引起我们的高度警觉。

(5) 在工作作风上，仍然有工作漂浮、不深入不细致的问题。有的自以为是多，调查研究少；有的埋怨牢骚多，优质服务少；有的浮在上面多，沉到基层少；有的开会多、发文件多、提要求多，想办法帮助解决问题和抓落实求实效少，缺乏“严细实”的工作作风和谦虚谨慎的做人态度。

(6) 在勤勉敬业上，个别同志工作进取心和责任心不够，满足过得去，个别的精神状态萎靡，整天暮气沉沉；还有个别的同志不讲奉献，怨天尤人，牢骚满腹。在劳动纪律上，个别部室管理松弛，个别同志对自己的约束不严，更有甚者存在着迟到、早退、在岗不在状态的现象。

(7) 在工作协调上，机关各部室之间相互主动沟通不是很到位，主动协作配合的意识还不够强，一个部室主抓的业务，有的部室配合被动，延误了工作的最佳时机，以致工作质量、效率和工作效果受到影响。

(8) 在工作效率上，个别部室和少数人员缺乏雷厉风行的作风和只争朝夕的精神，办事拖拖拉拉，作风松松散散，工作效率不高，基层单位有意见，自己还感觉良好。

这些问题，体现在党风上，就是机关个别党员思想观念不能与时俱进，党员意识不强，宗旨意识淡化，组织观念淡薄，用党的理论武装头脑、指导实践、推动工作的自觉性和能力不强。机关党委担负着教育组织引导全体机关党员干部的任务，对上面的问题必须高度关注。机关两级党组织要正视问题、加强工作，通过教育、考核、制度约束，开展有特色有实效的活动等方式，进一步增强机关党员干部的责任心、进取心，不断提升机关工作水平。

三、践行“三严三实”要求，全面提升机关各项工作水平，形成精益管理、严实高效的崭新风貌

（一）准确把握新的形势，以“三严三实”的标准增强发展的信心和解决问题、战胜困难的紧迫感。

今年仍然是钢铁行业极为困难的一年。全球经济虽然持续温和增长，但地缘政治等导致的经济下行风险因素依然存在，主要是即将到来的美国货币政策正常化、欧元区持续不稳定、地缘政治冲突的潜在溢出效应，以及新兴经济体经济存在的一些问题彼此相互关联且形成合力，导致全球经济增长明显弱于预期。国内经济下行压力较大，这既有经济发展进入新常态、新旧增长动力尚未完成转换的因素，也有外部需求收缩、内部“三期叠加”多种矛盾聚合的因素；有经济环境变化等客观因素，也有一些主观因素。从现状看，总需求低迷和产能过剩并存还会延续一段时间，对此要有充分的准备。钢铁行业面临的困难局面持续存在，上半年的情况说明我们年初的判断是正确的。5月份国内钢铁行业

PMI 指数为 42.4%，比上月回落 5.8 个百分点，创出最近 16 个月以来的新低，并连续 14 个月处在 50%的荣枯线以下，显示钢铁行业整体生产经营形势严峻。目前钢铁市场总体呈现供求过剩、终端需求持续疲软的状态，钢铁产量略有微降，仍处高位；重大政策带动效应呈现缓慢，致商家对市场信心偏软，成本支持减弱等特征，钢价延续低位弱跌走势。集团公司历史积累的一些困难和矛盾没有缓解，钢铁主业持续亏损，资产质量下降，历史矛盾和社会负担重，劳动生产率低，在成本和品种结构方面的竞争优势不足，减亏扭亏任务繁重。下半年面临的形势不会有明显改善，仍然是非常困难，而且局部环节困难会加剧。现在钢铁行业已经进入“寒冬”，我们要有战胜更大困难的准备，不论是淘汰落后产能、调整产品结构、质量改善提升，还是降低成本费用、提高安全环保水准以及优化人力资源等各个方面，都面临着一系列迫切繁重的任务。我们的客观条件无优势可言，要有效防范潜在的风险，必须要付出比别人多几倍的努力才能消化存在的各种不足，对此，必须有清醒的认识。

目前来看，中央在稳增长方面采取的措施很多，最近提出来的还是经济增长，不是稳定，是强调增长。我认为当前的这些措施是调结构，是一个修正，是为了走得更长远、更扎实，是为了保证未来一个较长时间的较好发展。我们改革开放的成绩是巨大的，经济发展形势大的趋势不用担心。去年，在钢协会长会上，大家都有这样一个共识：第一，尽管我们的行业很困难，但到目前为止，钢铁行业对全国 GDP 的贡献仍是第一位的。第二，根据现在国内外情况，中国钢铁行业最有可能成为全球最具竞争力的行业。我们产能占世界的一半以上，积累了将近 20 年的先进装备和技术，经过这些年困难的磨炼和历练，大家的内功都在增加，竞争力也在加强。只是大形势不好，掩盖了我们行业的这些优势，再加上很多地方都在妖魔化钢铁行业。一说过剩，首先就说钢铁行业。所以，这一点我们还是要有信心。我曾经说，我们的行业面临“两有利、两不利”。“两有利”：一是供求关系发生大的变化，矿石和煤炭价格下降，话语权在增加；二是产能、产量下来了，新上的项目不多了。“两不利”：一是价格上不去；二是需求不足，表观消费量下降。行业是这个样，对于我们自己，我觉得还得坚定信心。2012 年我们走入“寒冬”，亏损是最大的，报出去 30 多个亿，实际还多。到 2013 年我们亏 8 个亿，到去年我们盈利 2 个亿左右，到今年 1 到 4 月份，我们大概有 11.4 个亿的利润，有齐鲁证券的贡献，主业也在持续减亏。今年我们的盈利水平列全国钢铁企业第 2 位，但必须清醒地看到，我们的困难和压力依然很大，我们仍处在钢铁“寒冬”期。我要强调的是从经营运营的角度说，我们最困难的时期已经经历了，特别是去年，可谓是外患内忧，而且特别严重。去年外患就是指塞拉利昂唐克里里铁矿项目遭遇的破产危机。这一点，去年 10 月 3 日我与任浩董事长、崔聚荣副董事长达成了共识：一是非洲矿业失去信任基础；二是香港共管资金必须严控，减少支出；三是塞矿项目不能倒闭，这是底线；四是沉着应对，寻求政府合作与支持。后续的发展印证了我们的判断，塞矿的确面临倒闭的边缘。如果倒闭，我们投资的 100 个亿就打了水漂，我们将成为全国的（负面）典型。当时形势岌岌可危，这是外患。内忧有这么几项：一个是亏损，二是资金压力，三是日照项目资本金问题，四是上下、内外压力巨大。好在有些已经解决，有些已有缓解，虽然困难依然巨大，但我们要坚定信心，另外也要传递好压力。

客观分析形势和当前面临的问题，我们既要看到严峻的一面，需要认真对待，又要看到希望，增强信心。去年以来我们采取的一系列生产经营改善和管理提升工作，已经取得明显成效，许多方面实现历史性突破。我们要看到，从更长周期来看，现在的困难是企业发展不可避免的阶段性现象，我们有能力、有信心做好我们的工作，充分利用各种有利因素，千方百计谋求发展。随着国家“稳增长、调结构、促改革、惠民生、防风险、扩开放”政策红利的陆续释放，中国经济将稳中有进。集团公司内部的一些优势正在逐步培育形成，中长期发展战略已经确定，聚焦发展思路更加明晰，一系列改革开始启动，运营转型、管理提升初见效果，扭亏增盈生存保卫战进一步明确了扭转困局的思路和举措，对生产经营将带来根本性变化，极大激发了干部职工背水一战、敢打必胜的信心和决心。对此，作为机关党员干部，我们要往两个方面使劲，一是要统一思想，坚定信心，顶住严峻形势所带来的压力；二是要进一步激发市场有利因素和企业改革所带来的动力。这就要充分发挥机关党员干部队伍的旗帜作用，主动作为，争做表率，把压力和动力不断向基层传递，让信心和思路不断激发职工活力，以实际行动进一步激发全集团广大员工迎接挑战、攻坚克难的热情。只要我们准确把握行业当前最新发展动向，及早发现市场的空白点、机会点、增长点和盈利点，把握未被满足的市场需求和趋势，形成企业良好的可持续发展优势，有效规避投资风险，有效巩固拓展战略市场，把握行业竞争主动权，坚定信心，带头创业，在困难面前始终保持奋发有为、开拓进取的精神风貌，充分调动广大职工的积极性、创造性，就一定能够扭转困局，推动集团公司走上健康发展轨道。

这次中央在全党开展“三严三实”专题教育，是群众路线教育实践活动的延展和深化，对集团公司扎实推动战略落地，深化精益管理，战胜困难，降本增效，扭亏增盈具有重大的现实意义。机关党委及各党总支、支部要迅速行动，以此为契机从根上查找和解决“不严不实”的问题及各项管理中存在的差距。各级领导干部要切实把自己摆进去，用“三严三实”的尺子规范自己的言行，从“严”上要求，向“实”处着力，使清风正气积聚起来，使党员干部的精神振作昂扬起来，以“三严三实”的过硬作风推动集团公司事业蓬勃发展。

作为省属国有大型企业，我们必须坚定自觉地同以习近平同志为总书记的党中央和省委、省国资委党委保持高度一致。这一点在任何时候、任何情况下都不能含糊。对集团公司党委、集团公司的要求要扎实有力地贯彻落实执行，总部机关、机关党委要带好头、做表率，机关党委和党委成员、各总支、支部及总部机关每个部门的领导、党员干部都要履行好职责，要坚定地落实集团公司党委和集团公司的各项工作思路和决策部署，对已经决定的事情，要坚定执行，并创造性地发挥主观能动性，认真落实好。

（二）紧紧把握集团战略发展的新要求，持续推进机关能力作风建设。

今年对我们山钢来讲是充满挑战的一年，也是抓住机遇、推进战略实施和全面深化改革的元年。大事多、压力大、困难多、希望也大。我们既要全面实施企业中长期发展战略，全面推进改革，又要实现经营绩效全面突破，不断推进企业转型升级。要完成这些战略性任务，需要强有力的动力推动。集团公司2015~2020年的发展战略定义为“聚焦发展，精益运营”。“聚焦发展”就是要发展重点产业，紧盯目标市场，优化整合资源，突出价值创造，打造核心能力，铸就知名品牌；“精益运营”就是贯彻精益思想，构建精益体系，培育精益能力，塑造精益文化，锻造精益企业，形成精益特质。机关工作要全面融入改革发展大局，在积极推进集团战略实施和各项改革的深化中加强能力作风建设。过去我们在技术、装备等“生产力”层面已与国际接轨，但是在管理理念、经营模式、体制机制等“生产关系”层面却相对滞后，这也是我们今后改革的重点。机关能力作风建设要聚焦改革发展，要围绕积极应对改革发展进程中的新问题开展工作。

“运营转型、管理提升”活动，是集团公司尽快止血止损扭亏，实现战略调整优化、治标治本的重大战略举措，不是一般的活动。总部机关要紧密结合“运营转型、管理提升”活动开展能力作风建设，带头立足长期坚持，持续推进，牢牢抓住不放。通过持续改进，抓出成效，把管理提升落到实处，让大家真真切切感受到管理提升活动确确实实见实效了；要紧紧围绕管理提升活动认真研究专业系统的工作，盯住抓实；要把管理提升工作作为各部门重要任务和重要抓手，纳入工作议程，促进活动取得实效，实现管理提升实质性破题；要系统研究谋划集团公司当前面临的一系列重大问题和任务，从本职职能出发，从集团大局出发，主动研究思考问题，研究推进落实，解决等靠思想和协调不够、效率不高等问题。要敢于担责，狠抓落实，把“六强化、六提升”工作结合新的形势和任务持续向前推进。发挥机关两级党组织在能力作风建设中的作用。机关党委加强协调、总体谋划、创造氛围，各支部结合本部门职能，狠抓作风转变和能力提升不放松。活动要有具体的内容和载体，要以推进机关精益管理、创建精益部室为契机，赋予“六强化、六提升”新的内涵，努力提高内部管理水平和人员素质，强化有精益特质的机关建设。

（三）紧紧把握机关党建工作的新要求，切实落实“一岗双责”。

“一岗双责”是党的组织体制构建的重要创新，是国有企业的重要政治优势。当前，如何把国有企业党建和政治工作的优势发挥好、运用好，需要我们通过创新工作思路、创新工作模式、提升工作绩效来实现。要不断强化党建和思想政治工作优势。对于企业来说，党建思想政治工作能够指明方向，提供精神动力。各部室工作要有正确方向和充足动力，首先必须把党建和思想政治工作抓在手上。大家一定要有这个认识。支部书记是抓好党建工作的第一责任人，一定要带头落实好党建工作责任制，牢固树立抓好党建是本职、不抓党建是失职、抓不好党建是不称职的理念。要结合工作实际，分析党员队伍和职工的思想动态，紧紧围绕集团公司中心工作，充分调动党员和职工的工作积极性，主动做好思想引导工作，凝聚正能量。机关党组织要积极探索更有效的工作方式方法，提高党建工作服务集团公司战略落实和改革发展的实效性。广大党员要重视党性修养和思想境界的提高，增强组织意识、纪律意识、党员意识和先进意识，加强对党的理论知识学习，认真落实党委、支部安排的各项工作，切实提升党员纯洁性，彰显党员先进性。要通过认识的提高，促进个人素质水平的提高，切实做到思想认识强群众一筹、业务水平高群众一筹，真正发挥党员先锋模范作用。

机关党委委员和各党总支、支部书记都是兼职的，本身承担了大量的业务管理和对处室管理的繁重任务，但兼职也必须尽责。既然组织和同志们把大家推到了这个岗位上，就要有责任担当，要对党组织负责、对广大党员负责。要牢记组织的重托，多思考怎样不愧对组织和同志们的信任；要牢记使命，多思考如何更好地团结带领党员干部团队出色地完成工作任务，让每个人都能在团队中体现价值与成长；要牢记自己的职责，做到守土有责，守土尽责。我们有些长期从事业务工作的同志，常常是抓业务驾轻就熟，得心应手，但做党务工作往往是心中无数、力不从心、效果不佳。说到底，这是组织观念不强和党性修养不够的表现，对此不能掉以轻心。我觉得，每一名党员干部都要有全面从严治党的观念和意识，要有党建工作引领保障业务工作的能力，学会做党务工作，善于做党务工作，这既是“一岗双责”的要求，也是新形势下全面从严治党所必须做到的。如果有人还认为党建工作无足轻重，甚至认为可有可无，那绝不是工作方法问题，而是政治上强不强的问题、党性修养够不够的问题。党建工作是引领和推进业务工作的重要保证，没有好的党建工作，业务工作就不会有高标准，也不会有严要求，更不会有好效果。党委委员和支部委员都要学习党务工作的基本知识，提高做党务工作的能力，特别要善于总结和创新机关党建工作与集团公司中心任务、重点工作相融合的工作方法，使各项工作目标同向、部署同步、工作同力，实现有机结合、深度融合、相互促进、协同发展。要引领机关党员干部落实好集团公司党委提出的各项目标任务，要做好党员干部的思想政治工作，自身的表率作用非常重要。“喊破嗓子不如做出样子”这其实就是强调示范带动效应。我想，主要应发挥好3个方面的表率作用：一是做带头学习的表率。带头成为建设学习型党组织的精心组织者、积极促进者、自觉实践者，带头学习、先学一步、多学一点、学深一些，做真学、真懂、真信、真用的模范。二是做令行禁止的表率。带头落实转变作风和廉洁自律的各项规定，要求支部党员做到的，自己首先做到；要求别人不做的，自己首先不做。要求别人清正廉洁，自己首先要清正廉洁。三是做求真务实的表率。求真务实是做好各项工作的重要保证。要把解放思想与实事求是相统一，带头讲实情、重实际、务实效，以抓铁有痕、踏石留印的作风将每件事情干好，将每项工作干成。

（四）按照“党委主体责任，纪委监督责任”要求，全面落实好“两个责任”。

中央出台八项规定、反“四风”以后，党风发生了重大变化，社会风气也发生了很大改变，对我们党和国家长治久安、健康发展起到了巨大的作用，全党和全国对此都有充分的认识，大家也都对党风廉政建设、落实八项规定、反“四风”增强了信心。当然，党风政风尽管实现了根本性好转，但问题还有很多，还没有成为一种自觉。违反八项规定和“四风”的问题很容易反弹，一不小心就会在我们身上表现出来。集团公司“十项禁令”出台后，依然有一些党员干部存在着不敏感、不适应、不情愿、不牢固的现象，这些存在的问题，往往与管理上失之于宽、失之于软有一定关系。真正关心爱护干部就要从严格管理入手，当党员干部出现问题苗头时，要及时提醒，帮助改正，避免小错酿成大错，造成“一失足成千古恨”。

在这里我要给大家说3句话，这是我在莱钢时传达薄熙来案件和进行警示教育以后自己的感悟。第一句是“处事有度、不要狂妄”。这个“处事”包括工作，也包括做人、做事、对上、对下，既包括权力，也包括金钱，也包括关系，这些方面的度，如何把握。现在很多干部出问题，就是狂妄自大，过去是，现在也是。一个人有本事、有权力、有钱了、有关系、有地位、有靠山了，就膨胀、狂妄！本来不该出事，结果就会出事。一个人感觉到很有实力、势力的时候很狂妄，不单是办事、说话，更多的是内心的狂妄，往往会让人走到反面。所以大家要反思，一旦出了问题，谁也保不了你，不管你有多少关系，只要出问题，谁也管不了、谁也保不了。这已经是历史证明了的。无论官大官小，官大像周永康、薄熙来，这都很有关系、很有本事。第二句话是“守住底线、不越红线”。所谓底线，有道德方面，也有规矩规定，这一块要自己好好把握。不论是用权、用钱、用人，各个方面都要好好考虑，不撞法律红线。第三句话是“慎重交友、不要轻信”。我们的社会太复杂。你只要在位，只要有价值，不论八小时以内还是以外，都有人巴结你，盯着你，都会有人与你交际，一切都是因为利益。大家一定不要轻信，不要轻信所谓的“铁哥们”，所有出事的基本上都是“铁哥们”出卖的，还包括老婆、孩子。薄熙来就是他老婆出事，把他扯进去了。王敏也是被一个有关系、有交情的“铁哥们”供出的。我们在企业里职位不大不小，我们走到这一步都不容易，走到一个重要的管理岗位，走到处级岗位都很不容易，甚至到总部机关也是不容易的。大家权力有大有小，我觉得为了你平安的生活，为了内心的安逸，对金钱、名利不要有太多追求，追求太多就要出事。

清正廉洁是党员干部做人做事、立世处世的底线，一旦底线被突破、廉洁上出了问题，那就一切都无从谈起，一切都等于零。在这个问题上，有的同志仍然没有想明白、搞清楚。作为党的干部，一定要强化规矩意识，持续加强主观世界的改造，强化党性锻炼，提升道德境界，抵制歪风邪气，筑牢拒腐防变的思想防线。机关党委要按照“两个责任”的要求，强化党风廉政建设的主体责任，支持机关纪委履行好监督责任，一心一意谋发展、聚精会神抓党建，将全面从严治党、依法依规治党的要求贯穿到履职为政的全过程、各方面。要认真执行并不断完善各项制度，切实加强对干部的日常管理监督，要积极开展思想谈心、廉政谈话活动，认真开好组织生活会，用好批评与自我批评的武器，敢于揭短亮丑，及时发现一些苗头性、倾向性问题，做到早发现、早提醒、早纠正。不管在任何时候、任何情况下，都要讲章法、懂规矩，严格按规定程序办事，严守党的政治纪律，遵守党章，切实树立党员干部可靠可信的良好形象；要大力倡导爱岗敬业、艰苦奋斗的精神，鼓励机关广大党员干部把心血和精力用在干好工作上，用在推动发展上，用在服务群众和基层上，创造性地开展工作。

此外，要坚持问题导向，抓好制度建设，确保“三严三实”教育常态化、长效化。要充分利用制度的刚性约束坚决整改机关存在的“不严不实”问题。一是要靠制度划清底线、红线，规范言行举止，提升执行力；二是要靠制度清除管理弊端，提升管理效率，解决职责不明、管理界面不清的问题；三是要靠制度强化廉政建设，约束机关党员干部手中权力，维护企业、群众利益；四是要靠制度加强作风建设，树立机关党员干部良好形象，发挥标杆带动作用。

同志们，开展“三严三实”专题教育既是当前的一项重大政治任务，也是党建工作的重要内容。机关党员干部一定要强化严实意识，增强严实作为，把“三严三实”专题教育与强化机关党建、能力作风建设有机结合。要按照集团公司党委的系统要求，扎扎实实搞好专题教育各关键举措，让总部机关和广大党员干部真正成为全公司的表率，在推动集团公司战略落实和改革发展的新征程中创造出新的业绩。我相信，机关广大党员干部一定能够通过“三严三实”专题教育增强先进性、展现高境界、创造新作为。

在集团公司1~10月份经营绩效分析会上的讲话

总经理、副董事长、党委副书记　陈启祥

（2015年11月18日）

刚才财务部、国贸公司、销售中心分别对集团公司1~10月份经营绩效情况、大宗原燃料采购和钢材销售市场情况进行了分析，各单位要结合各自实际进一步深入分析，完善应对措施，做好今年及今后一个时期的工作。下面，我讲几点意见。

一、对今年工作的总体评价

今年市场形势异常严峻，钢材价格跌跌不休，尤其是三季度钢价加速下跌，哀鸿遍野，国有钢铁企业全部亏损，绝大多数民营钢企也进入亏损行列，盈利最好的石横钢厂铁成本不到1200元/吨，财务费用为零，吨钢还能盈利100多元。去年是铁矿石供求关系的转折年，今年是钢材价格的暴跌年。钢材价格大幅下滑给钢铁企业生存带来极大压力，唐山地区陆续有多家小钢铁企业退出。唐山500万吨的民企松汀公司因为还不上6500万元电费被拉闸停产。今后3年钢企将进入钢铁严寒期，到了生死存亡关口，面临极其严峻的考验。

今年以来，集团公司各单位做了大量有成效的工作，1~10月份集团公司实现利润总额22.33亿元，1~9月份利润总额列全国钢铁企业第一位，是集团公司2011年以来最好水平，也是全国钢铁企业的最好水平之一。除投资收益增加外，钢铁主体减亏扭亏成效明显。莱钢超额完成预算目标，济钢集团、财务公司、房地产公司等都作出了积极贡献。今年工作中可圈可点之处主要有：

一是战略发展方面，今年把几大板块的发展定位确定下来，带有方向性和指导性，对今后发展有很好的指导意义。各单位规划制定正在积极推进落实。

二是铁成本是一大亮点，低于行业平均成本50元以上，我们没有地域等任何优势，完全是靠各单位严格管理和精细操作，以及加强指标控制等措施实现的。

三是完成股份公司定增50亿元融资，有重大意义，解决了日照项目资本金，降低了总负债率。

四是几项重大业务的推进，包括发展混合所有制，近100亿元民营资金进入山钢集团进行股权多元化投资，带有根本性意义，说明民企看好山钢这样的国企。

五是非洲塞矿力挽困局，以极小的代价拿到75%的股权，外交部等国家部委给予充分肯定。这次运作使投资风险转变为经营风险，但这个风险是可控的。

六是营销板块在现有体制下发挥了积极作用，协同加强，市场开拓好，成效进一步提升。

七是亏损企业治理工作取得了进一步的成效。

下面通报一下1~9月份部分重点钢铁企业的效益情况：首钢亏11.3亿元，河钢盈9.3亿元，鞍钢亏48亿元，宝钢盈21.8亿元，武钢亏43.7亿元，太钢亏13.7亿元，沙钢盈17.4亿元，山钢盈27.2亿元，包钢亏40.5亿元，马钢亏24.6亿元，华菱亏11.5亿元，南钢亏7亿元，本钢盈1.76亿元。

二、今年要完成的目标及明年预算目标

现在真正进入了寒冬期，明年的形势

仍然极为严峻。今年要确保股份公司盈利，各家的几条线必须确保相应目标的实现；集团利润总额力争完成18亿元，完成省国资委下达的22亿元的目标有困难。明年的盘子需要公司和董事会进一步研究。前段时间到各单位调研，各家反映都算不出账来。如果按建议目标，达到底线仍亏30亿元，达到争取目标亏15亿元，加上资产、资本运作措施能否打平？现在全国钢铁行业理论上平均吨钢亏损400元，我们现在吨钢亏损350元以上。在上周集团公司研究落实省国资委经营绩效评价意见的会议上，任董事长和我提出了明年要努力打平的目标。我们要往最好处努力。

当前既要看到形势的严峻性，又要看到有利面。有三大因素或是影响全世界经济发展的转折因素：一是中国经济增速放缓引起世界关注；二是美元加息；三是大宗原材料价格周期性出现转折。有悲观分析，新兴经济体近年将会出现新的经济危机。也有乐观分析，称明年二季度后会有所好转。

我们要看到自身的实力和优势。一是山钢有2300亿元的总资产，体量大，有相当一部分是优良资产，有较大的腾挪和运作空间，济钢二钢片区和张钢老厂区的土地等资产都可运作或变现。二是我们有大国企的优势。国有企业信用是巨大的无形资产，在金融市场有一定优势，比一般企业和民企有优势。

三、对下一步工作和明年工作的三点建议一个提示

三点建议：

一是当前要控制产能释放，减少库存。

二是围绕“两流”深入做好工作。资金流、现金流是生命线，要高度重视，不能有闪失。

三是强化以营销为核心的生产运营体系和以全面预算为主的管理运营体系。在当前的市场环境下，拿下一个订单不容易，但订单拿回后面临生产、质量、交货等一系列问题，有时我们的产品交付能力还不行。营销就是一线的理念是切切实实的，一定要把市场问题放在第一位，一切为了生存，一切为了市场，一切为了营销，各个方面、各个环节必须有系统提升！华为在以营销为龙头方面做得最好，生产、财务、机构、研发、考核等五大系统，全部围绕营销展开。

一个提示：

钢铁企业面临生死考验，将会有一系列大改革、大调整和大突破，会有重大利益调整，必须有充分准备。企业发展稳定面临双重考验，要有全方位超前准备，迎接大考。

最后借用孙中山先生的一句话与大家共勉：革命尚未成功，同志仍需努力。

在集团公司改革发展调度会上的讲话

董事长、党委书记　侯　军

（2015年12月5日）

同志们：

形势严峻，任务繁重，时不我待。

召开这次会议，主要有两个用意：一是新班子到位以后，各权属公司和总部部门对今年以来的工作作一个总结；第二个是新班子初步计划将集团年度工作会议由原来计划的12月中旬调整为1月中旬召开，希望在此之前能够听到大家的想法、意见和建议。从我的角度来看，想了解集团各层面的工作情况。我11月23日报到，到现在12天，中间还有3天的党校培训。山钢户大兵多，各个层面不可能一下子都跑过来，所以今天系统地听了各单位的总体情况，有了一个概念性的认识。

今年以来，在上届班子领导和同志们的共同努力下，山钢集团面临严峻的市场形势，很多方面取得了明显成效。大家的发言思路清晰，重点突出，坚定了新班子继往开来做好山钢各方面工作的信心和决心。

我建议集团今后的会议，要建立双向反馈的机制。集团领导在会议、调研、日常交流时与各公司、单位讲的工作意见，希望在今后一定场合，最好是会议，对领导的要求，要有回馈。各单位对总部提出的建议、意见和要求，总部的分管领导和部室要认领，进一步了解情况，研究意见，上下贯通，注重实效。也希望今后同志们对总部的工作，提建议的时候，更加直接、具体一些。最近，总部领导班子将做适当的分工调整，也请同志们及时地与总部领导、部室加强沟通联络。

会后，请办公室的同志将双向反馈的内容逐一列表，要每项尽可能地明确负责人、办理标准、时限要求等，都要逐一列出来，让大家上下都比较清晰地把握重点和中心工作。

下面，我讲几点意见。

一、审时度势，问题导向

摒弃侥幸心理，做好长期过冬准备。当前我国经济正处在速度换挡、结构调整、动力转换时期，进入了新一轮的中高速低挡增长的新常态，经济增长的特点可能是由U型变为了L型，我认为是个躺倒的L型，下边这一划还比较长。目前，微利或亏损经营的“严冬”可能是产能严重过剩的钢铁产业的新常态。不少钢企陆续关停，行业将面临重新洗牌。1~10月份全国的粗钢产量20年来首度下降，在峰值波动后很可能要出现迅速压减的态势，至少未来的四五年，钢铁行业处于被动去产能的出清阶段。业内专家或我们长期从事钢铁产业的专家也都不敢轻言现在的原材料和产品的价格是否已经触底，反弹的趋势拭目以待，何时有好转趋势，从哪个时间点开始，也都不敢轻言。面对漫漫严冬，一定要有打好持久战、生存保卫战的充分思想准备。

提醒大家，不仅要关注钢铁主业本业的发展趋势，还要研究好上游原材料、下游市场相关需求产业的动态变化。经济增长8%以上，对钢铁、煤炭的需求拉动比较明显。经济增长7%，破7%甚至底线6.5%的消费需求结构，比如钢铁下游的汽车制造业、机械、电子业，需求增势明显放缓。

当前钢铁企业特别是山钢首要的任务是保生存。虽然我们金融、类金融板块实现盈利，但主业钢铁亏损严重。国内钢铁行业当中，亏损面可能达到了百分之六七十的样子。1~10月份，行业亏损额超过500亿元，资产质量下降，创效资产份额减少，资金高度紧张。我们将面临保平和整体亏损的严峻考验，很可能带来金融部门对集团授信、提供资金和各方面金融服务的潜在危险，社会公众关注度比较高，热点、敏感的问题很多。我们要耐得住风言风语，增强自身发展的底气和定力。现在产能严重过剩的行业中间的企业，在严冬之中是否能够迎来勃勃生机的春天？大家都在拭目以待。为此，保生存刻不容缓，保现金流维持健康运行，保新建项目积蓄后劲，保职工稳定统揽全局。

发现不了问题就是最大的问题。企业改革发展就是不断发现和解决问题的过程，准确地发现问题就等于解决了问题的一半。行业形势越不好，问题就会充分地暴露，现在就是我们发现、梳理、解决问题的有利时机。不怕有问题，就怕没办法，更怕的是麻木不仁。今天大家的发言，我发现不少亏损的单位对问题表述反而越简单，五行六行的字，后面跟进解决问题的措施与表现问题的衔接明显不对称。今天把这个事情给大家说出来，不当面批评各位领导同志，但是这个问题一定要引起重视，起码我们这些主要负责人，要给办公室起草讲话稿的同志讲清楚，今后的类似运行解决问题的调度会议，要放大问题表现、原因剖析，有针对性地提出解决问题的措施和办法。

国资委对山钢绩效评价报告，七个亮点、八条措施、七个问题建议，我们要明确整改的时限和责任，跟踪问效，按要求坚决整改。国资委对这个评价报告的态度很明确，不是参考，必须按要求坚决整改。比如涉及改革深层次的问题，事情比较大，考虑解决的方案应该有系统性，需要大家群策群力，发挥大家的聪明智慧，并且要慎重决策重大事项。又比如做实山钢股份，真正地使山钢股份成为市场主体，需要解放思想，合理配置或下放权力。这都是一些实实在在的事情。

二、降本增效，止血止损

业内及市场竞争加剧，逼迫我们进入了比拼内功的实质性阶段，要义是在比拼成本的白刃战中要占据上风。经营的朴素道理是买得贱、卖得贵，中间环节别浪费。我们应该逐渐地拓宽视野，不能仅仅还停留在卖钢卖材的这种档次和水平上，要学习借鉴其他产业、行业，从服务切入，提高贡献率。大家也都知道，像国外1元的手机，那纯粹卖的不是手机，是服务。像IT产业，在主件、硬件的基础上，已经实现了以技术服务为主的人工服务每小时几百美金的这种高回报。我们要在物料组织、精益管控、工艺提升、市场拓展、资金融通、人才支撑等牵动企业发展的支点与内生素质方面赢得主动权。

降本增效必须出实招、严考核、见实效。降本增效不能“一刀切”，对产业和各个单位要进行有针对性的剖析，一企一策。企业经营，其实我们所有的工作就是两个字：利好。要追求企业向好的方向迈进和提升，对不能扭转逆势的企业要看市场、看机制、看产品，更要看班子。当前，行情大势急剧下滑，有些是可以理解的因素，但关键是看各级班子驾驭复杂形势的能力和水平。僵尸企业应当果断地消化和退出。要在提高劳动生产率、降低附加成本等方面下工夫，用压降成本对冲损失。降本挖潜不是没有空间，而是没有瞄准、没有量化。刚才登奎同志已经把劳动生产率的问题提到生存的高度来认识。山钢目前年人均产钢490吨左右，已经低于了行业内560吨左右的平均水平。我们要用两三年的时间，达到千吨水平。邯钢目前的劳动生产率就是1000吨左右。举个其他行业的例子，华鲁恒升，在尿素产品价格大幅下滑，由2200元/吨下降到1300元/吨的时候，他的成本比行业平均水平一直低10%~15%，他就是用这个倒逼了企业管理的各个环节，这是硬道理，这是硬功夫。减少冗员提高劳动生产率比较困难，但该裁的还是要裁。或者靠提高产能释放程度，但又带来了市场价格的直接影响。无论怎么样，成功企业都有自己的定律。我们为什么效益下滑？就是没有牢牢地把控成本的水平是在一个什么程度上。要把行业平均水平作为基准，确立达到并跃上先进水平的时间点位，标准量化。登奎同志说用两三年的时间由700吨达到1000吨，这个目标我们确立之后，就要进行分解、落实、细化。德华同志和财务部提出来2016年我们成本压降30亿元，要能达到这个目标，就对冲了30亿的亏损，加上金融板块，明年集团预算目标打平可能就充满希望。

要深入研究减亏止损与降低成本实际效果之间的对比关系，加大降本增效奖惩力度，对降本和止血止损成效明显的单位要实行特别奖励，要奖得叫别人眼红心跳；对成效不明显甚至指标持续倒退的，罚得脸面和收入上有明显的感觉。一个是脸，一个是钱，从办法上体现超出常态的亏损收入下调。将降本增效的措施和办法传达到经营管理的神经末梢，真正使上劲，取得实实在在的效果。省管企业有一个集团，在上市公司这个范围内，年薪水平已经是80万至100万的差距。有的上市公司业绩很好，核定了税前收入是120万左右，但有的上市公司亏损只能拿到基薪，没有绩效和奖励。我们是不是有这样的管理办法？起码要拉开收入的档次和水平。当然，薪酬的改革是一个渐进的过程，需要大家统一思想。人叫人动人不动，办法调动积极性。

强化风险防控。一是防范决策风险。尤其是新建项目，要确保干一个成一个。要建立投资预期、流程管控、预算控制、效能效益发挥的后评价和跟踪问责机制。国企的通病是先有“可行”，再有“可研”，存在的问题往往是前大后小，大马拉小车，工艺不匹配。购入的设备看似水平很先进，但不能充分地发挥效益。二是确立“均衡预算，模板运行”的原则。按月、季进行监测，对照运行模板，不仅是总量、完成程度，与同期比，与年初比，而且要精算出预算运行中企业代表健康程度的质量型指标，要同步设计出模板。要建立现金流为正的倒逼机制，逼出存在问题并找出解决的办法。三是防范运营风险。包括合同风险、法律风险等。一句话，原有的风险要化解，不能再重新交学费，不能再花钱买教训。

三、完善规划，突出重点

提升理念，做实载体。今天的规划就是明天的结构，今天的投资必将成为明天的效益。要力戒大国企病，突出地认识国企“内向病”。国企的高管，往往局限于盈利已经锁定的一定空间，没有上下游拓展和联结市场与用户的这种基本考虑。我和有关的领导同志谈话，也大体描述了工作节奏、特点、时间性的安排，企业领导人的时间最好分成3部分：三分之一在企业搞内部管理运营，三分之一跑市场和供应、掌握信息，三分之一用于创造环境、争取政策。要研究政策，创新思维，在研究市场动态中把握阶段及中长期发展定位，在结构调整上有所为、有所不为，调视角、开眼界，打好主动仗。“十三五”发展规划根本的问题在于提升转变观念，重要的是投资项目的载体支撑。山钢固定资产投资计划差距比较大，与国资委要求小幅度调整的要求有差距。大家达成共识的是对于“十三五”发展规划干什么、怎么干没有硬性的支撑，已经形成的一两年的投资在延续发展上缺少实质性安排。打基础、立长远是规划的真正意旨。

稳控钢铁主业，激活非钢产业。首先是稳控钢铁主业，这是我们的看家本领。要把优势发挥到最高水平，放大品牌效应，增强优势主导产品对效益贡献的柔性度。柔性操作没有多么深奥的道理，就是哪几个主导产品能挣钱，在生产计划上做及时科学的安排。当然，链条当中也可能有所侧重，它可能蕴涵着今后主导产品向优势企业及新的优势产业的转移和提升。其次，力促非钢产业增加对整体效益的贡献度，转移劳动力，为职工谋生计拓展渠道。在转型过程中要引入“非钢产业主业”的概念。类金融、金融板块对2015年山钢的贡献是非常直接的。下一步我们要把非钢产业突出出来，从框架、贡献率、资源整合、资金匹配各方面要有充分的思想准备。这也是“十三五”规划过程当中前3年或者前两年“3+2”“2+3”的这样一个考虑。没有几年的积淀，不可能一夜之间一蹴而就冒出来一个庞然大物，一个新兴产业在准备的过程当中，很可能有些彷徨过度，但是，下定决心要把事情干成，要起步稳、提速快，形成主导优势。

转型升级要明确转到什么型、升到什么级。党的十八届五中全会提出了“创新、协调、绿色、开放、共享”的五大新型理念。我们要以此为遵循，突出3个重点：一是做国家政策鼓励支持的事情，包括“一带一路”中山钢有什么作为？有哪些商机？现在应该着手准备，组成专门的课题组；二是做顺应行业发展趋势的事情，在结构调整上有领先半步的意识；三是做自身有基础有优势的事情，先有“小题大做”，跟进“无中生有”。转型的根本方向是创新型企业，把创新作为企业发展的内生原动力，对创新效果、效益进行量化、追溯、评价。升级主要是指产业层次升级，优化布局，体系蕴含着发展潜力。我们应该有产业链条提升的概念，上升到产业价值集群的打造与提升。

四、理顺体制，提速增效

深化改革是企业创新发展的主攻方向。国企改革的方向是市场化、资本化。改革要把效益、效率、质量放在第一位。山钢改革前行将是改建国有资本投资运营公司，势必涉及加快探索集团与权属公司国有资本投资运营的新模式。国企改革这一轮突出的重点是加强党的领导，避免私有制，这是政治理念。从方向重点上来看，发展混合所有制，避免国有资产流失，这是标准。山东省管国企改革走在了全国前列，第一批2家，第二批5家，加4家新建的公司，正在审批或已批准实施国有投资运营公司。大家对投资公司和运营公司的概念要搞清楚，两者是有区别的。投资公司一是做增量，二是活存量，运营公司主要是搞活存量。要相应地明确总部功能定位、理顺产权管理关系、优化管理架构等实质性问题。原有的企业集团、一级集团，功能很可能主要是管班子、管薪酬、控风险、创环境，但国有资本投资运营公司改革是将管资本的功能由国资委下放到企业一级集团，将董事会特别是董事长的权力下放给总经理。无论是投资还是运营，在集团管控方面将原来的领导与被领导，转变为以利益纽带为主的合作管控。就是通过资本运作、股权运作，增加一级集团的交易总量，由原来的行政化逐步转化为利益趋同的一种合作，甚至是协作关系。前些年运营比较好的一级公司，有的已经实现了这个目标。我们现在行政化色彩还比较浓，下一步要通过股权、资本运作，增强一级集团的实力和控制力。

市场化就是以价值创造为核心。研究内外部市场，创新商业模式，重新审视利益相关者交易结构的价值理念。就是由我们卖产品挣钱，变为上下游利益相关，构建大家一起挣钱、利益均沾、风险共担的商业模式，从原来企业单纯卖产品、卖品牌增效益，上升到商业模式的竞争这样一个新的高度和领域。兖矿的市场化改革值得我们学习借鉴，一些大家认为最难改的岗位，兖矿反而改得最彻底。有个煤矿的内部市场化改革花了20万，推了10个月。我两次赴兖矿考察，亲身感受了内部市场化的要旨，那就是岗位注入价值理念，引入价格机制，重要的是形式上职工由发工资到按每个岗位、每个工序、每个工作量计价，形成职工挣工资。实质是浓厚市场观念、强化核算意识、压力传导到位。企管部要组织我们分管的同志到兖矿实地考察学习。

再讲个例子，东阿阿胶，现在形成了什么架构？第一产业养驴、种药，第二产业推出“桃花姬”等阿胶产品，第三产业发展养生文化。有几百名老中医为其服务，他的理念不是单纯治病，而是治“未病”。更为可贵的，他的二产由原来简单的批发代理形成了全国若干家的商店直销，甚至与资本市场链接在一起，开了阿胶的仓单，就能到银行抵押贷款。

资本化就是提升资金、资产上升到资本运作的档次和水平。山钢2300亿的授信，1200亿的有息负债，其中包括500亿的资产主权融资。这里面，也要区分中票、私募、短融与资本融资的区别。现在我们资产证券化率主业6%，非钢产业百分之七八，总体都在30%以下，众多资源没有整合起来。从总体上降低财务费用，我们要找山钢集团资产证券化率从现在27%提高10个20个点达到50%以上的时间点，找到综合运用金融创新产品在融资当中所占份额比重的点。这也需要各产业公司自己测算出来，总部再加上宏观框架的设计等一系列的工作。坚持产业经营、资本运营，双轮驱动，是山钢发展的必由之路。优化资本、资产结构，大力推进产融结合，降低资产负债率，是当前乃至今后一个时期山钢要研究好的重要课题。10月末山钢资产负债率81%。怎么能降5个点？山钢资产负债率的安全水平是个什么值？大家要围绕进入安全性的资产负债率讨论应该怎么把控。

创新机制是提升管理效率和发展活力的根本点。国企体制僵化、机制不活，原因复杂。创新机制关键是要优化规则，激发主观能动性。规则看似复杂，其实不难。积极推进成熟企业上市是发展混合所有制的最佳实现方式，通过股权融资，既可以充分整合资源，又能保证资本效能最大化，股权激励、员工持股，能够最大程度地联结企业高管及职工与企业利益，发挥好正相关作用，是激发提升企业发展活力的内涵。员工持股不是人人持股。员工持股以及增资扩股、定向增发等，一定要选择时机，有层次按顺序地进行。国资委已明确山钢12家经营单位作为混合所有制改革试点，要尽快研究论证方案，积极稳妥务实地推进。

五、振奋精神，坚定信心

加强党的建设，提升企业文化水平。新一轮改革明确了党组织在国企的法定地位和政治核心作用。改革必然触及方方面面的利益，各级党组织要正确把握方向，在统一思想中解放思想，在解放思想中统一思想，保障改革不断深入。要唱响“山钢一家人”，注重以集团文化融合促进产业结构整合和管控模式的调整。领导干部要带头传递正能量，鼓足精神，提振士气。困难面前不消沉，共克时艰靠信心。坚持就能看到希望。各级领导干部要减少官气、多接地气，畅通基层职工反映问题、表达心声的渠道，把职工盼改革、促改革转化为我们为民服务、促进发展的务实工作，对基层的职工多一点理解和鼓励，少一些埋怨和指责，科学引领，保护和调动好广大干部职工干事创业的积极性，群策群力支持好事关企业方向矫正、生死攸关、体制转换、利益趋同等的重大决策。决策事项可能众说纷纭，把握起来要把握大势、审慎决策，甚至要力排众议、义无反顾。

加强干部队伍建设。纪律是块铁，谁碰谁出血。政治规矩、政治纪律、政治约束既是对各级领导班子和领导干部自身建设的底线标准，也是对全体党员和干部职工尽职尽责、提高思想觉悟的自觉要求。12月4日是中央“八项规定”颁布三周年。“八项规定”从小处着手、大处着眼，起码现在把公车私用、公款吃喝、公费旅游等刹得差不多了。集团公司党委将结合“三严三实”专题教育和学习贯彻新颁布的《中国共产党廉洁自律准则》《中国共产党纪律处分条例》，出台一些文件、办法，进一步细化落实。

加强企业家队伍建设。企业家定义主要应包含资源整合、价值创造，不仅仅是企业挣了多少钱，更是对企业对社会的贡献。企业管理是责权利对等、有机融合，体制机制是核心，能人效应是关键。再好的体制机制，没有人带头干事创业也将一事无成。特别是困难企业，主帅是中坚。我体会，企业家要具备“三性”。第一是人性。党政机关是能人当中选好人，干企业是好人当中选能人。要有好的人性。权在当政时，功在离任后，名在闲谈中。第二是悟性。脑子悟不出来，很可能不光影响效率，而且影响企业经营。第三是韧性。要不怕困难，百折不挠。只要精神不滑坡，办法总比困难多。企业领导干部要提高综合素质，重在提高谋断能力。职业经理人选用是改革的重要内容，不能熟知操控资本运作难以体现现代企业家的风范、风采。

今年还有不到一个月时间，集团上下一定要切实抓好安全生产，加强环保治理，关心职工生活，保持大局稳定。安全出问题对企业的表现就是猝死。环保问题是个血液病，需要投入，该投入的还要投。要提高应对媒体的水平和能力。

同志们，喷泉之所以美丽是因为它有压力，瀑布之所以壮观是因为没有退路。我们一定要以破釜沉舟的勇气、壮士断腕的胆气、敢于亮剑的豪气，打拼扭亏增盈，用汗水擦亮山钢品牌，用业绩赢得社会尊重，为职工群众谋求更大福祉，为振兴山钢和服务山东经济社会发展再立新功，作出更大的贡献。

在集团公司改革发展工作调度会上的讲话

总经理、副董事长、党委副书记　陶登奎

（2015年12月5日）

同志们：

今天我主要就钢铁主业的工作谈些意见，有些工作也涉及其他产业板块和整个集团的管理问题。

山钢集团到目前为止存在的主要问题有两个，一个是钢铁主业持续大额亏损；第二个是风险累积过大，已经超出企业的承受能力。抓住解决问题的主要矛盾就可以寻求山钢集团的突围之策，思路不突破就没有出路，抓不住主要矛盾就不能带动解决其他问题，问题导向是我们工作的基本方法。这些问题主要由股份公司来解决，以后股份公司班子专司其职，下一步还要做一些调整充实。

一、为什么山钢集团钢铁经营这么被动

前阶段让财务部把我们济南分公司、莱芜分公司、银山型钢、张钢的资产总额、固定资产原值、固定资产净额、有息负债、折旧、年化人工成本，与永锋钢铁做了个一对一的统计，涵盖2014年和2015年1~10月份的数据，这是集团公司钢铁主业生产经营的真实数据，不是报表数据。报表数据做得再好，矛盾该积累还是要积累，经营该困难还是要困难，不能解决我们的问题。以后开会，要拿真数说话。

钢铁主业为什么生产经营这么困难？在目前环境下，不管是板材生产线还是型

钢、电炉生产线，现在钢材价格都差不多一千多块钱。我们整个钢材产能2000多万吨，永锋是500万吨，把永锋的乘以4与我们进行类比，我们的资产总额是永锋的1.95倍，也就是说我们一半的资产是在空转；固定资产原值、净值分别是永锋的2.76和2.69倍，也就是不管原来我们想干多么高精尖的产品，市场竞争到了这么一种程度，干任何品种都差不多，但是我们的资产特别是固定资产的投资是永锋的2.7倍；有息负债是永锋的4.3倍，折旧费是1.98倍，人工成本是2.4倍。这里面就带来一个问题，集团公司的3项费用（财务、折旧、人工成本）如果与2000万吨的永锋对比，2014年差了51.7亿元，2015年年化以后差52.1亿，这就说明我们集团公司目前无论怎么运行，假设这3个数据不能寻求突破，我们与永锋永远差52个亿！这52个亿，无论生产线怎么样去调整品种结构、降低成本，都是不可能解决的。永锋今年1~10月份实现近3亿元的利润。集团公司要达到永锋的水平，工作差距太大了，靠一般意义上的降本增效不可能解决问题。折旧差了12个亿，财务费用差了15个亿，人工成本差了15个亿，把永锋的盈利和我们实际的亏损额做一个计算，我们的采购、销售加生产制造费用比永锋又差12个亿，这就是我们与永锋的差距，两个12个亿，两个15个亿。

永锋不是我们的竞争对手，但是永锋代表了业内比较好的水平，可以视为我们的竞争对手就是这样一个水平，如果不在这些地方做出突破，我们52个亿的差距将使山钢集团钢铁主业永无翻身之日。固定费用怎么办？目前还没有想出好的办法；财务费用怎么办？我们有一些思路，要看能做到什么程度。人工成本降低15个亿，意味着要减员1.5万人，现在减员1.5万人现实吗？但是我们可以思考能不能完成一半？另外的12个亿，从采购到销售到生产制作过程，这样的流程，我们可以完成一半或一半以上，一部分我们加强管理，另外一个方面我们两头要创造更高的效益，这样可以保证我们完成减亏一半。

跟永锋相比之后，按目前的条件，改善空间最大的是莱芜分公司，莱芜分公司率先突破是有可能的。张钢的情况跟永锋比有6.6亿元的不可比因素，确有客观原因，但是这个客观原因往前推几年，也是主观原因造成的。

整个集团公司生产经营的思路要做出较大的调整，有些工作原来我们在做，但是当时做的时候还是一种感性的认识，没有上升为理性，从现在开始，我们要理性地做好工作。

山钢集团钢铁主业2016年要有所突破，如果2016年还是这样的市场情况，还是今年1~10月份的工作状态，是不可能扭亏为盈的，更别说今年下半年的状况。工作压力非常大。钢铁主业如果能够减亏一半，就有可能有净的现金流，山钢集团的经营就主动了。我们还有另外一块优势，那就是国有企业的信誉，可以帮助集团公司渡过危机，按照国贸公司、销售中心的设想，按照金融板块、房地产市场的打算，我们在2016年的工作基础上再做一些工作，两端是可以盈利的，有一些也可以归结为主业，这样我们主业经营可能会比较主动。

明白了钢铁主业这么被动的原因，就要有针对地采取措施。刘德华总监领着大家对2016年的预算作了深入的研究，效果还是不错的。

以下这些工作从现在认真思考，能提前一天就抓紧时间往前赶。当然，这些事情还仅仅是我个人的思考，还需要班子好好的研究，经过党委会、董事会进一步决定，今天谈出来是希望对大家有所启发。

（一）全力以赴提高劳动生产率。

要按照人均700吨钢安排2016年的工作。到底劳动生产率能做到什么水平？希望人力资源部牵头把这个工作进行很好的研究。不仅2016年按照人均700吨钢提出要求，而且要快速用2~3年的时间，实现人均1000吨钢。这是标配，不能迅速达到，我们的生存是很困难的。我们已经没有退路。要把提高劳动生产率提到生死的高度。希望济南分公司、莱芜分公司、张钢认真研究。

（二）艰巨的工作是资本性融资。

我们的财务费同比永锋差15个亿，这就意味着我们需要300亿的资本性融资来置换有息负债。所以说，要调动全集团各级公司的积极性，这也是我们集团生存所必须的，也是一场硬仗。

（三）降本增效。

采购、营销、钢铁制造环节与永锋现在的水平相比差12个亿。我们反复强调要与竞争对手比，不能再沉浸在同比什么水平，也不能与全行业平均水平对比。因为钢铁产品价格只有1000多元，也就是钢铁产品的区域性特征更加明显。与全国比，比如新疆、甘肃等省份，没有意义，要与山东省内及周边省份比，与省内民营企业比，拼一下成本控制能力。董事长在济钢、莱钢讲这是白刃战，这是我们的第三场硬仗。

降本增效这一部分我比较有信心，济南分公司、莱芜分公司、张钢已经作了很多部署，希望这些工作都要落实到位。我对采购和销售以及金融创效，也抱有非常大的信心。我们能不能达到“三分之二”的水平？财务部要按照这些数据进行分解。

（四）化解风险。

风险就是亏损，产生的概率非常高。风险工作控制好是抑制可能的亏损。有几个问题一定要控制好：塞拉利昂矿的经营风险怎样抑制住；厂商银损失怎样减到最小；COA、担保等风险。集团公司钢铁主业是这样，其他产业也要控制好风险。

二、主要举措

打赢以上这4个硬仗，总体上靠深化改革，山钢集团落实国资委经营绩效综合评价报告，很大一部分内容也是改革。要重点抓好以下工作的落实：

（一）组织部、人力资源部围绕人力资源开发做好工作。具体要求：一是提高生产率，降低人工成本。人均工资不能再降了，但是人均不降不是人人不降，工资要搞活，主要靠劳动生产率提高。二是要将人力资源开发出来，不是简单地从机关减到车间，也不是简单地搞内退，这边退一个处级干部，那边再提一个，可能成本是增加的。不能这样简单理解。要搞好“三定”，近期工作要迅速启动，主要是车间以上的管理机构，要对标我们的竞争对手，对标民营企业，解放思想。这次陪董事长到济钢、莱钢调研，我问了所到的几个厂的情况，事实上，我们空间非常大。我们要研究，一个车间到底应该是多少人？不能十几个人就设个车间，然后一正一副或两正三副，全当官，这不行。一个分厂到底需要多少人？要从严，管理人员压减必须迅速达到民营水平，如果到2016年年底实现的话，2016年的工作又泡汤了，必须尽快研究。减下来的人员是我们宝贵的人力资源，这些人员要充实到营销一线，让这些同志在市场上为集团公司创造更多的效益。国贸、采购要抓紧做好工作，集团公司仅外委、外包和使用协议工等方面，每年就有3.5亿元的人头费，这主要是钢铁主业的。能不能减一半？我们集团公司实质性管理的单位，人力资源部的管理触觉都要触及，凡是我们的职工能干的，都要自己人干。原来我们有个想法，转岗的职工可以带着补贴去顶岗，这些政策要尽快地明细。由组织部、人力资源部牵头，是否合适以后再定，时间来不及了，不抓紧采取措施不行了，要只争朝夕。

（二）资本运营部、财务部要围绕降低财务费用积极地、突破性地做好工作。资本运营部要更多地发挥经营职能，要成为山钢的投行。集团公司范围内熟悉资本运营和资产管理的干部要归队，充实力量，形成若干个管理团队，确定好项目，几项工作齐头并进，一起往前推进。资本运营的账算起来非常简单，进来50个亿我们就降成本3个亿，进来100个亿我们就降成本6个亿，前期我们主要靠债券市场，下一步更多地依赖资本市场。4个上市公司特别是实质性管理的3个要发挥好作用，更加积极主动工作，跟踪国家政策。这方面核心的激励机制要到位，按照某个比例的降成本额给大家奖励，集团公司内部有些同志可以有100万、200万的收入，与获得的效益相比，九牛一毛而已。

（三）企业管理部进一步抓好精益运营工作。2015年精益运营取得了巨大成绩，济南分公司、莱芜分公司已经感受到好处。永锋钢铁2015年为此付出4500万，模式是降成本提成，他们感觉没有这4500万的付出，2015年没有现在的经济效益。我们要在2015年基础上，举一反三，发挥规模优势，培养我们的内部专家。精益运营的工具非常简单，就是输入输出，输入多少应该输出多少，结果没有输出发现哪个地方跑冒滴漏。就这么简单。永锋最近又请巴登来诊断，先是1000万元，再来的人另外算，炼钢系统来了12个人干了9天，付了500万元。这些工作做完，永锋下决心吨钢要再降100块钱。这都是细节问题，要发挥各子公司特别是各分厂的积极性，内生的积极性和内生的改革需求是难能可贵的。采购、营销要转型，要当产业来思考，干部培养要按照复合型人才来培养，分厂厂长要按照经理人的要求进行培训。有的分厂厂长境界太低，还拿着旧思想来讲降本增效，那种方法不能解决根本的问题。包括质量异议的处理等具体事情，也要做出调整，我们反复讲市场导向、客户为中心，我们连个订单的保证能力都不足，质量异议损失是比较高的。

（四）化解风险的工作，力争做到大风险可控。塞矿要做到可控，其他风险要推进化解。原有的风险要控制好，不能出新的风险。对风险的产生要严格问责，问责到人。有些风险很低级，却产生以千万计数的损失。20世纪80年代搞管理，学邯钢，已经过去30年了，还出现这样的问题，这是不可容忍的。特别说一下塞拉利昂的问题，以广云为首的前方同志要继续做好工作，资本运营部、法律事务部等部门要更多地做好工作，资本运营部要多担当，这些工作如果做好了，对集团公司居功至伟。塞矿风险是集团公司不可承受的，希望把它做好，现有工作要尽快落实，但是我希望有更多的措施、更开阔的思路，工作效果做得更好。

（五）深化改革和责任落实、激励到位。各级管理人员不要把岗位当做官，这是责任。竞争上岗，不是竞争当处长、当部长，而是竞争这个岗位上应有的责任，是“我有这个水平，我能担当这个责任，我担当这个责任比别人要好”。一定要转变观念。精干才能落实责任，不能把所有的责任都归结为集体责任，不能用集体领导代替个人应负的责任。市场化的思想要在干部使用和绩效考核中充分利用好。中层处级以上干部，集团公司要统一调度使用，业务强的单位要支持业务相对差的单位，人才多的要支持人才少的，事情缓的工作岗位支持事情急的，老单位多支持新单位。有一个怎么支持塞拉利昂矿山管理的问题，希望集团公司能够有一批优秀的处级和科级干部勇敢地站出来，主动到塞矿工作，这是对我们干部政治素质的考验。现在是成梯队的需要，靠简单的招聘不能满足前方的要求，需要咱们的同志有点担当。

干部服从调度是政治纪律，不能靠个人报名，否则塞矿的事情我们控制不住。而且人多了不需要翻译，也有利于前方工作的安全。人才要在山钢内部有序流动，多岗位的选拔培养干部，培养复合型人才，鼓励想干事的人才、优秀人才勇于担当大任，让愿意有所作为的干部能够脱颖而出。干部管理就要转变思想观念，形成这样的体制机制，创造这样一个氛围。

（六）总部要率先垂范。如何评价一个部门的工作和部门负责人的价值？要用可替代性和市场价值发现的办法衡量，自己不要说自己多么重要、贡献多么大。企业文化建设要从总部开始，围绕创新和提高执行力建立我们的文化，总部的同志要有大的思路，善于抓落实，乐于为基层服务，为相关专业服务。

一个人的责任心不仅仅表现在8小时多么忙，成功往往在8小时之外，8小时之内仅仅是一个工作流程，如果仅仅在流程之内，有一个副科长就够了，8小时之外要想着工作哪些没做好，哪些可以创造效益。8小时之外要充分利用，不见得一定到办公室，在家里看电视、读报纸时，能不能做个有心人，理论联系实际，实际就是要解决山钢存在的问题，这都是8小时之外的要求，总部的同志们要率先垂范。

刚才说的若干工作分别由毕总、刘总监、家新同志负责抓好落实。具体责任部门包括组织部、人力资源部、财务部、资本运营部、企业管理部、法律事务部，还有其他部门根据需要协助配合。

集团公司要做好长远的思考，在抓好常规工作的同时策划研究起草若干个文件：关于集团公司人力资源开发，关于集团公司的整个资本运营工作，关于如何进一步做好精益运营，关于如何做好创新，都要有个指导意见。关于营销改革和新闻改革的方案要尽快出台。这几项工作分别由人力资源、资本运营、企业管理等部门负责；创新方面由钢铁研究院做基础工作，办公室负责提升策划，要包含方方面面的创新，如科技创新、管理创新、体制机制创新等。

在做好以上工作的基础上，最近要同步抓好的几项工作：一个是“十三五”规划，总的想法是按照现有的状态，先搞一个规划报国资委，不要让国资委等我们；第二个是2016年预算，刘总监已经领着财务部在做深度的工作，并提出了“十个严控”的思路，非常好，希望大家照此办理；日照工程建设要抓紧；安全生产不能出问题；审计、党群工作等都不能出问题。

刚才说的6项工作要研究，党群工作部和办公室现在就可以考虑了，还不具备条件，但是从现在就开始思考。山钢职工幸福安康的生活在条件成熟的时候也要策划一个东西，国有企业的优势要发挥。

刚才我特别讲的是钢铁主业，其他产业也是一样，若干个产业公司要各自为战，把各自的生产经营工作搞好。

总而言之，集团公司的生产经营工作，希望大家在认真学习十八届三中、四中、五中全会的精神基础上，以中央和省委、省政府深化改革的一系列文件为指导，靠我们内部扎实有效的工作，韧性地做好山钢的各项工作。

山钢年鉴 *2016*

山钢集团
SD STEEL

大事记

山钢集团
SD STEEL

山钢文化

核心理念

山钢经营宗旨：

精品赢得市场，诚信创造未来

2015年山东钢铁集团有限公司大事记

1月

7日 集团公司董事长、党委书记任浩，总经理、副董事长、党委副书记陈启祥，副总经理陶登奎，总经理助理张相军到山东重工集团座谈交流。

8日 集团公司召开审计工作会议。董事长、党委书记任浩，总经理、副董事长、党委副书记陈启祥，党委副书记、纪委书记苏斌，财务总监王思军，总经理助理万鲁愚、张相军参加会议。

8日至9日 省管企业法治工作座谈会在莱钢召开。省国资委副主任、党委委员樊军，集团公司总经理、副董事长、党委副书记陈启祥，总法律顾问张家新等参加会议。

15日 中共山东省委副书记、省长郭树清到山钢股份莱芜分公司型钢厂视察安全生产工作。集团公司董事长、党委书记任浩等汇报情况。

16日 日照钢铁精品基地主体工程签约仪式暨项目推进会在日照市举行。集团公司董事长、党委书记任浩参加签约仪式并致辞，日照市委书记、市人大常委会主任杨军参加有关活动，日照市委常委、常务副市长钱焕涛致辞，集团公司董事、副总经理，日照公司执行董事、总经理、党委书记陈向阳介绍日照钢铁精品基地进展情况并与中国重型机械研究院股份公司等7家代表单位签署合同。

19日 集团公司总经理、副董事长、党委副书记陈启祥到山钢股份济南分公司炼铁厂、薄板厂调研。

21日 集团公司召开2015年安全生产工作会议。董事长、党委书记、安委会主任任浩参加会议并讲话；总经理、副董事长、党委副书记、安委会副主任陈启祥主持会议，并代表集团公司与各单位签订2015年度安全生产目标责任书。集团公司领导陈向阳、毕志超、陶登奎、苏斌，财务总监王思军，总法律顾问张家新，总经理助理万鲁愚、张相军参加会议。

23日 集团公司召开经营绩效分析会，分析上年四季度和全年经营绩效完成情况，安排部署下一步工作。总经理、副董事长、党委副书记陈启祥主持会议并讲话。

22日至23日 集团公司纪委牵头组织的反腐倡廉警示教育报告会分别在济钢、工业职业学院和莱钢举行。

27日 集团公司与绿城集团签署战略合作框架协议。董事长、党委书记任浩，绿城集团董事长宋卫平分别代表双方签订合作协议，副董事长、党委副书记崔聚荣主持仪式，副总经理陶登奎参加。

28日 集团公司召开党委理论中心组学习会。集团公司党委领导任浩、崔聚荣、苏斌、陶登奎，财务总监王思军，总法律顾问张家新，总经理助理万鲁愚、张相军参加学习。会议传达学习中纪委十八届五次全会和省纪委十届六次全委会精神，以及《习近平关于党风廉政建设和反腐败斗争论述摘编》中“党风廉政建设和反腐败斗争是我们必须抓好的重大政治任务”

"落实党委的主体责任和纪委的监督责任"章节，并进行讨论。

30日 集团公司党委召开党员领导人员民主生活会。党委书记、董事长任浩主持，集团公司党委领导陈启祥、崔聚荣、苏斌、陈向阳、毕志超、陶登奎参加会议。省委教育实践活动第十六督导组组长时民及督导组成员到会指导。

2月

4日 集团公司董事长、党委书记任浩分别会见到访的淮北矿业集团公司董事长王明胜、副总经理邵华，必和必拓公司铁矿石销售副总裁艾伦·彻格温、铁矿石中国区总经理邵云高。总经理、副董事长、党委副书记长陈启祥参加淮北矿业客人会见。

5日 集团公司董事长、党委书记任浩，总经理、副董事长、党委副书记陈启祥，党委副书记、纪委书记苏斌会见济南市历城区委副书记、区长吴承丙，区委副书记孙德顺一行。

● 山东省国资委检查组到集团公司开展节前廉洁自律工作检查，集团公司党委副书记、纪委书记苏斌向检查组汇报工作。

6日 集团公司党委组织总部机关各党支部走访慰问对口帮扶的冠县桑阿镇11户困难家庭。总经理助理万鲁愚参加走访。

10日 集团公司党委领导任浩、陈启祥、苏斌、毕志超、陶登奎，总经理助理、党委组织部部长张相军到相关单位走访慰问老干部、老党员、老模范、生活困难党员和职工。

● 集团公司组织集体观看警示教育片《前车之鉴——严重违纪违法典型案例剖析》。集团公司党委书记、董事长任浩参加并讲话，党委副书记、纪委书记苏斌，财务总监王思军，总经理助理万鲁愚、张相军一同观看。

2日至11日 集团公司党委领导任浩、陈启祥、苏斌、陈向阳、毕志超、陶登奎，总经理助理、党委组织部部长张相军分别参加并指导各单位2014年度党员领导人员民主生活会。

12日 山东省国资委主任、党委书记张新文到集团公司调研。集团公司董事长、党委书记任浩，总经理、副董事长、党委副书记陈启祥分别汇报集团公司改革发展及生产经营情况。副董事长、党委副书记崔聚荣，董事毕志超，副总经理陶登奎，党委副书记、纪委书记苏斌，财务总监王思军，总法律顾问张家新，总经理助理万鲁愚、张相军参加座谈，省国资委派驻监事张建斌、史德仁列席座谈。

15日 日照钢铁精品基地热连轧关键技术和设备进口合同签字仪式在日照公司举行。集团公司副总经理，日照公司执行董事、总经理陈向阳分别与西马克公司副总裁尼忽斯、TMEIC公司董事兼副总裁泽田尚正签署合同。

19日 集团公司总经理、副董事长、党委副书记陈启祥到山钢股份济南分公司看望慰问节日坚守岗位的一线职工。

25日 集团公司举行新春团拜会。董事长、党委书记任浩为大家送上新春祝福，总经理、副董事长、党委副书记陈启祥主持团拜会。集团公司领导崔聚荣、陶登奎、苏斌，财务总监王思军，总法律顾问张家新，总经理助理万鲁愚、张相军参加。

27日 集团公司董事长、党委书记任浩，党委副书记、纪委书记苏斌，财务总监王思军参加省国资委召开的省管企业反腐倡廉工作会议。

3月

9日 集团公司党委下发《关于信息

化中心、钢铁研究院、销售中心、运行协调中心建立工会组织的批复》（山钢党字〔2015〕11号），同意信息化中心、钢铁研究院成立机关工会分会，销售中心、运行协调中心成立机关工会小组，隶属于集团公司机关工会管理。

10日至11日 集团公司总经理、副董事长、党委副书记陈启祥先后到山钢股份济南分公司、莱钢和山钢股份莱芜分公司调研。

16日 山东省经济和信息化委员会副主任李莎一行到集团公司调研，了解淘汰落后产能情况。集团公司总经理、副董事长、党委副书记陈启祥介绍相关情况。

17日 集团公司董事长、党委书记任浩，总经理、副董事长、党委副书记陈启祥，副总经理陶登奎等到兖矿集团考察学习。

18日 集团公司召开钢铁主业经营绩效分析会。总经理、副董事长、党委副书记陈启祥安排部署工作，副总经理陶登奎参加会议并讲话，总经理助理万鲁愚参加会议。

20日 集团公司总经理、副董事长、党委副书记陈启祥带队到中国石油化工集团公司、中国海洋石油总公司进行商务交流。

21日 集团公司董事长任浩在北京拜会中国驻塞拉利昂大使赵彦博。

23日 集团公司财务总监王思军分别到审计部济南审计处、莱芜审计处进行工作调研。

25日 集团公司党委理论学习中心组召开2015年第二次学习会，传达学习《中共中央国务院关于深化体制机制改革实施创新驱动发展战略的若干意见》和《习近平谈治国理政》第一专题、李克强总理在全国人大十二届五次会议上所作的《政府工作报告》，传达省管企业负责人会议、反腐倡廉工作会议精神。党委副书记、副董事长、总经理陈启祥主持学习会并讲话。

● 集团公司钢铁主业管理对标会在山钢股份济南分公司召开。

27日 由山东高速集团党委副书记、纪委书记刘洪斌任组长的省国资委检查组到集团公司，检查考核2014年度党风廉政建设责任制落实情况，并对上年检查中发现的问题整改情况进行督查。集团公司党委副书记、副董事长、总经理陈启祥代表集团公司党委作汇报，党委副书记、纪委书记苏斌主持。

23日至28日 应塞拉利昂政府邀请，集团公司董事长任浩率团到塞拉利昂考察。期间，任浩两次与塞拉利昂总统科罗马见面会谈，三次与矿业矿产部部长曼萨雷深入交流，并与塞拉利昂政府签署合作备忘录。拜访了中国驻塞拉利昂大使馆和经济商务参赞处，考察了唐克里里矿区、铁路和佩佩尔港矿石码头。

4月

2日 集团公司总经理、副董事长、党委副书记陈启祥到山东耐材调研。

15日 集团公司董事长任浩会见到访的澳大利亚必和必拓公司市场部总裁白伟诚、铁矿石亚洲区总经理邵云高。

16日 集团公司在香港通过公开竞标，分别收购唐克里里铁矿（塞拉利昂）有限公司100%的股权、唐克里里铁矿贸易有限公司100%的股权、非洲铁路与港口（塞拉利昂）服务公司90%的股权，并于当日按照法定程序完成股东变更登记手续。

21日 集团公司总经理、副董事长、党委副书记陈启祥到金岭铁矿调研。

24日 集团公司召开发展战略推进暨一季度经营绩效分析会。董事长、党委书记任浩讲话，总经理、副董事长、党委副书记陈启祥主持会议并提出要求。集团公司党政领导崔聚荣、陈向阳、陶登奎，财务总监王思军，总法律顾问张家新，总经理助理万鲁愚、张相军参加会议。

28日 集团公司董事长、党委书记任浩，总经理、副董事长、党委副书记陈启祥，集团公司副总经理，日照公司执行董事、党委书记、总经理陈向阳，党委副书记、纪委书记苏斌到日照市走访，并会见中共日照市委书记杨军、市长刘星泰、副市长刘兆亮。

• 集团公司董事长、党委书记任浩，总经理、副董事长、党委副书记陈启祥，党委副书记、纪委书记苏斌在集团公司副总经理，日照公司执行董事、党委书记、总经理陈向阳陪同下到日照钢铁精品基地现场考察。

5月

1日 集团公司董事长、党委书记任浩到山钢股份济南分公司看望节日坚持工作的干部职工，并就“运营转型、管理提升”活动开展情况进行调研。

4日 集团公司副总经理，日照公司执行董事、党委书记、总经理陈向阳陪同中共日照市委书记、市人大常委会主任杨军到日照钢铁精品基地围堰填海工程现场考察。

5日 集团公司召开党委会暨理论中心组学习会。学习贯彻落实中央、省委关于在县处级以上领导干部中开展“三严三实”专题教育的文件部署及山东省委书记姜异康“三严三实”专题教育党课，专题活动座谈会上省委副书记王军民以及省委常委、组织部长高晓兵的讲话等。党委书记任浩主持会议并全文传达讲话，党委委员毕志超、陶登奎参加会议。财务总监王思军、总法律顾问张家新、总经理助理张相军列席会议。

6日 集团公司唐克里里铁矿项目复产仪式在塞拉利昂首都弗里敦举行。塞拉利昂总统科罗马出席并讲话，中国驻塞拉利昂大使赵彦博出席仪式，集团公司副董事长崔聚荣致辞。

12日 集团公司召开钢材出口工作座谈会，确定了年出口120万吨、力争150万吨的目标。

13日 山东省国资委主任、党委书记张新文一行到日照钢铁精品基地调研，集团公司副总经理，日照公司执行董事、党委书记、总经理陈向阳陪同调研。

18日 中共山东省委常委、济南市委书记王文涛在济南市委常委、副市长苏树伟，市委常委、秘书长杨峰陪同下到山钢股份济南分公司调研。总经理、副董事长、党委副书记陈启祥，济钢董事长、党委书记、总经理张俊芳，山钢股份济南分公司总经理、党委书记徐有芳，副总经理薄涛等陪同调研。

• 集团公司党委、省冶金工业总公司党组举办“三严三实”专题教育党课，正式启动“三严三实”专题教育。集团公司党委书记、省冶金工业总公司党组书记任浩为集团公司和省冶金工业总公司各级党员领导干部讲专题党课，并对“三严三实”专题教育进行动员部署。

20日至21日 集团公司总经理、副董事长、党委副书记陈启祥分别到莱钢和济钢调研。

28日 集团公司召开资金管理审计动员会。董事长、党委书记任浩讲话，财务总监王思军主持会议。

29日 集团公司举办船舶及海洋工程高端用钢研讨会，邀请国内船舶及海洋工程方面的专家、学者进行深入研讨。总经理、副董事长、党委副书记陈启祥参加会议。

● 全国政协副主席、民进中央常务副主席罗高和率领调研组到新疆公司进行专题调研。

6月

2日 省国资委召开山钢集团经营绩效综合评价启动会议。山东省国资委企业改革处副处长雷霞，山东省国资委山钢经营绩效综合评价工作组组长杨振峰和评价工作组成员，集团公司党政领导任浩、陈启祥、毕志超、陶登奎，财务总监王思军，总法律顾问张家新，总经理助理万鲁愚、张相军参加会议，总经理、副董事长、党委副书记陈启祥主持会议。

8日 集团公司总经理、副董事长、党委副书记陈启祥一行4人，赴南京钢铁集团、沙钢集团交流市场情况，学习营销管理以及新产品研发经验。

● 集团公司副总经理陶登奎会见澳大利亚铁之路有限公司客人。

● 集团公司所属莱钢建设公司在北京签订北京市中低速磁浮交通示范线S1线工程轨排供货合同，将为该工程提供加工工程量超过万吨的磁浮轨排，山钢集团由此成为国内唯一的中低速磁浮轨道系统生产供应商。

24日 集团公司董事长、党委书记任浩参加山东省纪委、省委组织部、省审计厅联合召开的2015年度省管领导干部经济责任审计进点视频会，并作典型发言。

● 集团公司董事长、党委书记任浩会见中冶天工集团有限公司董事长张培义一行。

25日 山东省副省长赵润田到莱钢新疆公司生产一线调研，看望慰问干部职工。

● 集团公司纪检监察工作调度会召开，通报上半年纪检监察工作情况。党委副书记、纪委书记苏斌参加并为与会人员讲授题为《践行“三严三实”做党的忠诚卫士》的党课。

26日 集团公司党委理论中心组学习会召开，学习研讨集团公司党委《“三严三实”专题教育学习研讨计划表》所列重点篇目。

29日 集团公司党委召开庆“七一”表彰大会，庆祝中国共产党成立94周年，表彰“四强”党组织、“四好”领导班子、“四优”共产党员、优秀党务工作者等党内先进和山钢文化建设先进集体、第三届山钢集团道德模范等先进集体和个人。党委书记任浩参加会议并讲话，集团公司党委副书记陈启祥主持会议，党委副书记崔聚荣宣读党内先进表彰决定，党委副书记、纪委书记苏斌宣读企业文化建设先进集体和道德模范表彰决定。

30日 省国资委党委召开省管企业先进基层党组织、优秀共产党员和优秀党务工作者表彰大会。会上，集团公司有6个基层党组织、11名优秀共产党员、9名优秀党务工作者获得表彰奖励。集团公司党委书记任浩，总经理助理、组织部部长张相军参加会议。

7月

2日 集团公司总经理、副董事长、党委副书记陈启祥到山钢股份济南分公司调研，查看炼铁厂1号、3号1750立方米高炉操作现场和主控室，炼钢厂6号连铸机连铸、堆存、主控室等区域；沿线巡查厂区环境环保状况。

7日 集团公司董事长任浩会见到访的中非建设公司董事长曹保刚一行，双方就唐克里里铁矿项目采矿合作意向进行洽谈。

8日 国家开发银行总行评审二局副局长沈良军一行，在国开行山东分行行长周荣卫等陪同下到集团公司调研。集团公司董事长、党委书记任浩，总经理、副董事长、党委副书记陈启祥分别介绍集团公司中长期发展战略、生产经营情况、日照钢铁精品基地建设和唐克里里铁矿项目复产准备情况。沈良军一行还到济钢、莱钢和日照钢铁精品基地现场考察。

10日 集团公司召开外事管理工作座谈会暨业务培训会议，党委副书记、纪委书记苏斌参加会议并讲话。

13日 集团公司董事长、党委书记任浩会见到访的兴业银行济南分行行长、党委书记吕伟一行。副总经理陶登奎、总法律顾问张家新参加会见。

13日至14日 山东省国资委在莱钢召开省管企业纪检监察工作半年总结暨第二季度工作例会，集团公司党委副书记、纪委书记苏斌参加。

16日至17日 集团公司总经理、副董事长、党委副书记陈启祥率队到河北钢铁集团及所属邯钢调研学习。

22日 集团公司召开上半年经营绩效分析（扩大）会议，集团公司董事长、党委书记任浩讲话，总经理、副董事长、党委副书记陈启祥主持会议。

30日 集团公司党委中心组举行“三严三实”专题教育第三次学习研讨会。党委书记任浩主持，党委副书记陈启祥、崔聚荣、苏斌分别传达上级有关精神，并组织观看《新加坡人民行动党密切联系群众的做法与启示》专题片。

8月

5日 集团公司研发的高级别汽车冷轧板产品试制成功。

12日 集团公司召开会议，宣布对销售中心职能定位、内设机构及人员编制进行调整的决定。总经理、副董事长、党委副书记陈启祥参加会议。

20日 集团公司总经理、副董事长、党委副书记陈启祥率安全督查组到张钢、金岭铁矿检查安全工作。

● 山东省冶金政研会企业思想政治工作研讨会暨山钢党建政研会二届二次理事（扩大）会议在山东工业职业学院召开。集团公司党委副书记、党建政研会会长苏斌出席会议并讲话。

21日 集团公司党委中心组举行“三严三实”专题教育第二专题第二次学习研讨会。党委书记任浩主持，集团公司党委成员、监事会成员、财务总监、总法律顾问、总经理助理参加会议。

26日 集团公司总经理、副董事长、党委副书记陈启祥分别到济钢萨博公司、重机公司等单位调研。

28日 山东省国资委主任、党委书记张新文，集团公司董事长、党委书记任浩，总经理、副董事长、党委副书记陈启祥分别看望慰问济钢抗战老兵王庆林、申洪太。

9月

1日 中共山东省委副书记龚正一行到莱钢和山钢股份莱芜分公司调研。莱钢董事长、党委书记、总经理田克宁，山钢股份莱芜分公司总经理、党委书记罗登武分别介绍情况。

● 集团公司统一对外发布产品挂牌价格。

2日 集团公司设立山钢金融控股（深圳）有限公司。

8日 集团公司召开“三严三实”专

题教育座谈推进会。党委副书记、纪委书记苏斌讲话，总经理助理、党委组织部部长张相军主持会议。

9日 集团公司党委印发关于开展《党章》等知识测试的通知，各单位组织近2万名党员参加。

• 集团公司召开2015年老干部工作座谈会，总经理助理、党委组织部部长张相军参加会议并讲话。

6日至11日 集团公司董事长、党委书记任浩随同中共山东省委主要领导出访澳大利亚和新西兰，参加山东省在澳大利亚和新西兰的投资贸易推介会。

15日 集团公司召开审计整改专题会议，对前期资金管理专项审计和部分单位经济责任审计中发现的主要问题进行通报、分析，并部署整改工作。董事长、党委书记任浩讲话，总经理、副董事长、党委副书记陈启祥主持，副总经理陶登奎、财务总监刘德华、总经理助理万鲁愚参加会议。

16日 日照钢铁精品基地主体工程全面施工誓师大会暨炼铁总承包单位进场仪式在高炉施工现场举行。

16日至17日 集团公司财务总监刘德华分别到山钢地产、莱钢建设公司、日照公司等单位调研。

21日至22日 2015年山东省钢铁黄金有色金属行业职工职业技能竞赛决赛在莱钢举行，山钢职工包揽6个工种第一名。

24日 集团公司党委中心组举行"三严三实"专题教育第三专题第一次学习研讨会，党委书记任浩主持会议。

25日 集团公司董事长、党委书记任浩接受新华社记者采访，就中共中央、国务院公布的《关于深化国有企业改革的指导意见》谈自己的理解和认识，并着重介绍集团公司围绕转型升级、深化内部改革的战略思路及具体推进情况。

10月

1日 集团公司董事长、党委书记任浩到山钢股份济南分公司看望慰问节日期间坚守岗位的一线职工。

10日 集团公司召开加强参股、控股公司管理的专题会议。董事长、党委书记任浩参加并讲话，外部董事、财务总监刘德华主持会议。

15日 集团公司召开三季度工作座谈会。董事长、党委书记任浩讲话，总经理、副董事长、党委副书记陈启祥主持会议，监事会主席杨少军，集团公司领导陈向阳、陶登奎、苏斌，外部董事、财务总监刘德华，总经理助理万鲁愚、张相军参加会议。

20日 集团公司副总经理陶登奎与宝钢集团副总经理周竹平在上海就新疆钢铁企业开展市场协同、探讨联合重组等问题进行交流。

• 集团公司党委下发《关于命名莱钢党校为山东钢铁集团党员教育培训基地的决定》（山钢党字〔2015〕71号），命名莱钢党校为"山东钢铁集团党员教育培训基地"。

22日 "山钢集团党员教育培训基地"揭牌仪式暨第二期干部进修班开学典礼在莱钢党校举行。集团公司副董事长、党委副书记崔聚荣参加并揭牌，总经理助理、党委组织部部长张相军参加典礼。

27日 国家海洋局下发《关于山东钢铁集团有限公司日照钢铁精品基地项目用海的批复》（国海管字〔2015〕540号），同意日照公司用海总面积为515.0263公顷，用海期限50年。

27日至28日 集团公司党委副书记、纪委书记苏斌在泰安参加山东省国资委纪委召开的省管企业纪检监察工作第三季度例会。

30日 集团公司党委中心组专题学习研讨“三严三实”暨党的十八届五中全会精神，集团公司党委书记任浩主持会议并讲话。中心组系统学习党的十八届五中全会公报、《习近平总书记在中央政治局第二十六次集体学习时的讲话》《中国共产党廉洁自律准则》和《中国共产党纪律处分条例》等内容。

11月

2日 集团公司董事长、党委书记任浩，党委副书记、纪委书记苏斌，总经理助理、组织部部长张相军到山东工业职业学院参加职业学院中层干部大会，宣布对相关院领导的党纪、政纪处分。

5日 集团公司董事长、党委书记任浩到新疆喀什专程拜访中共喀什地委书记曾存，就莱钢新疆公司可持续发展问题共商对策。

● 集团公司总经理、副董事长陈启祥会见到访的日本东京贸易控股株式会社社长上田俊昭一行。

6日 在第十六个中国记者节前夕，集团公司党委副书记、纪委书记苏斌来到山东钢铁报社，看望新闻工作者，并代表集团公司党委对全集团新闻宣传工作者表示慰问，对新形势下发挥媒体的舆论引导作用、做好新闻宣传工作提出要求。

10日 集团公司召开道德模范座谈会，表彰获得“第三届省管企业道德模范”和“第三届山钢集团道德模范”称号的职工。党委副书记、纪委书记苏斌出席并讲话。

16日 集团公司总经理、副董事长、党委副书记陈启祥到金岭铁矿调研。

17日 集团公司党委举行省管企业学习贯彻党的十八届五中全会精神宣讲报告会。省管企业学习贯彻党的十八届五中全会精神宣讲团成员，省国资委党委委员、副主任邵泽武主讲，集团公司党委书记、董事长任浩主持报告会。

18日 集团公司召开经营绩效分析会，分析1~10月份经营绩效情况。总经理、副董事长、党委副书记陈启祥主持会议，监事会主席杨少军，副总经理陶登奎，总经理助理万鲁愚、张相军参加会议。

23日 山钢集团、省冶金工业总公司召开领导干部会议，宣布中共山东省委调整山钢集团、省冶金工业总公司领导班子决定。山东省副省长王书坚出席并讲话，省政府副秘书长齐涛出席；省委组织部副部长时培伟主持会议并宣读省委决定；省国资委主任、党委书记张新文出席。

省委决定，侯军任山钢集团党委委员、书记，山钢集团董事、董事长，省冶金工业总公司党组书记、总经理；陶登奎任山钢集团党委副书记，山钢集团董事、副董事长、总经理。免去任浩的山钢集团党委书记、委员，山钢集团董事长、董事，省冶金工业总公司党组书记、总经理职务；免去陈启祥的山钢集团党委副书记、委员，副董事长、董事、总经理职务。省委组织部决定，免去崔聚荣的山钢集团党委副书记、委员，副董事长、董事职务。

12月

11月30日至12月1日 集团公司董事长、党委书记侯军，总经理、副董事长、党委副书记陶登奎先后到济钢、山钢股份济南分公司、莱钢、山钢股份莱芜分公司调研。党委副书记、纪委书记苏斌参加莱钢片区调研活动。

1日 集团公司召开安全生产视频

会议。

5日 集团公司召开改革发展工作调度会。董事长、党委书记侯军作重要讲话，总经理、副董事长、党委副书记陶登奎主持会议并讲话。监事会主席杨少军，集团公司领导陈向阳、毕志超、苏斌，外部董事、财务总监刘德华，总法律顾问张家新，总经理助理万鲁愚、张相军参加会议。

7日 集团公司总经理、副董事长、党委副书记陶登奎，集团公司董事、党委委员、新疆公司工作组组长毕志超会见到访的新疆喀什地区发改委党组成员、地区重点项目办主任崔文生一行。

8日至9日 山东省国资委党委副书记时民带领安全生产督察组到集团公司检查安全生产工作。

9日 山东省内审指导中心主任、内审协会秘书长支爱斌一行到集团公司指导工作，外部董事、财务总监刘德华参加会见。

11日 集团公司董事长、党委书记侯军，总经理、副董事长、党委副书记陶登奎会见到访的华鲁控股集团董事长、党委书记程广辉，总经理杨振峰等。监事会主席杨少军，集团公司领导陈向阳、毕志超、苏斌，外部董事、财务总监刘德华参加会见。

18日 集团公司董事长、党委书记侯军，总经理、副董事长、党委副书记陶登奎，集团公司副总经理，日照公司执行董事、党委书记、总经理陈向阳在日照拜会中共日照市委书记、市人大常委会主任杨军，市委副书记、市长刘星泰，市委常委、副市长刘兆亮，秘书长李崇禧。

•集团公司董事长、党委书记侯军，总经理、副董事长、党委副书记陶登奎到日照钢铁精品基地调研。集团公司副总经理，日照公司执行董事、党委书记、总经理陈向阳介绍情况。

19日 集团公司董事长、党委书记侯军，党委副书记、纪委书记苏斌到张钢、山东工业职业学院调研。

21日 集团公司召开环境保护工作视频会议。

23日 集团公司召开2015年度财务工作会议。总经理、副董事长、党委副书记陶登奎，监事会主席杨少军参加并讲话，外部董事、财务总监刘德华主持会议。

27日 集团公司举行专题学习会，邀请中国钢铁工业协会副会长、首席分析师迟京东作《钢铁工业发展机遇与转型升级》讲座；观看国家监察部副部长王令浚学习贯彻《中国共产党廉洁自律准则》和《中国共产党纪律处分条例》辅导报告视频。总经理、副董事长、党委副书记陶登奎和党委副书记、纪委书记苏斌分别主持上午和下午的学习会。集团公司领导陈向阳、毕志超，外部董事、财务总监刘德华，总法律顾问张家新，总经理助理万鲁愚、张相军在主会场参加学习会。

28日 集团公司党委书记、董事长侯军，总经理、党委副书记、副董事长陶登奎会见到访的中共莱芜市委书记、市人大常委会主任王良，市委副书记、市长王磊一行。莱芜市副市长武树华，集团公司党委副书记、纪委书记苏斌，董事、山钢股份总经理毕志超参加会见。

30日 集团公司董事长、党委书记侯军，总经理、副董事长、党委副书记陶登奎会见到访的泰安市岱岳区区长张韧一行。

（注：•表示与上面日期相同）

（撰稿：于 华 审稿：李自然 封常福）

机构与人事

山钢集团
SD STEEL

山钢文化

核心理念

山钢精神：信恒如山，创新超越

山东钢铁集团有限公司组织机构图

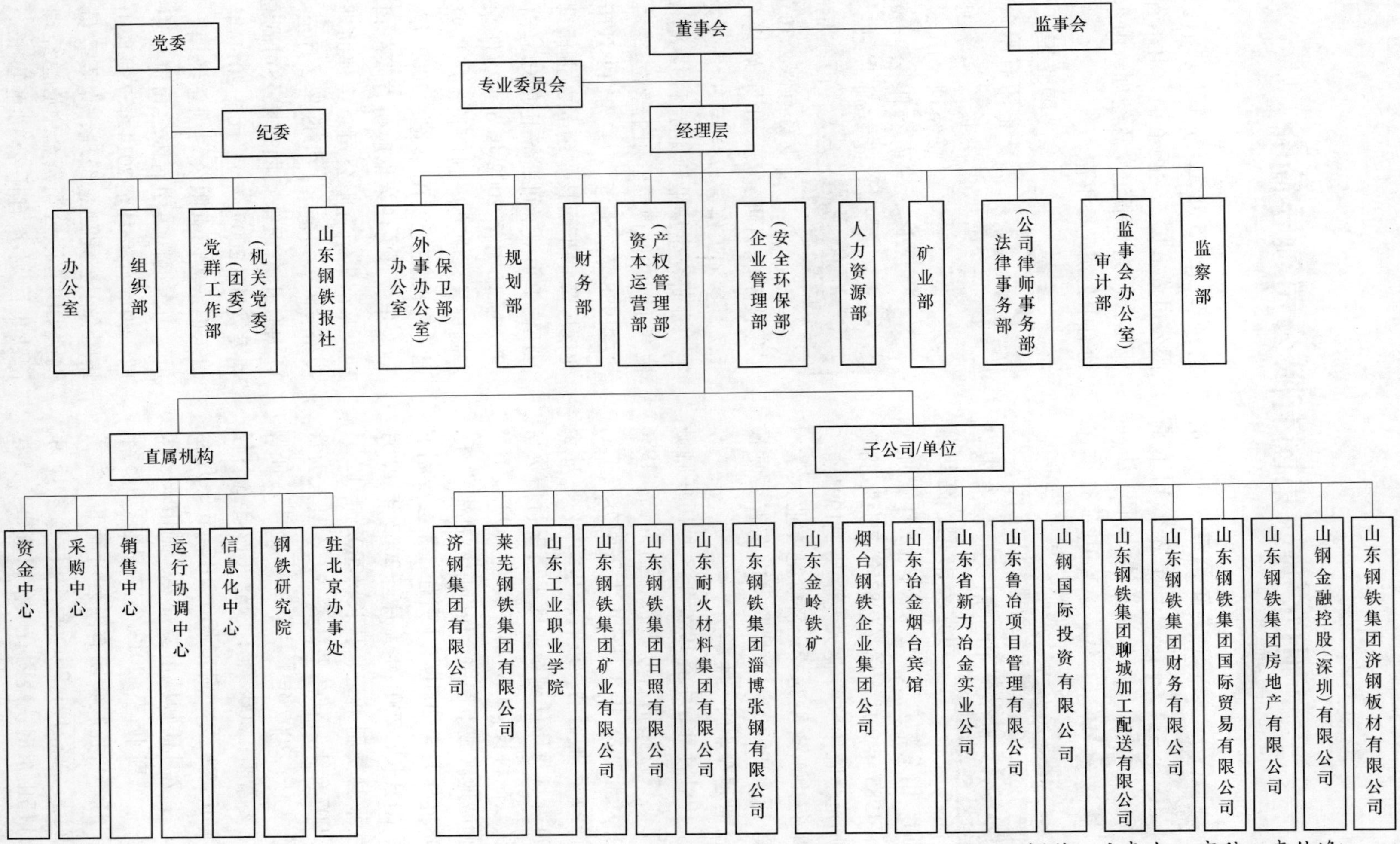

(撰稿：毛春友　审稿：李传峰)

山东钢铁集团有限公司领导简介

侯　军　山东钢铁集团有限公司董事长、党委书记、法定代表人，山东省冶金工业总公司党组书记、总经理、法定代表人，山东钢铁股份有限公司党委书记，高级经济师。山东莘县人，1981年12月参加工作，1985年9月入党，1987年7月取得聊城师范学院中文专业大专学历，1991年7月取得山东省委党校经济管理专业大学本科学历，1997年12月取得山东省委党校经济管理专业研究生学历。

1981年12月至1986年8月历任聊城市工商银行秘书科办事员、副科长；1986年8月至1988年8月省电大济南分校工商银行教学班支书、班长；1988年8月至1994年5月历任聊城地区工商银行信贷科科员、副科长；1994年5月至1998年1月任聊城地区城市信用合作社中心社副主任；1998年1月至2001年1月任茌平县委副书记、副县长；2001年1月至2002年12月任茌平县委副书记、县长；2002年12月至2007年1月任茌平县委书记、县人大常委会主任；2007年1月至2008年1月任聊城市委常委；2008年1月至2012年3月任聊城市委常委、副市长；2012年3月至2013年7月任聊城市委常委、副市长、市政府党组副书记；2013年7月至2015年11月任华鲁控股集团有限公司董事、党委副书记、总经理；2015年11月至2015年12月任山东钢铁集团有限公司董事长、党委书记，山东省冶金工业总公司党组书记、总经理；2015年12月任山东钢铁集团有限公司董事长、党委书记，山东省冶金工业总公司党组书记、总经理，山东钢铁股份有限公司党委书记。

陶登奎　山东钢铁集团有限公司副董事长、党委副书记、总经理，山东钢铁股份有限公司董事长、党委副书记、法定代表人，山东钢铁集团财务有限公司董事长，工程技术应用研究员。山东莱芜人，1988年7月参加工作，1984年10月入党，1988年7月研究生毕业于北京科技大学冶金机械专业，并取得工学硕士学位。

1988年7月至1997年12月历任莱钢轧钢厂带钢车间技术组长、主任助理、副主任，中小型车间筹备组组长、车间主任；1997年12月至2002年6月历任莱钢轧钢厂副厂长，中型厂副厂长、厂长兼党委书记、厂长兼党委副书记；2002年6月至2008年2月历任莱钢股份有限公司副总经理，莱钢集团有限公司总经理助理，莱钢股份有限公司董事；2008年2月至2009年11月任山东钢铁集团有限公司副总经理、党委委员；2009年11月至2011年8月任山东钢铁集团有限公司副总经理、党委委员，山东钢铁集团有限公司资金中心总经理；2011年8月至2014年7月任山东钢铁集团有限公司副总经理、党委委员，山东钢铁集团有限公司资金中心总经理，山东钢铁集团财务有限公司董事长（其间：2013年8月起挂职中国工商银行北京总部风险管理部副总经理一年；2013年5月至2013年9月任日照钢铁精品基地工程指挥部副总指挥）；2014年7月至2015年5月任山东钢铁集团有限公司副总经理、党委委员，山东钢铁股份有限公司党委常委，山东钢铁集团有限公司资金中心总经理，山东钢铁集团财务有限公司董事长；2015年5月至2015年8月任山东钢铁集团有限公司副总经理、党委委员，山东钢铁集团有限公司资金中心总经理，山东钢铁集团财务有限公司董事长，山东钢铁股份有限公司董事、党委常委；2015年8月至2015年11月任山东钢铁集团有限公司副总经理、党委委员，山东钢铁集团财务有限公司董事长，山东钢铁股份有限公司董事、党委常委；2015年11月至2015年12月任山东钢铁集团有限公司副董事长、党委副书记、总经理，山东钢铁集团财务有限公司董事长，山东钢铁股份有限公司董事、党委常委；2015年12月任山东钢铁集团有限公司副董事长、党委副书记、总经理，山东钢铁股份有限公司董事长、党委副书记，山东钢铁集团财务有限公司董事长。

山东省第十届人大代表。曾荣获山东省优秀知识分子、山东省优秀青年企业家等荣誉称号。

任　浩　山东黄金集团有限公司外部董事，山东钢铁集团有限公司原董事长、党委书记、法定代表人，山东省冶金工业总公司原党组书记、总经理、法定代表人，山东钢铁股份有限公司原党委书记，工程技术应用研究员。山东莱芜人，1976年8月参加工作，1985年12月入党，1982年1月毕业于北京钢铁学院轧钢专业，2004年12月取得南开大学高级管理人员工商管理硕士学位。

1978年3月至1982年1月北京钢铁学院学生；1982年2月至1993年5月历任莱钢第一钢厂技术员，中轧车间副主任、主任；1993年5月至1996年10月任莱钢特殊钢厂副厂长；1996年10月至1999年1月任莱钢特殊钢厂厂长；1999年1月至2000年9月任莱钢特殊钢厂厂长、党委副书记；2000年9月至2008年2月历任莱芜钢铁集团有限公司副总经理、总工程师、董事，莱钢股份有限公司总经理、董事；2008年2月至2010年3月任山东钢铁集团有限公司总经理、董事、党委副书记；2010年3月至2012年3月任山东钢铁集团有限公司总经理、董事、党委副书记，莱芜钢铁集团有限公司董事长、党委副书记；2012年3月至2012年4月任山东钢铁集团有限公司总经理、董事、党委副书记；2012年4月至2013年2月任山东钢铁集团有限公司总经理、董事、党委副书记，山东钢铁股份有限公司董事；2013年2月至2013年3月任山东钢铁集团有限公司董事长、党委书记，山东省冶金工业总公司总经理、党组书记；2013年3月至2014年7月任山东钢铁集团有限公司董事长、党委书记，山东省冶金工业总公司总经理、党组书记，山东钢铁股份有限公司董事长（其间：2013年5月至2013年9月任日照钢铁精品基地工程指挥部总指挥）；2014年7月至2015年5月任山东钢铁集团有限公司董事长、党委书记，山东省冶金工业总公司总经理、党组书记，山东钢铁股份有限公司董事长、党委书记；2015年5月至2015年11月任山东钢铁集团有限公司董事长、党委书记，山东省冶金工业总公司总经理、党组书记，山东钢铁股份有限公司党委书记；2015年11月至2015年12月任山东钢铁股份有限公司党委书记；2015年12月任山东黄金集团有限公司外部董事。

中国钢铁工业协会常务理事、副会长，中国金属学会特殊钢分会理事，冶金科学技术奖奖励委员会委员，山东省企业联合会/山东省企业家协会副会长，山东金属学会理事长，国务院政府特殊津贴获得者。曾荣获山东省80年代优秀毕业生标兵、山东省优秀青年知识分子标兵、山东省新长征突击手标兵、山东省优秀青年厂长（经理）、山东省有突出贡献的中青年专家、山东冶金“十五”优秀建设者、山东省优秀企业家、全国质量管理先进工作者等荣誉称号。

陈启祥　山东能源集团有限公司外部董事，山东钢铁集团有限公司原副董事长、党委副书记、总经理，山东钢铁股份有限公司原董事长、党委副书记、法定代表人，工程技术应用研究员。山东定陶人，1982年2月参加工作，1984年12月入党，1982年1月毕业于北京钢铁学院轧钢专业，2003年5月取得中美工商学院工商管理硕士学位。

1974年5月至1976年6月山东定陶田集联中教师；1976年6月至1977年10月山东定陶县师范学生；1977年10月至1978年1月山东定陶田集联中教师；1978年1月至1982年1月北京钢铁学院学生；1982年2月至1989年11月历任济南钢铁厂初轧分厂技术科技术员、轧钢车间副主任、厂长助理；1989年11月至1995年5月历任济南钢铁总厂初轧分厂副厂长、党委副书记；1995年5月至1997年12月任济南钢铁集团总公司（总厂）初轧分厂厂长、党委书记；1997年12月至1998年5月任济南钢铁集团总公司（总厂）宽厚板厂厂长、党委书记；1998年5月至1999年4月历任济南钢铁集团总公司（总厂）组织干部部副部长（正处级）、部长；1999年4月至2000年12月任济南钢铁集团总公司（总厂）党委委员、组织干部部部长；2000年12月至2002年7月任济南钢铁集团总公司（总厂）党委委员、组织干部部部长、济钢股份有限公司董事长；2002年7月至2008年2月任济南钢铁集团总公司（总厂）副总经理（副厂长）、党委委员，济钢股份有限公司董事长；2008年2月至2009年7月任济钢集团有限公司总经理、副董事长、党委副书记，济钢股份有限公司董事长；2009年7月至2009年10月任山东钢铁集团有限公司董事、副总经理、党委委员，济钢集团有限公司总经理、副董事长、党委副书记，济钢股份有限公司董事长；2009年10月至2012年3月任山东钢铁集团有限公司董事、副总经理、党委委员，莱芜钢铁集团有限公司总经理、副董事长、党委副书记，莱芜钢铁股份有限公司董事长（2012年2月因济南钢铁吸收合并莱钢股份自然终止）；2012年3月至2012年4月任山东钢铁集团有限公司董事、副总经理、党委委员，莱芜钢铁集团有限公司董事长、总经理、党委副书记；2012年4月至2013年2月任山东钢铁集团有限公司董事、副总经理、党委委员，莱芜钢铁集团有限公司董事长、总经理、党委副书记，山东钢铁股份有限公司总经理、董事；2013年2月至2013年3月任山东钢铁集团有限公司总经理、副董事长、党委副书记，莱芜钢铁集团有限公司董事长、总经理、党委副书记，山东钢铁股份有限公司总经理、董事；2013年3月至2014年7月任山东钢铁集团有限公司总经理、副董事长、党委副书记，山东钢铁股份有限公司董事、总经理（其间：2013年5月至2013年9月任日照钢铁精品基地工程指挥部副总指挥）；2014年7月至

2015年5月任山东钢铁集团有限公司总经理、副董事长、党委副书记，山东钢铁股份有限公司总经理、董事、党委副书记；2015年5月至2015年11月任山东钢铁集团有限公司副董事长、党委副书记、总经理，山东钢铁股份有限公司董事长、党委副书记；2015年11月至2015年12月任山东钢铁股份有限公司董事长、党委副书记；2015年12月任山东能源集团有限公司外部董事。

山东省上市公司协会会长，山东省企业联合会/山东省企业家协会副会长，山东省企业信用与社会责任协会常务理事，济南市第九次党代表大会代表。曾荣获全国"五一"劳动奖章、中国企业改革与发展"杰出企业家"、山东省"富民兴鲁"劳动奖章、山东省优秀科技工作者、山东省安全生产贡献奖、山东省优秀企业家、济南市"五一"劳动奖章、第八届济南市优秀企业家突出贡献奖、济南专业技术拔尖人才、济南市优秀党务工作者、济南市安全生产先进个人等荣誉称号。

崔聚荣 山东高速集团有限公司外部董事，山东钢铁集团有限公司原副董事长、党委副书记，山东钢铁股份有限公司原董事、党委副书记、总经理，山东钢铁集团矿业有限公司董事长，高级工程师。山东诸城人，1982年7月参加工作，1985年11月入党，1982年7月毕业于兰州大学区域地质专业，2003年4月取得西安建筑科技大学冶金工程硕士学位。

1982年7月至1985年7月甘肃酒泉钢铁公司西沟矿技术干部；1985年7月至1986年10月任甘肃酒泉钢铁公司西沟矿计划科副科长；1986年10月至1987年2月任甘肃酒泉钢铁公司团委宣传部部长；1987年2月至1991年6月任甘肃酒泉钢铁公司团委副书记；1991年6月至1992年2月任甘肃酒泉钢铁公司团委书记；1992年2月至1992年6月任甘肃酒泉钢铁公司烧结厂党委副书记；1992年6月至1998年8月历任甘肃酒泉钢铁公司烧结厂党委书记、纪委书记、副厂长，炼铁厂厂长、党委书记；1998年8月至2003年12月任甘肃嘉峪关市副市长（其间：2000年5月至2000年12月挂职北京东城区区长助理）；2003年12月至2008年5月任甘肃嘉峪关市市委常委、组织部长；2008年5月至2009年4月任甘肃省地质矿产勘查开发局副局长、党委委员；2009年4月至2010年6月任山东钢铁集团有限公司副总经理、党委委员；2010年6月至2011年6月任山东钢铁集团有限公司副总经理、党委委员，山东钢铁集团矿业有限公司董事长；2011年6月至2011年11月任山东钢铁集团有限公司副总经理、党委委员，山东钢铁集团矿业有限公司董事长，山东钢铁集团有限公司采购中心总经理；2011年11月至2013年2月任山东钢铁集团有限公司副总经理、党委委员，山东钢铁集团矿业有限公司董事长，山东钢铁集团有限公司采购中心总经理，山钢国际投资有限公司董事长、总经理；2013年2月至2013年5月任山东钢铁集团有限公司副董事长、党委副书记，山东钢铁集团矿业有限公司董事长，山东钢铁集团有限公司采购中心总经理，山钢国际投资有限公司董事长、总经理；2013年5月至2013年12月任山东钢铁集团有限公司副董事长、党委副书记，山东钢铁集团矿业有限公司董事长，山东钢铁集团有限公司采购中心总经理，山钢国际投资有限公司董事长、总经理，山东钢铁股份有限公司董事；2013年12月至2014年7月任山东钢铁集团有限公司副董事长、党委副书记，山东钢铁集团矿业有限公司董事长，山钢国际投资有限公司董事长、总经理，山东钢铁股份有限公司董事；2014年7月至2015年5月任山东钢铁集团有限公司副董事长、党委副书记，山东钢铁集团矿业有限公司董事长，山钢国际投资有限公司董事长、总经理，山东钢铁股份有限公司董事、党委副书记；2015年5月至2015年11月任山东钢铁集团有限公司副董事长、党委副书记，山东钢铁集团矿业有限公司董事长，山钢国际投资有限公司董事长、总经理，山东钢铁股份有限公司董事、党委副书记、总经理；2015年11月至2015年12月任山东钢铁股份有限公司董事、党委副书记、总经理，山东钢铁集团矿业有限公司董事长；2015年12月任山东高速集团有限公司外部董事，山东钢铁集团矿业有限公司董事长。

山东省地质学会副理事长。曾荣获甘肃省优秀团干部、冶金部技术工作先进个人等荣誉称号。

陈向阳　山东钢铁集团有限公司董事、党委委员、副总经理，山东钢铁股份有限公司党委常委，山东钢铁集团有限公司日照钢铁精品基地工程指挥部总指挥，山东钢铁集团日照有限公司执行董事、党委书记、总经理，工程技术应用研究员。山东冠县人，1988年7月参加工作，1994年5月入党，1988年7月毕业于东北工学院钢铁冶金专业，2003年12月取得武汉科技大学冶金工程硕士学位，2010年4月取得东北大学钢铁冶金专业研究生学历和工学博士学位。

1988年7月至1989年11月莱钢炼钢厂炼钢车间见习；1989年11月至1992年2月莱钢炼钢厂技术科助理工程师；1992年2月至1996年7月历任莱钢炼钢厂连铸车间主任助理、副主任；1996年7月至1997年2月任莱钢炼钢厂连铸二车间主任；1997年2月至1999年4月历任莱钢炼钢厂生产经营部业务科长、技术科业务科长；1999年4月至2001年1月任莱钢股份有限公司炼钢厂副厂长；2001年1月至2005年7月任莱钢股份有限公司炼钢厂厂长、党委副书记；2005年7月至2006年2月任莱钢股份有限公司副总经理；2006年2月至2008年2月任莱芜钢铁集团有限公司总经理助理，莱芜钢铁股份有限公司副总经理；2008年2月至2009年7月任莱芜钢铁集团有限公司总经理、副董事长、党委副书记，莱芜钢铁股份有限公司董事长、党委副书记；2009年7月至2009年10月任山东钢铁集团有限公司董事、副总经理、党委委员，莱芜钢铁集团有限公司总经理、副董事长、党委副书记，莱芜钢铁股份有限公司董事长、党委副书记；2009年10月至2010年3月任山东钢铁集团有限公司董事、副总经理、党委委员，济钢集团有限公司总经理、副董事长、党委副书记；2010年3月至2012年4月任山东钢铁集团有限公司董事、副总经理、党委委员；2012年4月至2013年5月任山东钢铁集团有限公司董事、副总经理、党委委员，山东钢铁股份有限公司董事；2013年5月至2013年9月任山东钢铁集团有限公司董事、副总经理、党委委员，山东钢铁股份有限公司董事，日照钢铁精品基地工程指挥部副总指挥；2013年9月至2014年7月任山东钢铁集团有限公司董事、副总经理、党委委员，山东钢铁股份有限公司董事，日照钢铁精品基地工程指挥部总指挥，山东钢铁集团日照有限公司执行董事、总经理、党委书记；2014年7月至2015年5月任山东钢铁集团有限公司董事、副总经理、党委委员，山东钢铁股份有限公司董事、党委常委，日照钢铁精品基地工程指挥部总指挥，山东钢铁集团日照有限公司执行董事、总经理、党委书记；2015年5月任山东钢铁集团有限公司董事、副总经理、党委委员，山东钢铁股份有限公司党委常委，日照钢铁精品基地工程指挥部总指挥，山东钢铁集团日照有限公司执行董事、总经理、党委书记。

中钢协环保与节能委员会主任委员，山东省冶金质量协会副会长，山东省金属学会炼钢技术专业委员会副主任委员，山东省青年联合会副主席，山东省青年企业家联合会副会长。曾荣获全国重点钢铁联合企业节能工作先进个人、山东省劳动模范、山东省十大杰出青年、山东省“富民兴鲁”劳动奖章等荣誉称号。

毕志超 山东钢铁集团有限公司董事、党委委员，山东钢铁股份有限公司董事、党委常委、总经理，工程技术应用研究员。辽宁海城人，1974年9月参加工作，1976年10月入党，1982年1月毕业于东北工学院冶金机械专业，1993年4月取得东北大学管理工程专业研究生学历和工学硕士学位。

1974年9月至1976年12月辽宁海城县东四方台镇知青；1976年12月至1978年2月鞍钢第一薄板厂工人；1978年2月至1982年1月东北工学院冶金机械专业学生；1982年1月至1985年12月鞍钢设计院设备科助理工程师；1985年12月至1991年8月历任鞍钢经理办调研室调研员、秘书、副科级秘书、正科级秘书、主任助理兼秘书组组长（副处级）；1991年8月至1993年12月任鞍钢综合协调办公室主任；1993年12月至1994年4月任鞍钢进出口公司第一副经理；1994年4至1999年6月历任鞍钢国贸公司第一副总经理、（重组后）副总经理；1999年6月至2005年4月历任鞍钢机械制造公司副经理、副经理（主持工作）、经理；2005年4月至2009年10月任鞍钢重型机械有限责任公司董事长；2009年10月至2010年3月任济钢集团有限公司党委书记、副董事长、副总经理；2010年3月至2011年7月任济钢集团有限公司董事长、党委书记；2011年7月至2012年4月任山东钢铁集团有限公司董事、党委委员，济钢集团有限公司董事长、党委书记；2012年4月至2014年7月任山东钢铁集团有限公司董事、党委委员，山东钢铁股份有限公司董事，济钢集团有限公司董事长、党委书记；2014年7月至2015年5月任山东钢铁集团有限公司董事、党委委员，山东钢铁股份有限公司董事、党委常委，济钢集团有限公司董事长、党委书记、总经理，2015年5月至2015年12月任山东钢铁集团有限公司董事、党委委员，山东钢铁股份有限公司董事、党委常委；2015年12月任山东钢铁集团有限公司董事、党委委员，山东钢铁股份有限公司董事、党委常委、总经理。

中国钢铁工业协会常务理事，山东省第十次党员代表大会代表，山东省第十二届人大代表。曾荣获三峡三期工程重大设备国产化立功竞赛卓越领导人、山东省劳动模范、山东省“富民兴鲁”劳动奖章、山东省十大杰出贡献企业家、山东省国资委省管企业优秀党务工作者、济南市优秀企业家、济南市年度经济人物、济南市劳动模范等荣誉称号。

苏　斌 山东钢铁集团有限公司党委副书记、纪委书记，山东钢铁股份有限公司党委副书记、纪委书记，教授级高级政工师。山东定陶人，1984年7月参加工作，

1983年12月入党，1984年7月毕业于山东农业大学土化系土壤农化专业，2002年7月研究生毕业于中央党校经济管理专业，2005年4月取得南开大学商学院高级管理人员工商管理硕士学位。

1984年7月至1985年9月济南市郊区姚家办事处纪检委员、团委副书记；1985年9月至1986年10月任共青团济南市郊区区委副书记；1986年10月至1987年4月山东省委组织部知识分子工作处帮助工作；1987年4月至2002年5月历任山东省委组织部知识分子工作处副科级巡视员、正科级巡视员、助理调研员、副处长，企业干部办公室副主任（其间：1994年3月至1995年9月挂职山东省平原县平原镇党委副书记，1999年9月至2002年7月中央党校经济管理专业研究生班学习）；2002年5月至2004年6月历任山东省委企业工委省管企业监事会管理办公室主任、监事会工作处处长；2004年6月至2010年9月历任山东省国资委人事教育处（外事处）负责人、处长，机关党委副书记，人事处处长（其间：2008年2月至2008年12月山东省委党校第18期中青年干部培训班学习）；2010年9月至2012年4月任山东钢铁集团有限公司党委副书记、纪委书记；2012年4月至2014年7月任山东钢铁集团有限公司党委副书记、纪委书记，山东钢铁股份有限公司监事会主席；2014年7月至2015年5月任山东钢铁集团有限公司党委副书记、纪委书记，山东钢铁股份有限公司监事会主席、党委副书记、纪委书记；2015年5月任山东钢铁集团有限公司党委副书记、纪委书记，山东钢铁股份有限公司党委副书记、纪委书记。

中国劳动学会冶金分会常务理事、副会长，中国冶金职工思想政治工作研究会副会长，全国钢铁行业共青团工作指导和推进委员会第一届委员会顾问，山东省管企业党建思想政治工作研究会副会长。曾荣获山东省委组织部和山东省国资委机关先进工作者、优秀共产党员，山东省优秀思想政治工作者等荣誉称号。

刘德华　山东钢铁集团有限公司外部董事、财务总监，中国注册会计师，高级会计师，具有证券、基金从业资格。湖北荆门人，1987年1月参加工作，1987年1月入党，1987年1月毕业于西南工业管理学校财会专业，1991年12月取得湖北省高等教育自学考试会计专业专科学历，2005年7月取得中央广播电视大学、北京工商大学会计学专业本科学历、管理学学士学位，2013年1月取得天津大学工商管理专业工商管理硕士学位。

1987年1月至1992年5月兵器工业集团湖北东方化学工业公司（525厂）财务处、销售处会计（其间：1991年12月取得湖北省高等教育自学考试会计专业专科学历）；1992年5月至1996年3月任深圳世达塑料制品有限公司财务部经理、会计师；1996年3月至1997年12月任深圳世达塑料制品有限公司总经理；1997年12月至2001年10月任湖北东方化学工业公司财务处副处长；2001年10月至2004年2月任湖北东方化学工业公司内饰件厂副厂长；2004年2月至2005年11月任湖北东方化学工业公司颜料公司经理（其间：2003年3月至2005年7月攻读中央广播电视大学、北京工商大学本科班会计学专业）；2005年11月至2007年3月任兵器工业集团襄樊新东方化工公司财务部部长；2007年3月至2008年12月任兵器工业集团襄樊新东方化工公司计划部部长（其间：2007年4月获中国注册会计师职业资格）；2008年12月至2010年12月任枣庄矿业集团财务总监；2010年12月至2013年12月任山东能源集团外部董事、财务总监；2013年12月至2015年6月任山东能源集团外部董事、财务总监，山东能源集团财务有限公司董事长（其间：2010年4月至2013年1月攻读天津大学工商管理专业工商管理硕士学位）；2015年6月至2015年9月任山东钢铁集团有限公司财务总监；2015年9月任山东钢铁集团有限公司外部董事、财务总监。

曾荣获中国煤炭工业协会颁发的企业管理现代化创新成果二等奖、三等奖，山东省企业经营管理科学优秀成果一等奖，山东省企业管理现代化创新成果一等奖等荣誉称号。

王思军　山东钢铁集团有限公司原财务总监，高级会计师。山东龙口人，1986年7月参加工作，1989年9月入党，1986年7月毕业于山东经济学院工业会计专业，2007年12月取得上海交通大学高级管理人员工商管理硕士学位。

1986年7月至1994年10月山东省丝绸总公司财务处办事员；1994年10月至2001年4月历任山东省丝绸总公司财务处副主任科员、主任科员、处长助理；2001年4月至2003年2月任山东省丝绸总公司计财处副处长；2003年2月至2003年12月任山东省丝绸总公司财务部经理；2003年12月至2004年12月任山东省丝绸集团有限公司总会计师，兼山东德润创业投资有限公司总经理；2004年12月至2005年10月任山东省丝绸集团有限公司总会计师，兼山东海润投资集团有限公司董事长；2005年10月至2007年6月任山东省丝绸集团有限公司总会计师、党委委员，兼山东海润投资集团有限公司董事长；2007年6月至2009年7月任山东省丝绸集团有限公司总会计师、党委委员；2009年7月至2012年3月任华鲁控股集团财务总监；2012年3月至2012年4月任山东钢铁集团有限公司财务总监；2012年4月至2014年1月任山东钢铁集团有限公司财务总监、山东钢铁股份有限公司监事；2014年1月至2015年6月任山东钢铁集团有限公司财务总监。

曾荣获山东省企业管理先进工作者、共青团山东省人民政府机关新长征突击手、山东省国有企业扭亏工作先进工作者、山东省国有企业三年扭亏脱困工作三等功等荣誉称号。

张家新　山东钢铁集团有限公司总法律顾问、法律事务部部长，山东钢铁股份有限公司监事会主席，高级经济师。辽宁营口人，1987年7月参加工作，1984年6月入党，1984年7月毕业于北京大学国际政治系，1987年7月研究生毕业于中国社会科学院政治学系政治学专业，并取得法学硕士学位，2008年7月取得北京大学高级管理人员工商管理硕士学位。

1987年7月至1988年4月辽宁营口市鲅鱼圈区区委宣传部干事；1988年4月至1988年8月任辽宁营口出口加工区临时指挥部项目经理；1988年8月至1995年10月历任辽宁营口新经济进出口公司副科长、科长、副经理、党总支书记；1995年10月至1999年8月任辽宁营口经济技术开发区对外贸易公司副总经理；1999年8月至2000年6月济钢国际贸易公司经济师；2000年6月至2001年2月任济钢国际贸易公司市场开发部副经理；2001年2月至2002年7月任济钢法律事务处处长；2002年7月至2003年10月任济钢国际贸易公司经理；2003年10月至2004年1月任济钢总经理助理；2004年1月至2006年2月任济南钢铁集团总公司（总厂）总经理助理、济钢国际贸易公司经理、济钢外事处处长；2006年2月至2006年9月任济南钢铁集团总公司（总厂）总经理助理；2006年9月至2008年2月任济南钢铁集团总公司（总厂）副总经理（副厂长）；2008年2月至2010年2月任济钢集团有限公司副总经理；2010年2月至2010年3月任济钢集团有限公司副总经理，山东钢铁集团日照有限公司总法律顾问；2010年3月至2011年6月任山东钢铁集团日照有限公司总法律顾问；2011年6月至2014年1月任山东钢铁集团有限公司总法律顾问，山东钢铁集团日照有限公司总法律顾问；2014年1月至2015年1月任山东钢铁集团有限公司总法律顾问，山东钢铁集团日照有限公司总法律顾问，山东钢铁股份有限公司监事，2015年1月至2015年5月任山东钢铁集团有限公司总法律顾问；2015年5月至2015年12月任山东钢铁集团有限公司总法律顾问，山东钢铁股份有限公司监事会主席；2015年12月任山东钢铁集团有限公司总法律顾问，法律事务部部长，山东钢铁股份有限公司监事会主席。

曾荣获辽宁省营口市经济技术开发区优秀共产党员、济南市劳动模范称号等荣誉称号。

万鲁愚 山东钢铁集团有限公司总经理助理、信息化中心总经理、新闻发言人，山东钢铁股份有限公司副总经理、信息化中心总经理，工程技术应用研究员。山东曹县人，1975年12月参加工作，1984年1月入党，1980年7月毕业于山东有色金属学校工业企业电气化专业，1987年7月毕业于合肥工业大学计算机应用专业，2003年9月取得山东师范大学教育硕士学位。

1975年12月至1978年3月下乡知青；1978年3月至1980年7月山东有色金属学校学生；1980年8月至1989年10月山东工业学校教师（其间：1980年8月至1981年7月东北工学院进修，1985年8月至1987年7月合肥工业大学学生）；1989年10月至1995年7月历任山东省冶金工业学校教务科副科长、科长、校长助理；1995年7月至1997年8月任山东省冶金工业学校副校长（1996年9月主持行政工作）；1997年8月至2002年4月任山东省冶金工业学校校长、山东冶金职工大学校长；2002年4月至2006年4月历任山东省冶金工业总公司办公室副主任（正处级）、主任、规划部部长、山东冶金工程质监站站长；2006年4月至2008年4月任山东省冶金工业总公司总经理助理、规划部部长、山东冶金工程质监站站长；2008年4月至2008年10月任山东钢铁集团有限公司董事会秘书、办公室主任、党委办公室主任，山东省冶金工业总公司总经理助理、规划部部长、山东冶金工程质监站站长；2008年10月至2009年2月任山东钢铁集团有限公司董事会秘书、办公室主任、党委办公室主任，山东省冶金工业总公司总经理助理、山东冶金工程质监站站长；2009年2月至2009年3月任山东钢铁集团有限公司总经理助理、董事会秘书、办公室主任、党委办公室主任，山东省冶金工业总公司总经理助理、山东冶金工程质监站站长；2009年3月至2010年3月任山东钢铁集团有限公司总经理助理、山东钢铁集团有限公司董事会秘书、办公室主任、党委办公室主任，山东冶金工程质监站站长；2010年3月至2010年7月任山东钢铁集团有限公司总经理助理、董事会秘书、办公室主任、党委办公室主任、外事办公室主任，山东冶金工程质监站站长；2010年7月至2012年4月任山东钢铁集团有限公司总经理助理、董事会秘书、办公室主任、党委办公室主任、外事办公室主任、信息化中心总经理，山东冶金工程质监站站长；2012年4月至2012年5月，山东钢铁集团有限公司总经理助理、董事会秘书、办公室主任、党委办公室主任、外事办公室主任、信息化中心总经理，山东钢铁股份有限公司副总经理，山东冶金工程质监站站长；2012年5月至2015年12月任山东钢铁集团有限公司总经理助理、信息化中心总经理，山东钢铁股份有限公司副总经理、信息化中心总经理，山东冶金工程质监站站长；2015年12月任山东钢铁集团有限公司总经理助理、信息化中心总经理、新闻发言人，山东钢铁股份有限公司副总经理、信息化中心总经理，山东冶金工程质监站站长。

山东金属学会副理事长。曾荣获山东省“富民兴鲁”劳动奖章等荣誉称号。

张相军 山东钢铁集团有限公司总经理助理，山东钢铁集团有限公司/山东钢铁股份有限公司党委组织部部长，高级工程师。山东寿光人，1985年7月参加工作，1985年6月入党，1985年7月毕业于山东冶金工业学院采矿工程专业。

1985年7月至1991年1月山东金岭铁矿召口采场技术员、技术组长；1991年1月至1993年2月任山东金岭铁矿召口分矿副矿长；1993年2月至1997年1月任山东金岭铁矿副矿长；1997年1月至2006年4月任山东金岭铁矿矿长；2006年4月至2008年8月任山东省冶金工业总公司总经理助理，山东金岭铁矿矿长；2008年8月至2009年2月任山东省冶金工业总公司总经理助理，山东金岭铁矿矿长，山东钢铁集团矿业有限公司董事、总经理；2009年2月至2009年3月任山东钢铁集团有限公司总经理助理，山东钢铁集团矿业有限公司董事、总经理，山东省冶金工业总公司总经理助理，山东金岭铁矿矿长；2009年3月至2010年3月任山东钢铁集团有限公司总经理助理，山东钢铁集团矿业有限公司董事、总经理；2010年3月至2014年9月任山东钢铁集团有限公司总经理助理、党委组织部部长；2014年9月任山东钢铁集团有限公司总经理助理，山东钢铁集团有限公司/山东钢铁股份有限公司党委组织部部长。

山东金属学会副理事长。曾荣获全国钢铁工业劳动模范、山东省“富民兴鲁”劳动奖章等荣誉称号。

山东钢铁集团有限公司董事会

董　　事 任　浩（11月13日止）
陈启祥（11月13日止）
崔聚荣（11月13日止）
侯　军（11月13日任）
陶登奎（11月13日任）
陈向阳　毕志超
刘德华（外部董事，9月24日任）
汪安东（外部董事，9月28日任）
王宏伟（外部董事，12月4日任）
刘秀元（职工代表，8月28日选举产生）

董　事　长　任　浩（11月13日止）
侯　军（11月13日任）
副董事长　陈启祥（11月13日止）
崔聚荣（11月13日止）
陶登奎（11月13日任）
董事会秘书　李自然

山东钢铁集团有限公司监事会

监　　　事　张建斌（6月16日止）
史德仁（3月16日止）
杨少军（7月31日任）
周炎生（7月31日任）
王者宽（7月31日任）
赵京玲（职工代表，6月18日止）
陈明玉（职工代表，6月18日任）
卢彤书（职工代表）
监事会主席　杨少军（7月31日任）

中共山东钢铁集团有限公司委员会

委　　　员　任　浩（11月13日止）
陈启祥（11月13日止）
崔聚荣（11月13日止）
侯　军（11月13日任）
陶登奎　苏　斌　陈向阳
毕志超　蔡漳平
书　　　记　任　浩（11月13日止）
侯　军（11月13日任）
副　书　记　陈启祥（11月13日止）
崔聚荣（11月13日止）
陶登奎（11月13日任）
苏　斌

山东钢铁集团有限公司经理层

总　经　理　陈启祥（11月13日止）
陶登奎（11月13日任）
副总经理　陈向阳　蔡漳平
陶登奎（11月13日止）
财务总监　王思军（6月19日止）
刘德华（6月19日任）
总法律顾问　张家新
总经理助理　万鲁愚　张相军

中共山东钢铁集团有限公司纪律检查委员会

委　　　员　（按姓氏笔画排序）
万鲁愚　王景洲　卢彤书
孙永和　苏　斌　张相军
赵京玲（6月17日止）
高凤娟
尉可超（6月17日止）
书　　　记　苏　斌
副　书　记　赵京玲（6月17日止）
王景洲（6月17日任）
高凤娟（6月17日任）

集团公司机关各部门

办公室、党委办公室、外事办公室、保卫部（合署办公）

办公室、党委办公室主任　李自然
办公室副主任　路学和（正处级，6月30日止）
任向兵

办公室、党委办公室副主任
田玉山（正处级）
封常福 董保树
办公室、党委办公室副处级秘书
刘烈涛
外事办公室主任 封常福
外事办公室副主任 张 良（7月24日止）
保卫部部长 李自然
保卫部副部长 任向兵

规划部

部 长 刘 宇
副部长 车连房（正处级）毕衍涛

财务部

部 长 尉可超（5月19日止）
杨再昌（5月19日任）
副部长 孙建东（正处级）
李 强（7月9日止）
王 勇（11月9日任）
高 勇（11月9日任）

资本运营部、产权管理部（合署办公）

部 长 付 博
副部长 丛冠华（12月31日止）
吕永刚（7月9日止）

企业管理部、安全环保部（合署办公）

部 长 贾秀光
副部长 李传峰 梁凯丽

党委组织部

部 长 张相军
常务副部长 来现民（正处级）
副部长 周 庆 陈茂文

人力资源部

部 长 孙永和

矿业部

（12月25日，集团公司设立塞矿事务办公室，与矿业部合署办公）

部 长 王广云（7月9日止）
刘圣刚（12月2日任）
主 任 刘圣刚（12月25日任）

党群工作部、集团公司团委（合署办公）

部 长 卢彤书
副部长 李荣臣
耿庆山（正处级，6月29日止）
张兰润
团委书记 李荣臣

法律事务部

（公司律师事务部与法律事务部复合设置，12月31日，集团公司法律事务业务垂直管理，更名济钢法律事务部为法律事务部济南分部、莱钢法律事务部为法律事务部莱芜分部、设立日照分部）

部 长 张德金（7月9日止）
张家新（12月31日任）
副部长 赵宽荣（正处级，12月31日任）
赵东岳（12月31日任）
济南分部副部长 苏 伟（12月31日任）
莱芜分部部长 赵景玉（12月31日任）
莱芜分部副部长 马先红（12月31日任）
日照分部部长 罗文军（12月31日任）

济钢法律事务部副部长

罗文军（主持工作，12月31日止）

莱钢法律事务部副部长

赵景玉（主持工作，12月31日止）
王卫国（挂职一年，12月2日任）
贾树利（挂职一年，12月2日任）

审计部、监事会办公室（合署办公）

（10月29日，审计部与监察部分设；11月3日，设立监事会办公室、日照审计处；12月31日，审计部济南审计处、莱芜审计处、日照审计处分别更名为济南分部、莱芜分部、日照分部，审计处领导职务自然免除）

部　　长　赵京玲（5月19日止）
陈明玉（5月19日任）
副 部 长　王景洲（6月18日止）
高凤娟（6月18日止）
冯清智（11月3日任，12月31日止）
刘兰雪（12月31日任）
济南分部部长　邓　平（12月31日任）
济南分部副部长　崔颖川（12月31日任）
莱芜分部部长　陈明玉（12月31日止）
莱芜分部副部长
倪友峰（6月26日止）
冯清智（主持工作，12月31日任）
姜　岩（12月31日任）
日照分部部长　潘　铣（12月31日任）
监事会办公室主任　陈明玉（11月3日任）
监事会办公室副主任
冯清智（11月3日任，12月31日止）
刘兰雪（12月31日任）

监察部

部　　长　赵京玲（5月19日止）
陈明玉（5月19日任，6月18日止）
王景洲（6月18日任）
副 部 长　高凤娟
王景洲（6月18日止）

机关党委

委　　员　（按照姓氏笔画顺序）
王景洲　卢彤书　李自然
李荣臣　周　庆
耿庆山（6月29日止）
尉可超（6月29日止）
书　　记　卢彤书
副 书 记　耿庆山（6月29日止）

机关纪委

书　　记　耿庆山（6月29日止）

集团公司各直属机构、山东钢铁报社

资金中心

总 经 理　陶登奎（8月6日止）
杨再昌（8月6日任）
副总经理　裴建光（8月6日止）
尉可超（8月6日止）
万宪刚（8月6日止）
王　勇（8月6日任）

采购中心

总 经 理　闫福恒
副总经理　朱玉廷　李强笃
赵树俭　王绍强

销售中心

总　经　理　王向东
副总经理　王广连（8月6日任）
　　　　　王泉云　杜文华　王　兵
　　　　　刘立华（8月6日任）
　　　　　高传华（8月6日任）

运行协调中心

总　经　理　马旺伟
副总经理　李强之

信息化中心

总　经　理　万鲁愚
副总经理　郭维河　张元福　王铁毅

钢铁研究院

院　　　长　孙卫华
副　院　长　董　杰　张爱民（副处级）

山东钢铁报社

社　　　长　田玉山
总　编　辑　徐　峰
副总编辑　赵长义

山东钢铁集团有限公司驻北京办事处

主　　　任　张炳勋（正处级）
副　主　任　亓文彪

山东钢铁集团有限公司非洲总代表处

（8月2日，撤销山东钢铁集团有限公司非洲总代表处）

总　代　表　董立志（7月9日止）
副总代表　王尧伟（7月9日止）

集团公司所属子公司、直属单位

济钢集团有限公司

董　　　事　毕志超（5月12日止）
　　　　　　张俊芳
　　　　　　李长青（职工代表）
　　　　　　刘卫国（5月12日任）
　　　　　　尉可超（5月12日任）
董　事　长　毕志超（5月12日止）
　　　　　　张俊芳（5月12日任）
总　经　理　毕志超（5月12日止）
　　　　　　张俊芳（5月12日任）
副总经理　李长青
　　　　　　刘卫国（5月12日任）
财务总监　尉可超（5月12日任）
总经理助理　万宪刚（6月1日止）
　　　　　　刘卫国（5月12日任）
党委常委　毕志超（5月12日止）
　　　　　　张俊芳　李长青
　　　　　　尉可超（5月12日任）
党委书记　毕志超（5月12日止）
　　　　　　张俊芳（5月12日任）
党委副书记　张俊芳（5月12日止）
纪委书记　张俊芳
工会主席　李长青

莱芜钢铁集团有限公司

董　　　事　田克宁
　　　　　　张胜生（4月10日止）
　　　　　　董立志
　　　　　　王学德（职工代表）
　　　　　　赵京玲（5月12日任）
董　事　长　田克宁

总　经　理　田克宁
副 总 经 理　张胜生（4月10日止）
董立志　王学德
财 务 总 监　赵京玲（5月12日任）
党 委 常 委　田克宁
张胜生（4月10日止）
董立志　王学德
赵京玲（5月12日任）
党 委 书 记　田克宁
党委副书记　张胜生（4月10日止）
纪 委 书 记　张胜生（4月10日止）
工 会 主 席　王学德

山东工业职业学院

党 委 书 记　吕正平
党委副书记　朱怀忠（10月10日止）
李克勇
院　　　长　朱怀忠（10月9日止）
副　院　长　王庆义
赵红军（9月16日止）
纪 委 书 记　李克勇
工 会 主 席　李克勇

山东钢铁集团矿业有限公司

董　　　事　崔聚荣
王广云（7月9日止）
付　博
董 事 长　崔聚荣
监　　　事　尉可超　赵宽荣
监事会主席　尉可超
总　经　理　王广云（7月9日止）

山东钢铁集团日照有限公司

执 行 董 事　陈向阳
总　经　理　陈向阳
副 总 经 理　王继超　邵明天
孙庆水　左海青
王子金（5月12日任）
总经理助理　王子金（5月12日止）
党 委 委 员　陈向阳　王继超　邵明天
孙庆水　左海青
王子金（5月12日任）
党 委 书 记　陈向阳
党委副书记　王继超
纪 委 书 记　王继超
总法律顾问　张家新（1月23日止）
监　　　事　尉可超
财务负责人　李东祥

日照钢铁精品基地工程指挥部

总　指　挥　陈向阳
副 总 指 挥　王继超　邵明天
孙庆水　左海青
王子金（5月12日任）
总指挥助理　王子金（5月12日止）

山东耐火材料集团有限公司

董　　　事　刘　伟　李文亮　杨卫星
李自然　贾秀光　姚启峰
张红三（职工代表）
董 事 长　刘　伟
副 董 事 长　李文亮
监　　　事　孙建东　赵宽荣
邓亦庭（职工代表）
监事会主席　孙建东
总　经　理　李文亮
副 总 经 理　杨卫星　徐文相　潘东华
党 委 书 记　刘　伟
党委副书记　李文亮　邓亦庭
纪 委 书 记　邓亦庭
工 会 主 席　张红三

山东钢铁集团淄博张钢有限公司

董　　事　董杰吉　丛冠华
　　　　　马龙鹏　葛志尧
　　　　　满生堂（职工代表）
董 事 长　董杰吉
监　　事　王景洲　刘久平
　　　　　张继光（职工代表）
监事会主席　王景洲
总 经 理　董杰吉
副总经理　马龙鹏　葛志尧　李旭生
　　　　　曹务勋　唐立冬
　　　　　王振平（10月22日止）
党委书记　董杰吉
党委副书记　满生堂
纪委书记　满生堂
工会主席　满生堂

山东金岭铁矿

矿　　长　刘圣刚（12月2日止）
　　　　　刘远清（12月2日任）
副 矿 长　刘远清（12月2日止）
　　　　　李希永
　　　　　王国明（5月4日停职）
　　　　　孙瑞斋　张乐元
　　　　　戴汉强（12月2日任）
矿长助理　戴汉强（12月2日止）
党委书记　刘圣刚（12月2日止）
　　　　　李勇之（12月2日任）
党委副书记　李勇之（12月2日止）
纪委书记　李勇之
工会主席　李勇之

烟台钢铁企业集团公司

董　　事　贺　强　潘继文
董 事 长　贺　强
副董事长　潘继文
党委副书记　潘继文　贺　强
纪委书记　潘继文

山东冶金烟台宾馆

经　　理　贺　强
党支部书记　贺　强

山东省新力冶金实业公司

总 经 理　罗时政（6月17日止）
　　　　　姚　斌（6月17日任）
副总经理　张少军
　　　　　时德俊（7月14日任）
党总支书记　罗时政（6月17日止）
　　　　　姚　斌（6月17日任）
党总支副书记　孙晓军
工会主席　孙晓军

山东鲁冶项目管理有限公司

执行董事　孙全胜（9月1日止）
　　　　　刘　军（9月1日任）
监　　事　孙建东
总 经 理　孙全胜（9月1日止）
副总经理　刘　军　孙福胜
党支部书记　孙全胜（9月1日止）
　　　　　刘　军（9月1日任）

山钢国际投资有限公司

董　　事　崔聚荣（11月3日止）
　　　　　赵宽荣（11月3日止）
　　　　　王广云（11月3日任）
　　　　　王尧伟（11月3日任）
　　　　　张德金（11月3日任）

吕永刚　张　良　李　强
魏水才（11月3日任）
董　事　长　崔聚荣（11月3日止）
王广云（11月3日任）
总　经　理　崔聚荣（11月3日止）
王尧伟（11月3日任）
副总经理　张　良　魏水才

山东钢铁集团聊城加工配送有限公司

董　　　事　史承都　王泉云
董　事　长　史承都
总　经　理　张　永
财务负责人　胡修涵

山东钢铁集团财务有限公司

董　　　事　陶登奎　尉可超　张德金
王继超　万宪刚　黄加峰
孙建东（9月1日任）
杨再昌（9月1日任）
董　事　长　陶登奎
监　　　事　赵京玲（9月1日止）
陈明玉（9月1日任）
孙建东
宋　军（职工代表）
高　勇（9月1日任）
监事会主席　赵京玲（9月1日止）
陈明玉（9月1日任）
总　经　理　李凤强
副总经理　闵宪金（11月9日止）
于基勇（11月9日任）
张云庭（11月9日任）
杨士东（11月9日任）
党总支书记　闵宪金（11月9日止）
李凤强（11月9日任）
党总支副书记　于基勇（11月9日任）
总经济师　杨再昌（正处级，5月18日止）

山东钢铁集团国际贸易有限公司

执行董事　闫福恒
总　经　理　闫福恒
副总经理　朱玉廷　李强笃
赵树俭　王绍强
党委书记　朱玉廷
党委副书记　闫福恒
纪委书记　朱玉廷
监　　　事　张德金（7月9日止）
总法律顾问　张德金（7月9日止）

山东钢铁集团房地产有限公司

董　　　事　王庆山（5月7日任）
张鲁兵（5月7日任）
付　博（5月7日任）
王其成（5月7日任）
沈桂联（5月7日任）
鹿凡伟（5月7日任）
朱月肖（职工代表，5月7日选举产生）
董　事　长　王庆山（5月7日任）
总　经　理　张鲁兵（4月17日任）
副总经理　曲杰奎（4月17日任）
包建伟（4月17日任）
王吉涛（4月17日任）
刘长生（4月17日任）
党委书记　王庆山（6月13日任）
党委副书记　张鲁兵（6月13日任）
朱月肖（6月13日任）
纪委书记　朱月肖（6月13日任）
工会主席　朱月肖（6月13日任）
监　　　事　倪友峰（5月7日任）
高　勇（5月7日任）
张　强（职工代表,5月7日任）
苗　苗（职工代表,5月7日任）
李　莉（5月7日任）

监事会主席　倪友峰（5月7日任）

山钢集团塞拉利昂矿业有限公司

（6月1日，成立山钢集团塞拉利昂矿业有限公司；7月9日，设立党委、纪委，领导人员同日任命）

董　　　事　王广云　王尧伟　张德金　吕永刚　李　强
董 事 长　王广云
总 经 理　王尧伟
副总经理　张德金　吕永刚　李　强
党委书记　王广云
纪委书记　张德金

山钢金融控股（深圳）有限公司

（9月2日，设立山钢金融控股（深圳）有限公司，组建党委、纪委，领导人员同日任命）

董　　　事　万宪刚　杨再昌　付　博　赵宽荣
董 事 长　万宪刚
总 经 理　万宪刚
副总经理　闵宪金　丛冠华
党委书记　万宪刚
党委副书记　黄振辉
纪委书记　黄振辉
监　　　事　陈明玉　陈茂文
监事会主席　陈明玉

山东钢铁集团济钢板材有限公司

（11月3日，设立山东钢铁集团济钢板材有限公司；11月5日组建党委、纪委，领导人员同日任命）

执行董事　徐有芳
监　　　事　刘秀元
总 经 理　徐有芳
副总经理　王向东　薄　涛　董金武
党委委员　徐有芳　王向东　刘秀元　薄　涛　董金武　尉可超
党委书记　徐有芳
党委副书记　刘秀元
纪委书记　刘秀元

（撰稿：张　岳　审稿：来现民　陈茂文）

集团公司 2015年度获得高层次人才荣誉称号人员

（共63人，排名不分先后）

国务院特殊津贴享受人员（1人）

济南分公司　冯　勇

全国钢铁行业优秀青年岗位能手（1人）

济南分公司　史永奎

泰山产业领军人才（1人）

济南分公司　姜和信

山东省有突出贡献的中青年专家（2人）

济南分公司　夏佃秀
莱芜分公司　张　佩

山东省首席技师
（4人）

济　　钢　李炳新
济南分公司　王鲁峰　李海峰　于　峰

山东省技术能手
（8人）

莱芜分公司　刑伟明　范　旭
赵世龙　谢发成
济南分公司　宋林海
莱　　钢　贾　川　刘　东　刘晓云

省管企业杰出创新人才
（1人）

济南分公司　赵培建

山东省冶金（有色）行业首席技师
（26人）

济　　钢　杨得强　蒋　峰　王书昌
韩云朝　张克钦　王　众
济南分公司　杜民庆　张拥军　刘传辉
刘金强　史永奎　郝　灏
雷龙祥　李　康
金岭铁矿　刘立国　高　强　边希芦
赵淑科　郭传江
莱　　钢　刘晓云　田友成　张　晓
付贵臣　王书涛　梁金刚
宋聚忠

山东省冶金行业优秀青年技能人才
（19人）

济　　钢　吴丽娟　蒋洪娇　孙　涛
张晓峰　解　宁　刘宝刚
济南分公司　王建军　孙明明　齐志刚
阎　震　刘效森　明　波
时　磊　王振强
莱　　钢　唐修金　李绪东　李文建
赵国锋　毕朋飞

（撰稿：张传友　审稿：孙永和）

集团公司
2015年度获得高级专业技术职务资格人员
（共324人，排名不分先后）

机械工程高级工程师
（140人）

2015年度参评：

陈国华　王圣章　张继贞　朱振环
吴玉军　张　帅　王学龙　李　克
张克柱　张其龙　葛　伟　韩洪森
时玉玲　李　倩　王秀华　宋开亮
胡江山　孙英云　王　杰　江　楠
张　武　孔凡魁　李克明　董　英
周　东　王兆冉　赵玉华　周美玲
张　燕　李玉峰　武中华　高桂红
房英翠　王跃军　丁仁刚　任丽萍
王如旭　于春玲　唐　辉　李　明
袁望浪　席晓卿　李金凤　杨　恒
楚志发　梁　栋　高智群　李　坤
朱琳琳　张义才　赵春佳　王元华
林佑祥　徐明信　陶　玲　郭　兵
张富军　高　峰　周广臣　司红波
李　梅　孙瑞瑞　朱小波　刘　珍
胥长城　张丽华　李　红　庞万宏
毕立群　李成锋　李天旭　李　强
刘艳军　张学成　亓　涛　赵　波

张　雷　张元华　高　松　薛　鹏
郑培迎　孙其奎　王　娟　尚根凤
郑　蕾　赵　健　王素荣　李晓宾
贾从杰　刘建军　张浩健　鲁继利
李　萍　吴少波　巩立刚　吕海晶
杜　波　朱　立　吕化军　刘　智
梁　睿　曾　静　李纪青　王贵德
李　杰　祖　奇　武　强　李合征
胡德军　李瑞菊　侯继明　胡　猛
李加祥　郭元亮　郑　雷　崔利久
李　毅　吴泰学　张　强　陈锦标
孟　伟　刘传振　卞新亮　熊　伟
范彩霞　李玉凤　张宗峰　段崇庆
姜道兵　许文菊　李晓慧　王学军
王淑妍　张年刚　肖百文　张丽红
徐洪源　王裕龙　苏振林　亓　斌

冶金工程高级工程师

（71人）

2015年度参评：

邹仲平　张　磊　崔　健　李国宝
李春梅　王　勇　肖　强　魏纯玉
郭桂彬　鲁金明　张海民　霍自美
王　勇　辛学武　雷　柯　张爱琴
孙久荣　袁乃收　田桂茹　曹爱青
张　莉　张春苗　张　欣　桂玉明
席　超　李　霆　苏红蕊　蔡朝华
李法兴　杨建勋　王春刚　黄国威
庄　辉　陈爱娇　付常伟　赵　燕
王　莉　王好东　董晓春　张　梅
霍喜伟　王宗斌　赵善阳　李新东
李修峰　时振明　李　涛　梁　娜
李建平　卢　栋　亓伟伟　刘春伟
蒲红兵　孙爱霞　王　强　赵圣功
李永强　罗霞光　王明杰　周小辉
范佳旭　张广杰　刘军刚　朱　波
曾庆福　孙家伟　马继波　林卫全
王连昌　吕　会　邢兆超

质量专业高级工程师

（7人）

2015年度参评：

王永强　高志博　于　青　张　寒
王德全　魏恩双　马　文

环保专业高级工程师

（4人）

2014年度参评：

卢　静　樊章新　魏　玲　范纪涛

化工工程高级工程师

（1人）

2015年度参评：

吴冬梅

副研究馆员

（2人）

2014年度参评：

孙秀菊

2015年度参评：

孙　杰

教　授

（1人）

2014年度参评：

郑金星

副教授

（3人）

2014年度参评：

宫胜利　王振光　周　广

高级教师
（1人）

2014年度参评：

姜建红

高级审计师
（1人）

2014年度参评：

付延花

主任护师
（1人）

2014年度参评：

韩英慧

主任医师
（3人）

2014年度参评：

赵　青　任绪莹　李　霞

副主任医师
（13人）

2014年度参评：

徐　青　张呈艳　李学民　陈宝勇
王桂芝　孟宪红　陈子平　孟峻峰
魏　林　包　健　徐　红　徐树香
郭洪卫

副主任技师
（8人）

2014年度参评：

李红新　郑小雍　赵红伟　王凤翠
陈茂生　马汝彦　宋福珍　秦　霞

副主任药师
（4人）

2014年度参评：

孙　庆　韩向阳　陈卫平　景慎良

副主任护师
（10人）

2014年度参评：

陈佳英　崔向梅　魏素华　刘红梅
庄　莉　张冬菊　邢念凤　孙丰菊
侯　双　侯凤琴

高级统计师
（1人）

2014年度参评：

盖永俊

高级会计师
（16人）

2014年度参评：

牟灵均　吴玉玲　路长艳　黄丽华
董　慧　陈　霞　陈淑玫　王成武
杨述香　崔春红　原永芳　刘爱华
苗　苗　谷桂芹　曹宜花　王德忠

教授级高级政工师
（1人）

2015年度参评：

刘文仓

高级政工师
（36人）

2015年度参评：

闻成莲　祝晓宝　李晓华　王爱华

姜立峰　杨　勇　窦爱玲　王利峰
李　栋　刘志飞　毛文朵　王立军
李洪珍　郑　军　殷凤志　亓广宇
陈　钰　任　丽　许振兴　时逢雷
朱晓光　蔺增军　倪　斌　荣振宇
张庆莲　朱　可　孙绍坤　李东胜
高　峰　许　倩　段　菲　董　鹏
亓　静　秦　娜　叶　华　桂　斌

（撰稿：韩　朔　审稿：孙永和）

山钢集团
SD STEEL

战略合作与交流

山钢集团
SD STEEL

山钢文化

核心理念

山钢使命：

为客户提供满意的产品和服务

山钢集团与绿城集团签署合作协议

1月27日，山钢集团与绿城房地产集团公司战略合作框架协议签字仪式在山钢集团总部举行。山钢集团董事长任浩、绿城集团董事长宋卫平分别代表双方签订合作协议，山钢集团副董事长崔聚荣主持仪式，副总经理陶登奎出席。双方本着“强强联合、优势互补、真诚合作、共同发展”的原则，就全面合作达成共识，将充分利用各自优势，共同投资开发济南市两个地块的房地产项目，以及山东省境内的养老健康地产项目。此前一天，山钢集团董事长任浩，总经理、副董事长陈启祥，副总经理陶登奎会见了绿城集团客人，并就合作事宜进行了交流。

任浩率团到塞拉利昂考察

应塞拉利昂政府邀请，3月23日至28日，山钢集团董事长任浩率团到塞拉利昂考察。期间，任浩两次与塞拉利昂总统科罗马见面会谈，与塞拉利昂矿业矿产部部长曼萨雷进行3次深入交流，与塞拉利昂政府达成合作双赢发展共识，签署合作备忘录。任浩一行详细考察了唐克里里矿区和各主要工序，了解矿石专运铁路和运输情况，考察佩佩尔港矿石码头各工作区域及设施，多次召集由塞拉利昂矿业局局长、项目公司高管人员和山钢集团现场工作人员参加的内外部会议，全面交流探讨项目公司现状、问题、困难和运营发展方向，对下一步项目复产和持续健康运营提出要求。

在与科罗马总统会谈中，任浩感谢科罗马对唐克里里项目给予的帮助，特别是派出矿业矿产部部长3次到香港，卓有成效地开展工作，使项目朝着健康方向发展。

任浩考察塞拉利昂唐克里里铁矿项目

任浩指出，为使项目公司尽快恢复生产，山钢集团做了大量准备工作，征得了中国政府有关部门、金融机构的支持和认可。但项目本身还存在巨大困难，全球经济下行压力仍然存在，大宗原燃料价格不断下降，项目潜在亏损风险明显增加，项目公司大股东在股权重组中也设置了很多障碍。山钢集团将围绕全面降低成本积极努力，希望总统先生、部长先生给予相关政策支持。山钢集团有信心把项目接管运营好，为塞拉利昂经济发展作出贡献。科罗马总统对任浩董事长一行在矿山维护性停产、疫情仍在持续等特殊时期来到塞拉利昂考察表示钦佩和感谢。他指出，山钢集团有效解决了矿山项目的大量风险和问题，这对塞拉利昂政府和人民非常重要。塞拉利昂不仅看重项目对股东和政府的当前利益，更看重项目对国家未来发展的意义，要致力于几十年、上百年的开发。通过项目公司这座桥梁，塞拉利昂政府与山钢集团不仅是业务上的往来，更是友谊上的加强。塞拉利昂政府需要一个可靠的合作伙伴，能够一起发展，双方要在暴风雨来临的时候共同克服，暴风雨之后实现利益共享。科罗马说，塞拉利昂政府和他本人百分之百支持山钢集团主导这个项目。任浩与塞拉利昂矿业矿产部部长曼萨雷进行3次深入会谈交流，双方对项目公司股权重组、运营发展达成一致意见，签署了山钢集团与塞拉利昂政府的合作备忘录。

在矿山、港口考察和座谈期间，任浩听取了项目公司首席运营官凯文、矿山总经理安德鲁、铁路和港口总经理斯高特、人力资源总经理麦克等高管人员对项目公司情况的详细报告和下一步工作思路。任浩认为，这些思路总体上是建设性的，还需要与山钢集团的团队一起研究优化。任浩指出，山钢集团正在争取通过股权重组掌控矿山。以前没有这个想法，因为大股东对项目公司的制约，加上埃博拉疫情等多种因素，矿山运行遇到了极大的困难，山钢集团不得不出面采取措施。

关于下一步矿山运营发展的设想，任浩强调，一要有正确的理念，把矿山发展成安全、环保、守法，具有可持续发展能力和竞争力的项目，并与政府、员工、社区和谐共处。二要理顺矿山管理体制，建设更加高效的管理体系，山钢集团会派出管理团队，担负起共同发展矿山的责任。矿山管理者要符合3个条件：有能力为矿山发展努力；忠诚于矿山，捍卫矿山的利益；善于合作共事。三要着眼于当前并兼顾未来发展，努力降低成本。四是要与承包商、供应商进行谈判，克服面临的困难，做好尽快复产和未来改造的相关工作，矿山、铁路、港口要做好准备工作。当前系统的技术改造、二期工程的推进，要进行深入研究和论证，方案的选择要符合矿山的利益，也要符合塞拉利昂政府的利益。任浩要求山钢项目团队成员和现场工作人员迅速转换角色，深度参与管理，对克服当前市场困难、改善项目公司现状提出意见建议和方案。要抓紧与承包商、供应商等相关方进行商谈，为项目公司持续运营创造良好条件。考察期间，任浩一行还拜访了中国驻塞拉利昂大使馆和经济商务参赞处，并到中非建设公司驻塞项目现场，与项目负责人员进行交流，深入探讨了唐克里里项目铁路建设、运营维护和矿山开发等问题。

陈启祥带队走访中石化中海油

3月20日，山钢集团总经理、副董事长陈启祥带队到中国石油化工集团公司、中国海洋石油总公司进行商务交流。陈启祥对中石化和中海油支持山钢的发展表示感谢，他介绍了山钢的生产经营情况和发展规划，表示下一步将统一平台、整合力量，为中石化、中海油提供更优质的产品和服务，希望双方实施全面战略合作。中石化、中海油对与山钢的合作表示满意，一致希望进一步加强双方之间在技术、质量等方面的交流，共同研发适用于油气输送和深水平台建设的海工钢等产品。陈启祥一行还分别与两家单位就高级别管线钢、油罐钢招标、中石化海外项目联合开发、50~100毫米海工钢性能评定等事宜达成共识。中海油是我国最大的海上油气生产商，山钢产品中标率达37.6%，居国内钢厂之首。济南分公司于2012年按其要求研发了60毫米以下DH36、EH36海工钢板，产品质量获其充分肯定，现已累计向该公司提供质量过硬的各类钢板近20万吨，其中海工钢产品6.5万吨。济南分公司、莱芜分公司分别在中厚板领域和H型钢领域与中石化有过合作。济南分公司是中石化的网络供应商，同时也是中石化钢板北方市场价格变动采集单位，双方有着良好的合作基础。济南分公司副总经理王向东、莱芜分公司副总经理王广连、钢铁研究院相关人员参加走访。

任浩、陈启祥一行拜访日照市委市政府领导

4月28日，山钢集团董事长、党委书记任浩，总经理、副董事长陈启祥，副总经理、日照公司执行董事、党委书记、总经理陈向阳，党委副书记、纪委书记苏斌到日照市走访，会见了中共日照市委书记杨军、市长刘星泰、副市长刘兆亮。双方就加快日照钢铁精品基地建设事宜进行交流，达成一致意见。任浩表示，当前工程已经具备全面提速的条件，下一步需要加速推进，希望日照市政府给予更大支持和帮助。刘星泰说，日照钢铁精品基地是日照经济实现新跨越的重要支撑点，是日照市的“头号工程”，市政府将一如既往地全力支持工程建设。要动员全市，进一步增强信心，形成全力支持工程建设的良好氛围。加快解决影响工期的村庄搬迁、道路封闭等问题，要坚持依法办事，用法制思维加快推动工程建设。

国开行领导到山钢集团调研

7月8日，国家开发银行总行评审二局副局长沈良军一行，在国开行山东分行行长周荣卫等陪同下到山钢集团调研。山钢集团董事长、党委书记任浩，总经理、副董事长陈启祥对国开行多年来给予山钢的关心支持表示感谢，并介绍了山钢集团中长期发展战略、生产经营、日照钢铁精品基地建设和唐克里里铁矿项目复产准备等情况。在随后的两天时间里，沈良军一行先后到济钢、济南分公司、莱钢、莱芜分公司和日照钢铁精品基地进行了实地调研。沈良军表示，山钢集团在谋划好钢铁

主业发展的同时，要做好非钢产业的研究与布局，延伸产业链，与上下游客户进行战略合作，扎实做好转型升级；要从生产、营销、服务等方面转变理念，优化渠道，建立完善更加贴近市场的管控模式和营销机制，不断开拓市场空间；要加大节能减排力度，走绿色发展、节能环保的道路；要择机“走出去”，进一步占领海外资源和市场；要以创新思维培育新的竞争力，打造持续发展的盈利模式。国家开发银行支持山钢集团塞拉利昂铁矿资源开发和日照钢铁精品基地建设，进一步深化银企战略合作，实现共创共赢。中共日照市委副书记、市长刘星泰，市委常委、常务副市长王斌，山钢集团副董事长、党委副书记崔聚荣，副总经理陈向阳、陶登奎，财务总监刘德华参加座谈或陪同调研。

任浩赴澳大利亚和新西兰考察

9月6日至11日，山钢集团董事长、党委书记任浩随同中共山东省委主要领导出访澳大利亚和新西兰，参加山东省在澳大利亚和新西兰的投资贸易推介会，同时进一步推动山钢集团与两国重要合作伙伴的业务合作。访问期间，任浩与托德公司副董事长 White、首席执行官 Young John 等高层进行了深入交流，参观了托德公司在新西兰奥克兰市开发的 LONG BAY 和 STONE WOOD 房地产项目，并就双方在铁矿石贸易、房地产、钢结构和相关领域合作达成共识；与铁之路公司董事长 Peter Cassidy、首席执行官 Andrew 等进行接触，考察艾尔铁矿石项目现场和矿石岩心储存仓库，签署不附带投资、担保承诺的贸易合作意向协议；与贝斯钢材有限公司董事长 Cave、首席执行官 Robert 会谈，商谈进一步扩大与山钢股份济南分公司合作的产品范围，增加钢材加工量，扩大市场区域等事宜；与新西兰 Challenge Steel 有限公司董事长 Govan 交流抗震钢结构房屋建设经验，实质性推动与莱钢建设公司的业务合作。还与多家中外客商就各领域合作进行了有益探讨，建立了联系渠道。此次赴澳大利亚和新西兰考察，借助山东省政府的平台，密切了与客户的关系，加深了了解和友谊，对促进山钢集团国际合作、拓展国际市场具有重要意义。

侯军、陶登奎拜访日照市委市政府领导

12月18日，山钢集团董事长、党委书记侯军，副董事长、党委副书记、总经理陶登奎，山钢集团副总经理，日照公司执行董事、党委书记、总经理陈向阳拜访了中共日照市委书记、市人大常委会主任杨军，市委副书记、市长刘星泰，市委常委、副市长刘兆亮等日照市委市政府领导。侯军介绍了山钢集团战略规划、建设发展、生产运营等方面的情况，对日照市委市政府给予山钢集团、日照钢铁精品基地建设的关心支持帮助表示感谢。他说，日照钢铁精品基地从项目前期谋划、审批到落地

开工等各方面得到了当地各级政府的高度重视和鼎力相助，工程进展顺利。在日照市委市政府的大力支持下，山钢集团一定会加快项目建设进度，把项目建设好、运营好，为地方经济社会发展作出贡献。日照市委市政府领导表示，今后将一如既往地全力支持工程建设，促使项目早投产、早见效。

（撰稿：刘伟民　审稿：李自然）

山钢年鉴 *2016*

特载

概况

专论专文

大事记

机构与人事

战略合作与交流

☆ 专业管理

党群工作

山钢股份

权属单位

统计资料

荣誉

附录

山钢集团
SD STEEL

专业管理

山钢集团
SD STEEL

山钢文化

核心理念

山钢愿景：

打造具有国际竞争力的钢铁强企

行政事务管理

【综述】 集团公司办公室与党委办公室、外事办公室合署办公，是集团公司综合事务管理部门，主要职能为：负责组织协调集团公司机关各部门、各直属机构办公；负责集团公司和公司党委重要文稿、领导讲话的起草和审核；负责董事会日常事务管理；负责集团公司决策事项督查；负责机要、保密、公文、档案和印信管理；负责集团公司外事管理；负责信访维稳管理；负责集团公司重大会议、活动的组织和协调；负责集团公司机关行政后勤事务管理；负责协调管理集团公司驻京办事处等。截至2015年底，共有职工20人。其中，高级工程师5人，高级政工师4人，高级经济师3人，副研究馆员1人，经济师4人，翻译师1人，助理政工师1人，助理经济师1人；研究生5人，大学本科15人。

【董事会日常事务】 公司董事会设秘书1人，在董事会领导下工作，负责董事会日常事务。公司董事会成员8人，其中董事长1人，副董事长1人，董事2人，外部董事3人，职工董事1人。2015年8月，推选产生1名职工董事；2015年9月、12月，省国资委和省社保基金理事会先后委派3名外部董事。11月，中共山东省委调整山钢集团领导班子：侯军任董事、董事长，陶登奎任董事、副董事长；任浩不再担任董事长、董事职务，陈启祥、崔聚荣不再担任副董事长、董事职务。董事会成立风险管理委员会。全年共召开董事会会议14次，其中正式会议6次，临时会议8次，共形成145项董事会决议，涉及生产经营计划、管控、资产重组、股权变更、融资、投资、工资总额预算、风险管理、人事及机构设置等事项。各位董事认真履行职责，董事会决议事项中属于法定和省国资委明确规定需要前置审批的，均按规定履行审批程序。

【文秘工作】 紧紧围绕集团公司中心工作，发挥以文辅政作用。全年起草完成的综合文字材料主要有：集团公司年度工作会议董事长、总经理讲话以及季度、半年工作会议讲话材料；公司董事会2015年度工作报告；董事会议事规则、总经理工作规则；公司领导参加工信委、发展改革委、国资委、政协、证监局、中钢协等上级部门召开的有关经济运行座谈会等发言材料；公司领导在集团公司安全生产工作会议、战略推进大会、改革发展调度会上的讲话，战略推进实施意见和2015年度战略推进计划，关于经营绩效综合评价问题整改的报告；报省委省政府等上级部门的重要工作报告等；审核编印集团公司董事会会议有关议案和决议；参加有关会议，并根据会议要求完成会议记录整理和会议纪要起草等；配合国家审计署完成集团公司塞拉利昂铁矿决策会议记录整理，在此基础上，先后共整理20份电子版会议记录，为项目留下了宝贵的资料。做好文件审核工作，审核文件近500份。

【调研信息工作】 随集团公司领导到国贸公司、济南分公司、莱芜分公司、莱钢调研生产经营运行及检修业务统管情况；随集团公司领导到济钢有关子公司调研非钢产业发展情况；随股份公司领导及部门进行审计、法律事务统管后运行情况调研；随股份公司领导及部门就科技管理和技术创新、财务管理、销售管理等进行调研；随集团公司领导两次赴兖矿考察学习改革及内部市场化经验；参加省国资委“三重一大”决策、“十三五”规划法人治理结构等方面调研活动；参加中钢协大型钢企调研工作交流会，学习兄弟单位经验，了解掌握行业发展有关信息。认真收集整理各类信息并及时上报，全年累计编发《山钢信息》44 期，编报《上报国资委信息》43 期。多条信息被省国资委等上级机构的有关媒体采用，集团公司在省管企业信息工作报送工作中名列第 4 位。

【公文印信管理】 做好日常公文处理工作，对内、外部收文，强调“快、准”，提高批转传递效率，强化领导阅批后的督促落实，2015 年接收处理内、外部文件 2900 余份。严格按照集团公司公文处理办法的有关要求，做好集团公司发文的办理、管理、归档等工作。明确公文起草、审核、校对、签发各环节责任，提高公文内容质量和制发水平，跟踪流转过程，及时催办，全年制发文件 800 余份。为学习贯彻好新的《公文处理办法》，4 月 25 日，组织集团公司公文处理业务培训班，邀请省政府办公厅秘书处处长张连三、张全仁同志讲解公文处理工作规范。印发集团公司印信管理办法，认真做好集团公司用印管理工作，用印 825 人次、20000 余份，先后刻制、启用“山东钢铁集团济钢板材有限公司”“中共山东钢铁集团济钢板材有限公司委员会”“中共山东钢铁集团济钢板材有限公司纪律检查委员会”以及“山东钢铁集团有限公司”新印章各 1 枚。

【督查督办】 建立集团公司督查督办制度，完善股份公司督查督办规定，确保督查督办工作有序进行。与高速集团等单位建立联系，探讨工作方式方法，学习借鉴管理经验。参加公司重要会议，落实公司主要领导安排的重点工作，围绕公司提出的 5~7 月份压缩大宗原燃料采购成本工作开展专项督办，落实上半年经营绩效分析会重要事项督查督办，落实三季度工作座谈会重要工作事项督办，落实总部机关权限清单执行情况，开展公司劳务用工的专项督查，对落实改革发展调度会精神开展双向督查督办。

【会务接待】 做好会议、来宾接待工作，完成集团公司年度工作会、上半年经营绩效分析（扩大）会议、“互联网+”推动企业创新与变革讲座、庆“七一”表彰大会、第三季度工作座谈会、省管企业学习贯彻党的十八届五中全会精神宣讲报告会视频会议、山钢集团暨冶金工业总公司领导干部会议、国资委经营绩效综合评价报告问题整改方案汇报会议、公司改革发展工作调度会、钢铁工业发展机遇与转型升级及“学准则、学条例”专题学习视频会议等重要会议的组织协调工作。组织安排集团公司专项业务调研活动 35 次；办理各类专业会议 335 次；办公楼会议室使用 3305 次，为日常会议活动、研讨活动提供服务和保障；积极协调、热情接待来访和业务交流的来宾，办公室为主接待 79 次、来宾 431 人次。每周编制集团领导会议活动计划，协调领导会议活动工作，减少工作安排重叠，提高工作效率。

【行政事务】 推行全面预算管理，建立完善基础管理台账，严格报销审核，实行办公用品、设备和物品计划审核、比价采购和领用登记管理，严格控制各项费用支出。推行精益物业管理，提升客服、保洁、秩序维护和工程管理服务水平；完善办公楼设备设施运维相关方合同管理，电梯、消防、石材养护、幕墙清洗、烟道清洗等实行项目招标，加强施工过程监督、审计；加强用能管理，强化节电措施，保证安全运行、节能降耗、降低成本。推行食堂核算管理，加强食品安全卫生，提高饭菜质量，控制食堂成本，严格执行公务接待规定，不断提高食堂服务水平。推行公务用车制度管理，严格车辆使用审批；按照市场化原则，规范车辆租用合同；实行定点加油、定点维修；保证公务用车需要，提高车辆运行效率，降低公务用车费用。推行固定资产管理信息系统项目建设，加强办公楼综合管理水平，提高办公用房使用效率。加强办公楼房屋出租和管理，全年房租收入681.41万元。

【安保应急】 认真落实国务院《企业事业单位内部治安保卫条例》规定和济南市公安局驻济省直治安保卫重点单位安保会议要求，全面梳理完善内部治安保卫制度，建立健全办公楼消防安全管理责任制、消防重点部位管理、门岗值勤、安保巡逻、监控值班室、门前交通和地下地上车库车位管理等工作制度，进一步明确职责，规范安全管理。开通监控值班室外线电话，增设电子巡更设备，加强门禁系统、视频监控系统、消防自动报警（广播、喷淋）系统、车库道闸系统以及消防设施和消防器材等检查与维护，不断强化办公楼人防、物防、技防建设。加强物业公司秩序维护和安全保卫管理，做好值班人员、保安队员的培训教育，对重点部位、消防器材和消防设施进行定期巡查，及时消除事故隐患。加强应急管理，建立突发事件总体应急预案和突发公共事件新闻发布、信访、生产安全事故、自然灾害、社会安全事件5个专项预案，集团公司应急预案体系不断完善。加大物业安保人员火灾扑救、报警、疏散等应急预案的演练和培训，增强规范值勤、文明值岗、严格职守的意识，不断提高治安防范、应急处置和快速反应能力。

【监事会工作】 8月，集团公司新一届监事会成立：主席杨少军，专职监事周炎生、王者宽，职工代表监事陈明玉、卢彤书。11月，集团公司成立监事会办公室，与审计部合署办公。制订2015年度工作计划与重点监督检查事项；组织学习关于监事会工作的法律法规和有关文件，熟悉监督规则、明确监督内容；严格依照法律法规、公司章程和有关文件界定监事会与监事职权的范围；对集团公司部分子公司以及改制企业的运营情况、改革情况、监事会工作情况进行调研；约谈部分子企业负责人并听取其意见和建议，考察部分企业的生产现场；对集团公司出现的有关问题和重大风险，及时向董事会、经理层提出口头或书面建议；召开监事会会议，审议、表决与监督职权相关的重大事项；组织集团公司2015年度财务决算审计；按时报送监事会年度监督检查报告；对财务及重大决策、重大经营管理活动进行监督，对企业财务状况和经营业绩进行系统分析评价，揭示企业存在的重大问题或风险事项，督促进行整改；列席董事会、党委会、总经理办公会、周例会等各类会议约70人次；与集团公司董事和高中层管理人员交流谈话100余人次；对需报送省国资委审核备案事项出具审核意见；督促子公司健全监事会机构，发挥监事会作用。

（撰稿：张海明　孙　波　杨　波
刘　宁　石本军
审稿：李自然　陈明玉）

规划发展管理

【综述】 规划部是集团公司规划发展管理的职能部门，主要职能为：负责研究分析国内外经济发展走势、国家有关政策、产业发展动态，为集团公司决策提供依据；负责发展战略研究、制定和管理；负责发展规划研究、制定和管理；负责固定资产投资管理；负责土地管理。截至2015年底，共有职工9人。其中，高级工程师7

人，高级经济师2人；研究生2人，大学本科7人。

【战略研究】 5月初，经集团公司董事会审议通过，《山东钢铁集团有限公司2015~2020年发展战略》正式发布，确立“成为具有国际竞争力和影响力的绿色钢铁产业集团”的战略愿景。5月至6月，承担省国资委组织的国有资本布局结构调整系列课题的研究工作，省国资委提出65项转型发展课题，完成《山钢集团利用“一带一路”机遇实施“走出去”战略研究》《钢铁产业转型升级发展研究——以山钢为例》《用钢产业现状及发展趋势研究》等3项专项研究课题；参与完成《省管企业金融业发展研究》《省管企业装备制造业发展研究》《省管企业节能环保产业发展研究》《省管企业信息产业发展研究》《省管企业资源开发领域发展研究》等5项综合性研究课题。5月至8月，省国资委组织对集团公司开展经营绩效综合评价，集团公司办公室、规划、财务、资本运营、人力资源、企业管理、法律和组织部门配合，对集团公司的财务绩效、战略投资、人力资源、综合管理进行全方位诊断，历时3个月，最终形成《山东钢铁集团有限公司经营绩效综合评价报告》和财务绩效、战略投资、人力资源、综合绩效4个分项报告以及自评报告。总报告揭示8项主要问题，提出7项整改建议。按月编制战略信息简报，简报分“政策聚焦”“钢铁行业视点”“钢企动态”等3个栏目，全年累计发布12期月度简报。为有关政府部门到集团公司调研提交相关材料，4月下旬，配合工业和信息化部调研，提交《山钢集团实施结构调整 推进转型发展汇报材料》；5月下旬，提交《山钢集团落实〈钢铁工业转型发展行动计划（2015~2017）〉实施转型发展》；7月中旬，配合省国资委调研，提交关于产业布局结构调整调研材料；7月下旬，省国资委调度“十三五”规划行业对标情况，提交《山东钢铁集团有限公司关于编制“十三五”规划行业对标情况的报告》。1月上旬，根据股份公司编制年度报告工作部署，提交《董事会战略规划委员会2015年度履职情况报告》以及董事会年度报告中战略规划内容。

【会议交流】 加强与国内大型钢铁企业在战略研究领域的交流，8月中旬，参加在包钢召开的第12届大型钢铁企业战略与管理研究沙龙，并向大会提交发言材料《钢铁企业利用“一带一路”战略机遇“走出去发展》，通过研讨进一步提高对国内经济发展“新常态”和钢铁转型发展的认识。

【规划管理】 开展集团公司“十三五”规划编制工作：2015年4月10日，集团公司下达《关于做好“十三五”规划编制工作的通知》（山钢规字〔2015〕9号），对山钢集团“十三五”规划的编制工作进行部署；6月下旬，根据省国资委《关于调度省管企业“十三五”规划初步思路的通知》要求，组织完成《山东钢铁集团有限公司“十三五”规划初步思路的汇报》；5月中旬，向集团公司呈报《关于集团公司“十三五”规划编制工作有关事宜的请示》，经集团公司同意，委托冶金工业规划研究院编制钢铁、金融、矿业（海外部分）、新材料和农机业务“十三五”发展规划，委托山东省物流协会编制物流业务“十三五”规划；6月29日至7月3日，组织冶金工业规划研究院规划编制成员赴济钢、张钢、莱钢调研，收集编制规划用基础资料。8月17日，集团公司召开专题会议，审查规划院编制的《日照钢铁精品基地二期建设方案与产品定位》《日照钢铁精品基地项目产业合作》《山钢集团特钢生产力布局调整》等3个专题报告，明

集团公司召开降低用电成本、提高用电效率对标会

确规划涉及的有关重大问题。开展济钢转型发展的研究工作：11月上旬，完成《济南分公司生产设施利用与日照钢铁精品基地项目建设协同问题的分析报告》；12月上旬，借鉴首钢等城市钢厂搬迁做法，统筹与日照钢铁精品基地建设以及集团公司总体规划的协同，完成《济钢产能调整转型发展总体方案》；对济钢搬迁涉及的资产、土地、人员安置及“四供一业”社会移交等开展摸底调查。

【日照项目建设】 开展日照钢铁精品基地项目征地、征海工作，组织完成日照钢铁精品基地项目用海方案调整及专家审查工作，编制和上报项目海域使用申报材料；8月25日，配合省政府向国土资源部提交《山东省人民政府关于日照钢铁精品基地项目建设有关事项的函》；10月16日、27日，国土资源部和国家海洋局分别下发日照钢铁精品基地项目用地、用海的批复文件；办理日照钢铁精品基地项目自备电厂接入系统的审批工作，针对国家电网山东省电力公司提出的有关问题，与省环保厅、国家电网山东省电力公司沟通。9月14日，省环保厅出具《关于山东钢铁集团有限公司日照钢铁精品基地自备电厂排放标准的复函》（鲁环评函〔2015〕241号），在此基础上，向国家电网山东省电力公司提交《关于日照钢铁精品基地自备电厂排放标准有关问题的函》（山钢函〔2015〕6号）。

【环保搬迁】 开展城市钢厂搬迁调研，自上年8月份开始，在中国钢铁协会组织下，陆续对重钢、首钢和石钢进行调研，当年3月中旬，考察芜湖新兴铸管、青钢等城市钢厂搬迁工作，就企业搬迁背景、操作过程、中央及地方优惠政策、搬迁效果以及搬迁经验教训等与对方进行深入交流，结合集团公司的实际情况进行认真分析，形成调研报告呈报集团公司，为集团公司高层决策提供依据。开展山东球墨铸铁管有限公司环保搬迁选址的研究工作，8月26日，对铸管公司搬迁选址方案拟定的兰陵县进行实地考察，结合对铸管公司搬迁选址方案的前期研究成果，形成《关于山东球墨铸铁管有限公司环保搬迁选址有关情况的请示》，提出最终选址意见，供集团公司领导决策参考。

【固定资产投资】 控制投资规模，严格执行固定资产年度投资计划，加快推进重点项目建设，全年固定资产投资计划100.82亿元，实际完成固定资产投资39.30亿元，完成年度计划的38.98%。主要实施日照钢铁精品基地项目、济钢海洋工程及能源装备用特殊钢材基础能力提升改造项目、济钢6号板坯连铸机项目、济钢化工厂煤气脱硫系统升级改造项目、莱钢750初轧车间生产异型钢改造和棒材厂第一轧钢车间生产线工艺升级改造项目、金钢矿业乔普卡铁矿采选扩建（二期）项目、集团公司ERP项目、智慧物流供应链一体化协同系统项目、张钢MES信息系统等信息化项目、职业学院技能训练中心项目等重点项目。济钢6号板坯连铸机项目、莱钢棒材厂第一轧钢车间生产线工艺升级改造项目等8个项目建成投用。按照年度计划组织开展项目后评价工作，完成6个计划内项目的初步评价报告。开展钢铁行业违规建成项目清理整顿工作，9个项目通过国家和省有关部门审查，符合备案条件。组织完成"烧结脱硫除尘系统升级改造项目"申请列入2015年中央预算内投资项目，获得政府财政资金900万元。

（撰稿：邹　红　聂延忠　张　军
审稿：刘　宇）

生产运营综合管理

【综述】 企业管理部是集团公司生产运营综合管理的职能部门，主要职责为：负责计划管理，组织编制、实施年度、季度生产经营计划；负责统计管理，完成上级统计调查任务及集团公司统计体系建设；负责认证管理，组织协调科技管理、自主创新、质量管理、各子公司生产经营管理等。2014年5月，集团公司下发《关于开展"运营转型管理提升"活动的通知》，成立"运营转型管理提升"推进工作办公室，负责推进工作日常管理事务。截至2015年底，共有职工17人（含推进办6人）。其中，工程技术应用研究员1人，高级工程师5人，高级经济师2人，高级统计师2人，工程师5人，经济师1人；研究生2人，大学本科15人。

【主要指标完成情况】 2015年，集团公司完成工业总产值625.10亿元，比上年减少26.82%，完成工业销售产值623.25亿元，比上年减少26.84%，产销率（价值）99.70%，比上年降低0.04个百分点；全年产铁矿石成品矿304.76万吨，比上年减少12.67%，生铁2263.56万吨，比上年减少5.74%，粗钢2169.21万吨，比上年减少7.05%，钢材2131.50万吨，比上年减少7.33%，焦炭642.87万吨，比上年减少3.72%，耐材制品19.36万吨，比上年减少30.21%；自发电44.64亿千瓦时，比上年减少22.06%。2015年钢材销售总量2154.08万吨，比上年减少6.41%，产销率（实物）101.06%，比上年提高0.99个百分点，钢坯销售总量23.79万吨，比上年减少35.34%；年末钢材库存33.09万吨，比上年同期降低40.55%，钢坯库存12.35万吨，比上年同期增长101.8%。全年出口创汇总额5.95亿美元，比上年减少7.82%，其中钢铁产品出口创汇额5.24亿美元，比上年减少14.24%；全年出口钢铁产品131.37万吨，比上年增长27.54%，其中出口钢材119.56万吨，比上年增长20.74%。全年吨钢综合能耗581.93千克标煤，比上年升高1.56千克标煤，吨钢可比能耗567.64千克标煤，比上年升高3.35千克标煤；吨钢耗新水2.93立方米，比上年降低0.05立方米/吨；高炉综合焦比485.89千克/吨，比上年降低11.82千克/吨；喷煤比140.80千克/吨，比上年降低

13.54 千克/吨；粗钢钢铁料消耗 1062.60 千克/吨，与上年持平；钢材综合成材率 96.25%，比上年降低 0.24 个百分点。

【生产经营计划编制】 8 月，启动 2016 年生产经营计划编制工作，下发《山东钢铁集团有限公司关于编报 2016 年度生产经营计划的通知》，着重对 2015 年公司运行状况、影响因素进行总结分析，对 2016 年宏观经济和市场行情走势进行研判，并调研各单位 2016 年生产经营条件、经营打算与目标，研究集团公司整体经营及影响生产经营的有利条件与制约因素。针对多元产业产品品种多的状况，开展集团公司多元产业发展现状分析，做好多元产业产品统计，为制订多元产业计划做好铺垫。针对钢铁主业板块，围绕提升产能，组织规划、销售部门人员对各产线产能利用率进行分析，并重新核定产能。充分考虑集团公司发展战略要求，贯彻“预算统帅一切，预算引导经营”的指导方针和以效益为中心减亏扭亏的原则，坚持以市场为导向合理安排生产规模，强化板块间协调衔接，提升板块创效能力，科学编制集团公司与股份公司 2016 年度生产经营计划。2016 年集团公司生产经营计划与股份公司生产经营计划分别独立成文、独立下发。

【招标管理】 围绕强化集团公司招标管理、规范招标行为、督促各单位提高招标采购比例，重点开展招标采购监管。4 月份，下发集团公司《关于检查招标采购实施情况的通知》，采取各单位自查、集团公司审查和现场抽查的方式，对各单位采购情况、招标采购情况、招标价格、招标平台的使用情况进行检查。通过梳理上半年招标采购检查情况，下发《山东钢铁集团有限公司关于招标采购工作检查情况的通报》，指出各单位存在的问题，明确整改期限并加强过程监督。12 月份，集团公司组织企业管理部、财务部、信息化中心、监察部等部门人员组成招标联合检查组，对济钢集团铁合金厂、山钢地产凭海临风项目、莱芜分公司招标中心、济南分公司装备部的招标采购业务进行专项抽查，采取查看招标采购现场、电子平台招标采购记录、招标平台功能、招标监控设施、随机调取招标项目及突查等方式，沿招标流程检查招标文件、招标记录、评标报告、专家选取等各环节是否规范，同时在山钢招标平台上统计分析各单位的招标采购信息公开情况，从纪检系统了解招标投诉以及违规违纪等情况。通过检查监督，督促各单位严格招标采购管理，阳光采购，杜绝违法乱纪现象，强化集团监管。

【内部市场化】 按照省国资委的统一部署，6 月 19 日，制订内部市场化实施方案，下发集团公司《关于推进内部市场化运营工作的通知》，正式启动内部市场化管理工作，确立“试点先行、以点带面、全面推进”的内部市场化运营工作方向，明确具体的工作思路、推进步骤和阶段性目标，建立有效的运行协调机制和监督考核机制。加强宣传力度，通过《山东钢铁》报、“厚道山钢”微信公众平台以及下属二级单位的媒体平台等进行专题报道，广泛宣传开展内部市场化运营的重要意义，正确认识开展这项活动的作用，帮助干部职工转变观念，提高认识，树立市场化、精细化管理理念。9 月 23 日，集团公司邀请兖矿内部市场化管理专家，对内部市场化管理工作进行专题培训与辅导，启发各试点单位制定符合实际的推进思路、方法以及推进措施。12 月 15 日，集团公司副总经理带队，组织试点单位主要负责人、主管部门主要负责人，到兖矿集团实地考察学习，直观感受市场化氛围，深刻理解内部市场化管理模式及推进机制，进一步拓展工作思路，为开展好试点工作积累经验。集团公司以季度为节点，组织召开现场观摩会议和工作评价会议，掌握各试点单位的工作进展及存在的问题，挖掘各单位好的做法，促进试点单位相互学习，取长补短，积极推进内部市场化试点工作。截至2015年底，5家单位试点工作正按计划有序组织实施，进展顺利。

【精益运营】 根据集团公司“精益运营”工作部署，组织各单位深入开展精益运营，通过精益改善项目的实施和精益管理模范车间的建设，将降本增效能力提升到一个新水平。积极开展有针对性的“点餐式”交流培训，促进部分单位提升精益理念方法、工具运用水平。加强项目实施过程督导，定期抽查，规范项目运作流程，积极推进项目实施。2015年集团公司共实施完成各层级精益改善项目532个。经各单位财务部门审核、集团公司财务部复审确认，51个集团公司级精益改善项目共取得落袋效益12.7亿元，为集团公司止损增益作出了积极贡献。30个项目获得“集团公司2015年度精益改善优秀项目奖”，其中：一等奖5个，二等奖10个，三等奖15个。积极推进精益管理模范车间创建工作，进一步普及精益理念和工具方法，推进精准操作、精益管理由点到面全面落地，实施本质化精益改善。组织19个生产车间创建精益管理模范车间，其中3个通过集团公司评审验收，获得“集团公司精益管理模范车间”称号。各单位紧密结合生产经营实际和年度任务目标，扎实推进精益管理和精益运营。通过精益理念方法培训、内训师队伍建设、产线对标、系统分析诊断、精益改善项目实施、精益管理模范车间建设等一系列工作，将精益理念方法有效运用到生产经营具体实践活动中，积极探索，不断总结经验，逐步构建起适合各单位精益运营的模式，形成比较完善的工作思路和方法，精益管理能力和精益运营水平逐步提升。

【科技管理】 组织各单位申报中国钢铁工业协会、中国金属学会冶金科技奖，共组织申报8项，其中“180吨以下转炉冶炼洁净钢的高效稳定生产技术创新”项目获得二等奖。落实省政府办公厅下发的《省科技厅关于加快建立科技报告制度的实施意见的通知》（鲁政办字〔2015〕10号）要求，筛查符合规定的科技项目，按期完成项目实施过程中各期的报告编制与汇报。落实《关于印发山东省专利奖励办法的通知》（鲁政办字〔2015〕45号）文件精神，组织符合条件的专利的申报工作。完成山钢股份技术中心国家级企业技术中心的复审认定工作。加入《轧钢》杂志理事会与省工程师协会，展示大企业形象与山钢科技实力。担任《轧钢》杂志理事会成员，展示集团公司科技实力，宣传并体现大型钢企地位作用。加入省工程师协会，尝试打造技术有偿输出平台。

（撰稿：郑　丽　张广军　赵玉潮
审稿：李传峰）

财务管理

【综述】 财务部是集团公司财务管理的职能部门，主要职能为：负责建立健全集团公司财务制度及体系；负责建立完善并实施集团公司会计核算体系；负责全面预算管理；负责经济活动的财务分析；负责融资管理和税收管理；负责机关财务管理；负责企业资产、融资租赁、债务重组管理；负责外派财务总监的业务管理等。为优化集团公司资金管理职能，充分发挥资金中心在资金管理中的作用，取消资金中心与财务公司的复合设置，将资金中心与财务部复合设置。截至2015年底，共有职工12

人。其中，高级会计师4人，高级经济师1人，会计师5人，经济师1人，助理会计师1人；研究生1人，大学本科11人。

【财务状况】 2015年，集团公司实现营业收入1021.08亿元，比上年减少138.82亿元，减幅11.97%；利润总额16.36亿元，比上年增加19.90亿元，增幅562.15%；净利润-5.85亿元，比上年增加10.54亿元，增幅643.08%。资产总额2496.16亿元、负债2064.07亿元、所有者权益432.09亿元，分别比上年增加501.87亿元、424.17亿元、77.70亿元，增幅分别为25.17%、25.87%、21.92%。经营性现金净流入53.61亿元，比上年增加31.31亿元，增幅140.40%；投资活动现金净流出209.55亿元，比上年增加167.06亿元，增幅332.15%；筹资活动现金净流入187.71亿元，比上年增加145.45亿元，增幅344.18%；现金及等价物净增加额32.49亿元，比上年增加16.65亿元，增幅105.17%。资产负债率82.69%，流动比率0.80，速动比率0.63，营业利润率1.01%，总资产报酬率3.00%，应收账款周转率13.50次/年，存货周转率3.3次/年。

【资金管理】 提高集团公司资金运作的规范性，重申"三重一大"事项联签审批制度严肃性，对集团公司"三重一大"事项实行联签审批；按照国资委的最新要求，对原有担保管理办法内容进行修改，更加符合企业实际情况，更加满足集团公司监管的要求；加强对境外子公司资金使用的管理，制定塞拉里昂铁矿相关资金使用办法。做好资金平衡预算工作，在原有年度、季度平衡基础上，实施月度资金平衡预算，对关键月份和关键时点按日实行平衡预算，确保整个集团公司资金链的安全。多平台、多渠道资金运作，发行私募公司债券60亿元，成为省内最早通过证券市场发行公司债券的非上市集团；发挥成员单位往来应收账款的融资作用，运作16亿元资产证券化业务；继续提升直接融资比例，优化债务结构，截至2015年底，集团公司债券融资481亿元（不含中泰证券），比年初增加138亿元；借助股份公司平台，定向增发募集资金50亿元；保持了较高的银行授信额度，截至2015年底，总授信额度共计2605.96亿元；根据中国人民银行新出台的文件精神，结合集团公司境内外公司实际情况，建立了人民币和外币两个跨境资金池。积极应对钢铁行业形势不利的局面，努力降低融资成本，集团公司主要成员单位贷款基本执行贷款基准利率，2015年平均融资成本5.31%；为成员单位提供搭桥资金，确保成员单位资金链安全，截至2015年底，新增内部借款96.29亿元，为成员单位提供资金支持余额323.29亿元。

【预算及分析】 坚持"预算统帅一切，预算引导经营"的指导方针，发挥预算统帅运行作用，根据权属企业特点，采取"一企一策"确定不同预算管理目标，按照国有资本保值增值、盈利、风险控制等原则，搭建预算管理指标体系。建立全集团纵向贯通的指标体系、业绩对话体系，按照目标指标化、指标参数化、参数精准化的要求，把全年经营目标分解到位。按照"确保2014年集团公司实现盈利，第四季度归属集团母公司净利润为正值；2015年山钢股份公司盈利，集团公司实现利润总额10亿元以上；2016年，归属集团母公司净利润为正值"总体目标要求，确定2015年集团公司主要财务经营预算指标：营业收入1100亿元，利润总额22亿元，净利润6.3亿元，归属母公司净利润-13.46亿元。按月开展集团公司经营绩效分析，总结成绩，剖析存在的问题，提出措施与方案，切实为集团公司发展保驾护航。深入推进扭亏增盈生存保卫战，不断深化对标挖潜、降本增效，生铁成本持续降低；加大亏损企业治理财务分析工作，对公司长期亏损扭亏无望的企业进行全面梳理，并针对各企业特点制定扭亏措施和考核机制。

【财务决算】 2015年财务决算涉及法人单位219家，管理级次达到6级。其中一级子公司19户，分别为山东钢铁股份有限公司、济钢集团有限公司、莱芜钢铁集团有限公司、山东钢铁集团淄博张钢有限公司、山东金岭铁矿、山东耐火材料集团有限公司、山东钢铁集团财务有限公司、山钢国际投资有限公司、山东钢铁集团国际贸易公司、山东钢铁集团矿业有限公司、山东冶金烟台宾馆、烟台钢铁企业集团公司、山东工业职业学院、山东鲁冶项目管理有限公司、山东省新力冶金实业公司、山东省冶金物资公司、山东钢铁集团聊城加工配送有限公司、山钢金融控股（深圳）有限公司、山东钢铁集团济钢板材有限公司。

【财务信息化】 按照ERP项目组出具的各财务模块实施方案和计划，结合本部3个账套（集团本部、股份本部、资金中心）对会计信息的不同需求，按照问题实质对系统再次进行优化完善，进而满足财务信息使用者的实际需求；做好集团公司合并报表ERP上线工作，针对上线过程中各单位提出的问题及要求，认真梳理、及时反馈，对属于系统搭建的问题向汉得公司提出修改要求，并结合各单位实际情况提出修改方案，不断优化修改总体合并方案；针对集团资金预算管理需求，搭建集资金预算编制管理、资金执行控制管理、资金预算变更管理、资金数据集成平台管理、融资业务管理、资金预算决策分析管理等功能为主线的资金预算管理信息系统，实现集团公司对企业资金管理的全方位把控，为管理层提供可靠的经营决策支持。截至2015年底，系统进入试运行阶段，计划2016年1月正式上线运行。

【税务管理】 会同百丞税务所对集团公司权属单位50余家深入调研，开展税收筹划工作，在调研基础上形成钢铁、矿业、商贸物流、地产、金融等板块税务风险调研报告，指出公司管理模式、经营模式及税务管理不规范产生的税务风险，提出了改进建议，汇总形成集团公司税务风险数据库；双方共同制定《集团税收筹划管理制度》和《集团税务内部控制基本规范及具体规范》初稿。完成集团公司税收筹划方案，涉及亏损企业治理、土地补偿金等8个具体方案，计划在2016年根据难易程度逐个推进。按税务机关要求整理汇总专项设备抵免、研发费用加计扣除、安置残疾人工资加计扣除、资产损失税前扣除等各项优惠政策备案资料，根据新施行的企业所得税管理年度申报表格填报要求，依法合规完成股份公司年度汇算清缴申报及集团公司、矿业公司年度汇算清缴。完成集团公司组织架构及税收基本信息表调查、企业基本情况调研资料、2012～2014年度税收监管资料，下发《关于开展2012～2014年度税收风险自查工作的通知》，对权属单位地税纳税自查进行安排。完成年所得12万元以上高收入个人纳税申报工作。

【其他工作】 利用审计整改和省国资委决算反馈问题的契机，进一步提升集团公司财务管理水平，财务部督导的113个问题，已整改完成73个，整改中34个，不具备整改条件的6个，完成率64.6%。根据山东省国资委、山东省财政厅《关于印发山东省省管企业财务等重大信息公开暂行规定的通知》的要求，做好重大财务信息公开工作，制定并下发《山东钢铁集团有限公司财务等重大信息公开管理制度》（试行）。截至2015年底，年度、中期、季度财务信息等重大信息均按要求完成。在集团公司经营持续面临严峻形势的情况下，加强与评级公司沟通解释，找出集团公司生产经营的亮点和优势，使大公国际、中诚信两家评级公司为集团公司评级保持AAA，评级展望为稳定，中债资信给予集团公司跟踪信用评级为AA，评级展望为负面。根据《山东省国资委关于省管企业推行内部市场化经营的指导意见》文件精神，对集团内部权属单位关联交易事项进行调查，形成调研报告。为解决集团权属钢铁主业单位钢铁产品边际贡献可比的问题，针对边际贡献计算口径存在的差异，在调查的基础上，统一边际贡献计算口径。对烟台宾馆进行调研，形成调研报告，剖析问题，提出建议。对张钢有息负债规模的大幅增加进行现场调研，制定张钢资金管理目标和措施。

（撰稿：孙耿平　审稿：杨再昌）

绩效内控管理

【综述】 企业管理部负责集团公司绩效内控管理，主要职能为：负责绩效管理与考核，对集团公司所属各单位、直属机构和机关部门的组织绩效进行评价与考核，对集团公司高层和中层管理人员的绩效进行评价与考核，对集团公司重点工作目标的管理绩效进行评价与考核；负责体制机制创新及管理和业务流程优化再造；负责机构编制管理，研究提出总部机构定责、定岗、定员方案，并对各单位机构编制进行协调管理；负责体系管理、制度管理和管理创新。

【绩效考核制度】 2015年考核制度涵盖子公司绩效考核、子公司负责人绩效考核、重点工作绩效考核、机关部门绩效考核、总经理奖励基金考核等。严格落实效益决定收入和“调整基数、传递压力、减亏增效、多盈多得”原则。根据重新核定的工资总额，按照总体下浮20%的比例核定各单位2015年考核工资总额基数；根据当期绩效指标完成情况，核发各单位当期考核工资总额，多盈多得，不鞭打快牛，不保护落后。严格执行预算导向原则，充分发挥预算的牵引和导向作用。所有考核指标和中层以上干部收入基数依据年度预算核定，将集团公司下达的所有预算纳入考核，预算超支的，超支部分等额扣减单位考核工资总额。加大对各级领导干部考核力度。集团公司及各单位领导班子成员年度考核工资基数降幅大于内部中层，内部中层考核工资基数降幅大于科级和高级职称人员，科级和高级职称人员考核工资基数降幅大于一般职工。强化对归属母公司净利润（利润总额）的考核。归属母公司净利润（利润总额）设立底限指标、预算指标、奋斗目标共3个档次。原则上，完成预算指标，得考核工资总额基数；完成奋斗目标，单位考核工资总额比考核工资总额基数增长25%；完不成底限指标，单位考核工资总额按照考核工资总额基数下浮20%比例确定。集团公司与所有子公司主要负责人签订经营业绩责任书，对子公司负责人实行年度考核与任期考核相结合的政策。聚焦实质性责任与考核，对非实质性控股单位和已改制单位不纳入集团公司考核体系。

【绩效考核约束】 对完不成底限指标的单位主要负责人实行警示和问责。对于连续3个月完不成归属母公司净利润（利润总额）底限指标的单位主要负责人“亮黄牌”（提醒、谈话、帮助分析）；对连续6个月完不成归属母公司净利润（利润总额）底限指标的单位主要负责人“亮红牌”（采取适当的组织措施）。严格考核各单位对外投资（包括财务投资和股权投资）上年现金分红收回率。以上年度实现的可供分配利润及持有股权比例作为考核基数，年收益额按当期一年期贷款基准利率为投资收益率衡量标准。对未收回对外投资上年现金分红的单位主要负责人“亮红牌”，对虽然收回现金分红但实际收益率低于衡量标准的单位主要负责人“亮黄牌”。严控工资总额发放，对全年超过集团公司核批额度发放工资的单位主要负责人“亮红牌”。

【干部薪酬管理】 逐级对集团公司及各单位中层以上干部设定2015年考核工资基数。集团公司领导班子成员年度考核工资基数比2015年考核工资预算下浮50%；总部机关部门负责人考核工资下浮40%。各单位领导班子成员考核工资比2015年考核工资预算下浮40%；内部中层比2015年考核工资预算下浮40%，其他人员下浮30%。各单位每月按考核结果对月度收入基数进行浮动，实行工资预发放；年末按全年考核结果，对年度考核工资基数进行浮动，并进行统算。对集团公司及各单位内部中层年度考核工资兑现情况实行备案。集团公司总部机关科级、高级职称人员考核工资基数按比预算下浮30%实施考核；各单位两级机关科级、高级职称人员2015年考核工资基数比预算下浮20%实施考核，生产一线车间主任等考核工资基数由各单位自行研究政策。要求各单位严格控制领导干部相对于一般职工的绩效奖励系数和收入比例关系。

【总经理奖励基金专项考核】 为进一步调动各单位的积极性和创造性，增加考核空间，优化激励机制，下半年设立总经理奖励基金专项考核。建立“以业绩论英雄”的激励机制，引导各单位加大激励与约束的力度和幅度，实现收入与业绩紧密挂钩，体现多劳多创多得，按照集团公司搭建机制平台、各单位考核兑现的方式实施。下半年集团公司总经理奖励基金原则上按3亿元的基数设定。集团公司根据各单位工资总额基数占比、上半年对集团公司利润贡献度、上半年经营绩效同比进步度等3个维度，并按照50%、30%、20%的权重，核定并下达各单位下半年总经理奖励基金基数。要求各单位根据集团公司文件规定，结合生产经营的重点和难点，按照“效益优先、精准考核、以业绩论英雄、收入与绩效挂钩”等原则，制定详细的内部总经理奖励基金专项考核方案、办法。各单位总经理奖励基金由两部分组成，一部分是集团公司下达的总经理奖励基金基数，另一部分由各单位按照2015年考核工资总额基数的10%~20%设定。原则上，各单位下半年实施的总经理奖励总额占职工总薪酬的比例要达到40%以上，具体比例根据各单位上半年基础工资、效益工资和总薪酬的比例关系确定。各单位下半年利润指标完成值达不到年初集团公司下达目标（半年度）50%的，实际兑现的集团公司下半年总经理奖励基金基数的比例，不得超过30%。实施总经理奖励基金专项考核的根本目的，是着力解决收入分配中浮动部分比例偏低、考核不严、考核不精准以及分配中的平均主义等问题，扭转考核机制缺乏活力的局面，切实体现收入与贡献挂钩、多劳多创多得等原则，切实做到以业绩论英雄、以贡献定收入，特别要重奖在减亏增效、创新创效等方面作出突出贡献的关键岗位、关键骨干和关键团队。

【重点工作考核】 重点工作包括全面预算管理、固定资产投资、股权投资与产权管理、重大经营风险、安全环保、改革发展、降低3项资金占用、亏损企业治理、运营转型管理提升等9项，按季度与单位考核工资总额基数连挂考核，按年度与单位负责人考核工资基数连挂考核。

【机构编制优化调整】 基于集团公司中长

期发展战略、集团管控方案，以及总部机关“引领、服务、监管”的职能定位，统筹考虑、优化设计集团公司总部机关部门及其相关直属机构，以及有关单位的优化调整方案。调整优化设置机构，撤销集团公司非洲总代表处；调整山钢股份销售中心职能定位、内设机构及人员编制；调整山钢股份内设机构：设立监事会办公室，董事会办公室、监事会办公室与证券部合署办公，监察部与纪委合署办公，办公室、证券部不再合署办公，审计部与监察部不再合署办公；修订完善山钢股份总部机关各部门及各直属机构职责；明确山钢金融控股公司职能定位、内设机构及人员编制；批复塞矿内设机构及人员编制；明确集团公司审计部与监察部、纪委不再合署办公；成立集团公司监事会办公室，与审计部合署办公；成立审计部日照审计处，明确其职责及人员编制。集团公司审计部济南审计处、莱芜审计处、日照审计处分别更名为审计部济南分部、莱芜分部、日照分部。成立集团公司法律事务部日照分部，法律事务部济钢法律事务部、莱钢法律事务部分别更名为法律事务部济南分部、莱芜分部。根据集团公司《关于成立经营绩效综合评价揭示问题整改工作领导小组的通知》（山钢企字〔2015〕24号），研究提出山钢股份规范化运营总体设计方案。

【管理创新成果】 积极开展现代化管理创新项目研究，认真推进管理创新工作，一批管理创新成果获奖。7项荣获2015年全国冶金企业管理现代化创新成果奖，其中一等奖1项、二等奖2项、三等奖4项；5项荣获第二十九届山东省企业管理现代化创新成果奖，其中二等奖4项、三等奖1项；123项荣获2015年山东省冶金行业企业管理现代化创新成果奖，其中一等奖25项、二等奖42项、三等奖56项。组织推荐申报2015年省冶金管理创新成果123项，其中济南分公司48项、济钢9项、莱芜分公司14项、莱钢6项、日照公司4项、张钢21项、金岭铁矿10项、山东耐材5项、集团公司总部机关部门及直属机构6项。

（撰稿：李金怀　毛春友　审稿：李传峰）

安全环保管理

【综述】 安全环保部是集团公司安全环保管理的职能部门，与企业管理部合署办公，主要职能为：负责组织职业健康安全管理体系建设，健全安全生产责任制；负责组织制订安全工作计划，组织实施、监督、检查和考核；负责组织生产安全隐患的排查治理和重大危险源管理工作；负责组织协调危险化学品的安全监督管理；负责组织协调工伤事故的应急处理和报告；负责组织协调能源管理、节能减排和循环经济等工作；负责组织协调环境保护管理。

【安全环保指标】 集团公司全年负伤人数5人，比上年减少2人，千人负伤率0.06‰，比上年下降0.02个千分点，全年实现零工亡、零重伤。全年污染物综合排放合格率98.13%，固体废物利用率99.5%，工业水重复利用率97.69%，约束性指标二氧化硫、氮氧化物、化学需氧量、氨氮含量排放总量均完成与地方政府签订的目标责任书进度要求。

【安全责任落实】 集团公司召开安全生产工作会议，总结上年工作，对2015年安全生产工作进行全面部署，与15个单位签订《安全生产目标责任书》。印发《安全生产工作指导意见》，按季度发布《季度安全生产工作要点》，全面推动安全生产主体责任落实。各单位认真贯彻落实集团公司安全生产工作会议及有关文件精神，通过与基层单位层层签订《安全生产目标责任书》、组织开展安全督查等方式，将安全生产责任落实到厂、车间、班组、岗位和个人，形成一级抓一级、层层抓落实的工作格局，有力地推动安全生产工作深入开展。

【安全制度建设】 以全面贯彻落实新安全生产法为目标，修订完善安全生产管理体系文件，把新安全生产法纳入文件化管理体系，将新安全生产法的各项要求，在安全管理体系文件中得到贯彻，渗透到包括岗位责任制在内的全部安全管理文件中去。推进职业健康安全管理体系有效运行。济南、莱芜、淄博各片区生产单位职业健康安全管理体系有效运行并持续改进，安全生产标准化达标建设活动不断深化。日照公司不断完善安全监管体系，探索实施“三位一体”（发包单位、承包单位、分包单位）的施工安全管理模式。安全基础管理规范化建设不断深化。各单位进一步完善安全管理机构，科学配置专（兼）职安全管理人员，部分单位实行安全生产风险抵押金制度，落实专职安全管理人员岗位风险津贴制度，各层级安全生产责任有效落实。

【安全宣教培训】 重点抓好安全资格取证培训、岗位安全技能培训、新员工三级安全教育培训、特种作业人员培训，确保单位负责人、安全管理人员、特种作业人员持证上岗。组织开展“安全生产月”活动。集团公司组队参加省安监局主办的安全生产法律法规知识电视大奖赛，获得竞赛“优秀奖”、企业组第二名的好成绩。

【安全督查】 按照“全覆盖、零容忍、严执法、重实效”的要求，在集团公司范围内相继组织开展以涉爆危险性粉尘、危险化学品、冶金煤气安全防护等为主要内容的地毯式、全覆盖安全督查活动，及时通报督查发现的事故隐患和问题187项，责令责任单位立即整改。为验证问题整改效果，督促相关单位“举一反三”，集团公司采取杀“回马枪”“夜查”等方式，对前期发现的问题进行再次督查，确保问题整改率达到100%。集团公司有关领导多次带队到基层单位、重点区域和关键岗位进行凌晨安全突击检查，亲临矿山井下、危险化学品区域、金属冶炼等现场组织隐患排查，强化安全生产措施落实。

【隐患排查】 相继开展冬季安全隐患大排查大整治、涉爆危险性粉尘专项整治、危险化学品安全治理、夏季“四防”等专项治理活动，对查找出的隐患和问题制定整改措施，整改率100%。注重抓好关键节点和重要时段的安全生产，开展元旦、春节、“五一”“十一”以及全国“两会”等安全生产大检查，节日、“两会”期间安全生产形势稳定。切实抓好安全生产大检查“回头看”，深入排查治理隐患。11~12月份重点对前期检查发现的隐患进行整改，对发现的每一项隐患逐一复查，确保整改到位、安全措施落实到位。

【职业卫生与健康管理】 积极开展职业卫生基础建设，建立健全职业卫生管理制度，建立职业健康监护电子档案。济南分公司等单位被评为“职业卫生基础建设示范企业”。认真执行职业卫生“三同时”规定，严把源头控制关，加强过程监管。设立职业危害因素检测点位，定期进行监测，对于超标点位分析原因、采取控制措施。抓好职业卫生教育，提高职工自我防护能力。各单位主要负责人、职业卫生管理人员、职业危害岗位从业人员培训率达到100%。

【环保状况全面普查】 自2014年2月13日开始启动集团公司生产企业环保状况全面普查、诊断，2015年3月基本完成。3月

26日召开《生产企业环保综合治理诊断报告》审定会，6月1日正式发布诊断报告。报告污染物排放数据通过测试、诊断等方式获得，内容全面，数据准确、科学、客观。报告对公司生产过程中污染物排放存在的问题进行分析，提出污染物治理技术路线和技术措施，是未来5年公司钢铁生产系统环境治理的行动指南。

【重点环保项目推进】 针对重点污染因子，强力推进重点环保项目建设，持续提升减排治污本质化水平。山钢股份济南分公司实施石河雨污分流改造、1号120平方米烧结机脱硫升级改造、物流中心320平方米和400平方米烧结机料场西侧增设防尘网、物流中心料场出口增设洗轮机项目（二期）、320平方米和400平方米烧结机烟气脱硫旁路拆除等项目；莱芜分公司实施焦化厂1号煤气脱硫改造、老区综合污水处理厂、焦化厂1号生化废水深度处理改造、棒材厂一轧车间水处理改造等环保技改等项目。一些单位还开展烧结、焦炉烟气脱硫脱硝工业试验，努力突破烟气脱硝技术难题，取得较好的试验结果。

【环保监测督查】 进一步完善在线监测、现场监测和督察监测三位一体的污染源监测监控体系，实施精益督查监测，大幅减少异常排放。加强焦化、烧结、炼铁、炼钢重点污染工序和脱硫、除尘、污水处理等重点环保设施运行的督查监测；加强对关键项目和关键时段的督查监测，重点监测BOT等第三方运营项目、运行工况变化较大污染源和临近大修期的环保设施排放口；做好春节、国庆等重要节假日和抗战胜利七十周年庆祝活动等重大活动期间的环保管理和环境督查监测工作，确保环境安全良好。

（撰稿：杨富廷　张炳哲　审稿：李传峰）

人力资源管理

【综述】 人力资源部是集团公司人力资源管理的职能部门，主要职能为：负责编制、实施集团公司人力资源规划；负责人力资源配置；负责劳动合同管理、劳动争议处理和劳动保障年检；负责专业技术职务评聘；负责职业技能鉴定与劳动竞赛；负责高层次人才的引进、选拔、推荐和评选；负责职工教育培训；负责“五险一金”管理；负责人力资源信息统计；负责人力资源管理信息化建设等。截至2015年底，共有职工6人。其中，高级工程师1人，高级经济师4人，经济师1人；大学本科6人。

【人员情况】 截至2015年底，集团公司职工总数81092人（不含参股、改制、合并报表单位职工70108人；山东钢铁股份有限公司职工31592人），离退休人员46137人。管理人员4855人，专业技术人员9951人，分别占职工总数的6.0%、12.3%，其中，高级及以上职称3762人，中级职称6818人，分别占管理和专业技术人员的25.4%、46.0%；生产服务岗位66286人，占职工总数的81.7%，其中，技师和高级技师7664人，高级工20485人，分别占生产服务岗位人员的11.6%、30.9%。

【薪酬管理】 根据《山东省省管企业工资总额预算管理暂行办法》编制完成集团公司工资总额预算方案。持续盈利且较上年增长的，预算利润总额每增长1%，按预算利润增长率的0.2%~0.5%安排工资总额增长，最高按8%确定；当年预算实现扭亏为盈的、减少亏损但未实现盈利的，或当年预算利润总额出现负增长但仍实现盈利的，平均工资增长幅度不得高于工资指导线下限，按4%安排，工资总额预算52.02亿元，人均年收入比2014年增长4.8%。编制集团公司领导2013年度及2014年度薪酬方案并组织兑现，对因离任、兼职等超发薪酬的企业负责人，超发部分扣除已缴纳个人所得税后进行了清退。组织兑现2014年度各单位负责人薪酬。制定塞矿人员薪酬福利待遇管理制度，明确薪酬水平和发放标准。

【保险福利及退休统筹外待遇】 集团公司机关2015年度平均缴费人数291人，缴纳社会保险费1238.6万元，其中，养老险805.68万元，失业险46.48万元，医疗险340.86万元，工伤险14.62万元，生育险30.99万元。出台《关于新进人员统筹外补贴的规定》，集团公司新进人员退休后不享受统筹外补贴待遇。妥善处理统筹外补贴，减轻企业负担。执行《山钢集团退休人员统筹外补贴暂行规定》和《山钢集团调整退休人员统筹外补贴计发比例通知》，年均降低费用1.5亿元以上。制定集团公司直属机构及机关职工内部退养规定，优化职工队伍结构。

【人力资源配置】 完成金控公司等单位应届毕业生招聘工作，共38人。为钢铁研究院招聘应届博士生1人。为调入集团总部的25人办理调动手续；为各子公司142人办理调动手续，批复金岭铁矿招聘计划。完成《优化人力资源配置，提高主业劳动生产率》管理提升项目的验收，年化收益1.33亿元。持续人员优化工作，截至11月钢铁主业从业人员39755人，比年初减少1919人，减少4.6%。继续清退劳务用工，济南分公司保安、保洁人员由219人减少到127人，减员42%以上；降低可替代的装备维保、生产过程加工、物流装运等外委人工费用。莱芜分公司压减劳务用工200多人。张钢劳务用工从年初的337人减少到278人，减少率接近20%。

【人才开发】 通过多种方式培养引进钢铁研发、房地产、金融、国际贸易等专业的高层次人才。加强培训，提高职工队伍素质。大力推进专业技术人员知识更新工程；借助钢铁研究院和各单位技术中心、博士后工作站等平台，培养重点项目、重点领域的创新领军人物；加强校企合作，增进学术交流；发挥优秀人才的模范作用，聚集培养技术创新团队。开展2015年度职称资格申报推荐工作。积极开展高层次人才选拔推荐，推荐山东省有突出贡献的中青年专家1人，推荐泰山领军技能人才1人，推荐2015年国家百千万人才工程人选，推荐山东省有突出贡献的技师3人；按照中钢协《关于推荐中国工程教育认证材料类专业认证专家人选的通知》文件精神，推荐钢研院、济南分公司、莱芜分公司员工共5人。参加省管企业第三届职工技能大赛，汽车驾驶、汽车维修、综采维修电工、计算机调试等4个工种的竞赛，取得一等奖2人，二等奖1人，三等奖2人的好成绩。

【教育培训】 2015年教育培训工作以全面提高职工的综合素质为基础，以高技能人才培养为重点，以后备人才培养为目标。举办第二期干部进修班，采取专家教授讲座、录像教学、现场教学、学员论坛、素质拓展训练、红色基地党性教育和廉洁教育基地廉洁从业教育等方式，进一步增强党群干部的政治意识、法制意识及组织观念。为适应塞矿生产人员需求，组织塞矿8人参加英语强化培训，尽快提高其工作适应性。组织集团公司内部市场化管理培训，提高各级管理人员对内部市场化重要性的认识。组织人员参加中钢协《钢铁工艺节能环保与资源循环利用先进技术高级研修班》培训；参加省人社厅《全省专业技术人员继续教育管理者能力提升高级研修班》，继续教育管理能力得到提升。

【人力资源信息系统建设】 集团公司HR系统2014年1月1日起正式上线运行，系统运行正常稳定，各单位应用情况良好。莱钢及莱芜分公司全面使用HR系统。系统上线运行以来，政府部门、行业协会人力资源统计规范要求的部分定制报表，以及集团公司人力资源管控需要的数据，都通过HR系统直接生成或提取。另外，随时掌握各单位HR使用情况，及时解决各单位使用过程出现的各种问题，确保系统正常稳定运行。到日照公司、张钢、金岭铁矿等单位进行HR系统运行情况调研，收集各单位前期使用HR过程中存在的问题以及新需求，及时加以解决。对各单位使用HR过程存在的问题进行现场评价，布置下阶段HR重点工作。

（撰稿：于英超　审稿：孙永和）

资本运营管理

【综述】 资本运营部是集团公司资本运营管理的职能部门，主要职能为：负责研究改革改制政策和制定改革改制方案；负责产（股）权管理和运作；负责对外股权性投融资管理和资本市场运作管理；负责企业重组、产业整合等工作；负责外派专（兼）职董事的业务管理；参与研究实施公司总体战略、产业定位、发展规划、战略新兴产业工作。截至2015年底，共有职工7人，其中，高级工程师1人，高级经济师2人，政工师1人，工程师1人；研究生3人，大学本科4人。

【改革改制】 落实省国资委对山钢集团经营绩效综合评价报告揭示问题的整改，经多次研讨形成资产重组与资本运营工作组整改方案，明确了混合所有制改革试点、推动优质企业上市等改革任务，明确了责任单位、责任人。贯彻省委、省政府和省国资委部署，启动了混合所有制改革试点工作，集团公司共有13家单位列入省国资委混合所有制改革试点企业名单，占省属企业混改试点单位总数的22.4%。根据集团公司统一部署，完成日照公司、淄博张钢、鲁新建材、球墨铸管、新疆公司、莱钢医院、济钢医院等7家单位混改试点工作初步方案。与喀什政府、宝钢集团以及其他拟合作企业进行沟通，探索引入国有资本和民营社会资本参与新疆公司混合所有制改革；与包括央企、外资、民营资本等在内的多种类型的战略投资者进行深入沟通，探索医院系统社会化改革。推进亏损企业治理。自8月开始，按照集团公司部署积极推进塞拉利昂唐克里里铁矿项目引入战略投资者，与中非基金进行合资合作沟通、洽谈，达成初步合作意向。积极推进鲁新建材在全国中小企业股份转让系统挂牌。按照集团效益最大化的原则，重组和优化配置企业内部资源，退出不符合集团公司战略方向和重点的业务，处置变现长期闲置、低效和无效资产。2015年列入亏损企业治理范围的41家企业累计实现利润-1.02亿元，比基础年份2013年累计平均同比减亏4.56亿元，减亏幅度81.76%，亏损户数减少21家。

【股权投资】 2015年集团公司完成股权投资120.21亿元（美元投资按1美元=6元人民币进行换算）。按产业板块分类，钢铁板块完成投资85.32亿元，金融板块完成投资34.89亿元。按产权关系分类，集团本部完成投资20.41亿元；二级企业中，济钢完成投资3.35亿元，莱钢完成投资28.33亿元，山钢金控完成投资0.60亿元，山钢国际完成投资10万元；三级及以下企业完成投资67.51亿元。按投资地域分类，完成省内投资117.61亿元，占总投资的97.84%；完成省外投资2.60亿元，占总投资的2.16%；完成境外投资10万元，占总投资的0.001%。按投资类别分类，新设项目完成投资2.60亿元，占总投资的2.16%；增资项目完成投资117.61亿元，占总投资的97.84%。

【股权转让】 2015年集团公司完成3宗产权转让。一是为有效盘活集团公司存量资产，利用资本市场获取投资收益，6月集团公司组织莱钢集团以集中竞价交易方式在股票二级市场减持鲁银投资4.98%股权，取得投资收益43500万元，有效改善了莱钢财务状况；二是济钢集团重工机械有限公司将持有的济南萨博特种汽车有限公司84%股权以评估值7618万元协议转让给济钢集团；三是山东省冶金地质水文勘查公司将持有的济南鲍德广告传媒有限公司100%股权以评估值145.78万元协议转让给济钢集团商业贸易有限公司。

【实物资产处置】 2015年集团公司完成实物资产处置7宗，资产账面净值107.08亿元，评估值128.23亿元，转让价格128.24亿元，增值21.16亿元，增值率19.76%。其中公开挂牌转让4宗，资产账面净值414.76万元，评估值368.35万元，转让价格451.77万元，增值37.01万元，增值率8.92%；协议转让3宗，资产账面净值107.04亿元，评估值128.20亿元，转让价格128.20亿元，增值21.16亿元，增值率19.76%。

（撰稿：吴玉峰　苏爱军　刘　晨
审稿：付　博）

档案管理

【综述】 办公室负责集团公司档案管理。主要职能为：贯彻执行国家和省档案法律法规及有关部署要求，统筹规划集团公司档案工作；制定集团公司文件材料归档和档案鉴定、整理、保管、统计、利用等有关规章制度；负责集团公司机关档案的收集、整理、保管、鉴定、统计和提供利用工作；指导集团公司机关部门文件材料的积累、整理及归档工作；监督、指导、检查各单位和各直属机构的档案工作；依照有关规定向国家档案馆或有关单位移交档案。

【组织制度建设】 制定印发集团公司2015年档案工作要点。贯彻落实《山东省档案工作科学化管理规范》，组织各单位开展档案科学化管理测评准备工作，其中莱钢以96.5分优异成绩通过省示范单位测评；济钢修订档案管理体系文件，加强落实，通过档案工作的年度检查。莱钢制定下发《2015~2017年档案信息化建设发展规划》，提出全面落实国家档案局10号令等8项任务目标，为档案工作的有序开展奠定基础。日照公司成立档案管理科，配备专职档案员4人；建立由公司分管领导总负责、办公室具体负责，各部门、项目部兼职档案管理人员组成的档案管理网络，其中兼职档案员22人；加强对施工单位的指导、监督与检查，一方面要求参建各方设立现场档案室，配备专职档案人员常驻现场，另一方面设立项目档案管理工作组，明确责任分工，规范档案管理。山东工业职业学院在各部门干部调整后，及时调整档案管理网络。张钢在各单位设置兼职档案员，明确工作内容和基本职责。金岭铁矿根据管理职责，编制完成《文件材料归档范围和档案保管期限表》，经集团公司审批后下发执行。山东耐材将档案管理纳入绩效检查的内容，保持档案机构和人员的相对稳定性。鲁冶项目公司建立档案室，安排专人负责。财务公司重新修订档案分类编号规则，使档案的分类编号更加科学合理。国贸公司建立档案管理网络，各部门指定档案分管负责人和兼职档案员，将档案工作纳入公司绩效考核。房地产公司组织各子分公司按要求编制本单位的《文件材料归档范围和档案保管期限表》，严格执行文件材料归档制度，确保各门类和载体的档案归档及时、完整、准确。金控公司成立之初，即明确档案管理职能由综合管理部负责，要求各相关单位按规定做好档案的收集和归档工作。

【基础设施建设】 截至2015年底，全集团档案库房面积2.55万平方米。济钢因二区档案库房即将拆迁，对所存档案组织鉴定后，将部分档案搬运至档案馆继续保管。莱钢投资23万元委托购置服务器及6T存储设备，更换原档案信息系统服务器。日照公司设置大临档案室、复印室、整编室，实现办公、阅览、库房“三分开”。金岭铁矿新增档案库房50多平方米，使档案库房总面积达到近860平方米。财务公司根据要求开展档案安全专项检查工作，进一步落实档案分管“一岗双责”原则。房地产公司投入经费8万元，满足档案工作需要；机关办公室搬迁后，档案库房新增密集架，预留10年发展空间的容量。

【资源建设】 截至2015年底，档案库存为133.66万卷。济钢加强各职能部门的档案归档工作，全年接收各类档案2204卷、600件。莱钢全年归档各类档案1010卷、6326件，按照档案集中统一管理的要求，接收财务统管单位炼钢厂、棒材厂、自动化部建厂以来的全部会计档案14042卷。日照公司根据工程建设进度，及时收集、整理炼钢、炼铁、烧结、发电等项目招投标材料2443件、照片141张，归档管理类档案1365件。山东工业职业学院全年归档527卷、1675件，挂接电子原文539份。张钢接收、整理党群、行政、经营、生产技术管理类档案633件。金岭铁矿收集整理各类档案2817件。山东耐材收集整理各类档案160多卷，对各单位移交的电子文件和电子档案及时进行备份。鲁冶项目公司对已完工的工程项目监理档案进行收集整理。国贸公司收集归档各类档案27卷、166件。

【信息化建设】 加强档案信息系统的应用，推进档案目录数据库、全文数据库和声像档案数据库的建设。济钢利用档案信息系统管理70家单位近80个全宗的档案，全年利用档案点击率达1.5万人次；管理并利用OA办公系统电子文件归档接口64个，归档电子文件3.2万个，著录各类档案信息1.5万余条；档案系统服务器存储设备整体托管，及时进行档案数据备份、刻盘，脱机保存工作。莱钢档案信息系统用户覆盖各单位（含改制单位及永锋公司等出资单位）共100多个全宗，全年归档电子文件3720件；截至2015年底，拥有机读案卷目录28万条、文件级目录78万条，原文电子档案30多万件。山东工业职业学院截至2015年底，档案管理系统保存电子文件目录51966个、挂接电子原文20154份。

【培训与交流】 集团公司举办档案管理培训班，邀请省档案局副局长苏东亮授课，解读档案工作科学化管理测评细则，并组织参观莱钢档案馆。济钢组织专兼职档案员参加省档案局举办的档案岗位资格培训和集团公司档案业务培训；组织档案人员分期分批到档案馆进行实地业务轮训。莱钢圆满承办集团公司档案管理培训班，来自各单位的160名学员参加培训，培训各个环节有序衔接。山东工业职业学院组织专兼职档案人员开展档案业务培训，加强档案法规和业务知识的学习，注重工作能力和业务技能的培养。山东耐材加强专兼职档案人员的业务培训，积极参加集团公司举办的档案管理培训班。财务公司档案工作分管领导参加集团公司举办的干部人事档案专项审核工作培训班，进一步学习干部人事档案专项审核工作；组织档案人员参加省档案局举办的岗位资格培训。房地产公司举办档案实务培训暨档案工作会议，参会46人，聘请青岛市城建档案馆老师讲解城建档案的要求、整理方法等，并就房地产档案工作展开交流，解决子分公司档案工作中遇到的实际问题。

【开发利用】 围绕企业的中心工作，发挥档案资源优势，开展档案服务工作。济钢优化档案馆网站建设，及时更新档案网页、年鉴网页等信息数据。全年利用各类纸质档案553人次1866卷，利用底图1144张，复制蓝图30千克。莱钢全年提供利用463人次4645卷次，在维护企业合法权益、服务企业融资担保和资产保值增值等方面发挥重要作用；发挥展览功能，全年共接待全国总工会、省国资委、省公安厅等团体19批次586人次。山东工业职业学院在名校建设终期验收、办公楼和教学楼的外墙改造以及学生应征入伍、专升本、教师职称评聘等工作中，查阅大量档案资料，全年利用档案600余卷。山东耐材全年利用档案500多人次650多卷次，协助办理19起案件诉讼、执行的资料准备，利用煤气站消防资料，顺利通过市安监局对煤气站的安全检查验收。房地产公司全年利用档案2100多人次，查阅档案2146卷次、1391件次，充分发挥档案工作为领导决策提供依据，为现实工作提供参考的作用。

（撰稿：于　华　审稿：李自然　封常福）

外事管理

【综述】 外事办公室与集团公司办公室、党委办公室合署办公，主要职能为：负责集团公司外事工作的计划汇编、组织实施、指导协调、总结考核；国家外事政策、方针的宣传贯彻；集团公司“走出去”及相关战略的研究与推进；集团公司外事管理制度的制定与执行；集团公司驻境外有关机构、人员的日常管理和服务；外事和外经贸翻译；负责集团公司因公出国（境）访问、考察、培训的审批与管理；组织参加国际会议与国际展会；邀请和接待国（境）外来访；出国（境）证照的申办、签注等工作。

【外事综合管理】 严格贯彻执行上级部门外事管理政策和制度要求，认真履行外事审核审批权，积极服务于集团公司的生产经营工作，扎实做好因公出国（境）管理工作，强化外事管理职能，进一步规范和完善外事管理制度体系，确保国家的对外方针政策和外事管理规定落实到位。从严控制因公出国（境）团组，按照“出访有计划、经费有预算、审批有原则”的要求，规范因公出国管理，维护因公出国管理工作的严肃性。对二级单位的因公出访请示进行详细研究分析，提出压缩团组人数和出访时间、优化航线等合理化建议，立足节俭办外事。发挥外事职能作用，加强与外国企业、机构的交流，为集团公司对外经济合作牵线搭桥；加强外事政策、世界宏观经济、重大经贸活动研究及对世界知名公司的跟踪研究，为集团公司领导提供外事信息资料。用好用活外事资源，进一步拓宽外事合作领域，为集团公司搭建对外交流平台。

【外事业务】 全年共审批并申办因公出国（境）团组86批、277人次，其中自行审批出国（境）团组54批、199人次，参加双跨团组5批、8人次；自行审批邀请外国经贸人员来华2批、3人次；共办理因公护照104本，赴港澳台通行证28本。对外出访涉及25个国家和地区。自行审批邀请外国经贸人员来华涉及意大利和印度2个国家。因公出国（境）团组任务涉及对外交流与合作、投资工程项目建设、技改项目设备和技术引进、进出口贸易以及境外合资企业和承包项目等，各出国（境）团组都圆满完成出访任务。接待国外公司、机构来访共计11批次，主要涉及11个国家和地区。来访团组访问目的主要有：公司高层之间的礼节性互访及交流；就双方合同履行情况进行动态跟踪；就合同约定的相关设备、技术开展交流与合作；对合同标的物进行监造、验收、商务谈判等。对应邀来访的外国经贸人员情况，认真建档备案。对于涉及敏感性国家安全问题的来访及时上报省国家安全厅。严格遵守外事纪律和保密工作的要求，未发生任何违反外事纪律或泄露国家、企业商业秘密的问题，保障了集团公司对外技术交流、项目合作、市场开发、原料采购及设备引进等涉外业务的顺利开展。通过与国外先进企业或组织的交流与合作，加强了相互了解，拓宽了国际视野。

【重要外事活动】 9月6日至11日，集团公司董事长、党委书记任浩随同山东省委主要领导出访澳大利亚和新西兰，参加山东省在澳大利亚和新西兰的投资贸易推介会，同时进一步推动集团公司与两国重要合作伙伴的业务合作。访问期间，任浩与托德公司副董事长怀特、首席执行官杨彰等高层进行了深入交流，参观了托德公司在新西兰奥克兰市开发的LONG BAY和STONE WOOD房地产项目，并就双方在铁矿石贸易、房地产、钢结构和相关领域合作达成共识；与铁之路公司董事长Peter Cassidy、首席执行官安德鲁等进行接触，考察艾尔铁矿石项目现场和矿石岩心储存仓库，签署不附带投资、担保承诺的贸易合作意向协议；与贝斯钢材有限公司董事长Cave、首席执行官罗伯特会谈，商谈进一步扩大与山钢股份济南分公司合作的产品范围，增加钢材加工量，扩大市场区域等事宜；与新西兰Challenge Steel有限公司董事长Govan交流抗震钢结构房屋建设经验，实质性推动与莱钢建设公司的业务合作。与多家中外客商就各领域合作进行有益探讨，建立联系渠道。

9月22日至26日，按照省政府统一安排，集团公司总经理、副董事长陈启祥陪同山东省政府主要领导出访日本，参加山东省与日本经济界高层恳谈会，先后出席山东省与住友商社、野村证券、JFE钢铁集团、三菱企业集团等的经贸合作交流会议。期间，拜访东京贸易集团，并现场考察JFE钢铁集团千叶钢厂，向JFE高层重点推介日照钢铁精品基地项目，探讨双方在技术（冶金/环保）、管理、创新、研发、市场开拓、资本等方面合作的可能性。此次随团赴日本参加经贸投资交流活动，借助山东省政府的平台，密切了客户关系，拓展了业务，加深了了解和友谊，对促进集团公司国际合作、拓展国际市场具有重要推动作用。

（撰稿：彭　超　审稿：封常福）

法律事务管理

【综述】 法律事务部是集团公司法律事务管理职能部门，与律师事务部合署办公。主要职能为：参与公司重大经营活动，审核、制定重要制度和文件，提出法律意见；负责合同、授权、工商事务、债权清收、纠纷处理、知识产权、外聘律师、普法教育等管理；参与招投标管理，审核招投标文件和招投标人的资质，对招标活动的合法性进行审查；负责各类法律纠纷的诉讼、仲裁；负责公司律师管理；调解集团成员单位之间的法律纠纷；负责法律事务信息的汇总、统计分析和报送。截至2015年底，共有职工29人。其中，具有律师资格12人，具有企业法律顾问资格15人；高级经济师12人，经济师12人，助理经济师5人；研究生9人，大学本科20人。

【参与重大经营活动】 参与重大经营活动，参与弗林德斯铁矿石项目的谈判，就承销协议提出法律意见，并组织律师出具意见书；就中泰证券增资、金控公司设立、日照公司增资、莱钢增资、9家经贸公司股权转让、收购股份公司资产等重大事项出具法律意见书；就集团公司投资财拓电子，与中崇集团合作新设公司及日照公司股权转让事项，审查合作协议等法律文书，提出修改建议并出具法律意见书；参与山钢地产、鲁银投资重组事项，发挥法律专业作用。

【制度建设】 完成《企业法制建设第三个三年规划》的检查验收工作，对照省国资委的检查验收标准整改落实验收内容；按照省国资委《关于全面推进“法治国企”建设的指导意见》的要求，制定山钢集团《法治国企建设五年规划（2016~2020）》。先后制定并实施《总法律顾问管理办法》以及合同管理、工商管理、商标事务管理、法律意见书、纠纷处理、债权清收、外聘律师、公司律师、企业名称字号使用管理等专项管理制度。

【机构建设】 结合经营管控实际，对法律事务管理模式进行调整，济钢法律事务部、莱钢法律事务部分别更名为法律事务部济南分部、莱芜分部，成立法律事务部日照分部；法律事务部实行垂直管理。通过专业例会，周信息报送、月度信息报送，工作总结交流等工作制度，建立起与各单位沟通日常法律事务管理信息的平台，实现集团范围内的信息资源共享。通过统一协调处理集团内的重大法律事务，高效解决实际问题，化解诸多法律风险。

【合同管理、工商管理和商标管理】 全年出具法律意见书172份，起草和审查各类合同4000余份，标的额1180亿元，提出意见建议1500余条。其中重大合同800余份，标的额超过350亿元。开展子公司合同管理专项调研，发现子公司合同管理中存在的8类问题，提出7项建议和措施，并形成专项调研报告，并持续推进整改督导。办理山钢金控公司设立、济钢板材公司设立、莱钢和日照公司增资，山钢和济钢的法定代表人变更、董事与监事备案以及企业信息公示等工商事务80多件。办理集团公司12件国际商标的变更、7件国际商标的续展以及股份公司5件商标的变更，为山钢集团唐克里里公司在塞拉利昂申请注册3件商标；对子公司产品商标、山钢标识的使用以及企业字号和商标对外许可使用等事项进行调查，对推进山钢品牌建设提出建议。

【妥善处理重大诉讼】 全年累计处理各类案件864件，标的额超过45亿元，挽回和避免经济损失超过3亿元。案件涉及票据、合同、投资、资产收购等多个管理方面，横跨了民商事、刑事、行政等多个司法领域，法律关系复杂、数额巨大。加强重大纠纷诉讼管理，全力跟进和处理厂商银、COA合同纠纷、票据纠纷等重大案件。认真总结案件经验教训，强化责任意识，堵塞管理漏洞，强化相关的风险防范管理措施。

（撰稿：张晓晨　审稿：赵宽荣）

矿产资源管理

【综述】 矿业部是集团公司矿业管理的职

能部门，与山东钢铁集团矿业有限公司合署办公，主要职能为：负责编制实施矿业发展规划；负责研究国家的矿产资源管理政策，争取优惠政策；负责矿产资源获取、资源储量管理和矿业权管理；负责矿产资源勘查、开发、配置管理；负责矿山技术进步和生产技术管理；协助开展矿山安全环保管理工作等。截至2015年底，共有职工2人，均为大学本科学历、高级工程师。

【矿山地测技术管理】 及时了解集团公司所属矿山企业资源储量管理、地质测量工作情况，编制、汇总地质测量工作年报，全面掌握工作情况。各矿山地测部门紧紧围绕矿山生产经营开展工作，较好完成工作任务。金岭铁矿重点开展探边扫盲找矿，完成找矿钻探2007米/30孔；莱芜矿业重点做好钻孔注浆堵水工作，完成钻探进尺6.5万米，注入水泥量1.5万吨。全年各矿山合计完成钻探9.16万米（含注浆钻孔）、巷探工程0.46万米、地质编录3.04万米、采集样品0.42万件、巷道导线测量1.8万米、验收井巷工程4.48万米。截至年底，各矿山采矿权范围内合计保有铁矿资源储量22917万吨（不含石门、刘岭铁矿）、硬质黏土矿资源储量641.4万吨；探矿权范围内查明铁矿资源量20.7亿吨。

【矿业权证管理】 加强矿业权证维护工作，帮助、督促矿山企业及时办理延续、变更、年检等手续，确保矿业权证合法有效。金岭铁矿完成铁山辛庄矿区采矿权延续、侯家庄矿区和召口矿区探矿权保留手续，完成铁山辛庄矿区划定矿区范围申请材料编制、上报工作；钢城矿业开展采矿权扩界申请工作；莱芜矿业申办采矿权扩界手续，马庄铁矿采矿证标高由-200米延深至-350米水平，可增加资源储量188.9万吨，业庄铁矿采矿证标高由-65米延深至-150米水平，可增加资源储量44.8万吨；莱钢矿建金牛矿业扩界、扩能申请获省国土资源厅批准，避免因产能达不到《山东省人民政府办公厅关于进一步加强矿山企业安全生产工作的意见》（鲁政办发〔2011〕67号）文件要求而被关停；矿业公司完成东平彭集铁矿探矿权保留手续。截至年底，集团公司矿山持有铁矿采矿权证13个（未含刘岭、石门）、探矿权证5个，石灰石采矿权证3个，白云石采矿权证1个，硬质黏土矿采矿权证1个。

【矿山生产技术及工程管理】 结合矿山采掘（剥）生产技术计划编制工作，对金岭铁矿、莱芜矿业等矿山进行现场调研，探讨降本增效措施，全面了解矿山生产技术工作情况。生产接续工程方面，金岭铁矿续建新疆金刚矿业二期采矿工程；莱芜矿业继续建设谷家台、马庄延深工程，马庄箕斗井工程竣工；鲁南矿业续建王峪矿区地采工程，选矿厂改造工程年内竣工。2015年，由于受市场行情影响，矿山接续工程建设进度放缓，全年完成计划投资的50%左右；铁矿山主要产品产量及作业量计划完成情况也受到一定影响，采掘（剥）总量、原矿量、成品矿量、剥岩量、掘进量、钻探进尺、采空区充填量分别完成年度计划的80.2%、75.91%、97.1%、29.82%、108.65%、98.88%、113.08%；销售收入、利税总额大幅下降，分别完成年计划的69.22%、34.97%。

【矿产资源专项审计】 2015年，国家审计署开展山东省矿产资源专项审计工作，集团公司列为被审单位。3月中旬，按照省矿产资源审计协调小组和审计组的要求，组织所属矿山企业按照审计清单准备材料，审查后报送审计组。4月中旬，按审计组要求，召开所属矿山与审计组见面会，当面向审计组解释有关问题。4月下旬，全程陪同审计组对张钢和金岭铁矿进行现场审计。审计过程中，及时向山东省审计协

唐克里里铁矿项目矿山现场

调小组汇报有关情况，积极配合审计组工作，认真对待审计组提出的问题，进行细致的口头或书面解释说明，组织编制书面解释材料10多份，澄清张钢西河石灰石矿事项的责任问题，审计组主动督促淄博市政府和有关部门，帮助张钢解决遗留问题。8月份，针对审计组最终提出的问题，按照省国资委和集团公司的要求，向审计组再次呈报解释说明和整改措施。

【矿山企业服务】 沟通联系省国土资源厅等部门，帮助矿山办理采矿证延续、扩界等有关手续。6月份，组织金岭铁矿编制召口矿北金召矿床深部铁矿普查项目野外验收申请材料，7月20日，呈报省国土资源厅，8月3日，协同省国土资源厅进行野外验收；12月份，完成项目成果验收。7月份，帮助张钢联系淄博市国土资源局，顺利取得淄川西河石灰石矿划定矿区范围批文。组织矿山参加在四川成都召开的川、辽、鲁、冀、晋、琼、粤7省金属（冶金）学会第二十二届矿山学术交流会，集团公司38篇论文参加交流，其中8篇论文获优秀论文一等奖。

【资源获取及项目运作】 以非洲唐克里里铁矿和东平彭集铁矿为重点，加大工作力度。唐克里里铁矿项目方面，按照集团公司的部署，配合做好并购控股相关工作；分析研究唐矿现状及外委业务合同等情况，编制唐克里里铁矿项目接收、复产方案；协同马鞍山矿山研究院编制二期工程可行性研究报告（融资用）；成立塞矿事务办公室，全面承担塞矿公司在国内的业务管理、服务和信息资料传递等工作，及时传达集团公司领导决策部署，努力做好塞矿相关工作。彭集铁矿项目方面，1~4月份，组织完成尾矿库工程地质勘察，配合中介机构编制办理项目审批及采矿许可证所需的安全预评价、环境评价报告等材料；5月份，项目移交金岭铁矿，立即与金岭铁矿办理技术材料交接手续，主动配合做好后续工作；分析研究彭集铁矿项目可研报告，提出优化意见建议，配合规划部组织审查论证；沟通联系东平县政府部门，做好工作衔接，争取县政府对项目的支持；

与金岭铁矿人员一起解决尾矿库选址问题；办理探矿权保留手续，完成探矿权年度检查。其他项目方面，5月份，分析、研究山东省兰陵县古林—兰陵矿区东、西段铁矿勘探项目；6月份，分析研究澳大利亚铁之路公司铁矿项目和第一兰特银行提供的非洲奥瑞斯（Aureus）矿业公司、泛非公司金铜矿等5个国外项目材料，提出分析论证意见，为领导提供决策依据。

（撰稿：张作金　审稿：刘圣刚）

审计管理

【综述】 审计部是集团公司审计管理的职能部门，主要职能为：负责对各单位主要负责人的任期经济责任进行审计；负责财务收支审计；负责管理效益审计；负责对外投资、工程项目审计；负责公司安排的专项审计；负责指导、协调、监督和检查各单位的内部审计、全面风险管理和内部控制工作；负责协调配合政府和社会中介机构对企业开展的审计工作；完成公司和上级主管部门交办的有关工作。截至2015年底，共有员工37人。其中，高级职称18人，中级职称19人；国际注册内部审计师（CIA）10人，注册企业风险管理师1人；研究生4人，大学本科33人。

【审计体制改革】 11月12日，集团公司印发《关于成立审计部日照审计处的通知》（山钢企字〔2015〕23号），成立审计部日照审计处。12月31日，集团公司印发《关于审计部济南审计处、莱芜审计处、日照审计处更名的通知》（山钢企字〔2015〕28号），将审计部济南审计处、莱芜审计处、日照审计处分别更名为审计部济南分部、莱芜分部、日照分部，由集团公司审计部直接管理，加强了审计业务的统一管理。

【制度建设】 为加强审计管理，规范业务程序，印发《2015年审计工作指导意见》完善《内部控制审计管理规定》《审计统计工作管理办法》《绩效审计管理规定》等制度，为集团公司审计业务正常运行提供了有力保障。

【经济责任审计】 全年共组织实施经济责任审计项目23个，审计资金总额399.10亿元，提出审计整改建议120条。通过开展经济责任审计，对领导干部任职期间遵守国家政策法律法规和执行集团公司决策部署及规章制度情况，所管理单位重大经济决策、生产经营、管理运作、经济效益、内部控制及廉洁从业等情况进行客观、公正、准确的评价，发现问题并提出改进建议，促进企业健康发展。

【管理效益及绩效审计】 紧紧围绕生产经营管理活动的经济性、效率性和效益性，按照“打造增值型内部审计”的理念，采取灵活多样的方式服务于被审计单位。济南分部分别对济钢集团所属25个子公司及模拟法人单位进行年度绩效审计，审计资金总额75.43亿元，审计发现问题涉及金额8.98亿元，提出审计建议81条；莱芜分部组织开展对莱钢14家参（控）股子公司、3家直属单位，莱芜分公司11家生产单位、4家代管单位、21家销售子（分）公司及13个关键团队的绩效审计，发现经营管理方面存在的问题共计78项127条，提出审计整改意见和建议95条。

【工程审计】 全年开展工程审计项目3430项，审减额1.33亿元。集团公司总部组织对办公楼装修工程进行二次审计，累计审减350万元；济南分部完成工程结算项目960项，审减额1.15亿元，综合审减率9.21%；莱芜分部完成工程结（概）算审计2470份14.82亿元，审计核减1407万

集团公司启动资金管理专项审计

元。通过开展工程审计，进一步提升了工程项目结算质量，有效控制了工程投资成本。

【专项审计】 全年共开展专项审计 2 项。6 月至 7 月，组织开展对集团公司所属 13 个单位的资金管理进行专项审计，提出 8 大方面问题，基本掌握了集团公司资金管理现状，揭示了集团公司在资金管理中存在的风险，为今后加强资金内部管控、提高资金使用效率、降低资金运营成本、完善资金管理制度奠定了基础。11 月份，莱芜分部对各生产厂的在产品、产成品、原燃料、金属料、外委维修备件、废旧物资、机器设备等物资的内部控制情况进行专项审计，提出审计整改建议 15 条，促进了公司内部控制体系的健全和完善，有效控制了企业生产运营风险。

【内控审计】 通过开展对股份公司的内部控制审计，查找内控制度设计缺陷 6 项，运营缺陷 58 项，提出整改建议 75 条，编制年度内部控制自我评价报告，落实内控缺陷整改措施，进一步促进内控水平的提高。根据省国资委要求，对山钢国际投资有限公司、山钢香港资源有限公司、济钢香港控股有限公司、埃尔顿发展有限公司 4 个单位 2014 年度财务决算和内部控制情况进行审计，核实了潜盈潜亏，揭示了经营风险。

【审计整改】 全年组织召开审计整改例会 4 次，充分利用审计整改例会平台，针对审计中发现的问题进行专题研究，明确整改措施，责令限期落实，强化整改考核。对以审计整改例会为主要载体，逐步形成审计部门牵头、各专业部门督办、被审计单位整改的“三位一体”工作模式，较好地克服了“审而不改、审而不究”的问题。创新工作模式，建立审计整改台账，实行“上网督办，挂号整改，销号管理”运行模式，把发现问题、落实整改、过程督办、检查验证纳入闭环管理，增强了整改合力。

【队伍建设】 不断加强审计人员业务素质提升，支持审计人员参加注册会计师考试、会计继续教育培训、国际内部注册审计师培训考试等专业资格考试。邀请山东省审计厅、武钢集团等领导专家授课，组织审计软件业务培训，多渠道学习业务知识，持续提升审计人员业务能力。按照山东省委组织部、省审计厅的要求，选派 4 名业务骨干参加 2014 年度省管领导干部经济责任审计，提升了审计人员业务水平。

【管理成果】 加强对审计工作的理论研究，

深入研究和探讨审计工作的难点和热点问题，积极开展理论创新和工作创新，多项成果在省审计厅和省内审协会组织的优秀论文评选中获奖。集团公司审计部、莱芜分部分别被山东省内部审计师协会授予“内审机构先进单位”荣誉称号；有4名审计人员获得省内部审计师协会“2015年度内部审计先进个人”荣誉称号；济钢、莱钢、山钢地产、财务公司、金岭铁矿5家单位被集团公司授予“2015年度审计工作先进单位”，17人被集团公司授予“2015年度审计工作先进个人”。在山东省内部审计师协会举办的2015年“金城医药杯”优秀论文评选中，两篇论文获二等奖。在山东省冶金工业总公司、山东金属学会组织的2015年度企业管理创新成果评选中，两篇成果论文获二等奖。

（撰稿：李　琦　审稿：陈明玉）

行政监察工作

【综述】 监察部是集团公司行政监察工作的职能部门，主要职能为：负责贯彻落实公司党政关于行政监察工作的决定、决议和有关要求；负责监察党和国家路线方针政策的贯彻执行情况以及各单位遵守公司规章制度、执行公司决定与决议情况；负责受理各单位和职工对各级管理人员的检举、控告，受理各级管理人员和职工的申诉；调查处理管理人员违反国家政策、法律法规和行政纪律的案件，查处违反公司决定决议和管理制度的行为；审查批复各单位行政监察部门报送的案件；负责对行政监察工作和公司制定的政策规定及有关问题进行调查研究，拟定行政监察制度规定。对有关规章制度提出修改、补充意见或建议；对各单位企业管理情况的效率效能效果进行监督监察，围绕公司中心工作开展廉洁监察、效能监察；根据公司领导批示，督促相关单位落实行政监察和效能监察意见，督促有关部门办理处理处罚事项；协助组织人事部门做好对领导班子及成员的监督、考察、考核工作；负责公司各单位行政监察工作的指导、协调、监督和监察；协助有关部门做好对行政监察干部的管理，组织好监察干部的培训；完成公司和上级监察部门交办的有关任务。截至2015年底，共有职工6人。其中，高级职称3人，中级职称3人；研究生1人，大学本科5人。

【廉洁监察】 扩大廉洁监察范围，加强海外业务廉洁风险防控，在塞拉利昂矿业有限公司设立反渎职处；对中方人员组织签订廉洁从业承诺书；对外方人员，将廉洁从业要求纳入劳务合同，严格执行。

【防止利益输送和利益冲突专项治理】 根据省委办公厅、省政府办公厅《关于开展公款存放中利益冲突和利益输送问题专项清理工作的通知》（鲁办发电〔2015〕67号）要求，对公款存放中利益冲突和利益输送情况进行全面自查自纠和清理。清理自查范围是集团公司中层副职及以上负责人，各二级单位中层副职及以上负责人，山钢股份济南分公司、莱芜分公司中层副职及以上负责人，上述范围担任相应职务层次的非领导人员，对公款存放能够产生影响的相关部门和单位负责人。清理工作的重点是各级领导干部在公款存放中的利益冲突和利益输送问题。通过清查，集团公司总部及各子分公司共管理账户1734个，集团公司总部直接管理账户53个，下属各单位管理公款存放账户1681个，所有账户公款存放都按法人单位的资金管理规定进行决策存放。对个别公款私存单位主要负责人做出免职处理。

【企业负责人薪酬发放专项清查】 印发《山东钢铁集团有限公司关于对企业负责人薪酬发放情况进行专项清查的通知》（山钢党字〔2015〕66号），制定清查方案。在各单位自查的基础上，由监察部牵头，与审计部、人力资源部组成联合检查组，对各企业负责人2013年至2014年薪酬发放情况、薪酬之外其他收入情况（含职务消费货币化改革取得的收入、单项奖励、补贴津贴等）进行专项检查。

【领导人员关联交易和利益输送专项检查】 根据省国资委党委《关于对省管企业领导人员关联交易和利益输送问题开展专项检查的通知》（鲁国资党字〔2015〕76号）文件要求，召开专题会议研究部署，制定《开展企业领导人员关联交易和利益输送问题专项检查工作方案》，对集团公司各单位、直属机构领导班子成员和机关各部门负责人，分4个阶段安排部署检查工作。各级领导干部按照干部管理权限将自查情况及时公示，公开接受监督。公布省国资委纪委和集团公司纪委举报电话及邮箱，提出“四个明确”专项检查工作措施：即明确检查对象，明确检查内容，明确检查要求，明确工作步骤落实等，要求各级领导人员严格遵守各项规章制度，坚持廉洁从业，严格禁止本人、配偶、子女及其他亲属参与公司工程项目以及从事与公司相关的经营活动或投资入股等相关行为。

【信访案件】 严肃查处违规违纪案件，重点查处违反财经纪律、失职渎职等问题，对发生盗窃矿粉案、安全事故、公款旅游等相关单位的责任人进行责任追究。全年共给予11人政纪处分，1人因违法犯罪被解除劳动合同。为确保责任追究落实到位，对党的十八大以来依法判刑或者违反国家法律法规应当给予党纪政纪处分的执行情况进行全面集中清查。

【效能监察】 全年集团公司效能监察立项240余个，提出督察建议440余条，修规建制210余项，避免和挽回经济损失3630余万元，增加和创造经济效益3490余万元。其中，济南分公司结合“9.4”菱镁石粉造假案、“11.9”盗窃矿粉案开展进厂原燃辅料专项督查，加大物料取样密度，及时检测质量波动；莱芜分公司开展“补短板、堵漏洞”“精益管理重点项目”效能监察等活动，查堵漏洞86个；日照公司围绕工程建设，组织土石方收方等项目效能监察，引入第三方检测，努力建设优质工程、阳光工程；山钢地产印发《招标采购业务监督管理规定》，对8个房地产项目实施效能监察，立查立改，规范流程。济钢、莱钢、山钢国贸、金岭铁矿、张钢等单位开展效能监察，均取得了良好效果。

（撰稿：张　明　审稿：王景洲）

风险管理

【综述】 审计部是集团公司风险管理职能部门，主要职能为：负责集团公司风险管理工作的组织与协调；负责内部控制管理工作的组织、协调和评价；负责落实风险管理委员会有关工作安排；负责指导、协调、监督和检查各单位风险管理和内部控制管理工作；组织风险管理和内部控制专题培训；完成交办的其他工作。

【年度风险评估】 印发《关于风险管理有关工作安排的通知》（山钢审字〔2015〕27号），指导各单位完成年度风险辨识和评估工作。编制集团公司年度风险评估调查问卷，组织集团领导班子成员、所属各单位领导班子成员、机关部门负责人参加问卷测评，共回收问卷86份，评估结果以专项报告的形式提交集团公司。对报告中提出的 8 项重大风险，指导责任部门完成风险应对方案和措施。

【风险管理报告】 按照省国资委《关于进一步加强全面风险管理工作的通知》（鲁国资办〔2015〕2 号）文件精神，组织各单位开展风险管理报告的编写工作。4 月 10 日，集团公司召开第二届董事会临时会议，审议并通过《2015 年度全面风险管理工作报告》。4 月 14 日，集团公司印发《关于呈报〈2015 年度全面风险管理工作报告〉的报告》（山钢审字〔2015〕9 号），按要求报送至山东省国资委。

【专项风险评估】 修订完善专项风险评估管理制度，设计专项风险评估操作流程，筹备组建风险评估专家库。指导和参与部分单位专项风险评估工作，参与完成石墨烯项目、国贸公司成立海外子公司、设立山钢金控等重大事项风险评估报告，对昆明营销公司清算、济钢铸管搬迁、莱钢增资中泰证券、山钢地产合作设立公司、与平安银行合作物联网金融等事项提出风险评估意见和建议。

【重大风险化解】 跟踪集团公司重大风险化解过程，以审计监督为重要手段，督促风险主责单位采取有效手段积极化解风险。逐项分析重大风险事件发生的原因，从制度和流程入手，对关键业务环节进行全面诊断，筑牢内部控制体系。指导张钢开展的营销系统内部控制提升项目，完成《张钢营销管理手册》。

【风险过程管控】 根据集团公司年度风险评估结果，将重大风险的管控责任分解落实到单位，指导各单位完成风险应对措施，并按照经营管理环境的变化进行动态调整。督促各责任单位定期报告重大风险的管理动态。对出现的异常情况，及时向责任单位发出风险提示，逐步完善风险应急机制。

（撰稿：卢建刚　审稿：陈明玉）

资金管理

【综述】 资金中心主要职能为：根据集团公司资金统一管理要求制定资金管理制度及各项规定，制定实施细则和具体执行办法等；编制集团公司资金预算，调整和审批集团公司各单位资金预算，并监督预算的执行；对集团公司各单位资金收入和支出进行统一管理，根据资金预算办理相关资金结算业务；负责各类商业票据及外汇资金收支信息监控管理；根据集团公司资金收支两条线管控模式，负责集团公司资金系统优化和维护，保障集团公司资金收支安全稳定顺行；在集团公司预算或计划内，提出并实施集团公司融资方案，保证集团公司资金需求；不断优化融资结构，降低融资成本；根据集团公司所属单位资金需求情况，调剂资金余缺，减少资金沉淀，充分发挥集团公司资金池的整体协同效益；负责集团公司内部借款、担保的风险管理，对集团公司所属单位借款、担保形成的风险进行跟踪；负责对集团公司所属单位资金管理和资金预算执行情况进行监督、检查、考核。按照专业化管理要求，2015 年 7 月，资金中心职能和人员划归财务部，作为集团资金管理的主责机构不再与财务公司复合设置。截至 2015 年底，共有职工 5 人（含中心领导 2 人）。其中，高级职称 3 人，中级职称 1 人，初级职称 1 人；研究生 2 人，大学本科 3 人。

【资金管理效益】 截至 2015 年末，集团公司有息债务融资余额为 1368.93 亿元，平均成本 5.31%，较上年 5.71% 低 0.4%。其中，集团公司短期借款 392.38 亿元，占比 28.66%，平均成本 4.87%；超短期融资券和短期融资券 250 亿元，占比 18.26%，平均成本4.34%；一年内到期非流动负债100.75亿元，占比7.36%，平均成本5.80%；长期借款245.96亿元，占比17.97%，平均成本5.71%；应付债券358.57亿元，占比26.19%，平均成本6.06%；其他应付款和长期应付款22.27亿元，占比1.56%，平均成本5.26%。在集团公司经营持续面临严峻形势下，继续保持集团公司融资成本不高于同期贷款利率，融资总量、成本持续控制，集团公司协同效益得到提高。

【授信业务整合】 面对金融机构对钢铁行业继续执行严格授信额度控制的不利情况，继续发挥集团公司优势，继续与合作行就统一授信融资进行充分沟通，争取合作行为集团公司续作和扩大可用授信额度，增加流动性资金补充；积极研判市场融资成本的变动，做好每月集团公司外部融资结构分析，为集团公司调整融资结构提供参考。截至2015年12月底，各合作行给集团公司（不含中泰证券）授信额度为1569.79亿元，用信989.99亿元，未用额度为579.80亿元；继续以统借统还方式补充下属各成员单位日常生产经营需求和项目建设以及流动资金不足。2015年为各成员单位新增内部借款96.29亿元，保障了成员单位资金链安全接续。结合集团母公司融资成本变动情况，建立成员单位统借统还贷款的内部利率调整方案，确定成员单位内部借款利率调整制度，通过内部融资利率杠杆的调整，有效控制成员单位无序借款。截至2015年12月底，成员单位内部统借统还贷款余额为323.29亿元，统借统还合理配置使用，为集团公司降本增效作出贡献，减少成员单位临时性外部融资难度和资金流动性风险，降低集团公司融资，提高了集团公司对外融资优势。

【资金一体化运作】 深入研究国家金融政策，发挥集团化优势，通过银行、银行间市场、引进战略投资、海外融资平台等多种渠道筹集资金，采取普通贷款、中票、短融、私募、融资租赁、贸易融资、票据融资、资产证券化等多种形式满足集团公司资金需求和降低融资成本。集团公司全年在一级市场成功融资390亿元，其中私募公司债券60亿元、短期融资券80亿元、超短期融资券230亿元和非公司开发行20亿元；按期偿还268亿元到期债券；全年累计为成员单位提供新增资金支持239.6亿元，多次在莱钢、济钢、济南分公司、银山型钢公司和张钢等单位资金链接续关键时刻提供资金，保证成员单位资金链安全，成为各单位最重要资金保障渠道。集团主要成员单位基本执行贷款基准利率，全年平均融资成本5.31%，比上年平均降低7.01%。

【银企合作】 积极与工行、建行、中行、农行、招行和北京银行等发债承销机构交流，谋划好一级市场融资注册和发行，做好后续短期融资券、中期票据、非公开定向债务融资工具、永续债以及超短期融资券等发行，2015年末集团债券融资481亿元，比年初增加135亿元，债券融资占比继续提高，融资结构更趋于合理；拓展与证券公司业务合作范围，根据国家最新的金融政策，开辟私募公司债券融资渠道，2015年成功发行私募公司债券60亿元，成为省内最早通过证券市场发行公司债券的非上市集团；外汇资金集中运营管理工作顺利开展，积极搭建外汇资金集中管理框架，充分借助汇丰银行与中国银行建立的跨境外币资金池渠道为集团服务，2015年通过跨境渠道支持集团公司走出去战略4.5亿美元，为集团成功取得塞拉利昂铁矿控制权奠定了坚实基础；继续与兴业银行等股份制银行加强交流，办理27.42亿元股权配资贷款，顺利完成对中泰证券股份有限公司的增资，保证集团公司控股地位；充分发挥财务公司平台作用，大力提高财务公司对成员单位的支持力度和服务范围，2015年末，在资金中心支持下，财务公司对成员单位融资规模达到102.12亿元。

【基础管理】 重申“三重一大”事项联签审批制度严肃性，对集团公司“三重一大”事项实行联签审批；修订集团公司担保管理办法，按照国资委最新要求，对原有担保管理办法内容进行修改，更加符合企业实际情况，满足集团监管要求；加强对境外子公司资金使用管理，制定塞拉里昂铁矿相关资金使用办法，督促境外单位建立更加规范的资金审批流程；组织开发并上线了融资融信管理系统，进一步提高管理效率；继续加强资金预算制定和执行情况监督检查，继续实施风险监管预警机制，继续强化集团公司每月风险管理通报制度，做到风险管理事后预警分析和事后规避控制，提高成员企业防控风险的能力。

（撰稿：赵伟田　审稿：杨再昌　王　勇）

采购管理

【综述】 采购中心的主要职能为：集团公司原燃料采购战略的制定与实施，原燃料采购管理制度的制定与实施，宏观经济研究、分析与预测等综合管理；原燃料采购计划的汇总、编制及采购预算管理，制定原燃料国内、国外采购计划，原燃料资源总量控制和区域配置，采购合同、市场、供应商、技术标准、异议处理等运营管理；新资源开发计划、推进新资源生产使用及供应链的建设等开发管理；职工队伍建设管理，以及集团公司赋予的其他管理职能。中心设综合部、管理部、结算部、煤炭部、炉料部、进口部、出口部、济钢分部、莱钢分部、张钢分部共10个部门。截至2015年底，中心本部共有职工22人（含中心领导）。其中，高级职称7人，中级职称12人，初级职称3人；研究生5人，大学本科15人，大学专科2人。

【主要指标】 全年采购各类大宗原燃料3990.44万吨，其中：煤炭1261.41万吨，焦炭73.85万吨，国内矿512.42万吨（国内精粉286.89万吨、球团矿225.53万吨），进口矿2119.8万吨（其中塞拉利昂矿100.37万吨），主要铁合金22.96万吨。供济南分公司1443.83万吨、莱芜分公司2230.49万吨、张钢256.13万吨。

【降低采购成本】 通过直接降价、优化资源渠道和结构等措施，降低了采购成本。持续优化煤炭资源渠道和品种结构，全年累计降低采购成本1.27亿元；积极开发地方精粉新资源，全年增加采购13.4万吨，降低采购成本600万元；加大低溢价巴西未筛分块用量，全年采购121.2万吨，降低采购成本约3400万元。积极争取山西焦煤集团、山西潞安集团、山东能源集团、冀中能源集团、淮北矿业集团等各大矿务局的量价优惠等政策，全年获取协同效益1.2亿元；与山西潞安集团进行磋商，对供应济南分公司的贫瘦煤取消每吨20元的代理费，并参照莱芜分公司“直达列”政策，采购价格再下调30元/吨，年降低采购成本约1500万元；通过统一价格政策，把张钢各种原燃料价格与济钢、莱钢拉平，为张钢降低采购成本700余万元；通过铁合金统一招标采购，与同期市场价格相比，全年降低采购成本2300万元。积极配合各生产单位压减库存，降低资金占用。在国内原燃料采购方面，积极与供应商沟通，分解制定月度发运计划，保证原燃料均衡进场；积极协调铁路部门，缓解因铁路线检修等造成的供应紧张；加强与战略供应商的合作，保证资源紧缺时的应急采购供应。在进口矿采购方面，充分发挥资源协同优势，与各大矿山积极磋商，确定合理的船期，通过拼船、串货、借矿、开展保税业务等措施，有效降低港库存。截至2015年底，各类原燃料库存137.34万吨，同比下降66.66万吨，降幅32.68%，大幅降低资金占用和减值损失。

【保障生产供应】 针对济钢球团线停产、塞矿停供带来的炉料结构变化和资源缺口，面向国内国际两个市场，积极寻求替代资源，先后开发了国内球团、乌克兰球团、加拿大球团以及FMG混合粉等资源，全年增加采购国内球团67.84万吨、进口球团46.51万吨、FMG混合粉等资源173万吨，满足生产需要。针对国家严格的环保要求，积极寻求低硫炼焦煤资源，满足焦化降硫要求，优化资源渠道。加强塞矿资源平衡，全年装运塞矿100.37万吨，满足生产对塞矿的需求。

【业务整合】 坚持业务整合六统一原则，即：统一制定采购计划，统一对外谈判和签订合同，统一确定采购价格，统一资源开发和获取，统一供应商管理，统一结算与对外支付货款，加强业务的垂直管理和服务横向协调。对内强化为生产单位的服务，统一资源配置、统一合同条款；对外树立山钢品牌，以集团公司名义统一对外进行合同谈判，统一招标采购，统一对外付款，充分体现了集团公司采购业务整合的规模优势和协同效应，树立了良好的市场形象。

【基础管理】 推进制度体系建设，开展规章制度第二次管理评审，新制定和修订公司制度72项，优化管理流程，健全制度体系。在业务管理方面，规范统一合同文本、补充协议文本，修订《合同管理办法》《授权管理办法》《风险管理办法》等管理制度，制定《结算管理办法》《海运租船业务管理办法》制度；在财务管理方面，加强财务预算管理，规避财务风险，制定《资金管理办法》《经费管理办法》《应收款项管理办法（试行）》等制度；在综合管理方面，修订《公务用车管理规定》《商务接待管理规定》等29项管理制度，修订涉及子公司的制度25项，制定《职工劳动管理有关规定》等8项管理制度，完善基本制度体系，有效支撑公司的稳定运行；在党群管理方面，制定《党员学习制度》等制度，为党群工作的顺利开展提供制度保障。

【协同合作】 由集团公司董事长侯军带队，走访山西焦煤集团、山西潞安集团等战略合作伙伴，加强与供户间的高层交流，加深彼此的信任和理解，促进双方的合作。与国外四大矿山进行多次业务交流，促进双方的战略合作，争取到资源增量，为快速做大铁矿石社会贸易提供资源保障。推进与国内钢厂的铁矿石联合采购，实现贸易合作，拓宽铁矿石贸易渠道。

（撰稿：王　涛　审稿：朱玉廷）

销售管理

【综述】 7月30日，山东钢铁股份有限公司调整销售中心职能定位、内设机构及人员编制，销售中心主要职能：负责营销战略和制度管理、市场分析研究、销售流程管理、销售模式和策略管理、规范销售价格、市场布局管理、客户管理、重大重点工程和战略合作客户的市场开发组织、资源优化、销售人力资源管理和绩效评价。内设4部3分部（分部和分公司销售公司合署办公），分别为：营销管理部、合作管理部、资源管理部、综合管理部、济南销售分部、莱芜销售分部、淄博销售分部。同时，有13人工作关系调往本部。截至2015年底，共有职工24人（含中心领导）。其中，4位中心领导工作关系在分公司。在本部工作人员中高级职称13人，中级职称6人，初级职称1人；研究生7人，大学本科13人。

【主要指标】 全年销售钢材1596.79万吨，比上年同期降低11.06%，产销率100.78%。其中济钢销售钢材567.05万吨，比上年降低10.94%，产销率101.30%；莱钢销售钢材901.84万吨，比上年降低11.53%，产销率100.14%；张钢销售钢材127.90万吨，比上年降低10.78%，产销率103.01%。钢材综合销售价格2404.05元/吨，比上年下降967.82元/吨。其中济钢钢材综合销售价格2507.69元/吨，莱钢钢材综合销售价格2381.84元/吨，张钢钢材综合销售价格2124.29元/吨。钢材直销率57.61%，比上年下降0.04个百分点。省内钢材销售比例77.86%，比上年提升0.85个百分点。

【营销整合】 按照集团公司“进一步加强营销管理和协同，改革管理体制，做实营销管理职能”的总体部署，根据“总体规划、平稳过渡、分步实施、阶段推进”的原则，进一步加强营销管理职能，统一协同营销政策、策略、价格等，形成了销售中心负责营销管理、各分公司操作具体销售业务的格局。8月12日集团公司强化营销管理工作启动会召开后，人员迅速到位，业务深化整合快速推进。9月1日实现山钢集团所有产品销售价格的统一对外发布，实现了一个“面孔”对外，提高了山钢产品的市场话语权，发挥了区域市场引领作用。按照股份公司规范化运作的部署，制定《营销改革创新创效实施方案》，以改革创新思路，构建“一轴四维十创效”的新营销体系，为营销改革发展绘就了蓝图。同时制定《省内用钢市场开发方案》《营销团队建设方案》《驻外公司整合方案》，完成2016年预算和年度计划制定工作。

【营销管理】 为灵活应对市场变化，抢抓市场机遇，建立市场走势和价格变化分析预测模型，发挥市场分析的引导作用，指导各分公司实施灵活的营销策略。多次召开省内建材钢厂价格协调会议，参加和组织南北方板材市场协调会议，努力稳定市场，有力促进山东区域各品种钢材价格，特别是建筑钢材价格的稳定。对博兴地区市场在多次和用户协商的基础上，按到货价格统一集团公司在博兴区域冷轧基料销售价格，彻底解决了山钢热轧薄板在区域的相互竞争难题，提高了与河钢、国丰等钢厂的竞争能力。积极应对复杂多变的市场，密切关注市场变化，抢抓市场机遇，强化营销目标管理，实施订货节奏管控，统一引导各分公司在不同的市场阶段抓商机、防风险、创效益，把握市场营销的主动权。虽然面对市场需求严重不足、价格创历史新低、资金紧张等极其严峻和困难的市场形势，但订单储备增加、库存控制较好、价格提升较快，对生产经营的保障能力不断提升，营销运行质量不断提高。

【精益营销】 深入开展“运营转型、管理提升”活动，以“运营转型、管理提升”项目为抓手，以KPI指标为重点，以麦肯锡咨询项目诊断问题为切入点，强化项目管理，以精细管理实施项目落地，在客户价值定价、新产品价格管理、销售底线价格执行、库存控制等方面有效推进。坚持按月做好产线结构优化，按月对影响价格提升的6要素（品种、规格、客户、区域、运输和资金结构）进行分析，分解目标，制定具体措施加以实施。推行低价订单分析机制、产品与运输费用一票结算的价格精准核算和不同付款方式下的销售价格核算，实现了价格的精准管理。科学运用营销策略，提升精益定价水平。加大市场信息定量化分析研究力度，采取主动的交易定价策略，充分把握好市场机会，千方百计提高产品售价。针对品种特点，确定不同接单策略，向价值定价要效益。密切关注市场，加大信息搜集力度，结合库存情况及时调整销售政策，保证出货量。以降库存加快周转为重点，加大价格维护力度，严控市场价格，保持销售价格合理稳定，产成品实物库存保持在近几年的低位水平。

【战略合作】 推进战略和重点工程客户合作，拓展合作渠道，做好山钢重点客户战略协议的落实和服务。成立轨道交通协调小组，跟踪济南轨道交通招投标进程，加强与项目甲方的联系，每天了解项目招标的最新进展，督促济钢、莱钢和张钢积极准备和完善招标材料，济钢、莱钢、张钢全部入围此工程项目的钢材合格供应商名录。积极推进与日照精品基地合作具体事宜。深入推进“两端一重”市场开发，根据产品不同，确定不同的渠道策略，对符合产品结构调整方向的用户进行重点开发。进一步完善客户档案，建立详细的客户大数据库，按照客户需求量和客户利润贡献对每一家客户进行二维分析，根据客户不同类型制定针对性营销和服务方案。以质量跟踪、对标改进和提升客户满意度为目的，以重点工程和直供客户为对象，对重点项目、大型直供客户进行走访，摸清公司产品和服务的优势、劣势、对比差距和改进空间，保障销售渠道顺畅。多次召开日照钢铁精品基地钢材供应协调会，设计运作流程，探索价格、资源服务、人员结构、加工配送等合作模式。

【资源优化】 做好产线对接，推进资源优化，在资源、检修计划优化方面，策划产线贡献评估优化模型的建立，以产线盈利状况排序为决策基础，与济南分公司、莱芜分公司以及张钢公司进行对接，比对产线间、分部间相似品种的收益情况，对存在重大协同效益的资源进行推进优化。逐步聚焦产品交付管理，对分公司产品交付运行情况进行充分调研，建立信息沟通渠道和工作方式流程，明确现状，积极对接，找出过程瓶颈和薄弱环节，协调改进优化提升。

【营销对标】 做好营销对标分析，找准营销管理着力点，密切与中钢协、河北钢铁、沙钢、南钢等的联系，以销售价格为重点，开展与行业、同类钢厂、内部重合产品的价格对标工作，深入开展公司内部各销售分部的相互学习和经验交流，寻找差距和不足，制定了优化销售流向、开拓高端产品市场等提升价格措施，2015 年在钢材市场持续下跌形势下，山钢综合钢材售价比行业及同类钢厂均有进步。

【党建工作】 8 月，销售中心党总支成立后，明确职责分工，成立综合营销党支部和资源合作党支部，建立党支部委员会。认真学习党的十八届五中全会精神和习近平总书记系列重要讲话精神，贯彻落实《中国共产党廉洁自律准则》和《中国共产党纪律处分条例》。组织开展十八届五中全会精神专题学习会。深入开展“三严三实”专题学习教育，筹备召开销售中心党总支“三严三实”专题民主生活会，得到集团公司党委督导组领导的充分肯定。坚持把反腐倡廉教育作为党风廉政建设的基础性工作，严格落实领导干部“一岗双责”制度，注重教育在先，预防在前，大力营造反腐倡廉的舆论氛围。强化制度建设，建立、完善和规范销售中心各项管理制度，梳理销售中心职责及制度清单，做到销售价格、营销策略、客户管理、资源优化、电商期货运营等营销管理的全覆盖。

（撰稿：孙甲峰　审稿：王向东）

物流和生产运行管理

【综述】 运行协调中心的主要职能为：组织编制和实施集团公司年度、季度经营计划；组织完成统计分析及统计报表的统一外报；负责运行系统的数据和信息管理；负责生产运行系统的应急响应与准备工作；组织贯彻执行各级有关职业健康安全和环境保护的法律、法规、制度；对集团公司安全和环保运行进行统一协调；对集团公司物流业务进行统一规划、组织和协调；组织编制和实施集团公司物流计划；统一组织、协调公路、铁路、港口等相关业务；组织协调集团公司各有关经营要素管理的政策、制度、体制、体系建设，专业绩效考核及有关方案措施的监督实施；集团公司赋予的其他管理职能。根据集团公司业务整合进度，运行协调中心暂时只启动了运输物流和生产运行管理职能。截至2015年底，共有职工6人（含中心领导）。其中，高级职称3人，中级职称2人，初级职称1人；研究生2人，大学本科3人，大学专科1人。

【物流运输指标和协同效益】 全年进口矿综合运费实现65.25元/吨，比指标下降6.79%；进口矿进厂量1967万吨，其中：铁路运量1752万吨、公路运量215万吨；铁路日均接卸车1210车，其中：济钢581车，莱钢629车；青岛、日照两个费用最低的港口发运量占比达90.5%，超过90%的奋斗目标；矿石港口损耗率0.34%，比计划指标下降0.46%。物流系统同比实现协同效益3.4亿元，其中实施铁路运输价格谈判，降低铁路运费1.9亿元；实施港口价格谈判降低港口费用2033万元；港口布局优化同比平均运费节省7619万元；控制铁矿石港耗同比指标节约3616万元；提高水陆联运量比平均运费节省1808万元。

【基础管理】 强化基础管理，随着运行协调中心党支部机构和人员的健全，重点加强中心党建工作，提升管理水平。继续坚持每周召开运行协调中心经理办公例会和不定期的政治业务学习会，加强思想建设，提高全体党员干部的政治理论水平；加强现场调研，抓业务水平提升，提高履职能力；开好“三严三实”党课，提高全员党性认识；组织集体学习，对照焦裕禄等先进典型，开展深入学习交流、讨论；落实廉政责任，加强思想教育，切实增强党员干部纪律观念和规矩意识。

【港口业务管理】 做好港口费用谈判，通过多轮次沟通交流，实现了良好的谈判目标：青岛港港口费降低1元/吨、烟台港港口费降低2.5元/吨、日照港港口费对莱钢降低1元/吨，龙口港港口费与运费包干价降低5元/吨。在落实好各项谈判成果的基础上，围绕青岛、日照港两个经济港口实施港口优化，提高两个港口的使用比例，全年两港口使用比例达到90.5%，实现港口优化效益7619万元。抓好港口矿石损耗的管控，强化进口矿各环节的过程监控，全年共计204船，商检量1993.7万吨，港口矿石损耗率为0.31%，比计划指标减少损耗9.8万吨，按照全年矿石均价计算，共计节约资金3616万元。

【铁路业务管理】 抓好与济南铁路局的铁路运输价格谈判，通过与济南铁路局的多轮次沟通谈判，进口矿铁路运费继续执行13%降价优惠，并实行阶梯定价，完成目标量时降至比汽运低4元/吨的水平，且年度内不受铁路价格上调影响。铁路运费支付方面，按各50%支付现汇与承兑，同时代理服务费、取送车费等由原可抵6%税的服务发票改为可抵达11%的增值税发票。

利用该谈判成果，全年降低铁路运费 1.9 亿元。

【水陆联运管理】 协调济南分公司和莱芜分公司着力推进水陆联运，全年水陆联运量 51.14 万吨。其中，济南分公司 18.84 万吨，莱芜分公司 32.3 万吨。通过水陆联运的实施，按铁运比例 50%同比节省 1808 万元。

【优化运输结构】 实时做好铁路、公路运输价格的监测，根据经济性对比情况，组织各单位及时调整运输方案，加大铁运价格低的港口铁路发运量，通过有效的运输组织，济南、莱芜两分公司铁路运输量分别在 10 月份和 8 月份达到济南铁路局确定的第一阶梯定价运量，铁路运输成本大幅降低。

【物流和生产运行管理信息化】 着力推进智慧物流信息化建设，重点做好业务流程细化与问题诊断以及与港口、铁路等方面的协调工作，截至 2015 年底，项目一期技术开发与系统测试以及上线前人员培训工作均已完成。抓好生产管理信息系统的日常运行管理工作，做好日常运行维护，并督促各有关单位数据提报部门抓好数据的及时报送，全年生产管理信息系统运行稳定正常。

【生产运行业务管理】 按照集团公司的统一部署，继续与集团公司办公室组织集团公司运行情况通报会，由运行协调中心、采购中心和销售中心分别收集汇总并汇报集团公司的运行、营销情况，研究提出改进措施，集团公司领导安排工作重点。继续推进实施了每季度一次的集团公司生产运营管理对标工作，先后围绕炼焦技术、供用电管理和销售管理组织 3 次集团公司内部对标交流会，促进各子（分）公司的信息沟通，有利于各分公司生产运行管理水平的提升。通过 2014 年与山东省物价局等部门的沟通和书面请示，山东省物价局与经信委联合下发通知，自 2015 年 5 月 1 日起调整省内企业尖峰电价政策，由全年执行调整为每年 6~8 月执行，降低了集团公司各单位的用电成本。

（撰稿：吴　昊　审稿：王　兵）

信息化管理

【综述】 信息化中心的主要职能为：负责编制集团公司信息化总体规划；负责集团公司信息化标准体系和信息化安全体系的建立与运行；负责集团公司及各单位拟（在）建重大信息化项目的统一研究、论证；负责集团公司总部信息化项目的建设与运行管理；负责集团公司对外信息化技术交流的组织和协调。信息化中心设立综合管理部、技术创新部、网络运行部、系统管理部；在济钢、莱钢分别设立济钢分部（与济钢自动化信息技术公司复合）、莱钢分部（与莱钢自动化部复合），负责所在区域的网络通信、信息化、自动化业务开发、建设及运行管理工作。截至 2015 年底，中心本部共有职工 15 人。其中，高级职称 12 人，中级职称 2 人，初级职称 1 人；研究生 8 人，大学本科 6 人，大学专科 1 人。

【信息化管理】 坚持“统一规划、统一标准、统一平台、统一管理”（以下简称“四统一”）的信息化工作原则，加快信息化项目建设，推进信息化系统的深度应用，积极发挥信息化在集团化管控、一体化运营中的重要作用。在 2015 年初省国资委组织的“省管企业三年任期信息化工作考评”中，集团公司获得“优秀”评级；在省经信委、省国资委组织的省管企业两化融合发展水平评测中，集团公司以

79.57分的成绩位列第一名。12月11日，集团公司下发《关于调整集团公司信息化管理委员会成员的通知》，调整委员会成员。坚持顶层设计，在认真总结“十二五”信息化工作的基础上，从7月份开始着手编制《集团公司“十三五”信息化发展规划》，已完成内部审稿。

【信息化建设】 2015年集团公司信息化项目建设总投资2802万元。其中，新建项目包括集团公司总部OA系统升级、云桌面系统，济钢、莱钢产成品钢材智能仓储管理信息系统、热轧成品库自动化管理等项目；续建项目包括集团公司ERP项目、智慧物流供应链一体化协同系统等项目。集团ERP系统实施完成主要业务模块，并先后在莱钢、张钢、日照公司和集团总部上线运行，年底完成最后的甩账冲刺工作。ERP已覆盖集团公司钢铁主业所有生产经营单元和最核心的业务管理领域，为集团公司实现精细化管理、精益化运行提供信息保障平台；集团公司智慧物流供应链一体化协同系统，完成主要流程的软件功能开发，与青岛港、日照港等港口达成信息共享意向，建立项目组及联系协调制度，编制完成港企直通接口方案和工作计划。按照“突出重点，典型示范”的实施策略，积极推进；集团公司协同办公自动化（OA）系统升级的硬、软件系统部署完毕，各类工作流程的优化、接口、信息交互等细节调试和优化改造工作按计划进行；桌面云系统已经完成立项程序，筹备招标采购工作；充分运用虚拟计算等先进技术，建设并不断完善集团总部数据中心云平台，新增虚拟机21台，扩容虚拟机7台，在10台物理机上运行的虚拟机已达92台，数据中心的能力不断提升，以最小的投资有力保障集团公司总部各部门、单位以及日照、张钢、金岭等的需求。

【基础管理】 认真开展“三严三实”专题教育，整改落实抓党建。进一步深入学习习近平总书记关于党员领导干部践行“三严三实”的新思想新观点新要求，学习十八届五中全会精神、《党章》和《中国共产党廉洁自律准则》《中国共产党纪律处分条例》等规章制度，准确把握践行“三严三实”的基本要求。学习集团公司侯军董事长、陶登奎总经理在集团公司改革发展工作调度会上的讲话及一系列重要讲话，进一步认识集团公司面临的形势和改革发展的繁重任务。开展“回头看”，广泛征求意见，深入开展谈心谈话，认真对照检查。召开班子专题民主生活会。在全体党员中举办《党章》及反腐倡廉知识答题，加强廉政教育，营造风清气正的廉洁氛围。严格执行党总支会议议事规则和相关程序规定，坚持科学决策、民主决策。坚持总经理办公例会制度，对集团信息化建设发展中的重要问题，及时互通情况、沟通思想，对信息化建设中的重大问题进行集体讨论，决策前深入调查研究、广泛听取意见，决策中充分发扬民主，畅所欲言、深入讨论，决策时根据多数人的意见做出决定，营造了比较浓厚的民主氛围。健全完善集体领导和个人分工负责相结合的工作制度，根据工作需要和领导成员的实际情况进行合理分工，明确每名班子成员的工作职责，鼓励班子成员对自己职权范围内的工作，敢于独立负责，积极推进落实。注重增强领导班子的全局意识、责任意识和团结协作意识，班子成员充分表达意愿或主张，相互支持、相互配合，充分发挥各自积极性、创造性，班子成员之间沟通无障碍、工作无缝隙，提升了中心领导班子的整体合力。畅通监督渠道，自觉接受党员和群众监督，将涉及职工利益的重大事项，重要规章制度以及各项会议纪要、文件等及时进行公开，让职工了解情况，做好监督落实。

【技术创新】 开展“互联网+”“工业4.0”的学习研究。根据省国资委关于省管企业开展“加强互联网模式下省管企业战略研究”工作的部署和关于做好制定“互联网+”行动计划要求，制定集团公司“互联网+”行动计划初步方案，集团公司报送的《互联网+模式下的智能钢铁精品基地建设》项目被选送到国家发改委“互联网+”项目库。开展《云平台系统研究及测试环境搭建》《山钢统一电子商务平台研究》等创新课题研究，为下一步项目建设做好储备。

【市场创效】 努力克服外部市场低迷、竞争异常激烈等诸多困难，全力推进工程项目集成、产品销售和自动化信息化技术服务的发展。2015年济钢、莱钢两分部共实现营业收入1.8亿元，实现利润3568万元，完成公司下达的考核指标和确定的预期目标。

（撰稿：张　瑾　审稿：万鲁愚）

产品技术研发

【综述】 钢铁研究院的主要职能为：负责承接国家、省市科技攻关任务，行业共性关键技术的研发，与国家、省市相关部门的联络；负责承担公司内部共性关键技术的研发，重大研发任务，形成有别于同行业的自主知识产权；负责日照公司产品规划、开发和重大工艺技术研发攻关；负责公司内部济南分公司、莱芜分公司同类重点产品的研发，承接和完成济南分公司、莱芜分公司提出的工艺技术及产品研发课题和相关技术研发任务，公司专用钢（军工类）的研发与管理；负责公司技术信息研究、对外技术合作和技术贸易及对外技术合作平台申报等；负责自主创新、科技管理等协调管理；负责公司向国家、省、部级进行钢铁冶金类技术创新支撑项目的申报工作，公司及以上级科技成果鉴定及推广、科技进步奖申报推荐工作，组织公司专利申报和技术秘密认定等；负责公司技术委员会（冶金）、专家委员会（冶金）的办公室工作；参与公司重大技术改造项目的技术论证及实施；钢铁研究院与公司（国家级）技术中心复合设置、复合管理，负责组织、策划、建立和完善公司技术创新体系，建设公司研发平台；负责公司检化验管理；负责公司产品质量管理；完成公司交办的工作任务。截至2015年底，共有职工50人（含院领导）。其中，研究员5人，高级职称27人，中级职称17人；研究生29人，大学本科21人。

【基础管理】 按照“紧扣价值创造的核心，完善产销研、产学研两条通道，面向高端领域、用户应用及产线实际，确保项目标准与指标明确、用户与依托产线明确、投入与收益明确、责任与进度节点明确”的原则，开展技术创新项目立项及过程管理工作；坚持“三型”组织建设，开展内部技术交流与学习；编制完成《山东钢铁股份有限公司“十三五”技术创新规划》；新建及修订技术创新管理制度7项。

【交流培训】 以用户需求指导产品开发，先后走访省内外20余家重点用户并进行技术交流；与中国汽车工程研究院股份有限公司签订汽车钢联合开发框架协议；与福田雷沃（诸城）、一汽解放、北汽福田、山东东岳、中集烟台来福士、中石油、胜利油田、中船重工708所等10余家企业建立合作开发关系；积极参与日照精品基地建设，全程参与与德国CSS、法孚、西马克以及达涅利等公司的产品技术服务交流，参加冷、热轧工程初步设计审查，负责制定与落实“着力提升日照钢铁精品基地竞争力”产品研发与技术创新方案；参加中国金属学会热轧汽车用钢技术研讨会、中国汽车工程学会汽车轻量化国际技术研讨会、高端冷轧家电板生产关键共性技术研讨会以及宝钢年会等学术交流会议。

【技术创新】 立项实施“580兆帕级汽车用热轧高扩孔钢的研发与应用”等24项产品及工艺技术创新项目；完成低成本ϕ1219毫米×18.4毫米、ϕ1219毫米×27毫米X80M直缝埋弧焊长输管线钢管试制，各项技术指标满足西气东输长输管线管道建设要求；完成ϕ1219毫米×33毫米X80M直缝埋弧焊钢管试制、卷管及环焊工艺评定，并通过中石油、中钢协的技术鉴定；首次采用招标方式确定项目研发合作方，与东北大学RAL国家重点实验室签订“汽车用冷轧QP980实验室研制”技术开发合同，已完成实验室研制阶段的开发及验收工作；汽车用冷轧低合金高强钢HC340LA和热轧冷成型高强钢S700MC第一轮试制获得成功，共有4个规格产品具备市场推广条件；“单转炉高效冶炼低磷钢综合技术研发”等新工艺研发项目已在莱芜分公司推广应用；通过军用物资合格供应商现场评审和资格审查，入选一级军用物资供应商名单；起草完成《山东钢铁股份有限公司汽车用钢企业标准》，涉及24个钢种、99个牌号的热轧、冷轧及热镀锌汽车用薄板产品；推动并参与完成山钢股份质量、环境及职业健康安全（QES）三体系认证；配合完成股份公司科技创新信息平台建设；以服务于日照钢铁精品基地技术与产品研发为目标，编制完成《中试测试中心初步方案》；申报专利19项，有5项获国家知识产权局授权。

（撰稿：刘　慧　审稿：孙卫华）

山钢年鉴 *2016*

山钢集团
SD STEEL

党群工作

山钢集团
SD STEEL

山钢文化

核心理念

山钢核心价值观：共创、共进、共赢

综　述

【概述】 集团公司党委隶属山东省国资委党委管理，实行委员制，2015年底有党委委员6人，其中党委书记1人，党委副书记2人。实行“双向进入、交叉任职”的领导体制，集团公司董事长兼任党委书记，总经理兼任党委副书记；公司党委6名成员中有4名按照法定程序进入董事会，有3名进入经理层任职；董事会、经理层中符合条件的领导人员全部进入党委会。集团公司党委设有办公室、组织部、党群工作部、纪委等党群机构（纪委有委员7人，其中书记1人，副书记2人，与监察部合署办公）；下设14个二级单位党委、2个直属党总支、2个直属党支部，其中山钢股份公司党委、日照公司党委、国贸公司党委、山钢地产党委、塞拉利昂矿业公司党委、山钢金控党委、机关党委、财务公司党总支、新力公司党总支、鲁冶公司党支部、烟台冶金宾馆党支部等党组织关系隶属于集团公司党委，其他单位党委的党组织关系隶属地方党委。济钢党委、莱钢党委分别隶属济南市委、莱芜市委；山东耐材公司党委隶属淄博市委；金岭铁矿党委、淄博张钢党委隶属于淄博市工信委党委；职业学院党委隶属于淄博市高校工委；烟钢党委隶属于烟台市工信委党委。各二级单位共有61个基层单位党委，64个党总支，1090个党支部。基层单位党委大部分实现了交叉任职，党委书记兼任行政副职，行政第一负责人兼任党委副书记；单位人数较少的行政第一负责人兼任党委书记，并配备1名专职副书记。截至2015年底，集团公司党员总数26984名。集团公司团委有委员5人，其中书记1人，与集团公司党群工作部合署办公。

【党的建设】 修订完善2015年党建工作责任制考核细则，在年度工作会上集团公司党委与各单位签订了责任书，对各单位党建工作责任制落实情况进行检查，对基层党组织书记抓党建工作情况开展述职评议，增强了党组织书记管党治党责任意识。深入推进“三型”党组织建设。各级党组织在搭建5个服务平台、完善6项工作机制上下工夫，围绕扭亏增盈、精益管理、运营转型等重点工作，充分发挥党组织和党员的作用，为推动企业深化改革、转型发展、和谐稳定提供强有力的政治、思想和组织保证。深化教育实践活动整改落实工作，集团公司领导班子整改方案中所列27项主要问题全部完成整改，中央、省委安排的21专项治理任务均已整改，制度建设计划基本落实到位。扎实做好发展党员工作，严格标准程序，确保工作质量。健全完善党的基层组织体系，实现组织全覆盖。理顺山钢地产党组织隶属关系，健全其党委、纪委，增补钢铁研究院党总支委员，组建销售中心党总支，组建塞矿公司和金控公司党委、纪委。

【“三严三实”专题教育】 集团公司党委制定下发《在全集团处级以上领导干部中开展“三严三实”专题教育实施方案》。各级党组织深入学习习近平总书记系列重要讲话精神和中央、省委部署要求，把开展“三严三实”专题教育作为重大政治任务，认真谋划安排，精心组织实施。把专题教育融入领导干部经常性学习教育和本单位本部门经常性工作，建立月度调度及情况报送制度，推进专题教育健康开展。突出问题导向，强化整改落实和立规执纪。着力解决“为官不为”问题，各级领导干部对照省委组织部列举的3类18条不担当不作为的具体表现深入查摆自身存在的问题。集团公司党委专题研究“不严不实”问题台账，深入查摆在修身、用权、律己、谋事、创业、做人上“不严不实”的问题，共查摆出16条。在此基础上，细化不担当不作为问题清单，查摆出4类10条问题。确定了清理规范总部机关管理权限、领导人员关联交易和利益输送问题治理、加强干部选拔任用工作监督、严格干部因私出国（境）管理、山钢股份加强内部控制体系建设、加强资金管控提高资金使用效率、规范薪酬管理等7个专项治理项目，以及18项即知即改问题，明确责任人和责任分工。专题教育聚焦对党忠诚、个人干净、敢于担当，坚持边学边查、即知即改，着力解决“不严不实”问题，深入人心，取得显著成效。

【干部队伍建设】 围绕发展需要选优配强领导班子。调整充实销售中心、鲁冶公司、新力公司、金岭铁矿、财务公司等单位领导班子成员；向济钢、莱钢及山钢股份济南分公司、莱芜分公司委派财务总监；组建山钢金控、塞矿公司、济钢板材公司领导班子；调整充实纪委、监察部、审计部、法律事务部、财务部、矿业部等部门领导人员。全年共调整充实领导干部110余人次。严格干部管理，制定实施《领导人员任职回避和公务回避及报告说明制度实施细则》，修订《领导干部退出现职年龄的规定》。健全完善干部考核激励机制，采取多维度测评、个别谈话多种形式，认真做好集团公司管理班子、干部2014年度考核工作。加强干部监督工作，认真落实领导干部民主生活会、述职述廉、任职、廉政和诫勉谈话等党内民主和监督制度，严格执行党员领导干部报告个人有关事项等监督制度。做好《领导干部个人有关事项报告》抽查核实工作，按照中组部抽查比例10%要求，共抽查16人；坚持“逢提必查”要求，全年共重点抽查31人次。加强干部培训培养工作，举办集团公司第二期干部进修班暨党群干部培训示范班，43名党群干部参加培训。命名莱钢党校为“山钢集团党员教育培训基地”。采取笔试面试、遴选、考察等多种公开竞争方式，在全集团内外招聘选调人员，先后为法律事务部、党群工作部、人力资源部、塞矿公司等单位部门选调40名工作人员，为日照公司选调200名工程技术人员，面向社会为山钢金控、财务公司等单位公开招聘46名应届毕业生。

【思想政治工作】 认真贯彻全国宣传思想工作会议精神，强化意识形态和理论武装工作。集团公司党委按照中央和上级党委部署要求，认真组织中心组学习，灵活设置学习专题，学原著、读原文，理论联系实际。先后组织开展“三严三实”“习近平总书记系列重要讲话”“党的十八届五中全会精神”“省国资委关于深化国企改革有关精神”等专题学习。对部分单位党委中心组学习情况集中开展旁听，达到督导检查和交流借鉴的双重目的。开展思想政治工作研究，结合思想政治工作新理念新思路和集团公司实际拟定重点研究课题，各单位择优推荐论文122篇。有22篇论文在2015年冶金行业论文评选中获奖，其中一等奖5篇。完善形势任务教育重点课题协调推进机制，围绕各阶段形势任务特点，编写专题材料，答疑释惑、凝聚共识。充分发挥报纸、电视、网站等媒体作用，对重大课题宣传教育实现了上下联动、全面覆盖。关注职工思想动态，确定10个单位作为舆情信息直报点，舆情收集工作更加接近基层一线。搭建“厚道山钢”微信公众平台，强化宣传推广，积极引导各单位开展微信宣传，形成覆盖全集团的三级微信宣传网络体系。以大力弘扬社会主义核心价值体系为核心，深入开展群众性精神文明创建活动，进一步完善《山钢文明单位建设管理规定》《文明单位考核细则》，组织开展文明单位创建。组织开展道德模范人物评选，有20人获山钢道德模范、6人获得省管企业道德模范称号。持续深化“共赢文化”体系建设，开展“同铸山钢魂，共圆山钢梦”文化深度融合践行活动，不断丰富文化内涵。坚持全心全意依靠职工办企业，扎实推进厂务公开与民主管理工作，积极构建和谐劳动关系，组织动员广大干部职工踊跃投身集团公司运营转型、降本增效、减亏扭亏增盈工作，为集团公司实现年度奋斗目标作出积极贡献。

【统战群团工作】 紧紧围绕企业中心工作谋划统战工作，加强对党的统战方针政策的宣传和贯彻，深入开展“同心教育，凝聚共识”活动。在党外知识分子中开展建功立业活动，为党外知识分子沟通思想、献计出力、发挥作用搭建干事创业平台。积极支持民主党派领导班子建设，帮助培养选拔思想政治素质高、年富力强的后备人才。加强共青团工作，紧紧围绕服务中心、服务青年的工作主题，扎实推进“降本增效我先行，青春建功促发展”主题实践活动，团结带领广大团员青年立足岗位建功立业。

【反腐倡廉建设】 落实加强党风建设和反腐倡廉工作党委主体责任、纪委监督责任，组织开展“两个责任”大讨论，在《山东钢铁》报开辟专栏，各级党委书记、纪委书记带头谈责、论责，统一思想、凝聚共识。印发“两个责任”清单，明确主体责任中党委班子、党委书记、党委委员的40项具体责任以及纪委的18项具体监督责任，做到边界清晰、履责有据。深入贯彻落实中央八项规定精神和集团公司党委正风肃纪“十条禁令”，突出抓好重大节日期间的监督检查。开展党规党纪教育，组织2万多名党员干部参加“党章和反腐倡廉知识测试”，以考促学、以学促廉；开展“学党章、学准则、学条例”专题教育，使广大党员干部明底线、受警醒、知敬畏。创办电子期刊《知止》，开通网络教育平台《廉洁之窗》，增强教育效果。各单位采取组织观看警示教育片、参观警示教育基地等形式，使党员干部知止守戒。畅通信访举报渠道，完善信访举报受理程序，全年受理信访举报166件次，立案10起，党纪处分14人。

（撰稿：董保树　审稿：李自然）

党委事务管理

【综述】 党委办公室是集团公司党委综合事务管理部门，与集团公司办公室合署办公，主要职能为：审核、起草或制发以集团公司党委（党委办公室）名义发布的各类文件和领导讲话、会议报告等综合类文稿，承办和管理上级党组织及其有关部门和集团公司各单位党组织来文来电；负责集团公司党委有关会议的筹备、会议记录、纪要整理等工作，负责集团公司党委领导公务活动的组织安排、集团公司党委重大活动的组织筹备和重大接待活动的组织协调；组织实施并督促检查集团公司各单位党组织对集团公司党委有关管理制度、公文、会议决定事项及领导要求的贯彻落实；负责集团公司党委部署的调查研究工作；负责集团公司党委机要保密和印信管理工作，负责党委保密委、密码工作领导小组、外事工作领导小组的日常工作；做好信访和稳定工作，处理信访日常事务。

【文秘调研】 起草党委班子党的群众路线教育实践活动整改方案，集团公司党委书记“三严三实”专题党课，集团公司领导班子“三严三实”专题教育党性分析材料，“三严三实”专题教育整改方案，集团公司“三严三实”专题教育民主生活会等有关材料；起草省国资委党委关于加强国有企业改革中的党建工作情况调度会材料，集团公司领导2014年度述职述德述廉报告和履行党风廉政建设职责情况材料，2015年党群工作要点，党委领导庆“七一”表彰大会讲话，党委领导在2015年度省管领导干部经济责任审计进点部署会上的发言材料等。做好集团公司党委理论中心组集中学习、书记办公会、党委会等重要会议的记录和纪要。做好集团公司党委领导调研相关协调工作和党委文件审核工作。

【机要保密】 制定印发集团公司保密委2015年工作要点，安排部署年度保密工作。制定印发集团公司保密工作管理制度。严格按规定做好文件接收、传递、保管、清退工作，按要求清退部分文件。组织开展有关保密专项统计工作，按要求上报检查情况报告和统计数据。按照上级部门统一部署，组织开展保密管理专项检查，成立专项检查领导小组和工作组，先后到14个单位进行专项检查，配合上级机关检查，对发现的问题进行整改。加强保密教育培训，4月25日，举办集团公司保密业务培训班，邀请省保密局保密技术检查中心主任讲解保密工作面临的形势任务。6月组织开展保密知识答题活动，集团公司共4982人参加答题。12月30日，组织召开集团公司保密委扩大会议，对年度工作进行总结部署。

【信访稳定】 面对深化国有企业改革，集团公司深入推进“运营转型、管理提升”活动的新形势、新变化，始终坚持把维护信访稳定工作摆在重要突出位置，围绕集团公司改革发展中心任务，加强源头治理，规范信访秩序，化解突出矛盾，努力维护和谐稳定大局。全年共登记受理信访事项164件次，其中来信来访112件，上级交办52件次。纯案数57件，未发生职责范围内的非正常上访问题，信访积案大幅减少，信访老户频繁上访的问题明显缓解。开通山东省信访信息系统用户，在集团公司门户网站建立“网上信访”链接，积极构建“网上信访”“阳光信访”格局。对上级部门接转的信访事项，及时受理、告知、答复，网上受理与网下办理紧密衔接，及时办结率实现100%，提高了信访事项办理效率和办理质量，信访渠道便捷畅通，问题诉求回应及时，促进了信访工作秩序的好转。深入贯彻《信访条例》和《山东省信访条例》，完善信访工作制度，加强信访工作组织建设，构建信访工作网格，健全信访基础台账，夯实信访工作基础。积极推进信访工作规范化和法制化建设，引导职工群众依法逐级反映问题，对来访事项进行规范登记受理，规范告知和答复，积极推进“事要解决”，努力化解信访矛盾，促进案结事了。积极运用社会稳定风险评估机制，把风险评估作为重要内容纳入决策程序，强化预案措施，注重从源头上预防和化解矛盾，积极推进信访稳定长效机制建设，努力实现长治久安。深入开展矛盾纠纷排查化解，推进信访稳定关口前移、重心下移，把握工作主动权，抓小抓早抓苗头，抓好初信初访，认真把矛盾化解在萌芽状态。健全完善“网上舆情实时监控系统”和“职工思想动态报送机制”，及时了解、分析职工群众的思想动态、不稳定苗头，实时掌握一手资料和舆情动向，早制定预案措施，把矛盾化解在基层，保障集团公司稳定改革发展。

（撰稿：刘烈涛　张海明　孙　波
审稿：李自然）

组织工作

【综述】 党委组织部是集团公司党委组织管理职能部门。主要职能为：负责集团公司党组织建设和党员管理；领导班子建设和干部管理；老干部管理与服务。截至2015年底，共有职工9人。其中，高级工程师1人，高级经济师2人，高级政工师3人，政工师1人，工程师1人，助理政工师1人；研究生4人，大学本科5人。

【党的组织工作】 修订完善2015年党建工作责任制考核细则，在年度工作会上集团公司党委主要领导与各单位签订责任书。成立两个检查考核组，由党委副书记带队对2014年各单位党建工作责任制落实情况进行检查，同时对基层党组织书记抓党建工作情况开展述职评议，增强了党组织书记管党治党责任意识，实现党建工作与生产经营同部署、同考核、同奖惩。党建考核结果作为对各单位领导班子及领导干部业绩评定、薪酬分配、奖励处分、选拔任用的重要依据，使党建工作更加规范化、制度化。集团公司党委下发“三型”党组织建设指导意见，各级党组织以此为主抓手，制定切实可行的实施方案，在“搭建五个服务平台、完善六项工作机制”上下工夫，围绕扭亏增盈、精益管理、运营转型等重点工作，充分发挥党组织和党员的作用，为推动企业深化改革、转型发展、和谐稳定提供强有力的政治、思想和组织保证。制定落实《2014～2018年全国党员教育培训工作规划》工作方案，增强党员教育培训工作的计划性和实效性。坚持党委主要负责同志负总责，班子成员、分管领导分工负责，各部门各司其职的原则，扎实有序推进教育实践活动整改落实工作。集团公司领导班子整改方案中所列27项主要问题全部完成整改，中央、省委安排的21专项治理任务均已整改，制度建设计划基本落实到位。各级党组织以“三严三实”为标尺，对教育实践活动整改落实情况进行“回头看”，以“抓铁有痕、踏石留印”的韧劲，认真抓好各项整改任务的落实，做到以整改的实际成效取信于广大职工群众。认真做好年度党内统计工作，对党内统计人员进行业务培训，维护好数据库，保证统计数据的准确性。根据省国资委党委组织部安排，开展党员教育培训基地建设、党内换届选举工作两个调研，形成有价值的调研报告，总结经验，查找问题，明确今后的工作措施。统计汇总齐鲁先锋党建手机信息系统，做好共产党员微信、易信订阅使用工作，提高党建工作信息化水平。扎实做好发展党员工作，对2015年发展党员计划进行合理分配，严格标准程序，确保工作质量，全年共发展7名新党员。参加省国资委组织的党组织书记示范培训班，并作加强入党积极分子教育管理的经验介绍。对党费收缴、管理、使用工作进行自查，并上报省国资委党委。健全完善党的基层组织体系，实现组织全覆盖。理顺山钢地产党组织隶属关系，健全其党委、纪委组成人员，增补钢铁研究院党总支委员，组建销售中心党总支，组建塞矿公司、山钢金控党委纪委。下发党建工作责任制检查情况通报，充分运用考核结果，发挥党建工作责任制的引导激励作用。

【“三严三实”专题教育】 集团党委制定下发《在全集团处级以上领导干部中开展“三严三实”专题教育实施方案》。各级党组织深入学习习近平总书记系列重要讲话精神和中央、省委部署要求，把开展“三严三实”专题教育作为重大政治任务，认真谋划安排，精心组织实施。坚持把开展专题教育融入领导干部经常性学习教育，融入本单位本部门经常性工作，与做好当前改革发展稳定各项工作结合起来，把从严从实要求贯穿始终，高标准、高质量地做好各项工作，建立月度调度及情况报送制度，召开座谈会推进会，切实解决突出问题，进一步增强了践行“三严三实”要求的思想自觉性和行动自觉性。着力解决“为官不为”问题，各级领导干部在对照省委组织部列举的3类18条不担当不作为具体表现的基础上，还对照集团公司干部队伍中存在的4个突出问题，包括信念信心不够坚定、发挥示范表率作用不够等、“四风”问题尚未彻底根除、担当精神不够，深入查摆自身存在的问题。9月30日，集团公司党委召开会议，专题研究“不严不实”问题台账，深入查摆在修身、用权、律己、谋事、创业、做人上“不严不实”的问题，共查摆出16条。在此基础上，进一步细化不担当不作为问题清单，共查摆出4类10条问题。确定清理规范总部机关管理权限、领导人员关联交易和利益输送问题治理、加强干部选拔任用工作监督、严格干部因私出国（境）管理、山钢股份加强内部控制体系建设、加强资金管控提高资金使用效率、规范薪酬管理等7个专项治理项目，确定18项即知即改问题，明确责任人和责任分工。“三严三实”专题教育，聚焦对党忠诚、个人干净、敢于担当，党委主要领导和党委成员以高质量党课开局起步，以深入的专题学习研讨启发自觉，坚持边学边查、即知即改，着力解决“不严不实”问题，专题教育深入人心，取得显著成效。各级领导班子和领导干部在深化“四风”整治上见实效，在守纪律讲规矩、营造良好政治生态上见实效，在真抓实干、推动改革发展稳定上见实效，进一步增强党的创造力凝聚力战斗力，为集团公司改革发展提供强大动力支持。

【领导班子和干部队伍建设】 严格贯彻落实集团公司《领导干部选拔任用工作暂行规定》，紧紧围绕集团公司改革发展目标，坚持超前谋划、统筹配备，在全面把握各单位领导班子和成员现状的基础上，根据整体工作需要，对所属各单位领导班子进行逐步选配、调整和完善，确保结构持续优化，力量得到有效充实。根据工作需要，对山钢销售中心、鲁冶公司、新力公司、金岭铁矿、财务公司等单位领导班子成员进行调整充实；向济钢、莱钢及山钢股份济南分公司、莱芜分公司委派财务总监，进一步加强对权属单位的监管；组建山钢金控领导班子；组建塞矿公司领导班子，同时充实山钢国际投资班子成员，班子与塞矿公司复合设置；组建济钢板材公司领导班子，班子与山钢股份济南分公司复合；加强集团总部机关部门建设，调整充实了纪委、监察部、审计部、法律事务部、财务部、矿业部等部门领导人员。全年共调整充实领导干部110余人次，其中，提拔重用29人。严格干部管理考核、考察、监督，加强干部队伍建设。认真贯彻执行上级干部政策和制度要求，结合实际，制定下发集团公司《领导人员任职回避和公务回避及报告说明制度实施细则》，修订集团公司《领导干部退出现职年龄的规定》，进一步促进干部管理工作制度化、规范化。健全完善干部考核激励机制，激发领导班子和领导干部生机与活力，配合省委组织部开展2014年度考核，组织民主测评、个别谈话等；采取多维度测评、个别谈话多种形式，认真做好集团公司党委管理班子、干部2014年度考核工作。先后对20个单位及直属机构、11个机关部门及集团公司党委管理的119名领导干部进行考核；结合考核反馈，对有关单位选人用人情况进行调研，通过查资料、座谈等方式，进一步了解全集团各单位选人用人工作情况，并有针对性地进行指导，为提高全集团选人用人工作水平奠定基础。根据《各单位中层管理人员任免管理暂行办法》，会同纪委及单位组织人事部门对山钢地产、莱钢、莱芜分公司、日照公司等有关双重管理岗位领导干部任职进行了推荐、考察、批复，共涉及6人。切实加强干部监督工作，保证干部队伍作风过硬、纪律严明，认真落实领导干部民主生活会、述职述廉、任职、廉政和诫勉谈话等党内民主和监督制度，严格执行党员领导干部报告个人有关事项等监督制度，认真做好党员领导干部个人有关事项报告工作，其中涉及省管干部12人，集团公司党委管理的干部共158人；做好《领导干部个人有关事项报告》报送汇总和抽查核实工作，按照中组部抽查比例10%要求，共抽查16人；坚持“逢提必查”要求，全年共重点抽查31人次；委托审计部对5名领导干部进行经济责任离任审计，干部监督全面加强。按照“远近结合、梯次配备、专业合理、结构优化”的要求，本着“优胜劣汰、动态管理”的原则，不断加强各级后备干部队伍建设。整合利用内部培训资源，发挥内外部培训资源优势，不断创新培训形式，丰富培训内容，提高培训工作的针对性、实用性，分级建立干部主体培训班次，着力做好干部培训工作，举办集团公司第二期干部进修班暨党群干部培训示范班，43名党群干部参加培训，在开班仪式上命名莱钢党校为“山钢集团党员教育培训基地”；积极落实上级调训任务，选派领导干部参加上级部门培训30余人次。采取笔试面试、遴选、考察等多种公开竞争方式，分批次在全集团内外招聘选调人员。在集团公司内部先后为法律事务部、党群工作部、人力资源部，塞矿公司等单位部门分9批次选调40名工作人员，为日照公司选调200名工程技术人员；面向社会为山钢金控、财务公司等单位分2批次公开招聘46名应届毕业生。

【领导干部因公、因私出入境管理】 全年共办理集团公司领导因公出国（境）备案18人次，集团公司管理干部因公出国（境）备案82人次。开展违规办理和持有因私出国（境）证件专项治理工作，对集团公司党委管理干部持有的因私护照进行全面清查和收缴，完成在公安出入境部门的备案工作，为集团公司领导、集团公司党委管理干部办理登记备案，合计179人。按照“应备尽备”、杜绝遗漏的要求，将山钢股份济南分公司116名中层干部全部纳入集团公司备案范围。

【干部档案管理】 按照全省干部人事档案专项审核工作会议要求，根据《山东钢铁集团干部人事档案专项审核工作实施方案》要求，扎实开展干部人事档案专项审核工作，全面、细致、深入地查找和解决干部档案“三龄两历一身份”信息存在的各类问题，系统梳理干部人事档案管理方面存在的问题和漏洞，研究制定整改方案。跟踪、督导各二级单位按照干部管理权限开展专项审核工作。截至2015年底，集团公司总部共整理审核干部档案308卷，补充材料350余份，重新确定出生日期68人。

【老干部工作】 根据省国资委离休干部工作处安排，开展老干部工作好经验好做法征文活动，从领导重视、政治待遇、生活待遇、组织建设、发挥作用、文体活动、亲情服务等7个方面展示老干部工作成果，共有33篇稿件收入省国资委编印的《省管企业老干部工作实例选编》一书，实现经验交流、成果共享。参加省委老干部局举办的老干部工作转型发展研讨培训班及省国资委举办的改制破产企业离休干部安置工作会议。落实好老干部生活待遇，转发上级下发的《关于驻济省直企业离休干部发放住宅物业服务补贴的通知》《关于增加驻济省直企业离休干部生活补贴标准的通知》《关于企业和事业单位离休干部病故一次性抚恤金有关问题的通知》，积极协调有关单位部门，认真兑现落实，让老干部们感到满意。认真做好提高抗战时期参加革命工作的部分离休干部医疗待遇，共有17名符合条件的离休干部享受按副省（部）长级标准报销医疗费待遇。努力适应老干部工作转型发展需要，积极探索文化养老的新方式、新渠道，充分发挥老年体协、老年大学、老干部书画研究会和老年艺术团平台作用，常年坚持开展活动，丰富老干部的精神文化生活。按照省委老干部局、省国资委要求，组织有关单位积极参加第六届老年艺术节、文艺展演、“我的抗战”征文等活动，取得优异成绩，展示了山钢老干部的风采。组织济钢、莱钢选送7个文艺节目，参加省管企业暨省直第八联络片老干部文化养老成果展演，充分展示了集团公司老干部管理服务工作和文化养老建设取得的丰硕成果，受到省委老干部局和省国资委领导以及退休老干部的欢迎。深入开展送温暖活动，元旦春节期间、“七一”前夕、建国66周年之际，集团公司党委及各级党组织认真开展走访慰问老党员、老干部、生活困难党员活动。集团公司党政领导和各单位领导班子成员带头尊老敬老，带头登门走访慰问老党员、老干部，全集团共走访慰问困难党员、老党员和老干部3601名，送出慰问金189.85万元。

（撰稿：李勇实　马金宝　张　序
审稿：来现民　周　庆　陈茂文）

宣传思想工作

【综述】 党群工作部是集团公司党委宣传思想文化工作职能部门，主要职能为：负责集团公司党的思想建设、思想政治工作、新闻宣传、精神文明建设、企业文化建设、形势任务教育、党建思想政治工作研究会和职工舆情信息等工作。截至2015年底，共有职工8人。其中，教授级高级政工师3人，高级政工师2人，政工师3人；研究生5人，大学本科3人。

【舆论宣传工作】 深入贯彻落实中央和省委、省国资委党委决策部署，围绕中心、服务大局，宣传集团公司及各单位全面推进物质文明、精神文明、政治文明和生态文明建设的工作动态、重要成果及各类先进典型，有效促进集团公司科学发展、和谐稳定。组织2015年度新闻宣传工作先进集体、先进个人和好新闻作品评选表彰奖励。完善实施《山钢要闻》编发制度，每周编辑集团公司层面重要消息发送到各基层媒体转载，并组织落实济钢、莱钢两家电视台轮流值班制度，及时通过电视播发集团公司新闻。对山钢集团内部网站重新进行改版，组织对各单位宣传舆论机构进行深入调研，系统研究后形成山钢媒体整合方案。认真做好舆论引导工作，利用自办报刊、电视、内部网络、门户网站和微信等新媒体，组织专题系列报道、日常新闻报道、系列评论员文章等方式，积极引导干部职工认清形势、统一思想、凝心聚力，营造浓厚舆论氛围，推进集团公司各项决策部署。研究制定下发《关于进一步协同做好外宣工作的实施意见》，对对外宣传协同工作提出要求，对对外宣传领导小组和对外宣传报道小组进行调整，要求各部门、各单位牢固树立外宣工作“一盘棋”思想，加强外宣协同机制建设。根据公司的发展变化及阶段性重点工作要求，先后组织开展“改革、经营、党建”等5个专题宣传，研究策划《“聚焦扭亏增盈　推动改革发展”专题宣传方案》，组织骨干力量开展集中宣传活动，加强对外宣传组织策划。以“聚焦发展、精益运营”为中心，以打响扭亏增盈生存保卫战为主线，紧紧围绕扭亏增盈、精益运营、企业改革、“三严三实”等主题，做好重大主题对外宣传报道。积极应对网络舆情，快速组织宣传稿件在社会主流媒体发声，及时解惑释疑、引导舆论。加强职工思想舆情研判和社会网络舆情汇总分析，编发系列形势任务专题宣讲材料和深度舆情信息。组织搭建“厚道山钢”微信公众平台，强化宣传推广，积极引导各单位开展微信宣传，形成覆盖全集团的三级微信宣传网络体系。“厚道山钢”微信公众平台自6月份上线以来，手机用户已有5600个，遍及全国34个省市自治区，总点击数超过30万，舆论主导权和引领力不断加强。2015年，共计在各类报刊、电视台、新闻网站等社会媒体刊发稿件1100余篇。

【理论教育】 认真贯彻全国宣传思想工作会议精神，大力强化意识形态和理论武装工作。集团公司党委按照中央和上级党委部署要求，认真组织开展中心组学习，坚持落实各项学习制度，坚持学原著、读原文，坚持理论联系实际，灵活设置学习专题，将学习理论与研究解决现实问题相结合。根据学习安排，研究拟定中心组集中学习内容，提前下发学习资料和学习通知；按照每次中心组学习的通知要求，做到人员落实、时间落实、内容落实。组织开展“三严三实”、习近平总书记系列重要讲话、党的十八届五中全会精神、省国资委关于深化国企改革有关精神、《习近平谈治国理政》、全国“两会”精神、党风廉政建设和反腐败斗争等专题集中学习，均收到预期效果。完善集团党委中心组学习情况报告制度、学习情况通报制度及学习情况督察制度，构建各单位中心组学习情况报送联系人网络体系；坚持对各单位中心组学习情况每半年一次通报，做好各单位中心学习情况督察工作，形成科学完善的中心组学习管理机制，推进班子建设和思想建党重大思路的落实。创新开展党委理论中心组学习旁听工作，利用3个月的时间，采取交叉参与的方式，对全集团部分单位党委中心组学习情况集中开展旁听，接受旁听和参与旁听的各单位普遍反响良好，达到督导检查和交流借鉴的双重目的。公司党委加强理论学习的经验做法《学在深处，谋在新处，干在实处——企业党委理论中心组学习探索与实践》，被国务院国资委在有关会议上推广。

【形势任务教育和日常思想政治工作】 围绕各阶段形势任务教育重点，完善实施形势任务教育重点课题协调推进机制、宣教重点课题分工负责、协同配合联动机制、宣教重点课题宣传材料编写发布机制、宣教效果评估机制，先后编写12期7万余字的专题材料，答疑释惑、凝聚共识。进一步加强统筹管理和策划，充分发挥报纸、电视、网站等媒体作用，对重大课题宣传教育实现上下联动、全面覆盖。结合重大课题及时组织编写专题辅导材料，深入解读集团重要决策、重大部署以及阶段性重点工作，有针对性地回应职工关切。宣传宏观形势，及时编写《正确认识新常态下的经济形势与宏观政策》《以“四个全面”为引领，推进山钢科学发展》《主动适应新常态，全力开创新局面》《五问中国经济——权威人士谈当前经济形势》专题材料，对“四个全面”提出的历史背景、战略布局、时代内涵、逻辑关系以及如何以此为指导推进山钢集团工作进行解读。在集团公司网站开设“形势任务”专栏，通过“权威解读”“他山之石”等版块对混合所有制、产权制度改革等重大热点话题进行正确引导。《山东钢铁》报开辟“观象台”专版，对钢铁行业及相关行业动态、趋势及时刊发，拓展干部职工视野。宣传标杆典范，先后发布《敢啃硬骨头，勇于涉险滩》《学习借鉴华鲁恒升经验，全力开创改革发展新局面》等专题材料，对兖矿集团、华鲁恒升等单位大力深化改革、实现逆势增长的经验作法进行推广，以他山之石启迪思想、引领思路。各基层单位党政领导带头深入一线，开展面对面宣讲、心贴心交流，向职工讲解形势、宣传政策。做好特定时期、特殊群体的教育工作。注重利用检查工作、座谈交流等各种机会开展面对面交流沟通，有针对性地做好宣传教育工作；对集团公司新入职员工及时进行了形势任务专题教育。关注职工思想动态，印发《关于建立职工思想舆情信息直报点的通知》，在全集团确定10个单位作为直报点，使舆情收集工作更加接近基层一线，及时了解职工的所思所想所盼，编发6期职工思想舆情信息报告，为集团公司正确决策提供有效参考。集团公司党委加强形势任务教育的做法《完善机制丰富载体做深做活形势任务教育》先后在省管企业宣传信访工作会议和2015年全国冶金企业文化论坛上进行经验交流，《互联网+党建思想政治工作》经验在2015年全国冶金政研会理事会上进行交流。

【党建政研会工作】 认真组织开展年度课题研究，年初制定印发《关于做好2015年思想政治工作研究的通知》，确定研究方式和重点方向，提出具体要求，并结合思想政治工作新理念新思路和集团公司实际拟定22个重点研究课题，共收到各单位择优推荐的论文122篇，组织评委会对论文进行评审，确定一、二、三等奖名单，并进行命名表彰。组织推荐各单位参加上级政研会各项评选，集团公司共有22篇论文在2015年冶金行业论文评选中获奖，其中5篇论文获一等奖，6篇论文获二等奖，11篇论文获三等奖，列各获奖冶金企业首位。进一步加强组织自身建设。8月20日，召开山钢党建政研会二届二次理事（扩大）会议，围绕“互联网+党建思想政治工作”主题进行深入交流讨论。组织开展优秀政研会干部推荐评选，对28名同志进行命名表彰。加强沟通交流，完成全国冶金政研会、省国资委安排的各项专题调研任务。充分借助社会资源，系统总结集团形势任务教育、中心组学习的工作经验做法，在上级政研会主办的《冶金企业文化》《党建政工研究》等杂志上开展多期企业形象宣传。集团公司党委在全国冶金政研会理事会上作《主动适应网络发展新常态，探索构建“互联网+思想政治工作”新平台》交流发言。

【精神文明建设】 以大力弘扬社会主义核心价值体系为核心，深入开展群众性精神文明创建活动，为企业改革发展提供精神动力。进一步完善《山钢文明单位建设管理规定》《文明单位考核细则》，组织开展文明单位创建。按照省级文明单位、省管企业文明单位评选推荐要求，认真组织开展复查和评选推荐工作。经复查，共有18个单位符合省管企业文明单位标准条件，复查合格；17个单位符合省级文明单位标准条件，复查合格；1个社区符合省级文明社区标准条件，复查合格。推荐7个单位申报省级文明单位；5个单位申报省管企业文明单位。深化道德建设，组织开展道德模范人物评选，广泛发动职工群众学习道德典型、践行道德规范，积极投身集团公司改革发展，建设文明和谐山钢。2015年，全集团共有20人获“山钢道德模范”称号；6人获得“省管企业道德模范”称号、5人获得提名奖。11月10日，集团公司召开道德模范座谈会，对道德模范进行表彰。组织开展“同铸山钢魂，共圆山钢梦”、一线员工故事会等宣传活动，累计在报纸、电视、网络新媒体发布相关稿件500多篇，凝聚干部职工精神士气。

【企业文化建设】 持续深化集团公司“共赢文化”体系建设，认真贯彻落实集团公司《企业文化建设管理办法》《企业文化导入实施方案》的各项要求，策划制定《企业文化建设考核评价办法》《关于进一步深化企业文化建设的实施方案》，不断丰富文化内涵，深化文化建设工作。采取多种形式、多种举措，组织开展文化融合项目课题调研，深化文化建设推进落实。持续深化文化深度融合践行主题活动，印发《关于开展“同铸山钢魂，共圆山钢梦”文化深度融合践行活动的通知》，确定“四个坚持，三个融入，一个转化”的总体要求，文化建设在各单位落地开花。坚持管理提升与文化建设相互促进，经营绩效和员工队伍精神风貌不断改善，对全集团文化建设先进单位和个人进行综合评比表彰，授予济钢集团等15个单位“山钢文化建设先进集体”荣誉称号，授予郭洪卫等31名同志“山钢文化建设先进个人”荣誉称号。编制印发《山钢文化手册之二》和《山钢文化读本之二》，利用网站、新媒体、报纸、电视等媒体，积极开展山钢文化宣传教育。集团公司作为企业文化先进单位在省国资委工作会议上作典型发言。

（撰稿：李宪华　审稿：卢彤书　张兰润）

统一战线工作

【综述】 党群工作部负责集团公司统一战线工作，主要职能为：负责集团公司民主党派工作，负责党外人士及党外后备干部队伍建设工作，负责归侨、侨眷、台胞、台属、少数民族和留学回国人员的工作，负责宗教有关工作等。截至2015年底，山钢集团共有各类统战成员12000余人，约占职工总人数的14.5%。其中，党外知识分子8675人，约占到职工总数的11%；少数民族有回族、满族、蒙古族等682人；宗教有佛教、基督教、伊斯兰教等143人；归侨及侨眷51人，出国和回国留学人员14人。现有党外人大代表1人，政协委员15人，处级干部6人；民盟、民革、民建、民进、农工和九三学社6个民主党派，共有成员73人，其中担任县级以上政协委员的8人，担任省政协委员的1人。党委统战部确立的党外人士重点人物库共74人；县处级以上的少数民族干部2人，有30名少数民族科级干部。

【规范化组织建设】 紧紧围绕企业中心任务谋划统战工作，坚持统战工作与党委其他工作同部署、同检查、同考核、同总结、同表彰，形成协同高效的运行机制。加强对党的统战方针政策的宣传和贯彻，使各级党员领导干部真正从思想上提高对新形势下企业统战工作的认识，进一步明确新形势下企业统战工作重点，把统战工作作为集团公司改革、发展、稳定的重要支撑。加强统战制度体系建设，全面梳理和完善各项工作制度，形成内容完备、科学管用的制度体系；健全完善综合协调、信息沟通、绩效评估、督察落实、目标考核和奖罚的工作机制。结合集团公司管控特点和一体化运营中的新情况，注重充分发挥各单位的积极性和主动性，保证统战工作落到实处。建立健全工作通报、台账统计、征求意见、民主管理和监督、联系交友等规章制度。强化专业管理考核，确保各项统战工作任务的落实。统筹整合统战资源，建立健全由集团公司党委、各单位党委、各级统战部门和基层统战联络员组成的统战工作网络，坚持做到统战工作“三纳入”：纳入重要议事日程，注意研究解决重大问题，完善政策措施；纳入人才和干部队伍建设整体规划，加强统筹谋划；纳入领导班子和干部队伍建设的考核内容，落实领导责任制。

【共赢统战文化建设】 强化“共赢文化”建设，通过开展“同铸山钢魂，共圆山钢梦”文化深度融合践行活动等系列活动，引导广大统战人员积极践行“为客户提供满意的产品和服务”的山钢使命，牢固树立以客户为中心的理念，树立质量意识和低成本观念，树立承担相应社会责任的意识；通过学习践行“信恒如山，创新超越”的山钢精神，强化统战人员的创新意识，坚持以学习创新为驱动，切实加强高端产品和新产品质量稳定性攻关。着力开展以“同心教育，凝聚共识”“同心实践，共克难关”“同心文化，凝聚合力”三大活动为主体的“同心工程”建设。在全公司统战系统深入开展“同心教育，凝聚共识”活动，重点开展十八届四中全会精神及中央、省委关于统战工作的各项部署要求、形势任务宣传教育；在广大统战成员中开展“企业有困难，我该怎么办”大讨论、“我为节能减排献一计”“我的指标我的责任”及降本增效大家谈、技术课题攻关等活动，在企业渡难关促发展中发挥了推动作用。完成省委统战部对集团公司党外代表人士队伍建设的任务要求，以及省委统战部交办的山钢统战年鉴的撰写工作。

【党外代表人士队伍建设】 山钢共有民盟、民革、民建、民进、农工和九三学社 6 个民主党派，成员 73 人；无党派知识分子 8444 人。深入贯彻落实省委统战部《关于加强党外代表人士队伍建设的实施意见》，扎实推进党外知识分子队伍建设，与党委开展的各项主题活动紧密结合，积极促进党外代表人士队伍建设工作融入企业的生产经营管理。充分利用各种媒体大力宣传党外代表人士的先进事迹，提高党外代表人士的社会影响力，营造有利于党外代表人士成长的良好环境。在集团公司党外知识分子中深入开展建功立业活动，为党外知识分子沟通思想、献计出力、发挥作用搭建平台。把党外代表人士后备队伍建设工作纳入集团公司人才和干部队伍建设的总体规划，健全完善联谊交友机制和党外后备干部人才库，注重从管理技术岗位的党外知识分子中发现培养重点学科带头人、首席专家、有突出贡献的中青年专家，认真做好选拔、使用、推荐工作。积极支持民主党派领导班子建设，帮助培养选拔思想政治素质高、年富力强的后备人才。引导民主党派把重点放在发展政治素质高、工作能力强的骨干人员上，并积极向各民主党派举荐优秀的党外知识分子，协助做好新成员发展的政审工作，把好政治关。注重把德才兼备的党外代表人士及时向地方各级人大、政协推荐。

（撰稿：李宪华　审稿：卢彤书　张兰润）

纪律检查工作

【综述】 集团公司纪委隶属集团公司党委，实行委员制，共有纪委委员 8 人。其中，纪委书记 1 人，副书记 2 人。2015 年，集团公司各级纪委以十八届中央纪委五次全会和省纪委十届六次全会精神为指导，以企业生产经营建设为中心，认真履行全面从严治党监督责任，旗帜鲜明地开展反腐倡廉工作，持之以恒纠正“四风”，强化监督执纪问责，严肃查处违规违纪行为，营造风清气正的政治生态和干事创业的良好氛围。

【协助党委落实主体责任】 集团公司纪委把协助集团公司党委加强党风建设和反腐

倡廉工作作为首要职责，认真传达学习中央领导关于全面从严治党的重要论述，及时编发中央纪委、省纪委全会等重要会议精神传达学习提纲，并纳入各级党委中心组学习和党员干部培训计划，强化落实主体责任的思想自觉。组织开展“两个责任”大讨论，在《山东钢铁》报开辟专栏，组织各级党委书记、纪委书记带头谈责、论责，统一思想、凝聚共识。协助党委印发《落实党风廉政建设党委主体责任工作方案》，使主体责任落实路径更加清晰。协助党委检查考核责任制落实情况，及时约谈、督促整改。2015 年，对 2 个单位领导班子及个别党员干部作出了降低考核等级、不做评价的决定。

【落实纪委监督责任】 印发“两个责任”清单，明确主体责任中党委班子、党委书记、党委委员的 40 项具体责任以及纪委的 18 项具体监督责任，边界清晰、履责有据。主动落实“两个为主”，制定《纪委书记、副书记提名考察办法》，集团纪委会同组织部门提名考察 6 名二级单位纪委副书记；从严落实“查办腐败案件以上级纪委领导为主，线索处置与案件查办在向同级党委汇报的同时，必须向上级纪委报告”。印发《党风廉政建设约谈制度》，诫勉谈话 1 人，停职 1 人，函询 5 人次，对 30 余名提拔重用的党员领导干部进行了廉洁从业谈话。

【党员干部作风建设】 深入贯彻落实中央八项规定精神和集团党委正风肃纪“十条禁令”，“四风”问题得到有效防治。突出抓好重大节日期间的监督检查，重申“九个严禁”，建立健全“节前教育、节中督查、节后问责”的工作机制。集团公司纪委全年共组织 3 次突击检查，深挖公款吃喝、公款旅游、公车私用等变通变异的不正之风。查处违反中央八项规定精神的案件 5 起，纪律处分 8 人，对 3 个单位党委、纪委进行责任追究；240 余人次主动上交礼金、购物卡等，价值 40 余万元。

【执纪审查】 进一步畅通信访举报渠道，制定《纪检监察信访实名举报管理办法》，完善信访举报受理程序，加大信访初核力度，发出信访监督书 7 份，对重要问题线索实施提级办理，做到“事事有结果、件件有回音”。全年集团公司共受理信访举报 166 件次，立案 10 起，其中党纪处分 14 人，收缴违规违纪资金 210 余万元。

【反腐倡廉教育】 扎实开展党规党纪教育，组织 2 万多名党员干部参加“党章和反腐倡廉知识测试”，以考促学、以学促廉；开展“学党章、学准则、学条例”专题教育，组织专题辅导，使广大党员干部明底线、受警醒、知敬畏。大力开展警示教育，邀请枣庄市检察院警示教育宣讲团，以现身说法的形式作专题报告，济南、莱芜、淄博 3 个片区 1800 多名党员干部接受教育，反响强烈；利用身边典型案例，召开纪律审查情况通报大会，印发案例通报，在内部媒体配发评论员文章，形成有力震慑。各单位采取组织观看警示教育片、参观警示教育基地等形式，使党员干部知止守戒。利用新媒体开展日常教育，集团公司纪委创办电子期刊《知止》，开通网络教育平台《廉洁之窗》，增强教育效果。

【深化“三转”】 建立健全纪检监察组织机构，将集团公司纪委、监察部与审计部分开独立运行，充实 3 名专职干部；建立查办案件人才库，首批 44 人入库使用。成立日照公司纪委监察部，组建专兼职纪检监察队伍。采用“请进来、送出去”的形式，分批选送 10 余人参加中纪委、省纪委业务培训；举办 1 期纪检监察业务培训班，邀请省纪委等有关专家授课，60 名专兼职纪检监察干部参加学习。注重在实践中锻炼和培养干部，对典型案例定期组织分析研讨，以案说纪，提升整体业务水平。加强纪检监察干部作风建设，开展纪检系统“三严三实”专题教育，党委副书记、纪委书记苏斌同志做题为《践行“三严三实”，做党的忠诚卫士》的专题党课；制定集团纪检监察干部守纪律、讲规矩“十不准”，以高标准、严要求锻造队伍。

（撰稿：张　明　审稿：王景洲）

群众工作

【综述】　集团公司层面工会工作暂由党群工作部负责联系协调，集团公司所属各单位工会组织健全，厂务公开、民主管理等各项工作有序开展。集团公司团委与集团公司党群工作部合署办公。各单位团组织关系隶属地方团市委管理，日常工作受属地团组织和集团公司团委双重领导。

【工会工作】　集团公司工会工作坚持服务大局、服务职工，全心全意依靠职工办企业，扎实推进厂务公开与民主管理工作，积极构建和谐劳动关系，认真组织动员广大干部职工踊跃投身集团公司运营转型、降本增效、减亏扭亏增盈工作，为集团公司实现年度奋斗目标作出积极贡献。各单位工会组织认真落实《公民道德建设实施纲要》，引导干部职工提高道德素质，树立良好形象，努力营造昂扬向上、开拓创新、积极健康的良好风气；认真落实集团公司部署，充分发挥工会组织密切联系职工群众的桥梁纽带作用，积极落实民主管理各项工作任务，主动为职工排忧解难，努力构建和谐劳动关系，扎实推进和谐企业建设。认真开展送温暖活动，向困难企业的困难职工下发专项慰问金，对困难职工进行走访慰问，2015年春节共发放困难职工慰问金76.1万元。充分发挥慈善工作站作用，组织开展慈心一日捐活动，组织机关干部职工捐款116370元，全部上缴省慈善总会。做好包村扶贫帮困工作，积极塑造责任国企良好形象。深入开展“我为节能减排献一计”“我的指标我的责任”及降本增效大家谈、技术课题攻关等活动，组织开展“我为山钢献一计”金点子评选工作，共收集职工金点子46项，创效1000多万元，其中推荐20项上报省国资委。

【共青团工作】　集团公司共青团工作在省国资委团委和集团公司党委正确领导下，紧紧围绕服务中心、服务青年的工作主题，组织动员广大团员青年积极为实现全年奋斗目标贡献力量。强化学习引领，组织各级团组织、广大团员青年认真学习贯彻党的十八届四中、五中全会精神，习近平总书记系列重要讲话，共青团十七届三中全会及集团公司年度工作会议精神，有效推动和促进重要会议精神在基层青年职工中的宣传和贯彻。切实加强团组织自身建设，积极在日照公司、国贸公司组建青年工作委员会，着力加强团组织覆盖面和影响力。积极运用新媒体开展工作，完善使用山钢共青团网站，利用微博、微信等新媒体，拓展工作平台。深化主题活动，扎实推进“降本增效我先行，青春建功促发展”主题实践活动，切实抓好“打赢生存保卫战，青春建功做贡献”“降本增效示范岗”“青年文明号”“青年安全生产示范岗”等创建工作，积极开展“青年岗位练兵”和“青年职工突击队”等活动，团结带领广大团员青年积极投身到降本增效、扭亏增盈工作中，涌现出一大批省管企业级、省级及国家级青年先进群体和技术能手。坚持以服务青年成长成才为重点，评选表彰降本增效青年先进集体与个人，引导青年立足本职、提升素质。坚持以理想信念教育为核心，紧紧围绕集团公司打赢生存保卫战的战略任务，扎实推进“同铸山钢魂，共圆山钢梦”文化深度融合践行活动，教育引导广大团员青年自觉践行“共创、共进、共赢”的核心价值观，助推山钢文化融合发展。

（撰稿：李宪华　审稿：卢彤书　张兰润）

机关党群工作

【综述】 集团公司机关党群工作由党群工作部/机关党委负责，主要职能为：负责机关党建工作与党风廉政建设，组织机关职工学习贯彻党的理论、路线、方针、政策，宣传贯彻中央、省委、集团公司和集团公司党委重要会议、文件精神，加强和改进思想理论教育，加强党组织建设，健全机构，促进党建规范化、科学化建设；负责机关党的作风建设、反腐倡廉建设和制度建设，加强廉洁勤政教育、健全约束机制、强化风险防控等；负责机关精神文明建设工作，组织开展群众性的精神文明创建活动；负责加强机关职工理想信念和形势任务教育，加强思想道德和民主法治建设；负责加强机关能力作风建设。

【机关党建工作】 机关党委认真学习和落实党的十八届三中、四中、五中全会精神，习近平总书记系列精神和集团公司、集团党委系列重要讲话、决策部署；注重加强机关党委及各支部的班子建设，建立每月1次党委会、中心组学习的学习议事制度，开展多种形式的党课，组织进行机关党委“三严三实”专题党课，举办机关党课和机关党务管理人员业务培训。健全完善支部学习交流制度，在促进学习成果共享的同时，推进会议精神的贯彻落实；扎实开展“三严三实”专题教育，做好“三严三实”专题民主生活会、组织生活会的组织工作，建立整改台账，逐项抓好落实，确保整改工作有序推进。完善党建工作制度，规范工作机制，印发实施《2015年机关党委工作要点》《机关党建工作考评办法》，重新修订完善机关党建工作责任制，健全完善机关党委议事、学习制度。建立并落实党建工作督查通报制度，严格检查督促支部工作，及时对机关各支部工作完成情况进行通报，并提出意见建议，有效强化各支部书记“不抓党建是失职，抓不好党建是不称职”的工作意识。坚持民主集中制原则，实现集体领导。全面建立健全党内组织生活制度，进一步规范和明确党组织生活的要求、程序、内容等，切实做到有章可循、有法可依。认真做好新形势下机关党员发展工作，发展办公室党支部2名积极分子为预备党员。进一步规范机关党建基础管理，先后对机关党委党员年度信息、党员发展情况、入党积极分子情况进行统计梳理并进行维护，对各支部各项工作资料进行分类留存，并从中挖掘典型经验和先进支部进行经验交流。

【党风廉政建设】 深入贯彻落实中央八项规定精神，十八届中纪委四次、五次全会议精神和集团公司党委、纪委的部署，认真贯彻集团公司“十条禁令”，加强机关党风与廉洁从业建设。及时修订机关党委、各党支部党风廉政建设责任制，并组织机关党委与各总支、支部书记签订责任书，指导各总支、支部层层签订党风廉政建设责任书。加强学习宣传教育，履行教育引导责任，积极组织机关纪委各种会议、活动，在重大节日期间组织纪律检查巡查队，积极巡查监督机关执纪情况，发现苗头及时进行教育和整改。认真梳理工作流程，分析管理制度的完整性和执行情况，逐一排查岗位职责、业务流程、制度机制3个方面的廉政风险点，修订《廉洁风险防控管理实施意见》。建立党员干部廉政档案，完善廉情预警报告机制。加强廉洁从业教育，认真开展党章及廉政知识学习测试工作，编辑内容简洁、重点突出的学习资料，并成功组织集中考试。

【机关能力作风建设】 强化机关能力作风建设与“三严三实”专题教育活动查摆问题整改，把能力作风建设与机关精益管理提升、打赢扭亏增盈生存保卫战紧密结合起来，组织加强各项专业知识学习培训，集中对两级党组织的整改情况进行检查，促进机关管理与建设的全面提升和各项任务目标的完成。集团公司总部机关组织召开专题教育党课暨党建工作交流会议，教育引导机关干部职工认真对照“三严三实”要求，结合机关实际，着力解决思想上、作风上、工作上不严不实的问题，准确把握新的形势，以“三严三实”的标准增强发展的信心和解决问题、战胜困难的紧迫感，把“三严三实”专题教育与强化机关党建和能力作风建设有机结合，紧紧把握集团战略发展的新要求，全面提升机关各项工作水平，形成精益管理、严实高效的崭新风貌。充分发挥机关党建思想政治工作优势，促进思想、作风和履职尽责、攻坚克难等方面问题的整改，着力建设“法治型、研究型、服务型、标杆型”机关，打造“忠诚、勤勉、协同、图强”的总部机关团队，为集团公司深化改革、精益运行、打赢生存保卫战提供思想动力支撑。

【机关工会工作】 围绕提升职工素质，组织机关职工开展“转型升级我献计、创优创效我先行”合理化建议征集活动；围绕学习型机关建设，开展“创建学习型组织、争当知识型职工”活动，组织机关职工学习贯彻集团公司年度工作会议精神；与新华书店合作，为机关干部职工办理购书卡，方便机关干部职工业余学习；围绕和谐机关建设，组织开展女职工“庆三八”活动，开展会员生日送祝福活动，对机关职工困难状况进行摸底调查，掌握机关困难职工基本情况，为实施有效救助奠定基础。组织举办多项丰富多彩的文体活动，增强机关的凝聚力和向心力。围绕服务职工，机关工会承接组织职工参与股权信托投资的工作，为干部职工提供良好服务。建立健全会籍管理体系，认真做好机关部门会员工会关系的转接工作，健全机关会员档案；建立健全会费收缴、经费使用及审查制度，自觉接受上级财务审查，主动接受各工会小组和广大会员的监督，定期公布会费、经费收支情况；完善实施工会工作集体议事制度以及机关会员代表大会、机关工会小组长会议、工会委员会议等会议制度，坚持民主集中制原则，夯实工作基础；加强基础工作管理，做到工作有计划、活动有场所、经费有保障、职工合理化建议有反馈。指导山钢地产、山钢金控、国贸公司等单位做好工会组建工作。

（撰稿：李宪华　审稿：卢彤书　张兰润）

《山东钢铁》报刊编辑出版工作

【综述】 山东钢铁报社负责《山东钢铁》报和《山东钢铁》杂志的编辑出版，同时承担集团官微“厚道山钢”编辑制发工作。主要职能为：在集团公司党委领导下，在集团公司新闻宣传业务主管部门的指导下，组织编辑、出版《山东钢铁》报和《山东钢铁》杂志，面向集团公司内部发行；负责宣传党的路线方针政策，宣传集团公司党政重大决策部署；宣传各单位生产经营和改革发展的成果经验、职工群众的精神风貌；对外展示和树立集团公司形象，为生产经营建设和改革发展营造良好的舆论氛围。截至2015年底，共有职工12人。其中，高级政工师9人，政工师3人；研究生2人，大学本科10人。

【报纸出版工作】 2015年，面对企业经营改革发展的严峻形势，报社围绕企业中心工作和党委重点工作部署开展集中宣传，突出针对性、贴近性、创新性，充分发挥报纸的宣传主阵地作用，坚持团结稳定鼓劲、正面宣传为主，唱响主旋律，打好主动仗，在重大、敏感、热点问题上把好关、把好度，不断提高舆论引导能力，努力营造万众一心共克时艰、共渡难关、共谋发展的浓厚氛围。强化报道的策划与组织，形成定期研究机制，准确把握宣传重点，超前谋划，提出思路和要求，制定措施和方案，明确目标和重点，统筹安排、联合行动，集众智、聚合力，力求达到最佳宣传效果。根据集团公司和公司党委全年工作部署和每个阶段的工作重点，报社每个季度都针对性地制定宣传重点，做到紧跟中心，跟紧中心。通过专题报道、重点报道、系列报道、综述、评论、图片等形式，宣传党和国家的方针政策，全面报道集团公司生产经营建设和改革发展过程中的重大新闻事件和突出成就，并注重强化形势任务教育，营造浓厚的舆论氛围，为企业稳定发展凝心聚力、鼓劲加油。围绕集团公司开展的运营转型、管理提升、打赢生存保卫战、精益管理、深化改革、机关能力作风建设、中长期发展战略实施、“三严三实”专题教育等重点工作和集团公司领导提出的“以业绩论英雄”等理念，报社及时开设专栏、组织专题，进行重点宣传，突出主题，强化效果，形成宣传强势。为及时报道“三严三实”专题教育推进情况，《山东钢铁》报开设专栏，并利用“新风”栏目，全面及时报道集团公司和各单位专题教育工作的思路、措施、做法和经验，展示集团公司各单位在转变作风、干事创业方面形成的新风尚，并以《精准发力　严实见功》为题，用充足的篇幅对集团公司“三严三实”专题教育总体情况进行阶段性综述。为助推扭亏增盈和改革发展工作，报社开展专题宣传活动，开设“聚焦扭亏增盈　推进改革发展”栏目，通过系列述评、典型报道，突出形势任务宣传，及时报道企业面临的形势、集团公司的工作部署和措施，做好舆论引导和解疑释惑工作，引导职工坚定信心、共渡难关。《我们已到了生死关头》《以业绩论英雄》《以更大信心和力度减亏扭亏》《专业板块发展要更聚焦》《改革要在重点领域实现新突破》《形成攻坚克难的强大合力》等系列述评收到良好的宣传效果。在做强集团公司层面新闻宣传的同时，报社坚持“三贴近”原则，设立“一线看台”“身边人”“基层动态”“班组生活”“风采”“一线工程师”“镜头故事”等栏目，上下联动、点面结合，将视角更多地转向一线，把版面更多地留给基层，深入报道生产经营和管理一线火热的工作和生活，充分展现基层职工的风采和情怀。2015年，《山东钢铁》报连续出版55期，刊登各类稿件3000余篇，文字采编总量超过180万字。《山东钢铁》报由济钢商贸印刷厂和莱钢印刷所分别承印，每期发行量13000份，免费发放到集团公司机关、各单位、各直属机构科室，向省新闻出版局等上级机关报送，并与部分兄弟企业报交流。

【杂志出版工作】 2015年，《山东钢铁》杂志编辑工作在继承以往优良传统的基础上，加大栏目设置和稿件组织创新力度。强化对集团公司重点工作的报道，坚持做好“领导论坛”“工作部署”等栏目，深入宣传集团公司面临的严峻形势、工作目标、取得的成绩，将原来的“特别策划”栏目调整为“特别关注”，由不定期刊出

集团公司党委副书记、纪委书记苏斌与山东钢铁报社职工共度记者节

改为每期选择一个主题进行深度报道；报道视角更多地转向基层，大力宣传各单位各部门工作亮点，特别是创新表现形式，新开辟“管理动态”“来自重点工程的报道”“车间管理”“精益山钢，精彩瞬间”等栏目，增强基层管理人员和读者的可参与性，提升关注度；加大外部信息量，提升参考价值，开设可参与性强的栏目。全年《山东钢铁》杂志共出版5期（总第33~37期），刊发稿件近300篇（幅），文字采编量约28万字。

【新媒体工作】 自2015年6月份“厚道山钢”微信公众平台开通伊始，报社即安排人员全程参与官方微信的编辑制作工作，坚持“宣传+服务”“内容+技术”理念，发挥微信传播快捷的优势，将集团公司重要事件、重点工程、重要项目以及产品销售等相关信息第一时间传播出去。如围绕日照钢铁精品基地工程进展、环保建设，第一时间发出声音，让全体山钢干部职工和社会及时了解工程建设情况。同时注重贴近一线，开辟了“最美山钢人”“山钢艺术家”“一线工程师”“一线故事”等栏目，侧重宣传报道山钢职工先进人物，利用微信图文并茂、图片为主的视觉新闻优势，更好地展现山钢职工风采，让微信平台更接地气。经过半年的运作，“厚道山钢”已经成为集团公司平面媒体的有益互动宣传平台，职工关注度和社会影响力不断提升，为传统媒体与新媒体的融合作了有益的探索与尝试，为构建山钢全媒体平台奠定基础。截至年底，共编辑微信新闻260余条，日均点击量1000多次。

【主要荣誉】 全年报社有1件作品获中国冶金记协年度好新闻三等奖；有2件作品被山东省新闻工作者协会企业分会评为年度好新闻二等奖；有29件作品分别被评为集团公司年度好新闻一、二、三等奖；有2名采编人员被授予“集团公司宣传工作先进个人”，报社被评为“山钢集团新闻宣传工作先进集体”。

（撰稿：刘志飞　审稿：田玉山）

特载

概况

专论专文

大事记

机构与人事

战略合作与交流

专业管理

党群工作

☆ 山钢股份

权属单位

统计资料

荣誉

附录

山钢集团
SD STEEL

山钢股份

山钢集团
SD STEEL

山钢文化

核心理念

山钢经营宗旨：

精品赢得市场，诚信创造未来

公司简况

山东钢铁股份有限公司（以下简称山钢股份）是山钢集团实际控制并参与管理的上市公司。截至2015年底，山钢股份总股本为8420422781股，山钢集团及其子公司持有股份5112458131股，占总股本的60.71%，其中济钢集团有限公司持股30.26%，莱芜钢铁集团有限公司持股27.97%。

2009年，山钢集团拉开钢铁主业资产重组序幕，酝酿钢铁主业整体上市；至2011年12月30日，山钢集团对旗下两家钢铁上市公司的整合方案获得中国证券监督管理委员会批准，济南钢铁股份有限公司换股吸收合并莱芜钢铁股份有限公司；2012年2月27日，济南钢铁股份有限公司作为存续上市公司，更名为山钢股份，同时设立济南、莱芜两个分公司，分别负责济南、莱芜区域生产经营。重组完成初期，为充分发挥原有集团管理的优势，减少重组对公司生产运营的影响，济南分公司和莱芜分公司分别由济钢集团有限公司和莱芜钢铁集团有限公司运营管理。2014年7月开始，山钢股份对济南分公司和莱芜分公司实施实质性管理。

2015年7月1日，根据中国证券监督管理委员会《关于核准山东钢铁股份有限公司非公开发行股票的批复》（证监许可〔2015〕1480号），山钢股份非公开发行1984126984股新股，并于8月12日在上海证券交易所上市。8月，山钢股份用增发募集资金50亿元和自有资金16.91亿元共计66.91亿元，成功控股山东钢铁集团日照有限公司。

山钢股份成立以来，坚持以科学发展观总揽全局，秉持“在发展中规范，以规范促发展”的原则，形成主业突出、经营稳健、管理科学、运作规范的持续健康发展的良好局面。设有董事会办公室、10个生产经营管理部室、4个分公司、4个业务中心、1个钢铁研究院及20个全资和控股子公司。拥有焦化、原料、烧结、球团、炼铁、炼钢、轧钢完整生产工艺系统，具备年产生铁1310万吨、粗钢1715万吨、钢材1645万吨以上综合生产能力。主要产线有2500毫米双机架中板产线、3500毫米双机架厚板产线、4300毫米双机架宽厚板产线、1700毫米ASP产线、冷轧双机架产线、小型材产线各1条，棒材产线5条，H型钢产线3条，优特钢产线3条。钢材品种主要有中厚板、热轧板卷、冷轧板卷、H型钢、优特钢、热轧带肋钢筋等。其中，热轧带肋钢筋、H型钢、中厚板等产品已建立起区域性乃至全国性的市场优势；H型钢产品实现了大、中、小系列化，是国内规模最大、品种规格最全的H型钢生产基地；中厚板产品持续拓展产品规格、强度和韧性级别、厚度方向性能；热轧高强度耐候H型钢、工程机械用钢、钢板桩、抗震钢筋等实现了品种和产量的突破；热轧H型钢获“中国名牌产品”称号，齿轮钢和轴承钢获“国家冶金产品实物质量金杯奖”，热轧带肋钢筋获“国家免检产品”称号。产品广泛应用于汽车、石油、铁路、桥梁、建筑、电力、交通、机械、造船、轻工、家电等多个重要领域，远销美、英、德、印、日、韩等几十个国家和地区。

（撰稿：王全才　审稿：金立山）

2015年工作综述

【经营指标】 全年共生产生铁1004万吨、

钢1179万吨、钢材1125万吨；实现营业收入389.72亿元、净利润0.89亿元；截至2015年底，公司总资产532.76亿元、归属于母公司的股东权益166.22亿元。

【降本增效】 济南分公司深化“四降低两提升”攻关活动，不断拓展降本增效空间，实现吨钢综合创效24.8元；莱芜分公司系统挖掘创效潜能，实现吨铁成本低于行业平均水平13元。

【精益管理】 强化精益管理培训，启动运营转型试点，推行模范车间创建，实施运营改善和管理提升项目，综合创效显著。济南分公司运用先进管理思想和工具，抓项目、抓试点、抓培训，突出“严、细、实”，全年累计验收项目142个，实现落袋效益1.5亿元；系统策划精益管理推进方案，开展大密度、多层次培训，精益生产水平提高，量化调整、准时生产和快速适应市场能力增强；以问题为导向，内部诊断与外部对标相结合，强化项目过程跟踪管控，全面推广运用诊断成果，工艺过程控制日趋规范，全员设备管理理念得到强化。

【产业布局】 确立“突出沿海，优化内陆，精品与规模并重”发展战略。完成定向增发募集资金50亿元工作，2015年8月实现增资并控股山钢集团日照钢铁有限公司。压减济南地区钢铁产能，向山钢集团出售济南分公司钢铁资产128.20亿元，实现资产处置收益19.43亿元，为进一步推进资产结构调整和产业布局奠定良好基础。

【公司治理】 完善公司治理结构，如期完成董事会、监事会换届选举，确定新一届董事会专门委员会成员，聘任高级管理人员，确保“三会一层”各司其职、有效制衡的法人治理结构高效运作。完善“三会一层”议事规则，严格决策程序，保障其协调有效合规运行。强化对公司董事、监事和高级管理人员的培训，持续增强其勤勉尽职、规范运作的自觉性，进一步提升其依法规范运作水平。严格全资和控股子公司股东权益管理，规范其法人治理结构，持续提升其规范运作水平。

【风险防控】 强化内控自我评价和重大风险防范与控制。健全内部约束机制，修订完善《公司章程》、“三会”《议事规则》、《对外担保管理制度》等制度，健全内部控制体系。强化重大风险防范与控制，加大重大决策执行力，持续提升重大风险控制与防范能力。坚持内控监督和自我评价。内控日常管理部门和监督检查部门根据《内部控制制度》规定，严格对内控制度建立健全和执行情况进行监督检查，董事会风险管理与审计委员会对公司年度内部控制建立和实施情况予以评价，切实提高公司规范运作水平和盈利能力。

（撰稿：王全才　审稿：金立山）

2015年山东钢铁股份有限公司大事记

1月

14日　山钢股份以通信方式召开第四届董事会第二十六次会议。董事长任浩主持，公司董事出席会议，公司监事、高级管理人员列席会议。审议通过《关于公司2015年度固定资产投资计划的议案》。

29日　山钢集团党委副书记、纪委书记苏斌参加山钢股份莱芜分公司党员领导人员民主生活会并作点评。

本月 山钢股份莱芜分公司与海尔地产在青岛签订战略合作协议，成为海尔地产钢材指定供应商。

2月

7日 山钢股份莱芜分公司生产的直径1219毫米、壁厚33毫米X80长输管线钢板千吨级试制产品，通过中国钢铁工业协会和中国石油集团的联合鉴定。

4月

9日 山钢股份召开第四届董事会第二十七次会议。董事长任浩主持，董事陈启祥、崔聚荣、毕志超、田克宁，独立董事迟京东、平晓峰、王爱国参加会议。公司监事、高级管理人员列席会议。审议通过《2014年度董事会工作报告》《2014年度总经理工作报告》《关于公司2014年年度报告及摘要的议案》《关于董事会换届选举的议案》等18项议案。

• 山钢股份召开第四届监事会第十八次会议。监事会主席苏斌主持，监事张家新、赵京玲、陈明玉参加会议。审议通过《2014年度监事会工作报告》《关于公司2014年年度报告及摘要的议案》《关于监事会换届选举的议案》等10项议案。

5月

7日 山钢股份召开2014年度股东大会，董事长任浩主持。会议采取现场和网络投票相结合的方式，审议通过《2014年度董事会工作报告》《2014年度监事会工作报告》《关于公司2014年度报告及摘要的议案》《关于董事会换届选举的议案》《关于监事会换届选举的议案》等13项议案。选举产生第五届董事会、监事会成员。

• 由全国人大常委会委员、全国人大民族委员会副主任委员艾斯海提·克里木拜任组长的全国人大民族委员会“十三五”规划专题调研组一行，到新疆公司调研援疆企业如何带动当地发展等问题。

8日 山钢股份召开第五届董事会、监事会第一次会议。总经理陈启祥主持，审议通过《关于选举公司董事长的议案》《关于确定公司第五届董事会专门委员会成员的议案》《关于聘任公司总经理的议案》《关于聘任公司副总经理的议案》《关于聘任公司董事会秘书的议案》《关于聘任公司财务负责人的议案》《关于聘任公司证券事务代表的议案》《关于修订董事会薪酬与考核委员会工作细则的议案》《关于修订董事会风险管理与审计委员会工作细则的议案》共9项议案。

12日 山钢股份董事会下发《关于公布第五届董事会及专门委员会、监事会成员的通知》（山钢股份董事会〔2015〕3号）：陈启祥为山东钢铁股份有限公司董事、董事长，董事会战略规划委员会委员、主任委员，董事会提名委员会委员；崔聚荣为山东钢铁股份有限公司董事，董事会战略规划委员会委员，董事会提名委员会委员，董事会风险管理与审计委员会委员；陶登奎为山东钢铁股份有限公司董事，董事会战略规划委员会委员；田克宁为山东钢铁股份有限公司董事，董事会薪酬与考核委员会委员；张俊芳为山东钢铁股份有限公司董事，董事会风险管理与审计委员会委员；王国栋为山东钢铁股份有限公司独立董事，董事会战略规划委员会委员，董事会提名委员会委员、主任委员，董事会薪酬与考核委员会委员，董事会风险管理与审计委员会委员；王爱国为山东钢铁股份有限公司独立董事，董事会提名委员会委员，董事会薪酬与考核委员会委员、主任委员，董事会风险管理与审计委员会委员；胡元木为山东钢铁股份有限公司独立董事，董事会提名委员会委员，董事会薪酬与考核委员会委员，董事会风险管理与审计委员会委员、主任委员；张家新为山东钢铁股份有限公司监事会监事、主席；陈明玉、杨再昌为山东钢铁股份有限公司监事会监事；刘秀元、李淑华为山东钢铁股份有限公司监事会职工监事。

6月

4日　中国钢铁工业协会副会长迟京东一行到山钢股份莱芜分公司调研。莱芜分公司总经理、党委书记罗登武陪同到型钢3号高炉及大型H型钢生产线实地调研，并与迟京东一行在莱钢办公楼座谈。

7月

1日　山钢股份收到中国证券监督管理委员会《关于核准山东钢铁股份有限公司非公开发行股票的批复》（证监许可〔2015〕1480号），核准山钢股份非公开发行不超过276244万股新股。

8月

14日　山钢股份公布《山东钢铁非公开发行情况报告书》，标志着本次非公开发行股票工作完成。发行的股票价格为2.52元/股，发行数量为19.84亿股，发行对象总数为6名，共募集资金50亿元人民币。

18日　山钢股份董事长陈启祥到莱芜分公司调研，查看宽厚板事业部轧制、剪切、成品库和特钢事业部冶炼、连铸、主控室等生产现场，询问生产运行、产品研发、市场营销等情况，并分别召集现场座谈。

19日　山钢股份莱芜分公司与山东时风集团有限公司签署战略合作协议。

24日　山钢股份召开推进制度建设会议，总经理崔聚荣参加会议。

25日　山钢集团公司财务总监刘德华一行到莱芜分公司调研。

9月

1日　中共山东省委副书记龚正到山钢股份莱芜分公司调研。

20日　山钢股份莱芜分公司供北京市中低速磁浮交通示范线S1线工程的首批1000吨热轧F型钢实现批量化稳定生产。

25日　山钢股份召开制度建设推进会议，总经理崔聚荣参加会议并讲话。

本月　2015年山东省钢铁黄金有色金属行业职工职业技能竞赛决赛开幕式在莱芜分公司举行。

10月

14日　山钢股份第五届董事会第五次会议以通信方式召开，9名董事全部出席会议。会议审议通过《关于转让济南分公司部分资产及负债的议案》《关于使用闲置募集资金购买理财产品的议案》《关于修订〈股东大会议事规则〉的议案》《关于修订〈董事会议事规则〉的议案》《关于修订〈对外担保管理制度〉的议案》《关于召开2015年第一次临时股东大会的议案》共6项议案。

● 山钢股份第五届监事会第三次会议以通信方式召开，5名监事全部出席会议。会议审议通过《关于出售济南分公司部分资产及负债的议案》《关于使用闲置募集资金购买理财产品的议案》共2项议案。

22日至23日 山钢集团监事会主席杨少军一行到莱钢集团和山钢股份莱芜分公司调研。

27日 中共山东省委原副书记、省人大常委会原副主任马仲才到山钢股份莱芜分公司参观考察。

29日 山钢股份第五届董事会第六次会议以通信方式召开，9名董事全部出席会议。会议审议通过《关于公司2015年第三季度报告及摘要的议案》。

● 山钢股份第五届监事会第四次会议以通信方式召开，5名监事全部出席会议。会议审议通过《关于公司2015年第三季度报告及摘要的议案》。

● 山钢股份莱芜分公司钢筋产品通过澳标ACRS认证现场审核。

30日 山钢股份2015年第一次临时股东大会以现场和网络投票相结合的方式召开，审议通过《关于转让济南分公司部分资产及负债的议案》《关于修订〈股东大会议事规则〉的议案》《关于修订〈董事会议事规则〉的议案》共3项议案。

11月

5日 山钢集团副董事长、党委副书记，山钢股份总经理崔聚荣，副总经理孙卫华一行到莱芜分公司调研。

10日 山钢集团总经理、副董事长陈启祥一行到山钢股份莱芜分公司调研。

12月

1日 山钢集团董事长、党委书记侯军，总经理、副董事长、党委副书记陶登奎，党委副书记、纪委书记苏斌一行到莱芜分公司调研，视察部分生产现场。

8日 由省国资委党委副书记时民带领的省国资委安全生产督察组一行到莱芜分公司生产现场督察安全生产工作。

16日 山钢股份第五届董事会第七次会议以通信方式召开。董事陶登奎、田克宁、张俊芳，独立董事王国栋、胡元木、王爱国出席会议。公司监事、高级管理人员列席会议。会议审议通过《关于选举公司第五届董事会董事长的议案》《关于聘任公司总经理的议案》《关于增补第五届董事会董事的议案》《关于与济钢国际融资租赁有限公司开展售后回租业务的议案》《关于召开2016年第一次临时股东大会的议案》共5项议案。选举陶登奎为公司董事长，聘任毕志超为公司总经理，同时提名毕志超为董事候选人。

机构与人事

山东钢铁股份有限公司
董事会

董　　事 任　浩（12月28日止）
陈启祥（5月12日任，12月28日止）
崔聚荣（5月12日任，12月28日止）
陈向阳（5月12日止）
毕志超（5月12日任，12月28日止）
蔡漳平（5月12日任）
陶登奎（5月12日任）
田克宁（5月12日任）
张俊芳（5月12日任）
迟京东（独立董事，

5月12日止）
平晓峰（独立董事，
5月12日止）
王国栋（独立董事，
5月12日任）
王爱国（独立董事）
胡元木（独立董事，
5月12日任）

董事长　任　浩（5月12日止）
陈启祥（5月12日任，
12月28日止）
陶登奎（12月28日任）

董事会秘书　金立山

山东钢铁股份有限公司监事会

监事　苏　斌（5月12日止）
张家新（5月12日止）
赵京玲（5月12日止）
陈明玉（5月12日任）
杨再昌（5月12日任）
刘秀元（职工代表）
李淑华（职工代表）

监事会主席　苏　斌（5月12日止）
张家新（5月12日任）

中共山东钢铁股份有限公司委员会

党委常委　任　浩（12月26日止）
陈启祥（12月26日止）
崔聚荣（12月26日止）
侯　军（12月26日任）
苏　斌　陈向阳　毕志超
蔡漳平　陶登奎

党委书记　任　浩（12月26日止）
侯　军（12月26日任）

党委副书记　陈启祥（12月26日止）
崔聚荣（12月26日止）
陶登奎（12月26日任）
苏　斌

山东钢铁股份有限公司经理层

总经理　陈启祥（5月12日止）
崔聚荣（5月12日任，
12月28日止）
毕志超（12月28日任）

副总经理　徐有芳　罗登武
万鲁愚　王向东
闫福恒（5月12日任）
孙卫华（5月12日任）
马旺伟（5月12日任）
刘　宇（5月12日任）

财务负责人　孙建东（5月12日任）

中共山东钢铁股份有限公司纪律检查委员会

书记　苏　斌

山钢股份机关各部门

办公室、党委办公室（合署办公）

办公室、党委办公室主任　李自然

党委办公室副主任　田玉山（正处级）
封常福（正处级）
董保树

党委办公室副处级秘书　刘烈涛

证券部

（9月，设立监事办公室，监事办公室、董事办公室与证券部合署办公）

部　　长　金立山

规划部

部　　长　刘　宇

财务部

部　　长　孙建东

资本运营部

部　　长　付　博

企业管理部、安全环保部（合署办公）

部　　长　贾秀光

党委组织部

部　　长　张相军
常务副部长　来现民（正处级）
副 部 长　周　庆　陈茂文

人力资源部

部　　长　孙永和

党群工作部

部　　长　卢彤书
副 部 长　李荣臣（正处级）
　　　　　耿庆山（正处级，6月26日止）
　　　　　张兰润

法律事务部

（12月31日，机构撤销由集团公司直管，法律事务部、济南分公司法律事务部、莱芜分公司法律事务部领导人员职务自然免除）

部　　长　张德金（7月13日止）

审计部

（9月30日，审计部与监察部不再合署办公；12月31日，机构撤销由集团公司直管，审计部、济南审计处、莱芜审计处领导人员职务自然免除）

部　　长　赵京玲（5月29日止）
　　　　　陈明玉（5月29日任）

监察部

部　　长　赵京玲（6月17日止）
　　　　　王景洲（6月17日任）

山钢股份各直属机构

资金中心

总 经 理（空缺）

采购中心

总 经 理　闫福恒

销售中心

总 经 理　王向东
副总经理　王广连（8月6日任）
　　　　　杜文华（8月6日任）
　　　　　王　兵（8月6日任）

刘利华（8月6日任）
王泉云（8月6日任）
高传华（8月6日任）

运行协调中心

总 经 理 马旺伟

信息化中心

总 经 理 万鲁愚

钢铁研究院

院　　长 孙卫华
副 院 长 董　杰
孙德民（6月15日任）
王中学（6月15日任）
张爱民（副处级）

山钢股份所属分公司

济南分公司

总 经 理 徐有芳
副总经理 王向东　薄　涛
董金武
安全总监 薄　涛（4月10日任）
财务总监 尉可超
党委委员 徐有芳　刘秀元
王向东　薄　涛
董金武
尉可超（5月12日任）
党委书记 徐有芳
党委副书记 刘秀元
纪委书记 刘秀元

莱芜分公司

总 经 理 罗登武
副总经理 吕　铭　王广连
安全总监 吕　铭（4月10日任）
财务总监 赵京玲
总经理助理 曲为壮
党委委员 罗登武　吕　铭
李淑华　王广连
赵京玲（5月12日任）
党委书记 罗登武
党委副书记 李淑华
纪委书记 李淑华

（撰稿：徐继山　审稿：来现民　陈茂文）

山东钢铁股份有限公司组织机构图

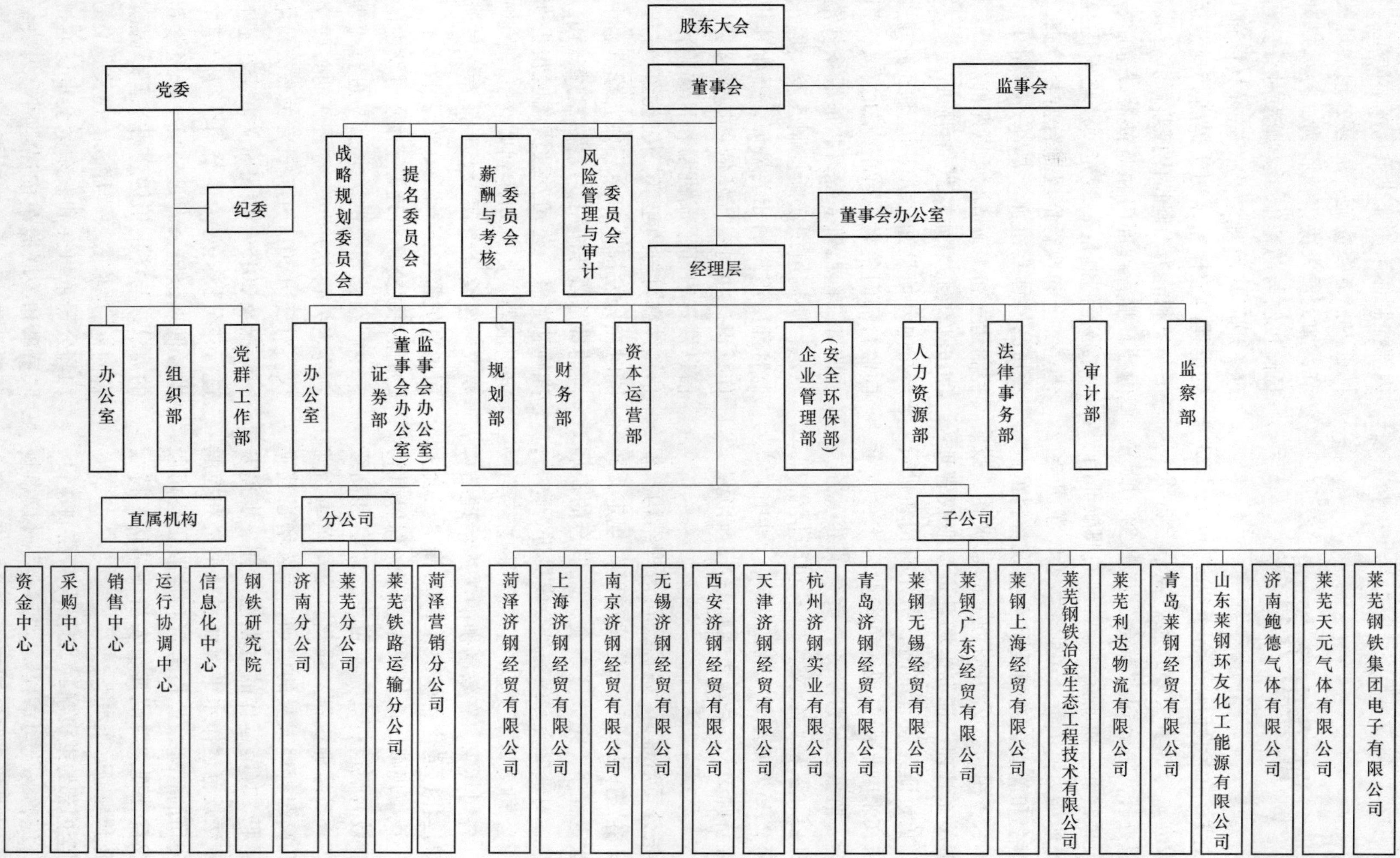

（撰稿：毛春友　审稿：李传峰）

证券事务管理

【综述】 山钢股份证券部于2012年4月23日设立，与董事会办公室、监事会办公室合署办公，是公司董事会、监事会、股东大会日常事务和证券事务管理的职能部门。主要职能为：负责公司股东大会、董事会、监事会和董事会专门委员会会议材料的起草和会务组织、公司治理、信息披露、投资者关系管理、证券市场融资、股权管理等；负责证券监管部门、中介机构和投资者来文来电来函办理；负责股东大会、董事会、监事会日常事务；负责证券事务方面机要、保密、公文、档案和印信管理。截至2015年底，共有职工4人。其中，高级经济师3人，高级工程师1人；研究生2人，大学本科2人。

【推进公司治理】 完善公司治理结构。根据证券法律法规和《公司章程》规定，履行法定程序，完成董事会、监事会的换届选举，对董事会专门委员会成员进行调整，聘任公司高级管理人员，确保“三会一层”各司其职、有效制衡的法人治理结构高效运作；强化科学决策，完善“三会一层”议事规则，严格决策程序，保障其协调有效合规运行。完善董事、监事和高级管理人员培训机制。强化对公司董事、监事和高级管理人员的培训，持续增强其勤勉尽职、规范运作的自觉性，进一步提升其依法规范运作水平。加强对全资和控股子公司的管理，严格全资和控股子公司股东权益管理，规范其法人治理结构，持续提升其规范运作水平。

【健全内部约束机制】 加强内部控制建设，修订完善《公司章程》、“三会”《议事规则》、《对外担保管理制度》等制度，健全内部控制体系。强化重大风险防范与控制。推进内控方案实施，完善公司治理关键环节，加大重大决策执行力，持续提升重大风险控制与防范能力。加强对分公司的管理，规范其治理结构，完善其内部机构，健全其内控体系，切实提高其规范运作水平和盈利能力。坚持内控监督和自我评价，内控日常管理部门和监督检查部门，根据《内部控制制度》规定，严格对内控制度建立健全和执行情况进行监督检查，董事会风险管理与审计委员会对公司年度内部控制建立和实施情况予以评价。

【提升信息披露质量】 加强内部信息管理，严格内幕信息知情人登记备案制度，及时向监管部门备案内幕信息知情人，积极接受监管部门监管。提升控股股东规范运作意识，协调组织实际控制人及大股东参加监管部门组织的相关培训，强化其规范运作意识，共同履行好信息披露义务。坚持信息披露内部生成机制和日常监督，严格信息披露材料的起草、传递、审核与考核，同时充分发挥监事会、独立董事、中介机构的日常监督作用，确保信息披露的真实、准确和完整。公司共披露临时报告48则、定期报告4则，均达到监管部门的规定和要求，经综合考评，上海证券交易所对公司信息披露工作予以A级评价。

【加强关联交易管理】 对公司发生的与日常生产经营相关的关联交易进行梳理，重新界定关联方并与之签署新的关联交易协议。对公司2014年度日常关联交易协议执行情况及2015年度日常关联交易基本情况进行充分披露。为使公司获得稳定的、成本较低现金流，满足公司生产经营和发展的需求，与济钢租赁公司签署《融资租赁合同》。严格表决程序，上述关联交易行为均经公司董事会和股东大会审议通过，关联董事和关联股东按规定回避表决，独立董事事前认可并发表独立意见。

【推进资本运营】 启动和完成定向增发募集资金50亿元工作，2015年8月，实现增资并成功控股山钢集团日照钢铁有限公司。日照钢铁精品基地建设全面提速，按节点计划扎实推进，项目土地、海域申请已分别获得国土资源部、国家海洋渔业局批准。向山钢集团出售济南分公司钢铁资产128.20亿元，实现资产处置收益19.43亿元，实现止血止损、扭亏增盈经营目标，为公司进一步推进资产结构调整和产业布局奠定良好的基础。与建信租赁公司、北银租赁公司等开展融资租赁业务，融资金额26亿元。

【加强投资者关系管理】 以公司定向增发为契机，由公司高层领导带队分赴北京、上海等地，与机构投资者进行面对面的交流，为投资者踊跃参与公司定向增发股票认购创造良好条件。探索搭建路演、业绩推介会等沟通平台，拓展与投资者沟通的广度与深度。及时完成“08莱钢债”2015年付息工作，关注“上证e互动”平台信息，对投资者提出的问题及时予以答复。坚持“尊重股东，热情服务，积极答复”的服务和沟通原则，加强与监管部门和各类媒体的沟通，认真接待办理投资者的来电来访，保证投资者与公司联络的信息渠道始终畅通，全年共接办投资者来电2000余人次。

（撰稿：李　丽　审稿：金立山）

财务管理

【综述】 山钢股份财务部是公司财务管理职能部门，主要职能是：负责建立健全公司财务制度体系；负责完善并实施公司会计核算体系；负责全面预算管理；负责经济活动财务分析；负责融资管理和税收筹划管理；负责公司资产、债务管理；负责公司财务信息披露工作。截至2015年底，共有职工6人。其中，高级经济师1人，高级会计师5人；大学本科6人。

【财务状况】 全年实现营业收入389.72亿元，比上年减少128.93亿元，减幅24.86%；实现利润总额1.01亿元，比上年增加14.77亿元；净利润0.76亿元，比上年增加14.82亿元；归属于母公司的净利润0.76亿元，比上年增加14.74亿元；经营性现金净流入40.24亿元，比上年增加106.43亿元。截至2015年底，公司资产总额532.76亿元，负债总额301.63亿元，所有者权益总额231.13亿元；资产负债率56.62%，流动比率0.82，速动比率0.73，营业利润率2.27%，总资产报酬率2.12%，应收账款周转率42.14次/年，存货周转率11.59次/年。

【制度建设】 关注财务法规的变化，以科学、务实、健全为原则，不断完善公司财务制度体系，提升公司治理水平。根据公司统一部署，按照规范化管理以及“运营转型、管理提升”活动的总体要求，对已有的13项财务制度进行梳理、修改和完善，同时，新建A类制度文件9项、B类制度文件2项。根据财政部新修订的会计准则，做好财务核算制度趋同工作，对下属子、分公司具体会计核算办法及时进行差异修正，确保公司会计处理事项合法、合规、可比，提高会计信息质量，维护上市公司良好形象。

【报告编制与对外披露】 完成公司2014年度经营业绩预告；完成2014年度年报编制工作，经审计后按时披露。完成公司2015年度季报、半年报的编制及对外披露工作。根据公司定向增发工作的要求，填报公司三年一期的财务报表及附注资料，对券商内核会提出的财务问题进行解释，助力定向增发成功。自2015年8月份开始对日照公司报表进行合并。加大资本运作力度，详细测算济南分公司部分产线资产剥离方案，配合中介机构进行审计、评估，确保资产的实际交付、债务转移手续以及账务处理等工作顺利完成。

【财务议案】 根据财政部新颁布、修订的会计准则，结合上交所新发布的行业信息披露指引，形成相关议案《关于2014年度财务决算及2015年度财务预算的议案》《关于公司2014年度利润分配的议案》《日常关联交易执行情况及2015年关联交易计划的议案》《关于为济钢国际贸易有限公司提供担保的议案》《关于会计师事务所从事2014年度公司审计工作的总结报告的议案》《关于续聘会计师事务所的议案》等相关议案，并提交董事会审议后对外公告。

【预算与分析】 制订2016年度公司财务预算大纲，以全面预算管理为总抓手，充分发挥预算管控职能，提高预算方案的可操作性，确保预算数据的准确性和前瞻性。建立月度经营绩效分析制度，以动态分析为手段，以重点分析为突破，跟踪所属各单位预算执行情况，将两个分公司作为重点预算执行中心管理，分别从财务指标、产线盈亏、增支减利因素、行业对标等几个方面对财务数据进行分析比较，全面反映生产经营情况，做到分析数据及时、准确、系统，为公司决策提供真实客观的依据。深入开展全系统、全流程的对标挖潜降本增效工作，与标杆企业全方位、全流程对标，查找生产管理、技术指标、流程控制等方面的差距及不足，分析原因，制定整改措施，提升管理水平。

【融资管理】 以公司为平台，优化融资结构和负债结构，盘活有效资产，提高资金流动性，拓宽融资渠道。积极利用资本市场，抓住有利时机，定向增发募集资金50亿元，有效降低公司负债率，满足日照项目建设资金支持。做好各金融机构对公司的信用评级、综合授信、账户信息查询等工作，在确保风险可控的情况下开展多种融资业务，确保公司资金流动性和资金链安全。为成员单位提供搭桥资金，解决分公司临时资金需求，确保成员单位资金链安全。

【税务管控】 按照基层主管税务机关要求按时完成公司国、地税纳税申报，税款上缴及重点税源申报工作；做好公司2014年度企业所得税汇算清缴工作。根据公司管控模式调整，机构、业务整合进展以及流程梳理情况，及时跟进，精心研究税收筹划方案，把国家相关优惠政策用活用足。加强财政政策、税收政策、行业政策等政策研究和利用工作，争取更多财政补贴、税收优惠等。重点关注日照精品基地财政资金支持问题、日照精品基地设备抵扣税问题、国家节能环保设备加计扣除问题，技术开发费加计扣除问题，废弃物使用免税问题，排污、河道清理费减免等问题。

【其他工作】 完成公司统计年报的填报工作，向上级监管部门报送公司月度产权系统经营指标、财务状况表。积极协调子、分公司相关部门，配合会计师事务所做好年报审计工作。根据山东省证监局监管要求，定期报送控股股东及其他关联方关联交易情况、控股股东及其他关联方占用资金情况。在充分调研的基础上，初步完成公司财务管控方案，为公司财务管理决策提供依据。在公司经营持续面临严峻形势的情况下，加强与评级公司沟通解释，找出生产经营的亮点和优势，顺利完成股份公司发行的“08莱钢债”跟踪评级工作，确保公司债券信用等级评为AAA，主体长期信用等级评为AA+。

（撰稿：戴　君　审稿：孙建东）

其他专业管理

【体系贯标与认证】 1月6日至8日，组织山钢股份QES管理体系内审，对公司机关部室和直属机构进行了全面审核；1月15日组织召开管理评审，明确2015年体系运行目标；1月19日至20日，接受认证公司一阶段审核，1月28日至30日接受认证公司二阶段审核；2月5日，获得北京国金恒信管理体系认证有限公司颁发的质量管理体系认证证书（证书注册号：02215Q2015R0M）、环境管理体系认证证书（证书注册号：02215E2008R0M）、职业健康安全管理体系认证证书（证书注册号：02215S2008R0M）。产品和活动范围为：热轧板卷系列产品、冷轧板卷系列产品、中厚钢板系列产品、特钢（轴承钢、齿轮钢、工具钢、锚链钢、标准件钢、弹簧钢）产品、型钢系列产品及钢坯的设计、开发、生产经营管理、销售和服务等。证书有效期：2015年2月5日至2018年2月4日。

【法律事务管理】 参与重大决策事项，审查各类重大合同，参与公司资产转让事项；参与制度梳理，修订公司《合同管理办法》；办理法定代表人、董事、监事备案登记；办理商标的变更和续展及商标的授权使用；就公司托管张钢及济南分公司托管济钢板材公司事项起草托管协议；采取有效方式，积极应对厂商银系列案件和COA案件，加强案件追偿并认真总结经验教训；为银行授信和对外投标办理专项授权14件。

【技术创新平台建设】 10月21日，经山东省人力资源和社会保障厅批准，设立山东钢铁股份有限公司博士后科研工作站。11月19日，由中国钢铁工业协会组织，山钢股份承办，在山东省济南市召开首届部分钢铁企业科技工作负责人暨科技部长座谈会。

（撰稿：赵玉潮　张晓晨　刘　慧
审稿：李传峰　赵宽荣　孙卫华）

山东钢铁股份有限公司股东大会、董事会、监事会会议内容简介

【2014年度股东大会】 5月7日，山钢股份2014年度股东大会在公司办公楼四楼多媒体会议室召开，出席本次会议的股东及股东代理人共70人，代表股份4930835739股，占公司总股本的76.60%。出席会议的董事有任浩、陈启祥、田克宁、王爱国。会议由公司董事会召集，董事长任浩主持，采取记名投票方式通过《2014年度董事会工作报告》《2014年度监事会工作报告》《关于公司2014年年度报告及摘要的议案》《关于公司2014年度财务决算及2015年度财务预算的议案》《关于公司2014年度利润分配的议案》《关于2015年度公司董事、监事及高级管理人员年度报酬的议案》《关于修订和签署日常关联交易协议的议案》《关于公司日常关联交易协议执行情况及2015年日常关联交易计划的议案》《关于为济钢集团国际贸易有限责任公司提供担保的议案》《关于聘任会计师事务所的议案》《关于修订〈公司章程〉的议案》《关于选举董事的议案》《关于选举独立董事的议案》《关于选举监事的议案》共14项议案。会议选举陈启祥、崔聚荣、陶登奎、田克宁、张俊芳为公司第五届董事会

董事，选举王国栋、胡元木、王爱国为公司第五届董事会独立董事，选举张家新、陈明玉、杨再昌为第五届监事会监事。

【2015年第一次临时股东大会】 10月30日，山钢股份2015年第一次临时股东大会在公司办公楼四楼多媒体会议室召开，出席本次会议的股东及股东代理人共20人，代表股份6141978583股，占公司总股本的72.94%。出席会议的董事有陈启祥、崔聚荣、陶登奎、田克宁、张俊芳、胡元木、王爱国。会议由公司董事会召集，董事长陈启祥主持，采取记名投票方式通过《关于转让济南分公司部分资产及负债的议案》《关于修订〈股东大会议事规则〉的议案》《关于修订〈董事会议事规则〉的议案》共3项议案。

【第四届董事会第二十六次会议】 1月14日，山钢股份第四届董事会第二十六次会议以通信方式召开。出席会议的董事有任浩、陈启祥、崔聚荣、陈向阳、毕志超、田克宁、迟京东、平晓峰、王爱国。会议由公司董事长任浩主持，审议并通过了《关于公司2015年度固定资产投资计划的议案》。

【第四届董事会第二十七次会议】 4月9日，山钢股份第四届董事会第二十七次会议在公司办公楼四楼多媒体会议室召开。出席会议的董事有任浩、陈启祥、崔聚荣、毕志超、田克宁、迟京东、平晓峰、王爱国。会议由董事长任浩主持，审议通过《2014年度董事会工作报告》《2014年度总经理工作报告》《关于公司2014年年度报告及摘要的议案》《关于公司2014年度财务决算及2015年度财务预算的议案》《关于公司2014年度利润分配的议案》《关于公司2015年生产经营综合计划的议案》《关于2015年度公司董事、监事及高级管理人员年度报酬的议案》《关于修订和签署日常关联交易协议的议案》《关于公司日常关联交易协议执行情况及2015年日常关联交易计划的议案》《关于为济钢集团国际贸易有限责任公司提供担保的议案》《关于公司2014年度社会责任报告的议案》《关于公司2014年度内部控制自我评价报告的议案》《关于会计师事务所出具的内部控制审计报告的议案》《关于会计师事务所从事2014年度公司审计工作的总结报告的议案》《关于续聘会计师事务所的议案》《2014年度独立董事述职报告》《关于董事会换届选举的议案》《关于召开2014年度股东大会的议案》共18项议案。

【第四届董事会第二十八次会议】 4月20日，山钢股份第四届董事会第二十八次会议以通信方式召开。出席会议的董事有任浩、陈启祥、崔聚荣、陈向阳、毕志超、田克宁、迟京东、平晓峰、王爱国。会议由董事长任浩主持，审议通过《关于修订〈公司章程〉的议案》。

【第四届董事会第二十九次会议】 4月28日，山钢股份第四届董事会第二十九次会议以通信方式召开。出席会议的董事有任浩、陈启祥、崔聚荣、陈向阳、毕志超、田克宁、迟京东、平晓峰、王爱国。会议由董事长任浩主持，审议通过《关于公司2015年第一季度报告及摘要的议案》。

【第五届董事会第一次会议】 5月8日，山钢股份第五届董事会第一次会议在公司办公楼四楼多媒体会议室召开。出席会议的董事有陈启祥、陶登奎、田克宁、张俊芳、王国栋、胡元木、王爱国。陈启祥被推举为本次董事会召集人并主持了会议。审议通过《关于选举公司董事长的议案》《关于确定公司第五届董事会专门委员会成员的议案》《关于聘任公司总经理的议案》《关于聘任公司副总经理的议案》《关于聘任公司董事会秘书的议案》《关于聘任公司财务负责人的议案》《关于聘任公司证券事务代表的议案》《关于修订〈董事会薪酬与考核委员会工作细则〉的议案》《关于修订〈董事会风险管理与审计委员会工作细则〉的议案》共9项议案。选举陈启祥为公司第五届董事会董事长；聘任崔聚荣为公司总经理；聘任徐有芳、罗登武、万鲁愚、王向东、闫福恒、马旺伟、孙卫华、刘宇为公司副总经理；聘任金立山为公司董事会秘书；聘任孙建东为公司财务负责人。

【第五届董事会第二次会议】 5月19日，山钢股份第五届董事会第二次会议以通信方式召开。出席会议的董事有陈启祥、崔聚荣、陶登奎、田克宁、张俊芳、王国栋、胡元木、王爱国。会议由董事长陈启祥主持，审议通过《关于山东钢铁股份有限公司非公开发行A股股票预案（二次修订稿）的议案》。

【第五届董事会第三次会议】 6月1日，山钢股份第五届董事会第三次会议以通信方式召开。出席会议的董事有陈启祥、崔聚荣、陶登奎、田克宁、张俊芳、王国栋、胡元木、王爱国。会议由董事长陈启祥主持，审议通过《关于与建信金融租赁有限公司开展售后回租业务的议案》《关于公司2014年度环境报告书的议案》共2项议案。

【第五届董事会第四次会议】 8月25日，山钢股份第五届董事会第四次会议以通信方式召开。出席会议的董事有陈启祥、崔聚荣、陶登奎、田克宁、张俊芳、王国栋、胡元木、王爱国。会议由董事长陈启祥主持，审议通过《关于公司2015年半年度报告及摘要的议案》《关于修订〈公司章程〉的议案》《关于与北银金融租赁有限公司开展售后回租业务的议案》共3项议案。

【第五届董事会第五次会议】 10月14日，山钢股份第五届董事会第五次会议以通信方式召开。出席会议的董事有陈启祥、崔聚荣、陶登奎、田克宁、张俊芳、王国栋、胡元木、王爱国。会议由董事长陈启祥主持，审议通过《关于转让济南分公司部分资产及负债的议案》《关于使用闲置募集资金购买理财产品的议案》《关于修订〈股东大会议事规则〉的议案》《关于修订〈董事会议事规则〉的议案》《关于修订〈对外担保管理制度制度〉的议案》《关于召开2015年第一次临时股东大会的议案》共6项议案。

【第五届董事会第六次会议】 10月29日，山钢股份第五届董事会第六次会议以通信方式召开。出席会议的董事有陈启祥、崔聚荣、陶登奎、田克宁、张俊芳、王国栋、胡元木、王爱国。会议由董事长陈启祥主持，审议通过《关于公司2015年第三季度报告及摘要的议案》。

【第五届董事会第七次会议】 12月16日，山钢股份第五届董事会第七次会议以通信方式召开。出席会议的董事有陶登奎、田克宁、张俊芳、王国栋、胡元木、王爱国。会议由公司董事推举陶登奎主持，审议通过《关于选举公司第五届董事会董事长的议案》《关于聘任公司总经理的议案》《关于增补第五届董事会董事的议案》《关于与济钢国际融资租赁有限公司开展售后回租业务的议案》《关于召开2016年第一次临时股东大会的议案》共5项议案。选举陶登奎为公司第五届董事会董事长；聘任毕志超为公司总经理；提名毕志超为董事候选人。

【第四届监事会第十八次会议】 4月9日，山钢股份第四届监事会第十八次会议在公司办公楼四楼多媒体会议室召开。出席会议的监事有苏斌、张家新、赵京玲、陈明玉。会议由监事会主席苏斌主持，审议通过《2014年度监事会工作报告》《关于公司2014年年度报告及摘要的议案》《关于公司2014年度财务决算及2015年度财务预算的议案》《关于公司2014年度利润分配的议案》《关于2015年度公司董事、监事及高级管理人员年度报酬的议案》《关于修订和签署日常关联交易协议的议案》《关于公司日常关联交易协议执行情况及2015年日常关联交易计划的议案》《关于为济钢集团国际贸易有限责任公司提供担保的议案》《关于公司2014年度社会责任报告的议案》《关于监事会换届选举的议案》共10项议案。

【第四届监事会第十九次会议】 4月28日，山钢股份第四届监事会第十九次会议以通信方式召开。出席会议的监事有苏斌、张家新、刘秀元、赵京玲、陈明玉。会议由监事会主席苏斌主持，审议通过《关于公司2015年第一季度报告及摘要的议案》。

【第五届监事会第一次会议】 5月8日，山钢股份第五届监事会第一次会议在公司办公楼四楼多媒体会议室召开。出席会议的监事有张家新、陈明玉、杨再昌、刘秀元、李淑华。公司监事张家新被推举为本次监事会召集人并主持了会议，审议通过《关于选举公司监事会主席的议案》。会议选举张家新为公司第五届监事会主席。

【第五届监事会第二次会议】 8月25日，山钢股份第五届监事会第二次会议以通信方式召开。出席会议的监事有张家新、陈明玉、杨再昌、刘秀元、李淑华。会议由监事会主席张家新主持，审议通过《关于公司2015年半年度报告及摘要的议案》。

【第五届监事会第三次会议】 10月14日，山钢股份第五届监事会第三次会议以通信方式召开。出席会议的监事有张家新、陈明玉、杨再昌、刘秀元、李淑华。会议由监事会主席张家新主持，审议通过《关于出售济南分公司部分资产及负债的议案》《关于使用闲置募集资金购买理财产品的议案》共2项议案。

【第五届监事会第四次会议】 10月29日，山钢股份第五届监事会第四次会议以通信方式召开。张家新、陈明玉、杨再昌、刘秀元、李淑华。会议由监事会主席张家新主持，审议通过《关于公司2015年第三季度报告及摘要的议案》。

（撰稿：李　丽　审稿：金立山）

山东钢铁股份有限公司2015年度合并利润表

编制单位：山东钢铁股份有限公司　　　　　　　　　　　　　　　　（金额单位：人民币元）

项　　目	行次	2015年	2014年
一、营业总收入	1	38972316370.01	51865217366.28
其中：营业收入	2	38972316370.01	51865217366.28
其中：主营业务收入	3	34972006355.38	47823640548.36
其他业务收入	4	4000310014.63	4041576817.92
二、营业总成本	5	41115730918.87	53228245701.63
其中：营业成本	6	38087710115.72	49737793987.92
其中：主营业务成本	7	34199506068.55	45723924751.58
其他业务成本	8	3888204047.17	4013869236.34
营业税金及附加	9	80811242.12	143639233.38
销售费用	10	287203300.62	265958003.74
管理费用	11	1434329503.48	2055289219.36
财务费用	12	1168929833.95	938778004.14
资产减值损失	13	56746922.98	86787253.09
加：公允价值变动收益（损失以“-”号填列）	14		
投资收益（损失以“-”号填列）	15	27021836.78	2829114.02
其中：对联营企业和合营企业的投资收益	16	3686133.32	1748417.74
汇兑收益（损失以“-”号填列）	17		
三、营业利润（亏损以“-”号填列）	18	-2116392712.08	-1360199221.33
加：营业外收入	19	2238070139.39	15115788.04
其中：非流动资产处置利得	20	2119317686.86	2303814.10
减：营业外支出	21	20395001.96	30626608.27
其中：非流动资产处置损失	22	16326549.06	15582453.50
四、利润总额（亏损总额以“-”号填列）	23	101282425.35	-1375710041.56
减：所得税费用	24	12567076.31	17864183.77
五、净利润（净亏损以“-”号填列）	25	88715349.04	-1393574225.33
归属于母公司股东的净利润	26	75929902.14	-1398414314.77
少数股东损益	27	12785446.90	4840089.44
六、综合收益总额	28	88715349.04	-1393574225.33
归属于母公司股东的综合收益总额	29	75929902.14	-1398414314.77
归属于少数股东的综合收益总额	30	12785446.90	4840089.44
七、每股收益	31		
（一）基本每股收益	32	0.0107	-0.22
（二）稀释每股收益	33	0.0107	-0.22

（撰稿：李　岩　审稿：孙建东）

山钢股份部分制度文件目录

文件编号	标题
山钢股份财字〔2015〕2号	山东钢铁股份有限公司财务总监管理办法
山钢股份财字〔2015〕3号	山东钢铁股份有限公司募集资金使用规定
山钢股份人字〔2015〕1号	山东钢铁股份有限公司关于新进人员统筹外补贴的规定
山钢股份法字〔2015〕1号	山东钢铁股份有限公司合同管理办法
山钢股份技字〔2015〕3号	山东钢铁股份有限公司冶金专家委员会管理办法

济南分公司

公司概况

山东钢铁股份有限公司济南分公司于2012年5月注册成立。2014年8月，公司与济钢集团分立运行，主要运营钢铁产业。截至2015年底，公司职工人数为15619人，总资产280亿元。公司拥有从焦化、烧结、炼铁、炼钢到轧钢完整的生产工艺系统。主要装备有：1750立方米高炉3座，3200立方米高炉1座；45吨转炉3座，120吨转炉3座，210吨转炉1座；2500毫米双机架中板生产线、3500毫米双机架厚板生产线、4300毫米双机架宽厚板生产线、1700毫米热连轧生产线、冷轧双机架生产线、小型材生产线各1条。主要产品以中板、中厚板、热轧板卷、冷轧薄板卷为主。

2015年，公司积极应对持续恶化的市场形势，紧紧围绕一届一次职代会确定的任务目标，以改革创新为动力，以三大活动（“四降低两提升”“运营转型，管理提升”“扭亏增盈，岗位建功”主题活动）为抓手，着力深化降本增效，优化产品结构，推进管理提升，加大环保治理。经过不懈努力，企业呈现出稳中有进、稳中向好的发展态势，开启了建设“质量效益型、资源节约型、环境友好型”绿色钢铁企业的新征程。

公司致力于发展循环经济，积极推进节能减排，被确定为国家第一批循环经济试点单位，列为国家“十一五”规划重点建设的循环经济示范企业，于2015年5月通过试点验收。公司坚持绿色发展，以污染排放达标治理、优化资源能源结构、绿化美化环境为突破口，综合施策，标本兼治，基本实现了厂区环境面貌“一年大变样”的目标，先后荣获国家环境友好企业、山东省优秀循环经济企业等荣誉称号。

面对我国经济“新常态”下，钢铁工业加快实现由大到强的战略机遇期，公司将贯彻落实“由钢铁产品制造商向材料供应商和综合服务商转型”的理念，按照“谋全局、谋高端、谋效益”的工作要求，深化改革创新，加快转型升级，打赢扭亏增盈生存保卫战，持续推动建设可持续发展的绿色钢铁企业。

（撰稿：李　辉　审稿：徐有芳）

济南分公司生产现场

2015 年工作综述

【主要生产经营指标】 全年生产铁 577.8 万吨、钢 606.6 万吨、钢材 623.9 万吨，同比分别减少 3.97%、7.39%、9.77%；发电量完成 22.56 亿千瓦时，超计划 8.99%；实现销售收入 147 亿元。与上年相比，内部因素增利 6.97 亿元。

【降本增效】 深入开展“四降低两提升”攻关活动，用目标倒逼机制引导各系统扫描潜力点，深度挖潜增效，不断拓展降本增效空间，全年折合吨钢创效 24.8 元。启动清理“三外”工作，共替代“三外”费用合同额 6751 万元，替代相关方人员 452 人；设备及备件材料招标率、厂家直供率实现 100%。成本降低率逐月提高，全年降低率 4.2%，创近年来最好水平。

【深化改革】 实施钢轧分开，整合成立炼钢厂和宽厚板厂，提高专业化管理水平。实施销售体制改革，销售统管，发挥协同效应，统一价格体系，深化市场攻坚。调整钢轧区域水系统管理主体，统一划归能源动力厂，为后续集中监控、提高劳动生产率创造条件。对贝斯钢板公司、自动化公司等单位实施放权经营，取得良好效果。稳妥推进二级单位机关改革和岗位人员优化，13 家二级单位机关改革全部完成，共减少科级机构 51 个，减幅 21.3%；减少机关人员 989 人，减幅 64.6%。深化职称聘任改革，建立以项目工程师为核心的专业技术职务聘任考核机制，共聘任 840 人，占总数的 40%。稳步实施岗位人员优化、提高劳动生产率项目，高炉循环水集中管控、热轧库房自动化管理项目按期投用。积极推进内部市场化改革，炼铁厂、化工厂、气体厂先行先试，为公司全面实施打下良好基础。

【运营转型、管理提升】 确立“抓项目、抓试点、抓培训，防反弹”的管理思路，全年累计验收项目 142 个，实现落袋效益 1.5 亿元。坚持每月一次管理提升现场交流会，推广复制基层典型经验做法，形成内部对标学习的浓厚氛围。系统推进现场模范车间创建，49 个车间完成创建验收，3200 立方米高炉能效提升试点顺利通过山钢验收。坚持分层与分类培训相结合，共培训 8 期、14 批内训师，培养了一支转型提升骨干队伍。定期开展结题项目指标固化评审，巩固成果，防止反弹，实现项目闭环管理。

【管理创新】 创新营销管理机制，设立重点工程市场开发部，成立四大客户服务中心，建立完善订单交付管理体系，初步构建“面向市场、以客户为中心”的营销模式。加强财务资产管理，实施资金占用按日按量考核，资金占用较年初大幅降低。拓宽融资渠道，加大融资租赁业务融资额度，强化资金支付流程管理，保证资金链安全。从严控制各类库存，主要原燃料库存较上年平均下降 19.7 万吨，降低率 26.4%；产成品实物周转库存控制在 6 万吨左右的低位水平；合金库存资金占用由年初 8000 万元降至 2300 万元以下。坚持“设备稳定运行是最大的创效”，强化设备管理，事故故障次数、停机时间、经济损失分别比上年下降 11.9%、28.6%和 53.3%。贯彻落实新版《安全生产法》，持续推进车间、班组安全基础建设，提升本质安全水平，全年实现安全生产“6 个零”目标。

【结构优化】 发挥研产销一体化优势，大力优化产品结构，全年共研发新产品 70 个品种牌号，高端及特殊用途产品结算 30.5 万吨，实现贡献总额 3379 万元。产线及产品结构优化增益 1.3 亿元。大力实施 SBU 项目，完成产品销量 244 万吨，占总销量的 44%，比较单位贡献总额较上年增加

1472万元。薄宽规格、高端品种生产保障能力大幅提升，其中3500毫米产线生产10毫米及以下厚度规格钢板14.8万吨，占比13%；热轧产线具备极薄、极厚规格的稳定生产能力，品种钢同比增加10.9%，在国内首家实现汽车用热轧双相钢规格全覆盖。出口产品46.8万吨，较上年增长31.8%，创汇1.96亿美元。

【节能减排】 重点实施一批节能减排、环保治理项目。1号120平方米烧结机脱硫除尘、化工厂脱硫改造、雨污分流改造等项目顺利投用；料场标准化治理，320平方米烧结机料场增设防尘网、洗轮机等环保项目按期完工。认真履行节能减排社会责任，针对重大活动和雾霾天气环保限产，严格执行限产措施，全年基本做到污染物达标排放。深入挖掘各工序能源降本潜力，探索实施阶段性集中开停、迎峰检修、避峰生产等措施，峰谷平电量差超过1亿千瓦时。

【“三严三实”专题教育】 根据山钢党委的统一部署，把专题教育作为重大政治任务，统筹谋划，扎实推进，着力抓好集中学习、党课报告、专题研讨、查摆整改等关键环节工作。5月29日，党委书记、总经理徐有芳上“三严三实”专题教育党课，为公司开展专题教育定标引航。组织各二级单位结合本单位制定研讨方案，利用党委中心组学习时间组织学习研讨。组织中层领导干部到历城区检察院参观反腐倡廉展览，以反面典型为鉴、警钟长鸣。各单位以庆祝建党94周年系列党性实践活动为契机，开展形势任务和理想信念教育，深化专题教育成效。公司党委坚持边学习、边查摆、边整改，学深研细、深查真改，把查摆“不严不实”问题贯穿专题学习研讨全过程。通过广泛征求意见、自我查摆、主动认领山钢2014年度领导班子考核反馈问题等方式，深入查找“不严不实”方面存在的问题，重点围绕“从严治企、规范治企的管理体系还需完善”等10个方面列出的问题清单，并形成整改事项43项，深入扎实落实整改。

【党群工作】 认真贯彻山钢党委的各项部署要求，坚持围绕中心，积极作为，不折不扣落实全面从严治党要求，加强改进党建和宣传思想工作，加强党建基础。认真落实党委中心组理论学习制度，公司党委全年共组织22次中心组学习研讨。强化干部管理，初步构建起以“把好入口、合理使用，从严考核，畅通出口，全程监督”为核心的选人用人机制，全年共调整任免中层领导干部56人次。强化组织建设，选好配强党组织负责人。严格组织生活，全年共发展党员72名。扩大党内民主，提升科学决策水平，全年共召开党委会9次，党政联席会48次，经理办公会12次，讨论研究“三重一大”事项74项。强抓作风建设。聚焦“四风”问题防反弹，严格按照中央“八项规定”要求，精简会议文件，严控公务接待，严禁公车私用；发布实施《关于严格禁止领导干部大办婚丧喜庆事宜和借机敛财暂行规定》，全公司1369名党员干部亲笔签署了《落实“不出入私人会所”等要求的承诺书》。组织党员领导干部认真学习《中国共产党廉洁自律准则》《中国共产党纪律处分条例》，组织全公司3727名在职党员参加党章及反腐倡廉知识测试。全年重大节日没有接到领导干部违纪举报，营造了干净、清廉的从业环境。加强宣传思想工作。抓好形势任务教育，高度关注舆情信息，开辟绿色钢铁网站和《宣传思想工作讯息》等宣传新阵地。加强企业文化建设，确定“精准、高效、务实、创新”的核心价值观，形成公司具有“精益”特色的文化理念。发挥群团组织作用，凝聚强大合力。围绕“扭亏增盈，岗位建功”主题，积极开展群众性经济技术创新创效活动。其中“姜和信创新工作室”被中华全国总工会首批命名“劳模创新工作室”，获得“全国示范性创新工作室”的荣誉。扎实做好扶贫帮困送温暖工作，开展“慈心一日捐”“金秋助学”等活动，全年发放各类救助金共计98.54万元。

（撰稿：李　辉　审稿：徐有芳）

机构与人事

中共山东钢铁股份有限公司济南分公司委员会

党委书记　徐有芳
党委副书记　刘秀元
党委委员　徐有芳　王向东　刘秀元
　　　　　薄　涛　董金武　尉可超

山东钢铁股份有限公司济南分公司经理层

总经理　徐有芳
副总经理　王向东　薄　涛　董金武
财务总监　尉可超
安全总监　薄　涛
总经理助理　高贤成

中共山东钢铁股份有限公司济南分公司纪律检查委员会

纪委书记　刘秀元
纪委副书记　陈　奋

济南分公司机关各部门

办公室/党委办公室

主　任　曹庆良
副主任　刘志平　曹清华

组织部/人力资源部

部　长　苗　刚
副部长　徐西刚

纪委/监察部

纪委副书记、监察部部长　陈　奋

工会（机关党委）

副主席，机关党委书记、纪委书记、工会主席　魏安庆
权益部部长　王启明

宣传部/统战部/团委/武装部

部长、团委书记　高海港
部长助理、团委副书记（处助级）王铭南

财务部

部　长　曹孟博
副部长　魏　风

发展规划部

部　长　王文涛
副部长　战玉生

绩效管理部

部　长　柳润民
副部长　张　涛　张金鹏

安全部

部　长　张省军
副部长　王有福

生产部

党总支书记、副部长　刘学燕
副部长　王明勤
部长助理　徐守亮

装备部

部长、党总支书记　赵培建

副　部　长　张守言　王建新　郭　强

科技质量部

部长、党支部书记　张瑞堂

副　部　长　祝桂合

能源环保部

部　　　长　李健民

副　部　长　吴　健　张炳光

济南分公司各直属机构

用户应用技术中心（技术中心）

主任、党总支书记　孙德民

副　主　任　刘晓东

主 任 助 理　周兰聚

保卫部

部　　　长　何玉东（兼）

党总支书记　黄光磊（兼）

副部长、党总支副书记（正处级）

卜　敏

部 长 助 理　董　波

销售公司

经理、党总支书记　高传华

副　经　理　李士安　曾凡钊

经 理 助 理　张素兰　王清刚

济南分公司各生产单位

炼铁厂

厂　　　长　李丙来

党委书记、纪委书记、工会主席

赵智珠

副　厂　长　孙士忠　位连增　孙广胜

肖广勇　李真明　朱　涛

刘成雷

炼钢厂

厂　　　长　张润生

党委书记、副厂长　李作鑫

党委副书记、纪委书记、工会主席

黄恩宏

副　厂　长　江永波　胡勤东

厂 长 助 理　杜金玉

宽厚板厂

厂长、党委书记　何绪友

党委副书记、纪委书记、工会主席

崔德伟

副　厂　长　顾复康　张明山　宋国栋

薄板厂

厂长、党委书记　王金华

党委副书记、副厂长、纪委书记、

工会主席　王丰祥

副　厂　长　牛　玮　高元军　田　勇

臧传宝

第一小型轧钢厂

厂长、党委书记、纪委书记、工会主席

董胜峰

副　厂　长　齐志新　梁云彩

厂 长 助 理　李淑好

物流管理中心

经理、党委书记　陈增治

党委副书记、副经理、纪委书记、

工会主席　于均业

副　经　理　丁学清　田亚农　王坤轩

孙建平

化工厂

副厂长（主持工作）、党委副书记、

纪委书记、工会主席　李维忠

副　厂　长　王同彦　刘兆峰　祝仰勇

能源动力厂

厂　　　长　张永护

党委书记、纪委书记、工会主席
　贾玉芬

副　厂　长　刘树梅　盛培展　王法国
　　　　　　周家进

厂长助理　王广海　刘建平　王东升
　　　　　　商汉军

气体厂（济南鲍德气体有限公司）

厂长（执行董事、经理）　刘庆玉

党总支副书记（主持工作）、工会主席
　马晋宇

副　厂　长（副经理）　杨秀玉　李宗辉

检修工程公司

经　　　理　郝之峰

党委书记、副经理、纪委书记、工会主席
　高岩军

副　经　理　刘　华　李建文　王江臣
　　　　　　罗公明　李　静

计量质检中心

经　　　理　张希元

党委书记、纪委书记、工会主席
　刘永生

副　经　理　王　利　李际东　宋兰会
　　　　　　李秀坤

自动化信息技术公司

经理、党委书记　张元福

党委副书记、纪委书记、工会主席
　杨新宇

副　经　理　王道博　倪守生

贝斯济钢（山东）钢板有限公司

董事、总经理、党支部书记　李永亮

（撰稿：陈　剑　审稿：徐西刚）

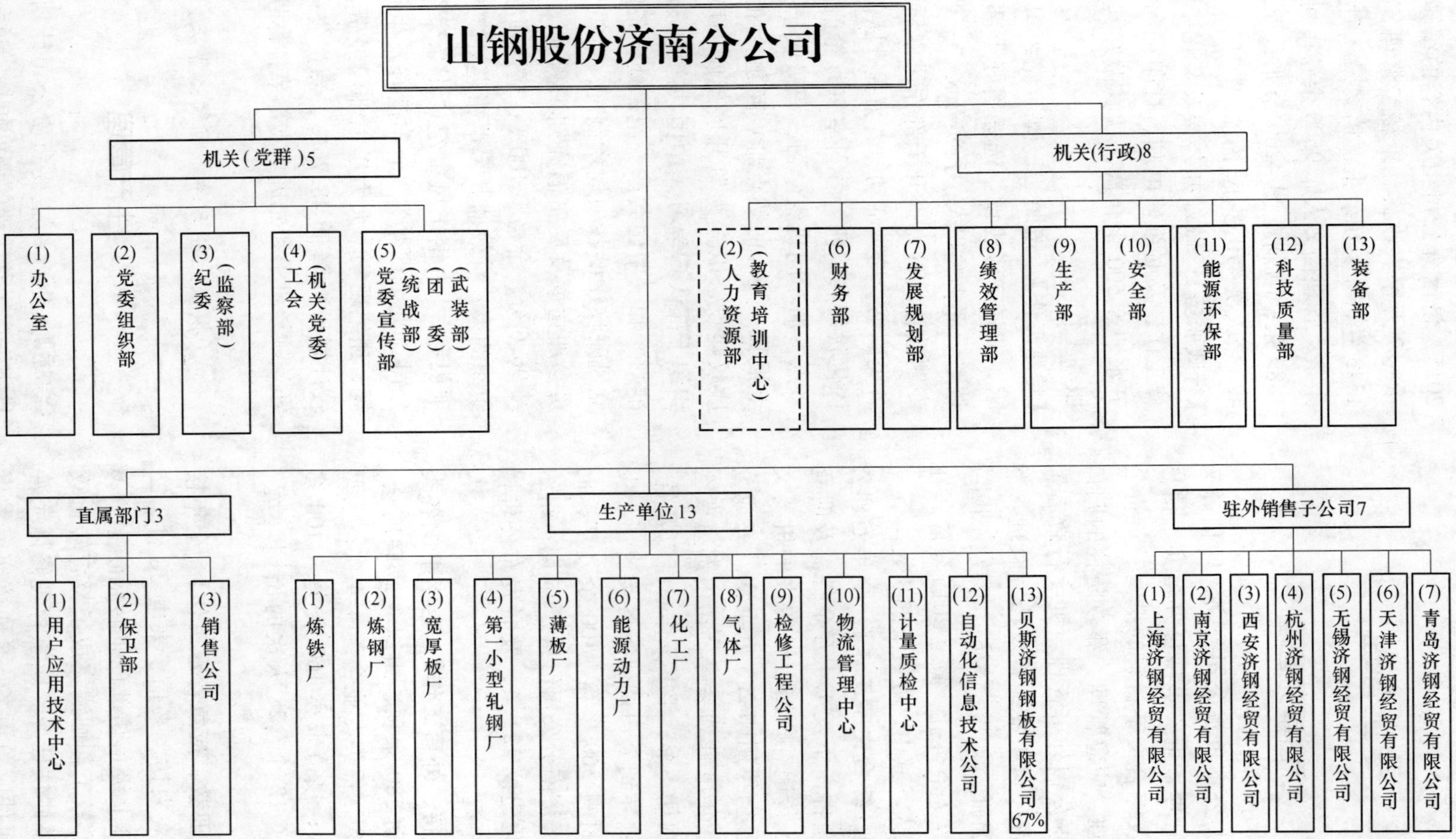

（撰稿：徐文芳　审稿：苗　刚　徐西刚）

专业管理

综合事务管理

【综述】 办公室负责公司公文、印信、文秘及保密管理，重要事项督办落实、信息调研工作及综合文字材料的撰写；负责公司信访管理、应急管理、邪教防控的归口管理；负责公司外事管理、机关行政后勤管理；负责公司年鉴编纂及档案管理。下设综合、调研、文书、信访、行政、外事、档案管理等7个科室。截至2015年底，在册职工29人。其中，处级干部3人。

【公文处理、综合文字工作】 全年处理公文5.4万余件，下发1.4万余件。及时登记、处理、传递、归档上级转来的机要文件105件。全年用印2.3万余次。完成公司职代会、年度计划会等公司内部重要会议和报山钢月、季、年度工作总结以及省、市等上级领导到公司调研等各类讲话、发言、汇报材料360多篇，100余万字；向山钢报送《济南分公司信息》25期；组织征集合理化建议122条；及时发布公告栏信息和大事记。

【会议、接待、外事工作】 全年组织各类会议、活动580余项，组织党政联席会、经理办公会、各类专业会等454次，大型会议77次；接待来宾160余次、1100多人；办理了12个、28人次的出国（境）团组。

【信访、反邪教、应急管理工作】 全年接待职工群众来访、来信、来电38件、25人次；办理上级信访部门批转信访案件6件。防范邪教工作圆满完成了教育转化攻坚与巩固整体仗任务。应急管理修订完善公司突发事件应急预案，全面落实突发事件应急管理和应急响应的各项措施。

【史志、档案工作】 完成《山钢年鉴2015》济南分公司相关内容的编纂，文字量4.7万字。收集、审核、整理各类档案1343卷、4.9万余张；档案录入计2.2万余条；管理档案入库9500余卷；利用底图1889张；晒制蓝图4200余张；业务指导420余人次470多小时。

【行政服务】 做好办公楼及文化中心的维修工作，及时维修电脑、打印机和空调及开水炉等500余台次，认真做好其他办公服务工作。

【党建工作】 按照“三型”党组织建设要求，加强支部建设。选好用好干部，全年调整干部4次8人；扎实开展“三严三实”专题教育，着力提升干部作风素质；开展各类读书、培训活动，着力提升队伍素质；深化联系点调研，各科室每月轮值深入联系点参加车间班组学习，积极收集并及时上报职工关心的热点难点问题。加强党风廉政建设，以案为鉴开展反腐倡廉教育。组织干部认真学习《中国共产党廉洁自律准则》和《中国共产党纪律处分条例》等党风廉政建设各项规章制度；组织全体党员参加党章及反腐倡廉知识测试，平均成绩96.6分，合格率100%；坚持领导带头，组织约束，有效监督，严格遵守“中央八项规定”、山钢正风肃纪“十条禁令”和公司“九个严禁”，全年没有发生任何违规、违纪现象。大力压缩部门经费，全年较计划目标降低48.76%。荣获公司“四好”领导班子和先进党支部荣誉称号。

（撰稿：邹玉萍　审稿：曹庆良）

生产管理

【综述】 生产部主要负责公司计划管理、日常生产经营活动的调度指挥、过程管控；负责公司钢轧产线资源制造计划的动态优化及产品交付管理；负责公司生产系统应急预案的编制并组织实施；负责生产现场工作环境管理；负责组织公司大宗原燃料、合金、辅料采购计划的编制、下达与过程监控；负责铁前系统的生产组织协调；负责公司综合统计管理及行业相关信息的统计、分析等。下设综合管理计划科、总调度室、统计科、铁前工艺科、产线一科、产线二科6个科室。截至2015年底，在册职工52人。其中，处级干部3人；高级职称7人，中级职称26人，初级职称6人；研究生4人，大学本科32人，专科15人，中专1人。

【计划管理】 以精益管理为突破口，不断丰富计划管理的内涵和外延，有效对接两头市场，将生产运行与抓商机、降库存、调结构等进行有机的统一；根据市场变化和产线接单贡献情况，调整和优化生产组织结构和产品结构，追求效益最大化；提高订单交付水平，建立更加完善和有效的订单交付保障体系，不断提升公司的差异化竞争优势；通过完善和优化计划排产信息支持系统，促进订单交付的进步和现货产出的降低。

【生产运行】 致力于不断提升生产运行的质量和效率，不断探索和推进生产组织模式的创新，做到转换有序，衔接有效。深入推进峰谷平节电工作，2015年峰谷电量差完成1亿千瓦时；通过过程平衡和优化，逐步形成了计划检修、煤气平衡、蒸汽保障、发电提效、需量控制五位一体的发电运行管控体系；充分考虑生产运行的实际，优化和调整设备大中修节点，确保检修技改项目与生产运行秩序的有机统一；大力度实施“隐患风险”治理工作，全年处理隐患67项，有效杜绝重大生产事故的发生；积极应对环保限产，提前筹划，详细制定应急响应预案，确保了限产期间生产运行的安全和稳定；开展生产加工过程工序外包业务清理工作，全年共取消15项生产加工过程工序外包业务，年降低费用5255万元。全年共生产粗钢606.6万吨，生铁577.8万吨，钢材623.9万吨（含重复材），烧结矿882.5万吨，焦炭265.6万吨，发电22.56亿千瓦时。

【铁前工艺管理】 强化外围保障，实施高炉“强动力”冶炼；开拓各类原燃料资源，促进生铁成本的持续降低；动态优化进口矿3个月计划排程，统筹考虑生产实际需求节奏、进口矿船期及现货采购，实现矿石矿粉库存的低库存运行；在煤炭控制上，根据结构和煤种需求安排省内外煤炭的发运，开拓煤炭新资源，实现结构优化与低库存控制的有机结合。

【绩效统计管理】 运用统计网络，加强信息交流，广泛获取来自外部、兄弟企业、竞争对手的信息，作为典范借鉴、对标挖潜的依据；深入开展实物型投入产出分析，制定盘点制度和分析制度，设计投入产出分析模型，分析物料转化衔接过程中的数量依存关系，查找管理中存在的问题，达到核准定额、降低消耗、堵塞漏洞、提升管理的目的。

（撰稿：王　勇　审稿：刘学燕）

发展规划管理

【综述】 发展规划部是公司发展战略规划、固定资产投资管理主管部门，主要负责跟踪国内、外产业发展走势，负责收集研究国家相关政策，提出应对策略，并根据政策变动情况及时调整发展规划；负责公司战略规划管理，组织公司战略规划研究策划、组织实施、监控评价、优化调整；负责公司战略性新兴产业项目的研究辨识、论证、实施、效果评价；负责公司固定资产投资管理，负责投资计划编制、实施、评价、改进；负责公司固定资产投资项目论证、立项、实施监督、后评价管理；负责专业业务流程的梳理、监控、改进及绩效评价等。下设3个科室：咨询研究室、投资管理科、战略规划科。截至2015年底，在册职工13人。其中，处级干部2人；高级职称8人，中级职称5人；研究生5人，大学本科8人。

【固定资产投资管理】 全年共实施项目55个（其中结转项目17个，新下达投资项目38个），完成投资4.02亿元，完成计划投资的80.34%。加快生产组织结构调整，优化炼钢生产系统，重点实施特殊钢材基础能力提升改造项目。树立"环保创益"观点，以源头评价方法和投资收益思路，优化工艺，减量替代，重点实施1号120平方米烧结机脱硫及除尘项目等节能减排、污染治理项目，共下达立项11项。紧紧围绕"四降低两提升"生产经营目标，实施提高劳动生产率、降本增效项目8项。解决安全隐患问题，立项实施化工厂精苯区域隐患治理项目。坚持环境治理、绿化美化环境，实施7个环境治理、美化项目。

【规划编制】 紧紧围绕"城市能接受，企业能生存"的战略目标，完成《山钢股份济南分公司"十三五"转型升级规划》和多个转型发展实施方案的编制工作。加快重点项目的前期准备工作，办理环评、安评、能评等一系列审批手续，实现特殊钢材基础能力提升改造项目在45吨转炉淘汰前竣工投用。

【战略研究及项目储备】 以重点课题攻关为手段，从公司层面组建几个战略发展规划项目业务单元，从能源、环保、品种、质量、物流、工业自动化等方面，系统研究和攻关储备44个具有持久核心竞争力的战略发展规划课题项目。坚持政策创收、投资创益、管理创效，全年实现创效3567.04万元，其中争取国家政策支持及奖励资金1661.98万元。

（撰稿：韩晰宇　审稿：王文涛）

财务管理

【综述】 财务部主要负责公司财务管理制度制定并组织落实；负责公司会计管理、全面预算管理、成本管理、价格监管、税收管理、融资管理；负责资金管理，资金风险管控；负责汇率、利率管理及信用的归口管理等。设办公室、财务预算科、资金预算结算科等17个科室。截至2015年底，在册职工88人。其中，处级干部2人、科级干部24人；大学本科69人；高级职称23人，中级职称28人，初级职称27人。

【财务管理】 加强精细化成本管理，构建精细化成本管理体系；积极配合开展"四降低两提升"工作，全年实现降本增益4.38亿元，其中主责钢轧系统降成本工作，全年实现成本降低1.73亿元，折吨钢降成本28.49元；对公司月度、季度生产经营状况进行全面分析和绩效运行总结，为进一步完善工作思路和方法提供重要的决策依据；围绕加强财务资产管理，盘活3项资金占用，建立考核和适时监控制度，及时协调各单位调整产品结算环节流程，加快结算速度，使产品库存明显降低。

【资金管理】 创新工作思路，优化资金收支预算，拓宽融资渠道，增加融资租赁等方式和融资规模；加强与银行沟通，开展境内贸易融资、供应链融资、应收账款保理等融资业务。全年通过多种融资渠道新增融资30亿元，弥补了资金缺口。以全面预算管理为基础加强资金管控，建立资金支付网上审批流程，所有款项支付严格按照流程办理，合理规划资金支出，按照以收定支的原则，优化资金支付结构，充分发挥资金使用效益。强化收款管理，降低订金订货、无款释放比例，及时回收资金，把握时机适当增加订单储备。在确保公司资金链安全的前提下，降低了财务费用。

【风险防范】 针对行业连续亏损，重点强化财务基础管理工作和内部控制制度建设及执行。按照以事前防范、事中控制为主的风险管理原则，组织重点查找风险事项，研究制定防范措施，梳理内部控制制度，检查重点岗位内控执行情况；同时组织按岗位、按流程编写系统操作手册，做到规范操作。

【税务管理】 积极利用国家“营改增”、安置残疾人员就业等税收优惠政策，免征或少征税款创益。针对公司炼钢4号转炉和4300毫米宽厚板产线设备租赁给集团公司的状况，补收租赁费用，全年实际降低税费支出522.13万元。根据企业安置残疾人员就业和开发新技术、新产品、新工艺发生研发费用，以及采暖季为居民供热等税收优惠政策，通过与税务机关沟通、协调，全年合计减免各项税费及附加885.64万元。

（撰稿：李晓礼　审稿：曹孟博）

人力资源管理

【综述】 人力资源部主要负责公司人力资源规划制定与组织实施；负责编制管理制度，负责体制改革的综合管理；负责劳动组织管理；负责人力资源配置，员工劳动合同、劳动关系管理；负责党员、入党积极分子教育培训等。下设综合管理科、员工管理科、薪酬编制科、社会保险科、培训管理科、管理教研室、网络教研室、技能教研室共8个科室。截至2015年底，在册职工38人。其中，高级职称9人，中级职称9人；大学本科以上学历35人；处级干部1人。

【体制机制改革】 优化生产组织结构，实施钢轧分立，成立炼钢厂和宽厚板厂。实施销售体制改革，撤销销售管理部建制，将营销考核管理职能划归绩效管理部，将宽厚板厂板材营销职能划归销售公司。调整钢轧区域水系统管理体制，将炼钢厂、宽厚板厂水处理系统统一划归能源动力厂。推进二级机关改革，11个单位减少科级机构46个，减幅21.7%，减少机关人员967人，减幅67.6%。

【人力资源配置】 年内接收安置复转军人10人。实施内部招聘5批次，招聘12人。新签合同11人，重新、续签1395人，解除（终止）215人。

【薪酬分配管理】 落实《工资基数核定办法》，实施缺员工资激励政策；落实《关于新进人员统筹外补贴的规定》，执行2015年1月27日新进人员退休后不享受统筹外补贴。

【人才开发管理】 建立以项目工程师为核心的专业技术职务聘任考核机制，聘任项目工程师840人，占聘任人数的40%。完成岗位工程师年度换届聘任，聘任岗位工程师1257人。“复合连铸坯轧制生产特厚钢板技术开发团队”荣获省管企业杰出创新团队。职业技能鉴定253人，通过158人，考核聘任技师1784人，动态调整率29%。

【社会劳动保险】 社会保险申报缴费19万人次，缴费基数8.36亿元，企业缴费比例30%，个人缴费比例10.5%，缴费3.39亿元。办理退休453人，退养271人。截至年底，离退休人员8696人，人均月统筹养老金3800元、企业补贴904元。

【职工教育培训】 举办一级培训班102个，培训4850人次。特种作业取证培训391人，复审培训1236人，注销资格141人。培养兼职教师48名。组织参加济南市安监局教师授课比赛，1人获一等奖，1人获二等奖，2人获三等奖。

（撰稿：徐文芳　审稿：徐西刚）

绩效管理

【综述】 绩效管理部主要负责公司绩效管理、体系管理、制度建设、流程管理、管理创新创效、“运营转型、管理提升”活动推进、风险管理、资产管理、内部市场化试点等工作。下设基础管理科、系统创新科和绩效考核科。截至2015年底，在册职工13人。其中，高级职称6人，中级职称5人，初级职称2人；大学本科12人，大学专科1人；处级干部3人。

【流程体系管理】 开展流程制度梳理，完成了煤钢互保、订单审批、质量异议、备件维修等20个业务流程的优化调整；梳理公司级制度393个，修订77个，新增16个，废止3个，转济钢集团2个，继续有效295个；组织管理体系内审、外审、内控审计，对482项问题进行整改；强化全面风险管理，对10项公司重大风险、39项专业风险、181项二级单位风险实施全过程管控，全年所有辨识的风险事件均处于受控状态，未发生重大风险事件。

【管理创新创效】 制定实施管理创效推进方案，全年实现管理创效增益1.06亿元，折合吨钢17.40元；对各单位申报的149项创新成果进行评审、对外推荐申报工作，获中钢协、山东省管理创新成果奖各3项，省冶金工业总公司管理创新成果奖48项，济南市管理成果奖4项。年内深化创利优先考核导向，完成月度及年度绩效考核工作；强力推进降本增效攻关，全年“四降低两提升”攻关活动降成本1.53亿元，折合吨钢25元；实施采购全流程成本控制，进口矿入库采购价格比普氏指数低1.97美元，炼焦煤采购价格比行业平均低64元/吨，喷吹煤采购价格比行业平均低22元/吨。

【运营转型，管理提升】 坚持“三抓一防”的指导方针，创建标准、完善制度、扎实组织，建立独具特色的转型提升管理体系。抓理念能力培训，打造高素质内训师队伍，聘任公司级内训师10名、厂（部）级内训师47名，组织9期15批932人次248课时的科级及管理骨干转型提升培训；抓运营改善项目，健全管理机制，确保效益落袋，累计验收运营改善项目142个，实现落袋效益1.61亿元；抓模范车间创建，提升现场精益管理水平，全年培育并命名表彰现场模范车间19个。

【专项管理】 组织对外委、外包、外雇等“三外”业务进行清理，下半年共替代“三外”费用合同额6750.79万元，替代相关方人员452人。在全公司推进内部市场化运营，制定总体推进实施方案，建立健全推进机制和考核奖惩办法，加强培训交流，推进炼铁厂、化工厂、气体厂等单位试点工作稳步开展。

（撰稿：房克余　审稿：柳润民）

科技质量管理

【综述】 科技质量部主要负责全面质量管理；负责组织新产品研发计划、质量计划管理；负责公司工艺技术管理；负责科技质量类标准管理；负责公司物料编码管理；负责公司技术经济指标管理；负责公司科研项目、科技成果、知识产权、专利及专有技术、对外技术交流与合作管理；负责产品认证、产品创奖、产品生产许可证管理；负责公司科协管理及博士后工作站科研管理。设综合管理科、技术管理科、研发管理科、质量管理科等科级机构4个。截至2015年底，在册职工34人。其中，处级干部3人；管理工技人员30人，生产服务岗位人员1人；博士研究生3人，硕士研究生7人，大学本科22人，专科1人，中专1人；高级工程师23人，工程师8人，助理工程师3人。

【体系认证】 年内顺利通过质量体系年度内审和外部换证审核；获取了新版热轧带肋钢筋生产许可证证书；完成2个行业标准的制定及报批，国家标准和行业标准各1个的下发制定计划；顺利通过ASME年度审核，获得中核集团合格供应商资格，完成80毫米E460和60毫米E550超高强度船板的认证，完成了欧标压力容器用钢证书的扩规格审核和建筑结构用钢证书定期审核及韩国、意大利、德国船级社证书的换新审核。

【对标学习】 深化对标挖潜，轧钢系统重点指标明显改善，炼铁、炼钢系统保持稳定；年内对标的24项重点指标，4项进入第一名，10项进入前三名。

【科技成果及专利管理】 强化SBU项目管理，16个项目全年销售254万吨，贡献总额比上年增加1270万元。承担国家科技支撑项目1项、山东省科技发展计划项目2项、济南市科技计划项目2项，全年获得政府资金支持26万元。获国家科技进步二等奖1项、省冶金科技进步奖15项。获授权专利243件，其中发明专利99件，获市专利奖三等奖1项。授予“RH单联技术的开发和高效应用项目”等7个项目重大科技项目奖，评选科技工作标兵15名、公司科技进步奖81项、专利奖10项，总奖金241.9万元。

【降本增效】 深度挖掘钢轧系统降本增效潜力，炼钢工序通过推进留渣工艺，持续巩固少渣冶炼，适当提高石灰石替代部分石灰比例，生白云石代替部分轻烧白云石等措施，实现辅料成本降低9516万元；创新管理模式，将原由炼钢工序承担的合金降成本模式改为由炼钢、轧钢和研发部门共同承担，促进了炼钢窄成分控制、合金替代和控轧控冷工艺应用等，全年公司总合金成本较上年实际降低1.48亿元，折吨钢24.5元。

【科协工作】 邀请外部专家举办讲座和技术服务5人次；征集论文65篇，参与各级学术会议交流27篇。

（撰稿：胡建军　审稿：张瑞堂）

安全管理

【综述】 安全部全面负责公司安全与职业卫生管理工作，下设技术管理科、安全科、危化品管理科、职业健康科4个职能科室。截至2015年底，在册职工16人。其中，研究生2人，大学本科11人；高级职称6人，中级职称8人。

【安全基础建设】 制定和实施车间安全基础建设标准，明确以“三明确、三到位、一落实”为主要内容的车间安全基础管理要求，按照标准宣贯、车间督导和检查验收3个阶段的要求稳步推进。对全部108个车间进行了检查验收，合格的车间96个，合格率89%，完成公司核心项目85%的年度攻关目标。抽查班组76个，合格74个，班组安全基础建设验收通过率97%。全公司以车间安全基础建设为契机，在危险源辨识和高风险作业辨识培训的基础上，对存在的危险源和高风险作业进行重新辨识和评价、梳理和制定控制措施，明确危险源和高风险作业的责任人，做到“各级危险源有人管，高风险作业有人控”。全公司共辨识危险源9989项，其中风险级别较高的危险源：一级1项，二级13项，三级危险源67项。全公司共辨识高风险作业376项，其中新增或完善作业指导书178项。

【安全生产主体责任落实】 组织对公司和生产单位两级安全生产责任制进行修订，

并逐级制定安全生产责任履职清单。发布实施公司安全生产九条禁令。按照管精、管细、管实、管具体的原则，完善安全管理部门及其人员的责任制和考核制度，公司、厂、车间、班组逐级签订安全生产责任书860份。实行安全生产风险抵押金制度，全公司共1580人交纳安全风险抵押金319万元，保障安全责任落实到人。建立、完善隐患排查治理体系，组织危化品、煤气、氧气管道及附属设施、化验室、有限空间、冬夏季“四防”、高温金属液体等七大类安全检查；加强对各类检维修作业、工程现场、生产现场的安全检查和巡查；生产单位日查、周查、月查、季查的安全检查机制有效运行，全年共排查整治隐患3476项，处理纠正违章557人次，检查考核52.5万元；聘请外部专家对化工系统、120吨炼钢系统进行重点工艺或区域的诊断性安全检查，查出60多项深层次问题，提升安全检查的技术层次；加强相关方管理，严把准入资质关、安全合同关、安全措施落实关，加大对违章人员的处罚力度，全年处罚12余万元；克服困难，积极投入，消除化工厂回收三系统鼓风机后煤气管道泄漏等9项危及安全生产的重大隐患，在煤气和危险化学品重大隐患治理方面总投资达1958.79万元。全年实现重大及以上生产事故、设备事故、火灾事故、厂内交通事故、人身伤害事故及工亡事故“6个零”的目标。发生轻伤事故2起，千人负伤率0.13（控制目标0.5），无重伤及以上安全生产事故；确认职业病12例。主要负责人、安全和职业卫生管理人员、特种作业人员、从业人员安全培训率均达100%。

【职业卫生】 按照山东省和济南市安监局的统一部署，建立健全职业病危害警示与告知制度等12项职业卫生管理制度。开展炼钢等5个系统的职业病危害现状评价。定期组织进行岗位粉尘等职业病危害因素的检测，监控现场职业危害现状。组织对公司在用的11枚放射源和16台射线装置、181个射线剂量笔进行定期检测，保障接触射线的岗位人员的健康与安全。组织6300多名职工进行查体，建立、完善个人职业健康监护电子档案。组织职业卫生知识培训，保证负责人、职业卫生管理人员、职业危害岗位从业人员培训率达到3个100%。公司被济南市评为2015年职业卫生基础建设示范企业。

（撰稿：宋秀江　魏士红　审稿：张省军）

能源环保管理

【综述】 能源环保部设置能源管理科、环境保护科、用电管理办公室、绿化保洁管理科等4个科室，主要负责公司能源、环境、厂区绿化及道路保洁管理、监督等工作。截至2015年底，在册职工26人。其中，处级干部3人，大学本科及以上学历20人（其中硕士4人），大专学历3人。

【主要指标】 全年吨钢综合能耗完成582千克标煤/吨钢，水资源循环使用率达98.1%；实施雾霾天气应急机制，环保指标、运行费用和排污费用持续降低。全年减排二氧化硫23281吨、化学需氧量1030吨，完成与济南市人民政府签订的减排任务。截至2015年底，公司“十二五”累计节约标准煤72.5万吨，完成与市政府签订的71.78万吨标准煤节能任务。

【能源降成本】 量化分解指标，加强过程监督控制，合理评价结果并进行有效激励。2015年能源降成本实现41.6元/吨钢，完成公司年度能源降成本40元/吨钢目标，其中工序能源降成本26.06元/吨钢，管理创效15.54元/吨钢；累计降低能源成本2.52亿元。

【电力系统优化】 提高发电量。吨钢发电量实现371.98千瓦时，同比增加3.3%；发电自给率达到56.86%，同比增加3.58%，年收益4251万元。供电系统优化。吨钢耗电484.7千瓦时，同比降低2.4%，年收益3756万元。用电系统优化。优化负荷稳控系统，抑制负荷峰值，自2015年4月起，将各电源进线最大需量值由55万千瓦调整到47万千瓦，月节省基本电费支出304万元，年收益2736万元；合理调整用电负荷，实现各电源进线功率因数达标运行（大于0.90），年获力调电费奖励674万元。峰谷平发、节电。通过优化“避峰生产，迎峰检修”生产组织模式，实现峰谷用电差10036万千瓦时，年收益4313万元，增益2779万元。

【水系统优化】 强化管网经济运行管理，实施中水系统优化等节水项目，吨钢耗新水达到2.98立方米，为历史最好水平，环比降低2%，年收益182万元。

【外销富余能源】 全年对外供暖300万平方米。动态平衡厂内余热资源，确保采暖季供暖稳定运行，年采暖收入4700万元，收益2000万元。积极开拓蓝星等外部用户，将富余蒸汽转化为效益，全年外销能源收入1200万元。

【提升绿化水平】 围绕厂区环境绿化“一年大变样”的目标，全年新增绿地面积5.25万平方米，累计达到146.86万平方米，栽种各类苗木32个品种，数量38.71万株。绿地率由上年的24.52%提高到25.43%，绿化覆盖率由上年的26.85%提高到27.76%。

（撰稿：陈　飚　审稿：李晓斌）

装备管理

【综述】 装备部主要承担设备设施运行管理、工程项目建设管理、物资采购供应管理和以实物为主的固定资产管理等职能。截至2015年底，在册职工132人，其中，研究生16人、大学本科86人；高级职称41人、中级职称60人。

【设备设施运行管理】 完成年度大中修计划22项，计划完成率88%。因生产经营计划调整，本年度炼铁厂150吨干熄焦、160吨干熄焦、320平方米烧结机和热轧1700毫米产线中修延期到2016年执行。在如期完成设备大中修的同时，处理区域设备隐患12项。当年累计发生设备事故、故障56起，其中设备事故10起，故障46起。事故故障共造成停机时间349.6小时，经济损失共计238.82万元，事故故障次数、停机时间、经济损失比上年同期分别下降6.5%、27.5%、51.1%。

【工程项目建设管理】 全年完成重点工程项目4项，完成工程投资5.5亿元，所有项目均实现工期最短、投资最省、安全五个零、质量优良、如期投产的既定目标。项目管理推行“全过程精细化项目管理”理念，实行项目经理负责制，延伸项目管理，严控实施过程中每一个细节，创新EPC总承包发包方式，防控合同风险。四大重点工程均克服了资金紧张的困难，其中6号板坯连铸机、特殊钢材基础能力提升改造项目高质量如期顺利投产，为公司淘汰落后产能、系统优化平衡创造了条件。

【物资采购供应管理】 当年采购辅助材料、备品备件、小型机电7.48亿元，比上年降低成本4010万元。采购冶金辅料21.8亿元，比上年降低成本6580万元。截至年底，辅助材料库存6610万元，同比降低128万元，降低1.90%。备件库存1.60亿元，同比降低4500万元，降低21.95%。坚持全面招标，实现阳光采购。当年组织招标2238次，招标金额31.12

亿元，比预算降低成本5.11亿元，降低率14.07%。

【固定资产管理】 完善《设备类固定资产处置管理办法》，细化、规范设备类固定资产的日常管理及处置程序，进一步提高了固定资产利用效率及处置效益。截至年底，设备类固定资产原值211.85亿元，净值102.67亿元。主要设备完好率100%、故障停机率达到1.16‰的良好水平。

（撰稿：韩飞华　审稿：赵培建）

销售管理

【综述】 销售公司主要负责山钢股份济南分公司（以下简称公司）主要钢材产品的销售。截至2015年底，销售公司在册职工140人，其中：硕士研究生21人，大学本科86人；高级职称11人，中级职称76人。内设综合管理部、产销管理部、合同管理部、市场管理部、驻外管理部、工程机械事业部、海工造船事业部、能源用钢事业部、锅炉容器事业部、高强耐磨事业部、薄板销售事业、型材销售事业部、重点工程事业部、期货事业部、现货销售部、客户服务部等5个科室、11个销售事业部。管理着无锡、南京、青岛、西安、天津、杭州、上海、德州、威海、潍坊等10个驻外公司。8月10日，济南分公司撤销销售管理部建制，将宽厚板厂板材的营销职能划归销售公司。11月，为更加便于客户的整体维护与板材产品及区域市场的整体开发，公司将相关事业部进行整合，内部创新设立了“直供客户服务中心、经销客户服务中心、分销客户服务中心、客户交付服务中心”四大中心。

【市场开发】 开拓“两端一重”市场、省内外市场，中标芜湖公铁两用大桥、中化宏润石油储运（潍坊）、中铁四局成贵铁路桥、大唐新建风电场工程、孟加拉国PADMA大桥等30余项国内外重点工程项目，与卡特彼勒等多家重点领域企业建立战略合作关系，修复、新开发客户293家。全年完成订单量568.1万吨，计划完成率100%。其中：内贸全年完成订单527.1万吨，完成计划的101.25%，占订单总量的92.78%。实施SBU项目，完成产品销量244万吨，占总销量的44%，比较单位贡献总额较上年增加1472万元。开发宽厚板品种市场，结合内部300断面铸坯优化，开发厚规格品种市场、热处理宽厚板产品市场；卷板市场重点开发冷轧深冲、热轧大梁、机车用钢市场；小型材开发了锚杆钢、精轧螺纹钢市场。

【营销管理】 创新营销管理机制，紧紧聚集客户需求和市场变化，变机制、变模式，提效益，增活力。设立重点工程市场开发部，成立四大客户服务中心，建立完善订单交付管理体系，开展“市场攻坚”竞赛活动，初步构建了“面向市场、以客户为中心”的营销模式。牢牢抓住订单储备关键点，宽厚板、热轧卷板等订单储备水平基本控制在7天和10天以上，比上年总体增加2天，为商务谈判、结构优化、价格提升、高效生产等方面创造良好条件，实现产线及产品结构优化增益1.3亿元。紧盯资金回笼不放，坚持财务预算刚性，按日调度资金回笼工作，大力度快速消化现货，全年资金回笼141.847亿元，完成计划的101.5%。推进按期交付工作创新，搭建订单交付监控平台，创建实施订单交付三级保障体系，通过“公司定期调度、部门定期预警监控、生产单元日跟踪清理”有效措施，按时交付率显著提升。推进库存结构优化，推进责任目标分解、测量与考核，使库存结构得到优化，全年实物库存月均水平控制在7万吨左右，最低月达到5.5万吨，继续保持低库存竞争优势。

推进现货竞标销售、分拣销售、打包销售，快速消化现货，月均获取现货订单 1.59 万吨，现货库存显著降低。重视客户异议处理与改进工作，建立质量异议处理管理办法，坚持公平公正快速处理原则，及时结案率 100%。

【基础管理】 关注并实施风险的群防群控，最大限度控制运营风险。规范顾客需求评审、合同签订、资金回收的全流程管理，严控合同风险。统一了驻外全资经贸公司合同版本，实现 OA 无纸化审批，提高可追溯性。严控应收账款，全年没有产生新的应收账款。对订单测算系统进行梳理，清理了 30%的账号，并与确认后的所有相关人员签订了保密协议。对各类印章的使用范围和各类材料盖章的审批权限都做了明确规定，并根据销售体制的变化及时调整公章配置，严控用章风险。强化销售计划的刚性执行，每周两次对订单、价格、贡献、库存等关键绩效指标进行重点调度。按月坚持绩效考核与劳动竞赛并举，持续调动营销服务人员的积极性和创造性。坚持管理创新，荣获中钢协冶金企业管理现代化创新成果一等奖 1 项；山东省企业管理现代化创新成果 2 项，其中一、二等奖各 1 项；省冶金公司级 5 项，济南分公司级 6 项。

【独资及控股公司管理】 截至 2015 年底，7 个独资及控股公司在册人员 27 人（含公司派出财务人员 6 人）。当年完成订单 63.29 万吨；驻外公司创利 1746 万元，完成计划的 143.7%；实现管理创效 272.12 万元，完成计划的 177%。

（撰稿：肖海莲　审稿：高传华）

治安管理

【综述】 2015 年，保卫部不断加大维稳管控和治安管理力度，辖区未发生重大刑事、治安案件和火灾事故，杜绝了群体性事件、重特大治安灾害事故发生，为公司营造了安定有序的改革发展环境。

【维护稳定】 强化不稳定因素搜集排查和先期预警，掌控职工表达利益诉求等情况信息 43 条，协助二级单位化解劳资纠纷等 27 起，劝访和疏导纠缠企业领导及部门 29 人次，防止聚集滋事和上访闹事。实现对主要不稳定因素的有效管控。

【治安防控】 提高投入治安巡防积极性，落实电子巡更夜间打点、定向巡查责任制，提升对重点、易发案部位的巡防管控时效，及时发现查获盗窃企业财产等不法人员 113 人次，有效管控可防性案件发生。推进技防建设，在生产厂区 46 个重点部位安装视频监控探头 60 个，在济钢新村调整更新 100 余个电子巡更点位，扩展技防监控覆盖面。由于治安防控措施不断强化，辖区发案率持续保持较低水平，已连续 4 年无街面两抢案件发生，连续 5 年未发生汽车被盗案，连续 7 年无命案。

【安全监管】 对 16 家消防重点单位开展专项合同防火检查，督导落实隐患整改 136 项。对达到二级以上风险等级的危险化学品生产单位以及 6 个大型煤气柜区、13 个燃气蒸汽发电设施加大专项检查力度，对其中 4 家要害单位隐患整改不落实情况进行通报，并依托企业绩效考核机制落实处罚措施。加大对企业地下采矿爆破作业监管力度，同时定期不定期深入井下检查指导爆破物品保管和安全使用，确保各个环节安全，防止丢失被盗等案事件发生。

【党建工作】 围绕推进开展“三严三实”专题教育，举办了两次专题教育党课，引导队伍遵守政治纪律，坚定理想信念。充分发挥领导干部积极作为的带头作用，发挥好廉洁奉公的表率作用。开展“季度之星”评选活动，在进行大力表彰的同时，召开学习先进典型座谈会，营造了崇尚先进、争做先进的浓厚氛围。认真落实从优待员措施，体检和带薪休假落实率达到了100%。

（撰稿：张超君　审稿：何玉东）

产品技术研发管理

【综述】 用户应用技术中心为公司新产品研发及销售的主责部门，负责公司新产品的策划、研发、监造、销售、服务一体化项目管理。设有综合管理部、商务部，特殊用钢、承压容器钢、管线钢、海洋用钢、结构钢、卷板6个研发推进部，1个产品研发基地，共计9个部室。截至2015年底，在册职工47人。其中，首席工程师3人，高级工程师15人。

【产品技术研发情况】 当年研发新产品70个牌号，发布新产品推广指导书5项，高等级产品结算30.49万吨，实现贡献总额3376万元；平均贡献110.72元/吨，吨钢收益提升15.12元；累计平均不含税价格2827元/吨，公司钢材售价提升41.10元/吨。以管线、容器、军工、海工为代表的产品研发实现突破。管线钢：大应变X80M管线钢通过中钢协千吨试制鉴定；厚规格直缝焊管用X80M和热煨弯管用X80M通过中石化新粤浙项目单炉试制及第三方型号检验；完成API 5L X65MO PSL2海底管线钢研发并成功出口9033吨。容器钢：完成铁路油罐车封头用高强韧正火型TC128GrB、抗HIC性能SA516Gr485N、A204GrA钼合金容器钢、800兆帕水电钢、120毫米厚叠轧Q345R系列产品及60~100毫米厚Q370R等新品种的研发；600兆帕水电钢中标国家电网绩溪、丰宁、敦化三大项目2.7万吨。军工钢：成功试制F1350E高强抗侵彻钢板，中标空军四代库工程近万吨，并顺利通过军方供应商入网审核和现场审查，标志着公司在军工钢研发和市场开拓上取得了突破，迈出了坚实的一步。海工钢：完成高等级采油平台用钢的研发及船级社认证，增加了420~560兆帕4个强度级别、AH/DH/EH 3个质量等级共12个海工钢牌号，最大厚度达到80毫米。用户应用：核电钢首次实现批量供货；完成Q690F、TMCP型S500ML的高强钢，耐锌腐蚀钢板JNX06等产品的研发；Q500qE高性能桥梁钢研制成功并通过第三方检测；Q890D研发成功并通过郑煤机焊接技术评审；复合制坯-TMCP工艺生产的80毫米厚Q420qE桥梁钢成功实现工程应用；热连轧产线实现热轧双相钢规格全覆盖，省内双相钢市场占有率超过60%；完成ZQS460QK－16桥壳钢研发，形成ZQS345QK、ZQS460QK－16桥壳钢系列产品。

（撰稿：孙根领　审稿：孙德民）

党群工作

组织工作

【综述】 党委组织部负责公司各单位领导干部、领导班子建设，基层党组织建设，党员管理及组织发展工作，负责直管干部、党员、因公出国人员的政审等工作，下设干部科、组织科2个科室。截至2015年底，共有职工3人。

【干部队伍建设】 截至2015年底，公司在职中层领导干部114人，全年调整中层干部56人次，为山钢集团选送处级干部1人。审批调整科级管理人员788人次。修订发布公司干部管理制度4项。加强后备干部建设，全年选拔任用45岁以下中青年干部4人。选送1人赴美攻读MBA培训班，选送4人参加山钢干部进修班培训。实施“四降低两提升”及“资本贡献”专项考核，将完成情况与班子成员联挂计分。组织完成2014年度领导班子和领导干部考核，共考核领导班子30个，A级12个、B级15个、C级3个。考核领导干部122人，A级39人、B级77人、C级6人，按照考核结果，诫勉4人。

【党的组织建设】 公司党委下辖176个基层党组织，其中二级单位党委12个、党总支7个（直属1个）、党支部157个（直属1个），党员4040名。健全党的组织生活制度体系，修订发布制度5项。大力推进“三型”党组织建设，制定落实学习型、服务型、创新型党组织建设实施意见，树立16个先进“三型”党支部标杆。深入开展“扭亏增盈，岗位建功”主题学习教育活动，充分发挥党员干部模范带头作用。扎实开展“三严三实”专题教育，不断巩固作风建设成果。召开庆祝建党94周年暨先进集体和先进个人表彰大会，表彰“四强”党组织、“四好”领导班子各6个，先进党支部19个，“四优”共产党员92名，优秀党务工作者35名。全年收缴党费70.31万元；分两期培训入党积极分子113人，发展党员72名，促进党务工作效率大幅提高。

【机关党委工作】 截至2015年底，机关党委下辖党总支6个，党支部31个，党员515名。认真履行党委主体责任，加强党委自身建设，政治核心作用不断彰显。加强基层党组织班子建设，配齐6个部室23名党组织成员，基层党建活力进一步增强。深入开展机关“三严三实”专题教育，推进机关干部作风不断转变。服务工作大局，推进机关管理创效，实现管理创效吨钢增益17.40元。积极开展帮扶求助送温暖工作，救助困难党员、职工44人次，发放救助金4.5万元。

（撰稿：李　霞　审稿：徐西刚）

纪检监察工作

【概况】 截至2015年底，纪委/监察部机关共有4人，设办公室、信访和案件检查室、效能监察室。公司下设12个二级单位纪委，1个直属党总支和1个直属党支部均设立了纪律检查委员。2015年，各级党组织和纪检监察组织认真贯彻“全面从严治党”要求，大力深化“两个责任”落实，为推动企业转型发展提供坚强保障。

【制度建设】 协助党委落实党风廉政建设主体责任，厘清两个责任，逐级细化分工，制定《党风廉政建设党委主体责任清单、纪委监督责任清单》《党员领导干部廉洁从业谈话、党风廉政建设约谈、函询制度》《关于防止利益输送　严禁已辞退、离职、长期病假等人员进入公司内部市场的规定》等制度。

【监督检查与廉洁教育】 对28个单位、部门领导班子和123名领导干部进行了廉洁自律民主测评，满意率平均99.25%；紧盯重大节日和关键节点，检查公司各级党员干部落实山钢正风肃纪“十条禁令”和公司“九个严禁”情况，重大节日没有接到领导干部违纪举报。深入学习《习近平关于党风廉政建设和反腐败斗争论述摘编》《中国共产党廉洁自律准则》《中国共产党纪律处分条例》，开辟历城区人民检察院警示教育基地，邀请预防职务犯罪专家对关键岗位人员开展廉洁从业讲座，在全体在职党员干部中开展“党章及反腐倡廉知识测试”，3727名党员平均成绩达95.36分。

【信访监督与纪律审查】 受理各类信访举报48件次，查结率100%。查结处理案件3起，给予党政纪处分9人，通报批评2

人，免职1人，经济处罚34人，收缴各类违纪处罚款76.91万元。对“11·9”盗窃矿粉案和炼钢厂“120区域1号炉稀油站火灾事故”相关管理责任人进行了严肃问责。坚持两级办案一级审理，办案协作区的实践成果分别获“全国钢铁企业纪检监察工作研究年会论文二等奖”和“山钢纪检监察论文一等奖”。

【效能监察】 紧扣公司“扭亏增盈”中心任务，选题立项效能监察项目20项，结题19项，提出168条监察建议，修改完善48项规章制度，避免和挽回经济损失2861万元。把进厂原燃辅料督察作为效能监察重点项目立项，下半年将《进厂物资管理效能督查》列为公司运营改善和管理提升核心项目，全年共组织43次督查活动，避免和挽回经济损失105万元，发现32个问题项，提出督查建议60条。

【自身建设】 深化“三转”，研究确定了以“监督、执纪、问责”为工作职责、以“执纪从严、办案依规、追责公正”为工作准则的纪检监察工作文化理念，要求全公司纪检监察干部做到“政治强、作风硬、纪律严、业务精”。

（撰稿：孔　倩　审稿：陈　奋）

宣传工作

【综述】 宣传部作为公司党委的职能部门，主要承担着宣传思想工作、企业文化建设、共青团工作、文明单位创建和武装工作等职能。设办公室、统战部/文明办、新闻宣传科。截至2015年底，共有职工9人。其中高级职称2人，中级职称4人，初级职称3人。

【宣传思想工作】 坚持正确舆论导向，集聚正能量，传递好声音。全年编发《宣传思想工作讯息》19期，在《山东钢铁》报纸和《中国冶金报》、《山东工人报》等媒体刊发分公司新闻稿件300余篇。抓好舆情信息管控，及时掌握热点、难点问题及职工思想动态，加强教育引导。全年有12件作品被评为山钢集团年度好新闻一、二、三等奖；有1名宣传人员被评为“山钢集团新闻宣传先进工作者”。宣传部被评为“2015年度山钢集团新闻宣传工作先进集体”。

【文明创建工作】 结合公司实际，研究制定“文明建设先进单位”评选管理办法及考核细则，并进一步修订完善，为开展2014年度“文明建设先进单位”评选表彰工作创造了条件。牵头组织公司文明委成员单位，对申报参评的13个生产厂进行了检查考核评选，最终评选出2014年度“文明建设先进单位”6个，在公司庆“五一”暨先进表彰大会上予以隆重表彰。开展2014年度省级文明单位、省管企业文明单位、济南市文明单位、山钢文明单位年度复查工作和2015年度省级文明单位、省管企业文明单位、山钢文明单位推荐评选工作。物流管理中心当选省管企业文明单位；炼铁厂、宽厚板厂当选山钢集团文明单位。检修公司马向魁当选省管企业道德模范；炼铁厂董龙果、检修公司戴爽获省管企业道德模范提名奖；检修公司戴爽、马向魁，宽厚板厂吕军，炼铁厂董龙果当选山钢集团道德模范。研究制定并印发了《中共山东钢铁股份有限公司济南分公司委员会关于印发〈关于开展“厚道鲁商”倡树行动的实施方案〉的通知》。

【统一战线工作】 围绕贯彻落实公司一届一次职代会精神，做好民主党派工作。部署各民主党派认真学习职代会报告，领会精神实质，明确任务目标，激励各民主党派成员为公司打赢“扭亏增盈”攻坚战献计出力。协助民主党派加强基层组织思想、组织建设。按照民主党派市委的要求，协助各民主党派做好发展新成员的政审考察；

协助各民主党派做好支部换届工作。按照省委统战部和山钢集团的部署，积极做好公司留学人员情况调查及党外代表人士的推荐工作。

（撰稿：李晓华　审稿：高海港）

武装工作

【综述】 武装部主要承担民兵组织建设、政治教育、民兵带建、兵员动员、军事训练、武器装备管理、应急抢险、国防教育和战备执勤等职责。截至2015年底，有武装干部2名，其中部长1名。下辖13个基层武装部，13名武装干部。

【组织建设】 根据《山东省民兵整组工作实施办法》和济南警备区7号《2015年民兵、预备役部队民兵整组工作指示》，对总参动员部赋予列入编制的重点民兵应急营反恐连、高炮支援分队、防化分队3支队伍进行人员定点定位编制的整合调整，组建14个民兵营，96个民兵连，拥有普通民兵3559人及基干民兵531人；融合公司应急管理体系建设相关要求和遂行多样化应急任务的需要，从公司防灾、抢险、救助、稳定的实际需求出发，建立和完善24支、280人的生产应急抢险队伍。民兵组织建设得到有效落实，逐步形成完整、有效、职责明确的综合应急抢险保障体系。

【拥军优属】 按照济南市政府《关于做好春节期间拥军优属活动的通知》和公司党委有关要求，为军烈属、复退军人、伤残军人做好贴心服务，积极协助市、区民政局，为104名离退休的转业军人办理了优抚领取手续，领取发放了16.98万元春节慰问金。为3名抗日战争老战士申领了抗战纪念章和慰问品，为34名伤残军人办理了优抚证。

【民兵带建】 围绕公司“扭亏增盈，岗位建功”主题活动，适时推进生产建设与民兵组织建设的无缝对接。组织以“融合服务促生产，应急联动促安全”为主题的人防应急抢险综合演练。济南警备区崔振林副司令员、崔春荣参谋长，省级机关人防办，济南市、历城区人防办领导，公司党委刘秀元书记、总经理助理高贤成等公司领导和二级单位武装工作分管书记及武装干部观摩了人防综合科目应急抢险演练活动并给予高度评价。

【黄河防汛（凌）】 充实黄河防汛（凌）应急抢险物资、运输车辆、医疗救护、通信联络等保障预案。针对公司负责防守的历城区整个区段内31.21公里的黄河堤防、险工、控导工程存在安全度汛隐患的实际，组织相关专业预案知识的学习培训。按照明确黄河防汛（凌），应急救援、应急抢险、战备值勤和常备物资保障器材措施，制定备勤值班和抢险物资、医疗救护、运输车辆、后勤保障等保障制度。规范遂行任务时的集结地点、序列直呼网络的通信指挥保障等管理措施，确保遂行黄河防汛、防凌应急抢险和遂行多样化急难险重任务的有效落实。

【创先评优】 为纪念“抗日战争暨世界反法西斯胜利70周年”和建军88周年，进一步落实党管武装、书记抓武装、基层强武装原则，组织了庆“八一”系列活动。7月30日在炼铁厂演练现场，总经理助理高贤成宣读了公司党委《关于表彰“党管武装工作先进单位”和“先进民兵”的决定》，对党管武装工作6个先进单位和民兵个人代表进行表彰并颁发奖牌和荣誉证书；8月1日，组织部分二级单位党委书记、部门领导及武装干部到济南市民兵训练中心举行以轻武器射击为主要内容的国防教育军事日活动，提升国防意识观念现实教育。

（撰稿：崔　健　审稿：高海港）

工会工作

【综述】 公司工会是公司民主管理、职工维权的主管部门，主要负责筹备组织职工代表大会、职工代表团长工会主席联席会议；负责推进落实、监督检查民主管理与厂务公开工作；负责维护职工群众的合法权益，组织开展群众性经济技术创新创效活动及文化体育活动；负责群众性的组织工作；负责公司女工工作；负责计划生育工作。设两部一科：综合部、权益部、财务科。截至2015年底，工会机关在册职工人数10人。其中，党校研究生1人，大学工学学士1人，大学本科6人，大专2人；高级政工师4人，中级4人，助理2人；处级干部3人。

【民主管理工作】 公司一届一次职工代表大会后，指导各二级单位召开单位职代会或职工大会。开展职代会职工代表提案征集工作，将优秀提案转交公司相关部门（单位）研究落实。对12个单位的重点工作、厂务公开、民主管理及关系职工切身利益的热点、难点问题，开展职工代表巡视检查活动，为公司决策提供了参考和依据。规范厂务公开内容、形式和程序，完善公司、分厂、车间三级厂务公开网络。

【职工创新创效工作】 紧紧围绕公司中心工作，在重点产线、单位、岗位开展了以“扭亏增盈，岗位建功”为主题的系列劳动竞赛，严格考核评定，对竞赛分别进行月度、季度总结评比表彰。举办职工职业技能大赛，全公司14个二级单位组织举办了102个工种的技术比武活动，从近万名参赛者中选拔357名选手参加公司15个工种的技能大赛；召开总结表彰大会，对15名“技术状元”和75名“技术能手”进行表彰奖励。开展职工先进操作法、合理化建议优秀成果征集评选活动，9800余人提合理化建议7896条，征集职工先进操作法118项，两项活动创经济效益（减损）近亿元。深入开展“职工创新工作室”创建活动，对已命名的21个职工创新工作室进行验收考评，认定8个优秀等级、13个合格等级，并给予经费奖励；召开公司职工创新工作室命名表彰现场会，新命名奖励职工创新工作室9个。公司共有职工创新工作室30个，其中，国家级1个、省部级1个、市级3个、公司级25个，“姜和信创新工作室”荣获中华全国总工会“劳模创新工作室”“全国示范性劳模创新工作室”称号。开展“工人先锋号”“巾帼文明岗”创建活动。共有公司级以上“工人先锋号”72个，其中国家级3个，省市级24个；公司级以上“巾帼文明岗”和“建功立业示范岗”35个，其中国家级3个，省市级17个。

【职工帮扶救助工作】 规范公司劳动争议调解工作，通过《职工诉求督办单》，对职工反映的问题督促相关单位限期解决并回复。坚持“及时、公开、公正”的原则，开展困难职工救助工作，两节期间组织走访慰问困难职工、劳动模范、离退休干部和职工遗属等900多人，发放“送温暖”救助金41.8万元；日常救助29名困难职工，发放救助金28.2万元；为60名会员职工发放阳光补偿金21.3万元；为32名职工办理济南市互助救助手续，领取发放救助金7.24万元；为23名困难职工办理《济南市特困证》。针对低收入困难职工增加的状况，制定实施低收入困难在岗职工帮扶救助办法，延伸帮扶救助工作范围。

【职工文体活动】 以“扭亏增盈，岗位建功”为主题，先后举办职工摄影展、革命历史文献展以及职工篮球、毽球、棋类比赛等文体活动，丰富了职工业余文化生活。

【计划生育工作】 强化计生管理工作，按照人口和计划生育目标管理任务和要求，加强日常管理，严格责任考核，2015年合法生育率100%；及时发放独生子女父母退休一次性养老补助金、保健费等，办理独生子女两全保险等业务，认真落实病残儿鉴定，做好帮扶救助计划生育特困家庭等工作。

（撰稿：刘　刚　审稿：魏安庆）

共青团工作

【综述】 截至2015年底，公司团委下辖14个二级团委，65个团支部，专兼职团干部209人，共青团员464人，35岁以下青工4421人。团委荣获2015年度济南市“五四红旗团委”荣誉称号，2014年度“全国钢铁行业五四红旗团委”荣誉称号；8个集体获全国钢铁行业先进集体称号，4人获全国钢铁行业先进个人称号；9个省级先进集体，14个市级先进集体。

【思想教育】 以党的十八大和十八届三中、四中全会精神及团十七大、十七届二中全会精神为指导，深入学习贯彻公司一届一次职代会精神和公司党委党群工作指导意见要求，紧紧围绕公司“扭亏增盈”首要任务，以“奋斗的青春最美丽”青春建功行动为主线，深入推进“扭亏增盈，岗位建功”主题活动，创建“济南分公司团委”微信平台，编制《钢铁青春》电子期刊，组织开展“安全提醒一句话”主题活动，开展“青年安全生产”主题征文活动。

【岗位建功】 组织开展青年“五小”创新创效活动，对各单位推荐申报的126项“五小”成果进行严格筛选，最终决定对50项优秀成果进行表彰。50项“五小”成果累计投入43.728万元，达到742.891万元。开展“青年文明号”创建工作，重新认定国家级青年文明号1个、省级青年文明号9个、济南市级青年文明号14个。积极组织青年参加“第十一届山东省青年职业技能大赛”，能源动力厂工程师时磊代表公司参加比赛，取得三等奖的优异成绩。

【服务青年】 组织开展“盛响影咖”首届情人节相亲活动，为适龄单身青年搭建交友活动平台；组织开展“爱心救助，暖冬行动”活动，为贫困山区学生提供学习用品；组织开展“迎新春关爱青年，爱企业岗位建功”座谈会活动，为除夕期间坚守在生产岗位上的青工端上热气腾腾的饺子，并致以新春祝愿；组织开展“我是济钢人，我爱我家”参观活动，让广大职工子女深刻地感受父母工作的不易，切身感受公司大家庭的良好环境氛围；组织开展励志青少年夏令营开营、“扭亏增盈、青春飞扬”青少年英语大赛，以服务企业改革发展、关爱青少年成长成才为目标，在全公司营造学习英语的良好氛围。

【组织建设】 组织召开纪念五四运动九十五周年大会、学习贯彻落实公司一届一次职代会精神暨2014年度青年工作述职会议和团支部换届选举工作会议；为全面了解掌握各级团组织工作开展情况，团干部队伍、团员青年队伍思想状况，关注的热点问题，难点问题及青年的需求，了解“青年文明号”“青年安全生产示范岗”等团的铭牌活动的开展情况，组织开展2015年共青团基层工作调研，对全公司65个团组织的工作情况进行摸底，提出针对性的改进提高意见。

（撰稿：李晓华　审稿：高海港）

各生产厂分述

炼铁厂

【概况】 截至2015年底，炼铁厂在册职工

3099人，其中女职工总数616人，管理工技人员254人。共设27个职能部门，其中机关4科1室、2个直属单元、20个生产车间。固定资产原值87亿元，净值53亿元，共有设备10932（台）套。主要设备有高炉4座、烧结机4台套、焦炉7座、发电机组9套、热风炉12座等。

【生产组织】 全年产铁578.01万吨，烧结矿870.95万吨，焦炭265.64万吨，发电6.77亿千瓦时。实现铁完全成本1427.76元/吨，较行业平均水平1448.97元/吨低21.21元/吨；其中3200立方米高炉全年合计完全成本1368.64元/吨，比行业平均水平低80.33元/吨。1号1750立方米高炉取消中心加焦攻关试验获得成功，各项技术指标达到历史最好水平。大力推进烧结原燃料结构优化，坚持低水低碳厚料层烧结技术，降返粉工作取得新突破。2015年400平方米烧结机至3200立方米高炉产线外返粉为196千克/吨，较上年降低31千克/吨。烧结熔剂结构进一步优化，熔剂成本大幅度下降，2015年实现28.2元/吨，较上年降低6元/吨。持续优化配煤结构，大比例配用贫瘦煤，用高硫焦煤替代高硫肥煤。各炉组焦炭硫分基本控制在0.9%以下，较上年降低0.1%。在保障生产运行的基础上，矿石库存持续降低，由一季度70.96万吨降至二季度45.55万吨，下半年保持在37万吨左右。制定详细的高炉操作应急预案，确保在8月份烧结大量备料、9.3阅兵限产、400平方米烧结停机及项修期间，以及应对重污染天气等特殊生产条件下的高炉炉况稳定运行，为整个生产系统平衡运行创造条件。

【设备管理】 全年设备事故障同比降低75%，设备停机率0.55%，发生设备事故障停机42次，较上年减少23次；事故障总时间87.9小时，较上年减少353小时。高炉计划检修实现大计划、长周期目标。3200立方米高炉全年综合休风率0.599%，比上年同期降低60.3%，全国同类型高炉中排名第一；1750立方米高炉综合休风率1.176%，320平方米烧结机实现全年作业率96.68%，400平方米烧结机实现全年作业率96.47%，120平方米烧结机因受脱硫改造和雾霾影响，实现作业率61.6%。全年煤焦作业区实现零设备事故。

【运营转型】 以运营改善、管理提升项目为载体，促进降本增效。“提高1号TRT吨铁发电量”等19个项目顺利通过分公司验收。其中降低320平方米烧结机固体燃耗项目被分公司推荐为优秀项目。3200立方米高炉车间和400平方米烧结车间顺利通过公司第一批模范车间验收，其中“3200立方米高炉车间”被推荐为山钢模范车间。积极开展内部市场化运营试点工作，制定试点方案并在3200立方米高炉车间等6个车间先行先试，形成能复制、可推广的典范经验，向全厂辐射。编制内部市场化指导手册，制定内部市场化管理制度汇编，初步形成内部市场化考核机制，并于12月份开始执行内部市场化考核。作为2015年运营转型、管理提升重点项目之一，知识管理工作取得实质性进展，炼铁厂作为唯一一个二级生产单位全程参与公司知识管理信息化平台建设，并对各类知识进行分类整理，为知识管理信息上线打下基础。

【组织机构和人员优化】 精简调整机关机构，机构设置由33个缩减为27个，科级设置由129个减为105个，机关管理人员由195人减至80人，所有科级岗位和管理工技术岗位实现竞争上岗。搞好人力资源开发利用，生产岗位和车间管理岗位进一步优化，为新增的块矿生产线、2号1750立方米高炉大修、新烧结项目部优化人员配置配齐71人，替代外委洗矿，劳动生产率进一步提高。

【管理创新】 建立管理创新、技术创新、岗位创新、青年创新等多方位创新平台，实现创新全员参与、全面覆盖。获得公司职工先进操作法2项，合理化建议优秀成果一等奖1项，二等奖2项，三等奖5项。创新工作室年度累计解决生产难题233项，技术创新成果71项，获得国家专利17项。

【安全环保】 全面推行车间“331”、班组“334”达标建设，夯实安全管理基础，全厂17个车间通过第一阶段车间达标评审，通过率达85%；建立安全管理人员优化和激励机制；狠抓现场及各类危险作业的检查、监护、考核，确保现场安全；提高各类、各级安全培训的实效性，使职工真正树立“我要安全”的理念；安全月活动扎实有效，反违章工作不断深入，“一岗双责”落实到位，现场重点危险作业安全管控有的放矢。2015年实现重伤及以上人身伤害事故为零的年度目标。按照“六无一全”（炼焦无烟尘、上料无撒漏、烧结无粉尘、道路无扬尘、绿化无死角、费用无超标、排放全达标）的总要求，扎实推进环保工作。2015年炼铁厂29台套自主管理的环保设备设施，在公司年度监测期间全部合格。120烧结区域环保除尘设备设施全年同步运行率100%；高炉区域20台套环保除尘设备设施同步运行率99.80%。扎实开展节能降耗工作，实现放灰等设备峰平谷分段间歇运行，在保证环保服务质量和环保绩效的前提下，追求低环保成本。3200立方米高炉矿槽除尘增设多管除尘器改造、1号1750立方米高炉筛焦楼除尘改造、1号120平方米烧结烟气湿法脱硫等项目完工投用。大力推行“操检合一”，提高环保设备的自检自修能力，全年除尘器堵灰仓等项目全部实现自修。

【原燃料稽查】 原燃料稽查工作成效显著，实现熔剂、喷吹煤、炼焦煤3种原燃料“批批检验”，通过优化稽查方式，强化稽查监督与创效职能，全年稽查原燃料281期，共计549批次，挽回经济损失258.6万元。

【精神文明建设】 加强党员干部管理工作，扎实开展“三严三实”专题教育。有效开展“扭亏增盈，岗位建功”主题活动、“炼铁梦·我的梦”讨论实践活动和“三亮”活动；组建并完善党员创新团队，推行“微型党课”。深入推进“三型”党组织建设工作，建立53个党员创新（服务）团队。全面开展廉洁勤政从业主题教育，加强党风廉政建设。建立困难职工档案，2015年春节前期走访慰问92人次，送出慰问金15.56万元。扎实做好困难职工救助工作，全年发放“金秋助学”助学款6000元；为3名困难职工发放职工“帮困基金”救助款3万元；为7名职工申请济钢阳光互助互济金3万元；为5名职工申请济南市互助互济保障理赔金1.12万元；为3024名会员职工办理了重大疾病及意外伤害保障；为72名女职工办理了济南市女职工团体特种疾病互助保障。青年工作蓬勃开展。先后组织开展“青春有力量”降成本PK大赛，青年文明号创建等工作。“400烧结主控室集体”成功申报“济南市青年文明号”，厂团委被评为年度“济南市五四红旗团委”，炼焦二车间团支部被评为“全国钢铁行业五四红旗团支部”。

（撰稿：梁乃勤　王京巨　审稿：李丙来）

炼钢厂

【概况】 1月27日，公司整合210吨、120吨、45吨3个转炉炼钢区域，成立炼钢厂。截至2015年底，炼钢厂在册职工2471人，设7个管理科室和14个生产车间；厂党委下设15个党支部，党员527名；管理人员、工程技术人员254名，初级职称44名、中级职称148名、高级职称48名。主要装备有3座45吨转炉、3座120吨转炉、1座210吨转炉等。全年生产钢606.6万吨，其中45吨区域145.3万吨，120吨区域324.4万吨，210吨区域136.9万吨。主要经济技术指标明显改善，45吨、120吨、210吨三区域钢铁料消耗分别达到1067千克/吨、1082千克/吨、1072千克/吨，全部进入全国同类型企业前三名；三区域综合合格率99.99%，探伤合格率平均99.3%以上；累计降低成本11255.7万元，超额完成“四降低两提升”奋斗目标。

【安全环保】 落实“一岗双责、党政同责、失职追责”总要求，深入开展“两反一查”，坚持“检查全覆盖、隐患全受控、整改全验证”，全年累计排查处置隐患2096项，查处违章196人次，全厂14个车间安全基础“331”建设全部一次验收合格，安全生产实现“六个零”。对重点区域、关键环节，实施旁站式紧盯，全天候监控、全过程跟踪、全方位整治，环保设施运行率100%，烟尘、废水排放总体受控。

【生产组织】 大力推行“准时制”生产，强化以质量和交付为中心的生产组织，向精益管理要效益。充分发挥整合优势，统一调配铁水、废钢、合金、原辅料等资源，科学排产，优化结构，提高产线贡献。综合平衡铁水资源，推进降低铁耗攻关，铁水消耗由年初的988千克/吨降低到954千克/吨，相应增产8万吨。5号板坯连铸机成功改造300毫米断面，优化品种结构，为公司提高大单重、厚规格钢板接单比例创造条件。

【质量管理】 以“洁净炼钢、稳定浇注”为主线，强化技术攻关和管理创新，实施提高探伤合格率和铸坯实物质量攻关，钢板探伤合格率达到99.3%以上。围绕降低冶炼改判、提升产品交付效率，强化钢轧联动，建立质量协调例会制度，加快信息传递，实现信息共享，及时协调解决产线质量、交付问题。45吨、120吨、210吨区域冶炼现货率分别降至0.15%、0.77%、1.68%，均完成公司三档质量考核目标。

【设备管理】 加强设备点检，严格落实各级点检责任，保证设备状态可控。全年组织计划检修187次，圆满完成45吨区域3座转炉、120吨区域2座转炉、210吨区域转炉系统检修，安全、质量、项目、工期四要素控制良好。结合炉机大修，成功实施120吨区域1号铸机断面改造、4号铸机切割系统改造、210吨转炉滑板挡渣等技改项目，达到预期效果。针对修理费逐年削减的现实，积极开展修旧利废、清仓利库、“零库存”战略合作、设备长寿命攻关等，备件库存降低725万元。

【运营转型，管理提升】 以“精益生产、精良制造、精心维护”为目标，抓固化、防反弹、谋提升，瞄准行业先进水平或同期最好水平，全面查找生产、技术、设备等各专业管理方面存在的薄弱环节，制定切实有效的改进措施，保证管理提升项目如期结题。当年推进完成公司监管项目14个，内部监管项目15个，累计实现落袋效益4933万元。

【降本增效】 理顺完善了成本预算、成本核算、成本分析、成本评价考核管理机制。积极推进按炉管控、按日核算、按旬分析管控模式，成本管控能力稳步提升。全年累计降成本11255.7万元，吨钢降本18.56元，超额完成降成本目标。指标提升降成本占比逐月提高，12月份达到25.6元/吨，占全年降成本总额的80%。

【品种结构】 高效低成本洁净钢生产技术实现新突破。210吨转炉钢水回磷量小于0.001%，低磷、超低磷钢冶炼保证能力大幅提升；实施转炉底吹透气砖在线更换技术，终点碳氧积达到0.0025以下；五大有害元素之和控制在100毫克/千克以内；210吨转炉“一键式”自动化炼钢取得新进展，模型投用率100%，碳、温度双命中率达90%以上，达到国内同类型转炉先进水平。品种结构全面提升。45吨区域生产桥梁钢3017吨，抗震钢筋4744吨，容器钢4.92万吨；120吨区域生产冷轧深冲钢7.01万吨，汽车结构用钢2.15万吨，高强度热轧双相钢1.28万吨；210吨区域生产管线钢6.75万吨，海工钢1.7万吨，油罐钢1.8万吨，高等级桥梁钢1.69万吨，70千克级以上高强钢11.95万吨；成功冶炼800兆帕水电钢、E550级别船板、F1350军工钢等重点产品。

【工程建设】 5月29日，6号板坯连铸机顺利投产，10月底完成性能测试，当年共生产板坯33.7万吨。期间督促中冶京诚整改工程尾项80余项，自主整改50余项，设备功能达到设计要求，性能测试钢种中心偏析C类1.5比例达到98%，无中间裂纹等缺陷，成为提升质量、优化结构的主力铸机。抽调精干力量成立2号脱磷炉工程项目部，定期组织工程例会，及时协调各环节出现的问题，工程项目扎实推进。强化与总包单位、施工单位沟通协调，结合5月份炉役、计划检修完成了公辅介质合茬、吹扫、打压及引入，实施三电并柜、闷渣坑及废钢场地改造，将施工对生产的影响降到最低。强化施工监理、质量把关和问题整改，督促总包方下达设计变更100多项，整改各类问题300多项，工程进度总体受控。

【党群工作】 把“三严三实”专题教育和“扭亏增盈，岗位建功”主题活动与生产经营有机结合，坚定干部职工完成任务、实现目标、走出困境的信心和决心。深化以单位重点指标监控、干部指标包干为抓手的绩效管理，促进干部职工执行力提升和岗位责任的落实。唱响创新主旋律，每季度评选、奖励创新创效明星和团队。广泛开展降低钢铁料消耗等35项劳动竞赛，实现竞赛指标对车间主要指标的全覆盖，促进了指标提升。组织300多名职工参加技能大赛，3人获得公司技术状元，17人获得公司技术能手，在省行业技能大赛上，3人分别获得第一、第五、第七名的好成绩。开展“扭亏增盈，青春建功”系列活动，荣获公司“五四红旗标兵团委”称号。积极奉献爱心，全年捐款9.09万元。关注职工切身利益，坚持为职工购买济南市阳光互助互济保障项目，支出帮扶济困慰问金7万余元。

（撰稿：谭　刚　审稿：张润生）

宽厚板厂

【概况】 截至2015年底，宽厚板厂在册职工人数1516人，其中管理人员72人、工程技术人员107人，初级职称57人、中级职称69人、高级职称22人，全厂设置5个科室、12个车间，分为“三条产线”。其中，2.5米产线主要设备有：3座加热炉、四辊粗轧机、四辊精轧机、冷床及拉钢机等。3.5米产线主要设备有：3座步进梁式加热炉、四辊粗轧机、四辊精轧机等；4.3米产线主要设备有2座步进梁式加热炉、四辊粗轧机、四辊精轧机等。

【生产组织】 当年累计生产钢板380.36万吨，较计划超产9.9万吨。钢轧降成本11.75元/吨，累计降低成本4452.29万元。2.5米产线生产钢板137.49万吨；综合改判率0.29%，其中轧制改判0.23%；综合成材率92.27%，居全国同类企业第一。3.5米产线生产钢板113.73万吨，热处理钢板17.2万吨；综合改判率0.57%，其中轧制改判0.24%；综合成材率91.39%，居全国同类企业第二。4.3 米产线生产钢板 129.15 万吨，热处理钢板 33.1 万吨；综合改判率 0.73%，其中轧制改判 0.99%；综合成材率 91.49%，居全国同类企业第一。热处理资源得到充分释放，年累计热处理量 50.3 万吨，其中 3.5 米线热处理累计 17.2 万吨，4.3 米线热处理累计 33.1 万吨。10 月份热处理量达到 5.7 万吨，创出历史最高水平。

【生产管理】 开展“质量交付提升百日攻关”“岗位建功献良策、全员创新建功勋”活动，完善以质量、交付为核心的生产组织模式，强化生产、质量、交付一体化运作。2.5 米产线实现小规格生产稳产高产，10 毫米及以下薄规格板占比 37.21%，7 毫米以下小规格板高达 8.6 万吨。3.5 米产线薄宽规格轧制技术攻关取得突破，全年生产 10 毫米及以下钢板 14.8 万吨，其中 6 毫米板 6434.8 吨，薄宽规格比例达到 12.58%。4.3 米产线认真实践“高效生产+避峰节能”组织模式，实现效率与高端品种双提升，班产水平由上年的 140 支/班提升至 150 支/班。

【科技进步】 建立每周质量交付例会制度，制定严格的质量异议考核办法，采用日统计、周分析、月总结的方式，明确交付目标，明确尾单清理任务，确保质量交付持续提升。对重点客户、重点工程、直供客户，建立重点订单交付监控平台。创新提出“5W1H”工作法，加快清理落地板和钢板入库节奏。3 条平板产线性能初验合格率平均提升 1%以上，订单按期交付率较上年提高约 15%。成功开发低碳 TMCP 型 EH36 高强船板、低锰型 Q345 钢板，低碳型低屈强比 S355J0 桥梁钢，直缝埋弧焊管用 Gr.BN 正火管线用钢等高等级产品。配合技术中心完成 Q500qE、F20、JAR450F、A633GrD、JH610CFE、新粤浙 X80/X80M、E460、E550 等新产品的试制；高效完成岷江大桥 TMCP 工艺 Q420qE 试制、80 毫米 TMCP 型 Q420qE 复合制坯试制及 300 毫米断面厚规格钢板的试制。

【降本增效】 2.5 米产线加工费降低 8.91 元/吨，3.5 米产线加工费降低 7.1 元/吨，4.3 米产线加工费降低 4.72 元/吨，3 条产线平均降低 6.95 元/吨。开展钢轧产线合金降成本工作，累计修订质量计划 21 项，对包括低合金、船板、容器、风塔、高强、水电等品种共计 76 个内控牌号实现了合金减量工艺固化，累计对 103.36 万吨钢板实施轧钢工艺降合金，累计降本增效 2300 万元。围绕提升金属料平衡搞攻关，优化坯料结构，强化轧机维护精度，稳定控制钢板厚度和剪切精度，努力提升钢板成材率。3 条产线综合成材率均比计划指标提高 0.4%左右，保持了国内同类型企业的领先水平。高度重视降库存工作，大力度减少钢板倒运，降低物流成本，外倒钢板量由上年的月均 3.76 万吨减少到当年的 1.1 万吨，节约倒运费用 439.6 万元。将费用指标进行层层分解，完成公司降低库存 20% 的目标，与上年 12 月末相比，备件库存降低 1425 万元，降低率 37.8%。

【企业管理】 强化设备管理。制定《宽厚板厂全员设备点检管理办法》等管理制度，扎实有效推进操检合一、设备包机工作深入开展。严格落实设备隐患整改、重点隐患监控、设备异常排查，使设备隐患得到及时处理。当年 3 条产线共发现各类隐患 870 起，均得到有效处理。重视轧机精度保持与劣化趋势管控，对提高轧机、矫直机精度展开攻关，为设备稳定运行找到了基准。强化基础管理。对机关进行机构改革，启动“68 名科级岗位、52 名机关岗位”的公开竞聘。加大对不能正常出勤人员的约束，严肃厂规厂纪。以“运营转型、管理提升”活动为载体，广泛推行“八小时成本核算”制度，实现由结果管理向过程管理和行为管理转变，当年14项公司级运营转型项目12项已结题验收，其中2项上报山钢运营转型优秀项目验收。4.3米热轧车间成功通过公司验收，另有3个模范车间已初步具备验收条件。强化安全基础管理。修订完善了《宽厚板厂2015年安全环保管理绩效考核细则》及考核标准。建立厂级领导承包车间的机制，定期对车间安全基础管理建设情况进行督导检查。制订了车间、班组安全基础管理工作标准，形成了“党政同责、一岗双责”的工作新常态。深入开展“两反一查”活动，共排查隐患296项，查处违章行为27人次。开展隐患排查治理，共查处违章22人次，查出隐患340项，完成整改301项。投入165万元及时安排检修时间进行整改完善，有效控制了煤气系统的安全风险。开展多层次安全教育活动。集中组织5场次、337人收看了《生命不能重来》《博帕尔事件》事故警示片。组织煤气泄漏救护、火灾应急实战技能培训，参加现场演练人数达到494人次，全员教育培训率达到100%。修复防雨设施30多处，清挖排水沟3900米，清理落水坑、井400多个。安排974名高温作业职工进行健康查体。实现了环保各项排放指标受控、达标。

【精神文明建设】 在厂领导班子中开展“三严三实”专题教育，在两级领导干部和全体党员中开展“扭亏增盈，岗位建功”主题活动，强化形势教育，改进党员、干部工作作风。围绕降低综合煤气消耗开展劳动竞赛，凝聚广大职工智慧和力量，促进技术指标改善。评选100名“优秀共产党员”、60名“岗位明星”、36名“党员明星”、4个“先锋党支部”，激发广大职工攻坚克难的热情；220多名职工参加10个工种技能大赛，4人取得公司级技术状元，组织135名职工参加山东省职工网上学习活动；征集合理化建议486条，采纳建议101条，实施建议89条；杜平、李延芝、张振峰3个“职工创新工作室”成为降本增效的创新平台；加强企业文化建设，开办“道德讲堂”活动，通过学模范、诵经典、做善事等内容，提高职工道德素养。实施厂、车间、班组三级厂务公开，接受职工监督。实行“厂长员工面对面三座谈”，员工主人翁精神和意识被充分激发。深入开展职工思想调研，及时掌握影响职工情绪的热点问题。开展“送温暖”和扶贫帮困活动，建立特困职工档案，为特困职工申请特困救济和保险理赔金额6万元，开展“慈心一日捐”活动，全厂共捐款6.76万元。组织职工篮球赛、趣味运动会等活动，丰富职工业余文化生活。

（撰稿：马广伟　审稿：赵　云）

第一小型轧钢厂

【概况】 截至2015年底，职工总人数259人（含内退11人），其中男职工217人，女职工42人。管理工技人员41人，初级职称11人，中级职称24人，高级职称10人。主要产品、规格有：直径12~36毫米HRB400、HRB500热轧带肋钢筋以及HRB400E、HRB500E抗震钢筋，Gr400W、Gr60出口钢筋，MG600、MG335、MG500锚杆钢筋，PSB830精轧螺纹，16毫米×30毫米、8毫米×50毫米、10毫米×50毫米、16毫米×140毫米、18毫米×140毫米普通扁钢，7.4毫米×50毫米、9.25毫米×50.8毫米、13毫米×90毫米、70毫米×10毫米、16毫米×90毫米弹簧扁钢。

【生产经营】 2015年，开通了外购坯料生产流程，外购坯料合计2.22万吨，吨钢降低原料成本80元，共降低方坯成本177万元；新开发俄标螺纹，加标10M螺纹，美标3、4、6号螺纹，实施了台标、韩标产品认证，具备了出口产品的整体接单能力，全年完成出口螺纹钢订单2万吨；优化完善控轧控冷合金降成本工艺，解决了弯曲、脆断、锈蚀等质量缺陷；成功开发MG600、MG500高级别矿用锚杆钢；开发$\phi12\sim20$毫米系列汽车扁钢，实现小型线生产140毫米汽车扁钢的突破；调整优化了精轧螺纹生产工艺，基本解决了外形尺寸不稳定的问题，规格从$\phi32$毫米拓展到$\phi20$毫米、$\phi25$毫米，强度级别由830兆帕提高到930兆帕，提高了适应市场的能力。全年共生产HRB400E以上级别品种钢材34341吨，占比24.45%，同比提高十个百分点。内部根据资源情况，优化生产计划编排，统筹协调好新产品试轧和日常生产组织，提高各环节的保障能力，积极组织生产，较好地完成了公司下达的月生产计划，全年共生产各种小型材14.03万吨。安全管理方面，扎实开展安全生产宣教，组织各类培训6次，较大规模的应急演练2次。深入开展“查隐患、反违章、反事故、促管理”活动和现场安全文明提升工作，坚持每周检查、通报，240余项隐患均得到有效整改。开展危险源再辨识再评价，对辨识出的25种作业活动123项危险源，均一一对应制定控制防范措施，起到了预案预控、预防事故的效果。完善车间安全基础建设工作，多次组织自查，发现问题逐一完善和补充，热轧、精整车间顺利通过公司验收，全年安全生产实现“六个零”的目标。

【降本增效】 在“四降低两提升”工作中，进一步对控冷控轧工艺和外购坯料合金成分进行优化，使该项技术得到全面完善和固化，全年实现合金降成本103.52万元。运用麦肯锡管理理念和方法，分析生产、工艺、设备、成本等方面短板，设立管理提升项目，明确任务目标、时间节点，限期解决问题，并纳入厂绩效考核评价，与职称评聘挂钩。全年立项18项，创效1380万元。

【专业管理】 加强运营转型管理提升工作，设立了“通过开发高附加值产品提升贡献”“强化备件综合管理，降低库存资金占用”等麦肯锡项目，有效提升关键绩效指标。开展模范车间创建，热轧车间、精整车间树立精准管理思维，岗位职工以“零废品、零失误、零浪费”为目标，实施精准操作、精心维护、精益管理，车间综合管理水平不断提高。设备方面，对加热炉存在严重安全隐患的炉体和燃烧系统进行大修，实施了14号轧机立辊改造、中轧穿水箱东移、12米链条称改造等多项技术改造项目，达到了预期效果。进行了轧后跑槽改进、扁钢专用跑槽改进、穿水冷泵站系统改造、15号轧机减速机改造等，提升设备保障能力。工艺管理方面，针对新产品试制情况，不断补充修订操作要点内容。配合14号立辊改造，优化生产工艺，改进导卫、轧机等工艺设备。结合台标、菲标、韩标产品认证，组织实施了孔型设计、工艺控制要点编制、产品现场调试、性能跟踪优化等工作。

【党群工作】 在领导干部中深入开展“三严三实”专题教育，班子成员加强理论学习，以身作则查摆问题，在广大干部中营造了踏踏实实做事、忠诚担当的风清气正氛围。在全体党员中深入开展“扭亏增盈，岗位建功”主题活动，广泛听取意见，认真开展批评与自我批评，党员干部的思想观念和作风明显改善。积极开展技术比武、合理化建议征集、创新工作室项目攻关、组织职工先进操作法评比、评选“扭亏增盈，岗位建功”示范岗和“扭亏增盈，岗位建功”标兵，激发了全体职工立足岗位、攻坚克难的热情。关注职工思想，关心职工疾苦，解决职工困难，全年走访慰问病、困职工52人次，发放慰问款和救助14100

元，凝聚正能量，营造了干事创业的良好氛围。

（撰稿：李文进　审稿：董胜峰）

薄板厂

【概况】 截至2015年底，薄板厂在册职工727人，其中管理、工技人员86人，具有研究生以上学历人员9人。下设5个职能科室、7个生产及辅助车间。主要产品：(1.2～19毫米)×(900～1600毫米)热轧卷、(0.2～2.5毫米)×(900～1650毫米)冷轧卷，主要生产优质碳素结构钢、冷成型用钢、石油管线钢、耐大气腐蚀钢、汽车结构用钢、酸洗板、冷硬板、冷轧板和深冲钢等品种。固定资产1045项，3643台（套），总重量22473吨，资产原值33.64亿元。

【生产组织】 强化生产组织管理，科学调度，对接市场，合理安排好轧制节奏，充分发挥各机组、各工序能力，保障生产运行稳步提速。当年生产热轧卷175.4万吨，冷轧酸洗卷56.4万吨，冷硬卷53.9万吨，冷轧卷29.9万吨，分别完成公司计划的102.7%、108.4%、108.0%、107.9%；热轧成材率97.7%，综合合格率100%，改判率0.35%，工序能耗47.86千克标准煤/吨；冷轧综合成材率91.8%，综合合格率99.3%，改判率0.65%，工序能耗46.1千克标准煤/吨；热轧成材率9月份首次突破98%，班产达到3500吨，均创历史新高。大力开展“两反一查”工作，加强应急预案培训，定期对煤气设施、起重设备、消防系统等实施专项治理，建立隐患治理长效机制。加强环保综合治理，实现废水废气废酸的合理处置和达标排放，当年安全生产实现“六个零”。

【降本增效】 坚持抓大不放小，依靠管理堵漏洞，大胆创新求突破，利用系统思维理念，从质量、能源、物耗和人力资源整合4个方向查找降本增效潜力点，树立一盘棋理念，发挥协同优势，杜绝一切浪费，充分发挥人力、物力、财力等资源的高效利用。聚焦能源消耗、成材率等主要技术经济指标，实施精准对标，有针对性地开展技术攻关，为降本增效提供坚实的技术和管理支撑。当年实施“蒸汽综合利用”“制氢尾气回收再利用”等降本增效技术和管理创新项目57项，实现降成本2157.6万元，圆满完成分公司下达的降成本任务目标。

【品种质量】 当年生产2.5毫米以下热轧薄规格产品14.5万吨，占总产量8.25%，比上年增加4.59个百分点；其中2.0毫米以下生产7.21万吨，比上年增加6.54万吨，1.8毫米、1.5毫米实现批量生产和交付，1.2毫米具备小批量生产能力。极宽极薄焊瓶钢、1.6～1.9毫米花纹板实现批量稳定生产交付，热轧产线当年开发新产品27个，品种钢生产量43.43万吨，品种比达29.16%，比上年增加10.5个百分点。DP540-DP600双相钢1.3万吨，在国内首家实现汽车用热轧双相钢规格全覆盖，S355J0、J55石油套管、双抗管线X52MS实现稳定批量生产，性能及表面质量满足客户需求。增强全员质量意识，培育负责任的质量文化，建立以客户为中心的质量观，按照薄板产品“好看、好用、想用”的标准，全面推行质量“一贯制”。坚持问题导向和可追溯性，明确质量标准、严肃工艺纪律、严格兑现考核，建立并实施全流程、全工序、全员质量控制保障体系。组织开展百日质量攻关活动，分层面、分机组、分工序实施77项质量改进项目。通过采取以上措施，薄板产品实物质量大幅提升，冷轧、热轧板形、卷形、表面质量显著改善，制约品种钢批量生产的性能稳定性问题得到彻底解决，当年冷、热轧改判率分别比上年降低35%和42%，质量异议赔付数量下降60%。

【设备保障】 牢固树立“设备稳定运行就是最大的创效”“减少故障就是最大的降成本”的理念，以“机械保精度、电气保功能”为抓手，强化设备管理工作。全面实施全员点检、操检合一、包机到人责任制，组织编制点检手册，进一步明确点检内容、要求和标准，提升点检、检修质量。杜绝4小时以上设备事故，故障率比上年分别降低56%和20%，设备作业率比上年分别提高18%和4%。

【技术创新】 加大激励力度，营造浓厚创新氛围，大力开展技术创新和技术改造，先后实施F0精轧机套筒改造、喷号机改造、热轧蒸汽管道改造、冷轧精整开平、重分线废边压块等项目，增益2000多万元。当年获分公司管理创新一等奖1项，科技进步奖7项，技术创新项目通过分公司验收4项，完成厂内验收36项，“热轧线极限薄规格产品开发”获公司重大科技项目奖，1人获公司科技进步突出贡献奖。当年申报专利39项，获得国家授权专利26项，其中发明专利6项，实用新型专利20项，获得公司专利奖1项等。

【党群工作】 聚焦产线、围绕产线、融入产线，深入推进“扭亏增盈，岗位建功”主题活动。加强学习型、服务型、创新型党组织建设，深度破题，抓实基层党组织建设。深入开展“三严三实”专题教育，深化“两个责任”落实，持续推进领导干部作风建设，形成横向到边、纵向到底的廉政建设责任体系。贴近职工，着力解决职工热点、难点问题，加强特困职工救助帮扶活动；贴近现场，对现场环境开展专项治理，加强厂区环境绿化美化，极大地改善职工工作环境；贴近生产，开展技术比武、劳动竞赛、合理化建议、先进操作法征集等活动，激发职工潜力。

（撰稿：刘韶山　程　宁　审稿：王金华）

化工厂

【概况】 截至2015年底，化工厂在册职工467人（含二线及内退人员），其中女职工109人。管理工技人员71人，高级职称11人，中级职称34人，初级职称22人。设置3科1室、1个化工研究所、1个销售部、1个焦化技术服务科及5个车间。共有设备3000多台套，固定资产原值71793万元，净值34405万元。主要产品有：轻苯、粗苯、焦油、硫酸铵、工业萘、蒽油、洗油、沥青、粗酚等13种。

【生产经营】 全年完成公司下达的利润考核目标。生产粗轻苯3.58万吨，完成计划的99.2%；生产焦油12.53万吨，完成计划的100.7%；生产硫酸铵3.19万吨，完成计划的103.2%；成功实现管理输出破冰，签订技术贸易及管理输出合同总额达1663.4万元，实现利润279万元；第三方贸易实现利润124万元。实现了安全生产“四个零”，环境面貌得到大幅度改善。

【安全工作】 不断丰富“五四四二”安全管理模式，落实“三大法宝”“三条禁令”，持续提高安全管理水平。根据新安全生产法完善安全生产责任制，建立厂领导和车间领导履职清单，强化领导干部安全管理的“一岗双责”和“履职尽职”。深化“四个本质安全”评价和建设，实施四级安全评价，提升对厂、车间、班组和个人安全管理的量化评价能力。落实《化学品生产单位特殊作业安全规范》新标准，完善化工厂“两卡八票”作业制度，增加临时用电作业安全管理内容，危险作业严格做到全过程监控，确保全年5883处特殊作业的安全实施。坚持安全隐患排查治理长效机制，邀请全国焦化安全知名专家来厂进行专业检查，实施厂、科室、车间、班组四级安全检查，其中厂领导带队安全检查全年共查出问题205项，整改完成190项，整改完成率92.7%。狠抓双基管理，4个车间和全部班组通过分公司安全基础管理达标验收或复审。严格相关方安全管理，确保脱硫升级改造、苯槽隐患治理、煤气管道包焊、梯子平台更换等项目的安全实施。开展安全进家庭活动，积极营造“敬畏制度、尊重生命、珍惜健康”的安全文化氛围，进一步织密安全管理的大网。

【对外经营】 面对市场持续恶化的不利局面，不断加大对外市场开拓力度，实现对外管理输出的成功突破，积累与民营企业合作共赢的宝贵经验，锻炼对外经营管理队伍。新签订对外技术贸易合同24项，保持稳定的开发势头。尤其是在技术贸易合同款回收方面，积极研究并采取利用法律手段，收到良好效果，全年实现回款802.7万元。中国焦化技术APP客户端平台得到进一步完善，关注总人数突破10000人，实现广告收入5.3万元，在焦化行业的影响力逐步显现。并积极研究化产品第三方贸易的新渠道、新方法，开发新的贸易链条。

【基础管理】 充分借助“运营转型，管理提升”活动的深入开展，进一步完善基础管理体系，稳步提高基础管理水平。进一步明确以“新技术、新秩序、新产业”为特色的发展方向，形成以模范车间创建为总抓手，以基础管理标杆班组创建与验收、车间安全管理达标、指标扎根、现场目视化管理和快赢项目为重点的推进具体措施，稳步推进基础管理向规范化、标准化、科学化迈进。按照公司推进内部市场化管理的要求，认真学习研究实施市场化管理的思路方法，形成化工厂内部市场化实施方案，初步建立市场化制度体系，基本完成化验车间市场化改革相关内容，并配套制定绩效考核办法，为全面推行市场化管理奠定基础。持续推进设备规范化管理，形成更加完善的“1234”设备管理制度体系，设备管控能力不断提升。关键动态设备运行秩序、电气定期维修秩序进一步巩固，全年设备故障数量明显降低。按照项目管理的思想推进脱硫系统升级改造、新提盐工程建设、精苯储槽隐患治理、三系统粗苯管式炉余热利用和二系统精脱萘煤气管线优化等技改项目的实施，自主完成供水系统的自动化升级改造项目。整体实现项目安全可控、质量可控、进度可控，项目档案资料规范存档，项目管理人才较快成长，项目管理水平大幅提升。

【创新发展】 持续加强原创技术的开发和发明专利的申报，实现专利和技术创新成果的双丰收。厂内共征集完成论文52篇，实施厂内技术创新成果58项，完成征集上报5项公司级优秀成果，上报专利60项，获授权发明专利5项，实用新型专利13项，其中发明专利数量创历史最好水平。还持续狠抓工艺技术基础管理，实施“现流、槽样、发车”三级质量把关和单位领导一把手负责制，提升质量意识，保证产品质量受控。保障车间自主承担完成“智慧车间”自动化升级改造项目一期工程的全部工作，为我厂进一步提高自动化水平和信息化管理水平，进而实现各种生产要素的高效配置，不断提高劳动生产率，作出积极的贡献。

【能力提升】 全年组织培训班55期，全员培训率约95%，人均50课时，培训项目完成率100%。组织周末大讲堂5期，丰富管理工技人员的管理知识；周末研讨式培训确定20个研讨课题，拓展各层次骨干的视野，提升系统思考的能力；每月对各层次人员读书情况进行检查评价，评价结果纳入党支部书记绩效落实考核，定期组织读书成果分享会，继续组织管理人员进行知识测试，引导各层次人员保持高度的学习热情。按照公司的统一部署，认真组织完成项目工程师的聘任工作，促进管理工技人员作用的发挥。

【精神文明建设】 深入学习、宣贯公司精益文化，积极推进爱心文化与精益文化的融合，营造更加浓厚的文化氛围。大力开展增强“三种意识”，发扬“两种精神”学习宣传活动，认真组织“三严三实”专题教育，促进全体领导干部工作作风的进一步转变。认真落实党风廉政建设党委“主体责任”和纪委“监督责任”，严格执行中央及上级党委各项规定，营造风清气正的氛围。认真开展“扭亏增盈，岗位建功”主题活动，组织季度成果发布会，让普通职工和党员分别进行成果发布，激发各层次人员的积极性；高度关注职工收入降低带来的影响，为工资低档次人员发放补贴，翻倍发放一线职工安全奖，尽最大努力帮助职工增加收入；提高月度“化工之星”的激励力度，隆重表彰2名“五星级职工”，继续组织春季助学、“慈心一日捐”以及困难职工救助等活动，营造更加浓厚的爱心文化氛围。

【环境建设】 面对史上最严环保法的实施，引导全体职工牢固树立“环保是企业生命线”“环境污染零容忍”等理念，强化环保制度建设，并在坚持对各类环境污染严查重罚的同时，依靠技术创新，实现环境保护水平的提高，取得良好效果。顺利完成脱硫升级改造工程建设，一、二系统塔后煤气含硫化氢全部达到100毫克以下。对三系统脱硫存在的问题进行全面分析，重新确定新的改造方案。借鉴石化行业经验，引入氮封技术并成功应用在一系统粗苯中间槽，实现苯类储槽异味的有效控制。大力度开展废水治理，实现剩余氨水总量稳定、预处理“一进一出三静置”、射流气浮除油机废气自循环、三股水分流和溶脱停运的目标。克服人员紧张且经验匮乏、设备老化以及增加水封水处理等巨大困难，成功实现生脱系统自主运行，并全量达标处理各类废水。自主成功研发焦油渣资源化利用技术，每年回收再生焦油2000吨左右，产生的5000余吨干渣代替炼焦煤炼焦，年创经济效益1000多万元。加大绿化投入、强化管理标准，大幅度提升了绿化美化档次。

（撰稿：王贤志　审稿：房克朋）

能源动力厂

【概况】 截至2015年底，能源动力厂在册职工1359人，其中女职工442人，管理人员和工程技术人员137人。高级职称9人、中级职称71人、初级53人。处级干部：2正4副4助理。7月6日，取消燃气分厂、热电分厂、供电分厂、供水分厂设置；设5个职能科室、1个管理中心：党政办公室、机械动力科、能源开发科、生产技术科、安全环保科、能源管控中心；下设11个车间和煤气防护站共12个科级单位。9月14日钢轧区域水系统管理主体划归能源动力厂，增设供水三车间，人员159人。固定资产原值35.45亿元，净值19.25亿元，设备共计2684台套。主要职能为承担公司燃气-蒸汽联合发电，水、电、风、煤气、蒸汽等能源介质的供应任务，济钢新村和钢城新苑居民用焦炉煤气的供应任务。

【生产运行】 全年未发生影响公司生产的较大及以上事故，各类小概率事故、故障降低50%。建立以“发电为中心”的生产组织模式，实现“移峰填谷”效益最大化；完善应急体系应对高炉休减风106次，推行标准化作业和工作票制度，操作票执行率和准确率均达到100%。燃气发电生产量15.56亿千瓦时，较上年同期降低0.76亿千瓦时；燃气发电上网量10.56亿千瓦时，较上年同期降低0.29亿千瓦时；上网率67.82%，较上年同期增加1.32%。避峰节电率1.29%，比考核目标提高0.59个百分点；供电30.13亿千瓦时，较上年同期减少3.08亿千瓦时；吨钢耗新水3立方米，同比下降0.02立方米；供新水3013.07万立方米，较上年同期减少118.57万立方米；供环水5.11亿立方米，较上年同期增加0.53亿立方米；回用水640.57万立方米，较上年同期增加17.79万立方米；回收高炉煤气96.08亿立方米，较上年同期减少6.21亿立方米；供出高炉煤气95.7亿立方米，较上年同期减少6.34亿立方米；高炉煤气放散率0.4%，较上年同期增加0.16%；回收焦炉煤气12.39亿立方米，较上年同期减少0.56亿立方米；供出焦炉煤气12.33亿立方米，较上年同期减少0.6亿立方米；焦炉煤气放散率0.53%，较上年同期增加0.32%；回收供出转炉煤气7.09亿立方米，较上年同期减少0.93亿立方米。

【降本增益】 实现增利4335万元，超出奋斗目标1023万元。以“运营转型，管理提升”活动为主线，识别实施降本增益项目，推行“成本核算到班组”“模范车间创建”等管理创新活动，建立起项目滚动推进、阶段评审、即时结题的考核激励机制。辨识公司级项目16项，结题15项；结题自管项目12项，申报管理创新成果12项。其中，“用电需量控制”“发电移峰填谷”“向内网转移电量”“提高进线功率因数”等重点指标实现新突破，年收益4427万元；“煤压机降压运行”降低系统自耗电，年收益360万元；在供水系统实施钢轧泵站、3200高炉、发电二期循环水节电项目，综合节电率超过20%；1号~4号高炉水系统集中管控和F0、空压机泵站、冷轧泵站集中管控，优化人员18人；中水日均用量增加4000立方米；转炉煤气回收改造项目，年创效益200万元；国恒物流增设变压器项目，实现收益17万元；胥家小区集中供热项目，为公司创效20万元；清理三外，开拓污泥外销业务，实现污泥外销增利127万元；车间主动承担要害岗位值守，清退保安，实现降成本60余万元。

【安全环保】 以“实化责任，深化双基，强化管控”为安全管理的总体思路，落实“体系健全、管理有效、基础扎实、现场规范、检查到位、考核严格”的总体要求，实现安全生产“六个零”目标。制定“实务化考核标准”，将安全管理人员的职责转化为日常工作实务；修订26个职业健康安全体系文件；执行现场安全总负责人制度和领导干部带班制度；现场作业活动严格执行“事前准备，事中管控，事后验证”规定，制定和落实安全措施坚持“管用、管住、管到位”原则标准；强化对“事故高发月”的管理，升级管控措施；组织煤气水封、危化品、油库、视频监控、防护器材、消防设施、电缆隧道及冬夏四防等专项评审；建立安全隐患动态管理平台，排查安全隐患471项，整改461项；煤气设备动火监护202次，厂级受限空间作业58次，安全作业率实现100%。各层级日常检查654次，处罚金额8.78万元。石河雨污分流项目，实现外排水达标排放，外排水合格率达到97.6%。

【绩效管理】 建立支撑成本的经济技术指标体系，分解到班组岗位；8小时成本核算到班组，覆盖10个运行车间、32个运行班组，形成“日监控、周分析、月总结”的指标评价机制，能耗指标改善降成本400万元。8个车间具备公司现场验收的条件，其中4个车间通过模范车间验收；组织科级干部和生产骨干10批次79人参加公司级运营转型管理提升培训，厂内班组长和操作骨干5期共200人参加培训；修订管理体系机构职责，评审修订完成77个作业文件；辨识、收集风险事件298个，整合为厂级以上风险82个，5项纳入公司级管控。荣获省冶金公司管理创新成果一、三等奖各1项，质量管理成果一等奖2项、二等奖2项，质量信得过班组1个；获公司管理创新成果二等奖1项、三等奖2项。获公司技术创新成果二等奖3项、三等奖2项，贾森荣获科技工作标兵称号。治理设备隐患629项，完成设备大中修480项。其中，煤气系统实施了5万转炉煤气柜、16.5万稀油密封柜和煤气管道的焊补堵漏作业，完成供济南市煤气管道天然气置换、15万转炉煤气柜底板更换活塞矫正等多项高难高危作业。供电系统完成历钢Ⅰ线、Ⅱ线、韩钢Ⅲ线，五降压、六降压、七降压等关键电气设备检修作业；热电系统完成发电甲站、3200高炉风机、煤气锅炉、余热锅炉、燃机、煤压机及汽轮机等主要设备检修作业。供水系统完成“十一五”区域新水主管网优化改造。

【精神文明】 严格执行“八项规定”、山钢正风肃纪“十条禁令”、公司“九个严禁”规定，厂部党委与80人签订《关键岗位人员廉洁从业责任书》。撤销4个分厂，顺利实施体制、机制调整，实现机构设置扁平化和干部队伍精简；完成全体科级干部、项目工程师和岗位工程师、高级技师和技师的竞聘上岗。开展季度岗位建功标兵评选活动，评选“降本增效突出贡献奖”6个，“岗位建功标兵”团队29个、个人39名，奖励16.2万元；开展月度合理化建议征集活动，征集职工建议1650条，奖励有价值建议556条，金额4.2万元；开展厂技术比武活动，拓展比武工种，300余人参加比武；践行公司企业文化，为73个岗位制作文化标识牌。救助困难职工37人，发放救助款3.5万元，看望患病职工60人次；办理公司级困难救助20人，发放救助款11.6万元；为全体职工购买济南市重大疾病团体保险，有12名职工受益。获得公司“职工模范之家”荣誉称号。

（撰稿：吕仁波　审稿：张永护）

物流管理中心

【概况】 物流管理中心主要承担公司物流计划制定、一体化管理调度、仓储、厂内铁路运输、产成品交付等业务。截至2015年底，在册职工1485人，其中管理工技人员130人。设置5个职能科室，2个直属机构，13个生产车间。各类主要设备233台（套），固定资产原值4.35亿元，年末净值3800万元。

【绩效指标】 厂内物流费用完成3.13亿元，比预算减少943.2万元；进口矿综合费用完成89.20元/吨，比预算减少2291.5万元；进口矿损耗完成0.30%；进口矿运费降价效益1486.8万元；满载率完成99.5%；物流费用比预算降低13917.7万元，成本降低率达到5.18%；一次入仓率完成100%，比上年增加2.40%；一次发运率完成98.10%，比上年增加1.90%；鱼雷罐车周转率达到3.00次/日；厂内火车停时22.20小时/车，比上年减少0.20小时/车。

【降本增效】 月月完成“四降低两提升”物流系统攻关目标，吨钢物流费用月均降低22.9元/吨，较目标多降低3.9元/吨。加强卸港环节管控力度，实现速遣费效益344万元，消灭滞期费。打破厂内工艺物流传统价格管控模式，引入招标机制，厂内工艺运价平均降低18.18%；优化料场布局，取消综合料场，实施铁前工艺倒运量减半项目攻关，实现招标降价和工艺优化双轮驱动的厂内工艺物流费用管控模式。

创新产品外发结算模式，实现效益落袋538.7万元。有序推进“三外”清理工作，共清理“三外”人员79人，清理“三外”费用年度效益404.5万元。优化进口矿火车运费付款方式，由“全部现汇”争取为“现汇和承兑各占50%”，实现资金创效收益630.6万元。

【物流运行】 强化调度管控职能，科学编制计划，实现原燃料稳定接续。创新卸车管理模式，做到车间有计划、班组有指标、每班有监控，卸车效率不断提升。提高堆取料作业标准，强化供料过程控制，为烧结备料满负荷生产提供保障。优化运输组织，合理分配运输能力，满足高炉炉况波动、高转炉检修等特殊条件下的铁水运输需求。强化属地管理，提高轧后作业区库存管控能力，产成品库存持续降低。克服订单集中释放、集中集港、雾霾等困难挑战，强化计划执行与运力组织，确保产品及时发运。理清界面，加强沟通，规范钢坯、合金倒运吊装管理，实现钢轧工序有序衔接，资金占用持续低位。实施球团卸车线1股改造、托料皮带改造，满足球团烘干线供料需求。实施热轧库房智能化改造，对天车位置和钢卷信息实时跟踪，库房信息化水平进一步提升。实施道口远程控制三期改造，实现内部铁路道口全部远程自动控制。

【基础管理】 深入推进“运营转型，管理提升”活动，顺利完成10项“管理提升”项目。开展模范车间创建，基础管理稳步提升。按照“分类别，定指标”的方式完善绩效考核办法，强化关键指标管控，充分发挥绩效考核的引导作用。实施铁前车间机构改革，坚持因需设岗、按岗配人、落实职责，提高管理效率和劳动生产率。积极推进工艺改进，投资556.9万元，实施道口远程控制三期改造、热轧夹钳及旋转吊钩改造等项目，实现年度效益761.4万元。开展“提高设备保障能力，打好设备翻身仗”主题设备管理活动，设备运行能力逐步提升。深化“四个一”安全管理模式，推进车间安全基础建设，积极开展安全培训，全员安全生产意识不断提高。

【环境治理】 强化生产过程抑尘控制，在320料场设置抑尘网，增设4台射雾机。完善料场视频监控系统，强化监督考核，确保喷洒水系统、洗轮机等喷水抑尘设备设施有效使用。增加道路喷洒水和清扫频次，杜绝料场及周边道路扬尘，实现全年料场扬尘零罚款，降低排污费604.8万元，在国家环保督察组及省、市环保部门历次检查中均受到好评。实施铁路道口路面改造，根治汽车洒漏料，厂区道路环境水平得到改善。

【党群工作】 在党员干部队伍中开展“扭亏增盈，岗位建功”主题活动，推进“三严三实”专题教育，转变党员干部工作作风，两级领导班子心齐、劲足，团结协作、密切配合，领导力和战斗力不断增强。在职工队伍中开展“扭亏增盈，岗位建功”主题活动，激发职工的创新活力和工作热情。扎实开展“学习型、服务型、创新性”党组织创建活动，引导各级党组织和广大党员树立终身学习理念，增强服务意识，提高创新能力。认真落实党风廉政建设党委“主体责任”和纪委“监督责任”，严格执行中央“八项规定”、山钢正风肃纪“十条禁令”和公司“九个严禁”，营造风清气正的氛围。加强形势任务教育和舆论宣传引导，深入开展“岗位明星”评选活动，加强典型经验报道，充分发挥先进典型的引领、带动作用。加强企业文化宣贯，促进干部职工转变思想观念，汇聚攻坚克难强大合力。关心职工生活，扎实开展“双节”送温暖和扶贫帮困活动，中心两级工会组织共走访慰问职工200余人，发放救助慰问金3万余元。深化文明创建活动，荣获“省管企业文明单位”荣誉称号。

（撰稿：季宏杰　审稿：陈增治）

计量质检中心

【概况】 截至2015年底，计量质检中心职工总数671人（含内退48人），其中管理工技人员118人，下设：管理、业务科室5个；车间/站11个。固定资产原值14218.76万元；净值3497.08万元。全年实现模拟利润1134万元，完成公司下达的月创利计划，其中三方贸易收入4万元，例外检验491万元，圆满完成各项职能管理和生产服务工作。

【计量管理】 全年完成汽车物资计量35.3万车，共计1456.1万吨；火车物资计量19.2万车，共计1264.4万吨；铁水物资计量2.23万罐，共计565.1万吨。发现计量超差车辆7219车，避免经济损失220.46万元，追回计量损失260.56万元。查处违规计量车辆132车，罚款4.209万元。全年检校测量设备5500台件，实现检校收入86.5万元，对外开展检校业务340台件，实现收入7000余元。

【进厂把关】 全年检验各类进厂物资2.34万批，检验废钢6.4万吨，扣重251吨，完成耐火材料等进厂辅料656批，完成各类原燃料化验2.63万批，分析化学元素18.98万个，避免采购损失6898万元。

【质量检验】 检验铁水1.36万炉，制备铁、渣样4.6万个，检测各元素成分12.6万个；检验钢坯606.66万吨，检验外销坯1.2万吨，完成炼钢炉前检验29万多批，完成钢产品及实物质量分析2.5万批，计29.1万个元素，气体分析8852批，计1.4万个元素；化学湿法分析1440批5621个元素，油品337批1350个项目；加工检验试样93万件，其中圆棒样1.14万件，性能检验27.4万批。组织船板及海工钢检验170余次，认证量41.5万吨。

【环境监测】 顺利完成2015年环境监测计划和职业危害因素检测计划，完成临时监测、应急监测、环保治理项目调试及验收等各类监测任务41个，合计监测数据2.1万个。

【测量管理体系】 公司量传溯源保证能力得到进一步提升，数字指示秤等14项计量检定授权项目和三相电能表、血压计2项最高计量标准顺利通过山东省质量技术监督局复评审并取得授权证书，新建定碳定硫仪1项最高计量标准，使公司最高计量标准累计达35项。组织修改、发布最高计量标准、工作计量标准、计量强检授权项目和内部校准项目等36项公司内部校准办法，可开展长度、温度、力学、电磁、时间频率、化学等6大类、80余项测量设备的检定/校准工作，每年可为公司节约检校费用约380万元。

【能源计量体系】 公司能源计量内审检查会同山东省计量科学研究院对能源计量体系进行内审检查，针对内审存在的问题组织二级单位进行整改，确保体系持续改进。组织14个单位识别公司二级电能表配备情况，配备电能表609台。组织二级单位建立完成“本单位车间级成本核算能源仪表配备规范”“能源计量管理信息系统”，在山东省重点用能企业能源计量信息平台上完成“山钢股份济南分公司的能源计量管理信息系统”的导入工作。

【管理提升】 依据“现场模范车间验收评价标准”“计量质检中心车间评价标准细则”对12个车间的基础管理工作进行检查，现场评价车间问题及改进情况，扎实有效地推进模范车间、标杆车间、精品车间和达标车间等基础管理工作。开展“运营转型、管理提升”三级培训，实现科级干部、管理骨干、班组长及操作骨干培训率100%，立项推进管理提升项目19个，其中5个被列为公司监管项目。加强待验库的管理，及时与各生产厂沟通分解待验库指标，顺利完成公司月考核指标。

【技术创新】 通过组织实施炼钢物料计量系统提升及流程再造项目，优化炼钢对外二级交割计量流程，采用计量服务流程对钢渣进行出厂交割计量并结算。通过优化服务业务流程，在原流程只有计毛、计皮两个环节的基础上，新增验配和收货作业环节，实现服务业务全过程闭环管理。组织实施铁水衡升级改造项目，创新性利用PLC控制系统和通用称重通道实现铁水衡在线动态计量，优化计量软件，提高计量准确性，同时衡器故障率大大降低。组织对难以正常检验的颗粒钢、水洗渣钢、精制压块等物料进行熔清试验，全年共组织熔清28次，在为结算提供支持的同时避免经济损失40余万元。

【原燃料稽查】 建立进厂原燃料三级稽查制度，明确稽查职责，使原燃辅料采购、厂外运输、进厂门禁、验配、计量/质检、厂内运输、验收、存储管理、流转使用等各部门、各环节和岗位都有具体的把关责任和权限。进一步强化进厂物料水分检验控制，加强铁矿类物料有害元素的抽查监控，完善合金、萤石类物料取样检验规则，强化进厂计量监控措施。通过严格检验把关和稽查，为公司避免损失6898万元；实现进厂煤盈吨2万余吨；查处严重不合格物料619.35吨，直接收益90多万元。

【实验室管理】 持续完善实验室体系建设，严格按照《检试验过程监督与抽查管理办法》的要求对实验室的检验质量实施监督检查，全年共对各实验室实施工艺纪律监督、检查272次，为工艺纪律、操作规程、检验规程的有效执行提供保证。持续开展各种比对活动，及时查找和控制各类检验风险，降低各种不确定因素对检验质量的影响。全年共组织各类比对218批次，检测项目1520余项，比对结果表明数据吻合性良好，无显著系统偏差。全年对各实验室共抽查各类样品2363批，抽查检测项目1.11万个，合格率为100%，创历史最好水平。

【安全管理】 深入开展“双辨识”工作，对所有岗位的危险源、高风险作业进行辨识，确定控制措施。多次组织管理评审，对车间安全基础管理存在的问题，采取不畏惧、不气馁，立足改进、积极沟通的做法，车间达标合格率达到100%。

【党群工作】 深入开展“三严三实”专题教育，针对查摆出的各类问题，制定措施，落实整改。强化作风建设，严格落实党风廉政建设责任制，切实履行好“一岗双责”。认真开展效能监察工作，充分发挥效能监察源头治理作用。组织开展关键岗位人员反腐倡廉教育实践活动，严格落实山钢正风肃纪“十条禁令”和公司“九个严禁”。深入推进“扭亏增盈、岗位建功”主题活动，强化民主管理和民主监督；扎实开展优秀合理化建议征集、职工先进操作法评选活动，积极组织开展职业技能大赛。坚持正确的舆论导向，践行“精准、高效、务实、创新”的核心价值观，努力营造民主、文明、和谐的良好氛围，保障各项任务顺利完成。

（撰稿：刘　耿　审稿：张希元）

检修工程公司

【概况】 截至2015年底，检修工程公司在册职工2010人，其中，女职工263人；管理与工技人员212人。下设5个科室10个检修工程部。2015年，面对严峻复杂的形势和艰巨任务，检修公司全体干部职工紧紧围绕“保运行、创效益”中心工作，充分发挥大检修优势，深挖内部潜力，共完成计划检修766次、大中修41次、抢修249次，计划检修完成率100%，检修质量合格率99.9%，跨区作业14893人次。设备事故较上年大幅降低。产线满意度得分月均大于98分。实现外委创效4491万元，内部利润5712万元，为公司生产稳定顺行、降本增效作出积极贡献。

【生产组织】 强化管理，提升服务，持续改善加强与产线的沟通协调，压实结合面。根据公司钢轧系统调整，及时整合成立炼钢二部、轧钢部，提高协调作战和专业管理能力。快速反应，科学组织，做好各种事故抢修工作，减少事故损失。深入推进“满意在产线”工程，全面提高服务意识和服务质量。建立检修公司领导、部室负责人及区域管理人员定期走访机制，及时了解产线需求，化解矛盾，改进工作。把现场响应速度、服务态度等作为KPI指标，重点监控，严格考核。强化信息沟通，梳理检修、维护等业务流程，实现与产线之间的无缝链接，增强产线服务能力，减少因信息不对称造成的误判和损失。分产线设立设备零故障运行专项奖励基金，调动全员设备管理的责任心和主动性。与上年对比，公司设备事故故障次数、停机时间、经济损失分别下降11.9%、28.6%、53.3%，电气自动化设备事故停机时间降低50%以上。

【创效工作】 充分挖掘内部潜力，放大协同效应，实现资源利用最大化，超额完成创效奋斗目标。高炉部主动承担铸铁机区域的设备维护，实现创效179.5万元；原料部先后承担冷筛、四辊等原外委项目380余项；薄板部主动承担3500毫米产线精轧机安装任务；物流部同薄板厂、炼铁厂、宽厚板厂等单位建立了稳定的备件修复合作关系，先后承担3500毫米产线冷却器、热轧厂磨床托瓦、烧结区域电液推杆、物流中心电动夹钳等外委备件修复项目；能源动力部充分利用专业优势，积极开拓炼钢区域粗颗粒机检修、罗茨风机检修、EMC项目电机检修试验等。大力承担工程技改建设项目。高炉部积极承接2号1750立方米高炉大修任务，炼钢二部承接6号铸机调试、生产维保工作，原料部承担球团烘块项目的维保检修任务等。

【管理提升】 积极开展“运营转型、管理提升”工作，共实施攻关项目21项，其中公司监管项目2项，预计可实现落地效益2734万元。量化、细化指标分解工作。加强调度，持续推进，定期组织检查督导，及时解决个别单位成本因素管控周期过长、成本管理无制度支撑、成本管理与绩效关联失效等问题，确保成本分解到岗到人。积极开展模范车间创建工作，并按照“七个零管理、七个转变，实现精益维修”的思路，以完善制度梳理，优化检修作业流程，细化检修作业标准，强化管理过程控制，提升现场管理为主线，积极开展创建工作，不断查找、整改影响绩效管理水平的短板。

【管理创新】 全年共评选职工创新成果、项目309项，获公司表彰的职工合理化建议、职工先进操作法10项。获得2014年济南分公司技术创新重大项目奖励1项，二等奖1项，三等奖3项。2015年有6个项目参加公司科技进步奖评审，其中一项参加省科技进步奖评审。

【安全工作】 完善安全环保制度建设。根据新版《安全生产法》，对安全生产责任制进行完善补充，进一步明确安全责任范围及考核标准。按照职业病防治法的要求，完善职业卫生管理办法，建立健全职业卫生分类管理档案。结合高风险管理要求，完善安全作业管理办法，制定高风险作业指导书和现场处置方案。发挥三级安全管理网络的作用，强化科室督查、部门自查、班组日查的管理力度，实现检修作业全过程有效管控。当年共检查检修作业点594处，整改安全隐患92项，发布安全日通报233期，现场安全提示291项，各类安全考核16720元。与上年同期相比，安全隐患整改数量提高37%，安全考核降低19%。现场安全提示增加25%，现场习惯性违章减少30%。发挥专业管理作用，实施动态管理。针对不同时期、不同区域的安全工作重点，积极开展针对性的检查督导。以安全环保月评比、季度评价为手段，加大对基础管理的检查力度。持续深入开展“双辨识”培训指导工作，提升作业人员有效识别作业风险的能力和意识，共辨识危险源2120项，其中34项被列为高风险作业项目进行专项管理。

【党群工作】 以“三严三实”专题教育和“扭亏增盈、岗位建功”主题活动为总抓手，持续推进“三型”党组织建设，对照“精准、务实、高效”的工作要求，通过相互交流、征求意见、民主生活会等形式，认真查摆问题、制定措施、逐项整改。积极开展扶贫救困、送温暖活动，全年看望慰问职工100多人次，发放慰问金12万余元。认真开展“创效益”劳动竞赛，“满意在产线”服务明星、岗位建功明星、创新成果项目评选，合理化建议和优秀操作法评选等活动，开展第三届职工技能大赛，有力促进职工学技能、练本领的积极性、主动性。组织优秀选手参加公司职工技能大赛并取得优异成绩，其中钳工、电焊工囊括前六名，仪表工囊括前四名。薄板部郭贞来在山东省钢铁黄金有色金属行业职工职业技能竞赛中获三等奖，并获山东省冶金黄金有色金属行业技术能手称号。

（撰稿：李振清　审稿：高岩军）

自动化信息技术公司

【概况】 截至2015年底，自动化信息技术公司（以下简称“自动化公司”）在册职工212人，其中专业技术人员123人，研究员2人，高级工程师（经济师）47人，中级职称64人。公司设有综合办公室、科技管理科、项目管理部3个管理科和1个市场营销部门；传动事业部、智能化事业部、自动化事业部、信息化事业部4个技术开发和项目实施单位；信息运行中心、电信运行中心2个系统运行、设备维护和工程实施单位。全年实现主营业务收入6464万元，利润1983万元，被中国两化融合联盟授予“2015年度中国两化融合最佳实践单位”称号，是全国30家获奖单位中唯一入选的钢铁企业。

【系统运维保障】 强化信息系统、机房设备点检和超期服役设备的特护，对系统隐患进行分类管理，根据对生产经营的影响程度划分重要等级，制定相应应急预案，实现预知预检。强化系统安全管理，升级网页防篡改系统，更换MES网络防火墙。优化在线运行系统，对集中存储系统的分步改造升级，对ERP数据库系统进行优化。

【信息自动化项目建设】 完成山钢集团与山钢股份济南分公司资产重组信息系统调整项目。积极参与山钢集团智慧物流供应链一体化协同系统项目，承担济南分公司相关物流数据收集及接口工作，顺利完成开发任务。实施物流管理中心产成品外发结算平台项目，实现运费订单效益测算和管理费用统一管理。开发知识管理平台，避免知识资产流失，有效降低公司运营成本和人才风险。开发宽厚板厂板坯库定位管理系统，为各岗位人员实时、精准掌握库存信息，快速定位板坯实物位置提供有效支撑，实现板坯库精益化管理。

【劳动生产率提升项目建设】 立项实施热轧成品库自动化管理项目，减少作业人员33人，年节约人工成本200余万元。立项实施高炉区域供水系统集中管控及节能改造项目，将工序成本实时核算、设备生命周期管理、水系统平衡分析、高级生产报表等管理模块与自动化监控平台相融合，提高自动化系统综合管理水平。

【内外部市场开拓】 主要内部项目：实施2号脱磷炉工程信息自动化项目，完成共计21个分项目的开发调试工作。开发6号连铸机配套MES系统，实现计划管理、生产作业管理、生产管制等功能。实施宽厚板厂连铸机C7面板改造项目，实现进口设备替代，节省费用500余万元。主要外部项目：完成张钢MES项目，覆盖从原料接收到成品入库的全业务流程。完成山钢日照公司Portal项目和薛城能源干熄焦二期控制项目。成功开发山钢国贸视频会议系统、济钢国际物流管理信息平台、日照资金管理项目、济钢集团固定资产项目、博兴干熄焦项目等。

【技术创新】 编制完成《济南分公司十三五信息化发展规划》《自动化信息技术公司产业发展规划》。聚焦劳动生产率提升、降本增效等重点领域，将IT技术与精益管理理念有效融合，在库房自动化管理、水系统专业化管理等方面形成新的解决方案。聚焦移动互联等新兴技术领域，在办公和生产管理领域逐步掌握移动互联及APP开发技术，为相关产品和项目开发奠定基础。先后实施连铸二切车伺服传动系统、C7控制系统进口设备替代、关键设备LCI软启动、燃气轮机MARK控制系统自主维护攻关、内存映象网反写等技术项目，解决多项生产难题。

【管理创新】 以数据化、网络化、流程化为手段，建立科学感知、反应敏捷、有效指挥、风险可控、运转高效的管控平台，支撑精益化管理。在原有业务架构基础上，建立一套完整的市场化运行机制和管理模式，推动两个转变，即：推动信息化从关注业务流程向关注信息资源挖掘利用转变，发挥信息资源价值，为两级科学决策提供信息化支撑；推动自动化从关注技术设备向关注质量品种提升转变，发挥自动化技术在生产中的关键作用。

【主题教育活动】 认真开展“扭亏增盈，岗位建功”主题学习教育活动，为广大党员岗位建功搭建良好平台。扎实开展“三严三实”专题教育，制定专题学习研讨方案和计划。深化廉洁效能管理，根据实际调整廉政责任区，层层签订廉政建设责任书。组织党员干部学习《中国共产党廉洁自律准则》《中国共产党纪律处分条例》，认真落实党风廉政建设中党委的“主体责任”和纪委的“监督责任”，严格执行山钢正风肃纪“十条禁令”和公司“九个严禁”规定，营造风清气正的氛围。

（撰稿：杜　慧　审稿：张元福）

贝斯钢板公司

【概况】 贝斯济钢（山东）钢板有限公司（以下简称“贝斯钢板公司”）由山东钢铁股份有限公司与澳大利亚Bisalloy Steel Group Ltd合作建立，产品包括BISPLATE® 360、BISPLATE® 400、BISPLATE® 450、BISPLATE® 500、BISPLATE® 600高强度耐磨钢板以及BISPLATE® 80、BISPLATE® 100高强度结构钢板，是国际上众多矿山和井下设备、工程机械、运输和起重设备、建筑机械、港口机械等行业指定用钢板品牌。截至2015年底，在册职工16人，其中研究生学历2人，本科学历13人。下设营销部、生产技术部、财务部和综合管理部等4个部室。

【生产经营】 全年签订贝斯钢板订单8020吨，签订第三方贸易订单8549吨，实现销售收入6757万元，实现利润1002.8万元，分别比上年增加33.2%、233.3%、59.1%、109.2%。

【市场开拓】 开发忻州通用、济宁天鸿、绵阳西金等国内新客户 38 家；开发 ACE、Source Solution、Energy Saving、NIGA 等国外客户 4 家，外贸市场实现自主接单。充分利用代理商客户资源，由代理商签订贝斯钢板订单 802 吨，全部为高端客户。积极推介山东钢铁股份有限公司钢材产品，为客户提供"一站式"采购服务，三方贸易订单达到 8549 吨。积极开展"煤钢互保"业务，借助山钢股份平台，与煤矿、煤机厂开展合作，签订订单 3510 吨。通过及时更新贝斯钢板公司官方网站，在《矿业装备》杂志刊登广告，加入百度搜索，参加展览会等一系列工作，加强对外宣传推广，提升品牌知名度。

【技术质量】 建立实施"基于合资模式下的贝斯钢板质量管控体系"，从炼钢、轧钢、热处理到发运，设立关键质量监控点，建立跟踪台账，实施全流程质量监控，实现贝斯钢板逐张检验，产品质量总体稳定。

【生产交付】 积极协调、优化生产组织流程，合理安排生产计划，实现订单准时交付。主动建立现货储备，针对客户对交货周期及钢板尺寸的个性化需求，实施"成品现货+订轧期货"相结合的快速交付模式。针对客户需要的非整张小块板，实施"现货切割，增值销售"的营销策略，进一步提高产品附加值。

【客户服务】 采取"售前告知、售中交流、售后指导"的全方位服务体系，实现全程跟踪服务。同山推、山钢集团钢结构等企业建立长期合作，制定实施《钢板深加工管理办法》，解决客户深加工问题。规范双向报价、技术标准要求，为客户提供从图纸、加工到制造的一揽子解决方案，向 ESCO、徐工等客户提供多次深加工服务。

【基础管理】 从 2015 年开始，双方股东对合资公司充分放权，董事会根据年度经营目标制定新的绩效考核体系。对营销人员实施"底薪+提成"的销售激励政策；对生产技术人员执行"质量+交付"的正负激励政策，激发全体员工工作的积极性。新建及修订《员工绩效管理办法》《产品运输价格管理办法》《产品深加工管理办法》《业务接待管理规定》《产品销售出门证管理制度及操作流程》等管理制度 13 项，进一步夯实管理基础。

【党建工作】 深入开展"三严三实"专题教育和"扭亏增盈，岗位建功"主题活动，党支部组织多次集中学习讨论，向员工征求意见。召开组织生活会和民主生活会，党员干部开展深刻的批评与自我批评，找准自身存在问题，明确今后努力方向，干部职工队伍凝聚力和战斗力不断提高。

（撰稿：王雅桢　审稿：李永亮）

莱芜分公司

公司概况

山东钢铁股份有限公司莱芜分公司（简称莱芜分公司）位于山东省莱芜市钢城区，是山东钢铁股份有限公司重点骨干企业，成立于 2012 年 2 月 27 日，前身为莱芜钢铁集团有限公司下属莱芜钢铁股份有限公司。莱芜钢铁股份有限公司是经山东省人民政府批准，由国家国有资产管理局确认，并经山东省国有资产管理局批复，采用募集方式向社会公开发行股票创立的股份有限公司。2008 年 3 月，山东钢铁整合重组，莱芜钢铁集团有限公司隶属于山钢集团有限公司。2011 年，山钢集团启动重大资产重组，决定由济南钢铁股份有限公司以换股方式吸收合并莱芜钢铁股份有限公司。同年 5 月 18 日，莱芜钢铁股份有限公司第一次临时股东大会审议通过吸收

莱芜分公司生产现场

合并方案；12月30日，中国证券监督管理委员会核准本次换股吸收合并事项。2012年3月，换股吸收合并完成后，济南钢铁股份有限公司作为山钢集团下属钢铁主业上市公司，更名为山东钢铁股份有限公司。山东钢铁股份有限公司在原莱芜钢铁股份有限公司基础上，向莱芜钢铁集团有限公司购买动力部、自动化部、运输部、天元气体有限公司、国际贸易有限公司、电子有限公司等“三部三公司”资产，组建成立山东钢铁股份有限公司莱芜分公司。2013年11月，山钢集团成立国际贸易有限公司，将莱钢国际贸易有限公司及原料部大宗原料采购业务整合其中。2014年7月份，山钢集团实施钢铁业务管理规范化、专业化、聚焦发展等改革调整举措，将钢铁业务从莱钢集团有限公司中分离出来独立运营，原莱钢集团有限公司旗下从事钢铁生产的银山型钢有限公司、新疆有限公司及3200立方米高炉生产业务，以托管形式由莱芜分公司统一运营管理，莱芜分公司与莱钢集团有限公司从机关机构、管理职能、业务人员等方面实现彼此独立运作，莱芜分公司集中精力发展钢铁业务；同年8月，山钢集团将莱芜分公司审计处和法律事务部分别整建制划入山钢审计部和法律事务部。截至2015年底，莱芜分公司（含代管单位）拥有年产1300万吨钢以上综合生产能力，钢铁产品主要有型钢、板带、优特钢、棒材四大系列。拥有总资产433亿元，在岗职工19518人。

（撰稿：叶　华　审稿：刘振东）

2015年工作综述

【生产经营】 全年生产生铁1002.6万吨、钢968.5万吨、钢材942.3万吨，同比分别增长－12.2%、－12.3%、－12.3%。其中，本部生产生铁978.4万吨、钢945.9万吨、钢材919.1万吨。实现销售收入405.4亿元，利润总额－17.77亿元。

【精益管理】 巩固完善“12345”管理体系，系统策划精益管理推进方案，开展大密度、多层次培训，形成全面发动、全员参与的工作格局。精益生产水平提高，量化调整、准时生产和快速适应市场能力增强；以问题整改为导向，加强内部诊断与外部对标，形成“5+17+*N*”项目架构；强化项目过程跟踪管控，建立“月度指标分析、季度评审兑现、年度综合评价”业绩推进机制；启动麦肯锡特钢竞争力提升咨询项目，全面推广运用诊断成果；全员设备管理理念得到强化，点检维护水平提升，设备事故同比降低30%以上。

【降本增效】 围绕吨钢增效200元目标，发挥全面预算引领作用，抓住铁前、钢后、营销等重点环节，瞄准行业先进水平，系统挖掘创效潜能。配煤、配料及炉料结构优化进步明显，块矿配加比例达到20%，吨铁成本指标优于行业平均水平；吨矿综合物流成本同比降低7元；财务费用较上年降低5400万元，管理费用降幅15%以上。完善产销研一体化运作机制，突出品种优化与价格增效，全年开发新产品68项，直供亚马尔项目3.6万吨，一批优势产品打入国际高端市场，中低速磁悬浮铁路用F型钢实现批量供货。新产品销售比例31%，对比增效3.64亿元；吨材价格和利润与行业平均水平的差距比2014年分别缩小26元、46元。

【产线对标】 以行业先进为标杆，制定实施“两年两步走”追赶超越策略，9条产线与外部15个单位，在成本控制、产品定价、质量提升等方面开展对标，多数关键绩效指标（KPI）达到阶段性追赶进度目标。焦化可比变动成本较沙钢优势扩大；棒材工序可比成本较永锋差距缩小；型钢产品不断向高端高质方向拓展，市场占有率稳步提高；宽厚板生产线成本控制与结构优化取得进步。机关部门做好管理、服务、协调、保障等工作，形成了系统谋划、上下联动、协同发展的良好局面。

【节能环保】 按照新环保法和环境新标准要求，策划实施环保提升方案。烧结、焦化系统脱硫提升改造、综合污水处理、生物纳膜抑尘等重点环保项目按计划推进，4号265平方米烧结机、1号焦炉脱硫改造完成，节能减排本质化水平提升；加强环保设施运行管理和环保督察，重点环保设施持续有效运行，化学需氧量、二氧化硫排放量同比分别降低19.7%、27.78%；开展精益管理能效提升活动，在保证生产运行正常的同时，实现了外供创效；落实节水措施，吨钢水耗3.33立方米；固废资源综合利用率99.04%，实现增效1722万元。

【规范运营】 修订完善各类规章制度200余项，QESEn管理体系顺利通过外部审核；优化组织结构、管理体制和运行机制，调整组建运营管理部、生产管理部，实施煤化工实业部内部市场化试点；实施科级干部任期届满考评配置与专业职务考核竞聘，推进定岗定编工作；完善两化融合管理体系，ERP系统正式上线运行；“四个标准化”建设富有成效，完成安全生产工作目标；质量提升工作有序推进，质量成本损失降低；产品认证创奖及品牌建设进度加快；加强财务与资金管理，拓展融资渠道，实施了银山一号、二号应收账款资产支持专项计划。

【“三严三实”专题教育】 贯彻落实上级党委部署，扎实开展“三严三实”专题教育。突出顶层设计，认真制定方案，明确目标要求，并将专题教育情况纳入党建工作责任制考核。以高质量党课开局谋篇，按照“三个讲清楚”的要求，深入基层调查研究，广泛征求意见建议，着力查找“不严不实”问题。党委书记、总经理罗登武向科级以上党员领导干部讲授题为“忠实践行‘三严三实’全力以赴扭亏增盈”的专题党课，各分管领导分别向所管辖业务范围内的党员领导干部讲授专题党课，处级班子分专题讲授党课，全公司6970余名党员干部听取了党课。把学习研讨作为重中之重，聚焦主题、联系实际，直面矛盾、开诚布公，将学习成果转化为解决问题、推动工作的强大力量。把中心组业务辅导与专题教育学习研讨有机结合，增强学习的针对性和实效性，得到了山钢党委的充分肯定。把发现和解决问题贯穿始终，扎实开好专题民主生活会，两级领导班子和成员细化整改措施、厘清责任主体、明确完成时限，将问题清单和整改台账演化为责任清单和责任台账，对号入座，扎实整改。

【和谐企业建设】 深化“三型”党组织建设，建立以“互联网+两个责任+特色系列活动”为核心内容的党群工作格局；党群信息管理系统上线运行，网上练兵、网上图书馆等职工学习平台和大病医疗救助体系完善，得到全国总工会、省总工会认可，荣获“山东省富民兴鲁劳动奖状”称号；加强反腐倡廉建设，落实党委主体责任和纪委监督责任。加大形势任务教育和宣传引导力度，保持职工队伍思想稳定；成功召开首届思想政治工作创新大会；推进“抓精益、求生存、保稳定”主题系列活动，精益管理进班组、团员青年改善项目攻关等活动蓬勃开展；深化精神文明建设，推进山钢文化融合；全年发放各类救助金791.8万元。

（撰稿：叶　华　审稿：刘振东）

机构与人事

（截至2015年12月31日）

中共山东钢铁股份有限公司莱芜分公司委员会

书　　记　罗登武
副 书 记　李淑华
委　　员　罗登武　李淑华　吕　铭
　　　　　王广连　赵京玲

山东钢铁股份有限公司莱芜分公司经理层

总 经 理　罗登武
副总经理　吕　铭　王广连
安全总监　吕　铭
财务总监　赵京玲
总经理助理　曲为壮

中共山东钢铁股份有限公司莱芜分公司纪律检查委员会

书　　记　李淑华
副 书 记　王训达（正处级）

山东钢铁股份有限公司莱芜分公司工会委员会

主　　席　李淑华
副 主 席　陈肖鸿（正处级）
常务委员　李淑华　陈肖鸿　高淑军
　　　　　常红玮　陈润海　季立飞

莱芜分公司机关部（处）室

公司办公室/党委办公室

主　　任　刘振东
副 主 任　郭允义

组织部/人力资源部/机关党委

组织部

部　　长　孙成玉
副 部 长　莫盛春（正处级）

人力资源部

部　　长　孙成玉
副 部 长　莫盛春（正处级）

机关党委

书　　记　莫盛春
纪委书记　莫盛春
工会主席　莫盛春

运营管理部/招标中心

运营管理部

部　　长　王培文
副 部 长　陈秀昌　韩应战　孔凡强

招标中心

主　　任　韩应战（副处级）

财务部

部　　长　李秀英
副 部 长　朱　慧（正处级）
　　　　　高相南　董永峰

能源环保部

部　　长　商福成
副 部 长　孙建军　窦建亮

生产管理部

部　　长　刘晓军
副 部 长　李玉林　申景霞　李兴义

安全生产部

部　　长　陶教祥
副 部 长　苗仲元

机械动力部

部　　长　赵红光
副 部 长　何福生　马世国　傅守滨
党总支书记　何福生（副处级）

技术中心

主　　任　王中学
副 主 任　高俊庆（正处级）
　　　　　杜显彬　杨　军
党总支书记　高俊庆

能源管控中心

主　　任　齐登业
副 主 任　袭建富

计控处

处　　长　郭维河
副 处 长　吴晓峰（正处级）　柳希泉

供应部

经　　理　周宪海
副 经 理　王振国　尚庆国　王　骞
党总支书记　王振国（副处级）

物流中心

经　　理　李强之
副 经 理　王兖军（正处级）
　　　　　杨庆修　林　强
党总支书记　王兖军

纪委/监察部

纪　委

书　　记　李淑华
副 书 记　王训达（正处级）
纪检监察室主任　李学顺（副处级）

监察部

部　　长　王训达
副 部 长　李学顺

宣传部/统战部/企业文化部

部　　长　许家明
副 部 长　昝永清

工会/团委

工会主席　李淑华
工会副主席　陈肖鸿（正处级）
办公室主任　陈润海
生产保护部部长　季立飞
组织民管宣教文体部部长　高淑军
权益保障女工部部长　常红玮

团委书记　季立飞（副处级）

品质保证部/中心实验室

品质保证部

部　　长　孙业华
副 部 长　付常林　王可昊
党总支书记　王可昊（副处级）

中心实验室

主　　任　孙业华

莱芜分公司生产厂、事业部及直属单位

焦化厂

厂　　长　王元顺
副 厂 长　姜世远（兼）
　　　　　杜富仁　李普庆　李树华
党委书记　姜世远
党委副书记　王元顺（兼）　李树华
纪委书记　李树华
工会主席　李树华

炼铁厂

厂　　长　孙建设
副 厂 长　李茂岭（兼）
　　　　　董书歧　张　明　姜兴军
党委书记　李茂岭
党委副书记　孙建设（兼）庞瑞年
纪委书记　庞瑞年
工会主席　庞瑞年

炼钢厂

厂　　长　李洪建
副 厂 长　袁本明　王　键　郭伟达
党委书记　李洪建
党委副书记　荣　波
纪委书记　荣　波
工会主席　荣　波

特钢事业部

经　　理　李丰功
副 经 理　彭敦远　徐锡坤　张继奎
　　　　　刘茂文　杨振国
党委书记　李丰功
党委副书记　高洪亮
纪委书记　高洪亮
工会主席　高洪亮

棒材厂

厂　　长　关中华
副 厂 长　杨风滨　孙颖军
党委书记　关中华
党委副书记　王其昌
纪委书记　王其昌
工会主席　王其昌

型钢厂

厂　　长　逄晓男
副 厂 长　于文波（兼）
　　　　　刘福宁　吕智勇　李夕平
党委书记　于文波
党委副书记　逄晓男（兼）　李开祥
纪委书记　李开祥
工会主席　李开祥

能源动力厂

厂　　长　齐登业
副 厂 长　袭建富（兼）
　　　　　李佩和　李克海　吕德玉
党委书记　袭建富
党委副书记　齐登业（兼）　刘文仓
纪委书记　刘文仓
工会主席　刘文仓

销售中心

总　经　理　刘立华
副总经理　郝运占（正处级）
　　　　　刘建平　陈俊科　陈鹤庆
党委书记　刘立华
党委副书记　陈俊科
纪委书记　陈俊科
工会主席　陈俊科

运输部

部　　长　韩树森
副　部　长　孙兆华（兼）
　　　　　朱　亮　段崇义　徐永福
党委书记　孙兆华
党委副书记　韩树森（兼）　任志刚
纪委书记　任志刚
工会主席　任志刚

自动化部

主　　任　郭维河
副　主　任　刘祖法（兼）
　　　　　吴晓峰（正处级）　柳希泉
党委书记　刘祖法
党委副书记　郭维河（兼）　丁光伟
纪委书记　丁光伟
工会主席　丁光伟

（撰稿：李传军　审稿：孙成玉）

专业管理

行政综合管理

【综述】 莱芜分公司办公室与党委办公室合署办公，负责公司综合事务、督查督办、文秘管理、公文印信、会务管理、接待管理、应急管理、保密管理、外事管理、企地协调及信访管理，与莱钢集团有限公司对口衔接治安保卫、综合治理、反邪教工作、档案史志、后勤服务、物业管理、卫生防疫、计划生育、抗震防灾、房产土地、环境与公辅设施管理等代管业务。设综合科/应急管理科、秘书科/信息调研科、督查科、接待科、企地协调信访科。截至2015年底，在岗职工16人，其中具有高级专业技术职务资格12人，中级4人。

【综合服务】 全年牵头组织或协调组织职代会、政治工作会、“七一”表彰大会、半年工作会等重大会议活动1200余次，安排会议室、接待室1600多次。修订下发《公司会议管理规定》《公司电视电话会议系统管理规定》《副处级以上领导干部外出请销假及信息反馈制度》等管理制度文件。办理处级干部请销假540次，外出调研报告流转20余份。坚持定期巡检制度，做好日常物业点检，保持办公设施稳定运行。畅通与山钢集团有关部门间的联络渠道，及时提供各类信息。

【应急管理】 完善应急预案体系，强化应急演练。时刻保持与地方政府和上级部门间的信息互联互通，健全突发事件情况下的应急协调联动和快速反应机制，提高系统协调能力和应急处置能力。协调组织消防安全大检查，落实各项防控措施，确保生命财产安全。坚持节假日和重大活动部门领导带班等应急管理工作制度，保持公司上下联络畅通，防范各类风险，全年未发生一起应急责任事故。

【文秘信息调研】 研究和提炼公司领导的管理思想与创新举措，融入各类文稿之中。全年完成领导讲话、致辞、汇报材料、会议纪要等各类文稿200余篇130余万字。加强综合信息管理，做好《运营转型精益管理工作简报》及相关信息的编辑整理工作，推动“运营转型、精益管理”活动向纵深发展。全年编发《运营转型精益管理工作简报》23期，向上级有关部门报送企业综合信息近400期，在山钢集团内部保持信息用稿量第一。紧盯公司发展的重点难点及热点问题，加大调研频次，先后完成《关于公司代管业务运行情况的报告》《关于信访稳定工作情况的调研》《关于各单位年底调研反映问题的报告》等一系列调研课题，为公司领导科学决策提供重要依据。完成“打造公司比较优势”战略研究课题，思想政治工作创新成果“‘两个责任+特色系列活动+网络化’布局的创新与实践”获省冶金党建思想政治工作优秀研究成果一等奖、莱芜分公司政研会理论创新成果特等奖。

【督查督办】 修订《督查督办管理办法》，围绕公司职代会、月度运营绩效评价会、政工暨稳定工作例会开展三级督查，形成“123”督查工作思路；加快领导批办、单位未办事项的专项催办进度，及时反馈办理情况，确保承办事项按期办结。完善银山型钢《董事会议事规则》《总经理工作规则》《监事会议事规则》，促进银山型钢公司规范运营。全年发布督办通知21期、督办通报25期，督办会议决定事项300余项次；审核董事会、监事会、股东会议案、决议60余份。

【公文、印鉴管理】 修订《公文处理工作办法》《关于进一步规范公文处理工作的意见》，加大公文预审把关和协调催办力度，促进公文处理工作向精细实迈进。做好用印申请“两字一章”、用印材料审核及用印登记，确保印信使用安全。归档各类文件资料3000余份，审核制发各类公文700余件，分发各类资料信件3300余份，办理印信共计7万余份，修订各类管理制度200余项。

【接待工作】 贯彻落实中央“八项规定”精神、山钢正风肃纪“十条禁令”及公司党委关于加强党风廉政建设的一系列要求，严格接待标准，严控费用支出，业务招待费用同比降低。全年接待来宾196个单位，1331人次，其中省部级领导6人次，厅局级领导99人次。

【企地关系协调】 加强沟通协调，妥善解决影响企地协同发展的各类问题和矛盾，全年累计协调各类企地矛盾60余起；受理地方群众来信来访及安排地方政府参观共计30余件次，办理地方政府提报事项文件72份，处结率99%。配合地方政府扎实推进新区环评涉及的相关区域搬迁安置工作，协调机械动力部与开发区热力公司签订合作框架协议。

【代管业务】 配合相关部门完成环境建设物业管理检查、社会管理综合治理年终检查、莱芜市迎接国家卫生城市复审等工作；协调完成银山型钢、银前区域公共设施维修，及老区污水处理厂建设涉及的争议事项。与纪委、保卫部等部门联合开展治安保卫专项行动，严厉打击盗窃物资、掺杂使假、扰乱治安等各种违法犯罪行为；加强厂区管理，印发《关于严格实行“厂区通行证”制度的通知》，制发通行证6500张、临时通行证1500张。优化利用现有土地资源，妥善处置闲置土地，降低资金支出，避免土地政策风险。印发《档案管理办法》，明确代管职责和工作程序；组织参加山钢集团档案管理培训；完成《山钢年鉴》《莱芜年鉴》《莱钢年鉴》的供稿及编审工作。

（撰稿：叶　华　审稿：刘振东）

运营管理

【综述】 运营管理部于2015年3月14日成立，由原企业管理部、规划发展部职能及人员整合而成，与招标中心合署办公，主要职能是负责战略规划制定及管理，风险管理，设计管理，总图管理，研发项目立项、评估、验收、考核管理，固定资产投资计划管理，投资项目管理，年度、季度生产经营计划编制与管理，生产经营综合统计分析评价，金属平衡，大宗燃料、产成品、在产品库存盘点及评价管理，公司行政规章制度建设与管理，顾客满意度测评管理，星级现场评审，QESEn 管理体系贯标与认证，绩效管理与考核，公司运营改善、管理创新、学习型组织建设，招标管理、监督、审核、信息发布及招标交易平台维护，负责与莱芜钢铁集团有限公司对口衔接综合统计工作，以及审计整改业务的对口衔接。截至 2015 年底，在岗职工 44 人，其中具有高级专业技术职务资格的 30 人，中级 13 人。

【战略规划】 推进“十二五”战略规划实施，与“运营转型、精益管理”“抓精益、深挖潜、吨钢增效 200 元”等活动开展相结合，形成战略规划动态管理体系，实现战略规划推进重心下移和实时动态分析；策划开展“十二五”规划推进整体评价工作。聚焦钢铁主业，以打造比较竞争优势为核心，以三区融合、区域平衡和系统优化为方向，围绕优化产线布局、产品及工艺结构升级、节能减排和降本增效等重点内容，突出系统产线定位、规划布局和适时优化调整，编制“十三五”规划。组织“环保提升综合治理”等专项规划和棒材、宽厚板、板带等产品专项规划，能源、物流等专项规划编制工作。深化规划项目的前期研究，组织规划期内 620 毫米窄带生产线改造等重点项目的前期研究和长远论证，提高规划的实用性、可操作性。

【精益管理】 突出系统策划，确立“12345”推进体系，制定下发《2015 年“运营转型、精益管理”工作推进方案》，建立月度指标分析、季度评审兑现、年度综合评价推进机制，确保方案和项目落地。启动产线系统对标提升活动，按照重点群体重点激励原则，设立“两年两步走”的追赶策略，构建“产线前面冲、联动侧翼中、服务保障后”的协同推进格局。突出问题导向，注重挖潜机会的识别转化，梳理、确立需要投资类项目 18 项、部门协调落实类项目 36 项、公司支撑类项目 38 项、自主推进类项目 36 项；组织实施麦肯锡特钢竞争力提升咨询项目，并推广应用咨询成果和方法工具；组织系统问题识别/策划共享会，汇总改进机会 130 多项。开展星级车间、精益班组评审，推动精益管理在基层落地。策划 2016 年“运营转型、精益管理”活动推进方案，形成推进手册。

【风险管控】 完成 2015 年度风险管理工作报告，对 2015 年度风险辨识、评估情况进行描述，分析风险管理内外部环境，明确风险管理重点工作；分解年度风险指标，细化风险解决方案，制定季度全面风险管理工作计划。强化风险监控，监督风险管理工作计划实施，按季度进行风险防控工作评价。

【制度建设】 根据公司机构调整等情况，对公司行政规章进行梳理、评价和确认，重新下发管理制度 130 项。

【体系贯标与认证】 根据体系文件要求，加强体系运行动态管理，组织管理评审、体系培训和内部审核等工作，定期组织督察整改和跟踪验证，关闭体系运行中存在的问题项，保持管理体系有效运行。组织整改 2014 年度内部控制管理缺陷，逐条制定问题整改方案，限时进行整改。开展 2015 年内部控制审计，体系运行正常。

【生产经营】 实施 2015 年度生产经营计划，动态调整计划执行，根据市形势压减产量，控制亏损额度；协调解决生产经营过程中的各类矛盾与问题，编制各季度生产经营指导计划，确保产销优先衔接；创新生产经营计划制定模式，编制公司 2016

年度生产经营计划。全年完成 12 次大宗原燃料盘点和 2 次成品在产品盘点。强化库存资金占用控制，从信息掌控、库存盘测、库存考核、长期库存处理等方面，研究挖掘库存控制的空间，确保库存资金占用处于控制目标范围内。

【顾客满意度测评】 制定下发《2015 年顾客满意度调查分品种持续改进计划》，确定改进项目 37 项、改进措施 128 项，完成改进措施 127 项，完成率 99%，尚余一项整改中。

【绩效考核管理】 制定印发《2015 年绩效考核方案》，完善"以利润为中心，以成本为主线"的考核体系，使各工序经营成果与工资总额挂钩；严格执行月度预算考核，引导形成人人关心市场，压力层层传递、指标层层分解、责任层层落实、绩效层层考核、利润层层保障的局面。根据 2015 年绩效考核方案执行情况和运行效果，结合机构调整变化情况，及时对考核方案进行调整和补充完善，制定 SBU 项目绩效考核办法等一系列专项考核办法。

【投资管理】 全年安排固定资产投资计划 4.45 亿元，实际完成投资 4.28 亿元。年内在建项目 106 个，新开工项目 99 个，累计完成 88 个。规范项目论证审查工作会议组织流程，动态管控项目前期各环节，实施项目源头把关，优化设计方案，降低投资成本。全年研讨论证、实地考察项目百余个，审减投资额 8821 万元。

【项目建设】 棒材厂第一轧钢车间工艺技术改造项目于 3 月建成投产；750 轧钢车间生产异型钢改造项目于 12 月建成投产。完成银山型钢炼铁厂 120 万吨/年球团润磨工程、天元气体公司 60000 立方米/小时制氧机项目、莱芜分公司特殊钢产品升级技术改造项目等 8 个项目后评价报告。

【管理创新成果】 下发 2015 年管理创新项目申报文件，确立管理创新立项项目；表彰年度优秀管理创新项目和案例；择优推荐优秀成果上报中国钢铁工业协会和省冶金工业总公司，获中国钢铁工业协会现代化创新成果二等奖 1 篇，省冶金工业总公司现代化创新成果一等奖 3 篇、二等奖 4 篇、三等奖 7 篇。编发《莱钢管理》6 期。

【信息服务】 编制、上报和发布产品产量、进出口、综合经营指标、固定资产投资等生产经营各类定期报表；按照中国钢铁工业协会及省冶金工业总公司、省统计局的要求，编制上报公司生产、经营、人力、物资、财务、能源环保等 20 种报表；把握宏观经济走势、政策法规和行业竞争态势，收集整理和推荐应用钢铁、环保、能源等方面前沿技术，加强与各网站联系获得数据支持，发行 50 期《一周行业聚焦》。

【招标管理】 强化招标基础管理，重新修订《打击恶意竞标行为管理规定》等 6 个管理制度，形成较为完善的招标管理制度体系；按照规章制度规范管理和操作，提高招标管理水平和招标质量。创新招标模式，组织开展"炼钢设备备件寿命计价招标方式改进试点"，推行性价比招标。加强招标监督，每季开展招标采购质量问题回访，对围标串标等恶性竞标行为进行调查、取证和严惩。扩大招标监管范围，根据"应招必招、招必上线"要求，将执行原采购合同的炉衬、耐材、冶金辅料全部纳入平台招标或议标，资产处置和废旧物资拍卖也进入平台线上操作。全年共完成采购项目招标 4655 项，标的金额 49.08 亿元，中标金额 43.12 亿元，节支 5.96 亿元，节支率 12.14%。

（撰稿：滕国兴　冯　丽　审稿：王培文）

财务管理

【综述】 财务部设置综合管理科、经营管理科、预算管理科、会计信息科、资金管理科、材料核算科、资产管理科、税收管理科、资金结算中心、费用管理科、销售结算中心、炼铁成本科、钢轧成本科、特钢财务科、型钢炼铁成本科、型钢钢轧成本科、型钢会计管理科、宽厚板财务科、环友财务科、辅助生产成本科、合同稽核科、工程预算科、营销评价科等23个科室。截至2015年底，在册职工142人，其中选派新疆1人、营销公司财务主管20人、外派财务负责人1人、离岗休养11人；具有高级会计师职称41人，中级57人，初级29人。

【主要指标】 莱芜分公司（含银山型钢公司）全年实现营业收入405.4亿元，利润总额-17.77亿元，可比产品成本降低5.74亿元，成本降低率2.52%；生铁成本1394元/吨，比行业平均低54元/吨。年末资产总额433亿元，负债总额342亿元，所有者权益总额91亿元，资产负债率78.94%。

【预算管理】 优化完善“滚动预算预备会、滚动预算会、成本分析会、运营绩效评价会”四会一体的全面预算管控体系，实现事前预测、事中分析和事后评价有机统一。及时分解落实年度预算指标，根据市场变化，编制下达月度滚动预算指标；按月分析通报预算执行情况，每日测算产品品种效益，每日统计核算工序产品生产成本；加强营销评价管理，分析原燃料性价比，及时整理分析行业经营信息和对标数据，按月形成营销评价报告。

【降本增效】 开展“抓精益、深挖潜，吨钢增效200元”活动，成立活动联合办公室，确立56项降本增效课题，按月分析推进。每月分别组织召开铁前和钢轧成本分析会，抓住关键环节和重点事项，深入分析、研究和解决。夯实成本管理基础，细化成本核算对象，规范成本管理流程，实行成本管理重心下移，提高财务人员驻厂时间和频次。

【资金资产管理】 以“经营性现金流保持正值”为目标，按照“年预算、季滚动、月平衡、周调度、日安排”的管理模式，实施资金精益管理，规范资金管理流程，拓展融资渠道，优化融资结构，确保资金链安全接续。新增莱芜交行、浙商行、农信13亿元授信；运用天元气体、环友公司等融资平台，新增授信2亿元；开展中长期融资，成功运作10亿元资产证券化业务。优化销售收款政策，提升收款效率和质量，快速足额回收资金；坚持以收定支，合理控制付款节奏；创新资金支付手段，综合运用商票、国内证、电票、定向保理支付资金28亿元。加强存货资金占用管控，根据市场变化动态调整存货定额指标，年末存货资金占用比年初降低5.97亿元，降幅25%。

【工程预算管理】 坚持从源头上降低工程成本，严格执行工程造价标准，修订完善工程造价管理制度，细化规范现场签证流程，按照“专业技术人员初审、专业科长复审、稽核人员稽核”三审流程，严格工程预结算审核。审减工程造价2.5亿元，审减率15.4%。

【财税政策应用】 跟踪研究税收政策，开展税收规划和协调，收取各类退税资金1.04亿元，其中取得资源综合利用退税资金3280万元，实现政策效益6000万元。

【基础管理】 以“可比产品成本降低率、降低财务费用、降低存货资金占用”3个精益管理项目推进为抓手，广泛学习和运用精益管理思维、工具和方法，推进财务精细化管理。完善财务规章制度，优化管理手段，借助ERP平台，细化财务核算流程；加大各种分析程序开发和应用力度，提升财务管理信息化水平。以“凝心聚力、团结和谐”为轴心，加强财会队伍建设，着力提升财务人员综合素质，培养多专多能、复合型财务管理人才，建设“团结、廉洁、高效、务实”的理财团队。

（撰稿：葛庆卫　审稿：李秀英）

生产管理

【综述】2015年7月15日，莱芜分公司下发《关于成立生产管理部的通知》（山钢股份莱人字〔2015〕270号）文件，撤销总调度室，成立生产管理部，并将技术中心的工艺技术管理职能与人员划归生产管理部。莱芜分公司生产管理部与莱钢集团银山型钢公司生产管理处合署办公。具体职责是：全公司的生产组织指挥中心，热线生产的组织、指挥、协调、控制和信息发布；水、电、风、气（汽）等动力能源的日常动态运行管理；根据年度、季度生产计划，编制和组织实施月、旬、日生产计划和入库计划；生产管理与考核；厂内倒运管理；外委劳务和承包管理；工艺技术管理与考核；包括工艺技术过程控制管理、铁前物料平衡和配比结构调整管理、质量计划管理、工艺纪律的检查等；技术经济指标管理；工艺技术及岗位操作规程管理；新技术、新产品、新工艺、新材料的推广应用；全公司生产调度系统业务建设的指导工作，建立健全生产调度管理制度，提高管理水平。生产管理部下设生产运行控制中心、综合科、生产科、计划科、铁前工艺科、钢轧工艺科等5科1中心，截至2015年底，共有职工35人（含退居二线2人），其中管理人员（在职）29人，技术人员（在职）4人。

【能力建设】　适应持续下滑市场条件下生产和工艺管理的新形势、新特点、新要求，以生产的稳定、均衡、经济、高效为目标，建设3种能力：完善市场响应平台和快速反应机制，提高资源配置力；加强预案管理，完善日常量化组织模型，提高过程控制力；制定量化服务标准，推行标准化服务，提高协调服务力。通过3种能力建设，提高生产和工艺技术管理能力，为提高复杂情况下的生产组织水平奠定基础。

【精益生产】　针对持续下滑的市场形势带来的订单不足、阶段控产、频繁变化等困难，以精益生产为主线，全面推行量化调整和事前预防的管理理念，协调炼铁工序制定控产状态下参数的量化标准，加强对高炉的动态分析控制，保证高效长周期稳定顺行。进一步树立上道工序为下道工序服务的理念，协调相关部门完善焦炭、铁水等质量加减价制度，推进拉动式生产，优化日计划安排，提高上下工序的衔接质量。本部生产在面临诸多不利因素的情况下，总体稳定。

【主动控产】　2月初至3月底，根据市场变化，适时安排了型钢1号1880立方米高炉停炉大修，通过控产减少了D类产品比例；6月底至8月上旬，根据当期市场形势和外部供水大幅减少的情况，及时安排高炉控风控氧控产，保持了公司生产的总体稳定连续。

【资源配置】　利用产销衔接增效例会平台和ERP、MES等生产信息系统，从订单组合、优化排产、生产跟踪、产品出入库等方面建立快速响应机制，实现生产对市场的快速准确响应。针对五大类产品的不同市场表现，完善了高效产品奖励办法，统筹安排各产线生产，突出相对高效产品生产。重点突出型钢、转炉优钢产品生产，动态调整棒材、窄带、宽厚板每月产量，实现高效产线的增产增效和产线结构最优化。克服品种钢批量小、交货周期紧张、需要跨区调运铁水生产等困难，积极推进新产品和品种钢的试制开发，在型钢线YAMAL、俄标型钢、钢桩钢，宽厚板耐磨钢、高强钢，宽带冷轧线深冲钢等方面取得突破。

【铁前工艺管控】 加强日常工艺技术管控，提高产品质量的稳定性。及时调整配煤结构，保持焦炭强度达标稳定，焦炭热态强度合格率保持在95%以上。做好矿料性价比分析，根据普氏指数变化，选择长协矿和贸易经济料资源，严格预知配料管理，加强矿料有害元素检验把关，降低烧结配料成本。下半年以来，针对块矿性价比提高的现状，修订考核政策，加大高炉吃块矿攻关力度，9月份后各高炉已稳定在15%以上，部分高炉达20%。建立矿料平衡会制度，坚持低库存策略，合理控制进口矿厂港总库存，全年基本保持80万吨以下。

【钢轧工艺管控】 钢轧工序加大过程关键工艺参数控制，坚持工艺纪律检查通报，提高工序质量控制能力的稳定性，保证重点产品一次生产的合格率。通过降低石灰消耗，采用自产污泥球，消化豆钢、粒铁等含铁固废等措施，钢铁料消耗明显降低。优化工艺参数，加强工艺过程控制，减少氧化烧损、头尾切损、过程轧废和轧后检废，稳定提高负差控制，2015年综合成材率97.67%。下发了《关键过程、特殊过程控制要求》，组织确定了焦化、烧结、炼铁、炼钢、轧钢等工序的10项关键过程和31项关键变量，制定控制目标和控制计划，并采用SPC控制图对关键过程进行分析和控制。全年共审查、下发质量计划500余个。评审下发20个新技术、新工艺、新材料试用计划，增加了降本的空间。

【项目攻关】 运用麦肯锡先进思想、方法和工具，在识别生产过程浪费的基础上，将生产组织重点工作实行项目化推进。建立了业绩对话制度，制定TIPs和KPI指标体系，分层次逐级明确项目责任人，加强推进过程的严细实管理，确保项目取得实效。其中公司级项目“峰谷平生产组织模式优化”和“合金成分优化”分获公司一、二季度专业推进二等奖、三等奖；铁水罐周转效率有效提高，新老区不加保温剂、一罐到底等创出或接近历史最好水平；在线坯材、烧结矿等中间产品库存有效降低，绝大多数月份均完成公司存货定额考核指标。

（撰稿：孔德勇　审稿：刘晓军）

安全生产管理

【综述】 安全生产部负责安全生产监督管理、安全督查管理、特种设备检测检验、职业卫生监督管理与监测评价等工作。截至2015年底，安全生产部内设综合管理科、安全生产监督管理科、安全督查科、职业卫生管理科、特种设备检测检验站、职业卫生技术服务公司等6个科（站）；共有职工25名，其中具有高级专业技术职务13人、中级11人，研究生学历3人、大学本科20人、大学专科2人；中共党员23人。

【指标完成情况】 贯彻落实党中央、国务院和省委、省政府关于加强安全生产工作的一系列指示精神，按照山钢集团统一部署和公司“运营转型，精益管理”工作要求，坚持“党政同责、一岗双责”，牢固树立“红线”意识，强化安全生产主体责任落实，以深化“四个标准化”建设为主线，以提升三大危险源管控为重点，加大监督检查力度，强化隐患排查治理，不断夯实基础管理工作，圆满完成全年安全生产工作目标，事故起数和伤亡人数“双下降”，实现职工零工亡。莱芜分公司荣获“山钢集团有限公司安全生产管理先进单位”等称号。

【安全生产主体责任落实】 高度重视安全生产工作，认真贯彻落实《安全生产法》，定期召开安委会和安全生产工作会议，与相关单位（部门）层层签订《安全生产绩效考核责任书》，分解安全生产目标，完善“全员、全过程、全方位”安全生产责任体系。修订完善《安全生产责任制》，明确所有管理技术和操作岗位人员在安全生产方面所应承担的职责，制定完善考核标准体系，稳步推进全员安全生产责任制。

【“四个标准化”建设提升】 按照“再学习、再反思、再动员、再整改、再提升”的总体要求，认真梳理“安全责任、制度建设、培训教育、基础管理、隐患查纠、事故处置及信息报告”等7部分安全工作，识别诊断问题65项。在管理标准化方面，修订完善《安全生产事故隐患排查治理规定》等22项规章制度，形成层次分明、科学合理、系统规范的安全管理制度体系。在现场标准化方面，严格按照现场“5S”管理要求，保持现场整洁有序，强化风险警示告知，将现场风险因素降至最低，推进安全生产示范车间建设；在操作标准化方面，修订操作标准1587项，制作操作标准卡4000余块，促进职工上标准岗、干标准活，持续提升标准作业能力与水平；在检查标准化方面，认真落实“五定”检查要求，突出督导和检查双重任务，完善量化检查标准，促进检查标准化有效落实。同时，扎实开展各专业标准化建设复审和创建工作，完成9个单位危化品、炼铁、烧结、轧钢等4个单元安全生产二级标准化企业复审。

【三大危险源安全管控】 强化三大危险源精益化安全管控水平，制定下发《关于开展三大危险源安全管控提升工作的通知》，依据系统性、有效性、可行性和符合性的整体要求，分层次展开三大危险源调研工作。组织召开三大危险源安全管控专题会，从设备、人员、环境、管理等方面进行分析研讨，完成《三大危险源调研报告》《安全管控提升方案》，对梳理发现的79项问题制定整改方案，限期整改。按照公司三大危险源管控提升要求，在全面分析辨识的基础上，确定厂级重点危险源49项，建立管控方案49套，形成以三大危险源管控提升为中心，各单位厂级重点危险源为主体的重点危险源管控体系，确保各类重点危险源处于可控状态。公司投资1931万元完成对特钢事业部50吨电炉钢水接受跨改造，能源动力厂至焦化厂DN1400毫米煤气管道安全隐患整改，宽厚板事业部6台敞开式眼镜阀升级改造，炼钢厂52号、53号、54号3部冶金吊更新改造。

【重点环节管控】 按照工艺流程及专业，以熔融金属、煤气系统、危险化学品、起重作业、有限空间作业、相关方作业、检维修作业、粉尘作业等为重点，对生产基础设施、每个岗位进行全面细致的检查，排查整改各类隐患5400余项。加大相关方安全监管力度，认真落实6个环节的安全监管措施，坚决纠正“以包代管、包而不管”行为，抓好源头控制、过程监管和竣工评价，逐步形成标准化管理体系。加强职工的安全意识和业务技能培训，保证皮带作业“十条禁令”和吊装作业“八不挂”“八不准”有效落地。修订事故应急预案管理体系，组织应急培训，调整应急救援组织，完善应急保障设施，强化应急演练，全年组织各类演练1615次，共10857人次参加。公司检验在用起重设备和厂内机动车辆1066台，消除隐患207项；开展起重机械上下梯口专项安全整治，消除隐患173项；开展电梯专业安全督导，整治问题24项。不断提升三大危险源安全本质化水平。

【安全文化建设】 以“安全生产月”为契机，围绕“加强安全法治、保障安全生产”活动主题，组织开展安全生产知识竞赛、新常态安全生产“一岗双责”大讨论等活动；举办单位负责人、安全生产管理人员、特殊工种培训班和“有感领导”安全专题培训班31期，参加人员6862人；编撰《安全管理》电子期刊12期；组织开展《职业病防治法》宣传周、安全文化书画摄影展、“安康杯”竞赛、“青年安全示范岗”、春季学规普法和“安全知识网上练兵”等活动，参加人员4800余人。

【职业卫生和劳动保护】 公司投资3000多万元重点实施了焦化厂干熄焦输焦通廊及原料场防尘网建设项目、分公司炼铁厂3号105平方米烧结机除尘改造等10个项目的职业病危害因素治理，职工岗位环境得到有效改善；组织完成4137个粉尘、噪声、高温、毒物检测点检测和13100名接毒接害岗位职工健康监护查体，对150余名职业禁忌人员进行了监护治疗；组织15947名职工签订《职业危害劳动合同告知书》；开展职业卫生基础建设专项检查，重点对制度建设、防护设施运行、健康监护、职业危害告知等方面进行检查，发现并整改问题268项。优化劳动防护用品配发使用标准，严把质量关。

（撰稿：孟继庆　朱英爱　审稿：陶教祥）

设备与动力管理

【综述】 分公司机械动力部、银山型钢公司机械动力处复合设置，是设备与动力管理的职能部门，负责生产设备运行管理、固定资产管理、设备与工业建筑大中修和技措技改计划项目工程管理、改建新建及公辅工程项目等管理、动力管理、机电设备与备品备件采购供应、仓储配送管理。内设综合科、设备管理科、检修管理科、动力管理科、运行保障科、状态监测科、设备技术管理科、计划合同科、电器仪表科、通用备件科、非标备件科、设备进口科、仓储中心等13个科（中心），科级干部23名。截至2015年底，共有职工123人。其中，具有高级专业技术职务45人，中级27人，初级2人；大学文化86人；中共党员61人。年末，莱芜分公司固定资产原值255.86亿元，净值116.17亿元；其中设备原值186.92亿元，净值70.78亿元，设备总数13932台；银山型钢公司固定资产原值199.05亿元，净值147.35亿元；其中生产设备原值138.01亿元，净值9.71亿元。

【主要指标】 全年无重大、特大设备事故；受订单不足等因素影响，主要生产设备综合作业率77.88%，同比下降3.32个百分点；轧机作业率79.2%，同比提高5.44个百分点；主线共发生一般性设备事故76起，较上年减少26起，同比下降25.49%；设备故障平均间隔时间（MTBF）109小时，平均停机时间（MTTR）9小时，指标水平较上年显著提升；钢铁主业维修费实际支出6.89亿元，较预算计划节约1246万元，较上年减少128万元，实际吨钢维修费74.18元。

【设备管理】 针对维修体制改革后设备管理工作面临的新形势，4月初，启动实施“全员设备精益管理”活动，组织TnPM人机系统管理体系培训，发挥各级各类人员在设备管理中的作用，提高设备管理质量和效率。深化岗位、专业、精密三级点检模式运行机制，邀请宝钢专家举办设备精益点检技术培训，强化公司347台（套）主体关键设备管控，精密点检累计出诊87次，普查诊治关键设备58台（套）。排查梳理设备隐患并研究制定整改方案，确立40项较大、7项重大设备隐患，完成宽厚板事业部粗轧、精轧换辊滑架及型钢炼钢3号225吨行车主钩减速机等重大设备隐患整改；利用高炉工艺休风时机组织设备定修和隐患治理，先后消除型钢炼钢区1

号转炉大弯头漏水、焦化1号管带机局部撕裂等设备隐患。牵头推进ERP系统EAM（企业资产管理）项目建设，在组织莱芜分公司炼铁厂、板带厂中宽带、特钢事业部银前炼钢区3个试点单位率先成功上线试运行的基础上，EAM系统9个业务功能模块中，设备日运行管理、定修计划管理、润滑管理、点检管理、隐患管理、检修管理、故障管理等7个业务功能模块也先后在部分单位试运行，年底EAM系统全面上线试运行。开展设备精益管理项目攻关，承担公司降低吨钢电费和降低吨钢油耗等精益管理项目，组建五大攻关团队，制定工作措施51项。全年吨钢网购电费支出223.86元，同比降低8.04元，累计实现效益7468.34万元；吨钢油耗6.703元，同比降低0.457元，实现效益427.5万元。管理创新成果“基于设备运行状态的动态管控模式的探索”荣获全国设备管理创新成果交流大会一等奖。

【设备检修】 按照最大限度延长年度定修间隔周期的指导思想，针对生产设备存在的隐患，结合市场销售、生产组织和物流平衡等工作，分3个阶段实施钢铁主业集中年修。适应工程管理范畴由以往的技措技改项目拓展到涵盖改建、新建及公辅工程项目，综合管控涉及产品开发、工艺升级、装备更新、节能环保、节水改造等新形势，组织实施生产类技措技改项目96项及一大批BOO项目。完成棒材厂第一轧钢车间生产线工艺升级改造、特钢事业部小型加热炉改造、能源动力厂16.5万立方米煤气柜及煤气加压系统改造、焦化厂回收一车间一系统脱硫塔改造、型钢炼钢厂利用转炉高温烟气催化热解焦化废水等重点项目；750初轧生产线生产异型钢改造项目顺利转入设备进场验收及安装调试阶段，12月20日加热炉如期烘炉；板带厂620毫米循环水系统改造、分公司炼铁厂3号105平方米烧结机机头电除尘改造、60万吨球团烟气脱硫改造、能源动力厂老区采暖改造项目等一批重点工程项目按计划推进。

【动力管理】 面对莱芜地区持续干旱导致内外部供水日趋紧张的局面，做好内部水源和各路外部水源动态调度调整，确保公司生产稳定运行。6月末，在银大公司因库容严重不足停供、雪银公司因管道材质等问题多次停供情况下，及时协调组织银葫公司引入上游围堰20万立方米存水补充库容，作为重要应急备用水源，保证公司正常生产用水；协调推进莱芜矿业有限公司调水项目，于12月1日成功送水；开展引入周边零星水源可行性研究，为应对冬春两季干旱缺水形势创造有利条件。利用年修、定修及热线生产间隙，组织实施供用电系统春、秋季清扫检修。组织完成银山型钢能源动力厂5号风机自控系统优化改造，实施35千伏制氧电线改造，为750初轧生产线生产异型钢改造项目提供总电源。协调推进环友Ⅰ、Ⅱ线改造线路立杆等工作，加快项目建设收尾。加强合同能源管理，提升电机、变频器类负载效能，推进系统节电。全年节约电量13975.57万千瓦时，节支电费7686.56万元。

【备件管理】 规范ERP系统新增物料信息管理，优化ERP工作流程，助推备件合理采购。全年审核下达采购计划53833条，审减4263条，签订合同5744份，合同金额129143万元。电子招标平台设备备品备件采购总额127185万元，其中招标金额108488万元，占比85.30%；公开招标金额17210万元，占比13.53%；议标金额13589万元，占比10.68%。备件采购节支金额30641万元，节支比例24.09%。备件零库存、年度固化、总量承包、破独家招标项目增加，采购成本降低明显。其中电机配件、电焊机、焊条及焊材、碳刷等5个项目年度零库存招标，采购价格降低

10%左右，年节约费用50万元；两个铁厂皮带机托辊固化招标及润磨机箅板、皮带机托辊年度总量承包，采购价格平均降低17%，年节约费用93万元；引进有实力的国内制造商，高温套管采购价格降低约70%；通过竞争采购实心轮胎价格降低10%以上。协调财务部出台激励政策，推动备件库存使用，年末生产用设备备品备件库存26213万元，较年初降低3076万元。

（撰稿：朱　炜　审稿：赵红光）

质量管理

【综述】 品质保证部是质量管理职能部门，与全面质量管理办公室、中心实验室、品牌保护办公室、六西格玛管理推进办公室复合设置，主要负责全面质量管理、六西格玛质量管理、质量目标指标管理、质量信息数据分析管理、质量改进方法推广应用及管理、产品认证及生产许可证管理、假冒产品鉴别及品牌保护、质量异议分析处理、产品实物质量监督检查、ISO/IEC17025中心实验室运行管理，以及炼钢用原材辅料和合金取制样及化验、高炉铁水取样及化验、转炉钢水成分化验、焦炭成分检验、焦炭（供型钢）热性能检验等。截至2015年底，内设综合科、质量管理科、质量监督认证科、设备材料科、理化检验科、质量监督检查站、炼钢化验室、银前化验室、型钢化验室9个科级机构；在岗职工155人，其中干部45人、工人110人；具有高级专业技术职务23人，中级17人、初级6人；高级技师1人、技师10人、助理技师22人。

【质量管理】 开展质量提升年活动，推行质量成本管理，形成“利用质量工具科学分析质量，利用质量成本科学管理质量，利用工序能力指数评价质量，持之以恒地开展质量提升”的质量管理思路。开展“降低不良质量成本损失”精益管理活动，门架槽钢、耐低温冲击钢、高强耐磨钢等高效产品质量得到大幅提升，质量成本损失从年初的10.02元/吨钢降低到7.29元/吨钢。推进“质量月”活动，开展自查、自纠、重点项目改进等质量提升工作，强化过程控制，提高工序稳定性，推动公司产品质量竞争力和品牌效益稳定提升。加大产品检验有效性督察，全年内部常规督查170次，外部督查8次，重点产品和出口产品专项督查9次，质量异议专项督查3次，开出严重不符合4项，一般不符合31项，轻微缺陷73项，验证整改内容98项，整改关闭83项。

【认证创奖】 完成欧标CE、英标CARES等各类认证23项，高效产品耐低温冲击H型钢、宽厚板产品获得CE认证；宽厚板API认证和德标钢筋ü标志认证审核满分通过；热轧H型钢取得中国船级社、挪威船级社、美国船级社船体结构用H型钢工厂认可证书，具备船用H型钢生产资质。根据产品结构调整和市场开拓需要，及时取得S335J0W钢种宽厚板、槽钢和窄带欧标CE认证，H型钢、宽厚板俄罗斯GOST认证，为完成紧急订单提供了保障。全年完成第三方检验27.97万吨。热轧带肋钢筋、40Cr合金结构钢、低合金结构钢板获得中国钢铁工业协会冶金产品实物质量“金杯奖”荣誉称号；热轧带肋钢筋、船舶及海洋工程用结构钢获得冶金行业“品质卓越产品”荣誉称号。

【品牌保护】 全年品牌保护办公室接受各类产品真伪辨别咨询逾百起。为泰州海宁市场监督管理局、黄岛质监局、江苏南通二建等部门出具鉴定报告11份。

【中心实验室管理】 制定下发《检验样品管理规定》《检验样品保管制度》《物理室

检验质量抽查制度》《化验室检验质量抽查制度》。先后组织实施特钢新区物理室专项审核和实验室管理体系全面审核，对审核出的不符合项和问题项进行督促整改和跟踪验证。组织参加北京中实国金国际实验室能力验证研究中心组织的“铁矿石中化学成分分析”“金属布氏硬度测试”“用火花源原子发射光谱法测定低合金钢中化学成分”“热轧带肋钢筋拉伸试验”4个检测能力国际比对验证活动，均获得“满意”的评价结果。

【六西格玛管理及群众性质量管理活动】 QC活动和六西格玛项目开展成效明显，“降低烧结烟气 SO_2 排放总量”等3个QC小组获2015年度“冶金质量联盟杯”优秀QC小组竞赛二等奖，5个六西格玛项目获得全国质量技术奖优秀六西格玛项目。16个黑带项目、16个绿带项目顺利完成各阶段实施、辅导和评审，5个项目获得“全国质量技术奖优秀六西格玛项目”；19人通过全国六西格玛黑带考试，4人通过全国六西格玛绿带考试，1人通过黑带注册答辩，7人通过绿带注册答辩。全年注册1152个QC课题，3个QC小组获2015年度“冶金质量联盟杯”优秀QC小组竞赛二等奖，15篇成果分获山东省冶金系统及省级以上优秀成果。

（撰稿：管庆刚　审稿：孙业华）

科学技术

【综述】 技术中心是莱芜分公司科技创新、技术研发的职能管理部门，1995年被山东省经济贸易委员会认定为“省级企业技术开发中心”。截至2015年底，技术中心设14个科级管理和技术研发机构；有职工127名，其中博士6名，硕士21名，中级以上职称111人，其中工程技术应用研究员1人，高级工程师55人。中试测试操作人员8人，其中高级技师1人，技师4人。

【产品研发】 2015年，开发试制克拉克用C164门架型钢、供亚马尔项目耐低温H型钢、耐硫酸露点腐蚀用钢、汽车轴管用钢、H13模具钢等68个新产品。新产品销售261.21万吨，占比30.94%，对比增效36371.8万元。

高寒地区耐低温H型钢成功进入欧洲亚马尔北极油气田项目，订单涉及的76个规格全部开发成功，实现S275J2和S355NL产品系列化打包供货，海工钢产品累计销售3.6万吨。克拉克专用门架型钢实现批量供货，公司门架系列品种进一步丰富，保持国内叉车门架型钢的领先地位，累计销售19531吨。中低速磁悬浮轨排F型钢在北京S1号中低速磁浮示范运营线独家中标，实现首批1000吨订单的生产供货，为F型钢的产业化打开了良好局面。

优特钢重点面向工模具、风电、能源管线、重型汽车、矿山机械、探伤材等领域，持续做好重点用户服务，积极开发国内各领域龙头企业，与终端用户无缝对接进行技术交流、技术服务。成功开发H13空冷硬化热作模具钢，成为国内为数不多的采用连铸连轧工艺生产H13圆钢的企业。与轧辊制造领军企业——中钢集团邢台机械轧辊有限公司合作，开发锻造轧辊用高碳高铬Cr3、Cr5系列大圆坯，成为国内首家成功开发该系列产品的企业，替代模铸钢锭或电渣锭。风电塔筒法兰用钢获得西门子、维斯塔斯等公司认证许可；CrNiMo/CrMnMo系风电主轴、42CrMo4风电轴承用钢进入大连弗马斯、中船重工等国内高端风电设备加工企业。开发SA106C、20G等高压锅炉用热轧圆钢并取得压力容器用钢制造许可证，通过东锅、哈锅第二方认证，产品进入江苏诚德重工、四川三洲特种钢管等国内高端用户。巩固齿轮钢优势，加大主机厂产品和差异化产品开发力度，在国内率先实现全系列化、个性化生产和供货，产品进入上海汽车、东风汽车、一汽大众、天海同步器等高端用户。

宽厚板实施以耐磨、容器、高强、海工板为代表的“高”“精”“尖”产品产销研精品战略。成功开发耐腐蚀耐磨钢并应用于新矿刮板输送机，该产品及相应生产技术填补了国内外空白；与用户联合开发工程机械用耐磨钢 STR－A40、TS－1、31Si2B 等产品，满足了用户的个性化需求；完成行业标杆企业中煤张家口煤机公司 NM360－ZMJ、NM400－ZMJ、NM450－ZMJ 成功供货，各项性能均满足用户使用要求，全年累计销售各类耐磨钢 1.85 万吨。攻克宽度大于 2500 毫米钢板淬火难题，成功试制 3900 毫米超宽规格 Q550D、3850 毫米宽度 Q690D 高强度钢板，使公司成功跻身于国内少数几个可生产宽规格调质高强钢的企业行列。成功开发抗 HIC 压力容器用钢，加强油罐钢 12MnNiVR 的市场推广，全年锅炉压力容器用钢累计销售 1.9 万余吨。

打通特钢 50 吨电炉区域—窄带线生产通道，成功开发高品质 65Mn、Q420L 等热轧窄带钢，为窄带品种结构调整奠定基础。克服工艺难点，系统优化钢轧工艺，成功开发 60Si2Mn 弹簧钢；开发有低温韧性要求的 Q460C 低合金高强度钢，产品供给国内某知名重型机械公司并将其用于国电工程；成功开发耐硫酸露点腐蚀用热轧钢带、高强度捆带用钢并形成批量生产；高档链条用钢打入世界知名链条制造企业，吨钢对比增效 1500 元。

加强高钢级螺纹钢产品开发，600 兆帕高强锚杆钢成功应用于多家大型煤矿企业，保持区域优势。加快国外标准螺纹钢产品开发，增强国际市场开拓能力，先后开发德标 B500B、ASTM A706 美标 Grade60 级抗震钢筋、出口国标 HRB500E、澳/新标 500E/300E 等新产品，德标 B500B 通过了德国监督机构认证。

【工艺技术研究】 瞄准铁成本系统降低、高炉稳定顺利，开展铁前工艺定量化研究和经济矿科学冶炼，完成铁前工艺定量评价体系建立和科学冶炼数学模型开发。加强节能环保技术的研究和推广应用。开发转炉高温烟气处理焦化废水技术，利用转炉冶炼过程中产生的高温烟气的热能，将焦化废水中有害成分在催化剂作用下热解为气态碳氢化合物进入转炉煤气中，在环保、节能方面具有重要意义。型钢炼钢厂 4 座转炉高温烟气处理焦化废水工业化设备全部投入运行，吨钢焦化废水处理量可达到 45 千克。

通过热工调节技术研究，降低焦炉烟气二氧化硫排放。实施陶瓷焊补和半干法喷补法等热修技术，既提高了焦炉生产指标和延长焦炉寿命，又降低受损炉墙窜漏率。入炉配合煤硫分（1.1%左右）条件下，各焦炉烟气二氧化硫排放浓度均低于 50 毫克/立方米，实现达标排放。

开展型钢产品耐低温钢关键技术研究及模型预报，以“低碳+多合金复合微合金化”工艺代替原有“中碳+高镍”生产模式，使 Q345E 级 H 型钢低温冲击合格率由 89%提升至 100%，20MnSiVA 门架型钢低温冲击合格率由 85%提高至 100%。

成功开发高铝钢精炼－连铸工艺，Al 含量 1.5%的高铝钢实现三炉连浇，连铸过程中水口无结瘤现象，钢水中 Si 含量控制稳定，铸坯全氧值在 10×10^{-6}以内，铸坯质量无缺陷。莱芜分公司成为国内首次实现 Al 含量 1.5%的钢种稳定浇注的钢厂，处于国际先进水平。该工艺可解决高铝 TRIP 钢等钢种炼钢难题。

【科技创新管理】 莱芜分公司设立科学技

术委员会和专家委员会，把握企业技术创新重点和发展方向。全年组织召开技术研发项目专研会23次，共专研项目99项，专研通过86项。组织召开科学技术委员会7次，审查技术研发项目61项，审查通过55项，公司下达技术研发项目计划64项（含上年未完成项目费用追加计划）。全年由山东省冶金工业总公司和分公司组织鉴定的科技成果共129项。其中，山东省冶金工业总公司组织鉴定41项，分公司组织鉴定88项。获中国钢铁工业协会、中国金属学会冶金科学技术奖二等奖1项；获山东省科技进步奖二等奖1项；获山东省冶金科技进步奖48项，其中一等奖14项，二等奖15项，三等奖19项。2015年申请专利536件，其中发明专利250件，实用新型286件；授权专利467件，其中发明156件，实用新型311件。其中，山钢股份莱芜分公司及业务代管单位申请专利367件（发明182件），授权专利352件（发明134件）；莱芜钢铁集团有限公司申请专利169件（发明68件），授权专利115件（发明22件）。

（撰稿：王文生　审稿：王中学）

能源环保与循环经济管理

【综述】 能源环保部是公司节能降耗、环境保护和循环经济工作管理的职能部门，设信息综合科、能源管理科、循环经济科、环境保护科、环境能源监测站等5个科级机构。截至2015年底，有职工25人，其中高级职称12人，中级职称8人，硕士学位7人。

【能源管理】 完善能源基础管理，制修订14项管理制度。2015年11月公司能源管理体系通过国金恒信能源管理体系认证有限公司认证审核。开展精益管理能效提升活动，与宝钢、太钢、永锋钢铁等十余家钢企开展能效对标活动，编制实施公司2015年度《能效提升方案》《吨钢能源增效60元实施方案》《采暖期能源平衡和发电量提升方案》，强化能源管理体系的贯彻落实和能源利用现场检查，促进KPI到KAI的分解落实。与2014年相比，煤气、蒸汽、水和发电机组利用效率均有提升，吨钢能源增效完成156元，按可比口径计算，2015年吨铁发电量同比增长8.44千瓦时/吨，全年发电量21.69亿千瓦时，吨钢发电量为237.5千瓦时，比去年提高5.3千瓦时，吨钢发电水平实现新突破。利用富余余热向周边居民供暖，面积超过400万平方米。完善外供能源计量计价和优化平衡管理，全年外供增效1546万元。2015年，实现能源增效4109万元。推进节水工作，设立了《节约用水和废水达标排放专项考核办法》。加强各产线用水指标管控和节水现场检查，完成全部27个澡堂IC节水改造工作，日节水2000多吨以上。全年吨钢水耗完成3.33吨，比年度计划降低0.1吨，在水质恶化的情况下节水83.5万吨。加强重点节能减排项目建设，老区转炉煤气系统优化改造、16.5万立方米煤气柜及煤气加压系统改造、特钢小型加热炉改造、4号TRT扩容改造、620毫米带钢加热炉汽化冷却技术改造、焦动铁四厂综合节水项目等项目建成投运。参加中国机冶建材工会和中国钢协组织的全国重点大型耗能钢铁生产设备节能降耗对标竞赛活动，型钢炼铁厂3号3200立方米高炉获得“优胜炉”，400平方米烧结机获得“创先炉”荣誉称号。2015年1月公司入选《国家节水标杆企业和标杆指标（第一批）》，是全国入选3家钢铁企业之一。

【环保管理】 2015年1月1日起新《环保法》开始实施，新时段的污染物排放标准开始执行。以逐步满足新环保法律法规要求和环境新标准排放限值为目标，编制了《2015~2020年环保提升专项整治规划实施方案》《2015年环境保护提升方案》。设立了环保工作专项考核制度，制定实施了《环境保护专项激励考核办法》，强化日常环保考核，加强三级监控，强化重点污染源、重要环保设施运行督查和整改。重点围绕脱硫、废水治理、除尘实施了一批减排治污项目，启动了所有烧结机、焦炉脱硫的提升改造工程。在公司资金高度紧张的情况下，投资4000万元进行1号焦炉煤气脱硫改造等项目，投资750万元利用转炉高温烟气催化裂解焦化废水，投资828万元进行3号105平方米烧结机机头除尘改造等。以BOT形式合计投资6000余万元实施老区污水处理厂、焦化1号生化废水深度处理、3号105平方米烧结烟气脱硫改造。2015年累计环保投资13036.8万元。分公司炼铁厂4号265平方米烧结机烟气脱硫系统改造、焦炉煤气1号脱硫系统提升改造、3号105平方米烧结机烟气脱硫系统改造完成。加强建设项目环保“三同时”管理，严格项目环评和总量确认，2015年6月，焦炉煤气脱硫提升改造项目环境影响评价报告表通过了莱芜市环保局审批。推进清洁生产审核工作，2015年7月，莱芜分公司及下属十个二级单位通过了省环保厅组织的清洁生产审核评估验收。2015年污染物综合排放合格率98.09%，氨氮、COD、SO_2、NO_x排放总量控制均实现减排目标，分公司持续保持认证注册。

【环境能源监测】 完善在线监测、现场监测和督察监测三位一体的污染源监测监控体系，调整优化环境监测计划，突出焦化、烧结、炼铁、炼钢重点工序，针对脱硫、除尘、污水处理等重点环保设施开展督查监测，促进环保设施持续稳定达标运行。实施精益监测，重点监测BOT等第三方运营项目、运行工况变化较大污染源和临近大修期的环保设施排放口，有效减少异常排放。做好春节、国庆节重要节假日和抗战胜利七十周年庆祝活动等重大活动期间的环保管理和环境督查监测工作。开展经常性能源利用现场检查，围绕水、蒸汽等跑冒滴漏和过度使用现象开展重点检查，减少浪费现象。全年完成人工监测数据3399个，其中工业废水776个、环境水175个、降水58个、废气1517个、降尘54个、噪声59个、环境空气质量760个。开展国控污染源自动监测数据有效性审核，完成人工比对监测数据696组，监控在线监测系统21套，实现数据稳定传输180余万个，统计上报在线数据8万余个。为排污费核算、清洁生产审核、节能节水设备认证、节能减排优惠政策利用、ES外审等工作提供数据支持，出具监测报告311份。

【循环经济管理】 加强固废综合利用平衡，合理调整氧化铁皮、污泥、钢精粉、氧化铁红、除尘灰等固废资源利用流向，保证生产主线稳定顺行。及时调整固废资源关联交易价格及内部预算价格，提高利用固废的积极性。开展提升转炉钢渣回收利用攻关，推进污泥球生产线工艺改造、100吨电炉钢渣热闷磁选、铁水脱硫渣加工回收利用等项目，提高了含铁资源的回收利用率。加强转底炉配加除尘灰泥工艺技术攻关，转炉细灰、转炉污泥、除尘灰精粉等相继成功实现大比例配加，转底炉实现100%除尘灰（泥）生产，经济环保运行取得突破性进展。焦化硫膏深加工项目建成投运，实现硫膏资源化。强化定额考核，制定实施《固废资源回收利用途径》《豆钢、脱硫粒铁质量验收标准》，促进资源综合利用水平的提升。2015年，固体废弃物资源综合利用率完成99.04%，含铁固废闭路利用率完成74.51%，比计划分别提高0.04和0.21个百分点，固废资源利用增效1722.68万元。继续推进循环经济标准化试点工作，《冶金废弃物综合利用标准化试点》通过国家循环经济标准化试点立项；山东省循环经济标准化试点项目《钢铁冶金固体废弃物资源综合利用》通过验收。做好固定资产投资项目节能评估工作，完成大型H型钢配套项目、特殊钢系统产品升级技术改造项目、冷轧薄板项目一期工程、4.3米宽厚板项目、型钢烧结炼铁项目及洁净钢平台建设技术改造项目共6个项目节能评估报告的编制工作。

（撰稿：李希海　林七女　郭　青　杨永和　李海霞　审稿：商福成）

材料供应管理

【综述】 供应部主管材料供应，主要负责废钢、耐火材料、辅助材料、五金交电、化工橡胶、金属制品、润滑油脂、劳保护品的采购供应及合金仓储管理。下设综合科、计划科、采购管理科、信息价审科、炉料耐材科、生铁废钢科、化工橡胶科、五金材料科、劳保护品科、第一原料供应站、第二原料供应站和仓储配送站12个科级单位。截至2015年底，共有在职职工189人，其中管理人员81人，操作人员108人。研究生1人，大学学历69人，大专学历50人；具有高级专业技术职务的15人，中级58人，初级7人；助理技师20人，高级工67人，中级工17人。年末固定资产原值4925.44万元，净值3327.93万元。

【采购供应指标】 全年组织实施招标941次。其中，公开招标314次、议标344次、邀请招标272次、紧急采购11次。采购原材料341.73万吨，其中冶金辅料325.66万吨，合金电极2.99万吨，外购废钢3.45万吨，酸碱盐6.4万吨，钢材3.23万吨；供应化工产品、橡胶制品、五金交电、办公用品、劳保护品等21大类2.8万个品种规格。全年采购供应总额达21.87亿元。

【采购供应管理】 将“运行转型、精益管理”与各业务环节相结合，全员参与“再学习、再反思、再动员、再整改、再提升”活动，借鉴麦肯锡的思路和方法，对原材料采购供应工作进行全面梳理，先后组织两轮问题识别诊断，共辨识问题和潜力提升项目23项，逐一制定改进措施和实施方案。丰富充实《市场信息周报》栏目板块，汇总一周招标数据进行研判分析，2015年共编发50期，为及时调整采购策略，实现性价比最优采购提供信息保障。拓展招标采购范围，结束冶金辅料、耐火材料延续续签合同的模式，积极推进石灰、石灰石等关联交易市场化运作卓有成效，实现所有材料100%纳入电子交易平台采购的新突破。搭建同业对标平台，加强借鉴学习，积极落实改善，通过对标学习，灌浆料采购引进新供应商，提升竞争氛围，采购价格同比降低21%；积极组织试验试用性价比高的产品，先后进行硅锰球替代硅锰合金试验，对济钢使用的威达牌手动工具、丹阳六都的劳保鞋进行试用试穿等；借鉴好的招标定标方式，钢坯切割气大包由原来年度不变定价，改为年度随市场变化浮动定价方式，对供销双方而言更加公平公正。实施多元化采购战略，积极推进整体承包模式，先后完成型钢炼钢厂1号精炼炉用电极和分公司炼铁厂高炉用无水炮泥整体承包采购，提高耐材质量，减少吨钢消耗；股份炼铁老区首次承包采购24条输送带，3年承包费用710万元，材料费用降低30%以上；5条水处理线整体承包，实现运行成本降低50%以上。创新采购模式，积极探索差异化采购，实施油品及工具国产化替代，提高产品性价比；推行工装“面料和加工费分离式”招标，杜绝服装厂自行采购面料造成质量不稳定和以次充好的现象；在高温茶采购中，采取“职工代表参与监督、暗标评审”的方式，做到招标采购公平、公正，获得评委、参与监督单位、职工代表的高度评价。

【稳定供应】 打造绿色供应通道，确保工程、急用物资采购供应，保质保量完成股份炼钢2号、3号转炉大修，型钢炼铁厂1号1880高炉、股份炼铁3号1080高炉大修、焦化厂3号干熄焦大修、750异型钢改造工程、60万吨回转窑大修等采购供应任务；圆满完成棒材厂一轧钢车间工艺升级改造急需灌浆料和高炉复风急需焊管、1号1080高炉高铝碳化硅浇注料、萤石、锰矿、蛇纹石等10余次紧急采购任务，确保生产稳定顺行，其中蛇纹石采购从计划提报至货到现场仅用6个小时。

【精益管理】 开展“加快推进运营转型，全面实施精益管理”活动，围绕挖潜增效目标，积极推进“速赢项目”开展。精准分析采购、供应、仓储管理各环节，形成“进口冷喷涂料和稀料国产化替代”和“优化润滑油品牌、规格及方式降本”等7项创新、改善课题，全年实现速赢项目降本5850万元。深化精益管理进班组活动，推行精益化管理、精准化操作，班组成员精确分析确立精益课题23项并落实推进。开展全员“运营转型，精益管理”培训，组织精益管理进班组活动及班组长论坛，实施班组改善项目19项，做到精益管理全覆盖。

【安全与仓储管理】 积极推进“四个标准化”建设及“安康杯”竞赛活动，强化危化品安全管理，落实一班三检制度，加大安全检查整改力度，全年进行安全检查16次，专项活动4次，共整改安全隐患23项；建立完善各项安全应急预案，形成综合应急预案4项，专项应急预案5项，现场处置方案2项。加强仓储管理，控制库存降本显著，通过实施扩大捆扎材、工程材料直卸，尝试火车运输合金不落地直送，库存物资代用等措施，降低物流和仓储费用，库存物资由年初的7288吨降至平均5100吨。

【党风廉政建设】 按照“三严三实”工作要求，建立完善问题清单及整改台账，加强班子建设；开展以“每名党员有绝活、每个支部有三甲、每项工作做精益、每个职工有创新”为主要内容的党建工作精益化活动，强化党性修养；开展“七一”优秀党课展评活动，进行支部书记党课宣讲；组织“五查活动”及“四杯”主题竞赛，开展“十佳文明窗口”争创及“用户满意服务明星”活动，服务水平再上新台阶。坚持“恳谈会”制度，维护职工切身利益，关心困难职工，先后走访慰问职工40人次，救助困难职工14人，金秋助学5人；坚持“每月一例”廉政教育，共编发12期，加强廉洁效能风险源防控，重大节日前夕进行廉洁强化教育，做到警钟长鸣，防微杜渐。

（撰稿：张　洋　审稿：周宪海）

营销管理

【综述】 2015年8月之前，莱芜分公司的营销管理职能由营销管理部负责。8月，莱芜分公司撤销营销管理部，销售管理职能由销售中心负责。营销管理部营销管理科、营销策划科职能及相关人员划入山钢销售中心，营销评价科职能及相关人员划入莱芜分公司财务部，价格信息科原料市场信息搜集、分析、研究，原料采购滚动预算价格的提出和执行分析职能划入财务部，其余职能划入莱芜分公司销售中心。

【营销策划】 创新营销思维方式，探索以提升产品创效能力为目标的精益营销路径，制定《精益营销增效活动实施方案》，明确各板块营销增效目标，按照目标指标化、指标参数化、参数精准化的要求，细化分解并建立逐级支撑的指标体系，快速推进营销改善项目的落地。优化营销运作平台，以销售中心和两个事业部为资源高效配置平台，以驻外销售公司为高效新产品推广平台，以各生产厂为营销资源保障平台，发挥产供研、产销研一体化运行优势，适应市场变化，凝聚营销合力，聚焦营销增效，推进精益营销，促进营销转型。

【销售公司管理】 加强销售公司经营指导和管控，激励销售公司抢占区域终端用户市场，实现用户个性化需求新产品产业化销售，推动公司品种结构调整和增效。修订销售公司考核办法，组织销售子（分）公司开展“精益管理、增效压库”活动。密切监控各销售公司库存，制定各公司压减库存的指标。全年销售钢材 185.51 万吨，占国内销售总量的 22.08%，实现利润 2300 万元。

【营销业务管理】 充分发挥产销衔接增效例会平台和高效产线考核的激励作用，确定各产线接单标准，按照提 A、增 B、限 C、控 D 的要求，从源头减少负边际、价格低的产品接单，优化产线结构，促进资源流向边际贡献好、价格高的产线。制定《2015 年销售订单保产增效考核办法》，激励高价产品销量提升。发挥高效产品考核和 SBU 项目的激励作用，加大高价值订单的组织力度，优化品种结构，促进资源流向边际贡献好、价格较高的品种。制定《产成品库存精益控制管理规定》，建立节日期间库存控制预案和长期积压库存月度盘点、处理机制，库存过程控制和节点控制理念深化，产品均衡出库工作得到加强。

【价格信息管理】 开展市场调研，加强市场趋势分析研究工作，依据科学的市场预判，准确把握市场机遇，灵活应对；加大营销策略内外部协同，努力稳定区域市场；合理运用价值定价和交易定价策略，增强营销策略的科学性、及时性、灵活性和有效性，内销价格与行业对比差距缩小 30 元/吨，增效 2.5 亿元。

【营销评价工作】 开展营销系统对标提升活动，通过与标杆企业开展全方位系统对标，瞄准问题和差距，采取具体改善行动，构建方向明确、系统科学、持续改善的对标管理体系，明确任务目标、职责、推进步骤、考核政策，推动营销评价工作上水平。优化建立出口订单网上审批流程，提升出口订单评审效率。

（撰稿：商启亮　审稿：刘立华）

物流管理

【综述】 山钢股份莱芜分公司物流中心与银山型钢有限公司物流中心复合设置。主要职能是对公司各类物流活动进行统一管理与营运，具体负责原燃料进厂、生产过程、产成品交付、仓储管理、加工配送以及各类物流活动的计划、组织、协调、调度与指挥等管理工作。下设综合业务科、营运管理科、港口科、铁路运输科、汽车运输科、储运科、储运配送站等 7 个科站。设立党总支委员会，下设 3 个党支部，并相应成立分工会、女工委员会和团支部。截至 2015 年底，共有在岗职工 72 人。其中，女职工 20 人；具有高级专业技术职务 6 人、中级 29 人、初级 1 人；研究生 2 人，大学本科 42 人，大学专科 16 人；技师 1 人，助理技师 5 人；中共党员 35 人，共青团员 3 人。另外，离岗休养职工 8 人，科级干部退二线 2 人。固定资产原值 2577.83 万元，净值 1276.16 万元。

【指标完成情况】 全年组织接卸进口矿 73

船，进口矿运输 1161.62 万吨，同比减少 127.12 万吨。其中，铁路运输 961.43 万吨，汽车运输 200.19 万吨。钢材入库 904.42 万吨，出库 907.16 万吨；组织铁路外发产品 10838 车，日均发送 30 车；组织汽车送货 302.34 万吨。吨矿综合物流成本每吨同比降低 4.12 元，实现降本增效 5364.27 万元。

【营运管理】 推进运营转型，实施精益管理。围绕“精益”二字，开展专业管理项目诊断，在进口矿综合亏耗、水分控制、火车量价挂钩、汽车运输过程管控、钢材库存管理、外发钢材组织、加工配送等方面采取措施，做足文章，攻关“降低进口矿综合物流费用、大宗原燃料进厂汽运增效、出厂产成品储运管控降本”3 个课题。做好物流运输计划、物流信息统计分析、物流合同管理、物流费用支出审核，规避物流管理风险；做好安全生产、设备管理，层层签订“安全生产责任书”，组织开展危险源辨识、风险评价、风险控制策划，制定防范措施，加强安全督查，确保物流工作安全顺行。

【港口业务】 优化港口布局，争取政策支持。青岛港、日照港当年每吨降低港口费 1 元，放货量 824 万吨，降低港口费 824 万元；烟台港每吨降低港口费 1.5 元，放货量 28 万吨，降低港口费 42 万元；龙口港每吨降低港口费 5 元，放货量 17 万吨，降低港口费 85 万元。进口矿商检量 10337022 吨，港耗 0.17%，比 0.23% 的港耗降低 0.06%，创效 248 万元。参与全员营销，进行业务创新，全年以货抵付港口费用 1600 万元，此项目获山钢集团“智慧献企业”金点子征集活动三等奖。

【铁路运输】 组织货物 216878 车，其中：炼焦煤 42795 车，无烟煤 23593 车，国产矿 1495 车，焦炭 632 车，其他 2543 车，进口矿 145820 车；组织钢材发运 10838 车。1 月 17 日起上海局无锡北、永康、金华西、杭州北、合肥北等 11 个到站执行“一口价新直通”优惠政策，运价下浮 18%，降低费用 860 万元。9 月 12 日，完成 720 万吨进口矿运输任务，执行铁路量价挂钩政策，黄岛站、日照站在运价下浮 13%基础上每吨再下浮 14 元，9 月 13 日至 12 月 31 日，铁路发运进口矿 270.60 万吨，降低运费 3788.40 万元。11 月 19 日，出口螺纹钢铁路装车试验成功，首发螺纹钢 62 车，4045 吨。

【汽车运输】 采用 GPS 及铅封管理措施，对运输车辆实施动态过程监控。对进口原燃料承运单位运输计划完成情况进行月度绩效评价，形成考核意见。根据对标、路查、燃油价格等变化情况动态调整汽运价格，全年进口矿汽运费用降低 984.13 万元，“两票结算”采购的国内原燃料汽运费用降低 557.11 万元，厂内工艺汽运费用降低 1383.17 万元。

【储运、加工配送业务】 产成品智能物流信息管理系统通过公司论证，并完成基础工作以及流程设计。推广型钢“自提改送货”经验，在棒材中小型区域实施自提改送货。出台《产品货物流向管控办法》，采取增加单据防伪技术、现场采集照片、发票核对、GPS 定位等手段，加强送货全流程监督管理，并采取抽查和暗访等形式加强货物流向跟踪检查。重新设计完善“三单一证”（发货通知单、配车单、回执单，准发证），实行“两单合一、一单到底”的流程优化。做好 ERP 系统产成品入出存数据的日常录入与核对。加快型钢中转库出库进度，2015 年完成吞吐量 212102.26 吨。全年加工钢材 5035.05 吨，同比增加 206.95%。

【精神文明建设】 加强“三型”党组织建设，发挥党组织和广大党员干部的作用，为推进物流工作健康发展提供强有力的政治、思想和组织保证。结合“三严三实”

专题教育，加强党风廉政建设、廉洁风险辨识和防控，与业务单位签订廉政公约，打造风清气正、干事创业的物流团队。抓好教育培训计划落实，全面提升员工素质。支持群团工作，坚持民主管理，组织开展劳动竞赛、文明窗口创建、争当青年岗位能手、精益管理进班组及文体娱乐活动。关心、关爱职工，维护职工合法权益，对特困职工、党员进行走访慰问；认真开展综合治理工作，维护企业和谐稳定。2015年荣获公司、机关集体荣誉10项。

（撰稿：李　铁　审稿：李强之）

人力资源管理

【综述】 人力资源部与党委组织部/机关党委合署办公，与银山型钢公司人力资源处复合设置。负责领导班子与干部队伍建设、党的基层组织建设、党员队伍建设、专业人才管理、人力资源开发与配置、职工培训与技能鉴定、机构编制与定员管理、职工薪酬与社会保险管理、机关党群以及人事档案管理等工作。下设人力资源策划科、干部管理科、组织科/机关党委政工科、编制管理科、员工管理科、薪酬管理科、专业人才科/职业技能鉴定办公室、培训管理科、社会保险科9个科室。截至2015年底，在册职工21人，其中：部长1人，副部长1人（兼机关党委书记、工会主席、纪委书记），科级及科以下人员19人。

【领导班子和干部队伍建设】 持续优化完善处级领导班子和领导干部考评办法，形成“会议通报、书面反馈、自我剖析、全面整改”的反馈整改机制，增强年度考评的针对性和实效性。组织完成处级领导班子和处级领导干部2014年度综合考评，确定A级班子16个、B级班子15个，A级干部40人、B级干部89人、C级干部1人。印发《科级干部任期届满考评及下一任期优化配置工作实施意见》，完成公司939名科级干部届满考评和优化配置工作，其中提拔54人，重新上岗15人（上届未上岗），退二线26人，降职1人，免职4人，做到换届和日常工作“两不误”“双促进”。全年共调整任免处级干部30人，其中退二线3人，提拔8人，调出3人，平调16人。

【编制定员管理】 修订印发公司《组织机构设置和编制定员管理办法》。分别撤销莱芜分公司规划发展部、企业管理部，整合成立运营管理部；撤销总调度室，成立生产管理部，将原总调度室全部职能、技术中心技术管理职能纳入生产管理部；撤销营销管理部，其相关职能分别划归销售中心、财务部。分别对有关部门职能整合后内设机构及定员进行梳理审核，下达其内设机构和定员控制总量。对HR系统中有关单位的基础信息进行跟踪维护，及时调整运营管理部、生产管理部、销售中心、技术中心等涉及机构、职能调整变动单位有关信息，根据有关要求不断完善《岗位说明书》。制定型钢厂新建异型钢项目机构设置和生产准备定员方案。

【人力资源配置】 制定《员工绩效考核及竞争上岗管理办法》《人力资源配置管理办法》，指导各单位推进员工绩效考核实施，积极推动员工竞争上岗，完善员工管理机制，不断激发人力资源活力。制定《2015年人力资源优化转移配置推进实施方案》，按月统计分析并考核通报人力资源优化配置动态管控工作情况，持续推进“人岗相宜”。全年优化转移两级机关196人；推行“两优化一落实”，实施岗位优化归并，转移配置岗位人员469人；修订印发《职工违规违纪处理管理办法》，依规处理违规违纪人员，解除与22人的劳动合同；下发《关于进一步加强劳动纪律管理的通知》，组织开展公司层面劳动纪律检查7次，处理28人次，经济处罚7400元，6人待岗1~3个月。多措并举压减岗位冗员，通过病退退职、特殊工种退休、解除聘干提前退休、离岗休养、违规违纪开除、清退劳务工等办法净减少用工1034人（在岗净减少894人）；统筹管控其他辅助形式用工，牵头组织有关部门完成各单位外委劳务和内部倒运业务梳理工作，理清生产工序中存在的关联服务单位和相关业务，共梳理问题7类22项，提出整改建议11条，为优化外委项目，推进人力资源优化奠定了基础。做好新疆公司人员选派和停产检修人员工作安排，共新选派员工55人、停产检修返回工作安排658人。

【薪酬管理】 印发《岗效工资制方案》，进一步理顺职工工资分配关系和相关制度体系。组织实施《岗位工资考核晋档》工作，完善职工工资的正常增长机制。印发《职工各类假期管理办法》，进一步规范和理顺职工各类假期的休假规定和有关待遇。完善《处级干部年度奖励方案》，并依据考核结果严格兑现，提高中层领导干部的积极性。积极推进人力资源管理信息系统（HR系统）应用，实现职工工资发放网络化管理。根据绩效考核结果，按月审批各单位工资总额以及劳务工费用。莱芜分公司（含银山型钢公司）全年主业总产值劳动生产率101.6万元/(人·年)，同比降低31.4%；累计产钢945.9万吨，同比降低9.6%，实物劳动生产率495吨，同比降低4.0%。

【培训管理】 修订下发《职工培训管理办法》，制定并组织实施《2015年精益管理全员培训方案》，建立以“平台、团队、联动、通报、手册、剖析、激励、结合和课堂”为主要措施的“九位一体”闭环推进机制。开展处科级、管理技术、操作骨干3个层次精益管理和精准操作培训班56期，共培训3753人；编写《精益管理培训指导手册》，印制3000册并下发；组织开展班组长培训、专业人员继续教育、新上项目岗前培训、计算机应用能力培训、认证管理体系培训、特种作业人员培训、“金蓝领”技师培训等各类培训项目；组织举办处级干部进修班2期、科级干部培训班2期、优秀青年骨干培训班1期，累计培训158人；先后举办公文写作、保密知识、TnPM全员设备管理、ERP、质量成本管理等专题培训，累计培训565人次；组织2015年职业技能鉴定考试1591人，先后建成炼铁、炼钢和轧钢模拟仿真实训系统，增强培训的针对性和实效性。组织开展2016年精益管理培训需求调查，制定《2016年精益管理全员能力提升培训方案》《内训师管理办法》，完成公司级内训师培训和选拔工作。

【人才队伍建设】 组织专业职务及技师职务任期届满考核，严格控制聘任职数，逐步建立技术人员支撑技术指标、管理人员支撑经济指标、技能人员支撑操作指标的聘用机制。目前，高级专业职务聘任率为81%，中级专业职务聘任率96%。加强对优秀技术技能人才的考核与管理，实行月度考核津贴制度，调动优秀技术技能人才的积极性。认真做好专业职务的推荐评审和各类执业/技术/水平资格考试工作。组织705人次参加中国钢铁行业技能知识网络竞赛的三大专业30多个工种的比赛，莱芜分公司获“团体优秀奖”，6名职工获“钢铁行业学知识标兵”称号；选派3人代表山钢集团参加省管企业第三届职工职业技能大赛计算机调试工的比赛，荣获2个一等奖、1个二等奖的优异成绩。

【社会保险工作】 完成21181名职工2015年社会保险缴费基数的统计及转换工作。及时贯彻落实有关文件规定，完成离休、退休等人员的待遇调整和兑现工作，为15853名退休（退职）人员、39名建国前老工人增加退休待遇，人均月基本养老金分别增加330.5元、399.1元；对256名企业离休干部调整基本离休费，人均月增加基本离休费584元；对工伤1~4级职工和工亡供养直系亲属基本情况进行普查，为35名一级至四级工伤职工调整伤残津贴，人均月增加255元；为40名一级至四级工伤职工调整生活护理费，人均月增加259元；为103名工亡职工供养直系亲属调整抚恤金，人均月增加84元；为22名抗战老战士、老同志发放抗日战争胜利70周年纪念章及一次性慰问金；为离休干部发放住宅物业服务补贴并增加生活补贴标准。积极与当地社会保障部门沟通协商，按照最高比例（失业保险费缴纳总额的50%）申领到2014年度企业稳定岗位补贴1057.4万元。办理正常退休427人、因病退休及退职19人，审核办理离岗休养372人，并及时申领兑付相关待遇。对17204名企业退休人员缴费年限进行规范确认。办理参保女职工产前检查备案260人次、生育备案207人次。及时整理上报生育费用568人次，整理上报工伤费用2525人次，及时拨付兑付有关待遇。规范运作各项社会保险缴费缴纳、返还工作，全年分公司及代管单位共缴纳社会保险费40103万元（其中：养老保险费36042万元，失业保险费2079万元，生育保险费693万元，工伤保险费1289万元），共领取发放社会保险待遇41157万元（其中：养老待遇39035万元，生育待遇537万元，工伤待遇1585万元），维护了企业和职工的合法权益。

（撰稿：赵胜强　审稿：孙成玉）

计控管理

【综述】 计控处是莱芜分公司计控管理职能机构，与自动化部复合设置。其主要职责是贯彻落实国家计量法律法规；负责策划、建立、保持、完善测量管理体系和能源计量执法工作，明确各部门的职责，组织计量职能的协调、实施并监督检查；负责建立公司计量标准和量值溯源管理，对全公司计控设施实施管理；负责进出公司及厂际之间物资量、能源动力量的计量业务。为加强计控管理，公司设有计控管理委员会，在各单位均有分管计控工作的厂长（经理）、业务科长和计量员。

【主要技术指标】 全年公司测量设备周检率达到100%，完成物资检斤总量7792万吨，计量差错率0.063‰，焦炉煤气差损率1.994%，高炉煤气差损率0.10%，氧气差损率1.624%，完成公司全年物资量、动力能源计量等任务目标。公司共有各类贸易结算秤89台，包括汽车衡31台、皮带秤23台、在线辊道平台秤22台、轨道衡13台。公司用于厂内结算的水、电、风、气（汽）等的计量点合计达1329个，包括煤气计量点235个、氧气计量点46个、氮气计量点124个、氩气计量点15个、蒸汽计量点172个、空气计量点15个、水计量点292个、电计量点430个。

【标准及体系管理】 8月3日至7日，组织对19个单位进行内审暨能源计量器具配备管理监督检查，开出的8项不符合项均按期整改关闭。11月9日至10日，顺利通过中启计量体系认证中心对公司进行的测量管理体系外部审核，开出的3项不符合项均按期整改关闭。配合公司进行韩标、CE、澳标等产品认证工作。计量检测中心校准实验室于1月31日至2月1日通过中国合格评定国家认可委员会组织的监审与扩项现场审核，项目数达到30项。28项企业最高计量标准中的9项全部通过复核。梳理工作标准、企业内部校准规范，整合成42项工作标准，形成13项企业内部校准规范。申请的10项强检，全部获得授权。加大培训力度，为12个二级单位的30余名计量人员进行测量管理体系、测量不确定度评定等培训，并组织相关人员参加内审员培训，公司有13人取得内审员资格。

【计量管理】 积极推进计控保障体系建设，开展计量检测技术难题攻关，完成型钢100吨动态轨道衡等5台衡器改造。为解决火车无法全部回空造成的净重数据不准确问题，制定《火车皮重数据库定期更新管理办法》，提高了火车计量数据的准确性。整理煤气计量现状及改进材料，对公司煤气计量现状、煤气不平衡问题的成因、计量数据报表平衡方法进行说明。梳理分析42套外户计量（气）设备，对存在管理、运行、防护等问题的21套设备制定《外户计量（气）设施整改完善方案》。加强放散量及液氧补充量的计量管理，将制氧机放散阀开度、液氧蒸发量等接入能源网，并在氧气日报表中增加氧气分析报表，使管理单位可及时掌握氧气放散、液氧补充情况和合理调配制氧机的运行状况，提高氧气利用效率。积极推进电能源计量日清日结工作，解决上网数据不全、系统运行速度慢、数据稳定性差等问题，11月份实现电计量日清日结，标志着所有能源介质实现日清日结。梳理公司现有的物资计量管理制度，将《外部计量异议处理管理规定》等12个文件整合成《结算用物资计量设备管理办法》，于8月4日下发执行。

【计量执法督查】 对计量督察过程中发现的计量违规行为进行严厉惩处，有效堵塞管理漏洞。全年共查处2个单位的计量违规行为，严格按《能源计量管理办法》进行考核，并针对个别单位的计量违规行为，组织实施计量装置防护措施。

【计量技术应用】 自行研制的皮带秤自动计量系统投运，在用的23台厂际结算皮带秤全部实现无人值守自动计量。积极推进衡器设备防作弊、铁水罐号自动识别、铸坯秤自动计量等新技术的开发应用，使计量效率有效提升。邀请厂家给全公司30余名技术人员进行“超声波流量计在气体测量中的应用”技术交流，并在型钢炼铁厂1号烧结机用焦炉煤气计量点试用。

（撰稿：龙　英　齐　敏　审稿：郭维河）

行政监察管理

【综述】 监察部是公司行政监察部门，与纪委合署办公，业务工作由山钢集团公司监察部进行指导，行政工作受公司总经理直接领导。其主要职责是：监督监察对象执行国家法律、法规和政策以及决定、命令的情况；监督监察对象贯彻公司规章制度、经理的决定和指令的情况；受理单位和个人对监察对象违反国家的法律法规以及公司的规章制度行为的检举、报告；调查处理监察对象违纪行为，受理监察对象不服行政处分的申诉以及法律法规规定的应当受理的其他申诉；教育监察对象遵纪守法、廉洁高效等。在履行监督检查职责时，行使一定的检查权、调查权、建议权和处分权。公司监察部的监察对象是直属和代管各单位行政领导班子及其成员，机关各部室领导及其管理人员。各直属和代管单位根据不同情况设立专门的监察机构或专职监察员，负责本单位的行政监察工作。

【案件检查】 各级纪检监察部门紧紧围绕生产经营建设中心，按照上级纪委关于查办案件的工作要求，坚持把查办案件作为第一位的任务，做到有案必查，切实维护党纪政纪的严肃性。全公司立案1起，查处1起违规接受客户安排的旅游问题，给予当事人党纪处分，其中处级干部1名，科级干部1名。同时配合省纪委调查核实信访室1

件，配合山钢监察部调查案件3件。

【效能监察】 监察部坚持将效能监察融入中心，紧紧围绕经营管理中的重点、难点，职工关心的热点问题开展监察，为公司实现各项任务目标提供有效保障。根据年初制定的效能监察实施意见，认真做好立项效能监察工作。全年公司共立项96项，提出监察建议109条，建章立制64项，查堵漏洞86个，避免经济损失300余万元，增加经济效益800余万元，为推进企业精益管理发挥积极作用。紧密结合企业中心工作，扎实开展专项效能监察活动。针对原燃料进厂过程中质量把关、控制等薄弱环节，开展"补短板、堵漏洞"专项效能监察活动；围绕公司开展的"运营转型、精益管理"活动，开展精益管理重点项目效能监察，推进公司重点管控项目的落地。按照上级纪委的部署，先后开展企业领导人员关联交易、利益输送专项检查、企业负责人薪酬发放清查和党纪政纪处分决定落实专项督查活动。

【招标监督】 监察部依据《中华人民共和国招标投标法》《公司招投标管理办法》，认真履行监督职能，加强对公司招标工作的监督。全年参加招标中心组织的机械动力部、供应部等单位的备品、备件、设备等内容的招标监督48次，标底总金额32.2亿元。

（撰稿：王训达　审稿：焦卫东）

企业文化管理

【综述】 企业文化部是莱芜分公司主管企业文化建设的职能部门，与党委宣传部、统战部合署办公，下设企业文化科。主要职责是：构建和完善企业文化体系，加强企业文化考评管理，组织企业文化教育培训，开展企业文化交流，营造企业文化氛围，展示企业良好形象，提升企业管理、发展品质。

【企业文化建设】 按照山钢集团部署要求，持续深入开展"同铸山钢魂，共圆山钢梦"文化深度融合实践活动，推进山钢"共赢文化"的学习践行，促进山钢文化与公司个性文化的有机融合。加强精益文化建设，丰富完善精益文化体系。组织精益文化建设调研，形成精益文化建设初步规律性认识。以"五大精益理念"为核心，根据形势发展和实践需要，及时总结提炼基层实践成果和理论成果，丰富完善精益文化理念体系。组织开展了精益文化理念征集活动。在历时两个月的征集活动中，各单位共上报理念435条，评选优秀理念8条，并组织人员对优秀理念进行阐释、宣传、推广。与精益管理紧密结合，组织开展"精益管理学讲用"活动，做到"三个一"、实现"三个有"，充分调动和发挥党组织和党员在推进精益管理中的引领和示范作用。莱芜分公司获得"十二五"全国企业文化建设优秀单位、山钢文化建设先进集体等称号。

（撰稿：董　鹏　审稿：许家明）

党群工作

党委办公室综合管理工作

【综述】 党委办公室是莱芜分公司党委的综合办事部门，与公司办公室合署办公。承担信访民调、机要保密及党委日常事务服务协调工作，主要包括组织筹备党委综合性会议活动，起草党委文件和综合文字材料，审核把关机关党群各部门以党委名义起草的文件、文字材料和以党委主要负责人名义撰写的讲话、文章等，收发、承办中共中央、山东省委、莱芜市委、山钢党委、山钢股份党委及公司党委的各类文件，组织协调党委系统开展调查研究工作，搜集、整理党群系统信息。

【综合事务】 全年组织党群工作会议百余次。完成“七一”表彰会、政治工作会、党委书记例会、处级领导班子和处级干部考评会等重大会议活动的文稿起草工作，党委常委会、政治工作暨稳定工作例会等重要会议记录、纪要工作。修订下发《公司会议管理规定》《公司电视电话会议系统管理规定》《副处级以上领导干部外出请销假及信息反馈制度》等管理制度文件。办理处级干部请销假540次，外出调研报告流转20余份。

【信访工作】 建立完善两公司党政领导公开接待职工群众来访制度，共组织公开接访5件次；重点协调答复2014年退伍士兵及家长因要求安置工作多起集体上访，部分小区供暖等问题的多起集体上访，反映工资待遇问题上访等50余起上访突发事件。全年受理职工群众来信来访496件次，同比下降8%；来信来访366余件次，办结率100%。

【保密工作】 制定印发公司《保密管理办法》《2015年保密工作要点》《保守国家秘密工作暂行规定》等制度文件，逐项梳理保密工作内容，辨识防控风险，完善各环节保密措施，堵塞管理漏洞，确保管理制度更加切合企业实际，防止失泄密风险发生；按上级要求配备完善了各类技术防护设施和检查工具；组织开展公司保密知识答题、涉密人员保密管理试点、计算机及打印机台账建设、年度保密工作自查与抽查、公司保密普查、保密工作先进单位和个人的评选表彰等工作。顺利通过山东省“十二五”时期保密实业发展规划贯彻实施情况检查、国有企业保密专项检查，完成转炉高温烟气催化热解蒸氨废水等两项技术交流活动保密工作。全年未发生一起失泄密事件。

【作风能力建设】 按照《党章》要求和上级党委部署，加强思想、组织、作风、反腐倡廉、制度建设和能力建设，完善组织机构、制度体系、工作职责、考评机制，促进办公室党总支工作系统化、规范化、制度化。开展“三严三实”专题教育，做好问题查找和整改，督促全员强化理论学习，提升政治理论素养和思想政治素质。贯彻落实中央“八项规定”和山钢集团公司“十条禁令”，改进工作作风，增强班子的凝聚力、向心力。完善廉洁效能管理体系，严格经费管理审批、审查和报销程序；开展反腐倡廉教育，增强干部职工遵法守纪、廉洁自律意识，年内未有违规违纪现象发生。注重能力建设，购置部分专业书籍供职工学习研究；围绕精益管理组织多次内外部学习培训，开展流程梳理和问题诊断等工作；组织多次综合事务、文秘、保密、信访等人员外出培训，提升业务能力。

（撰稿：叶　华　审稿：刘振东）

纪律检查工作

【综述】 中共山东钢铁股份有限公司莱芜分公司纪律检查委员会在中共山东钢铁集团有限公司纪律检查委员会和中共山东钢铁股份有限公司莱芜分公司委员会的领导下开展工作。主要职责是：党的纪律检查工作，协助党委加强党风建设和组织协调反腐倡廉工作，贯彻落实上级机关和公司党委关于加强党风廉政建设的决定、决议，维护党的章程和其他党内法规。纪委与监察部合署办公，下设办公室、纪检监察室、信访审理室。截至2015年底，共有管理人员7人，其中公司副职1人、处级干部3人（含退二线1人），科级干部2人；具有高级职称6人，中级职称1人。公司直属和受托管理的14个二级单位均建立纪检监察组织，配备纪检监察干部31人。

【党风廉政建设责任制】 根据上级要求和变化的形势任务，细化党风廉政建设责任制，下发《落实党委主体责任推进方案》，开展“两个责任大讨论”，厘清“两个责任”清单，完善“两个责任”述职制度，对落实主体责任不到位的单位负责人进行约谈，建立起明责、述责、问责的闭环管理体系。根据党风建设和反腐倡廉工作的年度目标，及时修订《党风廉政建设责任书》，组织层层签订党风廉政建设责任书，逐级落实“一岗双责”，形成“一级抓一级，逐级抓落实”的责任体系。落实纪委的监督责任，定期开展反腐倡廉工作情况、责任制落实情况以及廉洁经营情况的监督检查、考核评价，增强各级领导班子及成员抓好反腐倡廉建设的责任意识。组织党员学习新修订的《廉政准则》和《纪律处分条例》，提高党员的纪律意识。落实廉洁从业谈话制度，发现问题及时提醒，使“红脸”“出汗”成为常态。在上级纪委指导下，严肃查处1起党员违纪案件，给予2名当事人党纪处分。

【作风监督检查】 贯彻落实中央八项规定精神，抓住重点节点，强化干部队伍作风监督。按照“抓细、抓长”原则，围绕元旦、春节、中秋、国庆等重要节点，制定“十项禁令”，通过设立举报电话、举报邮箱，建立廉政信息联络员队伍网络，畅通投诉渠道；采取明察暗访、打招呼、个别谈话等方式，强化执纪监督。开展警示教育，引导自查自纠。落实公务接待有关规定，严肃整治公款吃喝、公车私用等问题，集中开展党员领导干部婚丧喜庆事宜专项治理活动，重申“双报告”纪律，提升党员领导干部廉洁从业意识。全年共有70人次主动上交现金、购物卡、礼品，价值达20余万元。

【反腐倡廉宣传教育】 集中开展警示教育，先后组织党员领导干部参加枣庄市检察院廉政教育宣讲团警示教育报告会，组织处级干部集中收看《前车之鉴》警示教育片，刻录《高墙悲歌》《规划错了的人生》等多部廉洁教育片供党员干部观看。坚持“一把手”讲廉洁党课，举办“廉政杯”和“廉政之窗”征文活动，定期编发《明镜》期刊。打造廉洁莱钢微信平台，完善纪检网页内容，及时更新信息，职工关注度提高。深化廉洁文化创建活动，推进廉洁文化进班组、进机关、进家庭，组织廉政宣誓，为领导干部家属发放廉洁电子贺卡，安装廉政电脑桌面，开办廉洁教育微课堂。全年公司共开展各类形式教育活动1459场次，42263人次接受廉洁从业方面的教育。

【信访举报及案件查办】 畅通信访投诉渠道，加大举报信息收集、核查和督办力度，按照规定程序和要求，对受理的40件信访件进行初核和调查，办结38件，完成上级纪委转来信访件的核实、上报工作。制定《信访件办理结果反馈制度》，解决重复信访和越级上访问题，越级上访信件明显减少。将查信办案与企业扭亏增盈工作有机融合，在每件信访案件办结后，会同相关单位和部门研究分析案件产生原因，逐一查找企业管理存在的漏洞和不足，及时向相关单位提出建议，推动问题整改，促进企业管理提质提效。全年向有关部门提出信访建议28条。

【自身建设】 强化纪检干部队伍建设，制定《纪委书记、副书记提名考察办法》，按规定程序完成有关单位纪检监察干部的提名考察工作。按照“三严三实”教育活动的要求，在纪检监察干部中举办“守纪律、讲规矩，树立党员良好形象”专题党课，提升纪检干部队伍责任意识。加强人员业务培训，提高纪委人员办案能力和

"一专多能"的素质，选送16名纪检干部参加中纪委和山钢纪委组织的培训。

（撰稿：焦卫东　审稿：王训达）

组织工作

【综述】 莱芜分公司党委组织部是公司党建工作的职能管理部门，与人力资源部、机关党委合署办公，主要负责公司领导班子建设、干部队伍建设、党的基层组织建设、党员队伍建设、出国人员政审及人事档案管理等工作。组织部设部长1人、副部长1人，下设人力资源策划科、干部管理科、组织科、编制管理科、员工管理科、薪酬管理科、专业人才科/职业技能鉴定办公室、培训管理科、社会保险科9个科室。在册职工21人，均为大学及以上文化程度；具有高级专业技术职务（资格）17人、中级专业技术职务4人。截至2015年底，莱芜分公司党委所属二级单位党委15个，党（总）支部336个，党员7811人，其中在职6193人，非在职1618人。

【基层党组织建设】 融入中心抓党建，服务大局保发展，突出发挥"四个作用"。坚持抓基层、打基础、利长远，不断提升党的基层组织建设工作水平。组织各级党组织学习贯彻党的十八大和十八届三中、四中、五中全会精神以及习近平总书记系列重要讲话，扎实开展"三严三实"专题教育，加深对新形势、新目标下搞好企业党建工作重大意义的认识，研究深化"三型"党组织建设，不断加强和改进企业党建工作。在公司各级党组织和全体党员中开展"精益管理当模范，创先争优做表率"党性实践活动，下发《关于基层党组织推进精益管理几项具体工作的指导意见》，推行党组织和党员量化考评、分类排序，制定定期通报活动情况、展评活动成果、报送活动总结的定期通报制度，使精益管理和党建工作深度融合、互相促进，持续提升基层党建工作的精益化、规范化水平。深入推进以"三个四"为主要内容的创先争优活动，健全创先争优长效机制，推动创先争优常态化、长效化。推进党务公开工作，进一步发展党内民主，把深化党务公开作为提升党建工作科学化水平的一项具体措施，以健全完善党务公开台账为抓手，以定期检查督导为措施，将党务公开纳入党建基础工作考核，确保党务公开各项要求、措施落实到位，不断提升党务公开工作效果。加强领导班子建设，12月16日，公司党委下发《关于开好"三严三实"专题民主生活会的通知》，公司党委和各二级单位党委分别召开了民主生活会，公司领导分别参加了各二级单位领导班子民主生活会，并参加所在支部的组织生活会。

【党员教育管理】 在认真抓好"三会一课"等党员教育管理制度的基础上，继续深入开展"双培"活动和民主评议党员工作，严格执行《不合格党员的组织处理办法》，健全不合格党员的退出机制，保证党的纯洁性，提高党员队伍整体素质，力争把党员队伍建设成为企业最优秀的人力资源，为推动企业生产经营改革发展提供人才智力支持。按照上级党组织要求和公司党委的部署安排，组织各级党组织和广大党员认真学习贯彻落实党的十八大和十八届三中、四中、五中全会精神，提高党员依规依纪履行义务、行使权利的意识。在公司各级党组织和全体党员中继续开展"党章学习日"活动，强化党员的宗旨意识和使命意识，促进党员自觉践行为民、务实、清廉和"三严三实"要求，激发党员积极投身企业改革发展的热情。认真贯彻落实中共中央办公厅印发的《中国共产党发展党员工作实施细则》（中办发2014〔33〕

号）文件精神，各级党组织对照《细则》要求，扎实做好发展党员工作。重视对入党积极分子的培养，莱钢党校共举办3期培训班，培训入党积极分子177名。严把发展党员“入口”关，坚持发展党员公示制、票决制，增强发展党员工作的透明度。按照“五不发展”的原则，对考察教育期间材料进行严格审核把关，进一步提高发展党员质量。全年发展党员157名，其中女党员44名，35岁以下的110名，大专以上学历的128名。

（撰稿：张怀鹏　审稿：孙成玉）

宣传思想工作

【综述】 宣传部与党委统战部、企业文化部合署办公。主要职责是：负责党的路线方针政策宣传教育、对内对外新闻宣传、党委中心组学习、政治理论教育、党员教育、学习型党组织建设、法制宣传教育、形势任务教育、思想政治工作、精神文明建设、网络文化建设和管理工作、社科联工作。下设综合科、宣传教育科、新闻网络科3个科室。下设综合科/新闻网络科、宣传教育科。

【理论学习】 制定下发《2015年领导干部理论学习总体安排意见》，对全公司理论学习工作进行安排部署，提高理论学习工作的科学性、针对性、有效性。做好公司党委中心组学习服务工作，着眼于应对国际金融危机、推动企业科学发展，适时提出全局性、战略性、前瞻性的学习主题、学习内容、学习重点，采取集中学习与专题辅导相结合等形式，增强学习效果。公司中心组学习的经验在省委宣传部主管的《理论学习》杂志刊登。加强理论宣教工作，落实省委宣传部“理论政策进万家”活动要求，突出抓好《习近平总书记系列重要讲话读本》，党的十八大精神和十八届三中、四中、五中全会精神的学习宣传贯彻，组织了“学习贯彻党的十八届五中全会精神”山东省宣讲工作者协会百名会员基层宣讲报告会，组织部分骨干参加省委宣传部、省委讲师团举办的专题培训，制定下发通知，全面部署学习贯彻党的十八届五中全会精神。莱芜分公司成为省宣讲协会单位理事，一名同志担任个人理事。加强基层理论宣教工作，多个单位受到省委宣传部表彰。按照省委宣传部和省委讲师团要求，组织开展“中国梦·我们的价值观”百姓宣讲活动，参加全省比赛获得三等奖和优秀组织奖，特钢事业部职工李晓红作为“省级百姓宣讲员”参加了全省巡回宣讲。组织山东省“中国梦·我们的价值观”百姓宣讲（莱钢专场）报告会及互动交流会，得到省委宣讲团领导高度评价。开展“中国梦·我们的价值观”巡回宣讲工作，送宣讲到基层，弘扬正能量。加强理论研究，在省委讲师团组织的学习贯彻习近平总书记“四个全面”战略思想理论研讨论文评选中分获二、三等奖。

【主题系列活动】 按照公司党委“聚焦一个中心”“围绕一条主线”“强化七个理念”“推进四个转变”“实现一个目标”的思路，深入扎实开展了“抓精益、求生存、保稳定”主题系列活动。立足精益管理抓工作改善，运用精益管理的工具方法提升党群工作效果。组织开展“精益我践行、智慧献企业”金点子征集评选活动，从各单位推荐的109个金点子中评选出一等奖5项、二等奖10项、三等奖20项；全公司共发现、识别和消除浪费17000多处，实施改善项目2400余项。紧盯目标任务抓对标提升，以“吨钢增效200元”“产线对标”等活动为载体，树立标杆3000余项，系统提升成本竞争力和产品价值创造力。

强化党政协同抓落实，采取检查督导、评先树优、考核奖惩、典型推广、共享交流等多种方式，加强过程管控，保证主题系列活动有效开展。深入基层调研、检查、督导，每季度评选表彰主题系列活动示范单位，举办共享论坛分享经验。关注职工思想动态，针对职工普遍关注的企业发展、工资收入、定岗定编等热点问题，通过深入基层单位座谈走访、职工思想动态预警、“职工快线”答疑、网络舆情监控等途径，及时了解、传递和回应职工诉求，为职工解决实际问题、化解难题、理顺情绪、消除负担。做好心理疏导中心管理运行工作，为职工提供贴心服务。

【“三型”党组织建设】 制定下发《关于加强学习型服务型创新型党组织建设的意见》。在固化、拓展学习型党组织建设取得成果和经验基础上，研究探索新形势下“三型”党组织建设规律，紧密结合企业党组织建设和党员队伍建设实际，突出抓好党委、支部、党员3个创建层次，完善学习提升、服务发展、创新超越、党群联动、约束改进、组织管理等机制，通过典型引导、载体创新，不断提升建设水平。与精益管理紧密结合，组织开展“精益管理学讲用”活动，做到“三个一”、实现“三个有”，充分发挥党组织和党员在推进精益管理中的引领和示范作用。开展“三型”党组织建设先进单位评选表彰，7个单位被评为“学习型服务型创新型党组织建设先进单位”。

【形势任务教育】 制定下发《关于开展“形势任务微讲坛”系列宣讲活动的通知》，创建“形势任务微讲坛”，改变宣教方式。从职工愿学、爱听的角度出发，编发“微教材”，围绕企业需要、职工关注的重大主题，组织编写系列微宣讲材料70余期，各单位编写微材料1500余期。组织“班组60秒”“车间10分钟”“工前5分钟”“主任（书记）讲堂”“职工代表讲坛”“家访式宣讲”等“微宣讲”活动，全公司共组织2800多场次，参加人数达14万人次之多。运用宣传栏、黑板报、标语、电子屏幕等设施的同时，搭建形势任务博客、QQ群、微信、飞信等网络“微平台”，拓展教育阵地，扩大教育面，提升吸引力。“莱芜钢铁”微信、“每周e讲”等新媒体平台，让教育变得更加简练、快捷和新颖、有趣。组织发动职工开展“微讨论”，改进提升工作及指标水平。“形势任务微讲坛”获公司思想政治工作创新奖银奖；评选表彰“形势任务微讲坛”优秀宣讲材料，汇编成《怎么看、怎么办，形势任务面对面》。

【思想政治和政研会工作】 探索研究思想政治工作的新内容、新方式、新机制，注重人文关怀，强化心理疏导，提升思想政治工作绩效与科学化水平。建立政研会组织机构，制定政研会章程，完善工作创新机制。制定印发《思想政治工作创新评价体系》，每两年召开一次思想政治工作创新大会，评选表彰优秀创新成果、政研会先进集体和个人。9月28日，莱芜分公司召开首届思想政治工作创新大会，评选表彰20件创新成果，最高给予5万元重奖，汇编《首届思想政治工作创新成果集》。中国冶金职工思想政治工作研究会会长姜兴宏，山东省委宣传部企业宣传处处长、省思想政治工作研究会秘书长李庆义应邀出席会议，予以充分肯定和高度评价。落实心理疏导机制，安排现场心理疏导中心值班，为职工、家属提供贴心服务，先后帮助60余人解决婚恋、子女教育等心理困惑问题。层层建立《心理健康档案》，把握职工心理状况，有的放矢开展疏导。修订完善思想动态预警机制，关注职工思想动态，对问题早发现、早处置、早解决。两篇论文获中国冶金职工思想政治工作研究会优秀论文成果一等奖，9篇论文获山东省冶金企业职工思想政治工作研究会、山钢集团党建思想政治工作研究会优秀论文评选一等奖。

【精神文明建设】 以文明单位创建、“感动莱钢人物”评选、“厚道鲁商”倡树行动、一线员工（工程师）故事会、“双十佳”争创活动等为载体，深化“四德工程”建设，倡新风、树正气，促进职工文明素质不断提升，凝聚崇德向善正能量。以文明单位创建为总抓手，全面提升企业文明水平。将文明单位创建作为各项工作的总抓手，修订完善《莱芜分公司文明单位建设管理规定》，细化完善考核事项，将各项任务、措施逐一分解到各个责任部门。争创省级、省管企业文明单位，文明单位创建工作始终走在全省国有企业前列。截至2015年，共有全国文明单位2家、全国精神文明创建先进单位1家、省级文明单位12家、省管企业文明单位5家、山钢文明单位5家。以“感动莱钢人物”评选为主载体，引领道德风尚。每季度评选表彰“感动莱钢人物”，全年选出23位感动人物。与莱钢集团联合组织第七届“感动莱钢人物”颁奖典礼。开展身边好人、道德榜样、品格明星等评选活动，引导职工做好事、当好人。全年有3名职工获得省管企业道德模范称号、2名职工获得山钢集团道德模范称号。以“双十佳”创建为主载体，提升文明服务水平。在各窗口单位普遍推行首问负责制，开展亲情服务、阳光服务、细微化服务等，挂牌上岗，规范文明用语，工作程序、服务标准，赢得了客户的认可。按照省文明委、省管企业文明委、山钢文明委要求，制定下发《关于开展“厚道鲁商”倡树行动的实施意见》，提出一系列具体有针对性的措施。组织开展“劳动最美丽——一线员工故事会”“一线工程师故事”等系列活动，涌现出先进事迹上百件。

【新闻宣传】 与新闻单位密切配合，组织策划精益管理、主题系列活动等重大主题宣传。强化对外宣传，生产经营宣传突出精益管理，党群工作宣传突出“互联网+”，《涵养精益气质》《“互联网+”搭建服务救助新平台》等重头稿件在《工人日报》《大众日报》《中国冶金报》《山东工人》和新浪网、中国钢铁新闻网等媒体刊登。贴近岗位一线，采用多种新闻体裁，全面反映了企业加快转方式调结构、扭亏增盈的有效措施以及各单位的特色与亮点。工会、宣传部、新闻中心联合开展“最美莱钢人”微电影拍摄展播活动，以企业生产生活中涌现的各类先模人物为主体，全部由职工自己创作，由先模本人或工友演出。在报纸、电视、网络等媒体上开展“最美莱钢人”专题宣传活动，营造工人伟大、劳动光荣的强大舆论。

【网络文化建设管理】 与自动化部和公司党群部门共同开发了公司党群信息管理系统，总计270个网站、461个办公模块全部投入运行。建立“莱芜钢铁”官方微信平台，发布新闻、引导舆论、传播行业资讯和企业文化。截至年底，发布企业官方微信200余期、800多条，职工点赞、转发、评论超过15万人次。对职工快线进行了完善和升级，及时解答落实网上问题，存进了管理水平的提升。全年职工快线共审核问题6000多条，督促答复超时问题170多条，总回复率为100%，3个工作日内回复率保持在99.3%以上。加强网上舆情监控引导，及时汇总、分析，形成舆情简报上报公司党政领导。充分发挥省聘网络评论员的作用，做好省网络版安排部署的网络引导任务。

（撰稿：董　鹏　审稿：许家明）

统一战线工作

【综述】 统战部是莱芜分公司党委主管统一战线的职能部门，与党委宣传部、企业文化部合署办公，设部长1人，副部长1人，下设统战科。主要职责是：负责全公司统战、侨务、对台、民族、宗教等工作。贯彻执行党的统一战线政策，协调统一战线内部各方面的关系，发挥统一战线优势，调动一切积极因素，促进莱钢的和谐发展。

【党外知识分子工作】 坚持党外知识分子联络员制度，加强与党外知识分子联络员的经常性联系。继续在党外知识分子和广大统一战线成员中开展“爱国爱厂、献计献策”和“凝聚力工程”活动。印发《无党派人士坚持和发展中国特色社会主义学习实践活动实施方案》的通知，对全公司无党派人士开展坚持和发展中国特色社会主义学习实践活动。对公司党外代表人士情况进行了全面调查统计。筹备召开公司党外各界人士座谈会，组织市区两级政协委员就企业与地方发展进行专题研究、献计献策。

【民主党派工作】 贯彻落实《中共中央关于坚持和完善中国共产党领导的多党合作和政治协商制度的意见》，支持民主党派成员参政议政，推进多党合作事业。帮助民主党派加强自身建设和发展新党员工作，协助开展活动。召开公司各界人士座谈会，来自公司各单位的党外知识分子代表、民主党派代表、少数民族代表以及部分省、市、区政协委员代表就降本增效、转方式调结构、科技创新、改革与发展献计献策，提出意见、建议20条。根据省委统战部和山钢党委的意见，组织开展“统战工作规范化建设年”活动，根据《关于“统战工作规范化建设年”活动实施方案》，在全公司组织开展“党外代表人士队伍建设年”活动，组织了党外代表人士队伍建设情况调研活动。

【侨务对台工作】 加强党的对台工作方针政策的宣传教育，着重提高党员、干部和职工包括台属职工对党的对台方针政策的认识和理解。走访台属职工，了解其思想动态和对台局势的看法及与在台亲属的联系情况等，重视发挥台属在通信交往中对海外亲属的影响作用。做好咨询服务工作，指导台属办理赴台探亲手续，协调和帮助解决实际问题与困难。坚持对赴台探亲人员进行行前教育和赴台回来后的情况了解。

【民族宗教工作】 贯彻执行党的民族宗教政策，落实《山东省民族工作条例》，加强对信教人员的宗教政策教育，引导信教职工依法展开宗教活动。建立健全民族宗教工作制度，建立了三级宗教信息网络体系，每月收集分析宗教活动信息，及时掌握企业内部信教群众的宗教活动情况。维护少数民族利益，保障少数民族权利，坚持民族平等和民族团结，尊重少数民族的风俗习惯，按照有关规定，在生活、子女升学等方面给予适当照顾。

【政协工作】 加强社科联工作，上报2项省人文社科课题。推进“六五”普法工作，开展法制宣传教育活动。组织政协委员参加政协会议，支持其反映社情民意，一些有价值的建议和提案，得到各级政府及有关部门的重视和采用。

（撰稿：董　鹏　审稿：许家明）

机关党委工作

【概况】 莱芜分公司机关党委与组织部/人力资源部合署办公，主要职责为：宣传和执行党的路线、方针和政策，保证监督上级党组织和公司党委各项决议、决定在公司机关的贯彻执行；负责机关党的思想建设、组织建设、制度建设、作风建设和反腐倡廉建设；负责机关党的建设、思想政治工作和精神文明建设规划的制定、实施、检查、考核、评比、总结等工作，负责机关各部室党（总）支部班子建设、党员队伍建设；领导公司机关工会、共青团、女职委等群众组织的工作。机关党委有委员6人，其中书记1人；下设机关政工科，综合管理机关组织、纪委、宣传、工会、女工、共青团等各项工作。机关政工科与党委组织部组织科复合设置。截至2015年底，全机关在职职工1005人；机关党委下设党总支6个、直属支部9个；共有党员587人，其中在职党员581人，约占在职职工的58%。

【党的组织建设】 开展“三严三实”专题教育，加强学习研讨，坚持问题导向，组织召开“三严三实”专题民主生活会，征求各类意见建议107项，从严从实整改，从快从细落实，推动机关由管理型向管理服务型转变。加强“学习型、服务型、创新型”党组织建设，建立完善政治理论学习、联系点调研和党建工作考核细则等制度，落实“三会一课”、民主集中制、民主评议党员、民主生活会等党内生活，提升党建工作的制度化、科学化水平。围绕“运营转型，精益管理”，把“三型”党组织建设和创先争优活动有机融合，组织开展“精益管理当模范，创先争优做表率”党性实践活动，引导广大党员运用精益理念，全力扭亏增盈，彰显党员先进性和表率带动作用。按照《中国共产党发展党员工作细则》，做好发展党员工作，发展新党员11人，办理预备党员转正11人。开展庆祝建党94周年系列活动，召开庆“七一”表彰会，表彰一批先进集体和个人。

【党风廉政建设】 落实中央八项规定和山钢党委正风肃纪“十条禁令”，反对和杜绝“四风”问题发生。完善廉洁效能管理体系建设，加强廉洁风险防控管理，落实党风廉政建设责任制和“一岗双责”，推进党务公开、部务公开，做好民主评议、述职述廉、任前谈话、诫勉谈话等，防止违规违纪违法问题发生。开展廉洁从业教育，公司党委副书记李淑华为机关处科级干部和关键岗位党员干部讲授《保持“三个清醒”坚守“三个严防”自觉践行“三严三实”永葆共产党员本色》廉洁从业专题党课；各部室利用部务会、党员大会、职工大会，开展廉政党课、专题学习、观看警示片等活动，深化理想信念教育、宗旨教育和党风党纪教育，强化节假日等关键时段的反腐倡廉教育，切实筑牢职业道德防线。学习贯彻《中国共产党章程》《中国共产党廉洁自律准则》和《中国共产党纪律处分条例》，开展《党章》等知识测试，做到在职党员全覆盖。发挥先进典型示范引领作用，表彰9个党风廉政建设先进单位，利用微信、OA、电子期刊、电视报纸等媒介，宣传先进人物和典型事迹，及时传达上级文件和精神，发挥廉政宣传主渠道作用。

【思想政治工作与精神文明建设】 学习党的重大方针政策和重要政治理论，贯彻落实党的十八届三中、四中、五中全会及习近平总书记系列重要讲话精神，开展形势任务教育，统一思想，凝聚改革发展共识。开展“抓精益、求生存、保稳定”主题系列活动，加强精益文化体系建设，推进“同铸山钢魂、共圆山钢梦”文化深度融合实践活动，引领广大干部职工立足岗位，投身精益实践。推进“双十佳”创建等精神文明创建活动，营造讲文明、树新风、促和谐的良好风尚和氛围。2个争创单位被授予公司“十佳文明窗口”荣誉称号，6个单位保持公司“十佳文明窗口”荣誉称号，2名职工被授予公司“十佳文明服务职工”荣誉称号；机关表彰10个“文明窗口”、10名“文明服务职工”和1名“文明服务职工奖章”获得者。

【工会工作】 围绕中心任务，在机关部室、科室和职工中广泛开展劳动竞赛。全年先后为绩效突出的15个部室立功34次，评选表彰创建“精益科室”先进集体85个，“精益管理/优质服务明星”85人，机关党委被授予“2015年度莱芜分公司劳动竞赛组织先进单位”称号。广泛开展群众性经济技术创新活动，在公司群众性经济技术创新成果评比中获得职工技术创新成果一等奖、二等奖各1项，三等奖2项；班组管理创新成果一等奖、二等奖各1项；职工优秀操作法3项。立足机关特点，培植精益管理科室和精益管理班组典型，推广先进科室、先进班组创建的先进经验。开展学习型班组评审验收工作，推进精益管理理念在学习型班组建设中落地。发挥“五条保障线”作用，利用职工帮扶救助信息管理系统便捷、高效的优势，做好日常性的职工帮扶救助工作。全年为40名困难职工“送温暖”，发放救助金40000元；为15名患病职工办理职工医疗救助，合计救助金额69780元；为10名困难职工遗属发放困难救助金12000元；为10名职工申报意外伤害救助；为1户生活特别困难家庭申报地方低保；通过“金秋助学”和“送清凉”活动，为11名生活困难职工上大学的子女提供助学金22000元，为工作条件较为艰苦的20多个岗位配置了冰箱、风扇等物资。坚持“六化”原则，组织和鼓励职工参加公司层面的文体活动；有针对性地开展适应机关特点、广大职工喜闻乐见的机关集体活动；鼓励和支持各部室自行开展小型多样、丰富灵活的群众文体活动。

【女工工作】 关心女职工生活，引导女职工树立积极向上的生活方式和健康观念。组织女职工100余人次参加各类健康知识讲座，帮助女职工增强健康意识，掌握健康知识，提高自身预知、预防和预控疾病的能力；组织机关在职和退休女职工400余人按时参加每年一次的妇科查体活动。注意发掘和树立女职工先进典型，充分发挥先进集体和个人的示范引领作用。

【共青团工作】 加强青年之声建设、团员教育评议、基层团干部培训、青春立功竞赛、青年岗位能手、青年文明号等基础工作，提升机关共青团工作管理绩效。开展“青年改善项目攻关”活动，2015年青年改善项目立项18个，其中5项推荐为公司团委统一管理的一类项目，13项列为机关团委自主推进的二类项目，多个项目受到公司表彰。参加公司团委组织的社区集中便民服务活动，利用青年之声平台，做好线上线下志愿者服务。

（撰稿：张怀鹏　审稿：莫盛春）

工会工作

【综述】 莱芜分公司工会机关设办公室、生产保护部、组织民管宣教文体部和权益保障女工部，下辖机关及各下属单位工会（含新疆公司工会）15个、车间（科室）工会226个、工会小组1312个；拥有会员20531人；专职工会工作者39人，其中公司工会机关9人。

【网络学习平台建设】 协助省总工会建立山东省职工网上学习系统，受到全国总工会经济技术部、省总工会的高度评价。职工网上练兵经验在中国机冶建材工会三届五次全委会上得到推广，并协助中国机冶建材工会建设网上练兵系统。受省冶金工会委托，组织开展山东省职工网上练兵活动，答题闯关超过1000万人次。全年公司共有1.25万名职工参与网上练兵活动，闯关275万人次，职工参与率、优秀率均居全省首位。建设运行职工网上练兵模拟仿真系统，完成板带厂中宽带生产线、型钢厂中型生产线仿真系统开发和高炉炼铁、棒材轧钢生产线升级并网工作。承办山东省冶金行业职工职业技能竞赛，理论考试和实践考试全部实现网络化运作；莱芜分公司取得5个工种团体第一、3个冠军、5个亚军、6个季军的好成绩，3名职工荣获山东省富民兴鲁劳动奖章；莱芜分公司获得“优秀组织单位”称号。建成职工网上图书馆，收集电子期刊和电子图书13万册、报纸300余种，实现内网、互联网双网便捷阅览。开展“倡导全员阅读，共建书香企业”网络读书活动，5377名职工参与，撰写读书心得体会1.1万余篇，网上图书馆日点击量80000次以上。

【职工技能竞赛】 组织开展“抓精益、求生存、保稳定”主题劳动竞赛，“争当挖潜增效先锋”“改善项目快速推进”等7项专题竞赛。评选表彰16个优秀劳动竞赛项目、15个劳动竞赛先进组织单位。参加中国机冶建材工会、中国钢铁工业协会联合举办的全国重点大型耗能钢铁生产设备节能降耗对标竞赛活动，型钢炼铁厂3200立方米高炉荣获“优胜炉”荣誉称号，型钢炼铁厂400平方米烧结机荣获“创先炉”荣誉称号。参加山东省第五届职工职业技能大赛，在计算机程序设计员项目中获团体第三名，在动画绘制员项目中获团体第八名，4名选手进入全省前20名。2015年，莱芜分公司共表彰劳动竞赛先进集体946个次、先进个人1325人次。

【群众性经济技术创新活动】 开展职工技术创新成果、班组管理创新成果、职工精准操作法、职工优秀合理化建议评选表彰活动，评选表彰各类职工技术创新成果1600余项、“安全生产”优秀合理化建议60项、“节能环保金点子”70项。开展劳模（高技能人才）创新工作室创建活动，3个创新工作室被省总命名，4个被省冶金工会命名，内部命名17个。莱芜分公司获“山东省职工技术创新竞赛示范企业”称号，同时被授予富民兴鲁劳动奖状；1项职工技术创新成果获山东省职工优秀技术创新成果二等奖，1人获富民兴鲁劳动奖章；2个班组获“山东省创新型班组”称号，同时被授予“山东省工人先锋号”称号；2名职工获“山东省创新能手”称号。

【学习型班组建设】 开展“精益管理进班组”活动，编印《“精益管理进班组”工作指导手册》，召开“精益管理进班组”工作推进会。全年基础班组共识别消除浪费7600余项，总结推广精准操作法830项，实施班组改善项目2800余项。表彰5A级学习型班组12个、4A级班组51个、3A级班组168个。18个班组获“山东省冶金行业安全生产标准化班组”称号。

【劳动保护工作】 对夏季“四防”、有毒有害及高温作业岗位防护安全措施的落实、职工劳保护品佩戴等情况开展专项督察。开展“查身边隐患、保职工安全、促企业发展”群众性安全生产活动。

【厂务公开民主管理】 坚持平等协商签订集体合同制度，集体合同一年一签订、一年一修改。利用职工网上学习系统，组织开展《山东省企业职工代表大会条例》《山东省厂务公开条例》知识网上答题活动，6160名职工参与，答题21.5万人次。修订完善《职工代表大会实施细则》，组织召开公司第二届一次职工代表大会，290名代表参会，审议、表决通过莱芜分公司2016年绩效考核方案、2016年集体合同、2015年职工福利费使用情况和2016年职工福利费预算方案，对公司领导班子成员和厂务公开民主管理工作进行民主评议。

【劳动关系和谐企业建设】 下发《关于加强和谐劳动关系建设的意见》，明确各职能部室工作职责，提升和谐企业建设水平，对15个单位劳动关系和谐企业创建情况进行年中调研和年底综合检查。利用职工快线网络平台倾听职工心声，维护职工切身利益，解决职工实际问题，全年共回复职工问题59条。开展“反盗窃、护家园”督查巡视活动。组织职工代表参加防暑降温物品招标监督、跟踪评标工作。

【职工帮扶救助工作】 发挥“五条保障线”作用，全年共救助各类困难人员2485人，发放救助金791.8万元。加强与政府协调，争取帮扶资金37.1万元，为18名职工办理莱芜市大病救助和慈善救助手续。开展职工健康改善活动，举办11场健康知识讲座。开展“夏送清凉”活动，为一线岗位购买防暑降温物品共计22万元。发挥职工服务中心作用，增设“困难救助、劳动争议调解、心理疏导、法律援助、心灵成长指导、志愿服务”等6个服务窗口，全年共接待来访155件次、热线电话143个。发行“莱钢家园卡”2.4万张，发放《职工服务手册》1.6万册，开发“莱钢家园”手机APP，实现由“窗口式”服务向“指尖式”服务转变。公司“互联网+职工维护服务”工作经验被全国总工会推广。年内职工缴纳安康互助金5.3亿元。

【职工文化建设】 制定《加强工会新闻宣传和信息工作管理办法》，全年在《中国冶金报》《山东工人报》等省级以上报刊、媒体发表工会工作宣传稿件56篇。深化“微系列”文化活动，开展第二届“最美莱钢人”微电影展播活动，播出微电影17部；组织微故事讲演活动；举办“精益管理我出彩”微信推送征文活动，评选优秀作品75篇；举办微征文大赛，评选优秀作品48篇。按照“七化”原则，举办第三届职工文化体育节，开展健步走、越野赛、乒乓球赛、摄影展、书画展等20余项活动。组织职工健步走网络公开赛活动，4000多名职工参与。职工拔河队参加全国拔河锦标赛，夺得5金7银，参加全国拔河新星系列赛总决赛获得冠军。组织参加2015年首届山东省武术大会，获得单项比赛3个一等奖、12个二等奖和2个三等奖。职工业余合唱团受邀参加全省纪念抗日战争暨世界反法西斯战争胜利70周年音乐会。工会文体工作经验在全国职工体育示范单位经验交流会、全省体育工作会议上交流。全年发放职工素质教育奖励资金9.64万元。

【女职工工作】 开展庆“三八”系列活动，举办“阳光心态、快乐生活”读书品鉴会。创建女性心灵成长指导中心和幸福教练培训室，成立莱钢女职工培训学校，举办“精益靓丽风采展示”“女性健康知识培训”等14场次学习交流活动，3000余人次参加。21名女职工通过国家二级、三级心理咨询师考试。举行“女职工心灵成长知识竞赛”，开展巾帼志愿者活动，举办第八届“汶河缘·花之缘”相亲会。

（撰稿：李　汀　审稿：陈肖鸿）

共青团工作

【综述】 共青团山东钢铁股份有限公司莱芜分公司委员会（简称莱芜分公司团委）下设基层团委15个，基层团支部（总支）168个，团员783人，专兼职团干部183人。莱芜分公司团委设组织部、宣传部、青工部3个职能部室，负责团委的日常工作。当年有21个青年集体、40名个人受到省级及以上团组织表彰。公司团委荣获2015年度山东省“红旗团委”、全国钢铁行业“青安杯”竞赛先进单位等荣誉称号。

【青年形势任务教育】 开展党的十八届四中、五中全会及习近平总书记系列重要讲话精神宣传教育工作；召开专题会议，学习贯彻中央和省委党的群团工作会议精神。依托公司160支青年形势任务宣讲小队，通过主题演讲、座谈交流、宣讲比赛等形式，引导广大青年正确认识企业面临的形势和改革发展举措，促进青工队伍稳定。建设“青年之声”互动社交平台，组织360名专家为青年职工解答疑问1013条，获得好评6811次。开通团委微信公众平台，引导青年职工认清形势、明确任务，增强攻坚克难的信心。截至2015年底，平台关注人数达3.4万人，共推送59期210条信息。

【青年岗位建功】 开展“团干部和青年改善项目攻关”活动，围绕“运营转型，精益管理”中心工作，按照“小、实、快、省”原则，以解决影响企业生产顺行、挖潜增效、节能环保、安全生产等的问题和浪费现象为重点，立项并实施改善项目1045项，评选表彰各类优秀项目272项。开展“抓精益、求生存、保稳定”青春立功竞赛活动，90%以上团支部、80%以上青年参与到竞赛活动中，表彰70个（次）优胜团支部，16个（次）优胜单位。开展“节能减排、绿色生产”主题团日活动，表彰18个优秀主题团日活动。深化“青安杯”竞赛，以“青年身边无事故”为目标，联合安全生产部开展“十佳青年安全生产示范岗”评选活动。开展“节能减排、绿色生产”主题团日活动，表彰18个优秀主题团日活动，引导团员青年参与企业节能环保工作，推动企业绿色生产。

【青年成长发展】 联合党委组织部/人力资源部开展青年成长发展调研活动，推动公司出台《关于新形势下加强青年人才队伍建设的意见》。联合党委组织部首次举办青年骨干培训班，共培训青年骨干76人。开展首届“十大杰出青年”评选活动，举办“十杰”表彰分享活动，营造关心青年、爱护青年良好氛围。开展青年岗位能手、明星师徒评选表彰活动，共评选出188名青年岗位能手、36对明星师徒。20名青年通过参加技能竞赛和网上练兵活动，获“山东省青年岗位能手”称号。组织参加第十一届山东省“振兴杯”青年职业技能大赛，1名选手获全省第四名，并代表全国钢铁行业共青团工作指导和推进委员会参加全国大赛。发动青年参与网上练兵、网上读书、网络健步走等活动，青年参与率90%以上。联合工会举办第八届“爱山缘”相亲大会，举办青年歌手大赛、“青春杯”排球赛等活动，丰富广大青年的业余文化生活。

【青年志愿者行动】 开展“志愿服务进岗位”活动，各级团组织结合生产经营实际，通过精益管理知识宣讲、卫生清扫、环境美化、工器具整理等力所能及的服务活动，促进生产经营稳定顺行。开展“志愿服务助创城”活动，为莱芜市创建全国卫生城市发挥积极作用。开展社区集中便民志愿服务活动，为2000余名社区居民提供服务。加大对困难青年的帮扶救助力度，开展“青春和谐送温暖”活动，帮助青年解决实际困难。加强青年志愿服务队建设，金鼎社区青年志愿服务站被确定为省级财政专项公益金补助社会志愿服务体系建设示范项目。成立青年网络文明志愿者队伍，组织410名志愿者参与“阳光跟帖”“青年好声音”网络文化行动，维护网络文明，营造清朗网络舆论氛围。

【自身建设】 根据团省委《关于山钢股份莱芜分公司团委隶属关系的批复》（鲁青字〔2015〕3号）文件精神，明确莱芜分公司团委由团省委直接领导。落实《关于规范基层团组织换届工作的意见》，指导基层团组织按期进行换届选举。以“自省自励、懂得感恩，克服缺点、虚功实做，坚定信念、远离贪腐”为主题，开展“团干部如何健康成长”大讨论活动，锤炼团干部队伍的优良作风。召开共青团工作识别反思交流会议，结合“四化”问题和“三性”要求，反思工作生活中存在的问题和不足，并加以改进。举办基层团干部培训班，92名团干部参训。加大共青团工作宣传力度，在《中国冶金报》《山东青年报》等省级以上报刊、媒体发表信息32篇，在山东共青团网站发表信息46篇，编发12期《共青团工作信息》。

（撰稿：李　晨　审稿：季立飞）

各生产厂分述

焦化厂

【概况】 焦化厂是莱芜分公司的重要原燃料生产厂，拥有JN43－80型焦炉2座，JN60-6型焦炉6座（55孔×2、60孔×4）及相应的配煤、化产回收及其深加工、生物脱酚等装备。具备生产焦炭410万吨、焦炉煤气18亿立方米、煤焦油加工10万吨、轻苯深加工10万吨能力。全厂设有备煤、炼焦一、炼焦二、炼焦三、炼焦四、干熄焦、运焦、回收一、回收二、化产精制10个生产车间和动力、质量检查站2个辅助生产车间，全厂设有办公室、人力资源科、政工科、生产计划科、安全生产科、机动设备科和技术环保科6科1室。截至2015年底，共有职工1599人，其中管理人员151人；具有高级专业技术职务47人、中级79人、初级19人。

【主要指标】 2015年实现工业总产值45.7亿元，生产优质焦炭377万吨、焦炉煤气16.7亿立方米、煤焦油18.4万吨、轻苯3.8万吨。主要经济技术指标M_{40}为87.06%，M_{10}为6.54%，热态强度为65.59%，工序能耗为114.15千克/吨焦，煤焦油收率为3.69%，轻苯收率1.01%，硫铵收率1.01%。

【精益管理】 结合对标提升工作开展精益管理，按照“项目带动指标、指标支撑预算”的思路，建立关键绩效指标管理体系，搭建“项目+对标”运控平台，设立精益管控项目，将对标提升的分解指标作为项目的KPI指标；将经营重心下移，突破点和重点放在各工序和各岗位KAI指标上，使其成为成本控制措施的落脚点和着力点，以指标支撑来确保提升目标的完成；全年共完成厂控关键项目5项，专业管理改善项目9项，车间自主推进项目86项，分解KPI指标117项。

【节能减排】 针对2015年1月1日起实施的环保达标标准，焦化厂主动全过程治理改造，确保焦炉烟气达标排放。先后完成回收一车间一系统脱硫、1号生化大修及深度处理等改造项目；实施厂内清污分流及节水减排改造，实施地下水管道漏点治理，在节水降耗的同时，降低厂区外排废水总量，实现污水全部回收处理，为提高干熄率创造了条件；强化环保设施运行情况督察，在稳定同步运行率的基础上，加强对环保设施运行效果的考核，确保环保设施发挥应有治污能力。全年实现工业水重复利用率97.6%、环保设施同步运行率99.1%，各项环保指标均达标。

【人力资源管理】 加强岗位定员优化管理、人力资源培训与开发、人力资源管理信息化与制度化建设。增强人才流动性，拓宽青年人才职业通道，多名大专、大学毕业生通过竞争上岗走上管理、技术岗位；依据KPI关键指标和测评综合得分，对职工实施绩效考核；推进非在岗人员清理工作，全年共清理违反劳动纪律2人、清理非在岗人员2人；突出“精益管理、精准操作”两个主题，实施全员、多层次职工培训，在岗职工精益管理参培率100%；累计办班32期，培训519学时、2582人次，培训计划完成率100%；各类外送参培人员1119人。

【思想政治工作】 深化“三型”党组织建设，实施党员绩效管理，打造精益党建品牌。开展“抓精益、提绩效、保稳定、求生存”主题系列活动，以微宣讲为重要载体开展形势任务教育活动，加强人文关怀和心理疏导；建立对标找差赶超机制，实施指标认领和党员课题攻关，以“四抓四立四打造”为重点，开展“精益管理当模范，创先争优做表率”党性实践活动，助推企业生产经营改善；开展“三严三实”专题教育，加强干部作风建设，树立全厂干部为民务实清廉的良好形象；落实党风廉政建设责任制，加强监督防范，开展效能监察，完善惩防体系建设；培育和践行社会主义核心价值观，推进“双十佳”争创活动，营造文明之风；加强新闻宣传力度，借助报纸、电视及党群信息系统、“焦化精益之路”微信公众号等多种媒体，展示基层亮点，树立焦化良好形象；开展“抓精益、反浪费、提绩效”劳动竞赛活动，开展群众性经济技术创新活动，组织网上练兵、技术比武、高技能人才创新工作室创建。

（撰稿：穆允生　王　伟　审稿：王元顺）

炼铁厂

【概况】 炼铁厂是莱芜分公司主要热线生产单位之一，拥有6座1080立方米高炉、3台105平方米烧结机、1台265平方米烧结机、1座8平方米竖炉、1座60万吨链算机-回转窑，具备年产生铁540万吨、烧结矿600万吨、球团矿100万吨的能力。拥有1号高炉车间、2号高炉车间、3号高炉车间、4号高炉车间、5号高炉车间、6号高炉车间、原料一车间、原料二车间、供料一车间、供料二车间、烧结一车间、烧结二车间、球团一车间、球团二车间、喷煤车间、运行车间、除尘车间、动力车间、生产准备车间、原燃料供应站、原料质检站等21个车间（站）；机关设生产计划科、安全生产科、机动设备科、技术科、人力资源科、政工科、办公室等7个科室。截至2015年底，共有职工2899人（含劳务工294人），其中具有高级专业技术职务76人、中级139人、初级47人；高级技师30人、技师139人、助理技师430人；中共党员738人，共青团员77人，女职工793人。

【主要指标】 全年累计生产生铁411.6万吨、烧结矿548.34万吨、球团矿52.53万吨；生铁工序成本累计比预算降低1232万元，完成目标的104%。

【生产组织】 按照公司限产要求，实施3号高炉封炉操作。以矿料和炉料性价比分析为指导，优化烧结配料结构和高炉炉料结构，高炉块矿配加比例月平均19%。加强生产过程关键点控制，提高内部生产管理的控制能力，从强化责任意识入手，坚持量化调节和事前预防，减少各类事故和炉况波动，保持了全系统稳定顺行。

【安全管理】 坚持“一岗双责，党政同责”，强化安全生产责任制落实，树立安全生产“红线”意识，以深化“四个标准化”建设为主线，按照“三严四不”要求，开展熔融金属、煤气、皮带机、特种设备、危化品等“五大危险源”主题循环督察；开展三级安全督察，累计查改问题4656项。加强职业卫生和现场管理工作，组织高温、粉尘、噪声、毒物等职业危害检测320点次，职工职业健康查体1516人次。

【精益管理】 实施精益改善项目，全年厂级、车间级项目完成目标计划180项，累计实现效益1.2亿元。各车间、班组、岗位结合自身实际，落实精益文化理念和措施，形成精益生产、精细管理、精准操作氛围。探索高炉稳定操作技术，建立炉况长期稳定顺行的评价机制及炉况顺行分析评价监控模型，增强高炉抗波动能力。开展产线对标，分析寻找差距并制定追赶、跨越时间表和路线图，争做中型高炉排头兵。

【降本增效】 加强进厂原燃料质量管理，职工代表参与地方矿监装把关，累计实现把关效益2900万元。以原料结构、炉料结构调整为突破口，推广低成本配矿模型，动态调整工艺管控，矿料结构成本降低1108万元，炉料结构成本降低1500万元。围绕降低新水消耗、蒸汽消耗两大方面，细化内部管控措施，杜绝跑冒滴漏现象，动力能源消耗累计节约660万元。

【环境治理】 加大粉尘治理力度，推进脱硫升级改造、烧结机机头除尘改造、原料场抑尘网等项目，重点强化料场扬尘、皮带转运站扬尘、高炉炉前扬尘等环境整治工作；拓展废水回收利用渠道，稳步接收焦化废水与脱硫废水，为减少废水外排作出贡献；坚持绿色厂区建设，共栽植树木2600棵。

【设备管理】 适应设备点检运行机制，推进设备精益化管理，简化日常检修流程，调动生产车间人员的积极性、主动性，增强设备故障预知预控能力，提高检修效率和质量。做好设备大中修费用、备件费用、内包外委费用管控，完成公司计划指标。强化库存摸底排查，规范台账管理，实现现场备件管理的统一化、规范化和信息化。

【思想政治工作】 以开展“形势任务微讲坛”系列宣讲活动为主线，丰富载体，创新形式，抓好形势任务教育，引导职工树立信心，凝聚共克时艰合力。加强党员干部队伍思想政治建设，把“三严三实”专题教育融入领导干部经常性教育，引导党员干部自觉做到学而信、学而用、学而行。全年累计救助困难职工345人次。

（撰稿：冯　峰　审稿：孙建设）

炼钢厂

【概况】 莱芜分公司炼钢厂占地面积38.54万平方米，工业建筑面积18.4413万平方米。固定资产原值13.43亿元，净值2.29亿元。现有设备725台（套），装机容量58881.5千瓦。主要设备有转炉4座，连铸机4台，混铁炉2座，精炼炉3座。设炼钢一、炼钢二、连铸一、连铸二、精炼一、原料一、行车一、运转一、质量检查站9个车间级单位，设生产经营科、机动计量科、安全生产科、技术科、人力资源科、政工科、办公室等管理部门6科1室。截至2015年底，在职职工1309人。其中，女职工330人；大专以上学历593人；专业技术人员179人。

【主要指标】 老区生产转炉钢309.278万吨，完成年计划的92.32%，比上年减少8.64%。转炉钢坯综合合格率99.993%。重点生产线日历作业率：转炉85.459%，连铸机84.775%。转炉钢铁料消耗（实物量）1068.908千克/吨钢。转炉耐材消耗0.25千克/吨钢（比去年升高0.05千克/吨钢），质量异议0吨。转炉工序能耗为负9.022千克标煤/吨钢；电耗19.791千瓦时/吨钢，比上年提高8.133千瓦时/吨钢。

【设备管理】 相继实施52号、53号、54号行车合规性改造，1号至4号转炉一次除尘风机三元流转子改造、煤气加压机升级改造、4万立方米煤气电除尘器扩容改造、煤气柜隐患整改及自用煤气系统优化改造，4号转炉废钢跨异地还建等。全年吨钢机物料消耗13.86元/吨，主要设备故障停机率为0.027%。与设备检修中心一道，完成多轮设备年修和抢修工作。

【成本管理】 优化五大成本管控模型，完善“综合管理系统成本控制”模块，通过关键绩效团队运作，实现同比条件下成本向国内最好水平看齐的目标。抓住降低钢铁料消耗、能源介质消耗和合金消耗等关键指标，实现生产成本的降低。根据产线对标要求，开展与永锋、邯钢的对标挖潜，共发现短板31处，确定核心项目17个，为减亏扭亏提供支撑。累计降低成本6185.4万元，与上年同比吨钢降低20元，完成公司吨钢增效200元和系统对标提升目标。

【质量控制与技术研发】 先后成功开发窄带钢Q400Ws、LH235、Q420L、LH460、T50-1等5个新钢种，开发H型钢S355NL-B、S275J2、C245、C345等4个新钢种，开发螺纹钢德标B500B、美标抗震Grade60、韩标SD500、300E、500E等5个新钢种，共计14个钢种。开发小吨位转炉死炉底砌筑顶底复吹技术及结晶器电磁搅拌技术，提高老区技术装备水平。有1个技术进步项目“转炉‘单渣-留渣’冶炼工艺的研究与应用”获省冶金科技进步奖一等奖；新老区申请专利38件，授权发明专利2件、实用新型专利19件。

【安全管理】 全厂（两区）先后实施炼钢厂东线自用煤气主管道隐患适应性改造、1号至3号转炉合金烘烤仓煤气点火系统等331项安全本质化改造。推行“安全风险目视化管理”，设计制作各类警示牌500余块，完成年度危险源辨识、风险评价与控制策划工作，共辨识危险源1320项。对850名职工进行健康查体。

【能源管理与环境保护】 推进节能降耗减排，粒钢磁选烘烤项目使含铁资源得到有效利用，各类渣钢实现自循环。环保投资143万元，相继完成1号至4号炉一次除尘风机三元流技术改造、1号至3号炉除尘污水冷却塔改造、4号炉二次除尘风机转子改造、1号至3号吹氩位除尘风机改造、4号炉二次除尘器除尘布袋更换、4号精炼炉除尘器除尘布袋更换等6项环保改造项目。污染物综合排放合格率100%，工业水重复利用率97.38%。

【人力资源管理】 按照“万事从培训开始”理念，以打造精益团队为目标，全力提升全员精益认知水平和应用能力。通过聘请顾问、邀请专家、内训师教学等方式，重点加强项目负责人培训、班组长轮训、基层员工培训、“点菜式”培训和论坛交流互动，推动精益管理活动的实施。累计开展精益培训96场次，培训员工12673人次。持续开展“双优一落实”岗位人员优化活动，累计优化和调整211人次。

（撰稿：牛　芳　审稿：李洪建）

特钢事业部

【概况】 特钢事业部是山钢股份莱芜分公司权属单位，拥有2条电炉炼钢生产线、2条转炉生产线、4条轧钢生产线和2条精整生产线，具备年产360万吨钢、200万吨钢材以上能力。其中：100吨电炉生产线主体装备有100吨超高功率电弧炉1座，120吨钢包精炼炉2座，120吨双工位机械泵真空脱气炉1台，半径16.5米五机五流合金钢连铸机1台，直径1350毫米×1+直径950毫米×4+直径800毫米×2半连轧机组1套，同时拥有矫直、抛丸、倒角、无心磨床、电磁超声探伤等精整设备。截至2015年底，在职职工2409人，具有高级专业职务资格103人，中级专业职务资格130人，初级专业职务资格40人；取得中级及以上职业资格证书1689人，其中高级技师 44 人，技师 164 人，助理技师 436 人；莱钢技术专家 3 人，莱钢专业技术带头人 8 人，莱钢优秀科技人员 17 人；山东省冶金行业首席技师 1 人，山东省冶金行业优秀技能人才 1 人，莱钢首席技师 2 人，莱钢优秀技能人才 7 人。

【主要指标】 全年生产钢 259.93 万吨、钢材 142.68 万吨；实现销售收入 59.08 亿元。累计销售钢材 143.77 万吨，产销率 100.75%；直销钢材 84.215 万吨，直销率达到 60.94%；订单兑现率达到 99.5%，同比提高 0.5%；平均售价与行业缩小差距 102 元/吨。

【降本增效】 推进“抓精益、深挖潜，吨钢增效 200 元”“产线对标”活动，明确“精益管理、消除浪费、科技创新、破除瓶颈、实现成本降低新突破”的总体思路，与石钢、淮钢等钢厂展开对标学习，瞄准问题与差距，组建两大关键绩效团队及 45 个专业项目攻关小组，细化指标分解与落实，明确改善措施，努力赶超先进水平。100 吨电炉工序通过优化合金配加模型，持续推进合金替代，合金消耗降低 31.16 元/吨；综合电耗达到 272.41 千瓦时/吨，实现挖潜 1200 余万元。

【质量品牌建设】 结合麦肯锡专家提出的“质量屋”管理思路，以新区为试点，推进质量模块化建设。按照“程序化、标准化、可持续”原则，以“源头管控-过程控制-质量监督-产品跟踪-持续改进”为主线，以做精、做细、做实为总体要求，构建以 KPI 业绩管理为统领，以质量负责人为核心，以原料质量管理、质量控制门、设备功能精度和质量事故管理为支撑，以持续改进为目标的 7 个子模块，打造系统的 PDCA 闭环质量管理模式。新区整体过程能力（CPK）达到 1.07，成分 CPK 达到 1.76 以上；一次成品合格率达到 99.64%，全氧含量稳定在 15×10^{-6} 以下，氢含量 1.5×10^{-6} 以下，夹杂物总级别小于 2.0 合格率达到 90% 以上；主要产品风电用钢 S355NL 探伤合格率达到 99.7%，产品稳定供应山东伊莱特、江阴恒润环锻、丹东丰能等 8 家国内大型风电设备加工企业，市场占有率达 60%以上。

【精益管理】 启动麦肯锡特钢竞争力提升咨询项目，持续推进《麦肯锡提高竞争力咨询诊断成果》落地工作，编制《特钢竞争力提升实施方案》《运营转型 精益管理工作推进手册》。按照“围绕预算，扭住关键，消除浪费，全力扭亏”的推进思路，系统策划推进方案，深化精益管理工作。坚持问题导向，围绕生产、质量、营销、能效等重点环节，开展问题识别与立项攻关。全年确立 6 个关键改善项目、28 个专业管理项目、51 个团队自主推进项目；强化项目过程跟踪管控，成立 PMO（项目管理办公室）、“作战室”，建立“月度指标分析、季度评审激励、年度综合评价”业绩推进机制，累计实现项目挖潜和改善效益 8500 余万元。

【产品研发】 根据“特钢做特”的产品定位和“认证引领、质量保证、服务提升、抢占市场、开拓结构调整新局面”的总体思路，研究下游产业发展趋势和用户潜在需求，加大现有产品提档升级、新产品开发力度，着力提升产品价值贡献度。50 吨电炉生产线成功开发供中海油供亚马尔使用的中型 H 型钢用铸坯；50 吨电炉区域建成大钢锭模铸生产线，可生产 14 吨至 37 吨的合金钢大钢锭，满足市场需求；新区成功开发了热作模具钢 H13、Cr5 等高端高附加值产品，生产的直径 500 毫米的大断面 H13 连铸圆坯质量国内领先。进一步稳定 S355NL 风电塔筒法兰用钢质量，42CrMo4 风电齿圈及回转支撑用钢进入大连弗马斯、中船重工、徐州九鼎等高端风电设备加工企业；成功开发锻造轧辊用高碳高铬Cr3、Cr5系列大圆坯及H13空冷硬化热作模具钢；成功开发P12、12Cr1MoVG高压锅炉用钢，26CrMo、27CrMo44s、27CrMoNbTi等CrMo系80级、95级抗腐蚀石油管线用钢；稳步推进美标、日标、欧标优碳及低合金系列产品，高合金钢及管坯钢的开发。全年累计开发新产品77个，新产品销量达到57.87万吨，其中出口3.27万吨，新产品销售比例达到40.43%，实现对比增效7768.1万元。

【市场开发】 结合麦肯锡营销诊断提升建议，制订并推进《特钢产品营销战略落地方案》及《行动计划》，进一步加强营销队伍建设，对销售人员实行以销量为主、服务并行的绩效提成考核模式；完善客户管理机制，加大用户服务力度和用户开发，市场开拓效果明显；在做好伊莱特、青州建富齿轮、浙江万里扬、常宝钢管、南京长青等重点用户服务基础上，组织人员先后对山东省内及华东地区479家企业进行调研，选取有合作意向的企业实地走访交流，大力开发新用户。成功开拓陕汽、邢台轧辊、鲁宝钢管、巨力索具、中船重工、威力工具、天润曲轴等行业龙头企业用户，提高用户档次及产品档次。加强对山东、江苏、浙江、山西、重庆、大连等省市市场的调研和用户产品使用情况跟踪，改善产品结构，提升整体售价，提高经济效益。累计走访客户218家，新增客户85家。

（撰稿：王　彬　审稿：李丰功）

棒材厂

【概况】 棒材厂是莱芜分公司的主要生产单位之一。全厂占地面积31.57万平方米，工业建筑面积12.07万平方米，固定资产原值130649.73万元，净值24362.52万元。拥有4条轧钢生产线和1条锻造生产线，设备966台，总重11443.05吨。用电设备容量104800千瓦。设中小型车间、小型车间、第一轧钢车间、第二轧钢车间、水压机车间、运转车间、生产准备车间、储运车间、行车车间、质量检查站9个车间1站；机关设6科1室，分别是办公室、生产计划科、安全生产科、人力资源科、机动设备科、技术科、政工科。截至2015年底，在岗职工1068人。其中，高级专业技术职务47人、中级75人、初级7人；高级技师43人、技师107人、助理技师242人；大专及以上学历469人。

【主要指标】 全年生产钢材250.12万吨，比261万吨预算计划减少10.88万吨；实现边际效益17815万元，完成公司年计划的37.9%。全厂工序成本比预算降低1710万元，完成吨钢增效200元活动目标的151.6%；累计工序成本比上年降低4214万元。钢材综合成材率101.946%，同比提高0.27%；综合煤耗0.874吉焦/吨材，同比降低0.03吉焦/吨材；综合电耗70.733千瓦时/吨材，同比降低1.25千瓦时/吨材。

【新产品开发】 发挥技术优势，全力抓好高效新产品的开发生产，全年新产品比例达到38.49%，比计划提高15.29%。根据市场需求，首次组织开发了直径22毫米规格的美标抗震钢筋、澳新标准500E钢筋；完成德标钢筋的试生产，通过德标B500B钢筋认证现场审核。加强成分调整和工艺优化，成功试制生产低成本美标直径32毫米、25毫米规格钢筋6000余吨和澳标500N钢筋11000吨。根据国家取消加硼钢筋出口退税政策，做好加铬国标材的试制工作，首次批量生产6个规格国标加铬HRB500E出口钢筋5000吨，一次检验合格率100%。

【专业管理】 扎实推进精益管理，成立产品结构调整、成材率、电耗、煤耗等10个关键指标攻关团队，针对推进过程中出现的壁垒，形成厂控重点项目10项，车间自主改善项目67项。全年完成快速改善项目结题61项，实现年化效益3100余万元。强化对标挖潜责任，逐步缩小与标杆单位的成本差距。工序可比成本与永锋公司的差距缩小到33.55元/吨，比上年缩小差距21元/吨。扎实开展“质量提升年”活动，推行零缺陷质量管理，强化产品质量检验与督查，提高工艺过程控制能力，产品质量稳步提升。建立基于全员参与的设备管理体系。开展设备管理专项检查活动，落实责任，加强整改，消除故障隐患。组织开展EAM系统培训，完成设备树数据收集及数据检查工作。全面完成一轧车间工艺升级改造项目。全厂MTBF（平均设备无故障运行时间）为345.56小时，同比提高69.99小时；MTTR（平均故障修复时间）为2.223小时，同比减少1.072小时。荣获“山东省设备管理先进单位”称号。将安全红线制度纳入车间、班组两级安全管理。细化完善对车间和相关方的绩效考核方式，安全标准化建设不断加强，顺利通过国家二级企业验收复审和省安监局的安全标准化复评验收。扎实开展创建现场管理星级车间活动，引导车间运用精益管理的理念、工具和方法，消除浪费、提高效率和效能，探索建立规范的现场管理系统。

【人力资源管理】 推进流程优化工作，制定关键点工作标准、工作程序，调整部分车间科室业务，促进管理流程规范化、岗位操作流程标准化。推进定岗定编，完成科级干部任期届满考评及优化配置工作。制定下发《员工绩效考核与竞争上岗管理办法》，对职工实施月度日常考核和KPI综合考评，调动职工工作积极性。注重人才培养和选拔工作，聘任责任工程师11人、业务主管16人。推进“到岗、到人、到作业”的精益管理培训，全年举办培训班58期，参培2785人次。3名职工被选为公司级内训师；1名职工荣获“中国钢铁行业学知识标兵”称号；在山东省钢铁黄金有色金属行业职工职业技能大赛中，包揽轧钢工种前三名，1名钳工获二等奖。

【思想政治工作】 及时分析职工关注的热点难点问题，解疑释惑、化解矛盾，保持职工队伍稳定。开展主题系列活动，组织开展全员大讨论，引导干部职工树立五大精益理念，为运营转型、精益管理提供智力支持。以“精益管理我践行”全员大行动为载体，发动全员积极查找生产现场和岗位上存在的浪费现象和行为，消除和杜绝浪费291处。实施“目标+写实”管理模式，对党支部进行量化考核和等级评定，激发创先争优的动能与活力。坚持厂领导党建联系点、党员联系群众等制度，拓宽服务渠道。开展“党员创新攻关”活动，各党支部围绕影响指标提升和挖潜增效的重点难点问题，成立各类攻关团队40余个，解决各类难点问题100余项。开展“精益管理当模范、创先争优做表率”党性实践活动，“精益管理学讲用”活动得到有效落实，党员创新攻关立项达203项，认领指标364项。开展“三严三实”专题教育，通过编发学习材料、上党课、专题辅导等形式，分阶段抓好党员和领导干部的专题教育，加强党员干部作风建设。开展文明素养提升活动，加强“四德”工程建设，开展“三感恩”专题教育，营造践行“四德”、崇尚文明的浓厚氛围，涌现出助人为乐等好人好事20余件。加强青年志愿者、巾帼志愿者和党员志愿者服务队建设，建立常态化的志愿服务制度，定期开展“学雷锋”便民服务活动。参与“最美莱钢人”微电影活动，拍摄微电影《突破》，宣传新形象，凝聚正能量。

（撰稿：李文光　审稿：关中华）

型钢厂

【概况】 型钢厂是莱芜分公司主体生产单位之一，拥有大型、中型、小型3条生产线，下设大型轧钢、大型生产准备、大型运行、中型轧钢、中型生产准备、中型运行、小型轧钢、储运8个车间，机关设生产科、机动设备科、技术科/环境保护科、安全生产科、政工科、人力资源科、厂办公室/党委办公室6科1室。截至2015年底，共有职工1107人。其中，具有高级专业技术职务65人、中级95人、初级26人；工人高级技师22人、技师95人、助理技师223人；大学本科以上学历291人、专科学历394人、中专及高中学历379人；中共党员341人，共青团员82人。

【主要指标】 全年共生产合格型钢202.9万吨。产品成材率、合格率分别为97.52%和99.62%；工序能耗57.195千克标准煤/吨，其中煤气消耗1.443吉焦/吨，电耗60.366千瓦时/吨，水耗为0.247立方米/吨。

【精益管理】 在推行“1+6+3”运营体系基础上，组建PMO、作战室，系统识别型钢盈利改善机会，逐级分解4个关键改善方向共计147项KPI，编制《精益管理推进手册》，落实周推进、月总结例会制度，22项厂级、96项车间级项目扎实推进，生产组织的科学性、灵活性不断提高，设备、工艺保障能力持续改善，“三快两保”生产模式日臻完善。

【结构调整】 累计开发新产品84个共计21万吨。生产北极圈极寒地区液化天然气管道用钢4.4万吨、海工钢5.4万吨、高精度门架槽钢2.2万吨、各类低合金产品37.7万吨。F型钢、HE1000欧标极限规格实现稳产供货。俄标订单、新加坡城市管网隧道用钢等成为结构调整新亮点。精整基地运作流程持续优化，成为结构增效的主阵地。产品规格逐步覆盖国标、日标、欧标、韩标、俄标以及部分英标、美标、奥标，品种规格优势不断放大，实现结构增效6250万元。异型钢改造工程进展顺利，加热炉于12月28日顺利实现点火烘炉。工程进入全面设备安装、调试阶段。市场调研、人员培训、工艺准备、安全管理等工作扎实推进。

【质量管理】 推进“质量提升年”活动，构建“型钢质量屋”，建立重点规格CPK分析模型，推进用户服务升级，品种钢一次检验合格率不断提高，质量成本持续降低。产品顺利通过日标JIS、俄标、韩标KS、欧标CE、新加坡PFC、壳牌（中国石油公司）审核及换证审核。多次被莱芜分公司评为月度质量优秀单位。

【降本增效】 开展“抓精益、深挖潜，吨钢增效200元”活动，深化“四维”对标，落实降低轧废系列措施，推进去库存活动，开展修旧利废，精准控制8项费用，发挥效能监察作用促进减支增效。成本与标杆企业缩小5元/吨，完成修旧利废921万元，实现降本增效2180万元，圆满完成公司考核计划。

【安全管理】 深化“四个标准化”建设，96个安全模型健康运行，落实“四防”措施，保持培训教育、应急演练的高频态势。共计揭查整改隐患1036项，辨识危险源2330项，其中，D级1595项，E级735项，全年实现安全文明生产，被评为山钢安全生产工作先进单位。

【党建思想政治工作】 坚持“融入中心，发挥作用”，落实政治工作行动方案，深化主题系列活动，推进网络化建设，实施支部、党员量化管理，狠抓文化落地，政治工作的保障优势充分彰显。“四德教育”养成活动持续深化，全厂讲文明树新风的氛围日渐浓厚，涌现出全国劳模王俊生，

"感动莱钢人物"汪伟、李深、季钢等先模人物。"三严三实"专题教育扎实开展，各级领导干部的作风不断转变。开展基于现场问题解决的全员能力提升培训，推进网上练兵，落实《优秀专业技术人员选拔及管理办法》，努力为职工成长成才搭建平台。落实亲情关爱行动，为一线职工进行健康查体，先后发放慰问金3.1万元。

（撰稿：张　建　审稿：逄晓男）

能源动力厂

【概况】 能源动力厂主要承担企业热线生产所需冷风、蒸汽、煤气、电、水等能源动力介质的生产、转供和生活用水、采暖供应工作。下设供电车间、供水车间、锅炉车间、汽机车间、电气车间、燃气车间、化水车间、热力车间、热能车间9个车间；机关设生产计划科、机动设备科、工艺技术科、安全生产科、人力资源科、政工科、办公室（与银山型钢公司能源动力厂机关复合设置）。能源管控中心与能源动力厂复合设置，下设能源管理科。截至2015年底，在职职工1156人，其中具有高级专业技术职务人员58人、中级91人、初级13人；工人高级技师40人、技师144人、助理技师370人；中共党员422人、共青团员42人。

厂区占地面积66.67万平方米，其中老区占地面积15.59万平方米，银山前区占地面积10.54万平方米，黄前区占地面积20.50万平方米，动力区占地面积20.04万平方米；工业建筑面积8.15万平方米。拥有固定资产原值425912.80万元、净值230764.98万元。重点设备2506台（套）。

【能源供应】 适应生产弱势运行态势，强化能源动态平衡调配，满足控产状态下的能源需求，夺取抗旱保卫战的全面胜利。年累计供应冷风54.19亿立方米，转供煤气5521万吉焦，分别完成年度计划的86.61%和89.84%。转供电量46.26亿千瓦时，供新水4507.8万吨，分别完成年度计划的90.71%、89.44%。其中区外调水2276.75万吨。

【发电组织】 创新发电组织，优化发电模型，单位发电量和发电效益实现新突破。累计发电11.91亿千瓦时，完成计划的93.22%，创造效益3.57亿元。吨铁发电量225.9千瓦时，达到国内同类型企业先进水平。获得功率因数奖励788.32万元，实现发电效益最大化。

【精益管理】 搭建"精益管理、能效提升"工作载体。举办精益管理培训班7期，培训处科级干部、内训师、管理技术人员和生产骨干359人；专业主管、内训师开展内部培训，参培人员2404人次，累计57696学时。完善《精益管理体系手册》，确立精益发展总基调。看板管理开启目视化管理新局面，迎接公司范围多批次内参观交流。任命专业主管22名，聘任精益内训师6名。53个改善项目结题，综合结题率88%，累计实现效益7043万元。

【安全管理】 安全"四个标准化深化年"活动深入开展。辨识各类危险源5885个，确立"安全红线"895条。47名安全管理人员进行资格复审和取证培训，894名职工参加职业健康查体。承办公司"煤气系统联合救援专项应急预案"演练。其他相关方管理充分到位，累计发现不符合项235项，办理施工安全协议236项，培训相关方人员1890人次。

【设备管理】 主体设备有效作业率95.44%，故障停机率0.075‰。振动诊断中心现场服务214次，发现解决问题78项。岗位点检到位率97%，形成点检典型案例52项。设备检修113项，定修命中率

97.63%。实施黄羊山4眼深井修复、30台深井泵管延伸、供水自动控制系统改造工作。老区4台风机加级改造、110千伏制氧站升级改造工作有效落实。完成热电老区生产及办公循环水供暖改造，动力区35千伏炼钢Ⅰ、Ⅱ线用户架空线路改造等13项技改项目。完成修旧利废913件，节约费用852万元。

【技术管理】 高炉、焦炉煤气放散率实现0.12%、0.03%，均达到国内先进水平。转炉煤气吨钢回收量创109.5立方米历史最好水平。工艺技术参数合格率99.06%。汽水品质、油品污染等级合格率99.29%、96%。污染物及废气排放合格率99.89%、99.84%，工业废水重复利用率98.29%。与济钢、唐钢建立长效对标机制，实现山钢内部对标常态化。吨钢能源增效3.52元，累计效益3270万元。7项专利获得授权；7项科技成果分获省冶金公司及莱钢科学技术奖。

【人力资源管理】 完成科室及“车间机关”竞争上岗，实名制和定员落实率100%。优化压减人员77人，实现公司岗位定员目标。整合再造岗位16个，完成80名驻疆轮换返回人员安置工作。1人被评为山东省冶金行业首席技师，16人被评为厂优秀科技人员，20人被评为厂优秀技能人才。累计6299人次参加各类培训，其中自主培训26期，累计108274学时。

【综合管理】 实现课题增效2728万元，工序成本降低549万元。供水系统应对外部突发故障21次。3个车间分别被评为公司现场管理“四星级”“三星级”车间。一个QC小组被命名为全国优秀质量管理小组；一项成果获全国冶金质量联盟杯优秀成果二等奖；两项成果获省冶金公司优秀质量管理成果一等奖；一个班组获省冶金系统质量信得过班组。

【思想政治工作】 思想政治工作与中心工作同步规划、同步实施、同步提升。开展“三严三实”专题教育，班子作风得到改善。党建提升年、形势任务教育、主题系列活动、“精益管理、能效提升”专项劳动劳动竞赛、“精益管理进班组”、“精益管理我出彩”等活动广泛开展。3个班组分别获得山东省或公司工人先锋号。

（撰稿：姜　杰　赵呈德　审稿：齐登业）

运输部

【概况】 运输部主要承担莱芜分公司进厂原燃材料和厂内成品、半成品的铁路运输及外发任务。建筑面积9.21万平方米，拥有固定资产原值7.53亿元，净值3.79亿元。设备总重1.59万吨，拥有内燃机车32台，车辆464辆，铁路线路102.1公里，道岔325组，年货运能力4500万吨以上。机关设5科1室，即运输计划科、机动技术科、安全生产科、人力资源科、政工科、办公室。基层设7个段，即车务一段、车务二段、机务段、机车段、车辆段、电务段、工务段。截至2015年底，在职职工998人。其中，具有高级专业技术职务的48人，中级77人，初级7人；具有大专以上学历的412人；中共党员345人。

【主要指标】 全年完成货运量2795.76万吨，周转量23057.42万吨·公里；铁水跨区调运201.60万吨；铁水装载超过80吨的铁水罐比例最高达到93.98%，银前区、老区65吨铁水罐不加保温剂比例最高分别达到72.87%、63.11%，型钢大罐、65吨铁水罐周转率最高分别达到1.89次/天、2.78次/天；列车正点兑现率和货物检斤率均为100%；普通车周转天数为0.58天；降低变动成本220.05万元，超额完成吨钢增效200元目标。

【保产运输】 以热线用户需求为导向，积极适应生产工艺和运输条件变化，克服热线主体设备检修、高炉控产和炉况不顺等带来的不利影响，强化调度指挥，及时调整运输组织，保障区域间铁水高效平衡。持续优化运输物流，精心组织铁水减罐、增载、直上、不加保温剂和置换运输，满足精益生产和品种钢冶炼需要，为钢铁产品降低成本、提高质量创造条件。关注外部车流信息，密切装、卸、排工序衔接，减少重车积压，有效应对原燃料不均衡集中到达新常态；优化组织车列分钩、双机挂运、开行直达，快速适应莱钢站电牵大列、跨区交叉运输增多的新形势。获公司表扬和嘉奖共33次。

【精益管理】 以精益管理理念为指导，以行业对标为切入点，以数据分析为支撑，运用精益管理工具方法，查找改进关键点和改善空间，深入开展精益管理。推进全员精准操作，营造标准化作业条件和氛围，提高职工素养。将5S管理融入专业管理中，实现与设备管理、质量管理、安全管理同频共振，绩效明显。开展改善项目30项，其中关键项目4项，专业管理项目22项，重点自主管控项目4项。项目KPI指标明显改善，实现效益427.3万元。

【设备保障】 严格落实“可靠、经济、安全、可持续”的设备管理要求，优化管理机制，强化管理措施，持续加强设备管理。以提升设备可靠性为中心，优化精密点检和专业点检，加强预防性保养与维修；强化故障分析评价，突出责任性故障与事故考核，落实设备管理责任；持续开展设备隐患管理，提高设备专项检查频度，降低设备故障率。依托ERP系统平台，建立EAM设备树，设备管理科学化水平实现了新突破。

【安全生产】 分解落实安全生产主体责任，深化安全标准化建设，加强安全教育，夯实安全管理基础。依据现场、流程和专业特点，深入开展危险源辨识评价工作，识别危险源531项，完成风险评价605项。完善综合应急预案，组织应急演练，提高安全应急处理能力。综合运用各种手段，及时查找和消除现场人的不安全行为、物的不安全状态和环境的不安全因素。排查并治理安全隐患172项，安全费用投入64.55万元。事故由上年的9件锐减到1件，实现安全生产稳定。

【人力资源管理】 落实定岗定编方案，组织管理和技术人员竞争上岗，分流转岗27人。采取岗位兼职、技术升级和管理优化等措施，缓解人员紧张状况。打破沿用近20年、趋于平均化的绩效工资分配原则，按照岗位价值评估及各单位岗位人数，重新测定绩效工资系数，薪酬分配更加合理；对优秀技术技能人才实行月度动态考核，考核结果与津贴发放挂钩，调动技术技能人才的积极性。以服务于运输生产和职工成长成才为目的，开展“精益推进杯”培训竞赛，提升职工职业素养。

【创新发展】 创建安全管理自主管控考核机制，将管理重心下移，提高基层单位安全管理的责任意识和主动性。改革柴油采购方式，实现完全市场化采购，节约柴油采购成本。延长机车加油周期，减少机车加油往返次数，降低机车整备途耗。通过创新运输票据网络签证，结束沿用已31年的纸质货票现场签证方式。完成编组站和一铁站微机联锁合并，显著提高操控集中度和安全可靠性。推进机车DGPS调度实时监控系统的研究与应用，为动态监控运输进度、加强能源管控、保证运输安全奠定基础。完成技术创新87项，授权专利9项。

【党建思想政治工作】 以“四有一树”为目标，持续推进“三型”党组织建设。完成科级干部2014年度工作民主测评和业绩考核，对前5名和后5名干部分别进行奖惩，并依此为依据，结合工作需要调整交流9名科级干部，实现科级班子科学合理搭配，激发干部队伍活力。强化企业文化建设，着力培育半军事化、铺路石、火车头和动车组文化。加大典型的宣传和引领，开展争创“双十佳”和“争当铁路文明使者”评选活动，树立良好的铁路运输形象。通过开通运输部网站和启动运行党群信息管理系统，畅通上情下达和下情上传渠道。开展“三严三实”专题教育，分专题上党课和组织研讨，取得阶段性成果。严格落实“两个责任”，坚持制度化、经常化开展廉政教育，营造廉洁文化。

（撰稿：赵士链　审稿：韩树森）

自动化部

【概况】 自动化部是以工业自动化、信息化等专业为主的生产服务单位，也是莱芜分公司计控、信息化管理职能部门，主要承担自动化、信息网络、计量等专业系统的维护、改造及建设任务。下设办公室、人力资源科、政工科、生产科、工程技术科、安全生产科、计控管理科、信息化管理科等7科1室，铁区维护车间、钢区维护车间、特钢区维护车间、银山钢区维护车间、银山轧区维护车间、计量车间、信息中心、网络及系统运行维护中心、数据检测中心、自动化工程所等10个车间（中心、所）。固定资产原值1.9亿元，净值0.79亿元。截至2015年底，在职职工891人。其中，专业技术人员529人、工人技师职务人员162人；博士生2人、研究生20人、本科生577人、专科生150人；中共党员419人、在职党员347人；共青团员5人。

【主要指标】 所维护的自动化、信息化、计量设备故障停机率低于万分之三；完成公司下达的成本考核指标；年维护仪表16.5万余台（件）、PLC910套、DCS82套、计量衡器115台、电视电话会议系统27套及网络系统设备200余台/套。

【生产保障】 深化“三全一智”（维护人员全身心、维护时间全天候、维护设备全覆盖、维护手段智能化）立体化维护模式建设，13项智能化承包课题通过结题验收。打破部门壁垒促进业务协同，成立西门子、变频器、二级系统等8个专业研究小组，开展知识共享活动20余次。积极转变服务理念，着力提高服务质量，用户满意度始终保持在较高水平，全年受到公司表扬4次、嘉奖2次。组织开展“全员设备精益管理”活动和“设备零故障”专项竞赛，全年累计完成各类年修、定修1000余次，其中5个月影响生产的自动化设备故障率为零。

【信息化管理与建设】 ERP项目一期实施的生产、采购、销售、主数据实现全面甩账，财务模块正式上线。全年开展业务培训130场、3200多人次，组织召开推进例会60余期，解决问题1800余项。ERP二期建设的EAM模块全面上线运行。自主开发建设大H型钢、中宽带、型钢铁前等生产线MES系统。协助生产单位完成操作室合并13项；莱钢钢材智能仓储信息管理系统、汽车衡自助计量信息管理系统等有序推进；利用转炉高温烟气催化热解焦化废水项目、16.5万立方米煤气柜改造等自控系统成功投用。搭建基于桌面虚拟化的莱钢云终端系统。

【科技与管理创新】 推进“运营转型、精益管理”活动，完成部级精益管理课题54项，实现落袋效益6800余万元；完成车间级课题112项，班组级课题93项。开展“到岗、到人、到作业”的精益管理全员培训，分类、分层次培训1086人次，举办内部培训班58个。搭建精益管理可视化平台，实现线上和线下的融合互动式交流。启动实施标准化体系建设，从管理标准化、操作标准化、服务标准化、技术标准化、建设标准化5个方面，全面梳理、优化各类制度和流程400余项。加强技术创新工作，申报专利26项，获国家授权33项。5项成果荣获山东省冶金科技进步奖，7项成果获得莱钢科学技术奖，6项成果通过省级鉴定。

【安全生产】 推进安全“四个标准化”建设，开发建设“自动化部安全生产管理信息系统”。开展安全生产大检查，全面实施安全生产隐患排查治理整改，全年共辨识各类危险源1603项。开展三大危险源安全管控提升活动，消除特种设备安全隐患6项，组织应急救援预案演练11次，354人次参加。组织放射性、高空作业、特殊工种、噪声等作业查体103人次，没有发生疑似职业病或职业禁忌症情况，职工健康处于受控状态。

【人才队伍建设】 持续优化调整组织和人员结构，完成科级干部任期届满考评及下一任期优化配置工作。加强“两站一师”（专家工作站、技师工作站和优秀工程师团队）人才动态管理，共有226名职工进站。3名职工代表山钢在省管企业第三届职工职业技能大赛中取得第一、第二和第六名的成绩。

（撰稿：赵学爱　孙亚宁　审稿：郭维河）

销售中心

【概况】 2015年8月前，莱芜分公司销售中心主要承担型钢、棒材、板带产品的销售职能管理。2015年8月，按照山东钢铁股份有限公司对山钢销售中心的职能定位和调整的要求，原营销管理部部分营销管理职能划归莱芜分公司销售中心，主要包括产品结构调整和产品增效措施策划及考核建议，年、季、月销售计划编制和优化，市场调研、分析、预测，销售价格、销售策略制定和管理，营销管理制度研究及制定，营销业绩评价及考核建议，终端用户需求信息接收、评价、处理，产品销售预算价格提出及执行监督，产销研一体化组织推进与实施，驻外销售子（分）公司（以下简称销售公司）业务管理及考核建议等。截至2015年底，销售中心共有职工172名。其中，管理人员168人、操作人员4人；管理人员中具有高级专业技术职务的46人，中级专业技术职务的97人，初级专业技术职务13人，初级专业技术职务以下的12人；中共党员116人（含销售公司49人）；大学本科以上学历的151人，大专学历15人，中专技校高中学历的3人，初中及以下学历3人。

【主要销售指标】 全年销售钢材620.26万吨，产销率100.29%，回收货款148.84亿元，现汇比例达到63.45%，同比提升28.7个百分点，坚持低库存运行模式，年底本部库存降至14.62万吨，其中销售中心库存6.37万吨，降低了资金占用。全年货款回收率、合同签订率、履约率均达到100%。全年共接收产品质量异议101起，处理完毕98起，质量异议损失12.35万元，补材73.34吨；接收质量异议同比增加31起，异议损失减少9.18万元，补材增加72.17吨。

【营销创新】 借鉴特钢麦肯锡诊断报告，运用麦肯锡的分析方式、方法，针对客户管理、品种结构、价格提升、库存管理、销售公司管理，进行全面分析诊断，形成诊断报告，据此制定精益营销落地方案和精益项目实施手册，明确工作思路和方向，为深化精益营销，落实“两深化、两推进”奠定基础。开展市场调研，加强市场趋势分析研究，准确把握市场机遇，合理运用价值定价和交易定价策略，增强营销策略的科学性、及时性、灵活性和有效性，内销价格与行业对比差距缩小30元/吨，增效2.5亿元。借助合力叉车、亚马尔项目等成功案例，推动高端典范营销，利用产销研一体化平台，充分发挥技术营销团队的核心竞争力，全面推进EVI（供应商先期介入）工作，为用户提供一揽子解决方案，加快由生产制造商向综合服务商的转变步伐，引领整个产销研环节由传统生产导向型向市场导向型转变。以ERP信息系统为基础，以精益过程管控为手段，降低过程浪费，提升精益管理增值空间，提高客户满意度，提升客户价值。

【市场开拓】 树立“订单为王”理念，将接足订单作为销售工作的基本要求之一，主动抢抓订单，实施目标市场一体化攻坚战略，切实发挥需求驱动的引领作用，精准市场定位，聚焦目标市场戮力攻坚，产品结构调整取得新突破，高效产品销售比例达到48.49%，同比提升4.7个百分点。型钢在传统品种钢需求持续低迷的情况下，依托亚马尔项目成功实现品种结构转型和逆势提升，品种钢比例达到22.35%，同比提升1.5个百分点；亚马尔项目共销售型钢产品3.7万吨，累计增效1.1亿元，将型钢平均售价拉升71元/吨；以亚马尔项目为代表的外标产品同比提升3倍以上。棒材着重推动抗震钢筋替代三级螺纹销售策略，品种钢比例达59.75%，同比提升5个百分点。窄带加强终端服务，积极完善渠道建设，品种钢销售比例达到37.06%，同比提升13个百分点。宽带以冷轧料规模化直供为基础，加大车轮钢、大梁钢、焊瓶钢、低合金及外标等品种钢市场开发力度，品种钢销量同比增长4倍。冷轧产品重点拓展深冲钢市场，品种钢比例同比提升9个百分点。

【渠道管理】 加强客户关系管理，完善客户评价机制，建立150余家客户档案，完善行业客户需求档案，对行业用户需求进行差异化分析，对客户需求与莱钢产品进行匹配性分析，提高机会捕捉能力。在客户细分和客户评价的基础上，推行“差异化”服务，提供全流程、个性化、一体化解决方案。开拓网络营销新局面，充分发挥网络平台的产品宣传和市场发现功能，追踪需求热点，8月份通过上海众冶网络询单，发现风电用H型钢潜在需求，为产品结构调整提供了支撑。树立精益服务理念，坚持以客户为中心，系统优化服务流程，科学处理服务质量、效率和效益的关系，实施无障碍运作机制。树立问题就是资源的理念，快速响应，加强与相关部门沟通协调，质量异议处理高效、公正、合理，客户服务满意度持续提高，发掘了客户价值、稳定了客户群体、拓宽了客户渠道。

【自营销售】 进一步理顺关系、强化管理、规范运作、激发潜力，借助贴近市场、贴近客户优势，发挥销售公司市场开发和终端客户维护职能，快速有效反馈市场信息，深入终端服务客户，大力开拓高效产品、新产品销售，有效保证了区域市场稳定，取得了较好的业绩，树立了良好的外部形象。全年销售钢材185.51万吨，占国内销售总量的22.08%，实现利润2300万元。

【营销管理】 完善ERP销售功能模块，推行销售流程标准化、规范化，实现销售价格、订单全流程追溯。实行合同签订到履行的闭环管理，强化票据传递和资金风险控制，业务风险抵御能力不断增强。根据市场发展变化，借助产销衔接增效会，动态优化销售资源，增强了资源配置的针对性和有效性。适时调整考核激励机制，开展营销攻关，制定高效产品、库存控制等专项激励政策，考核更具针对性。根据公司营销管理职能调整要求，科学设置中心内部机构，增设2个专业职能科室，合理调整职责分工，理顺管理流程，优化管理职能。系统梳理、完善相关制度，结合精益管理推进，修订、制定党群、行政、营销管理制度70余项，进一步夯实了管理基础。

【人才队伍建设】 加强人力资源管理，强化人力资源优化与开发，深度挖掘人力资源潜能，创新科级后备干部培养模式，选拔聘用9名业务主管，营造人才竞争、培养、成长的良好氛围，搭建了发展平台。加大职工教育培训力度，提高了员工队伍的素质，合理进行人员优化配置，进一步激活人力资源、激发员工活力，人力资源管理扎实有效。加大检查考核力度，纪律意识、效率意识进一步增强。

【党群工作】 探索新时期党建工作规律，借鉴“精益管理”思想和方法，深入开展党性实践活动，以“五个一”活动为主线，开展“党员认领精益项目”和“党员精益示范岗”活动，健全完善量化考评模式，构建党建工作精益管理模型。推进“三严三实”专题教育，制定详细推进计划，落实“回头看”，共征集意见建议30条，确定10项整改事项。开展“精益营销、攻坚夺金”劳动竞赛活动，围绕“抓精益、提指标、求生存、增效益”主题开展各项攻关，形成各部门竞相提指标、增效益的良好氛围。加强干部队伍建设，梳理科级干部存在的优劣势，确定下一步努力方向，提升科级干部队伍整体素质。落实党委的主体责任、纪委的监督责任，强化一岗双责履职能力，加强对党员干部和重点岗位人员的监督和管理，规范廉洁从业行为。通过各种媒介，展示营销业绩和营销队伍良好形象。深化厂务公开，推进民主管理。

（撰稿：商启亮　审稿：刘立华）

莱芜铁路运输分公司

【概况】 莱芜铁路运输分公司于2014年4月9日挂牌成立，由山东钢铁股份有限公司莱芜分公司代管。主要承担莱芜分公司进厂原燃材料和厂内成品、半成品的运输及外发任务。机关设5科1室，基层设7个段。年内职工定员1061人，年底实有998人。建筑面积9.21万平方米，拥有固定资产原值7.53亿元，净值3.79亿元。设备总重1.59万吨，拥有内燃机车32台，车辆464辆，铁路线路102.1千米，道岔325组，年货运能力4500万吨以上。当年完成运量2795.76万吨，周转量23057.42万吨·公里，铁水跨区调运201.60万吨，降低运输变动成本220.05万元，主要经济技术指标全部完成计划目标。

【车务一段】 承担莱钢站到发运输，钢铁区铁水、水渣调运，段内路局车辆的解编取送、内部倒运等作业。截至2015年底，共有职工154人，其中高级职称2人，中级职称4人，技师6人，助理技师31人，大专及以上学历47人。辖编组区、钢铁区两个作业区，运用机车7台。全年完成运量1154.81万吨，周转量8940.74万吨·公里，调运铁水315.01万吨。

优化运输组织流程，深化准时化、柔性化的生产模式。快速适应莱钢站开通电气化铁路带来的新变化，做好路局车取送和莱钢站货运员进厂后的外发检车作业，确保路局车快卸快排。全力组织钢铁区铁水调运和跨区域铁水平衡运输，铁水不加保温剂比例屡创新高。加强安全管理，开展安全隐患排查，全年共发现和治理各类隐患39项，防止道口撞汽车、高炉跑铁等事故14次，保障生产现场本质化安全和运输稳定顺行。

【车务二段】 承担5座高炉区内、跨区铁水调运，6座高炉水渣倒运以及3台翻车机、7条轧材线的取送对位和颜庄站的到发运输任务。辖银前区、轧钢区、新钢区、新铁区和特钢区5个作业区，辖区机车运用12台、预备1台。截至2015年底，共有正式职工201人，其中高级职称2人，中级职称4人，高级技师1人，技师5人，助理技师39人，大专及以上学历47人。全年完成运量1640.95万吨，周转量14116.68万吨·公里，铁水外调量194.73万吨。

加强铁水运输工序衔接，配合铁水减罐、增量、减剂、直上等精益生产，积极组织铁水分流，确保热线生产均衡稳定。优化运输组织，克服新区地磅由区间转移到新区6股造成的调车行程延长、作业干扰增多等一系列不利条件，保障原燃料供应和产品外发。根据生产形势变化，将17调机车从新钢区优化至新铁区作业，提高铁水平衡调运能力。创新翻车机对位"反向折返作业法"，确保翻卸和对位工序高效衔接。

【机务段】 负责莱芜铁路运输分公司所有机车、吊车和通勤轨道车的运行及日常维护。截至2015年底，共有职工226人，其中乘务人员197人，含高级技师2人，技师7人，助理技师48人，山东省首席技师2人。共有机车32台，救援吊车1台，通勤轨道车1台。各型号机车数量分别为GK_{1F} 9台，GK_2 3台，GK_{1C} 5台，DF_{10D} 6台，DF_{4DD}机车5台，GK_{D1A} 4台。封存机车5台，运用机车20台。运用机车配属情况为新钢区3台，新铁区5台，新铁区预备机车1台，银前区2台，轧钢区2台，钢铁区3台，编组区4台。

严格落实管理和技术人员添乘制度，以问题为导向，及时发现并解决现场问题，持续提升管理绩效。定期走访业务单位，不断改进服务质量，提高运输保产能力。实行矩阵管理，重视劳动纪律和现场安全检查，严格考核，推行柔性化操作和标准化作业，保障设备高效运行和运输安全稳定。加强设备维护保养，每月对各机车维护保养质量进行评定考核，提高机车维护保养质量，减少了车故障次数。推广节油操作法，规范交班交油制度，延长机车加油整备周期，降低机车燃油消耗。

【机车段】 承担莱芜铁路运输分公司32台内燃机车、1台救援吊车和1台通勤轨道车的检修任务。截至2015年底，共有职工77人，其中高级职称5人，中级职称10人，高级技师1人，技师4人，助理技师15人；共有设备116台。下设电气制动班和机械动力班两个基层班组。全年共完成机车大修4台、机车架修2台、平轮修75台次、中检16台次、临修1015次，保证机车的正常运用。

优化班组设置，将柴油机班与走行班整合为机械动力班，班内不再细分专业，缓解缺员现状。推行KPI指标评价考核体系，以关键技术指标作为班组奖金评定基准，细化技术人员和管理人员绩效评价内容，有效调动职工积极性。加强5S现场管理，制定《现场管理规划方案》《现场管理综合管理制度》，优化检修区域，规范配件管理，提高了现场管理水平。

【车辆段】 承担莱芜分公司所有自备铁道车辆的点检、检修和路局车辆检查配合任务。截至2015年底，共有职工77人，其中高级职称1人，中级职称5人，高级技师4人，技师7人，助理技师19人。设修车班、修配班、炼钢列检、大型列检4个生产班组和日勤班。所辖各型铁道车辆462辆，各类检修设备20余台（套）。2015年，大修车辆10辆，段修424辆，临修636辆，自备车列修点检17.85万辆次。

成立精细点检实施小组，按照车辆精细点检表，定期对车辆实施精细点检，保障车辆的运用状态。实施精益检修，减少扣修，全年现场修300余辆次，提高检修效率，降低车辆倒运费用。优化车辆扣修流程，解决车辆扣修难的问题，推进车辆精准检修。突出“问题”管理，疏通和理顺检修流程，优化班组结构，调整岗位职责，量化工作评价，提高工作质量和效率。

【电务段】 负责莱芜铁路运输分公司铁路信号、电力、通信等3000余台设备的运行、维护和故障处理任务。截至2015年底，共有职工78人，其中中级及以上职称17人，技师6人，助理工程师及助理技师16人。下设6个生产班组。

完成编组站与一铁站微机连锁合并，提高微机连锁系统操控集中度，减少岗位定员4人。推进DGPS调度监控系统安装，为铁路运输科学调度、安全生产、提速增效提供数据支持。在铁路沿线及厂区重点管控区域安装监控装置，形成包含161个点位的视频监控网络，为安全督查和综合治理提供技术保障。自主设计制作电加热道岔融雪除冰装置，提高冰冻天气重点道岔的可靠性。实施信号机显示灯源LED改造，提高信号设备的可靠性。

【工务段】 负责莱芜铁路运输分公司102公里线路、325组道岔、28座铁路桥涵、118座工业建筑及水暖管网的点检和检修任务。拥有铁路养护设备、机加工设备共112台（套）。截至2015年底，共有职工95人，其中高级职称2人，中级职称12人，高级技师1人，技师10人，助理技师17人。辖西山口、焦化、炼钢、大钢4个工区，共有9个班组。全年维补修线路88.47公里、道岔224组，完成各类大修17项。

发挥协同作战能力，组织科学高效检修，实行铁路线路检、修分离，明确责任分工，改善线路状态。实施特钢二炼尽头线120米抬道，线路坡道由原来的8.6‰降为0，消除该区域铁路运输行车隐患。构建“无边界联防互保”体系，提升职工现场作业安全防护能力，安全管理取得突破。积极开展技术创新活动，获得授权国家专利5项。

（撰稿：赵士链　审稿：韩树森）

菏泽营销分公司

【概况】 菏泽营销分公司成立于2008年6月，隶属于山东钢铁股份有限公司，由山东钢铁股份有限公司莱芜分公司运营管理，总经理刘建国。截至2014年底，共有职工7人，其中外聘人员1人。2015年，菏泽分公司紧紧围绕经营任务目标，创新工作思路，深入了解客户需求，适时调整营销策略，加强新产品市场开拓，合理调整销售计划，强化订单管理，提升重点品种销售量。全年销售钢材7.4万吨，其中新产品销售2.36万吨，占销售总量的32%；直销率60%；销售收入1.66亿元。

（撰稿：孙　进　审稿：刘建国）

全资和控股子公司

上海济钢经贸有限公司

【概况】 成立于2006年4月，注册资本

3000万元，山钢股份投资额1530万元，投资所占比例51%。法人代表王向东，总经理魏运献，监事杜文华。其他5家股东分别是上海钟钢金属材料有限公司、上海申鑫经济发展总公司、上海科大重工集团有限公司、上海新中冶金设备厂、上海建众机电物资有限公司。截至2015年底，人员总数22人，其中管理技术人员21人，生产服务人员1人。公司派出3人，外聘人员19人。全年销售钢材24.7万吨，实现利润1171.68万元。上海公司面对严峻的市场形势，发挥“产品+服务”商业模式的引领作用，强化市场开发，深耕高端市场，培育“学习型”团队，调整和完善组织结构，以市场需求和利润为导向，实现多品种、立体式发展。在上海、济南设立现货销售点，大力开展现货销售，全年共计订购现货4万多吨。开展各类劳动竞赛，激励员工开发市场和抢抓订单的积极性和创新精神。制定有针对性的市场开发方案，把开发直供用户作为第一目标，在原有的基础上又成功开发上海鼎盛、宏强等直供用户。借助现有资金进行资本运作，派出财务专业人员与银行进行不定期沟通，结合银行现行利率在贴息和反贴息中通过资本运作获利润400万元以上。

（撰稿：肖海莲　审稿：高传华）

南京济钢经贸有限公司

【概况】 成立于2008年8月，是山东钢铁股份有限公司全资子公司，注册资本500万元，山钢股份投资额500万元，投资所占比例100%。法人代表杜文华，经理卜力诺，监事栾奕。截至2015年底，人员总数11人，公司派出5人，外聘人员6人。全年销售钢材10.06万吨，比上年减少30.28%；营业总收入2.32亿元，比上年减少52.07%；实现利润118.82万元，比上年减少41.54%。南京公司以中厚板销售为发展主业，以船板、工程机械用钢、容器板、风电用钢为基础，以“第三方贸易”为特色，以优质服务为根本，以提升客户价值为导向，依托山钢强大的技术应用和产品资源实力，大力开发华东、华南市场，不断健全营销网络体系，成为该区域具有一定市场占有率和影响力的中厚板销售公司。在销售渠道建设上，逐步向品种专营和直供模式方向发展。成功开发了金陵船厂、江苏东庚金属实业有限公司、南京环亚贸易有限公司等一批可靠稳定的客户。

（撰稿：肖海莲　审稿：高传华）

无锡济钢经贸有限公司

【概况】 成立于2008年8月，是山东钢铁股份有限公司全资子公司，注册资本500万元，山钢股份投资额500万元，投资所占比例100%。法人代表曾凡钊，经理赵承见，监事栾奕。截至2015年底，人员总数11人，公司派出5人，外聘人员6人。全年销售钢材7.69万吨，营业总收入1.63亿元，实现利润30.96万元。无锡公司以中厚板销售为主，建立起马尼托瓦克、常州高鼎机械、江苏宝冶钢结构、江苏大明等优质而又高收益的客户群。2015年，公司重新将工作重心转移至造船企业，在下半年集中走访扬州、南通、泰州地区的造船厂，新开发扬州中西造船、泰州悦盛等一批新的船板直供用户，重启与南通华津钢业的业务来往，取得一定量的船板订单。无锡公司在大力开发外地市场的同时也没有放松对无锡周边市场的开发。2015年无锡地区新增江苏大明、无锡策合商贸、无锡嘉志钢铁、无锡苏驰金属等终端及贸易商客户。

（撰稿：肖海莲　审稿：高传华）

西安济钢经贸有限公司

【概况】 成立于2008年8月，是山东钢铁股份有限公司全资子公司，注册资本500万元，山钢股份投资额500万元，投资所占比例100%。法人代表高传华，经理周克，监事栾奕。截至2015年底，人员总数5人，公司派出2人，外聘人员3人。全年销售钢材1.54万吨，实现利润40万元。积极拓展销售渠道增加盈利空间，在减少成本扩大效益的前提下，积极开发优质客户，从高附加值产品入手，提高公司的盈利与生存能力。

（撰稿：肖海莲　审稿：高传华）

天津济钢经贸有限公司

【概况】 成立于2009年8月，是山东钢铁股份有限公司全资子公司，注册资本500万元，山钢股份投资额500万元，投资所占比例100%。法人代表高传华，经理刘佩军，监事潘刚。截至2015年底，人员总数7人，公司派出5人，外聘人员2人。全年销售钢材2.18万吨，营业总收入4408万元，实现利润10万元。公司以济南分公司产品为销售主体，兼做第三方贸易。同时负责北方钢材市场钢铁企业、钢材需求、贸易商的信息搜集，致力于开发京津、华北、东北钢材市场，形成以高端客户为主体，精品用户为辅助的品种钢材销售网络。客户包括中石油、中海油、渤海造船、天津新河造船重工、中铁六局、中铁三局、铁路机车车辆等，形成以高强板、容器板、船板、管线用钢、桥梁钢为主的销售特色。

（撰稿：肖海莲　审稿：高传华）

杭州济钢实业有限公司

【概况】 成立于2009年8月，是山东钢铁股份有限公司全资子公司，注册资本500万元，山钢股份投资额500万元，投资所占比例100%。法人代表曾凡钊，经理徐万新，监事潘刚。截至2015年底，人员总数9人，公司派出5人，外聘人员4人。全年销售钢材5.6万吨，比上年增加24.44%；营业收入1.16亿元；实现利润252.25万元，比上年增加45.69%。公司在重点销售区域杭嘉湖、宁波及舟山等浙北地区重点开发终端用户、高端产品及重点工程需求产品，关注用户订货规律，培养用户“依赖度”与“忠诚度”，打造“深耕终端、精准服务”营销模式。依托山钢集团整合优势及本埠技术优势、产品优势，与其他各驻外公司抱团取暖，相互协作，与产线形成合力，发挥协同效应，共同应对市场挑战。形成直供用户7家以上，月均订货量4000吨左右，进入良性循环发展阶段。除了巩固已有销售渠道，进一步深挖市场潜力，逐步向强化品种专营，实现做专做强方向发展，以船板、工程机械和锅炉容器板市场为主，兼顾销售公司其他产品，开发高耐候钢、低碳钢等高附加值产品销售渠道。先后与杭州锅炉厂、厦工、杭州神钢建机、金海重工船厂等终端客户合作，发展一批长期稳定的客户。

（撰稿：肖海莲　审稿：高传华）

青岛济钢经贸有限公司

【概况】 成立于2010年9月，是山东钢铁股份有限公司全资子公司，注册资本3000万元，山钢股份投资额3000万元，投资所占比例100%。法人代表高传华，经理李喆，监事李建军。截至2015年底，人员总数13人，公司派出3人，外部招聘10人。全年销售钢材11.52万吨，营业总收入2.7亿元，利润123.01万元。公司致力于开发青岛地区高端客户，特别是针对青岛海西湾船舶及海洋工程产业集群，充分发挥地域、资源等优势，通过“产品+服务”模式为客户提供优质、高效的服务。在保证原有稳定供销渠道的前提下，青岛公司积极走访周边市场，先后开发了德瑞石油装备（青岛）有限公司、隔而固（青岛）振动控制有限公司、东营金世纪石油设备有限公司等客户，培育了一批可靠稳定的客户群体。通过稳定中厚板产品营销渠道，积极开发冷轧深冲钢、热轧集装箱板、冷轧及中轧现货产品等销售渠道，逐步向多元化方向发展。

（撰稿：肖海莲　审稿：高传华）

莱钢无锡经贸有限公司

【概况】 成立于2004年9月，是山东钢铁股份有限公司全资子公司，注册资本1500万元。法人代表、总经理潘文东，监事刘永俊。截至2015年底，人员总数14人，其中总经理、技术总监、财务总监各1人，外聘人员7人。面对持续低迷的市场环境，无锡公司紧紧围绕任务目标，迎难而上，积极进取，创新突破，全年销售钢材22.54万吨，实现销售收入5.64亿元，利润258万元，净利润187.48万元。无锡公司积极响应山钢股份调整品种结构要求，加大新产品研发和品种钢市场开拓力度，成功进入亚马尔工程、新加坡国家管网工程。

（撰稿：刘常花　审稿：潘文东）

莱钢（广东）经贸有限公司

【概况】 成立于2004年10月，是山东钢铁股份有限公司控股子公司，注册资本6200万元，山钢股份投资额5900万元，投资所占比例95.16%。法人代表王兵，经理于资刚，监事董永峰、刘武修。截至2015年底，人员总数9人，公司派出4人，外聘人员5人。2015年销售钢材4.2万吨；营业总收入0.92亿元；实现税后利润37.5万元。广东公司在华南地区以型钢销售为发展主业，覆盖东南沿海，以管线钢板、容器板、棒材、船板为基础，创建“客户至上、技术争先、换位思考、团结协作”的服务口号，争取达到“创造一流业绩，提供优质服务；提高技术创新，实现共赢共享”的愿景目标，并以此目标为动力，依托产品资源和服务、技术、品牌等优势，大力开拓华南及周边市场，健全营销网络体系，在保持与番禺珠江钢管有限公司、中建等老客户的稳定关系外，积极开发新领域的新客户。在核电项目、造船业、叉车用门架槽钢、汽车车轴用优钢、高铁、钢构公司、地铁等项目中逐步扩大宣传和销售优势，培养双方互信，最终实现共赢共享。采取灵活多变的销售模式，逐步形成了品种专营和高效产品直供模式的双向发展。

（撰稿：李海军　审稿：于资刚）

莱钢上海经贸有限公司

【概况】 成立于2005年11月，注册资本1000万元，山东钢铁股份有限公司出资额900万元，占比90%；上海嘉虹物资有限公司出资额100万元，占比10%。公司法人代表、总经理张峰，监事高相南。公司资产总额2765.04万元，其中流动资产2760.40万元，存货余额1531.22万元；累计负债920.38万元；所有者权益1844.66万元；累计计提盈余公积金448.46万元；累计未分配利润396.19万元。截至2015年底，公司人员总数8人，其中外聘人员2人。全年销售钢材5.87万吨，实现利润33.52万元。

（撰稿：韩白光　审稿：张　峰）

莱芜利达物流有限公司

【概况】 成立于2003年6月，是山东钢铁股份有限公司的控股子公司，注册资本1170万元，其中山钢股份出资820万元，占比70.09%。法人代表、总经理高明，公司监事会主席刘霞。截至2015年底，人员总数19人，其中管理人员9人，操作岗位人员10人；另有外聘人员13人。2015年销售钢材24.14万吨，销售收入4.5亿元，实现净利润253.3万元。公司经营产品包括棒材、型钢、板带等，以现货销售、仓储服务、代理采购经营为主，主要面向莱芜地区中小用户，并成功进入河北、宁夏、江苏、济宁等多地厚板、窄带、宽带产品市场。

（撰稿：王庆炜　审稿：高　明）

青岛莱钢经贸有限公司

【概况】 成立于2000年12月，是山东钢铁股份有限公司的全资子公司，注册资本822万元。法人代表、总经理孔旭祥，公司监事刘家芳。截至2015年底，人员总数11人，其中外聘人员2人。2015年销售钢材16.53万吨，实现利润171.01万元。2015年，公司针对青岛地区需求及市场特点，优化产品结构，提升客户个性化服务水平，全力开拓高端产品市场。依托中海油、中石油等大型央企开发国际市场，先后成为青岛海尔集团、石岛湾核电站、蓬莱巨涛海洋工程重工有限公司、中海油俄罗斯亚马尔项目等龙头企业或重点工程项目材料供应商。

（撰稿：许　峰　审稿：孔旭祥）

莱芜钢铁冶金生态工程技术有限公司

【概况】 成立于2008年10月，注册资本1000万，山东钢铁股份有限公司投资额510万，投资所占比例51%。公司董事长、经理王中学，副经理姜雷，监事会主席焦卫东。其他3家股东分别是北京科大科技园有限公司、山东省冶金设计院股份有限公司、莱钢集团机械制造有限公司。截至2015年底，职工总数14人，其中外聘6人。公司下设3个职能部门，5个专业项目板块。公司主营转底炉直接还原工程及冶金新技术工程的研究、设计、设备供应、施工及总承包，技术咨询、服务，铁合金、煤炭、炉料的批发零售等。

【生产经营】 公司抓住莱钢750车间改造

的机会，组织技术人员设计研讨，做好加热炉耐磨耐热钢的技术研发工作，提升技术研发水平。为750初轧车间生产异形钢改造加热炉总承包项目供应加热炉悬臂辊道设备1套。抓住山东广富集团有限公司维修出料悬臂辊的机会，为其供应出料悬臂辊若干条。加大转底炉技术的市场推广工作力度，与国内有意向的相关企业进行交流，成功承揽临沂曙光铸造公司转底炉炉底机械加工及安装业务。扩大公司业务范围，开展煤炭、铁合金、炉料批发零售等业务。承接并完成莱钢集团银山型钢炼钢厂及山钢莱芜分公司焦化厂焦化废水利用转炉高温烟气催化项目总承包合同。

（撰稿：刘运丽　审稿：王中学）

山东莱钢环友化工能源有限公司

【概况】 成立于2006年7月，注册资本3亿元，为莱芜分公司的全资子公司，2012年与钢城区地名办协调，确定地址为九龙大街135号。组织机构科室与焦化厂复合设置，共设生产计划科、机动设备科、技术科/环境保护科、安全生产科、政工科、人力资源科、厂办公室/党委办公室共6科1室，下设有苯加氢深加工车间一个。截至2015年底，共有职工41人。

苯加氢系统于2009年5月份成功开启并全线开通运行，30万吨/年煤焦油深加工工序尚未正式投建。10万吨苯加氢项目由美阳国际石化医药工程设计有限公司设计，采用国内先进的加氢技术和中国石化集团石油化工科学研究院的萃取技术，制取的产品纯苯纯度99.98%以上。本项目采用国内先进、成熟的工艺技术，占地面积小，投资省，生产安全可靠，环保、职业安全设计符合标准规范要求。该项目的建成投产，结束了莱钢长期以来采用酸洗法处理（粗）轻苯的历史，产品质量得到极大提高，杜绝了酸洗法对环境的污染，具有显著的经济效益和社会环保效益。

苯加氢系统采用粗苯作为原料，产品主要有纯苯（约7.6万吨/年）、甲苯（约1.3万吨/年）、二甲苯（约3500吨/年），副产品主要有非芳烃（约2300吨/年）、重苯（约3400吨/年），产品具有纯度高、品质好、附加值高的特点。

【生产经营】 面对严峻的市场形势，积极采取对策，科学组织生产经营，保障月度利润计划的完成；以内部市场化运营为契机，创新销售模式，化解销售困境，关注市场趋势，科学合理定价，取得较好效果；积极开拓客户资源，加大新客户特别是直供户的开发，强化市场分析，对各产品价格进行趋势研判，为生产经营决策提供指导；全力做好粗苯采购工作，为苯加氢加工效益的实现奠定基础；全年产纯苯1.1万吨，产轻苯3.8万吨，甲苯2090吨，二甲苯885吨。

（撰稿：穆允生　王　伟　审稿：王元顺）

济南鲍德气体有限公司

【概况】 济南鲍德气体有限公司是集气体开发、生产、销售、技术服务于一体的单位，主要产品有氧气、氮气、氩气、低温液体、压缩空气以及氪、氙等稀有气体。设科室3个，直属机关1个，车间2个。截至2015年底，在岗职工218人，其中，管理工程技术人员48人，高级技师1人，技师21人。

【生产经营】 全年供出氧气5.69亿立方

米，供出氮气 9.80 亿立方米，供出空气 12.48 亿立方米，供出氩气 744.19 万立方米，实现利润 3152.05 万元。积极开拓外部市场，全年实现各类产品外销收入 3778.3 万元，外销利润 1170.8 万元。完善销售模式，85%的客户实现款到发货，新账款累计回款比例达 95%，追回账款 479.2 万元。

【精益管理】 倡导“把该做的事做到最好”，巩固深化 6S/TPM 精益管理模式，形成“公司/车间/班组”“产品/工序/设备”的成本核算体系，建立以“核算昨天利润”“汇报今天工作”“计划明天生产”为核心的 24 小时通报分析机制，精益模式成为济南分公司乃至山钢集团的管理标杆。2015 年 11 月 11 日，《山东钢铁》报在头版报道了公司的精益管理经验。

【基础管理】 牢固树立“设备稳定经济运行是企业获取效益的重要支撑”的理念，形成发现隐患、处理隐患、验证隐患处理效果等重点环节的监督、考核常态化机制，实现了连续 11 个月非计划停机时间为零的历史最好成绩。开展“查隐患、保安全”合理化建议活动，征集各类建议 163 项。开展隐患排查治理，整改设备设施、生产操作、危化品充装等各类问题隐患 137 项。

【党群工作】 深入开展“三型”党组织建设，深化党员干部联系点制度，解决职工诉求 99 项。落实“一岗双责”，开展“党员包班组，安全三个一”活动。落实“两个责任”，重新制定“公务消费管理办法”，规范用车、修车、接待流程，荣获济南分公司“优秀效能监察项目”。

【精神文明建设】 连续 3 年通过省级文明单位复审，荣获山钢“四强”党组织、山钢文化建设先进单位等称号。加强思想政治教育，积极开展“季度党课”“劳动竞赛”“山钢文化理念摘抄”“济南分公司企业文化理念摘抄学背”“书香气体”等各类活动，干部职工队伍保持良好精神状态。

（撰稿：王桂芬　审稿：马晋宇）

莱芜天元气体有限公司

【概况】 莱芜天元气体有限公司（以下简称天元公司）主营工业用氧气、氮气、氩气、液氧、液氮、液氩及各类瓶装气体和医用液氧、气氧等产品。主要为山钢股份莱芜分公司的冶炼生产提供产品服务，同时面向社会经营销售气体产品。于 2002 年 10 月 29 日注册，11 月 8 日挂牌成立。2015 年末注册总资本 50581.14 万元。现拥有 9 套制氧机组，1 套氧氮液化装置，其中 6000 立方米/小时制氧机 1 套；9000 立方米/小时制氧机 1 套；12000 立方米/小时制氧机 2 套；22000 立方米/小时制氧机 4 套；60000 立方米/小时制氧机 1 套；150 吨/天氧氮液化装置 1 套。共设综合业务部、生产运行部、机动设备部 3 个部，运一作业区、运二作业区、运转作业区、检修作业区和市场作业区 5 个作业区。截至 2015 年底，共有职工 288 人，具有高级专业技术职务的 8 人，中级的 12 人，初级的 2 人；工人高级技师 12 人，技师 32 人，助理技师 64 人（含一专多能人员）；本科以上学历 67 人，专科学历 102 人，中专及高中学历的 98 人；中共党员 64 人，共青团员 24 人；调出 1 人，退养 37 人，退休 47 人。

【主要经济技术指标】 全年累计实现主营业务收入 6.91 亿元，外销利润 2980 万元，分别完成计划的 85.66%、85.14%；全年累计外供氧气、氮气、氩气分别为 8.29 亿立方米、8.53 亿立方米、347.4 万立方米，分别完成计划的 83.95%、87.06%、

96.5%；制氧水耗实际完成20.71吨/万立方米，同比降低1.679吨/万立方米；制氧电耗实际完成0.911千瓦时/立方米，同比降低0.043千瓦时/立方米；氧气放散率1.73%，同比降低0.03%。供氧压力、氧气纯度等指标，均保持历史较好水平。快速投运稀有气体项目，新开发粗氪氙销售客户。全年销售液氧26871.88吨、液氮8368.56吨、液氩25312.08吨、粗氪氙1379.84吨，氖氦52913.6立方米，实现税后销售利润2967.82万元。

【生产管理】 以精益管理、能效提升为依托，严格落实“三勤”安全生产方针，提升职工岗位责任意识。加强调度管理和生产动态管控，适应热线生产模式，提前预测用氧变化，对制氧机负荷进行动态调整，科学控制氧气产出量，适当补充液氧蒸发量，最大限度降低氧气的放散率。

优化生产组织，发挥六万大机组经济运行优势，六万制氧机产能占保供总量的60%，液体产量80%，稀有气体全提取外销售，因此六万制氧机是稳定保供的重中之重。优化其工艺技术指标，对电耗、水耗、蒸汽消耗等可控指标，制定对标控制方案，优化完善改进措施，最大限度挖掘潜能；不断优化固化工艺操作参数，根据实际需求积极进行变负荷调整，持续提升氧氮氩、稀有气体产量、纯度，为全年稳产保供任务提供了有力保障。

【设备管理】 按计划完成年修、定修、清扫任务，同时对设备不稳定因素进行改造、消缺，实现八氧空压机大齿轮及三级叶轮国产化改造；六氧DCS系统、六七八氧冷却水系统综合消缺；七八氧液氧蒸汽换热器、六万制氧机水泵房过滤器改造及部分氧气阀门在线清洗；六万制氧机增压机防喘阀定位器改造，全年累计消除各类缺陷隐患1126项。

强化点检管理，各岗位全年点检到位率平均为99.69%，共发现设备较大隐患72项，日常点检消缺927项，巡检处理供气管道泄漏6处、隐患19处，奖励点检明星82人次。

针对特殊季节对保供的影响，成立冬夏季“四防”领导小组，整改完成生产设备、工业建筑、工业管道、变配电设备、水冷却设备、排洪设施等163项缺陷问题，全面检查校验防雷设备设施、房屋、氧气管道等所有接地电阻，消除各类安全风险。

【安全环保】 开展“安全生产百日竞赛”、“安全生产月”、安全生产“突出贡献奖”等活动；印发《安全管理考核细则》；修订《安全生产责任制》《安全生产专项考核细则》；各层级签订安全生产责任书，明确各岗位人员安全职责，细化工作流程；开展“查隐患、反三违”打非治违专项行动，全年督察整改安全生产隐患24项。

对标完善安全生产标准化，聘请安全标准化专家进行达标现场诊断，整改完善64个问题项，顺利通过山东省危险化学品生产企业安全生产标准化二级达标企业的评审。

定期安排接噪岗位职工进行健康检查，组织186名接噪岗位职工进行健康查体，对公司所有岗位进行噪声监测，监测率100%，值班室噪声合格率100%。

（撰稿：姜　杰　王晓妍　审稿：齐登业）

莱芜钢铁集团电子有限公司

【概况】 莱芜钢铁集团电子有限公司（以下简称电子公司）是山东钢铁股份有限公司的全资子公司。注册资本3600万元。专业从事电子产品设计、生产、销售与维修；电气盘箱柜产品的设计、装配、集成、销售与维护；信息技术咨询；软件开发与销售；

网络施工；自动化控制、信息化系统设计、集成与安装调试；自动化及信息系统升级与改造工程等。下设运营改善部、营销管理部、技术质量部、工程管理部/安全生产部、产品事业部、人力资源部、综合业务部等7个部门。其中，人力资源部、综合业务部分别与自动化部人力资源科、办公室复合设置。截至2015年底，资产总额24028.15万元，净资产13941.71万元，固定资产原值352.93万元，净值269.5万元。

【生产经营】 全年实现销售收入11639.77万元、利润1612.16万元，签订合同额14803.85万元，完成公司下达的全年任务目标。

【工程项目集成市场】 积极应对市场变化，加强对重点项目的动态全程跟踪，签订工程项目集成合同额12355.45万元，同比增加17.3%。持续优化市场布局，对内加强与山钢各单位的沟通交流，积极争取转炉高温烟气催化热解焦化废水项目等自动化信息化项目，签订集成项目合同额4822.23万元；对外加快多元化发展，抢抓煤炭、化工、电力、环保等非钢领域订单，签订外部集成项目合同额7533.22万元。营销团队分片包干、责任到位、信息共享、协同作战，发挥战斗堡垒作用；工程项目团队转战多个省市地区，以精湛的技术和实干的作风，打造电子公司优质服务的品牌。

【电子产品研制与销售市场】 按照“规划一代、研制一代、生产一代”的发展思路，坚持自主创新与引进消化吸收同步、研发生产与市场营销并举，推进硬件产品、软件产品、集成产品提质增效，全面发展。全年生产电子产品27000余台（件），装配盘箱柜500余面。梳理近年来运行效果好、有市场前景的34项软、硬件和集成产品作为重点推广项目，具备对外销售的条件。开展产品质量提升活动，制定14项产品标准和18项检验规范，强化生产过程管控与质量监督。编制《产品发展纲要》，明确未来3年产品发展的目标和方向，为深度推进产品板块发展谋篇布局。

【技术服务市场】 扩大维护服务领域和范围，签订对外服务合同24项，合同金额800余万元。构建具有自身特点的维护服务体系，在山东耀华鲁信、山东鲁丽钢铁等项目中推广应用新疆公司维护模式，实现服务过程端到端的全流程监控。主动跟进矿建公司球团厂风机变频EMC节能改造等项目，EPC、BOT、BOO项目承包模式的研究与实施取得新进展。制定完善工程管理标准文件27项，进一步提高工程管理标准化水平。

【企业管理】 深入推进“运营转型、精益管理”活动，实施10项管理创新课题，加快绩效评价与考核体系建设。从管理、操作、服务、技术、建设5个方面做好标准化体系建设，修订完善管理制度42项、工作流程70项。加强应收账款清欠管理，累计回款1.04亿元。全面验收在建项目245项，完成结项119项。坚持精益采购理念，完成招标项目118项，保障内外部工程项目、大中修及生产备件按时供货；持续优化库存结构，妥善处置沉积库存物资，有效降低成本费用。严格落实安全责任，扎实做好各类隐患排查与整治工作，安全生产保持良好态势。以市场为导向，产销研相结合的创新体系逐步完善，共征集研发课题15项。搭建嵌入式系统试验平台，完善仿真、传动等实验室建设，为故障分析、产品研发、职工培训提供支持。完成低压开关柜标准换版和产品增项，并通过中国质量控制中心年度监督检查；完成电子工程专业承包二级资质和建筑智能化专业承包三级资质合并为电子与智能化工程专业承包二级资质并换证；QES体系通过世标认证中心审核。4个QC小组在省工程建设

(勘察设计）优秀QC小组评选中获奖；2个项目在省优秀工程勘察设计成果竞赛中获奖；8个项目在省冶金工业总公司优秀工程勘察设计评选中获奖。

（撰稿：赵学爱　孙亚宁　审稿：郭维河）

部分代管单位

银山型钢有限公司

综　述

【基本情况】 莱芜钢铁集团银山型钢有限公司（简称型钢公司）成立于2003年12月26日，为莱芜钢铁集团有限公司的全资子公司。2011年4月，莱芜钢铁集团有限公司与济南钢铁股份有限公司签署《莱芜钢铁集团银山型钢有限公司股权托管协议》，型钢公司交由济南钢铁股份有限公司托管。2012年2月27日，济南钢铁股份有限公司更名为山东钢铁股份有限公司，托管协议由山东钢铁股份有限公司继续履行。2012年6月，型钢公司以股权信托方式向山东省国际信托有限公司融资30亿元，莱芜钢铁集团有限公司和山东省国际信托有限公司分别占实收资本的70%和30%。融资完成后，型钢公司由独资公司变更为有限责任公司。2014年7月，山钢集团实施钢铁业务整合，型钢公司由山东钢铁股份有限公司莱芜分公司代管。截至2015年底，型钢公司资产总额234.83亿元。

【机构设置】 型钢公司下设销售中心、能源动力厂、炼铁厂、炼钢厂、板带厂、宽厚板事业部。机关设综合业务处、规划处、企业管理处、人力资源处、财务处、生产处、安全生产处、机械动力处、营销管理部、物流中心、供应部、品质保证部，分别与莱芜分公司相关部（处）室复合设置。3月，撤销企业管理处、规划处，成立运营管理处，与莱芜分公司运营管理部复合设置；7月，撤销生产处，成立生产管理处，与莱芜分公司生产管理部复合设置；8月，撤销营销管理部，职能分别划归销售中心、财务处。

【主要装备】 拥有2座265平方米烧结机、1座400平方米烧结机、1座120万吨回转窑氧化球团、2座1880立方米高炉、1座3200立方米高炉、3座120吨顶底复吹转炉、1座脱磷炉、4座LF精炼炉、2座RH精炼炉、3台板坯连铸机、1台异型坯连铸机、1条620毫米窄带生产线、1条1500毫米中宽带生产线、1条4300毫米宽厚板生产线、1条1500毫米冷带生产线等，具备年产900万吨烧结矿、130万吨氧化球团、650万吨铁、480万吨钢、100万吨窄带、230万吨中宽带、150万吨宽厚板、40万吨冷轧薄板能力。

【主要指标】 全年生产烧结矿820.09万吨，比上年增加234.94万吨。生铁548.80万吨，比上年增加185万吨。钢363.95万吨，比上年减少42.28万吨。商品坯材346.72万吨，其中宽带160.11万吨，比上年减少14.15万吨；冷轧薄板33.20万吨，比上年减少6.80万吨；宽厚板94.01万吨，比上年减少5.66万吨；窄带59.40万吨，比上年减少9.35万吨。全年销售烧结矿58.21万吨、铁水254.02万吨、钢水98.71万吨、宽带122.80万吨、窄带59.80万吨、冷轧薄板33.88万吨、宽厚板95.34万吨、电8.10亿千瓦时。实现主营业务收入143.40亿元，同比减少22亿元，其中：烧结矿3.21亿元、铁水38.47亿元、钢水16.87亿元、宽带24.08亿元、窄带10.55亿元、冷轧薄板8.04亿元、宽厚板22.23亿元、电5.58亿元、煤气等

14.34亿元；实现利润-12.29亿元，同比减少9.71亿元。

（撰稿：叶　华　审稿：刘振东）

银山型钢炼铁厂

【概况】 炼铁厂下设7个科室18个车间。生产系统包括烧结系统和高炉系统，主要设备有3座高炉、3台烧结机。截至2015年底，高炉固定资产总原值42.12亿元，总净值29.93亿元。其中机械设备450台（套），工业建筑268项；烧结区固定资产总原值29.63亿元，总净值21.31亿元。其中机械设备861台（套），工业建筑416项。截至2015年底，共有职工1936人（不包括协议工360人）。其中，具有高级专业技术职务的76人，中级的114人，初级的28人；工人高级技师25人，技师99人，助理技师272人；在职共产党员750人，共青团员114人；女职工530人。

【主要指标】 全年共产生铁548.81万吨，烧结矿820.09万吨，其中外发20.2万吨，不仅满足了高炉生产的需要，更为公司烧结矿平衡作出积极贡献。吨铁完全成本累计平均1430.22元，比行业平均水平低17.35元。生铁三类品率低于0.1%，2座1880立方米高炉燃料比521千克/吨铁，较上年降低3千克/吨铁；入炉焦比为361千克/吨铁；喷煤比169千克/吨铁。3200立方米高炉燃料比507千克/吨铁，较上年降低8千克/吨铁；入炉焦比338千克/吨铁，较上年降低2千克/吨铁；喷煤比169千克/吨铁，较上年提高6千克/吨铁。2座1880立方米高炉在护炉条件下，全年生铁平均含硅量0.5%，较上年降低0.017%；3200立方米高炉生铁含硅量0.4%，综合休风率3.28%。

【降本增效】 围绕公司“抓精益、深挖潜，吨钢增效200元”活动，以预算为统领，实施成本风险预控、精益化管控。通过优化原燃料结构，优化炉料结构，降低原料库存，严控工序成本，细化内部流程，加强对标交流等手段，吨铁成本控制较好。全年吨铁完全成本平均1430.22元，低于行业平均17.35元；工序成本比计划降低1250万元。积极开展技术创新工作，为低成本冶炼提供坚实的技术支撑。先后实施烧结矿降低MgO、烧结铺底料改造、高炉长风口使用、烧结一混雾化喷头改造等多项技术创新项目，共形成专利32项，授权专利22项，专利申报与往年相比呈井喷之势。完成技术创新成果7项，两项通过省级鉴定。这些创新项目的实施，不仅为高炉稳定顺行提供了更加可靠的保障，更为降低生铁成本奠定坚实的基础。仅烧结矿降低MgO项目，年创效益近2000万元。

【精益管理】 按公司提出的“认识再提高、理念再强化、问题再识别、措施再加力”的要求，认真制定并落实“加快推进运营转型、全面实施精益管理”一系列工作推进方案，在项目推进、人才培养、知识管理、精准操作等方面取得显著成效。全年共完成厂级重点项目21项，年化收益8732万元；精益管理进班组活动扎实有效，完成精准操作项目48项；组织内训师团队学习41次，组建4个内训师指导团队，指导项目31次；开展主管实践培训活动，为车间培养运营骨干18人；组织厂级内训师竞聘选拔活动，激发内训师的内在动力；组织编写《精益管理内训师研修教材》《型钢炼铁厂优秀精益项目案例集》，建立内训师课件库，实现了知识共享。

【安全管理】 汲取省内外发生的多起安全事故教训，制定并实施“安全红线”制度，强化“安全红线”意识。及时修订《型钢炼铁厂安全生产责任制》，明确全厂干部职工在安全生产方面享有的权利和需要履行的义务。持续深化“四个标准”化建设，修订完善《岗位安全标准化作业卡》，重新对全厂各岗位作业进行梳理，进一步完善各作业步骤及风险控制措施。继续加强对三大危险源的管控，重点加强两座1880立方米高炉护炉工作，2月份对1号高炉进行年修，更换部分铜冷却壁和铸铁冷却壁，降低安全隐患；按照“坚决不漏铁、漏铁不爆炸、爆炸不伤人”的要求，对炉基防积水进行全面排查整改；对煤气管线定期进行隐患排查，并及时加以整改；强化皮带机日常安全管理，确保皮带机安全防护装置齐全可靠。对粉尘燃爆加强管控，划出专门的防爆区，从管理和技术上采取措施加以控制。严格相关方管理。严把相关方准入手续关，强化相关方作业前的培训教育及作业过程安全管控，确保相关方作业安全。

【节能环保】 研究改造除尘设备，运用各种先进手段，科学合理分配风量，提高除尘效果，改善了烟尘、粉尘等排放指标。推进烧结机脱硫改造，年内，1号265平方米烧结机脱硫改造进入施工，2号265平方米烧结机脱硫改造合同签订。推进循环经济、节能减排工作，烧结余热发电连创新高，固体废弃物资源综合利用率100%，完成与公司签订的“节能减排循环经济目标责任书”计划目标。

（撰稿：顾　钊　审稿：刘元意）

型钢炼钢厂

【概况】 银山型钢炼钢厂占地面积16.65万平方米，工业建筑面积10.05万平方米。固定资产原值44.02亿元，净值27.59亿元。共有设备82台（套），装机容量180126千瓦。主要设备有3座120吨转炉、1座120吨脱磷炉、4台连铸机、4座LF精炼炉、2座RH精炼炉、6工位KR脱硫以及行车等。设炼钢三、炼钢四、连铸三、连铸四、精炼二、砌筑、行车二、原料二、运转二9个车间。科室与山钢股份莱芜分公司炼钢厂复合设置。截至2015年底，共有职工880人。其中，女职工175人；大专以上学历299人；专业技术人员41人。

【主要指标】 全年生产转炉钢360万吨，完成年计划的88.81%，比上年减少22.03%。转炉钢坯综合合格率99.92%；120吨转炉石灰消耗50千克/吨钢，同比降低3千克/吨钢；转炉氧气消耗56立方米/吨钢，同比降低1立方米/吨钢；转炉钢铁料消耗（实物量）1072.734千克/吨钢，比上年降低5.33%；耐材消耗0.165千克/吨钢；转炉工序能耗负16.88千克标煤/吨钢。重点生产线日历作业率转炉68.97%；连铸机58.75%。炼钢综合电耗76.694千瓦时/吨钢；吨钢机物料消耗27.53元，比上年下降0.27元/吨。主要设备故障停机率为零。

【设备管理】 开展“全员设备精益管理”活动，提高设备精度与寿命，夯实设备基础管理。相继实施130吨RH精炼炉移动弯管系统改造，投入1号连铸机异型坯表面质量自动检测系统，120吨转炉使用焦化厂蒸氨废水系统建成投入使用。钢水接收跨、连铸跨、过渡跨更换约占全跨屋面的1/3及2号RH精炼厂房全部屋面，更换压型板面积约2万余平方米。焊接处理10部行车端梁及主梁腹板裂纹。发现并消除3号225吨行车主钩减速机重大设备隐患。组织实施炼钢厂板坯连铸机增上自动加保护渣设备、4号连铸机增上辊道平台秤等技改项目，有效改善产品质量，提高计量精度。

【质量控制与技术研发】 以“智能化控制、本质化控制、体系化控制、集成创新和自主创新能力提升、跻身行业一流水平”等五大主攻方向，成功开发单转炉双联少渣冶炼工艺、长寿转炉碳氧积精准控制技术、RH高效精炼技术、精炼深脱硫技术、连铸中间包自动加包盖技术、连铸机自动加渣技术、铸坯表面质量自动检测技术等10余项新技术，提高工艺控制能力和产品质量档次，为新产品开发技术提供支撑。开发S355NL、Q345D3、S450J0DDQ级DC04、DC05钢种，LH730高强钢，60Si2Mn高硅钢，27MnTiBM、NM360-NM500系列耐磨钢，S45C-Ti高碳钢，WJ1机械用钢等品种钢，提高产品竞争力和盈利能力。

【能源管理与环境保护】 通过加强资源高效利用和推行清洁生产，强化设施运行控制和隐患整改，实现能源环保管理水平不断提升。完成能源项目投资110万元，增设RH新高压焦炉煤气管道，提高煤气供应能力；新增转炉煤气热值在线分析仪，提高热值监测准确性，全年增效80.6万元。完成环保项目投资170万元，用于除尘器布袋的更换与电除尘器大修。通过北京国金恒信QESEn管理体系外部审核。污染物综合排放合格率为100%；工业外排废水为零；工业水重复利用率97.08%。

【安全管理】 完成年度危险源辨识、风险评价与控制策划工作，开发实施四级量化监督检查信息系统。开展“安全意识强化年”和“四级量化监督检查绩效提升年”安全整顿活动，提升职工安全防范意识。进行新《安全生产法》的合规性评价。开展职业卫生基础建设自查自纠，优化完善风险目视化管理，加强对加料跨、钢水接受跨、连铸跨、厂区道路等重点区域的检查、考核，提升现场整洁性。设计制作风险警示牌、风险告知牌、职业有害因素告知牌与告知栏、有限空间告知牌与警示牌，投资5万余元进行现场实施。组织接触高温、粉尘、噪声、一氧化碳等的职工共630人进行职业危害健康监护查体。

（撰稿：牛　芳　审稿：李洪建）

银山型钢板带厂

【概况】 板带厂是莱钢集团银山型钢有限公司主要成材单位，占地面积63.14万平方米，工业建筑面积14.8万平方米。截至2015年底，固定资产原值38.41亿元，净值23.64亿元。共有各类设备1217台（套），设备总重2.602万吨，装机总容量21.647万千瓦。全厂拥有620毫米全连续热轧带钢、1500毫米热轧带钢、1500毫米冷轧带钢3条板带材生产线，年设计生产能力超过330万吨。

【组织机构】 全厂设办公室、生产计划科、技术科、机动设备科、安全生产科、人力资源科、政工科7个科室和带钢、带钢运行、热轧、热轧运行、生产准备、冷轧、冷轧运行、成品8个车间。截至2015年底，全厂共有职工1160人，其中女职工305人；聘任为高级专业技术职务的46人、中级99人、初级18人，高级技师21人、技师71人、助理技师201人，高级工347人、中级工276人、初级工81人；大学本科及以上学历290人、专科学历354人、高中/中专/技校学历516人。中共党员（在职）303人，共青团员53人。

【主要指标】 全年共生产合格钢材252.53万吨，完成公司排产计划的100.67%。其中：窄带入库59.43万吨，成材率达到98.37%，工序能耗46.527千克标准煤/吨；宽带入库159.9万吨，成材率达到97.849%，工序能耗64.23千克标准煤/吨；冷带入库33.2万吨，冷硬卷、退火卷成材率分别达到88.99%和90.31%，工序能耗分别达到18.75千克标准煤/吨和32.48千克标准煤/吨。全厂实际成本比计划降低58万元。

【精益管理】 认真落实公司“12345”推进体系要求，系统策划实施方案，按照“围绕一个目标，紧扣两条主线，打造三大平台，实现两个突破”的工作思路，研究确定12项专业承接项目，52项厂级管理项目，成立64个攻关组；开展“对标交流、案例征集、现场展示”系列活动，搭建“四级联动”精益管理培训体系，分类分层次轮训1300余人次；建立“月度推进、季度激励、年度评价”工作机制，强化改善课题攻关，全厂64个精益改善项目，达标48个，完成率75%，实现项目落袋效益2200万元。

【产线对标】 坚持“根据标杆找差距，依据差距找问题，瞄准问题立项目，聚焦项目提效益”的总体思路，制定《对标提升实施方案》，建立以“窄带成本对标追赶，宽带、冷轧品种钢结构提升”为关键指标的对标体系；与济钢、国丰建立定期对标机制，加大改进措施研究力度，开展系列提升活动，3项KPI指标全部完成追赶进度目标。其中，窄带工序加工费130.05元/吨，与国丰缩小差距15.44元；宽带品种钢比例达到5.74%，与济钢缩小差距2.85%；冷轧品种钢比例最高达到27.49%，与济钢缩小差距15.27%。

【结构调整和质量提升】 推进以低合金高强度板、冷轧基板、深冲板、优特带为重点的结构调整战略，全年研发新产品13项，8个新产品实现批量生产。开发打包带用钢、耐大气腐蚀结构钢、高品质电炉工具钢等窄带新产品；开发轴管钢、弹簧钢、细晶粒结构钢、超低温结构钢等宽带专用品种钢；冷轧线开发链条用钢、高强捆带钢、汽车用高强度钢以及St13、St14、DC05、CR180IF等深冲用钢。强化工艺技术创新，实施窄带终轧温度控制、宽带工艺优化、冷轧退火卷横折纹缺陷技术攻关等15项质量改进提升项目，产品提档升级取得较大进步。

【设备管理】 开展“全员设备精益管理基础年”活动，大力推行“四精”设备维保模式；强化三级点检制度，制定完善主要生产操作岗位点检标准，精细化点检得到有效落实；坚持“消除隐患，提高精度，预防故障”的定修原则，加大与检修中心的协调力度，对部分区域设备实行联合维保，定修水平和精准率不断提升；强化点检技术人员培训，点检维护水平持续提升；强化设备改进，实施带钢加热炉汽化冷却改造等11个项目，新争取到宽带加热炉节能改造等技术进步项目3项，为提高技术装备水平、改善产品质量、节能降耗打下良好基础。

【安全管理】 深化安全标准化建设，制订完善16项安全管理制度、95项安全标准操作卡，修订了部分安全操作规程，安全标准化制度体系更加完善；强化安全生产责任制，严格安全绩效评价考核，基层的安全检查、教育、管控责任得到有效落实；狠抓《新安全生产法》和安全生产知识学习，累计培训1126人次，组织应急演练260人次，职工安全技能进一步增强；强化危险源排查整治，全年排查整治各类隐患2042项，安全生产保持良好态势，顺利通过了轧钢二级安全生产标准化复审。

【人力资源管理】 积极推进定岗定编和人力资源优化，实施全员竞岗，全年共合并岗位5个，调整岗位43人次，累计减员54人。按照“公开、公平、公正”的原则，顺利完成科级干部任期届满考评和优化配置。强化人才队伍建设，完善人才评聘管理，重新选拔责任工程师和主办科员，拓宽技术、管理、操作人才三大发展通道。积极推进员工绩效考评，狠抓劳动纪律监督管理，职工队伍的纪律意识、绩效意识不断提高。扎实开展岗位技能培训和技术比武，全年累计培训职工1500余人次，职工综合素质进一步提升。

【党建思想政治工作】 认真落实公司“两个责任+特色系列活动+网络化”的工作部署，持续加强“三型”党组织建设，深入实施“1+N”创新工程，狠抓卓越绩效党支部创建，支部战斗堡垒作用充分发挥；创新“互联网+思想政治工作”新模式，编发34期形势任务教育材料，摄制《精益管理大家谈》等5部微视频，开展13场形势任务报告会，职工队伍保持稳定；开展“三严三实”专题教育，党风廉政建设“两个责任”有效落实；推进和谐板带、文明板带、平安板带建设，全厂保持平安稳定；深入开展党群特色系列活动，促进生产经营工作的顺利开展。

（撰稿：王　鹏　伊　瑞　审稿：王化巨）

银山型钢宽厚板事业部

【概况】 银山型钢有限公司宽厚板事业部成立于2013年12月30日，2014年1月16日正式挂牌，是一个集产销研于一体，非法人的经营机构，设有6个科室：办公室、政工/人力资源科、生产计划科/安全生产科、技术科/研究所、机动设备/环保科、营销中心；6个车间：轧钢车间、精整车间、储运车间、热处理车间、运行车间、物理实验室/质监站。截至2015年底，共有职工743人。

【工艺装备】 主体设备4300毫米宽厚板生产线是莱钢“十一五”规划最大投资项目，于2007年开始筹建，2009年8月全线热试成功。整条生产线的轧机、相应的控制系统以及配套的连铸系统等关键设备和技术从西门子奥钢联引进，主体设备有步进梁式加热炉、双机架四辊粗轧机和精轧机、MULPIC在线快速冷却系统、冷/热矫直机、在线探伤机等。产线拥有国内配套最齐全的3条热处理生产线，其中淬火和回火热处理炉引进于德国LOI公司，各条热处理线均采用数学模型控制温度，实行全自动化生产，温度控制精度高，可组织生产调质、正火、回火等工艺的钢板。

【主要指标】 全年累计入库量93.07万吨；按照莱钢铁水计算实现边际贡献2253.4万元，按照行业铁水计算实现边际贡献-3552.2万元。全年精益挖潜575.7万元，吨钢成本累计比预算降低6.2元，与上年相比降低46.2元；与重点对标企业情况：吨钢成本差距缩小60.35元，吨钢销售价格高于行业平均52元，内销平均售价比对标单位高180元；四大品种累计销售18.7万吨、占比22.6%，四大品种占比与上年相比提高6.6%。产品综合成材率达到90.13%，新研发产品25个，实现增效7875万元；主线设备故障率（含自动化部）4.85%，同比降低26%，节约维修资金582万元；轧制效率194吨/小时。安全工作实现“六为零”目标。

【市场营销】 构建科学营销体系，全面拓宽营销渠道，风电、低合金结构板等基础品种实现增量，高强、海工、耐磨、容器四大高效品种接单均突破万吨。紧盯大项目、开拓大客户，攻克亚马尔国际海工项目，开拓招商重工、张煤机等行业标杆性大客户。提升客户服务水平，紧盯客户需求，深入客户现场，为客户提供商务、技术、质量、物流运输等一揽子服务，树立品牌形象和市场信誉。

【安全生产】 以准时生产为主导、柔性生产为补充、拉动生产为保障、高效低耗为目标，优化原料库、中间库、成品库组织管控措施，寻找最佳工艺路径，提高热送热装比例，实施250毫米坯型优化、加热炉高温快烧、单炉生产和双炉双路径等生产组织方式，有效提高生产效率，降低工序成本，建立重点订单“绿色通道”，合同整单及时兑现率达到65%。积极深化安全“四个标准化”建设，开展安全行为观察、安全红黄线管理、安全目视化管理，扎实做好行车、煤气、高压供配电等高危作业风险点的控制，实现安全稳定生产。

【精益管理】 加强企业内部管理，全工序开展价值流分析，积极开展制度修订，梳理管理流程109项，完善管理体系，通过公司QESEn审核。加强人力资源优化，实施科级干部任期届满考评配置，畅通技术、技能人才晋升渠道，打破工种界限，实行择优竞岗，推进技能人才的良性流动，提高广大职工岗位练技学艺的热情。

【产品质量】 加强质量管理和产品研发，以质量提升年活动为主线，围绕降低质量成本损失、提升一次投料合格率和稳定实物质量3项活动目标，开展质量攻关。耐磨钢、亚马尔海工钢等重点产品实物质量获得用户好评，低合金结构用钢板获得冶金产品实物质量“金杯奖”，船用钢板通过冶金行业“卓越产品”现场审核。

【产品研发】 紧盯市场、研销联动，新产品研发适应市场能力明显提高。耐磨钢近10个用户个性化要求产品实现批量接单，12MnNiVR油罐钢通过中石化实物质量认定，压力容器类抗氢钢实现小批量接单，E级低温韧性70千克、80千克级别高强钢实现批量生产，S355J0W耐候钢出口新加坡，PED欧标容器钢板通过认证并实现接单。8毫米以下极限薄规格钢板轧制合格率得到提高。

【设备管理】 全员设备精益管理进一步深化，初步建立全系统的预防维修模式，加强关键设备参数群控制，推动设备管理由“故障管理”向“健康管理”转变。组织产线首次设备大修，消除精轧主电机、换辊滑架、双边剪等较大的设备隐患。积极推进修旧利废和备品备件压库管理，实现经济维修。开展能效提升攻关，实施液力耦合器改造、加热炉多晶莫来石改造、净环水余压上塔改造等技术革新，持续降低工序能耗。

【党建思想政治工作】 推进党群网络化建设水平，认真开展“三严三实”专题教育、“亮、显、看、树”党性实践活动和“抓精益求生存、保稳定勇担当”主题系列活动。加强反腐倡廉建设，党委主体责任和纪委的监督责任得到全面落实。开展了细致入微的形势任务教育，落实职工权益保障，开展劳动竞赛和网上练兵、网上读书活动。推动精益管理进班组、团员青年改善项目取得实效。

（撰稿：薛升波　审稿：马光亭）

银山型钢能源动力厂

【概况】 银山型钢有限公司能源动力厂承担银山型钢有限公司生产所需冷风、煤气、蒸汽、电、除盐水、软化水等热动能源介质的生产与转供任务。机关科室与莱芜分公司能源动力厂复合设置，下设型钢热电、型钢燃气、型钢化水3个车间。截至2015年底，在职职工340人。其中，具有高级专业技术职务人员4人、中级16人、初级2人；工人高级技师7人、技师30人、助理技师73人。中共党员64人、共青团员5人。固定资产原值19.15亿元、净值12.30亿元。重点设备413台（套）。

【能源供应】 克服产能受控、能源不足、天气干旱等不利因素，紧跟生产节奏变化，强化能源动态平衡调配，能源供应稳定高效。累计供应冷风68.95亿立方米，转供煤气3322万吉焦，分别完成年度计划的93.93%和94.77%。

【发电组织】 克服能源总量不足、生产节奏频繁波动、运行方式不断调整等实际困难，创新发电组织，优化发电模型，发电实现新突破。年累计发电 8.11 亿千瓦时，完成年度计划的 92.96%。创造效益 2.433 亿元，减少电费支出 5.84 亿元。

【企业管理】 安全“四个标准化深化年”活动深入开展，“安全红线”管理制度有效落实，企业本质化安全水平不断提升。主体设备有效作业率 95.44%，故障停机率 0.075‰。实施型钢 1 号循环水系统节能改造、型钢 16.5 万立方米煤气柜及煤气加压系统改造等多项技改项目。工艺技术参数合格率 99.06%；汽水品质、油品污染等级合格率 99.29%、96%。与济钢、唐钢建立长效对标机制，实现山钢内部对标常态化。型钢区烟气在线监控系统投运。完成科室及“车间机关”竞争上岗，实名制和定员落实率 100%。

（撰稿：姜　杰　赵呈德　审稿：齐登业）

山钢集团莱芜钢铁新疆有限公司

【概况】 山钢集团莱芜钢铁新疆有限公司（以下简称公司）位于喀什地区疏勒县艾尔木东乡，占地4424 亩，是山东省产业援疆重点项目，公司注册资本 8 亿元，企业设计规模为年产生铁 247 万吨、钢 260 万吨、高强钢材 240 万吨，一期建成 100 万吨铁、钢、材配套产能及相应的公辅设施。主要产品有建筑用钢筋和棒材，可生产矿用锚杆钢、精轧螺纹钢筋，美标、日标、英标、澳标等不同国家标准的螺纹产品。新疆公司竭力应对新疆钢材市场持续下滑形势，保证生产经营、职工队伍稳定，但由于新疆钢材价格暴跌，企业亏损严重，经系统分析研究并报山钢集团同意，公司自 9 月 8 日开始全面进入季节性停产检修。年内，新疆公司进入混合所有制改革方案设计阶段。公司全年平均从业人员 832 人，年底全部从业人员 145 人。

【主要指标】 4 月 2 日开炉，连续生产 5 个多月，累计生产烧结矿 418638 吨、生铁 241636 吨、钢材 233221 吨，钢材产量同比下降 58%，产能利用率 23%。全年销售钢材 34.71 万吨，其中棒材 19.48 万吨、线材 15.22 万吨；实现销售收入 6.62 亿元；钢铁料消耗 1092 千克/吨；综合成材率 101.57%；工业废水、废气、污染物综合排放达标率均为 100%。

【生产经营情况】 确立“以稳定顺行、减亏扭亏为根本任务，突出‘精益管理深挖内潜增效益，运营转型培育新的增长点’两条工作主线，谋求在炼铁成本、运营绩效、资金链保障、政府公关等 6 方面实现突破”的全年工作思路。在资金高度紧张情况下，统筹组织原燃料供应，促进产、供、销有序衔接；提高设备、动力能源、计量、检化验等保障能力；加强技术攻关和新产品开发，成功试轧直径 12 毫米的圆钢等新产品；落实安全生产责任，实现轻伤及以上事故为零的目标。停产检修前，公司组织翔实论证，按照“确保已签合同订单保质保量按期供应，确保人员设施工作安全稳定有序，确保规避各类法律风险”的原则，对停产检修期间各项工作进行周密细致部署，制定季节性停产检修方案、热风炉凉炉方案、检修期间人员安置方案、职工思想动态掌控方案等。

【精益管理】 加强对标挖潜工作，学习永锋公司和新疆区域先进企业经营和管理经验，在原料采购、生产成本、产品销售、物流运输、管理费用等各个环节展开对标，查找差距和不足，采取有效措施加以改进。全年各单位上报攻关项目 41 项。整顿关联交易，梳理重大业务合同，与各相关方就价格及结算方式等展开谈判，年节约合同支出3752万元。推进“三项制度”改革，上半年先后有246人返回莱钢本部不再轮换，加之采取压减外委用工、推行内部自营工程和劳务、实施新的薪酬体系、技术改造替代富余岗位等举措，全年降低成本支出1657万元。争取地方供电部门用电优惠，获得1亿千瓦时直购用电额度，用电单价每千瓦时0.3175元。

【企地协调】 针对喀什地区区域市场相对封闭、市场经济发育不充分、政府财政支出工程多等特点。抓住当地政府重视公司经营发展契机，开展“积极有效对接，助推企业发展”主题活动。与喀什地区12个县市主要领导及政府各相关部门进行友好接洽，推进钢材直供直销工作，喀什地区发改委及地区项目建设领导小组办公室多次要求各县市政府及相关部门优先使用新疆公司钢材，在英吉沙和疏勒两县实现钢材直销2万余吨；与相关银行对接，拓展融资渠道；配合政府质检、工商、税务等部门定期针对喀什地区钢材市场进行检查，打击不合格钢材销售及套牌销售等行为，创造良好外部市场环境。

【党群工作】 加强“四好班子”建设，健全党群组织机构，修订完善干部绩效考评体系；开展“三严三实”专题教育，推进“运营转型、精益管理”党性实践活动。加强和谐企业建设，巩固党的群众路线教育实践活动成果。落实服务职工8件实事，抓好职工生活后勤保障，实施公租房整改、设施配备、地面硬化、路灯照明等项目，6月下旬，339名职工全部入住新公租房。开展劳动竞赛、网上练兵、党员攻关、技术比武活动，征集各类合理化建议150条。加强安保工作，确保人员和财产安全。加强治安反恐，落实人防、物防、技防措施，夯实群防基础，保障公司治安稳定、秩序良好。

（撰稿：贾鲁峰　审稿：李　纲）

部分代管单位机构与人事

银山型钢有限公司

董事会

董 事 长　罗登武
董　　事　罗登武　吕　铭　王广连
　　　　　王培文（职工代表）
　　　　　牛泽成（山东省国际信托有限公司推荐）

监事会

主　　席　李淑华
监　　事　李淑华　王训达
　　　　　陈肖鸿（职工代表）

经理层

总 经 理　罗登武
副总经理　吕　铭　王广连

机关处（部）室

综合业务处

处　　长　刘振东
副 处 长　郭允义

人力资源处

处　　长　孙成玉
副 处 长　莫盛春（正处级）

运营管理处

处　　长　王培文
副 处 长　陈秀昌　韩应战　孔凡强

财务处

处　　长　李秀英
副 处 长　朱　慧（正处级）　高相南　董永峰

生产管理处

处　　长　刘晓军
副 处 长　李玉林　申景霞　李兴义

安全生产处

处　　长　陶教祥
副 处 长　苗仲元

机械动力处

处　　长　赵红光
副 处 长　何福生　马世国　傅守滨

供应部

经　　理　周宪海
副 经 理　王振国　尚庆国　王　骞

物流中心

经　　理　李强之
副 经 理　王兖军（正处级）　杨庆修　林　强

能源管控中心

主　　任　齐登业
副 主 任　袭建富

销售中心

总 经 理　刘立华
副总经理　郝运占（正处级）　刘建平　陈俊科　陈鹤庆

品质保证部

部　　长　孙业华
副 部 长　付常林　王可昊

生产厂、事业部

能源动力厂

厂　　长　齐登业
副 厂 长　袭建富（正处级）　李佩和　李克海　吕德玉

炼铁厂

厂　　长　刘元意
副 厂 长　于仁波（兼）　蒋学健　李京业
党委书记　于仁波
党委副书记　刘元意（兼）　蔺增军
纪委书记　蔺增军
工会主席　蔺增军

炼钢厂

厂　　长　李洪建
副 厂 长　袁本明　王　键　郭伟达

板带厂

厂　　长　王化巨
副 厂 长　张　健　李海滨　刘洪成
党委书记　张　健
党委副书记　王化巨（兼）　姜广忠
纪委书记　姜广忠
工会主席　姜广忠

宽厚板事业部

经　　理　马光亭
副 经 理　姜　明（兼）　刘庆祯　李　涛　单传东　周　平
党委书记　姜　明
党委副书记　马光亭（兼）
纪委书记　姜　明
工会主席　姜　明

山钢集团莱芜钢铁新疆有限公司

董 事 长　曲为壮
副董事长　李　纲

董　　事　曲为壮　景　凯
　　　　　李　纲　朱　慧
　　　　　郭　磊（职工代表董事）
监事会主席　王训达
监　　事　王训达　闫梅生
　　　　　李永华（职工代表监事）
总 经 理　李　纲
副总经理　景　凯（兼）　张铁民
党委书记　景　凯
党委副书记　李　纲（兼）
纪委书记　景　凯
工会主席　郭　磊

（撰稿：李传军　审稿：孙成玉）

山钢年鉴 *2016*

特载

概况

专论专文

大事记

机构与人事

战略合作与交流

专业管理

党群工作

山钢股份

☆ 权属单位

统计资料

荣誉

附录

山钢集团
SD STEEL

权属单位

山钢集团

SD STEEL

山钢文化

核心理念

山钢精神：信恒如山，创新超越

济钢集团有限公司

【概况】 截至2015年底，济钢集团有限公司（以下简称济钢）共有职工11456人。济钢党委下辖202个基层党组织（党委16个，总支3个，支部183个），直属党组织27个（党委16个，总支1个，支部10个），党员总数5266人，其中在职2440人，非在职2826人。年末资产总额278.38亿元，负债总额138.03亿元，所有者权益140.35亿元。济钢以发展多元产业为主，形成钢材深加工、冶金炉料、冶金工程技术、社会服务、金融及衍生服务五大板块。

【生产经营】 坚持以“责任驱动，发展惠民”为使命，各项工作积极推进，生产经营绩效稳中有进，保持较好发展态势。全年实现销售收入155亿元，利润1.8亿元，归属母公司净利润1亿元。支持服务钢铁主业，与济南分公司有效沟通，提供满意服务，稳定内部市场，实现协同共赢；强化内部市场管控，建立运行规则，发挥协同效应。强化生产计划刚性，以销售为龙头，抢抓订单，资源共享，开展销售系统劳动竞赛；搭建进出口贸易平台，全年进出口总量32.2万吨，贸易额近8亿元，分别较上年提升30%和27%；全力开拓外部市场，外部市场收入占比较上年提升5个百分点。全面启动、有序推进铸管公司和中轧厂搬迁项目。落实《安全生产法》等法规，强化各级安全生产主体责任，完善安全管理制度体系，设置安全总监，开展季安全十佳班组评选活动，创新安全管理模式，实施安全互助管理，全年实现安全生产六个零目标。强化能源环保管理，健全制度，研究政策，改造设施，完成应急减排。

【运营转型】 以运营改善项目为载体，深入推进“运营转型、管理提升”活动，全年立项实施集团监管项目68项，结题58项；以目视化管理为切入点，以5S管理为主要方法，创建“模范车间”试点，提升现场基础管理水平；培训运营转型骨干（内训师）35名；规范制度管理，利用信息管理系统，搭建专业管理制度平台，修订完善专业管理制度70项。强化资产管理。强化科技管理，全年实施科技创新项目51项，创效1100万元，获省冶金科技进步奖27项，获授权专利35项。

【降本增效】 强化成本管理。开展对标学习，以先进为标杆对标挖潜，减消耗、控费用、降成本；加强库存管理，减少跌价损失，钢材深加工板块实物库存同比降低29.2%；规范采购管理，招标采购平台运行平稳有序，全年平台招标采购成本降低率8.5%。加强固定资产基础管理，制定股权、土地、固定资产管理制度；强化固定资产投资管理，坚持精益投资理念，实行总额控制，加强预算审核，实施流程管控，全年投资立项金额8577万元；梳理近5年非钢产业投资项目，为转型发展奠定基础。加强股权投资管理，统筹股权优化，理顺母子公司交叉持股，提高投资收益，提升资本管控能力。加强土地管理与开发创效，摸清土地家底，盘活土地资产，推进闲置土地开发，积极解决土地遗留问题。

【多元产业】 在山钢集团发展战略统领下，坚持自下而上、自上而下，积极开展济钢“十三五”发展规划编制工作。坚持稳中求进，五大多元产业板块创新创效，协同带动，稳步发展。济钢国际全年新签合同额是上年的2.74倍；供热公司实施完全成本项目经理负责制改革；国际物流全力开拓新业务，突破国际贸易业务，做大第三方物流产业；铁合金厂创新商业模式，与水文公司合并后统筹谋划发展，运行稳定，趋势向好；鲍德汽运逐渐形成多元化经营分兵突围、多点开花发展局面；济钢（马）公司内抓降本增效，外拓销售渠道；冶金研究院积极利用国家政策，努力盘活齐河基地资产。香港公司以服务集团为基础，以融资创新、业务创效为目标，拓展创新业务，优化融资结构，降低融资成本，控制汇率风险，进口贸易融资平稳发展，出口融资规模持续扩大，发挥融资平台的重要作用；金融中心以业务为统领，以创效为核心，深化金融产品商业模式创新和结构调整，坚守风险底线，保持良好发展势头；钢城矿业面对矿石煤炭市场剧烈下滑，完善销售管理体制和运行机制，努力提高加工经营业务盈利能力；铸管公司改革销售管理体制，大力度开发国内市场，拓展海外市场，积极主动沟通协调，克服各种困难，全力推进企业整体搬迁；炉料公司持续改革创新，建立绩效评价新机制，生产经营保持稳定，鲁新公司在行业大部分亏损的形势下实现微利，成为同行业中最好的企业之一。中轧厂和翼板公司整合后实施联动，优化生产组织系统，推进关键岗位人员交流任职，实现资源融合、经验共享、优势互补。

【改革创新】 优化体制机制，将报社、电视台相关业务、资产和人员从机关总部剥离、整合，成立新闻传媒中心；实施萨博公司独立运营，实行扁平化管理，改革效果初显；实施铁合金厂和水文公司、中轧厂和翼板公司主要领导兼职模式运行，实现带动互补。不断深化产权制度改革，推进公司制改造及上市工作，启动铁合金厂等单位公司制改制，推进鲁新新型建材有限公司新三板上市。持续创新考核机制和分配政策，不断改进和完善绩效考核体系，优化考核方式，适时调整效益指标考核办法；制订总经理奖励基金专项考核方案，增设经营绩效环比、同比改进等专项激励政策，突出激励关键骨干和创效团队；加大考核分配力度，激发扭亏增盈和创新创效活力。规范用工管理，持续精简用工，利用政策，争取支持，实现人工成本大幅降低，劳动生产率持续提升，职工收入保持相对稳定。搭建人才流动平台，组织各类招聘 29 次，提供岗位 119 个；畅通人才晋升渠道，全面推进项目工程师聘任改革，聘任项目工程师 443 人。

【党的建设】 坚持民主集中制，修订完善党委会、董事会、总经理办公会议事规则，积极构建决策科学、执行坚决、监督有力的权力运行体系，召开党委会 22 次，研究“三重一大”事项 29 项。强化理论武装，组织公司党委中心组学习 17 次，调研 240 人次。把党管干部原则和董事会依法选择经营管理者、经营管理者依法行使用人权结合起来，调整领导干部 61 人次，对 97 名领导干部进行年度考核，规范董事、监事管理，调整出资人代表 58 人次；坚持组织选拔与市场化选聘相结合，组织各类招聘 29 次，提供岗位 119 个。抓基层、打基础，深入推进“三型”党组织建设，坚持进展情况月报制度，加强督促指导，创建工作进一步细化、量化、实化。与教育实践活动同步开展“争做‘三型’党员，助推多元发展”民主评议党员活动，在全体党员中开展保持和发扬党的先进性、纯洁性普遍教育。围绕深化改革、运营转型、精益管理、扭亏增盈等中心任务，在全公司领导班子和领导干部中开展“责任与担当”教育实践活动，坚持问题导向，深入查找存在的问题，持续抓好整改落实。

【专题教育】 认真贯彻落实山钢集团党委统一部署，在中层以上领导干部中深入开展“三严三实”专题教育。公司党委书记认真履行第一责任人责任，为全公司中层以上领导干部上党课，以高质量党课开局起步。细化3个专题学习研讨方案计划，使专题研讨不偏不空不虚。召开“三严三实”专题教育工作推进会，选树铸管公司、济钢国际2个单位党政领导班子作典型交流发言，推广交流好经验、好做法。成立4个旁听小组，督促指导各单位党委中心组理论学习，确保专题教育扎实有效。征求基层意见建议，通过群众提、自己找、上级点、相互帮，认真查摆问题。共梳理出集团公司领导班子问题20项，经过党委中心组集体研究，把班子14项问题作为即知即改项目，其他6项问题制定了专项整治工作方案，持续抓好整改落实。

【廉政建设】 认真落实党委主体责任，严格落实监督责任，领导班子带头落实“一岗双责”。编制党委、纪委两个责任清单，制订《2015年党风建设和反腐倡廉工作任务分工意见》，逐级签订党风廉政建设责任书；测评考核2014年度党风廉政建设责任制落实情况，33个二级单位、部门领导班子和105名中层领导干部纳入考核。在全公司全体党员干部中组织开展“学条例、遵准则、保廉洁、促发展”主题教育活动，开展党章及反腐倡廉知识测试，组织全体中层干部、机关科级干部聆听警示教育报告会、观看教育片，在《钢铁工人》报开设“廉洁济钢”专栏。扎实开展公款存放问题专项清理工作，认真落实关联交易和利益输送问题专项自查。坚持严肃执纪，纪律审查查结率、纪检信访查结率、处分决定执行率均达到100%。逢重大节日提前下发通知，严明纪律，成立专项检查组，公布监督举报电话。深入开展效能监察工作。

【群众工作】 充分发挥群团组织作用，深入推进“责任驱动，岗位建功”主题活动，组织一系列群众性创新创效活动，技术比武包括30个工种，5000余人参加，技能大赛表彰技术状元9人、技术能手45人；创建“职工创新工作室”，命名表彰职工先进操作法19项、合理化建议优秀成果62项。广泛开展山钢文化深度融合实践活动，完成企业文化建设内部考核评价，积极开展各类文明创建活动，深入宣传“责任创造价值”的核心理念，组织“企业·家庭与我”大讨论系列活动，举办主题报告会、征文等活动，征文选编成册，形成企业文化建设新成果。把握正确舆论导向，及时有效开展形势任务教育，高度重视舆情信息，推进微信公众平台建设，开展深入细致的思想政治工作。关注民生民意，强化民主管理，推进厂务公开，畅通民意诉求渠道，规范工会经费会费缴纳使用，扎实做好职工诉求代理、劳动争议调解、扶贫帮困送温暖等工作；开展青年志愿者服务活动。做好离退休人员管理服务工作，举办庆“七一”红歌演唱会、“重阳节”广场健身活动，组织离退休人员健康体检，探视住院离退休干部，开展春节走访慰问。加强社区综合治理，开展环境卫生整顿，维修公共设施，开展绿化美化，修缮鲍山山门、瀑布景观，实现单身公寓硬件升级，新村广场大屏幕升级改造开播。职工医院康复楼正式投用，高架连廊建设完成，食堂投入使用，手术室扩建工程结束，投资更新医疗设备，职工就医条件实现较大改善。切实做好信访稳定工作。

（撰稿：金连华　审稿：张俊芳）

莱芜钢铁集团有限公司

【概况】 截至2015年底，莱芜钢铁集团有限公司（以下简称莱钢）共有职工8248人（含自主用工1389人），其中在岗职工

6544人。拥有总资产1530.41亿元。出资企业54家。其中，拥有全资、控股和相对控股公司22家，辅业改制公司11家，参股公司21家。主要有铁矿石采选、金融证券、钢结构加工、建筑安装、房地产开发、粉末冶金及制品、水泥及微粉熟料、运输物流等产业。2015年，莱钢获全国“安康杯”竞赛示范单位，为全国钢劳联唯一推荐并获此殊荣的单位。

【生产经营】 面对钢铁主业分离后生产经营主体的变化，及时调整工作思路，深入探索企业发展方向，加快产业结构转型升级步伐，深度推进内部市场化运营改革，最大限度地挖掘深层次潜力，积极拓展新的利润源，实现全方位创收增效，取得了生产经营建设和改革发展的较好成效。按照山钢集团考核口径，全年实现营业收入498.24亿元，比山钢预算增加98.24亿元；实现利润65.64亿元，比山钢预算增加40.74亿元。

【产业发展】 加快产业结构转型升级步伐，持续推进产业结构优化调整，提升产业创效水平。工程技术板块，重点推进检修中心公司化改革和市场化运行；工程建设板块，重点推进莱钢建设公司归核（钢结构和工程总承包）业务战略性调整和适应性组织架构优化，进一步明确公司发展定位和战略方向；节能环保板块，重点推进运营能力提升和研发、制造、建设、运营维护一体化建设；钢铁产业链延伸板块，投资建设特殊钢银亮材加工项目，编制利用60000立方米/小时制氧机建设特种气体项目可行性研究报告；粉末冶金产业，组织对10万吨特种粉工程项目进行论证，完成项目初设和审查等前期工作。

【战略规划】 全面启动莱钢“十三五”专项规划和职能规划编制工作，编制完成19个专项规划和职能规划，专家审查完成11个；在阶段性借助咨询公司力量的基础上，组织编制莱钢“十三五”发展战略规划，并协调相关部门从内外部发展环境、莱钢内部资源能力、企业发展定位等方面对规划方案进行多次研讨，形成了“聚焦核心产业、实施深度转型、突出耦合发展、做强特色品牌”的发展战略；构建实施“项目+课题”的战略研究模式，组织开展49项战略课题研究，完成冶金装备再制造产业、特种气体产业、石头造纸产业、新三板挂牌实践等18篇研究报告。

【资产管理】 建立资产管理长效机制，出台《固定资产管理制度》《实物资产转让管理办法》，使固定资产管理纳入科学化、规范化轨道。严格固定资产调出、转移、报废等关键环节，全年办理转资资产119项，共10.67亿元。强化托管与租赁资产管理，完成对集团范围内托管与租赁资产的清理核查。积极盘活闲置资产，获取闲置资产租金收入106万元。规范资产处置管理，首次在山东省产权交易中心资产处置平台完成闲置资产交易。全年莱钢从所出资企业获得2014年度现金红利共计5.11亿元。

【亏损企业治理】 面对国内经济增速进一步放缓、产能过剩、需求下降的严峻形势，加大亏损企业治理工作力度，落实机关部门帮扶责任，强化现场调研、专业指导、运营协调等工作，实行一企一策，严格评价考核，2015年纳入山钢治理范围的9户企业有6户实现盈利，全年利润总额比2014年减亏102.31万元，比2013年减亏7586.51万元，扭亏企业户数及减亏总额均完成山钢下达的2015年扭亏目标。

【精益管理】 以理念转变和能力提升为基础，深入推进运营转型，全面实施精益管理。制定下发《2015年“运营转型、精益管理”工作推进方案》，确立“运营项目+精益转型+精益延伸”的工作主线，建立月度分析、阶段评审、年度综合评价的推进机制，按照“分级管理、突出重点”的原则，扎实推进10个公司级运营改善项目，共有9个部室和34个车间参与精益部室和模范车间创建，创效达到1.59亿元。

【财务管控】 坚持“预算统帅一切，预算引导经营”的指导方针，优化完善预算管理，强化动态控制和考核力度，细化落实全面预算控制手段，保证了全面预算管理的全流程、全覆盖。坚持将资金安全放在第一位，及时研究国家宏观经济政策和金融政策，积极拓展融资渠道，精心运作公司债券、职工理财、融资租赁、应收账款保理、国内信用证议付等多渠道、低成本筹资方式，调用各子公司授信增加筹资，稳固境外融资业务，在获取低成本资金增量的基础上降低财务费用，确保了公司资金链的安全接续。积极运作发行公司债券和融资租赁等中长期融资业务，成功运作5亿元融资租赁业务，及时启动40亿元公司债券发行工作。加大对“三项资金”占用的监督控制和应收债权清收工作，围绕应收账款、金融资产、固定资产、无形资产、长期股权投资、各项负债及账外资产等七大模块，制定了完整、详细的清查内容和工作要求；根据债权形成的原因，按照可量化、可操作、易考核的原则，确定债权清收定额，全年共完成债权清收1.15亿元。严格落实费用管理规定，加强日常动态监控，强化费用预算控制，稳步提升费用支出控制水平，部门费用比预算降低137.08万元，降幅10.52%。

【依法治企】 积极推进“法治莱钢建设攻坚年”工作。承办省管企业法治工作座谈会，“法治莱钢”的“八法理念”体系受到与会人员的高度评价。重大事项依法决策，法律风险防控体系有效运行，为公司降低担保风险、挽回和避免损失上亿元。积极开展法治创新论坛、知识竞赛等普法活动，提高了干部职工的法治观念。完善外派董事、监事工作报告制度，前移介入并跟踪参控股公司重要事项。规范子公司法人治理运作，健全出资企业信息报送制度，积极指导和督促出资企业做好股东会工作。组织开展信访法规宣传教育活动，依法规范信访秩序，妥善处理突发性群体事件。社会治安综合管理立体化打防管控体系有效运行，先后查处侵害企业利益的违法案件421起，挽回直接经济损失上千万元。

【风险管理】 完成年度风险事件辨识、评估和排序，根据分析结果制定相应的风险防控策略和解决方案。制订全面风险管理年度工作计划，编制年度全面风险管理工作报告。监督和推进风险防控策略和解决方案的实施，控制风险指标处于风险偏好和承受范围之内，保证企业所有的经营活动符合企业既定的经营目标。全面风险管理工作有序进行，风险管理基础工作得到进一步加强，各项管理流程和制度建设不断完善，全员风险管理意识逐步提升，积极构建适应公司新一轮发展战略的风险管理和内部管控体系，持续提升企业风险防范和控制能力。

【安全环保】 按照“缺什么，补什么”“分类培训，注重效果”的原则，认真组织开展三级安全教育、“四新”安全教育、事故警示教育和日常性安全教育活动。深入开展年度危险源深度辨识、风险评价活动，共辨识各类危险源15088项，对301项重点危险源实施了重点管控，对其他危险源制定了风险控制措施。全面开展冶金、危化品、制粉作业检修、建筑施工、有限空间作业、其他相关方等重点领域安全专项整治，对各类危险源实施全过程、全方位监控，全面排查治理各类事故隐患和不安全因素，全年共排查整改各类隐患2800余项。对危险废物、射线装置、污水排放等重要环境风险，按照法律法规要求，制定严格的管理规定、作业流程和应急处置程序，使环境保护工作覆盖污染物产生、处理和排放的全过程，各类环境风险得到有效管控。

【党建工作】 莱钢党委下属二级党委8个，共有党（总）支部188个（其中总支10个）、党员4248人。2015年，莱钢党委全面落实党建工作责任制，认真履行全面从严治党主体责任，扎实开展“三严三实”专题教育，落实党的组织生活制度，深入推进“三型”党组织建设，深化创先争优活动，党委的政治核心作用、支部的战斗堡垒作用和党员的先锋模范作用得到充分发挥。持续加强干部队伍建设，强化领导班子和领导干部综合考评，完成了科级干部第二任期选拔任用工作。加强干部职工培训，全年组织各类培训434个班次，培训人员29000人次，党员、干部和职工的素质和能力得到持续提升。贯彻《中国共产党廉洁自律准则》和《中国共产党纪律处分条例》，严格落实和执行中央“八项规定”和山钢集团正风肃纪“十条禁令”，加大执纪巡察力度，完善了处级干部廉洁档案，促进了党员干部廉洁从业，弘扬了新风正气。

【思想政治工作】 加大形势任务教育力度，充分发挥电视、报纸、网络等媒体作用，及时宣传上级和公司的有关精神和决策部署，先后编发《团结一致向前看》等16期专题教育材料，引导干部职工坚定应对挑战、战胜困难的信心，为企业改革发展、克难制胜奠定了坚实的思想基础。紧紧围绕企业中心任务，深入开展“提服务、提效益”主题系列活动。发挥网络思想政治工作机制作用，建立莱钢宣传思想工作QQ群、官方微信，开通“莱钢社区”“莱钢家园”等手机客户端。运行管理好“职工快线”网络互动平台，及时做好解疑释惑、理顺情绪工作。召开第六届思想政治工作创新大会，1篇政研成果获中国冶金政研会一等奖。深入推进“同铸山钢魂、共圆山钢梦”文化深度融合实践活动，召开企业文化深度融合推进会，推广先进经验，构建有莱钢特色的法治文化。莱钢在“2015全国企业文化年会”上作典型发言。

【和谐企业建设】 坚持职工权益保障机制，发挥职工快线、职工服务中心作用，切实开展困难职工帮扶工作，全力保障职工权益。深化职工文化建设，举办首届百姓春节联欢晚会、第三届职工文化体育节。推进第二届“最美莱钢人”微电影拍摄工作，先后播出微电影13部。莱钢工会再次荣获“全国模范职工之家”称号。共青团组织积极开展“凝聚青春力量、助推转型发展”主题实践活动，立项实施50项公司级青年创新创效项目、45个“一团一品”共青团品牌创建项目。3名青工在全国全省青年职业技能大赛中取得优异成绩，莱钢团委获全国钢铁行业“青安杯”竞赛优胜单位。持续深化“平安莱钢”建设，坚持将“发案少、秩序好、区域稳定、职工群众满意”作为工作目标，以系列安民行动为主线，落实公共安全监管机制，实现了系列重大节庆活动、重要敏感节点“四个严防发生、两个确保”的目标。持续提高环境整治、医疗卫生防疫、生活后勤等服务保障能力，有效地改善了职工群众的工作生活环境。不断加大企地关系协调力度，为企业创造了良好的外部发展环境。

（撰稿：王立军　审稿：田克宁）

山东工业职业学院

【概况】 截至2015年底，山东工业职业学院（以下简称学院）学院在校生总数119869人。其中，高职高专生10286人，中

山东工业职业学院

职生1700人；教职工370人，其中高级职称102人（正高级23人），中级职称186人。学院现占地651.9亩，建筑面积21.027万平方米，其中教学行政用房面积12.31万平方米，图书馆藏书61.9万册（含电子图书），校内实训基地建筑面积8.45万平方米，建有数控操作实训室、电子技术实验室、现代控制系统实验室、高级电工实训室、耐火材料综合实训室、物流实训室、汽车驾驶与训练等145个实验实训教学场所。教学仪器设备总值累计1092.88万元，固定资产总值36338.35万元。

【师资队伍建设】 加强师资培训力度，2015年共41人次参加了国家级、省级骨干教师培训，同时，派遣教师积极参加各类专项培训、网络培训等作为师资培训的重要补充。选拔部分优秀教师陆续参加了山东省第三届微课教学比赛、山东省青年教师教学竞赛、山东省信息化教学大赛等各类竞赛，并在一些项目中取得了优异的成绩。

【教科研工作】 全年共申报山东省科技计划项目、山东省职业教育教学改革项目等8类课题35项，获准立项19项，同时共有13个前期项目完成了结题，共有26项成果获得山东省优秀科研成果奖、山东省机械工业科技进步奖等奖项。学院教职工共发表文章78篇，其中在核心期刊发表29篇；申请专利12项，其中发明专利3项，获得授权专利共7项，其中发明专利2项；编写出版教材19本。完成了“3+2”对口贯通分段培养试点专业的招生，通过课程体系、实训教学衔接、师资配备等问题的研讨，确定了科学的教学计划，确保了专本对口贯通分段培养工作顺利开展。学院申报的企校合作共建专业“煤焦化绿色生产技术”专业，在省经信委组织的现场评审中获得专家的高度认可。

【实践性教学工作】 2015年，学院技能鉴定工作成效显著，共发放涵盖十余个工种的技能证书3000余份。在教育部、教育厅等国家级、省级部门主办的各类大赛中共获得奖项20余次，获奖数量和质量上都有所提升。逐步建立稳定的技能型指导教师及学生的培养、选拔机制，以期形成技能大赛制度化、指导教师培养交流规范化、学生选拔系统化、技能训练常态化的人才培育环境。

【名校建设】 12月18日至19日，以山东农业大学原校长助理王汉忠教授任组长的省技能型特色名校建设验收专家组一行对学院的名校建设进行验收。专家组通过听取汇报、查阅资料、专业剖析、深入访谈、实地考察等形式对学院名校建设工作进行了全面、细致的考察、验收。认为学院在名校建设期间高度重视评估整改工作，目标明确，措施有力，高职教育办学理念进一步提升，实验实训条件明显改善，教师队伍整体素质明显提高，取得一系列标志性成果，实现预期目标，完成建设任务，顺利通过终期验收。

【社会服务工作】 学院机械厂积极开拓市场，开发新客户，寻找新的经济增长点。驾校加强内部管理、提高服务质量应对招生人数下滑的不利局面，实现全年招收学员近1250人。成人教育全年共招生118人，函授在校生总人数达到了390人。为各类企业员工培训提供优质的服务。先后举办了淄博科勒有限公司基层管理人员和山东莱钢节能环保工程有限公司职工培训班。为了积极开拓校外培训市场，先后与省冶金总公司、山东莱钢永锋钢铁有限公司、阿克苏诺贝尔化学品（博兴）有限公司等多家企业达成了培训合作意向。学院山东山工监测有限公司已通过了实验室资质认定现场评审考核工作，取得山东省职业卫生检验与评价的实验室资质认定证书。

【德育工作】 坚持育人为本，德育为先的根本原则，积极探索学生教育管理的新思路新方法。以促进学生全面发展为目标，以加强学生工作队伍建设为保障，以大学生文明修身系列活动为主要载体，增强教育育人、管理育人、服务育人意识，把对学生的思想教育、服务、指导与管理有机结合起来，建立和谐校园环境。进一步完善了学生管理队伍，积极探索新的学生工作方式方法，学生管理队伍整体素质不断提升。通过开展“中国梦”主题教育、“学党章党史，树理想信念”、“我的大学”等系列教育活动，进一步规范学生行为，重视文明行为的养成。借助第二课堂切实开展大学生创新、创业教育。充分发挥学院资助体系的育人功能，做好国家、山钢等各类奖助学金的评审工作，全年共发放各类奖助学金316.7万元。

【招生就业工作】 2015年共报到新生4436人，其中大专新生4012人，五年制大专生424人，“三加二”专本贯通本科专业第一年招生45人。在钢铁形势严峻的情况下，积极开拓就业市场，组织举办了2016届大中专毕业生双选会，共有100余家单位参会，提供就业岗位5000余个。组建了魏桥集团、青岛钢铁集团、日照钢铁集团等企业订单班，共有700余名2016届毕业生与企业达成顶岗实习就业意向。2015届大专毕业生2277名，综合就业率达到了98.26%。

【党建工作和干部队伍建设】 认真落实党建工作目标责任制，以“党要管党、从严治党”为主线，坚持思想教育从严、干部管理从严、作风要求从严、组织建设从严、制度执行从严，强化党员教育管理，加强服务型基层党组织建设和党员队伍建设。加强对入党积极分子的培养教育锻炼，积极吸收符合条件的优秀学生、青年教工和业务骨干入党。全年共发展党员81名，其中学生党员76名。按照干部选聘任用程序，从严选好管好干部，完成了对2014年新提任干部的述职、评议、谈话等考核环节，推进和完善了干部选拔任用、考核评价、交流轮岗机制，激发了干部队伍的活力。继续选派1人到高青县花沟镇周家村担任“第一书记”，选派了5人参加了省委高校工委干部培训，选派了3人参加了山钢第二期干部进修班，选派1人参加中钢协业务培训。

【开展“三严三实”专题教育】 制定了“三严三实”专题教育工作方案，建立了常态化学习制度。严格对照“三严三实”要求，查摆问题，立规执纪，进行整改，推动了党的建设规范化、制度化、科学化。严格贯彻党委领导下的院长负责制和民主集中制原则，促进内部管理不断规范化和科学化。严格执行党委与行政议事决策制度，通过制度保障，不断深化民主监督，扎实推进依法治校。加强信访工作的督查办理，有效地解决师生关注的热点难点问题，建立了和谐有序的内部环境。

【思想政治工作】 利用春季干部学习班、干部读书会、党委中心组理论学习、辅导报告等形式，深入学习十八大精神，充分认识十八大的重大意义。把学习贯彻十八届三中、四中、五中全会精神与教书育人、全面提高人才培养质量紧密结合起来，与“三严三实”专题教育活动、学习教书育人楷模、师德教育、加强师资队伍建设紧密结合起来，进一步增强了广大党员干部职工立足本职推动学院科学发展的自觉性。认真贯彻落实习近平总书记系列重要讲话精神，十八届三中、四中、五中全会精神，全国职业教育工作会议精神，履行党风廉政建设“两个责任”等，并注重把讲话精神和学院的工作实际紧密结合。通过庆“七一”等重要节点，开展党风测试、座谈会、参观临沂革命老区等活动，进一步加强对党员的教育和引领，牢牢掌握学校意识形态工作领导权、管理权、话语权。通过学院办公网及时发布上级有关会议精神和重大决策部署，对广大教职工提出明确的学习要求，切实把全院教职工的思想认识统一集团公司的战略部署上来，认清形势，明确任务，凝聚力量，为进一步推进学院内涵建设和科学发展创造了良好的环境。组织召开了职工思想政治工作研究会2015年年会，共收到政研论文95篇。

（撰稿：毛瑞萍　审稿：焦明熠）

山东钢铁集团矿业有限公司

【概况】 公司注册地址济南市高新技术开发区颖秀路1508号，注册资本1000万元。一般经营项目：铁矿石、煤炭、有色金属、石灰石、白云石、蛇纹石、冶金辅料矿山的投资（均不得进行开采），矿产品及矿物制品（不含煤炭）、铁合金的销售。设综合办公室、业务处、财务处3个部门。7月，公司工作人员全部调到山钢集团塞拉利昂矿业有限公司。

【彭集铁矿项目】 公司自2008年成立以后，一直承担东平彭集铁矿项目前期工作，2015年1至4月，组织完成朝阳庄尾矿库工程、水文地质勘察，向国土资源部呈报探矿权保留申请材料，配合中介机构编制项目安全、职业卫生、环境预评价报告等材料。按照集团公司安排，5月，项目工作移交金岭铁矿。

【唐克里里铁矿项目】 按照集团公司的部署，参加并购控股相关工作；分析研究唐矿现状及外委业务合同等情况，编制唐克里里铁矿项目接收、复产方案；协同马鞍山矿山研究院编制二期工程可行性研究报告（融资用）和项目开发利用方案。2015年5月，3名工作人员随公司总经理赴塞拉利昂接收唐克里里铁矿。

（撰稿：张作金　审稿：刘圣刚）

山东钢铁集团日照有限公司

【概况】 截至2015年底，山东钢铁集团日照有限公司（以下简称日照公司）在册职工384人。下设办公室、规划部等11个职能部门，烧结、炼铁等11个项目部，主要承担日照钢铁精品基地建设及运营。

【方案优化】 全年围绕总图布局、工艺匹配、节能环保及新设备、新材料应用，共引进、集成创新了138项国内外先进技术。超紧凑型铁钢界面、厚规格推拉式酸洗、高炉煤气单蓄热加热炉、热轧轧辊高速磨

日照钢铁精品基地建设现场

削等24项技术充分体现了首创性；创新采用了机械真空泵、永磁电机、GBM起重机、加热炉液压蓄能技术等最新技术和设备。完成一期一步所有主体工程项目初步设计审查，汇聚国内外专家意见建议1000余项，完成调整意见确认和费用变更审核。

【招投标管理】 截至2015年底，工程设计和总承包招标全部完成，签订合同247份，涉及合同总额161.9亿元。关键设备招标和部分施工项目招标正在进行。德国SMS、韩国POSCO ICT、日本TMEIC、PRIMETALS等国际知名企业，中冶赛迪、宝冶、二十冶等设计、施工单位，HERKULES、PAUL WURTH、一重、西重所等制造商参与项目建设。

【形象进度】 9月16日，炼铁工程总承包单位进场，标志着日照钢铁精品基地已从初步设计和设计审查阶段全面转入主体工程施工新阶段；11月17日，高炉主体工程开始施工；12月18日矿石专用码头工程开工；12月20日现场送电。地下勘察基本完成，完成强夯置换面积50万平方米，打桩1594根，累计爆破量200万立方；地面施工中，围堰合拢，填海700亩，完成全场粗场平400万平方米，回填石料400万立方米，建设道路7千米；地上工程中，大临办公设施投用，厂前区职工公寓及食堂二次结构完成，并通过主体验收，行政办公楼五层封顶。

【外围条件】 国土资源部、国家海洋渔业局分别于10月16日、10月27日批准用地、用海申请并下发批文，征地、征海、拆迁补偿等重大事项的办理取得突出成果。截至2015年底，区域内住户、养殖户、法人单位已搬迁完毕，为全面施工创造了条件。山钢股份非公开定向增发50亿元资金顺利到账；集团公司与上海中崇就20亿元战略投资达成一致并进入实质性操作阶段；进口设备买方信贷等后续融资工作积极展开。

【安全质量】 严格实施项目建设过程管控，提出“零工亡”目标并组织实施“零工亡”目标管控体系；颁行《不同建设模式下的工程管理办法》，明确管控要点和重点环节，不断加大检查督导和整改力度，突出管控现场施工安全，安全生产实现“六为零”目标。认真落实质量管控制度，重点把控进场石料质量检验关口，采取技术手段全程监控高炉基础强夯等关键部位施工，落实例行检查和抽检，组织夜间突击检查，全年工程质量合格率达到100%。

【公司建设】 根据项目建设需要，组建纪委、成立监察部，全面加强纪检监察工作；

成立生产准备筹备组，正式启动生产准备工作；集团公司向公司派驻审计部日照分部、法律事务部日照分部。正式启动管理流程创造暨信息化顶层设计，对全公司的组织架构、管理流程、信息化建设等进行创造性策划。持续加强基础管理，全年起草和修订体系制度文件26项，累计发布程序及A类文件86项，对146项制度文件和流程进行自查并逐一整改完善。经笔试、面试等环节考察，分3批选调急需管理技术人员184人，分批次招聘保安120人。正式启动学习型组织创建，致力于提高全员学习力，培育适应项目建设和公司发展的高素质团队。

【党群工作】 认真贯彻落实集团公司党委部署要求，夯实党建基础工作，为项目建设提供了可靠的政治保障。积极导入山钢“共赢”文化，号召建设者做好思想、心理、工作、能力4个方面的充分准备。在全面夯实党建工作基础的同时，重点组织开展“三严三实”专题教育，全面从严治党的规矩逐渐确立，党员领导人员从严从实的意识不断强化，从严从实的作风逐渐形成。深入开展反腐倡廉工作，公司党委、纪委自觉履行“两个责任”，持续加强教育引导和惩防体系建设，重点规范和约束权力运行，提高防控技术含量和能力，在风险高发、备受关注的大型项目建设现场夯实廉政建设基础，赢得了社会各界的尊重。

（撰稿：李　林　审稿：陈向阳）

山东耐火材料集团有限公司

【概况】 截至2015年底，山东耐火材料集团有限公司（以下简称山东耐材）在册职工3501人，其中专业技术人员591人。占地348.6万平方米，总资产21.02亿元。主要产品有耐火原料、钢铁及非钢建设用耐材、钢铁生产消耗用耐材和非钢用耐材四大类，主要品种有焦宝石、莫来石料、镁质原料和制品、铝硅系耐火制品、含碳制品、不定形材料、特耐制品等，除用于钢铁企业炼铁、炼钢系统建设及生产消耗外，还广泛地应用于电解铝、焦化、水泥、石灰、铸造等高温工业，年生产能力40万吨，其中耐火制品30万吨，耐火原料10万吨。

【生产经营】 克服一线生产岗位人员不足，重点合同交货期松紧不一，资金紧张影响原料供应等困难，精心组织，合理调度，结合劳动竞赛的开展，按时完成生产和交货任务。严格落实各项安全生产措施和安全生产责任制，组织安全生产管理知识集中培训，提安全合理化建议，开展安全生产事故警示教育周活动等，提高职工安全意识，保障安全生产。全年生产耐火原材料28.4万吨，比上年下降13.86%。其中钢铁及非钢建设用材料10.83万吨；钢铁生产消耗性材料1.16万吨；耐火原料14.73万吨。实现销售收入8.49亿元，比上年降低6%。上缴税金6187万元，比上年降低4%。实现利润-3090万元，比上年减亏1023万元。

【市场营销】 围绕国内外重点建设项目，努力提供优质产品和服务。进一步确立了山东耐材高炉热风炉、焦炉、干熄焦产品在国内外市场的竞争优势。在国内市场需求持续下降的情况下，出口业务保持了良好态势，实现营业收入2.39亿元，同比增幅14.35%。深入推进实施“产品+服务”营销模式，扎实开拓山钢内部市场，在高炉出铁沟永久层大修整体承包、铁水包方面，取得了新的突破。巩固和开拓新的非钢用耐材市场。新开拓了氮化硅结合碳化

山东耐材公司

硅制品、废酸处理炉、活性碳化炉市场，为推动市场优化和实现转型发展开拓了新路。

【深化改革】 推进内部市场化改革。按照山钢集团“将市场机制全面导入企业生产经营各个环节”的要求，将市场化运行向班组、岗位延伸，培育“下道工序是上道工序的客户”的理念，建立“人人为成本而算，人人为效益而干”的运行机制。按照市场化运行要求，已基本实现了18个生产单元按照“模拟市场、产销一体”机制运行，鲁耐窑业作为山钢集团内部市场化改革的试点单位，获现场观摩评比第2名，走在了前列。贯彻“以业绩论英雄”原则，完善子分公司、生产分厂、班组、岗位四级绩效考核体系。通过推行岗位承包、计时计件、合岗并岗等措施，优化岗位配置。通过推行多样化考核、优化生产流程、应用先进技术、提高生产效率等综合措施，实现了工作质量和工作效率的提高。

【精益运营管理提升】 继续做好“运营转型、管理提升”活动的推进工作。以项目为带动，以精益车间、精益部室为切入点，深入推动“运营转型、管理提升”活动的开展。共确定耐材监管项目9项，子分公司自主管理项目10项，在结题项目中，向山钢推荐了4项优秀项目参与评审。深入开展班组自主管理、自主改善活动（BZG活动），通过搭建班组定期进行自主管理成果发布平台，实现管理成果共享，建立推进班组自主管理、自主改善的长效机制，实现了管理重心下移。全面推广使用“工作清单”和“管理计划书”等管理工具。借鉴上年在管理岗位推行“工作清单”的经验做法，向所有岗位推广，让职工持续、正确、安全地把事情做好，不断提高工作绩效。对重大合同按照“管理计划书”进行流程控制，推进了内部管理规范化，促进了管理提升。

【转型发展，减亏扭亏】 积极推进山东耐材淄博片企业混合所有制改革的前期工作。2015年山钢集团将山东耐材列为混合所有制改革试点单位，9月份山东耐材成立了产权制度改革领导机构和工作机构，并聘请中介机构开展了尽职调查，针对淄博片企业改制，帮助制定改制方案。积极推进中齐公司和恒欣镁业公司的转型发展工作，4月份中齐与宝湾国际物流中心项目签署了战略合作备忘录，恒欣镁业公司围绕统筹城乡、养老基地建设两个项目开展工作。加紧推进实施亏损企业治理工作。按照集团公司部署和进度要求，完成了两年减少三分之二亏损企业的目标要求。其他4家在青岛和莱州的亏损企业（青耐、中齐、山镁、恒欣），将随着企业实现转型发展一并解决。

【精神文明建设】 坚持用正确舆论推进改革，密切关注改革过程中干部职工的思想状况。通过扎实有效的形势任务教育，引导职工群众树立“打持久战”的观念。坚持以人为本，加强对人文关怀、心理疏导等新方法、新途径的研究推广，切实提升思想政治工作的科学化水平，保持职工队伍的稳定。以“讲文明、树新风”为主题，深入开展群众性精神文明创建活动。积极贯彻执行《文明单位建设管理规定》和《文明单位考核细则》，拓展文明单位创建覆盖范围，大力宣传推广文明单位创建经验。认真实施文明单位创建活动实施方案，年内，鲁耐窑业公司和王铝分公司通过了山钢集团和省管企业文明单位复查。按照集团公司企业文化深化要求，引领干部职工在工作实践中自觉树立责任意识、阵地意识、精品意识、市场意识，紧扣中心工作，凝聚思想共识，推动改革创新。深入践行社会主义核心价值观，积极推进“厚道鲁商”倡树行动。各级领导班子和领导干部带头宣讲和践行山钢文化、耐材文化，紧扣理念，贴近生产经营管理，贴近职工思想工作生活，按照“四个坚持，三个融入，一个转化”的要求，进一步深入扎实开展了“同铸山钢魂，共圆山钢梦”文化融合活动。

【思想政治工作】 关心关注员工的切身利益，加强人文关怀和心理疏导，从思想上、行动上增强干部职工打赢生存保卫战的自觉性。扎实开展“三严三实”专题教育，提升领导班子和班子成员解决自身问题的能力，推进各级领导班子和领导干部改进工作作风、增强干事创业能力。把生产经营作为党群工作主战场，围绕中心，凝心聚力，营造尊重劳动、尊重知识、尊重人才、尊重创造的氛围。工作中以精益管理、价值创造为主线，推动生产经营工作与党建思想政治工作相互促进，党建思想政治工作与企业文化建设深度融合。以讲形势、讲任务、讲责任作为统一思想、解惑释疑的重要抓手，把思想引导与实际工作相结合，坚持问题导向，积极探索，推进思想政治工作创新。增进与职工进行零距离沟通，正面回应职工关心的焦点问题，开展政策解释，疏导情绪，增加了思想政治工作的亲和力。

（撰稿：刘玉鹏　审稿：刘　伟）

山东钢铁集团
淄博张钢有限公司

【概况】 截至2015年底，山东钢铁集团淄博张钢有限公司（以下简称张钢）共有职工3793人。拥有1350立方米炼铁高炉1座，120吨炼钢转炉2座，7机7流连铸系统2套，年产100万吨高强度棒材生产线1条，年产60万吨高速线材生产线2条以及配套的原料场、烧结、煤气发电机组、TRT发电机组、余热发电机组等设施。所属子公司或控股企业拥有矿渣微粉生产线1条、石灰竖窑4座、环形双膛石灰窑1座和优质氢氧化钙生产线1条，机械产品加工设备若干台（套）。主营业务为生铁、钢坯、棒材、高速线材的制造、销售，兼营机械制造、冶金设备安装、冶金炉料、矿渣微粉、房地产开发、加工配送等业务。

【生产经营】 面对持续低迷的市场行情，深入开展运营转型管理提升活动，建立起持续改善精益管理体系，通过调整产品结构，建设产品开发及质量平台，优化人力资源配置，提高劳动生产率，在推进改革创新和对标挖潜过程中，钢铁主业发展质量进一步增强，非钢产业价值创造能力进一步提升。全年，铁、钢、材产量分别完成117.34万吨、115.84万吨和124.49万吨，完成预算的90.26%、82.74%和65.5%。全公司实现销售收入43.5亿元，完成预算的58%。

【市场营销】 坚持以市场和客户需求为导向，积极开拓市场，优化市场布局、营销渠道，强化客户服务，为实现产销平衡起到了重要拉动作用；强化品牌塑造，加强客户交流沟通和产品、文化宣传，品牌知名度显著提升，建材产品进入济青高铁、青岛地铁、济南轻轨等重点工程和中铁十局、葛洲坝集团、山东高速等重点客户，张钢再次荣获“兰格钢铁网2015年金牌供应商”称号；加强市场信息收集、形势研判及采购评价，提高应对市场变化能力。

【管理创新】 加强企业发展路径的研究，形成了以“结构调整、聚焦发展、卓越运营、双擎驱动”为核心内容的“十三五”发展战略。开展责任体系建设，系统调整绩效考核，强化责任落实，初步实现责权利统一。加强标准成本管理体系建设，钢铁主业实现了成本日核算、日考核，全员成本意识明显增强。认真开展以责任落实、基础管理、现场管理、隐患排查治理为重点的“安全生产整治提升”活动，取得良好安全绩效，实现工亡和重大设备事故为零目标。建立健全设备管理责任体系，开展“五级”设备故障源的辨识评价控制，推行设备动态维护点检定修制度，对降本增效起到了重要保障作用。优化人力资源配置，转岗、分流755人，达到人均年产钢600吨的效率水平。加强信息化建设，ERP、MES系统上线运行。

【运营转型 管理提升】 按照集团公司工作部署，积极推动“运营转型 管理提升”活动，以职工岗位创新改善活动为平台，大力推广行动学习工作方式，调动职工参与企业生产经营管理的积极性，全年完成职工岗位创新改善项目633项，年化效益达到3340万元。

【降本增效】 构建三位一体的成本费用防控体系，有效落实降本增效责任。加大低成本生产技术攻关力度，19项技术创新项目取得显著效果，为降本增效奠定了良好基础。通过机制降本、结构降本、指标降本、技术降本等措施，全年消化增支减利因素5.9亿元，可比产品制造成本降低6.44%。

【结构调整】 加强科技研发，完成5种新产品开发，绞线、焊线、帘线钢开发。根据市场变化动态调整产品组合，品种钢生产比重达到21.56%，实现了公司高端产品开发的新突破。非钢产业提质增效，产业转型稳步推进。房地产板块克服市场疲软的不利形势，强化品牌塑造和市场推广，逆势而上，房产销售取得良好业绩。装备制造板块针对钢铁企业节能减排转型发展，加强平烧环冷机等产品升级改造，积极开拓橡胶机械、大型游乐设备、化工设备等新的业务领域，赢取了生存空间。冶金辅料板块克服资源缺乏等困难，为保障钢铁主业生产作出积极贡献。

【生态企业建设】 认真开展以责任落实、基础管理、现场管理、隐患排查治理为重点的“安全生产整治提升”活动，取得了良好安全绩效，实现工亡和重大设备事故为零目标。加强污染源的综合治理，强化三废综合利用，通过了环保部污染物总量减排核查。以节能减排“五个零”为主线，以责任落实、能源审计、能效对标、合同能源为手段，强化能源介质的管控，基本实现煤气、氧气零放散。动态平衡预热、余压、煤气资源。加强全过程污染预防与控制，环保设施与生产设施同步运行率达到100%，环保设施完好率大于98%，二氧化硫排放达标率达到100%。实施厂内固废梯级循环利用，综合利用率达到100%。因地制宜，绿化美化与清洁并举，种植与养护管理并重，“森林生态工厂”建设初见成效。

【党建工作】 张钢党委下设2个二级党委，4个直属党总支，15个直属党支部，43个作业中心级党支部，共有党员1716人，其中在职813人。按照全面从严治党新要求，把抓好党建工作作为最大责任，先后召开3次专题研究党建工作会议，5次党委会，6次党政联席会，研究三重一大事项8项。通过采用中心组学习、三会一课、座谈会等多种形式，认真学习贯彻党的十八大和十八届三中、四中、五中全会精神，学习习近平总书记系列讲话。主动研究党建工作思路，制定了党建工作意见和党建工作责任制方案，与基层党组织签订了责任书，开展监督检查活动2次，形成党委顶层设计、组织部门整合资源、部门联动并进抓党建的工作格局。强化党建责任落实，把党建工作纳入绩效考核体系，做到党建工作与中心工作同部署、同落实、同考核。健全工作制度，结合党的群众路线教育实践活动，按照“废止一批、完善一批和新建一批”的要求和原则，废止2项制度，修改完善15项，新建制度17项。围绕全面深化改革、运营转型、精益管理、扭亏增盈等中心任务，开展“四好”领导班子、“四强”基层党组织建设及“争做四优共产党员”、党员先锋岗、党员公开承诺等党性实践活动32项，全年共有16个基层党组织、38名优秀共产党员受到公司表彰；2个“四强”基层党组织，2个“四好”领导班子，3名“四优”共产党员，2名优秀党务工作者受到上级组织表彰。

【“三严三实”专题教育实践活动】 按照中央、省委和集团公司党委统一部署，深入开展“三严三实”专题教育实践活动，坚持以十八大精神为指导，学习贯彻习近平总书记系列讲话精神，围绕协调推进“四个全面”战略布局，认真对照“三严三实”总体要求，坚持边学边查边改，切实把思想教育、党性分析、整改落实、立规执纪有机结合起来，把问题意识、问题导向贯穿专题教育全过程。班子共查找不严不实问题10个，形成整改措施20项。修订完善《落实党风廉政建设责任制党委主体责任和纪委监督责任的实施细则（试行）》等5项制度，形成了较为完善的制度约束机制。健全纪检工作组织网络，在总支、支部层面设纪检委员21名，有效解决了基层纪检工作力量薄弱的问题。强化四风整治，针对公车私用、公款吃喝和“庸懒散”等作风问题进行4次专项检查。大幅压缩三公经费等费用开支，三公经费同比下降28.73%。

【文化建设】 持续推进企业文化建设，企业价值追求和丰富内涵正逐步深入人心，渗透到企业经营管理的各个方面、各个层次和全部过程。落实社会主义核心价值体系的基本要求，深化精神文明建设、企业道德和职业道德建设。公司职工刘建兴荣获2015年度淄博市“十大金牌工人”荣誉称号；隋刚当选第十二届全国青联委员；韩章祥荣获“第三届山东省省管企业道德模范”（助人为乐）提名奖；孟祥水荣获“第三届山钢集团道德模范”（敬业奉献）提名奖。通过了省管企业文明单位复审，有5个单位被命名为集团公司文明单位。持续开展文明班组创建活动，先后有4个班组被命名为三星级学习型班组，有5个被命名为二星级学习型班组，57个一星级班组。大力开展群众性文体活动，组织开展第五届科技文化节。

【思想政治工作】 强化宣传思想工作，开展形势任务教育，引导干部职工不断增强市场意识，危机意识，提高了对改革和利益调整的心理承受能力。建立健全职工舆情信息网络，密切关注职工思想动态，维护职工队伍稳定。发挥《张钢报》、张钢网站、办公自动化系统OA、宣传栏、黑板报等宣传主阵地作用，做好公司形象、重点工作、弘扬正气、改革发展和先进典型的宣传。加强对外宣传，着眼打造张钢品牌，树立企业形象。2015年张钢网站新闻更新30次，在《山东钢铁》报纸、杂志刊登122篇（幅），在《中国冶金报》刊登稿件43篇（幅），在“中国钢铁新闻网”“中国冶金工业网”“齐鲁冶金”等钢铁行业专业网站刊登523篇，进一步提高了张钢的知名度和影响力。

【和谐企业建设】 坚持全心全意依靠职工办企业，加强了以职代会为基本形式的企业民主管理，组织召开了公司一届二次职工代表大会和一届二次职工代表大会主席团与代表团长联席会议，通过职工代表审议总经理工作报告，公司领导班子和领导成员向职代会述职述德述廉，对中层以上领导干部进行广泛民主评议，审议通过涉及职工利益的重大事项，从源头上维护了职工的切身利益。克服困难努力为职工办好事、办实事，加大了困难职工帮扶力度，走访慰问困难职工315人，生活区居民产权过渡取得实质性进展。加强党风廉政建设，落实党委主体责任和纪委监督责任，加强党风和反腐倡廉惩防体系建设，对企业扭亏增盈起到重要保障作用。开展效能监察，完成监察项目35个，增加经济效益470万元，避免经济损失220万元，挽回经济损失50万元。工会、共青团等群众组织，有效发挥桥梁纽带作用，为企业砥砺前行凝聚力量。社区管理、武装保卫、信访保密、离退休老干部管理等各项工作都取得较好成绩，为张钢和谐稳定作出了积极贡献。

（撰稿：陈　萝　周佳溪　审稿：董杰吉）

山东金岭铁矿

【概况】 截至2015年底，山东金岭铁矿（以下简称金岭铁矿）占地面积258万平方米，总资产51亿元，职工3920人。其中，具有高级专业技术职务97人，中级232人，初级230人。中共党员1014人，其中，在职党员697人。主要产品有铁精粉矿、铜精粉矿、钴精粉矿、球团矿、地下采掘机械。金岭铁矿控股参股3个公司：上市公司金岭矿业股份有限公司、全资子公司淄博铁鹰钢铁有限公司、控股参股公司烟台金鲁铜业有限公司。金岭矿业股份有限公司拥有召口矿、侯庄矿、铁山矿、选矿厂及全资子公司——金钢矿业有限公司、合资子公司——喀什金岭球团有限公司、山东金鼎矿业有限责任公司。全年生产铁矿石231.68万吨、铁精粉137.38万吨、铜金属1350吨、钴金属66.56吨、球团矿55.27万吨，分别完成计划的64%、81%、121%、121%和55%。实现营业收入8.4亿元，利润总额-2792万元。

【生产经营】 统筹协调，全力组织，克服地点下移、矿房减少、品位降低和农采侵入等诸多困难。抓住召口矿生产接续、盲主井提升、边角残矿回采3个关键点组织生产，加快侯庄矿-545米开拓工程施工，保证矿石生产接续，在铁山矿坚持矿石生产与空区充填同步进行，为矿石生产付出了艰辛努力。克服选矿生产中矿石性质变化大的困难，积极进行工艺调整，开展技术攻关，降低了对生产的影响，稳定了产量和质量。对汽车运输坚持高效、安全、低成本运营，保障了“三矿一厂两公司”正常生产。积极研制适合市场的机械制造新产品，推出高卸型铲运机，开发试制矿用碎石机，自主创新能力不断提高。对召口矿北金召矿区进行充填治理，重新施工地表钻孔，启用北金胶充站，11月份开始充填。实施铁山矿空区充填工程，缓解了尾矿存放压力。选矿厂粗碎改造工程顺利实施，进入设备安装阶段，提升了粗碎生产能力。采取“巩固好、发展好、联络好、开发好”四好原则，精心构建营销网络，巩固好济南庚辰等战略大客户，发展好鲁丽等重点小客户，联络好邢钢等老客户，开发好宏森铸造等新客户，实现了产销平衡和效益最佳化。实施灵活营销，采取价格和销量捆绑的策略，恢复了部分老客户的销售业务，发挥集团协作优势，实现和莱钢的密切合作。坚持稳健经营，加大回款力度，保证资金安全，降低了市场风险。

【安全管理】 矿安委会、工会、十个专业检查组、“双基”考核组定期开展检查，所有检查做到查出问题、提出意见、落实整改。加大职工遵章守纪管理力度，重点查处“三违”现象，采用“四不两直”“明察暗访”进行检查，查处“三违”人员68人次，对违章人员按照规定从严处理，规范了职工的行为，为实现安全生产打下了坚实基础。创新开展“学找查保”活动，采取自主和集中相结合的方式进行学习，组织全体职工进行考试，发动全员对照规程查出隐患574条，全部落实整改。深入开展“安全生产月”活动，举办安全知识演讲，组织提一条安全合理化建议等“十个一”活动。吸取山东黄金盛大铁矿塌陷事故教训，进行了为期两个月的安全隐患大排查。持续开展“群众性事故隐患自查整改月”活动，进一步提升了职工的安全素养。在培训内容上注重针对性，中层干部重点学习安全工作大政方针、《新安全生产法》，班组长重点学习安全管理方法和应急救援知识，职工重点学习安全管理制度和操作技能。在教育方式上注重实效性，采用PPT课件、动漫影像、光碟、案例警示教育等方式，采取亲情化教育等方法，起到了较好效果。加强安全制度建设，启动了《岗位规程》修订工作。按照《矿安全隐患责任追究暂行办法》，深入推进属地管理，全面落实安全生产主体责任，对责任不落实、管理不到位和失职渎职的严格追究、严厉问责。落实《安全管理创新激励办法》，“一对一结对互保”“今天我是安全员”等实用性强、新颖有效的管理模式得到应用，22项安全管理办法受到奖励。

【降本增效】 应用山钢网上招标平台，规范采购流程，对大宗物料、备件进行集中招标，同比降低采购成本150万元，根据市场价格变化，及时与供应商协调降价，采购价格在年度招标基础上平均下调3%，节约支出20余万元。利用ERP管理信息共享优势，将物资代存延伸到二级仓库，降低了库存资金占用。落实掘进、运输等多工种业务回归工作，压减外包工程款2600万元，压减率50%，降低外包工程单价，节约150万元。合理调整“采掘充”关系，减少超前掘进3000米，压减费用500万元。组织实施运营转型管理提升项目54个，在三矿开展“精益运行、对标降耗”主题劳动竞赛，10项指标得到不同幅度的降低，召口矿电机车备件和铁山矿铲运机备件消耗，分别比竞赛指标降低39.5%和39.8%。对建筑工程每月严格结算，审减率达15%以上，节约大量投资。落实避峰填谷措施，减少电费支出207万元。通过一系列降本增效措施，铁精粉生产成本降低56元/吨，完全成本降低79.66元/吨。

【项目建设】 按照山钢集团“全面介入，团队化参与”的部署，全面接手彭集铁矿开发准备工作，与设计单位不断优化《可研报告》，委托设计单位编制《环评报告》《立项申请书》等10个文本，与当地政府商讨项目推进计划，对尾矿库选址调整、村庄搬迁等问题进行现场落实，加快推进了项目进程。组织金钢矿业克服寒冷天气、市场不利、生产时间短等困难，深入开展降本增效，采购价整体降幅大于3%，部分备件材料降幅达27%，铁精粉运费下调20元/吨，减少运费111万元，尝试以货顶账形式回收货款，降低了资金风险。组织喀什球团在市场低迷、难以达产的情况下，加大生产工艺技改力度，节约外委费用460万元，充分利用中央对援疆企业帮扶政策，积极申请技改扶持资金，开始实施脱硫改造工程，为环保达标奠定基础。通过对专项进行整治，金鼎公司现场作业环境得到极大提升，安全生产一级标准化企业创建进入验收阶段。大孔采矿法应用与管理趋于成熟，遥控铲运机的应用提高了矿石回收率。加强对破碎系统和皮带运输系统的管理，200万吨扩产新系统运行良好，矿石产量稳步提高，已经成为该矿的主要矿石供应基地。铁鹰公司顺利通过市区两级环评验收，实现环保"户口"备案，摆脱了钢铁"黑户"之名。强化产供销一体化运作，实现了销售效益最大化。实施一系列降本增效、技术攻关、管理提升措施，同比减亏619万元，为减亏扭亏做出了艰苦努力。

【内部管理】 持续深化干部人事制度改革，加大考核结果兑现中层干部奖励的权重，对部分干部进行了诫勉谈话。严格干部选任工作，树立正确的选人用人导向，干部选拔任用工作不断科学化、规范化。印发《管理岗位和高级技能人才管理暂行规定》，试行《主任、副主任工程师考核评价管理办法》，加大专业人才考核聘任力度，初步建立起专业技术职务评聘分开机制，激发了工程技术人员的工作热情。深化劳动用工和薪酬分配改革，加大向生产一线和关键岗位的倾斜力度，加大工资分配监督检查力度，严肃处理违规违纪现象，与长期停工人员续签协议，妥善安置新疆两公司和铁山矿分流人员，构建了和谐、稳定、健康的劳动关系。按照全面预算管理的要求，制定详细的预算计划，切实发挥预算的引领控制作用，最大限度地压缩非经营性开支，保证实现开源节流目标。认真进行成本分析，详细反映成本构成变化，寻找降本增效切入点，严格内部考核，制定切实可行的降本目标，向成本管理要效益。对资金进行统管，提高归集度，通过委托贷款、定期存款等形式进行理财，实现收益4360万元。不断拓宽审计领域，先后对部分单位进行了成本管理审计，深刻揭示管理中存在的问题，有针对性地提出改进建议，发挥了内部审计的"免疫系统"功能，为推动企业健康发展发挥了重要作用。重新制定的《铁精矿》产品标准，经省质监局标准化审查备案，纳入山钢集团标准体系运行管理。优化完善矿石品位在线检测系统，制定出台《矿石质量管理暂行办法》，严格质量指标兑现考核，矿石品位在线检测率达到100%，全矿出矿品位达到39.67%，在出矿条件日趋下滑的条件下，稳定了出矿质量，提质降本增效作用明显，年创质量效益500余万元。

【党建工作】 围绕企业生产经营，确立"三型"党组织建设、文明单位创建、形势任务教育、心理关爱、企业文化建设5项工作重点，制定具体措施，全面推进。组织开展"树信心、渡难关、谋发展"主题活动，引导党员群众围绕生产经营和改革发展开展大讨论，深入基层开展"克服困难我有责，我与企业共命运"巡回宣讲，挂牌命名10个职工创新工作室，开展创新项目65项，企业凝聚力、向心力和创新力进一步增强。采取"请进来"为主，"走出去"为辅的方式，开展中层干部、班组长、专业人员培训。严格按照上级党委要求，结实实际，制定专题教育实施方案，突出抓实专题党课、专题学习研讨、专题民主生活会和组织生活会、整改落实和立规执纪4个关键动作。召开动员大会，党委主要领导及班子成员作专题党课7次，累计受教育党员干部1900余人/次。组织专题学习研讨，撰写学习体会，查摆问题，组织集中会诊，全部完成整改。召开专题民主生活会，撰写对照检查材料，制定整改方案，明确责任人和整改时限，持续抓实问题整改。加大对党纪党规和集团公司及矿有关规章制度的执行力度和监督检查力度，锻造了严实作风。

【精神文明建设】 始终坚持四个文明一起抓的工作方针，始终做到精神文明建设与经济建设工作同安排、同部署、同落实、同考核。强化文明单位创建，每年进行检查验收，积极申报、争创省管企业、省文明单位，二级单位积极开展争创文明班组、创文明作业点、创文明家庭、争当文明职工活动。注重职工四德建设，以社会主义核心价值观学习贯彻为中心，认真学习宣传贯彻落实《公民道德建设实施纲要》，对职工进行“四德”和文明礼仪教育教育和培训。开展“职工道德讲堂”，制作、悬挂“职工善行义举四德榜”，积极推荐“身边好人”线索，每两年评选一届道德模范。认真履行企业社会责任，积极参加“慈心一日捐”等活动，树立了良好的企业形象。成立志愿服务队，积极参加各种志愿服务，建立了网络文明传播志愿者队伍，积极利用网络等形式传播文明风尚。

（撰稿：耿嘉鑫　审稿：刘远清）

烟台钢铁企业集团公司

【概况】 截至2015年底，烟台钢铁企业集团公司（以下简称烟钢）共有在职职工21人，其中中共党员4人，拥有总资产3908.32万元；2个参股公司（烟台宝利实业有限责任公司参股49.2%；山东三站股份有限公司参股10.2%），化工路冶金仓库占地14207平方米、建筑面积1337平方米，烟钢大厦（原平安大厦）经营面积10108.72平方米，房产出租率始终保持在98%以上。全年共实现营业收入397.71万元。

【生产经营】 重点加强烟钢大厦、化工路冶金仓库的物业管理和服务工作，加大安全预防措施和检查力度，深入开展“强服务、提信心”活动，确保全体业主和业户安心经营，充分发挥资产收益最大化。通过发放明白纸和上门走访的形式加强与业户和业主的沟通联系，及时了解其经营状况和对物业服务的意见、建议，进一步增进互信互联，保障业户资源稳定和物业费的顺利收取。创新经营模式，通过地下室改造、停车场硬件升级等措施，扩大经营范围，增加可出租面积，既改善经营环境，又提高企业收益，同时通过加强宣传、提供优惠政策等方法，提高房屋出租率，全年烟钢大厦共完成租金和物业费收入210万元，较上年增收近30万元。加强与化工路冶金仓库租赁业户的沟通协调，改善仓库内外部环境，树立企业形象，提升知名度。该区域已完成大部分库房改造加固和扩建工作，院内场地、路面全部硬化完成，在增加经营面积的同时，年可增加收入100%。

【企业管理】 积极行使股东权利，继续推进对烟台宝利实业有限公司参股企业的监督和配合工作，及时了解并掌握其经营情况，并提出建设性的意见和建议，坚持重大决策董事会会议决议制度，确保国有资产保值增值。在山钢有关部门的大力支持与正确指导下，全面展开对山东三站债务处置的相关工作，5月份山东三站又增加欠款利息4990万元的诉讼，形成两起官司，因欠款诉讼案处于执行阶段，烟钢就三站、宝利的资产评估和法院暂缓执行做了大量的协助和沟通协调工作，避免法院强制执行烟钢名下资产，山钢集团领导也非常重视，委派工作组指导并督办该案。由于证据充分、措施得力，举证期间态度坚决，不执行协商解决，要求依法依规判决，山东三站于9月9日向烟台中院提出利息诉讼撤诉申请，烟台中院9月10日做出裁定，同意撤诉，该案以烟钢胜诉终结，避免了近5000万元的损失。9月份，烟台中院又重新选定中介机构对山东三站资产进行审计评估，并于11月末出具评估报告书，该案通过司法程序解决已接近尾声。

【降本增效】 通过召开全体会议的方式，反复强调降本增效工作的重要意义，要求全体干部职工切实提高责任意识和忧患意识，深入扎实地开展降本增效工作。一是公司领导率先垂范，在保证职工工作和生活的前提下，从节约一张纸、一滴水、一度电上入手，全面控制各项办公费用。二是按照山钢集团公司绩效考核要求，干部职工按比例降低薪酬，降低人工成本。三是全面压缩业务招待费和公务车辆费用，处置报停两部公务车，职工上下班乘坐公交，每年可降低费用近10万元，向成本要效益取得明显成效。

【精神文明建设】 烟钢党委在班子建设中一直致力于"增进团结、提高水平、做好表率"，充分发挥党委的核心作用。在重大事项决策方面始终坚持民主议事规则，狠抓"四个环节"：抓思想教育，继续坚持落实党委中心组学习制度，努力提高班子成员的政治素质和纪律观念；抓制度建设，进一步建立健全"三重一大"制度、党政领导班子联席会议制度、班子成员分工工作制度等；抓执行落实，坚持每周召开班子会，研究决策重点工作，切实营造出民主、透明的执政环境；抓班子建设，坚持集体领导下的个人分工负责制，明确班子成员各自承担的行政分工和党建职责，做到了事事有人管、人人有责任。

烟钢党委以召开民主生活会、开展"三严三实"主题教育活动为契机，稳步推进党的群众路线教育实践活动各项整改措施的落实工作，同时党委主要负责人对烟钢、冶金宾馆全体党员干部讲党课，反复宣传和强调中央八项规定和山钢集团公司正风肃纪"十条禁令"的具体要求，督促大家严格按照规定要求和山钢组织部门领导在烟钢民主生活会上所提的意见和要求，严于律己，恪尽职守，时刻保持警钟长鸣。严格执行山钢党委思想政治、干部人事、资产管理、民主决策、廉洁自律等方面现有制度，做到议事有规则、决策有依据、执行有要求、检查有标准，切实形成有制度管权、管人、管事的良好局面和以上带下、上下监督的浓厚氛围，全年没有发生违反中央八项规定和党风党纪的行为。

（撰稿：于晓飞　审稿：贺　强）

山东冶金烟台宾馆

【概况】 山东冶金烟台宾馆坐落在美丽富饶的烟台市芝罘岛上，占地面积100亩，建筑面积8779.10平方米，截至2015年底，拥有客房楼4座，大小餐厅各1处，锅炉房、小车库、宿舍楼各1座。共有职工16人，拥有资产1945万元。

【资产管理】 针对宾馆房屋及各种设施老化严重现象，时常巡查，发现问题及时处理。对漏雨屋面及时整修，腐蚀的管线加强维护，保证水电畅通。对宾馆的绿化树木精心管理，使宾馆环境更加美观。同时对1号楼和大餐厅对外出租增加收入28万元。

【精神文明建设】 认真贯彻执行上级党组织的工作部署，加强党建工作、党风廉政建设和文化建设，提高广大干部职工的思想觉悟和文化水平。举办丰富的文体活动，凝聚职工队伍，宾馆更加和谐稳定发展。

（撰稿：冷爱明　审稿：贺　强）

山东省新力冶金实业公司

【概况】 截至2015年底，山东省新力冶金实业公司（以下简称新力公司）共有职工88人，其中管理人员和专业技术人员31人。下辖新力公司冶金宾馆、山东省冶金物资公司、济南金丰苑物业管理有限公司、山东泰山旅行社4个单位。主要经营范围包括餐饮、住宿、旅游、矿产品和钢材销售、物业管理等。年末资产总额4665.59万元。

【生产经营】 强化宾馆餐饮主业市场营销。新力公司新班子成立后，设立餐饮公司，与冶金宾馆餐饮部合署办公，利用宾馆餐厅资源开拓外部餐饮市场；强化营销队伍建设，提高营销能力，开拓客源；立足会务培训，开拓散客市场、婚庆市场、宴会市场，提高营业收入。加大宾馆餐饮主业设施设备投入。结合三星级宾馆复核工作，投资35万余元，对宾馆部分设备、设施进行更新，对客房电梯进行大修，为做精做稳主业创造条件。加强营销手段创新。投入资金，升级改造餐卡系统，方便长期固定客户和周边企事业单位消费，每月增加营业额8万余元；在内部设立平价酒水小超市，为增加经营收入开辟新渠道。加强应收账款管理，加快资金回收。采取发函对账、走访客户、协调催收等措施，加大回收款催收工作力度。当年欠款户数共减少15家，回收应收账款近1000万元。加强租赁经营。把发挥土地房产价值作为经营工作重点，设立资产管理部，对资产租赁经营实行统一管理。出租房租金做到应收尽收，出租房水电费全部收缴到位，为公司资金回笼、效益增长作出贡献。全公司当年实现销售收入8999.62万元，实现利润50.44万元。

【企业管理】 完善管理架构，规范管理流程。班子调整后对公司内设机构及职责进行调整，细化、分解管理责任，并落实到岗位和人员；完善业务流程、工作标准，初步完成管理流程再造。坚持问题导向，加强制度建设。根据查摆出的问题，结合山钢规定，制定出台《合同管理流程（试行）》《财务借款及报销工作流程》《应收账款催收管理办法》《印章使用、登记、存档管理办法》《劳务用工管理暂行办法》《关于进一步加强收入及开票管理的规定》等15项制度。规范专项管理，规避经营风险。重点加强合同统一管理，在此基础上，相继实行财务统一管理、采购供应统一管理、劳动用工统一管理，实现专项重点管理可控、在控。加强审计整改。编制《审计整改工作计划安排表》，列出需整改问题共计16项，逐项制定整改措施，落实责任人员、完成时限，严格把控整改进度和质量，使审计整改事项绝大部分得到落实。

【服务质量】 将提高服务软实力作为有效竞争手段，在下属冶金宾馆推行标准化服务，规范接待服务程序、服务标准；强化服务基本技能培训，提高服务人员素质；坚持开展星评活动，不断提升服务质量；建立实施服务接待“准备会”“评价会”

“总结会”三会制度，及时征求客户意见，处理客户投诉，持续改善服务，提高客户满意度。冶金宾馆当年通过济南市三星级宾馆复审。物业公司将服务作为立身之本，为业主提供细致服务，受到业主普遍赞誉。

【降本增效】 进行全成本核算，使每个单位、部门、岗位明确自己可控成本明细、价格、投入和产出量。通过利润指标考核，倒逼成本改进措施。对各单位水表、电表进行改造，实施分户计量，厘清归属，落实责任，降低运行成本。加强采购、外委工程招标以及施工管理，降低采购成本。对部分单位外用工采取倒班歇工的办法，探索实施计件工资、小时工资、弹性工作制等分配办法和作业模式，降低人工成本。同时注意积累经验，把经验固化为降本制度，保证降成本取得实效。

【安全生产】 制定《防火检查、巡查制度》《安全生产操作规程》等，明确各单位、各岗位、各重点部位安全职责。严格落实安全生产责任制，保卫科代表公司与各部门签订消防、安全责任书，层层落实安全责任。加强安全检查，每月进行一次安全大检查，节假日之前进行强化检查，夜间安保人员每2小时进行一次防火巡查。加强安全隐患治理整顿，投入资金进行安全、消防设施维修保养更新。加强安全教育培训，全年开展全员集中培训3次，各部门开展小型培训10余次，组织灭火和应急疏散逃生演练2次，员工安全意识、安全技能明显提高。

【精神文明建设】 扎实开展“三严三实”专题教育，聚焦对党忠诚、个人干净、敢于担当，着力解决“不严不实”问题，提升领导班子战斗力。发挥国有企业政治优势，围绕生产经营重点、难点，开展形势任务教育，加强思想政治工作。加强舆论引导，创办《新力每周快讯》，重点宣传公司意图、公司决策、管理举措，通报各部门工作落实情况，展示工作亮点，交流工作经验，展现新风新貌。加强职工队伍建设，强化劳动纪律和考勤管理，加大学习培训力度，提高团队素质。全年开展各类服务培训、业务培训、管理培训30余场次。加强民主管理，当年召开新力公司二届四次职代会，按程序对全公司重要事项进行审议。坚持以人为本，关心职工群众生活，组织职工进行健康查体；对患病职工和困难职工进行走访。

（撰稿：赵　坤　审稿：姚　斌）

山东鲁冶项目管理有限公司

【概况】 截至2015年底，山东鲁冶项目管理有限公司（以下简称公司）共有职工73人，其中具有专业技术职称、大专学历以上人员68人。主要业务范围包括工程建设项目管理、监理、工程咨询服务、工程建设招标代理、机电设备招标代理等。拥有冶炼工程、房屋建筑工程监理甲级资质，矿山工程监理乙级资质、招标代理乙级资质。

【生产经营】 全年执行服务合同31个，运营监理工程项目部16个，其中运行结束项目4个，尚有12个项目因工程未完工仍继续运营。监理工程类别涉及冶炼、矿山、房屋建筑，业主单位既有集团公司权属企业，也有地方股份制企业和民营企业。积极开拓市场业务，全年新签或续签服务合同18个，工程投资概算164.16亿元，合同酬金2200多万元。全年实现营业收入760.23万元，利润总额36.88万元，其中归属于集团公司的净利润25.76万元；实现国有资产保值增值率102.41%。

【基础管理】 深入推进降本增效工作，加强办公用品管理，优化人力资源配置，降低运营成本，努力提升公司经济效益。加强员工队伍建设，2015 年度组织 8 人参加了省工程监理初级水平人员考试，取证 6 人；组织证书到期的省初级水平人员延续培训并申报延期注册 7 人；3 人取得省中级水平监理人员资格证；5 人获得初级专业技术职务资格，1 人获得中级专业技术职务资格。组织注册监理师、造价师共计 14 人参加继续教育培训。紧抓安全工作不放松，保证公司和所监（管）项目的安全运行。建筑施工属于高危行业，尤其是公司监理着 4 个地下矿山建设、5 个钢铁冶炼轧制工程，安全监管工作难度大，公司牢固树立安全发展理念，坚持“安全第一、预防为主、综合治理”的方针，加强安全业务知识培训和考试，提升员工安全工作技能。不断完善各项规章制度、操作规程，落实安全运营主体责任。公司定期进行安全隐患排查，各项目部配备专（兼）职安全监理人员，每天进行巡查，每周组织安全大检查，取得较好效果，全公司员工未发生安全事故，所监（管）项目未发生安全责任事故。

【项目管理】 加强项目部的规范管理，不断提升项目运行质量。牢固树立“严格监（管）理、热情服务”的指导思想，以抓管理、练内功、上水平为统领，本着“高标准、严要求”原则，积极主动地开展各项工作，全面提升了运行质量和服务水平。强化管理制度和监理工作细则执行力度，重点抓好平行检验、旁站、材料设备质量检验等质量控制以及监理工作细则的实施，项目总监（项目负责人）每月跟踪抽查，在确保工程质量上抓早、抓细、抓实，保证工程质量目标的实现。根据项目运行状况，公司管理部门定期到重点项目部督察指导，组织并参与平行检验和专项检查，查阅有关记录和报验报审资料，与有关单位代表、项目部成员进行沟通交流，针对督导过程中发现的问题，形成书面纠偏意见。规范监理内部技术交底工作，对于旁站项目和安全功能性检测项目编制书面监理技术交底文件，组织监理人员认真学习、落实。加强监理程序中的书面往来，各项目部严格按照监理规范要求，对检查发现的质量、安全问题，在口头通知的基础上，及时下发书面整改监理通知，督促问题整改落实。全年项目运行质量稳步提升。

【党建工作】 围绕公司中心任务，做好党建和思想政治工作。公司党支部为充分发挥党员的先锋模范作用，将组织关系不在公司的广大党员凝聚起来，吸收全体党员参加党支部的知识竞赛、民主生活会等活动，增强每位党员的使命感、责任感，发挥每位党员的示范引领作用。在集团公司党委领导下，党支部结合公司实际，不折不扣地开展“三严三实”专题教育活动，推动党员领导干部自觉践行“三严三实”要求，进一步提升公司党支部的战斗力。加强了党风廉政建设，严格执行“八项规定”、集团公司“十项禁令”，不断提高干部、员工廉洁从业水平。改善厂务公开工作，公司重大事项、与员工利益有关事项让广大员工知悉情况，经理办公会邀请员工代表列席旁听，以情况通报的方式及时公布经理办公会议定事项；对劳动合同续签、职称评审等事项，方案、评审、结果等公开、公示，既扩大了员工的知情权，也使公司、各级领导、主责人员在履行时得到监督。

（撰稿：徐学东　审稿：刘　军）

山钢国际投资有限公司

【概况】 截至 2015 年底，山钢国际投资有限公司（以下简称山钢国际）共有职工 6 人。其中，内派职工 4 人，香港本地职工

2人；非在港工作公司董事4人。公司位于香港湾仔会展广场办公大楼42层4202室。

【股权重组】 2月9日成立山钢香港增利有限公司，用于购买唐克里里铁矿项目PXF贷款，2月26日完成了PXF贷款交割。随后确定了股权拍卖的担保代理人。4月16日山钢香港资源有限公司通过竞拍取得了唐克里里铁矿有限公司（百慕大）、唐克里里铁路与港口服务有限公司（百慕大）100%的股权，完成了对唐克里里铁矿项目的股权重组。百慕大两公司分别持有唐克里里铁矿有限公司（塞拉利昂）、唐克里里铁路与港口服务有限公司（塞拉利昂）75%的股份，加上原来山钢香港资源有限公司持有的各25%股份，山钢国际实际控制项目公司100%股份。

【经营管理】 山钢国际全力支持山钢塞拉复产工作。协调国家开发银行香港分行从共管账户提款5次5620万美元，提供集团公司境外放款资金1.95亿美元，满足山钢塞拉复产期间资金需求。当年偿还国家开发银行香港分行贷款本息2亿美元，年末资产总额118.72亿元，负债109.35亿元。收入-3873万元，利润-4.22亿元。

（撰稿：魏水才　审稿：王广云）

山东钢铁集团聊城加工配送有限公司

【概况】 山东钢铁集团聊城加工配送有限公司成立于2011年6月，由山东钢铁集团有限公司和山东冠洲股份有限公司共同出资组成，其中：山东钢铁集团有限公司以货币出资2000万元人民币，占公司注册资本80%；冠洲股份以货币出资500万元人民币，占公司注册资本20%。注册地址：聊城冠县工业园区。公司注册资本为2500万元人民币，占地101.05亩。截至2015年底，共有职工3人，主要经营范围：钢材销售、仓储、加工、配送。

【仓储配送】 为有效利用前期投资的仓储基地，公司在克服人员配备不足的情况下，积极联系钢材仓储配送业务，先后与厦门建发、苏美达国际技术贸易公司、厦门象屿、杭州热联等具备实力的国有托盘公司沟通，自开展仓储配送业务以来，实现仓储钢材数量超过40余万吨，从而初步打造了山钢集团在聊城地区的影响力，同时为公司创造了应有的利润，为下一步集团在聊城的市场布局创造了有利条件。

【经营情况】 2015年钢材市场单边下滑，给公司的市场开拓制造了前所未有的困难，公司经营风险持续加大，聊城公司在继续与客户沟通的基础上，以紧盯直供用户需求为工作方向，努力销售在聊城地区相适应的高端产品和差异化产品，先后开发了15CrMoG、12Cr1MoViG等高压锅炉用管坯、厚板镀锌料等高附加值产品。了解竞争对手情况，适时销售山钢集团产品，努力提高集团公司在该地区的市场占有率。

在与客户充分沟通的基础上促成了山钢股份莱芜分公司与山东时风集团、山东冠洲股份公司签署战略合作协议书。相继开发了冠洲集团、阳谷荡宇、临清宏基、时风集团、聊城鑫鹏源等直供用户，全年累计销售集团产品11万余吨，实现销售收入2.35亿元，实现利润总额103.2万元。

（撰稿：张　永　审稿：王泉云）

山东钢铁集团财务有限公司

【概况】 截至2015年底，山东钢铁集团财务有限公司（以下简称公司）共有职工34人。其中，研究生11人，大学本科23人；高级职称10人，中级职称10人，初级职称3人。公司下设综合管理部、资金计划部、信贷业务部、国际业务部、营业部、风险管理部、审计稽核部、投资银行部等8个职能部门。

【经营情况】 克服吸收存款下降、贷款利率下调、专业人员减少，尤其是金融机构持续压缩钢铁行业的信贷规模等困难，适应经济发展新常态，秉承“依托集团，服务集团”的宗旨，立足“加强集团资金管控力度、提升资金收益水平、支持成员企业发展”三大基本职能，围绕全年各项任务目标，创新思路、精细管理，不断提升金融服务实体经济的能力和水平，实现了公司与集团的共创共进共赢，取得了较好成效。至2015年末，公司资产总额113.18亿元，负债总额95.66亿元，所有者权益17.52亿元；各项存款余额95.43亿元，全口径资金集中度32.72%，可归集口径资金集中度69.83%；各项信贷资产余额52.55亿元，不良贷款率为零。全年实现营业收入3.01亿元，实现考核利润1.77亿元。资本充足率22.32%，流动性比例86.01%，贷款损失准备充足率108.83%。

【信贷业务】 加大贷款力度，全年累计发放流动资金贷款40.99亿元；办理委托贷款5亿元，满足了集团成员单位资金需求。开展票据贴现业务，形成了票据—贴现—转（再）贴—资金的快速流转渠道，全年累计为成员单位办理贴现76.68亿元；办理转（再）贴现50.21亿元。开办了电子商业汇票业务，自2015年3月份接入人民银行电子商业汇票系统，全年为成员单位签发电票19.29亿元。开展同业拆借业务，全年累计办理同业拆入资金65亿元。

【资金集中】 为成员单位提供一揽子综合服务，将其贷款、存款、保险代理等业务统筹安排，实施一对一的专项服务，以增强成员单位的满意度，提高资金归集的积极性。加大对重点客户的营销力度，在巩固原有客户，提升服务质量和水平的基础上，紧盯日照公司、金控公司等新设单位账户，进一步扩大资金归集范围。通过开展电子商业汇票和委托代开银行承兑汇票等新业务，将成员单位原本存放到商业银行的保证金集中到财务公司，至年底共吸收保证金存款余额3.27亿元。协调集团对资金归集加强专项审计，针对发现的问题，及时下发意见，推进问题整改，促进了资金归集度的稳步上升。

【降本增效】 发挥金融平台作用，加强资金头寸管理，周例会、日调度，利用结余资金发放贷款，减少集团外部融资，提高资金使用效率，降低了财务费用。利用商业银行的同业贴现利率低于对实体企业贴现利率的优势，开展票据转贴业务，全年累计增加外部创效2000万元。加强与商业银行的谈判协商，合理调配存放同业资金，提高存放同业利率，增加了存放同业收入。拓展保险代理业务，基本覆盖主要二级单位，全年共计代理投保资产518亿元，保额（保险责任）663亿元，总保费997万元，索赔到位312万元；全年保险费率下降50%以上，可比口径测算节省保费1992万元。

【资金统管】 对接集团管控需求，支持成员单位各类结算需要，建立集团公司一二级账户管理体系，搭建形成了集团统一的资金池和功能强大的资金结算平台。借鉴宝钢、武钢票据管理经验，设计开发山钢票据管理系统，为集团票据统管创造了条件。对接集团资金预算管控，设计开发了与集团资金预算管理系统的接口和预算执行控制模块，开发完善自主结算模式，实现了集团资金管理系统、票据管理系统与预算管理系统的无缝对接。

【业务创新】 提高服务集团发展的能力和水平，将开发推广新产品新业务作为重点工作。在监管部门的支持下，批复了同业拆借、电子票据、债券承销、有价证券投资、买方信贷等业务，开发了代开银行承兑汇票等产品，为维护集团资金安全稳定发挥了积极作用。

【风险管理和内部控制】 遵循“风险控制一流”的经营方针，推进风险管理和内部控制工作。完善风险管理制度，落实风险防控责任，推进各项业务合规操作。坚持风险预警月度例会制度，对影响信贷资产安全的因素进行监控和分析，掌握风险动态，及时发现早期预警信号，把风险管理的各项要求融入公司管理和业务流程中，实现全过程控制。全年召开风险预警会议6次。落实风险应急预案，确保各类风险处于受控状态。组织召开信贷审查委员会会议，统一决策贷款业务，保证决策的科学性、合规性，全年召开信贷审查委员会会议10次。加强内控管理。定期对线上业务进行审计检查，包括大额资金调度监管、在线逐级审批、财务收支等各项业务检查，并对存在的问题进行监督整改。

【信息化建设】 开展信息系统综合改造，推进票据管理、投资管理、买方信贷、预算执行、账户体系改造、代开银承等系统的开发建设。预算执行、账户体系改造、代开银承模块已完成设计并上线运行，其他模块正在开发过程中。自主设计开发保险代理系统，并进入系统测试阶段。开发EAST数据采集平台系统，实现符合银监会要求的报送数据生成功能，完成统计报表处理业务，通过了银监局联通测试。从安全控制、安全技术、安全管理等方面进行信息安全等级保护测评项目，提升了公司的信息系统安全水平。依托集团“十三五”信息化建设发展规划，完成了公司的信息化建设规划。

【人力资源管理】 2015年，8名人员调离，11月份，公司招聘10名新职工，截至年底，从业人员34人。加强职工培训工作，建立培训计划，通过同业交流、专家授课、集体学习、监管机构讲解等形式，在同业拆借、电子票据、票据池、风险管理、保险知识、投行业务、结算管理等方面进行重点培训，提升了从业人员的理论水平和业务素质，提升了工作质量和效率。

【党群工作】 开展“三严三实”专题教育，加强了党员干部的党性修养。加强党风廉政建设，强化了反腐倡廉工作。落实党建工作责任制，形成党建工作一盘棋的工作格局；加强对中层以上党员干部的廉洁教育，倡导廉洁清风，制定财务公司党风廉政建设约谈制度，开展党章知识测试，保证了党风廉政建设和反腐败斗争各项决策部署的贯彻落实。全心全意为员工谋福利，显著提升了凝聚力。将保证员工切身利益作为年度重点工作，解决了一批涉及职工切身利益的问题，如解决外地员工落户济南、异地员工会计证转移、降低职工医疗费用负担等，激发了职工的积极性与创造力。

（撰稿：沈桂权　审稿：杨士东）

山东钢铁集团国际贸易有限公司

【概况】 截至2015年底，山东钢铁集团国际贸易有限公司（以下简称“山钢国贸”）共有职工233人，其中，研究生22人，大学本科169人；高级职称44人，中级职称120人，初级职称35人。总资产49.13亿元。拥有全资及控股公司4家。公司下设综合部、管理部、结算部、财务部、党群部5个管理部室，煤炭部、炉料部、进口部、出口部、贸易部5个业务部室，莱钢分部、济钢分部、张钢分部3个分部，共13个职能部门。

【保障供应】 直面采购资金持续紧张、炉料结构变化频繁等不利局面，按照集团公司打赢扭亏增盈保卫战的要求，以保障资源供应、降低采购成本、获取协同效益为重点，积极开展各项工作。寻找替代资源，全年增加采购国内球团67.84万吨、进口球团46.51万吨、FMG混合粉等资源173万吨，弥补了资源缺口，满足了炉料结构调整需要；适应国家环保政策，优化资源渠道，采购低硫炼焦煤资源，满足了焦化降硫要求；抢抓市场低迷机遇，联合周边钢厂，及时降低原燃料采购价格，抑制区域价格反弹，主要原燃料采购成本低于对标单位河北钢铁；优化品种结构和资源渠道，开发地方精煤新资源，加大低溢价未筛分块用量，提高高性价比原燃料采购量，全年获取协同效益1.67亿元；发挥业务整合的规模优势和协同效应，获取矿务局量价优惠等政策，拉平张钢、莱钢、济钢原燃料价格，全年降低采购成本1.42亿元；坚持铁合金招标采购，推进统一招标，保证招标价格保持低位，全年降低采购成本2300万元；配合各生产单位压减库存，加强与供应商的沟通合作，保证原燃料均衡进场，减少进口矿港存，截至2015年底，各类原燃料库存137.34万吨，同比下降66.66万吨，降幅32.68%，大幅降低了资金占用和减值损失。

【经营业绩】 全年采购各类大宗原燃料3990.44万吨。其中：煤炭1261.41万吨，焦炭73.85万吨，国内矿512.42万吨（国内精粉286.89万吨、球团矿225.53万吨），进口矿2119.8万吨（其中塞拉利昂矿100.37万吨），主要铁合金22.96万吨。供济南分公司1443.83万吨、莱芜分公司2230.49万吨、张钢256.13万吨。全年办理境外融资132亿元，其中为主业进口铁矿石跨境融资69亿元，平均利率2.05%，与国内融资相比，减少融资费用1.02亿元。提升境外贸易融资能力，做好进出口业务和跨境贸易融资运作，再次获得新加坡5年全球贸易商（GTP）计划，享受10%的优惠税率，降低了境外经营成本。

【产品出口】 面对国家取消加硼退税政策、国外“双反”等贸易摩擦增加、国际钢材价格与国内钢材价格倒挂以及生产单位出口积极性不高等不利因素，贯彻落实集团公司国际化战略和出口带动策略，重点围绕开拓市场、建设渠道、调整结构，促进了钢材出口量效双增。在维护好日韩、东南亚等传统市场的基础上，积极开发了印度、南美、欧洲、澳洲和中东市场。全年出口印度圆钢近2万吨，成为圆钢出口的主要市场之一；出口南美的螺纹钢较上一年大幅提升；出口欧洲的中厚钢板增量超过全国平均水平；澳标螺纹钢实现批量出口；中东市场出口量近15万吨。基本形成以日韩和东南亚、南美、欧洲、中东等为主，非洲、澳洲、美国、中国台湾等市场为辅的市场布局。根据山钢产品的特点，按照效益和效率最大化原则，积极构建多元化渠道，细分市场。主要流通产品以库存商、加工分销商为主，管线钢、高强钢、耐磨钢等高端产品以终端客户为主，澳洲螺纹等特殊市场和优势产品采用区域代理模式，逐步构建起了“终端用户+贸易商+区域代理”的多元化渠道。认真落实集团公司5月12日出口工作会议精神，迅速行动，优化出口订单评价流程，坚持全年出口120万吨任务不动摇，制定分解计划，积极寻求订单，加强订单执行协调，确保按期交付，保证了全年出口计划的完成。全年出口钢材120.37万吨，同比增长19.58%，与全国同比增幅持平，完成全年计划的100.31%，出口创汇4.86亿美元。积极优化出口产品结构，扩大高附加值产品出口，提高了出口效益。在稳定以宽厚板、H型钢、热卷板与螺纹钢为主要出口品种的基础上，积极开发美标A588高牌号耐候钢、欧标与澳标打桩型钢、宽厚板高强钢、高级别压力容器钢、高级别船板与容器板、高合金比钢管用圆钢等高附加值产品，在进一步丰富出口产品的同时，提高了出口效益。全年综合平均出口效益高于内销，创效4867万元。

【贸易经营】 在原燃料价格大幅下跌，市场风险增加的不利局面下，坚决贯彻落实集团公司发展战略，以快速做大贸易为目标，积极获取贸易资源，开拓销售渠道，加强贸易团队管理与分工协作，强化境内外公司联动运作，强化资金保障，贸易量和利润同比大幅提高。加大资源获取力度，与必和必拓签订400万吨贸易合同，全年实现贸易量760万吨；与FMG签订基础量400万吨的量价挂钩协议，超400万吨享有一定比例的价格折扣，全年执行600万吨，贸易量450万吨；与罗伊山矿及其股东签订500万吨/年铁矿石销售合同；与澳大利亚铁之路签订铁矿石销售合作备忘录。加强市场开发，推进联合采购，与国内十几家钢厂签订长期合作协议，实现铁矿石贸易640万吨，同比增长157.03%。不断拓宽销售渠道，优化客户结构，与国际大贸易商加强合作，稳定贸易量。积极开展三方贸易，实现贸易量560万吨。全年完成铁矿石资源经营量2224万吨，完成计划的111.2%，同比增长92.89%；实现社会贸易利润4275万元，完成计划的142.5%，同比增长18.75%。全年实现营业收入127.5亿元。

【管理创新】 推进公司制度体系建设，开展公司规章制度第二次管理评审，新制定和修订公司制度72项，优化了管理流程，健全了制度体系。在业务管理方面，规范统一合同文本、补充协议文本，修订了《合同管理办法》《授权管理办法》《风险管理办法》等管理制度，制定了《结算管理办法》《海运租船业务管理办法》等制度；在财务管理方面，加强财务预算管理，规避财务风险，制定了《资金管理办法》《经费管理办法》《应收款项管理办法（试行）》等制度；在综合管理方面，修订了《公务用车管理规定》《商务接待管理规定》等29项管理制度，对涉及子公司的制度修订了25项，制定了《职工劳动管理有关规定》等8项管理制度；在党群管理方面，制定《党员学习制度》等制度，为党群工作的顺利开展提供制度保障。以“运营转型、管理提升”活动为载体，全面推进精益管理和精益运行，促进了管理水平不断提高。

【党群工作】 加强各级领导班子建设，健全了责任体系。抓管理、带队伍，狠抓责任落实，强调担当、责任和执行，提高了团队素质，逐步形成了一级对一级负责、逐级逐层负责的责任体系。加强思想政治工作，统一了思想，鼓舞了士气。认真学习贯彻党的十八大以及十八届三中、四中、五中全会等一系列会议精神，贯彻落实集团公司党委决策部署，不断提升领导干部的综合素质，适应新形势、新任务、新常态。加强党风廉政建设，严格执行中央“八项规定”和集团公司“十条禁令”，持续反对“四风”，完成了党风廉政建设责任目标，营造了良好的廉洁氛围。落实纪委监督责任，对“供应商准入与管理、结算与资金制度、接待、办公用品采购、公务用车”等重点、关键业务开展执纪监督，保证了廉洁从业和阳光管理。加强对岗位源头的廉政风险管控，辨识关键业务活动中的廉洁风险源136项，按不同风险等级进行管理，有效防控高风险业务活动。扎实开展“三严三实”专题教育，查摆不严不实问题51项，并限期整改，切实转变了工作作风。加强形势任务教育，创新教育方式，引导正确的舆论导向，统一了干部职工思想。关心职工生活，保障根本利益，调动了大家的工作积极性。深入开展企业文化建设，积极导入山钢文化，以践行山钢文化为导向，确立了“山钢一家人”“山钢国贸一家人”的文化理念，并通过开展“贴近生产、贴心服务”主题活动，使这一理念得到落实，促进了文化的融合。倡导学习型组织理念，倡导严细实和精益管理的工作理念，倡导责任担当、组织纪律和执行力文化，逐步形成了具有山钢国贸特色的管理文化。

（撰稿：王　涛　审稿：朱玉廷）

山东钢铁集团
房地产有限公司

【概况】　截至2015年底，山东钢铁集团房地产有限公司（以下简称山钢地产）设职能部门14个，下设分公司7个，子公司22个，实际运作公司12个。共有在岗职工1129人，其中研究生25人，大学本科326人，专科189人；高级职称106人，中级职称184人，初级职称125人。2月28日集团公司董事会通过对山钢地产增资的决议，5月7日召开山钢地产股东会，确定注册资本由7亿元增加到24.53亿元。股东会、董事会、监事会的设立，标志着公司法人治理结构正式形成。具有房地产开发一级资质、物业管理一级资质，经营范围包括房地产开发、物业管理及相关业务咨询服务、广告、建筑材料、建筑构配件销售。

【经营情况】　贯彻落实集团公司一系列重要决策部署，按照聚焦发展、管控风险、快速融合、形成品牌的要求，干部职工勇于担当，攻坚克难，经营业绩实现新突破。全年完成开发面积145万平方米，竣工面积53.18万平方米。实现经营性资金收入38.58亿元，主营业务收入29.81亿元，实现考核口径利润1.93亿元，较2014年同比分别增长168%、273%和109倍。完成资金收入87.99亿元，资金支出82.89亿元，实现净现金流量5.10亿元。其中：经营性现金流入38.58亿元，经营性现金流出27.03亿元，实现经营性净流量11.54亿元；融资性收入49.41亿元，融资性支出44.72亿元，融资性净流量4.69亿元；投资性净现金流出11.13亿元。

【战略规划】　完成集团公司中长期发展战略中房地产业务板块的编制工作，明确了房地产是集团公司四大发展业务之一，为公司发展提供了更广阔的平台。编制完成“十三五”发展规划，提报集团公司。对外合作实现突破，诸城项目与碧桂园成功合作，化解了风险，为向先进房企学习开辟出新渠道。

【财务管理】　建立全面预算管理模式，通过统一规划、分级管理、滚动预算和动态分析控制体系，保证预算的刚性和计划的严肃性。加强融资管理，拓宽融资渠道，创新融资方式，优化融资结构，提升筹资能力，降低融资成本，确保运营资金需求。当年新增贷款37.05亿元，保证了资金链安全和开发经营的正常运转。置换高利息融资贷款18.7亿元，募集信托资金14.47亿元；储备落实授信资源44.15亿元。加强税收筹划，免交税费187万元；免交契税等费用630万元；成功退回预交土地增值税2069万元；免交缓交3160万元。

【专业管理】　实行操作型管控模式，按照“四快一严”的开发思路，各部门突出行业特点，规范管理行为，实行科学管理，提升管理水平。加强设计管理，注重对项目设计过程、设计技术流程控制的管理。坚持设计、营销、成本三方在项目规划设计上的联动评价协调，强调运营目标的科学性和技术实现性；实施项目设计计划管理，确保项目关键节点如期达成。加强招标采购管理，建立新的采购管理制度体系；编制招标文件标准文本2015版，实施预算控制价采购；建立山钢地产阳光采购平台；明确了合格供应商，采购成本得到控制。完成集中采购项目48项，采购金额11.03亿元，与控制价相比节约1352万元。各子分公司完成采购计划191项，采购金额2.62亿元。加强开发计划管理，优化拿地至开盘阶段开发流程设计，形成《从拿地到开盘6~8个月快速开发流程优化方案》，作为指导快速开发的操作指南；强化开发计划管控，完善三级开发计划管控体系；编制项目属地开发流程“一图一表”，制定科学合理的开发计划，提高开发手续办理效率；聚焦项目销售，强化计划保证、开发计划执行的监控和预警，加强过程管控，确保重大节点按时达成。下达关键节点计划105项，共达成100项，达成率为95.24%，按时或提前达成60项，按时达成率为57.14%。其中涉及首期开盘和交房的关键节点共计9项，按时达成率为100%。加强安全、质量管理，建立相关管理架构和制度体系。组织安全取证培训，开展“安全生产月”“夏季四防”“冬季四防”“六打六治”和火灾防控等主题活动，重点加强了对相关方的安全管理，实现了安全生产“五为零”的目标。坚持实施“样板引路”，将检查发现的“错漏碰缺”等问题消灭在样板验收中，提高了产品质量和使用舒适度；组织标杆房企工程管理现场观摩会，加强工程巡查，深入查找各项目现场管理存在的问题及隐患，查出安全隐患40项，质量问题63项，均及时进行整改，提高了工程管理精细化水平。建立了较为完善的房地产开发成本控制体系，覆盖房地产开发全过程，涉及各个环节。坚持铁腕管成本，刚性降成本。实行项目成本由公司总体负责，各项目、专业分级管理的方式，保证了目标成本的顺利实现。通过严格控制价管理，实施房地产全过程成本限额管理，实现了降低成本10%的目标。严格结算审核，审核控制价项目155项，审减值1.28亿元，审减率17.16%。全年完成结算审核定案413项，审减值3043.4万元，审减率5.34%。通过转变观念，理顺营销体制，创新营销模式，突出发挥好各子分公司的营销主体作用，实施全员营销，推出以房顶账政策，实施重点激励、主题劳动竞赛等方式，推进营销工作。实现销售面积38.43万平方米，销售额32.37亿元，回收房款资金38.13亿元。比2014年分别增长191%、245%和166%。为适应公司发展需要，组建专业部门，专门研究商业地产问题。加强物业管理，树立“细节决定质量，细节成就精品”的理念，全方位提升服务品质，打造山钢地产服务品牌。落实质量、环境、职业健康安全3项体系的贯标闭合工作；对物业服务进行全方位考核评价；编写并实施服务标准；开展以“物业服务质量提升月”为主题的活动，提升物业服务品质。拓展了自动售水机、自助洗车机、房产中介等业务。

【基础管理】 加强人力资源管理。对领导班子和干部队伍进行考核评价；任免中层干部23人次，其中新提拔任用11人；调配人员55人；完善干部管理制度，严格控制职数；组织实施了财务、营销、设计、法务、成本、预算、招标采购等多个专业内容的培训，参训2500余人次。注重绩效管理。坚持以目标为导向，构建了以“关键绩效指标（KPI）+计划绩效指标（PPI）+考察类指标+一票否决项指标”为主体的指标体系，完善了由项目运营目标责任书、年度经营业绩责任书和月度绩效考核组成的绩效考核体系。将集团公司下达的利润、销售资金收入、主营业务收入3项考核指标，分解、转化为销售合同额、销售回款、利润、关键节点计划等核心考核指标，并在绩效考核方案中占不同的组合权重，实现了经营指标的分解传递，起到了激励作用。注重开展“运营转型，管理提升”活动，组织专家辅导、课题攻关，推进管理和经营绩效提升。2个集团监管类项目通过集团验收顺利结题；26个自主管理类项目经内部结题验收评审，15个项目通过结题验收，取得了可观的经济效益。注重综合管理。推行公司重大事项督办制度；完成了新办公楼搬迁；加强信息化管理，保障网络系统安全；重点建设了房地产ERP信息化管理系统、OA办公自动化系统，完善视频会议系统，为提高办公效率搭建了平台。

【风险防控】 加强审计监察，开展专项效能监察。完成对子分公司的绩效审计、离任审计；对集团公司实施离任审计和资金管理专项审计反馈的问题做出整改安排，确保问题整改到位；对部分子分公司资金、招采、合约、成本管理进行专项效能监察。建立公司法律事务管理体系，将法务工作嵌入开发经营的全过程，涉及决策到经营的各个方面，涵盖每个环节，规避经营风险，减少经济损失。

【党群工作】 4月17日，组建山钢地产党委、纪委；8月14日，以选举方式组建山钢地产工会，为推动公司发展提供了政治和组织保障。制定党建工作3年提升规划，落实党建工作责任制，层层签订责任书，责任落实到人。开展“三严三实”专题教育，以公司领导班子为主体，以上率下，拓展到全体经营管理者，做到党员教育、学习研讨、查找问题、问题整改全覆盖，将专题教育和公司开发经营实际紧密结合起来，确保针对性和实效性。启动“三型”党组织建设，组织两级中心组学习12次，建立“书记点评”制度、领导干部联系点制度、支部书记月报制度，推出“一线工作法”“一个故事一个品牌”等新载体，激发了党建工作的活力。选好配强支部和工会班子，组织专题培训、民主生活会，对党组织书记书面述职情况进行评议。评选出公司“四好”领导班子3个，先进党支部3个、优秀党建工作者15名和优秀党员16名，优秀女职工32名，营造了创先争优的氛围。加强党风廉政建设，签订《党风廉政建设责任书》，建立廉洁档案，定期开展廉政谈话，组织《党章》知识测试和征集廉政提示语等活动，刊发《立廉》，突出警示教育、关键时点教育，使党风廉政教育常态化。开展形势任务教育，编发《山钢地产通报》，通过山钢地产网站、《月报》、微形象展示，加强内外信息交流。加强精神文明建设，物业管理公司华阳慧谷管理处继续保持省级文明社区称号，济南分公司被评为集团公司文明单位。加强企业文化建设，在基层单位广告栏、宣传栏制作中，规范各类企业标识的使用。发挥工会、女工组织的作用，开展“比拼赶超，争当营销先锋”主题劳动竞赛、慈心一日捐、困难职工慰问和各类文体活动。评选劳动模范9人，先进工作者25人。发放职工安康保险金本息73.85万元，医疗保险金71.6万元。

（撰稿：贾友志　审稿：邱　峰）

山钢集团金融控股（深圳）有限公司

【概况】 山钢集团金融控股（深圳）有限公司（以下简称“公司”）于2015年7

月11日经山钢集团二届十一次董事会研究通过，9月2日山钢集团党委会研究决定设立，9月9日在深圳前海完成工商登记。注册资本20亿元。下辖山钢金控互联网金融服务（深圳）有限公司、山钢金控资产管理（深圳）有限公司、山钢金控融资租赁（深圳）有限公司3家子公司。公司按照现代金融法人治理结构设立机构框架和管理业务流程，董事会统筹全公司的决策运作，下设综合管理部、投融资业务部、风险管理部、审计合规部和金融创新研究室。经营层设总经理1名、副总经理2名。截至2015年底，山钢金控共有职工35人。其中：公司领导班子成员4人，公司组建筹备组成员5人，集团公司选调7人，社会招聘应届大学毕业生19人。其中博士研究生1人，硕士研究生18人；高级职称13人，中级职称3人。公司自成立之初，就按照集团公司的精准定位，瞄准“大金控、大资管、全牌照”的战略目标，按照把金融控股公司打造成拥有完整金融业务体系，省内制造业中金融业务最有特色、金融实力最强、风险防控能力强、综合竞争优势强的金融控股集团的目标不断迈进。

【制度建设】 公司高度重视建章立制，夯实管理基础，确保运营体系规范科学。设立之初就梳理汇总确定了49项必备制度列入拟定过程，定期召开“制度建设推进会”，各部门、各子公司按照要求建章立制，夯实管理基础。完善和加强财务制度，对涉及财务的6项管理规章制度进行编写和修订。制定了风险管理制度，完善风险控制流程，初步建立起公司风险管理工作三级体系，将风险管理工作流程融入日常管理制度，同时加强公司的法人授权和合同管理制度建设，完善公司治理体系建设。互联网金融服务公司确定了《P2P网贷业务管理基本办法》等6项公司基本制度和《股权类资产投资及处置管理办法》《实物类资产投资及处置管理办法》《风险管理办法》等3项管理制度，加强资产管理，提升资产利用效率，挖掘资产价值，化解经营风险，优化资源配置，规范了投资行为。融资租赁公司完成了《融资租赁业务办法》等管理办法的起草工作；草拟了《售后回租的相关合同文本》，包括融资租赁合同、买卖合同、融资租赁合作协议框架等，建立了租金及确认融资收益的测算模型，为业务开展奠定了基础。

【融资业务】 主动对接银行，努力争取支持，确保融资渠道广泛顺畅。创立之初财务部、投融资部密切协作，积极通过各种境内外渠道同深圳前海各家银行主动联系，为公司的注册提供了便利，并就公司业务规划和后期业务开展与银行深入沟通，为后续公司融资及业务合作做好准备。公司成立后同工行、农行对并购项目进行多轮沟通，取得了银行的支持和帮助，出具了多套并购融资方案。同前海农行在深圳签订战略合作协议书，与农行总行的相关部门深入沟通，为并购项目的平稳推进奠定了基础。同平安银行、上海银行、厦门国际银行、民生银行、招商银行、广发银行、上海浦发银行取得联系，着手为公司并购业务及其所属子公司租赁公司、资产管理公司提供授信业务，推动该业务取得实质性进展。

【项目储备】 积极研究市场需求，仔细甄别市场机会，认真发掘价值创造机遇。资产管理公司积极对接济钢小贷不良资产处置业务，从基础资料开始先后经过业务评估、尽职调查、现场议价、可行性分析、风控评估等环节，全面熟悉了同类业务的处理办法，充实积累了实际操作经验。后续深入开展了张钢齐商银行股权、集团山东石油天然气公司股权的并购处置方案的研究，并经公司项目审查委员会、风控委员会研究通过。融资租赁公司尚未注册成立就启动了业务储备研究工作，工作人员多次去莱钢银山型钢就售后回租业务进行交流沟通，为业务顺利启动奠定了坚实基础。首笔业务落地成行仅用了55天，为公司完成集团公司任务目标打响了第一枪。财务部及时调整境外资本金注入方式，将美元验资户改为人民币验资户，设立境外汇款路线，由境外股东向境内银行注资人民币的方式注册资金，减少中间汇兑损失500余万元。

【创新研究】 高度重视金融政策研究和业务创新，紧扣创新主题，推进工作开展。在体制创新方面，根据公司投融资、产融结合等功能定位，积极研究创设山钢金控私募股权基金管理有限公司并策划发行基金，包括山钢地产基金、产业并购基金、创业投资基金等，使金控公司在当前已有融资租赁、互联网金融、资产管理等金融工具的基础上，丰富投融资方式，拓展投融资渠道，进一步推进产融结合，支持相关产业发展。积极研究担保公司、金融租赁公司的相关法律制度，为下一步开创性用好这些金融工具创造条件。在机制创新方面，积极创新信息资料的收集、发布方式，借助网络的力量，做好金控公司金融信息早晚报及山钢金融周报的编制、发布等工作，利用微信、QQ等建立起了编者群组，不断提升内容层次和编排水平。山钢金控网站的建设和微信公众号的建立，为信息的传播、宣传和利用开创了新的空间，切实提升了信息获取的便捷性和时效性。此外，编制了《山钢金融控股（深圳）有限公司管理创新项目管理办法》《山钢金融控股（深圳）有限公司合理化建议管理办法》，为金融创新搭建起了广阔的平台，为金控公司推进创新管理提供了有力支持。

【党群工作】 坚持发挥党委政治核心作用，党委会充分参与“三重一大”事项研究，合理分工党委会、董事会、经理层的职能职责，促进公司决策科学，程序规范。坚持业务经营与思想政治工作同步抓，两手硬，根据要求按时成立4个基层党支部，健全纪委组织机构。强化政治学习，强化活动落实，按规定积极参加“三严三实”专题教育，开好两级专题民主生活会，实现党委中心组学习正常化、规范化。关注职工思想动态，关心职工工作学习，关怀职工业余生活，保证了公司的凝聚力、向心力。

（撰稿：王励强　审稿：黄振辉）

山钢集团
塞拉利昂矿业有限公司

【概况】 山钢集团于2012年通过山钢香港资源公司投资15亿美元，获得非洲矿业公司所属的唐克里里矿山公司、非洲铁路和港口公司、非洲电力公司各25%的股份和1000万吨矿石的包销权利。2014年下半年以来，受铁矿石价格急剧下滑、埃博拉病毒肆虐等多种因素影响，项目公司被迫于2014年11月28日宣布控制性停产与维护。为了控制投资风险，2015年4月山钢集团通过拍卖获得了非洲矿业公司所属的唐克里里矿山公司、非洲铁路和港口公司、唐克里里铁矿贸易公司各75%的股权，从而山钢完全控股项目公司。

2015年8月15日，集团公司第二届董事会临时会议审议并通过了有关山钢集团塞拉利昂矿业有限公司（以下简称“塞矿公司”）的决议，同意通过《关于出资注册山钢集团塞拉利昂矿业有限公司的决议》，同意山钢集团塞拉利昂矿业有限公司提出的恢复生产的安排。至2015年底，共有员工2830人。其中外籍员工146人，本

唐克里里铁矿项目矿山现场

地员工2660人，山钢派出员工24人（其中山钢外派人员中大学本科及以上学历24人，高级职称20人，中级职称4人）。公司下设矿山公司、铁路港口公司等2个生产经营单位，13个直属部门。

【承包商谈判】 基于长期合作，共担市场风险，共享未来市场成果，推动承包模式变更和费率的降低。实现了各承包商的合同吨矿成本降低25%~30%，历史欠款打折73.5%，与145家债权人签订和解协议，涉及金额1.9亿美元，最终和解金额为1.4亿美元。合计减少支出5100多万美元。

与非洲矿业托管人德勤达成临时和解协议，SAP系统已经转移注册完成，项目公司纸质及电子文档的移交、项目公司与非矿往来余额的核定、电力公司清算等主要问题正在按期推进中。

【企业管理】 清点资产、堵塞漏洞，遏制资产流失。全面清查盘点固定资产、库存物资、清理停产前散落在世界各码头内的集港货物，改进和完善物流仓储管理制度；开展油料专项治理，加强油料计量、防盗工作；全面开展对账工作，检查合同签订的规范性，查找管理漏洞，检查履职情况，核实计量的准确性，培养员工的节约意识，提高员工参与改进管理的积极性。完善制度，提升管理水平。从两个方面入手：一是梳理原有的规章制度，经过收集、筛选适合公司使用的继续实行；二是结合工作实际制定相关的管理制度，引入山钢的管理理念和山钢的管理方法，做到人人能做事，事事有人管，管理要到位。为保证上岗职工的素质，开展了安全消防培训、机车司机、扳道员理论和实践培训并测试等，有效促进了顺利复产。资源整合，优化配置、降低成本。开展了营地整合、电力资源整合、车辆管理整合、维修力量整合、办公场地整合，优化资源配置；减少不必要的浪费现象，开展了营地用电检查和新理念的宣传，做到人走灯灭空调关。

裁撤冗员、调整人员结构，稳定职工队伍。截至年底，本地员工从非洲矿业管理时的3044人削减至2660人，外籍员工由567人削减至146人。加上山钢外派的24人，公司共有员工2830人。与山钢管理团队2015年5月接手项目公司管理时相比，每月节约薪酬支出80余万美元。

【设备工艺改造】 产品装船水分限值（TML）获得重大突破。经研究适用TML新规则以及有效的与管理当局的沟通工作，粉矿由

15.2%提高为16.9%，AL32混合矿由13.6%提高到17.4%，尾矿为18.95%。TML值提高后，倒运量和产品品种减少，为生产工艺调整和降低成本奠定了基础。引入力博重工集团有限公司采用BOO方式建设1B、1G2000米皮带运输系统，每年将比采用汽车运输降低费用1000万美元左右。完成TT07转运站改造。TT07转运站是向倒驳船输送矿粉的枢纽，倒运量大，是矿石传送系统中最重要的一个环节。该转运站由30米高降低为5米高，在矿粉倒运过程中提高了效率、减少了维修量，节约了电力。

【文化融合】 融合中、西、塞文化，宣传山钢文化；调和外籍员工和当地员工之间的矛盾；启动属地员工的合同续签工作，理顺属地员工的医疗保险、工伤保险和社保基金等员工切身利益等事项，增强本土员工对公司的向心力和凝聚力；化解了3起属地员工的罢工事件，获得了良好的社会效应。

【干部队伍建设】 建立完善董事会、党委会、党政联席会等会议制度；重视班子团结，发挥整体功能。执行民主集中制，坚持集体讨论决定“三重一大”事项。完善干部选拔任用制度，提高选人用人公信度。严格按照组织程序和集团公司党委的要求提拔10名同志担任公司中层领导职务。

【党群工作】 组织开展好“三严三实教育活动”，召开了以“三严三实”为主题的民主生活会。按照山钢集团党委关于开好“三严三实”专题民主生活会的要求，塞矿领导班子紧紧围绕“三严三实”主题扎实做好专题民主生活会各项准备工作，广泛征求意见建议、深入开展谈心谈话，边查边整改。对一年来的工作情况进行简要回顾总结，并对存在的“不严不实”问题作深刻剖析，并制定了努力方向，对能够立即整改的20个问题立即进行整改，对不能立即整改的制定了改进方案。

（撰稿：马世鑫　审稿：王广云）

山东钢铁集团
济钢板材有限公司

【概况】 山东钢铁集团济钢板材有限公司于2015年11月设立，注册资本5000万元，山东钢铁集团有限公司100%控股。一般经营项目包括：钢铁冶炼、加工及技术咨询服务；钢材、水渣和炼钢副产品的生产及销售；铁矿石及其类似矿石销售；自营进出口业务。2015年11月，公司与山东钢铁股份有限公司济南分公司签订资产转让协议，受让山东钢铁股份有限公司济南分公司部分资产及相关债务，资产转让价格为128.2亿元；山东钢铁集团有限公司以收购的原山东钢铁股份有限公司济南分公司的资产按账面净值107.03亿元对公司增资4.5亿元，同时公司承接山东钢铁集团有限公司收购的原山东钢铁股份有限公司济南分公司的资产所承接的债务。增资完成后，公司注册资本为5亿元。实际收到净资产账面价值与注册资本的差额转增资本公积。公司成立后，山东钢铁集团有限公司委托山东钢铁股份有限公司托管公司股权。

（撰稿：李　辉　审稿：徐有芳）

山钢年鉴 2016

山钢集团
SD STEEL

统计资料

山钢集团

SD STEEL

山钢文化

核心理念

山钢使命：

为客户提供满意的产品和服务

集团公司 2015 年主要生产经营指标完成情况表

指 标 名 称	单位	2015 年	2014 年	同比增减/%
一、主要财务指标				
营业收入	亿元	1021.08	1159.96	-11.97
利税	亿元	57.22	43.14	32.64
其中：利润	亿元	16.36	1.94	743.30
净利润	亿元	-5.85	-10.41	43.80
资产总额	亿元	2496.16	2000.85	24.75
其中：流动资产	亿元	1143.06	816.15	40.06
非流动资产	亿元	1353.11	1184.70	14.22
负债	亿元	2064.07	1639.59	25.89
其中：流动负债	亿元	1432.65	1254.99	14.16
非流动负债	亿元	631.42	384.60	64.18
所有者权益	亿元	432.09	361.26	19.61
其中：归属母公司权益	亿元	161.30	140.67	14.67
二、主要生产指标				
工业总产值	亿元	625.10	854.15	-26.82
其中：新产品产值	亿元	92.29	104.20	-11.43
工业销售产值	亿元	623.25	851.90	-26.84
三、主要产品产量				
粗钢	吨	21692110	23336376	-7.05
生铁	吨	22635605	24012913	-5.74
钢材（总产量）	吨	22444431	24390818	-7.98
钢材（最终产量）	吨	21315040	23000553	-7.33
焦炭	吨	6428676	6677044	-3.72
铁矿石成品矿	吨	3047611	3489690	-12.67
耐材制品	吨	193581	277374	-30.21
四、进出口指标				
出口创汇	万美元	59534	64583	-7.82
出口钢材	吨	1195635	990271	20.74
其中：棒材	吨	51229	39551	29.53
钢筋	吨	217960	99986	117.99
型材	吨	165354	195001	-15.20
中厚板	吨	419321	342527	22.42
中厚宽钢带、热轧薄宽钢带	吨	185574	52859	251.07
冷轧薄宽钢带	吨	80027	154229	-48.11
涂镀板（带）	吨	75834	105843	-28.35
无缝管	吨	336	275	22.18
进口矿	吨	20507644	19778707	3.69
其中：铁精粉	吨	1883	1001354	-99.81
粗粉	吨	15145779	10993297	37.77
块矿	吨	4633428	9314096	-48.69
熟料	吨	726554	86360	741.31
五、固定资产投资指标				
投资完成额	万元	392962	837292	-53.07
其中：建筑工程	万元	107289	154829	-30.20
安装工程	万元	65667	70236	-6.51
设备购置	万元	217124	176659	22.91
其他费用	万元	2882	435568	-99.34

（撰稿：孙耿平　胡　玉　审稿：杨再昌　李传峰）

集团公司2015年钢材品种结构表

（单位：万吨）

钢种		大型型钢	中小型型钢	棒材	钢筋	线材	特厚板	厚钢板	中板	中厚宽钢带	热轧薄宽钢带	冷轧薄宽钢带	热轧窄钢带	镀层板（带）	无缝钢管
集团公司合计	最终钢材产量	2131.50													
	分品种产量	190.88	24.08	139.21	707.37	179.15	35.07	212.18	226.19	196.98	48.36	72.55	65.43	13.14	20.91
	品种比重/%	8.96	1.13	6.53	33.19	8.40	1.65	9.95	10.61	9.24	2.27	3.40	3.07	0.62	0.98
其中：济钢	最终钢材产量	584.10													
	分品种产量	11.75	0.35	9.00	13.56	—	24.21	163.41	192.75	91.46	26.12	38.35	—	13.14	—
	品种比重/%	2.01	0.06	1.54	2.32	—	4.14	27.98	33	15.66	4.47	6.57	—	2.25	—
莱钢	最终钢材产量	1422.90													
	分品种产量	179.12	23.74	119.44	618.77	140.47	10.86	48.77	33.44	105.52	22.23	34.20	65.43	—	20.91
	品种比重/%	12.59	1.67	8.39	43.49	9.87	0.76	3.43	2.35	7.42	1.56	2.40	4.60	—	1.47
张钢	最终钢材产量	124.49													
	分品种产量	—	—	10.77	75.04	38.68	—	—	—	—	—	—	—	—	—
	品种比重/%	—	—	8.65	60.28	31.07	—	—	—	—	—	—	—	—	—

（撰稿：郑　丽　审稿：李传峰）

集团公司2015年主要技术经济指标完成情况表

主要质量指标				主要消耗指标				主要效能指标			
指标名称	单位	指标值		指标名称	单位	指标值		指标名称	单位	指标值	
		2015年	2014年			2015年	2014年			2015年	2014年
一、转炉锭坯合格率	%	99.95	99.95	一、转炉钢铁料消耗	kg/t	1060.83	1061.79	一、转炉日历利用系数	t/(t·d)	24.37	26.85
其中：济钢	%	99.93	99.97	其中：济钢	kg/t	1063.42	1062.83	其中：济钢	t/(t·d)	23.57	25.45
莱钢	%	99.99	99.96	莱钢	kg/t	1060.63	1061.38	莱钢	t/(t·d)	26.94	29.79
张钢	%	99.79	99.85	张钢	kg/t	1048.77	1059.76	张钢	t/(t·d)	15.87	18.81

续表

主要质量指标				主要消耗指标				主要效能指标			
指标名称	单位	指标值		指标名称	单位	指标值		指标名称	单位	指标值	
		2015 年	2014 年			2015 年	2014 年			2015 年	2014 年
电炉锭坯合格率	%	99.84	99.95	转炉炼钢工序能耗	kgce/t	-9.54	-10.58	转炉炉衬寿命	炉	13909	13215
其中：莱钢	%	99.84	99.95	其中：济钢	kgce/t	-6.22	-8.08	其中：济钢	炉	12600	12654
二、生铁合格率	%	99.99	99.98	莱钢	kgce/t	-12.11	-12.36	莱钢	炉	15500	13577
其中：济钢	%	99.96	99.95	张钢	kgce/t	-7.73	-10.14	张钢	炉	10622	13295
莱钢	%	100	100	二、高炉综合焦比	kg/t	485.89	497.71	转炉氧枪寿命	炉	138	130
张钢	%	100	100	其中：济钢	kg/t	496.50	505.53	其中：济钢	炉	70	65
生铁一级品率	%	73.12	78.82	莱钢	kg/t	476.84	492.66	莱钢	炉	222	232
其中：济钢	%	71.27	82.12	张钢	kg/t	502.29	498.67	张钢	炉	280	268
莱钢	%	74.16	78.56	入炉焦比	kg/t	362.66	363.93	二、高炉有效容积利用系数	t/(m^3·d)	2.50	2.6
张钢	%	74.70	63.48	其中：济钢	kg/t	377.51	376.15	其中：济钢	t/(m^3·d)	2.45	2.52
三、钢材合格率	%	99.75	99.76	莱钢	kg/t	350.28	357.13	莱钢	t/(m^3·d)	2.56	2.65
其中：济钢	%	99.92	99.93	张钢	kg/t	383.15	356.2	张钢	t/(m^3·d)	2.38	2.59
莱钢	%	99.67	99.67	炼铁工序能耗	kgce/t	387.44	397.79	人造块矿使用率	%	87.47	88.54
张钢	%	99.49	99.7	其中：济钢	kgce/t	399.03	402.78	其中：济钢	%	85.27	87.98
四、烧结矿合格率	%	95.17	85.07	莱钢	kgce/t	380.08	396.86	莱钢	%	89.04	88.65
其中：济钢	%	93.78	65.76	张钢	kgce/t	384.17	379.07	张钢	%	86.94	90.73
莱钢	%	98.43	98.3	三、钢材综合成材率	%	96.25	96.49	入炉矿品位	%	56.28	55.33
张钢	%	83.29	92.5	其中：济钢	%	93.97	94.37	其中：济钢	%	56.53	55.08
五、球团矿合格率	%	100	78.6	莱钢	%	97.29	97.47	莱钢	%	56.18	55.45
其中：济钢	%	—	47.31	张钢	%	99.85	99.81	张钢	%	55.77	55.66
莱钢	%	100	100	热轧综合成材率	%	96.54	96.75	喷煤比	kg/t	140.80	154.34
金岭铁矿	%	100	100	其中：济钢	%	94.07	94.54	其中：济钢	kg/t	116.14	129.29
六、冶金焦合格率	%	100	100	莱钢	%	97.61	97.66	莱钢	kg/t	158.20	169.41
其中：济钢	%	100	100	张钢	%	99.85	99.81	张钢	kg/t	133.06	160.49
莱钢	%	100	100	热轧工序能耗	kgce/t	58.29	56.7	三、轧机日历作业率	%	51.32	62.31
七、耐材制品合格率	%	94.80	96.35	其中：济钢	kgce/t	61.58	62.25	其中：济钢	%	47.80	57.25
其中：济钢	%	99.61	99.69	莱钢	kgce/t	56.83	53.96	莱钢	%	66.09	67.46
山东耐材	%	94.16	95.76	张钢	kgce/t	53.21	50.37	张钢	%	39.65	45.33

（撰稿：郑　丽　审稿：李传峰）

集团公司2015年职工队伍基本情况统计表

单位名称	年末职工人数		管理和专业技术人员				生产服务岗位人员					离退休人员		
	全部人员	不含参股、改制、合并报表单位	总数	其中：技术职称情况			总数	其中：技能等级情况				总数	其中	
				高级职称	中级职称	初级职称		高级技师	技师	高级工	中级工		离休人员	退休人员
合 计	81092	70108	14806	3762	6818	3555	55302	1661	6003	20485	11490	46137	503	45634
1. 集团总部机关	294	294	293	163	97	26	1					2		2
2. 济钢集团有限公司	11456	11456	2298	369	1017	739	9158	512	1181	3947	3164	11387	92	11295
3. 山钢股份济南分公司	16248	16248	2632	562	1190	790	13616	586	2723	6563	1956	8696	97	8599
4. 莱芜钢铁集团有限公司	18929	7945	2589	703	1339	540	5356	123	408	1827	1156	4391	44	4347
5. 山钢股份莱芜分公司（含代管）	20666	20666	3609	1351	1862	384	17057	359	1181	6410	3768	8520	143	8377
6. 淄博张钢有限公司	3700	3700	838	62	315	383	2862	42	241	589	796	4228	40	4188
7. 山东金岭铁矿	3951	3951	557	104	223	186	3394	17	124	682	437	2974	22	2952
8. 山东耐火材料集团有限公司	3502	3502	591	40	167	278	2911	22	143	394	169	5315	52	5263
9. 山东鲁冶项目管理有限公司	76	76	76	16	20	34								
10. 山东省新力冶金实业公司	90	90	28	2	7	8	62		2	43	8	31		31
11. 山东工业职业学院	365	365	343	93	170	30	22			18	4	126	3	123
12. 山东冶金烟台宾馆	16	16	6			2	10					12		12
13. 烟台钢铁企业集团公司	21	21	10	1	4	5	11					449	10	439
14. 山钢集团日照有限公司	388	388	373	198	156	9	15							
15. 山钢集团财务有限公司	28	28	28	8	7	3								
16. 山钢集团国际贸易有限公司	233	233	231	45	134	34	2							
17. 山钢集团房地产有限公司	1129	1129	304	45	110	104	825			12	32	6		6

注：1. 含济钢、莱钢所属子公司自招人员及内退人员；管理和专业技术人员、生产服务岗位人员、离退休人员均不含参股、改制、合并报表单位人数。

2. 山东钢铁股份有限公司（上市部分）31592人，其中总部机关237人、济南分公司16248人、莱芜分公司15107人。

（撰稿：王凤智　审稿：孙永和）

集团公司2015年专业技术人才基本情况统计表

项目		合计	女	少数民族	中共党员	博士	硕士	学历：研究生	学历：大学本科	学历：大学专科	学历：中专	学历：高中及以下	年龄：35岁及以下	年龄：36岁至40岁	年龄：41岁至45岁	年龄：46岁至50岁	年龄：51岁至54岁	年龄：55岁及以上	专业技术职务：高级	专业技术职务：高级：正高级	专业技术职务：中级	专业技术职务：初级
总计		14463	4153	205	7800	46	1075	812	9270	3233	956	192	4186	1937	3034	2559	1877	870	3669	124	6648	3525
其中：	1. 在管理岗位的	4855	878	46	3922	23	449	356	3102	1057	234	106	549	628	1047	1179	914	538	2033	64	1610	820
	2. 有职业资格的	3676	1540	41	1694	8	222	187	2556	737	180	16	1001	489	761	717	530	178	868	23	1920	795
专业技术职务	高级职务	3669	890	36	2680	39	632	391	3098	174	5	1	130	423	1120	1066	682	248				
	其中：正高级	124	13	1	121	13	49	39	82	3					5	38	46	35				
	中级职务	6648	2135	110	3302	6	317	293	4260	1765	316	14	2156	1011	1308	1091	762	320				
	初级职务	3525	1005	45	1494		62	65	1731	1113	537	79	1638	435	533	313	361	245				
未聘任专技职务		621	122	14	324	1	64	63	181	181	98	98	262	68	73	89	72	57				
专业类别	工程技术人员	8683	1632	116	4577	28	792	474	5782	1791	539	97	3313	1245	1734	1306	780	305	2192		3833	2223
	科学研究人员	82	13	1	56	12	32	21	60	1			4	8	16	18	24	12	57	55	25	
	卫生技术人员	1316	893	21	370	1	76	81	758	326	143	8	320	171	313	268	199	45	282	22	833	188
	教学人员	216	135	2	100		5	4	147	50	15		8	16	48	69	64	11	96		83	27
	经济人员	1959	537	39	1224	2	101	109	1164	507	114	65	266	224	463	428	333	245	372	23	1035	444
	会计人员	892	504	12	370	1	24	29	518	272	70	3	167	146	188	163	168	60	149		392	313
	统计人员	143	92	1	58		1	1	63	52	25	2	10	8	37	40	40	8	18		77	43
	翻译人员	10	5		2				6	4				1	1	5	1	2	3		7	
	图书档案人员	65	51	2	31				37	22	6		1	3	14	18	25	4	15		28	22
	新闻、出版人员	30	15		22		1	1	26	3			6	4	4	10	4	2	9		14	7
	工艺美术人员	3	3		1				3				3								2	1
	体育人员	6			4				1	3	1	1			1	2	3		1		2	3
	艺术人员	17	6	1	5				6	7	3	1		2	4	6	4	1	2		9	6
	政工人员	1041	267	10	980	2	43	92	699	195	40	15	88	109	211	226	232	175	473	24	308	248

注：不含山东工业职业学院。

（撰稿：王凤智　审稿：孙永和）

集团公司2015年获国家专利情况统计表

序号	专利类型	专利名称	发明人	专利号	申请日	授权日	发明人/设计人所在单位
1	发明	一种防氧化低能耗卷取炉	张春苗 陈五升 韩学好 吴国海 穴俊莲 杨景山 刘绍华 徐金来 刘洁	201310114738.6	2013-10-11	2015-1-7	济钢集团国际工程技术有限公司
2	发明	一种列车原料入库确认的动态检测装置	李鹏立 李春雷 李秀坤	201210367108.5	2012-9-28	2015-1-14	山钢股份济南分公司
3	发明	钢包和钢包抗侵蚀方法	吕铭 马琳 王毅 王博 张冠锋 刘承军 闵义 姜茂发 陈雷 陈颜 何爱国 刘洪银	201210512265.0	2012-12-4	2015-1-14	山钢股份莱芜分公司
4	发明	一种钢板表面花斑控制工艺	孙玮 杨公本 时义祥 张忠良 许方泉 董恩乐 张爱琴	201210550004.8	2012-12-17	2015-1-14	山钢股份济南分公司
5	发明	一种吊钩防脱装置	孔令强 李业强 王治 梁军 和华 赵忠华 吕品 王蕾 崔帆 曹玉红	201310004128.0	2013-1-6	2015-1-14	山钢股份莱芜分公司
6	发明	一种极薄规格超高强度钢板的生产方法	胡淑娥 孙卫华 侯东华 肖丰强 侯登义 梁英 杨迎春	201210083305.9	2013-3-15	2015-1-14	山钢股份济南分公司
7	发明	一种生产超低磷钢的生产工艺	万友堂 祝桂合 韩启彪 王念欣 赵志洪 周兰聚	201310097218.9	2013-3-25	2015-1-14	山钢股份济南分公司
8	发明	一种铁水脱硫方法	佟圣刚 马洪德	201310243614.8	2013-6-19	2015-1-14	山钢股份济南分公司
9	发明	一种基于ASP中薄板坯连铸连轧工艺生产冷轧无取向电工钢的方法	周兰聚 王金华 王勇 孙风晓 仇圣桃 胡勤东 王丰祥 李洪翠	201310427030.6	2013-9-18	2015-1-14	山钢股份济南分公司
10	发明	单渣法生产高碳低磷钢水的顶底复吹转炉工艺	陈良 王显军 尹崇丽 魏潇 黄优明	201110201796.3	2011-7-19	2015-1-21	山钢股份莱芜分公司
11	发明	低合金耐磨钢及其制造方法	周平 孙新军 麻衡 雍岐龙 马光亭 董瀚 杨建勋 夏志伟 李昭东 李生根	201210146192.8	2012-5-11	2015-1-21	山钢股份莱芜分公司
12	发明	轧机	孔令强 左发 刘铮 李江波	201210198755.8	2012-6-15	2015-1-21	山钢股份莱芜分公司

续表

序号	专利类型	专利名称	发明人	专利号	申请日	授权日	发明人/设计人所在单位
13	发明	H型管式结晶器	韩文习 高祥明 张佩 杨志杰 宋玉卿 邓存善 石磊 李超	201210546353.2	2012-12-14	2015-1-21	山钢股份莱芜分公司
14	发明	电渣液态浇注系统	刘成宝 王毅 李法兴 裴建华 谢晶 王须革 张纯龙	201310003885.6	2013-1-6	2015-1-21	山钢股份莱芜分公司
15	发明	无渣出铁系统	许荣昌 刘超 罗霞光	201310044959.0	2013-2-4	2015-1-21	山钢股份莱芜分公司
16	发明	一种高强度耐低温热轧叉车门架用槽钢及其制备方法	赵新华 宋玉卿 纪进立 杨志杰 郭跃华 方金林 王刚 刘春伟 武玉利 高祥明	201310045948.4	2013-2-5	2015-1-21	山钢股份莱芜分公司
17	发明	一种在长方体形工件上加工斜槽的方法	吴玉军 刘庆智 于俊才 崔希新	201310066391.2	2013-3-1	2015-1-21	莱芜钢铁集团有限公司
18	发明	一种防尘装置及热金属检测器	赵琳 翟诺 张国华 孙英云 李源 赵成文 李学波	201310112760.7	2013-4-2	2015-1-21	山钢股份莱芜分公司
19	发明	一种提高低碳硅锰系冷轧双相钢力学性能的方法	侯晓英 王业勤 许荣昌	201310128382.1	2013-4-12	2015-1-21	山钢股份莱芜分公司
20	发明	一种6~10mm的X80管线钢带生产方法	葛新建 陈庆军 万友堂 王启 常大勇	201310243572.8	2013-6-19	2015-1-21	山钢股份济南分公司
21	发明	一种降低SPHC终渣全铁含量的控制方法	温福新 郭伟达 张佩 沈彬彬 王明杰	201310495043.7	2013-10-21	2015-1-21	山钢股份莱芜分公司
22	发明	中间包覆盖剂	王博 杨州 马琳 刘洪银 张冠锋 刘美	201310060569.2	2013-2-26	2015-1-28	山钢股份莱芜分公司
23	发明	热脏煤气燃气锅炉	张焕平 张延敏 邹焕英	201210134456.8	2012-5-3	2015-2-4	山东耐火材料集团有限公司
24	发明	一种大辊径大压下率冷轧极薄带钢的生产工艺	孙浩 闻青山 李洪翠 吴冬梅 程龙 马昊 李凯 魏军力 查凯 王乐 姚长新 张峰	201310283763.7	2013-7-8	2015-2-4	山钢股份济南分公司
25	发明	一种转炉煤气热值计量装置和计量方法	商福成 孙建军 杨州 陈力军 于宝山 刘春燕 周亮文 林七女	201310422929.9	2013-9-16	2015-2-4	山钢股份莱芜分公司

续表

序号	专利类型	专利名称	发明人	专利号	申请日	授权日	发明人/设计人所在单位
26	发明	输送带传送设备及输送带撕裂检测装置	袁德宁 谷华	201210160317.2	2012-5-22	2015-2-11	山钢股份莱芜分公司
27	发明	一种铸坯表面除鳞装置及除鳞方法	李文钱 许荣昌 冯文义 张长宏 吴德发 张冠峰	201210292360.4	2012-8-16	2015-2-11	山钢股份莱芜分公司
28	发明	一种脱硫催化剂加药装置	王元顺 杜富仁 蒋秀香 韩永吉	201310199528.1	2013-5-24	2015-2-11	山钢股份莱芜分公司
29	发明	大方坯连铸机及其在线快速整体对弧方法	郭达 张学民 姜兴辰 李振 梁景玥 孙翠华 张广杰 靳昌江 马霄 刘平 高岩 李松 刘志平	201310209251.6	2013-5-30	2015-2-11	山钢股份莱芜分公司
30	发明	一种制氧机快速启动装置及方法	刘玉良 李宗辉 赵时卷 李康 陈增凯 张家勇 刘泗波 杨绪文 王勇	201210277123.0	2012-8-6	2015-2-18	山钢股份济南分公司
31	发明	预熔合成渣及利用其的转炉出钢反向渣洗方法	赵圣功 张学民 马琳 张永青 杨州 李俊 刘洪银 王尖锐 李振 郭达 纪瑞东 孙翠华 王玉春	201310101347.0	2013-3-26	2015-2-18	山钢股份莱芜分公司
32	发明	高炉大修放残铁装置及方法	孔菊 姬光刚 白玮 赵建磊	201310179585.3	2013-5-15	2015-2-18	山钢股份莱芜分公司
33	发明	宽薄规格钢板的轧制方法	汤化胜 马光亭 张长宏 秦港 吴德发 李新东 陈学涛	201210338672.4	2012-9-13	2015-3-4	山钢股份莱芜分公司
34	发明	旋转浇注装置	郭洪卫 李明波 王铮 韩文举 郭兴浩 朱慧	201210583206.2	2012-10-1	2015-3-4	济南济钢铁合金厂
35	发明	一种冶炼钢球及其制备工艺	侯广尧 赵恒 严爱勇 吕化国 李刚 成万涛 李中华	201310268712.7	2013-10-13	2015-3-4	济南钢铁集团总公司生产服务公司
36	发明	液压泵站供油系统及其断油回路	孙时建 吴晓光 时元海 武强 亓晓涛	201210362100.X	2012-9-25	2015-3-11	山钢股份莱芜分公司
37	发明	一种位移传感器的行走定位装置	徐强 孟祥瑞 宋程文 刘宝生 田遵建 阴法亮 朱向青 孟兆成	201310018219.X	2013-1-17	2015-3-11	山钢股份莱芜分公司
38	发明	一种离心铸造生铁光谱分析样品的装置	王立君 马佐仓	201310183415.2	2013-5-17	2015-3-11	山钢股份莱芜分公司
39	发明	一种复合钙处理的包芯线	王立君 马佐仓	201310066280.1	2013-3-1	2015-3-18	山钢股份莱芜分公司

续表

序号	专利类型	专利名称	发明人	专利号	申请日	授权日	发明人/设计人所在单位
40	发明	一种在线修补电弧炉炉壁水冷块的方法	孟宪华 王学利 张君平 李法兴 贺云鸿 刘 鹏 于学文 孙永喜 于 辉 苏二勇 李金举	201310317625.6	2013-7-25	2015-3-18	山钢股份莱芜分公司
41	发明	一种节能环保型生产浓氨水的装置及工艺	甄玉科 祝仰勇 张顺贤 魏纯玉 李瑞萍 牛爱宁 宁述芹 刘 亮 范华磊	201410115834.7	2014-3-26	2015-3-18	山钢股份济南分公司
42	发明	一种150~400mm厚塑料模具用钢板的生产方法	孙卫华 赵 乾 马兴云 崔 健	201210264180.5	2012-7-27	2015-3-25	山钢股份济南分公司
43	发明	一种高温螺栓搬运工具	郭 猛 王 涛 杜金玉 李刚田 魏 东	201210526696.2	2012-12-10	2015-3-25	山钢股份济南分公司
44	发明	一种N80Q钢级石油套管及其制造方法	孙卫华 王金华 张华平 邱泽胜 梁 英 魏代斌 夏茂森 杨贵玲 郑万任 张 磊 宋振官	201210540462.3	2012-12-13	2015-3-25	山钢股份济南分公司
45	发明	一种钢板的板形与板厚优化控制系统	王 涛 尹国伟 宋国栋 张英杰 魏 玲 刘 敏 王 璐 王晓明 韩妍妍	201210557938.4	2012-12-20	2015-3-25	山钢股份济南分公司
46	发明	一种高线风冷盘卷跟踪集卷控制系统	刘青凤 杨军厚 施 坪	201310094639.6	2013-3-22	2015-3-25	山钢股份济南分公司
47	发明	一种易焊接高强大厚度钢板不预热气体保护焊焊接工艺	侯东华 胡淑娥 周兰聚 王金华 王南辉	201310222870.9	2013-6-6	2015-3-25	山钢股份济南分公司
48	发明	一种干式高炉煤气柜敞开式水封阀室	马庆涛 赵培建 战玉生 周家进	201310396885.7	2013-9-4	2015-3-25	山钢股份济南分公司
49	发明	一种高毒性焦化酚氰废水处理回用系统及废水处理回用方法	马庆涛 赵培建 战玉生 甄玉科 李维忠 梁荣华 高致远	201310436432.2	2013-9-24	2015-3-25	山钢股份济南分公司
50	发明	钢及其生产方法	杨建勋 周 平 刘 菲 王建景 李灿明 薛孝存 杜 航	201110123435.1	2011-5-13	2015-4-8	山钢股份莱芜分公司
51	发明	一种离岸风电塔筒用大单重厚钢板制造工艺方法	孙卫华 马兴云 毕志超 赵 乾 崔 健 刘晓东	201210264473.3	2012-7-27	2015-4-8	山钢股份济南分公司
52	发明	柔性连铸水口及其制造方法	许荣昌 刘成宝	201210507426.7	2012-11-30	2015-4-8	山钢股份莱芜分公司

续表

序号	专利类型	专利名称	发明人	专利号	申请日	授权日	发明人/设计人所在单位
53	发明	一种生产高铝钢板坯的方法	王　博　杨　州　张冠锋　刘　美　刘洪银　马　琳	201210548744.8	2012-12-17	2015-4-8	山钢股份莱芜分公司
54	发明	一种磁悬浮钢轨异金属结构防腐处理方法	张思勋　韩长智　王中学　聂　鑫　郭秀辉　孔令坤	201310060780.4	2013-2-26	2015-4-8	山钢股份莱芜分公司
55	发明	一种基于离切角计算解决飞剪切弯头的方法	王　帆　颜海涛　谢允澄　赵　明　樊恩东	201310070971.9	2013-3-6	2015-4-8	山钢股份济南分公司
56	发明	一种易焊接高性能钢板的控制冷却方法	胡淑娥　侯东华　王金华　刘晓东　肖丰强　侯登义	201310083168.9	2013-3-15	2015-4-8	山钢股份济南分公司
57	发明	冷轧带钢用坯料无头酸洗的带头压合系统及其工作方法	张冠锋　李文钱　王　博　谢　晶　刘洪银　杨　州　刘　美　马　琳	201310145406.4	2013-4-24	2015-4-8	山钢股份莱芜分公司
58	发明	一种355MPa级易焊接海洋平台用钢板及其生产工艺	徐洪庆　王焕洋　孙凤晓　李旺生　李　敏　刘志刚　王振华　朱延山　王　勇	201310154636.7	2013-4-28	2015-4-8	山钢股份济南分公司
59	发明	精炼渣倒铁水包回收利用方法	赵　珉　李长新　李作鑫　胡勤东　张炳光　徐学永　曹运涛　路长艳	201310229162.8	2013-6-9	2015-4-8	山钢股份济南分公司
60	发明	一种10~16mm的X80管线钢带生产方法	葛新建　陈庆军　万友堂　王　启　常大勇	201310243487.1	2013-6-19	2015-4-8	山钢股份济南分公司
61	发明	一种钢板头部同板差的控制方法	王　涛　张润生　李小庚　李永亮　宋国栋　杨淑美　杜　平　张英杰　孔　雅　李复磊　魏　玲　赵文承	201310251425.5	2013-6-21	2015-4-8	山钢股份济南分公司
62	发明	提升轧制过程中厚规格钢板平直度方法及其控制方式	孔　雅　张润生　宋国栋　李复磊　程绍娟	201310286054.4	2013-9-9	2015-4-8	山钢股份济南分公司
63	发明	一种利用参考炉次法确定LF精炼炉造渣料及脱氧合金加入量的方法	刘洪银　倪培亮　王明杰　韩汝文　江洪广　席　超　刘炳俊　李　顺　陈文达　冷威威　杨　波　苏晓明　王　博　刘　超	201410111982.1	2014-3-24	2015-4-8	山钢股份莱芜分公司
64	发明	用于升降机的上锁装置	刘　智　杨　刚　段崇义　孟　东　邵　学	201210001934.8	2012-1-5	2015-4-15	山钢股份莱芜分公司

续表

序号	专利类型	专利名称	发明人	专利号	申请日	授权日	发明人/设计人所在单位
65	发明	火切机开关火控制装置及火切机开关火控制方法	施汉生　姜兴辰　沈惟桥　郭　峰　胡晓红	201210226229.8	2012-7-2	2015-4-15	山钢股份莱芜分公司
66	发明	一种连续平推式出料装置及其出料方法	李建云　杜春峰　李　霆　曾　晖　马　琳　周　林　张　毅	201210275665.4	2012-8-3	2015-4-15	山钢股份莱芜分公司
67	发明	一种减速机与工作轴的装配装置及装配方法	朱小波　王安胜　秦书清　马　武　李庆杰　吴云云	201210338897.X	2012-9-13	2015-4-15	莱芜钢铁集团有限公司
68	发明	一种子电子皮带秤校核方法	徐春玲　赵长安　冯　钰	201210342605.X	2012-9-14	2015-4-15	山钢股份莱芜分公司
69	发明	步进式加热炉	杨乐彬　杨风滨　赵　勇　张丽华　赵培胜　刘英刚　李　萍　杨文佳	201310003865.9	2013-1-6	2015-4-15	山钢股份莱芜分公司
70	发明	一种线杆或灯杆万能安装底座	王　兵　侯继庚　田伟秀　王洪连　陈　东　闫　丽　徐国良　杨文库　李　颖　柴丽红	201310007875.X	2013-1-9	2015-4-15	山钢股份莱芜分公司
71	发明	一种油桶及用于该油桶的抽油支架	陈传盛　李　斌　张桂南　李　亘　栾兆华　刘继梅　梁筱伟　张纯龙　武文健　朱迎春　张继进　邵宪伟	201310057469.4	2013-2-22	2015-4-15	山钢股份莱芜分公司
72	发明	一种一次吊装多层对流板的专用夹钳吊具及其吊装方法	李书蓬　张晓东　王春刚　靳化强　贾英英　史志军　魏洪涛	201310097159.5	2013-3-25	2015-4-15	山钢股份莱芜分公司
73	发明	一种钢包透气性在线检测方法及装置	王尖锐　周怀斌　李建平　赵圣功　勾新勇　李　俊　纪瑞东　刘纯星　李　振　郭　达　陈德凯　孙翠华　王玉春　梁景玥	201310125823.2	2013-4-11	2015-4-15	山钢股份莱芜分公司
74	发明	一种焦粉料位的控制系统	郭维河　徐志明　李　涛　林同刚　姜　超　王　亮　王振中　刘吉星　王心量　张艳艳　韩　笑　李彦芹	201310633634.6	2013-12-2	2015-4-15	山钢股份莱芜分公司
75	发明	一种利用转底炉二次粉尘提取锌、钾、钠的方法	曾　晖　薛庆国　张　毅　王　广　李建云　王静松　秦立国　陈　伟	201210316773.1	2012-8-30	2015-4-22	山钢股份莱芜分公司

续表

序号	专利类型	专利名称	发明人	专利号	申请日	授权日	发明人/设计人所在单位
76	发明	一种炼钢用中频炉炉衬修补方法	李明波 李常学 王 铮 郭兴浩 朱思学	201310315226.6	2013-10-31	2015-4-22	济南济钢铁合金厂
77	发明	联合运输台车	陈五升 张春苗 穴俊莲 韩学好 吴国海 徐金来 杨景山 李继亮 刘 洁	201210518437.5	2012-10-1	2015-4-29	济钢集团国际工程技术有限公司
78	发明	一种无扰切换方法和无扰切换控制器	李 晓 宋晓云 王海鹏 王 伟 李传静 宋 健 张 凯 马 平 赵剑波 刘继梅	201310577718.2	2013-11-18	2015-4-29	山钢股份莱芜分公司
79	发明	一种在线更换高炉铁口冷却壁的方法	孙家荣 孔 菊 赵建磊 白 玮 姬光刚 王付华	201210418649.6	2012-10-26	2015-5-6	山钢股份莱芜分公司
80	发明	一种转炉真空冶炼装置及其使用方法	马 琳 王 博 刘化军 许荣昌 陈 雷 陈 颜	201310001274.8	2013-1-5	2015-5-6	山钢股份莱芜分公司
81	发明	一种钢包内衬的砌筑方法	朱 波	201310068276.9	2013-3-4	2015-5-6	山钢股份莱芜分公司
82	发明	一种消除烧结杯实验边缘效应的装置及方法	梁 栋 周小辉 石红燕	201310068281.X	2013-3-4	2015-5-6	山钢股份莱芜分公司
83	发明	一种烧结机偏析布料装置及其偏析布料方法	石红燕 梁 栋 周小辉 白耀欢 王 军	201310102428.2	2013-3-27	2015-5-6	山钢股份莱芜分公司
84	发明	一种提高空分装置氮氧产品比例的装置及方法	赵云河 刘玉良 李宗辉 刘泗波 郭桂彬 赵时卷	201310237929.1	2013-6-14	2015-5-6	山钢股份济南分公司
85	发明	高炉用抗渗透低铝莫来石砖及其制备方法	蔡国庆 刘 伟 李文亮 王文学 王明刚 高 蕊 燕宿祥 邵 红 刘永振 徐广忠	201310651732.2	2013-12-5	2015-5-6	山东耐材集团鲁耐窑业有限公司
86	发明	高炉用抗侵蚀莫来石砖及其制备方法	刘 伟 蔡国庆 李文亮 王希波 秦建涛 翟 勇 付 卫 李慧文 翟红军 王红艳	201310655250.4	2013-12-5	2015-5-6	山东耐材集团鲁耐窑业有限公司
87	发明	H型组合式结晶器	高祥明 韩文习 张 佩 杨志杰 宋玉卿 邓存善 石 磊 沈彬彬 蒋希光 王 盛 黄 伟 李开伦 陈美君 孟淑霞	201210545868.0	2012-12-14	2015-5-13	山钢股份莱芜分公司

续表

序号	专利类型	专利名称	发明人	专利号	申请日	授权日	发明人/设计人所在单位
88	发明	一种应用于皮带秤的控制方法和控制系统	吴晓峰 渠成明 李秋菊 曲新华 陈玉明 李爱军 李淑英 周旭 王勇 姜文 李青 张丽荣	201310019442.6	2013-1-18	2015-5-13	山钢股份莱芜分公司
89	发明	用于转炉的耳轴深孔加工方法和加工装置	杜守虎 邢东方 吴强 吴茂成 张瑞海 王景志 朱超 丁洪周 贾从杰 陈国华 张明	201310020413.1	2013-1-18	2015-5-13	山钢股份莱芜分公司
90	发明	一种分体式钢锭模组合装置及其使用方法	郭宜鑫 李明波 王铮 孙宗辉 王茂周 林来斌 李鹏 李智	201310326549.5	2013-10-9	2015-5-13	济南济钢铁合金厂
91	发明	插槽自锁紧式闷渣池	润建刚	201410091891.6	2014-10-9	2015-5-13	济钢集团国际工程技术有限公司
92	发明	一种非真空条件下清洗积碳的方法	王学斌 薛庆国 刘锦周 曾晖 佘雪峰	201310159242.0	2013-5-2	2015-5-20	山钢股份莱芜分公司
93	发明	一种4~5mm极薄规格平板的生产轧制方法	孙玮 张忠良 张爱琴 许方泉 董恩乐 姜伟 李若明 古特	201310243537.6	2013-6-19	2015-5-20	山钢股份济南分公司
94	发明	一种冲焊桥壳用钢板及其制造方法	胡淑娥 孙卫华 周兰聚 栾彩霞 李建磊 谢晖	201310399097.3	2013-9-5	2015-5-20	山钢股份济南分公司
95	发明	一种大厚度低温结构用钢板及其生产方法	刘晓美 赵乾 崔健 楚世豪 李建磊 陈晔	201310417558.5	2013-9-14	2015-5-20	山钢股份济南分公司
96	发明	一种TRT协调控制方法及系统	柳希泉 王彩琴 李学清 陈铁军 李兴旺 亓涛 薛鹏 王卫芳	201410001106.3	2014-1-2	2015-5-20	山钢股份莱芜分公司
97	发明	一种抗拉强度达800MPa以上的高强韧钢板及其制造方法	蒋善玉 孙卫华 韩启彪 王金华 孙风晓 夏茂森 周波	201310083287.4	2013-3-15	2015-5-27	山钢股份济南分公司
98	发明	一种连铸板坯表面淬火工艺及所用装置	张润生 刁承民 刘建伟 张海民 蔡起良 王玉民 温维新 苗振鲁 叶勇 吴克刚 马海涛 王嘉祺 薛燕 孔雅 于海燕 聂红梅	201310255325.X	2013-6-25	2015-5-27	山钢股份济南分公司

续表

序号	专利类型	专利名称	发明人	专利号	申请日	授权日	发明人/设计人所在单位
99	发明	一种型钢弯曲度在线测量装置及型钢弯曲度在线测量方法	吴彦国　李　超　张　凯　刘　磊　马　文	201310272726.6	2013-7-1	2015-5-27	山钢股份莱芜分公司
100	发明	一种煤气脱硫装置	樊兆亭　李兆华　王瑞娟　孙久荣　秦海峰　毕思安　滕云涛　张　平　徐文芳	201410115024.1	2014-3-26	2015-5-27	山钢股份济南分公司
101	发明	轧制叉车门架型钢的轧辊组件、轧机及方法	张　戈　李雪涛	201310287212.8	2013-7-8	2015-6-3	莱芜钢铁集团有限公司
102	发明	一种高温烟气除尘管道在线检测方法及装置	李爱国　赵兴永　亓玉敏　郎达慧　杜宪伟　张海港	201210151106.2	2012-5-7	2015-6-10	山钢股份莱芜分公司
103	发明	一种计量数据检测方法及系统	吴晓峰　王　芳　吴德科　王　玮　王文为　李　柏　张丽荣　李　青　王　勇　王圣章　尹承俊　曲新华	201210149337.X	2012-5-14	2015-6-10	山钢股份莱芜分公司
104	发明	一种转底炉直接还原高铁赤泥生产铁精粉的方法	李建云　曾　晖　白志刚　杜春峰　张　炯　罗霞光　周小辉　周　林　张　英　张　毅	201210275869.8	2012-8-3	2015-6-10	山钢股份莱芜分公司
105	发明	自动化生产线及其接近开关	段方民　翟　诺　王跃军　杨明华　张　帅　李　攀　郑　雷　李洪哲　曹　磊　周美玲　谢益东　张　霖　吕新军　鲍广荣	201210441459.6	2012-11-7	2015-6-10	山钢股份莱芜分公司
106	发明	防止鱼雷罐侧翻的装置	霍自美　马洪德　安桂涛	201310079262.7	2013-3-13	2015-6-10	山钢股份济南分公司
107	发明	一种信息显示方法及工业铁路运输系统	况作尧　吴泰学　王　磊　王春海　段崇义　陈国丰　陈济涛　郭玉刚　李传宇　郑应凯　杨　刚　崔立久　孙　鹏	201310125067.3	2013-4-11	2015-6-10	山钢股份莱芜分公司
108	发明	一种提高低碳硅锰系冷轧相变诱发塑性钢强塑性的方法	侯晓英　王业勤　许荣昌	201310128245.8	2013-4-12	2015-6-10	山钢股份莱芜分公司
109	发明	一种在线堆焊修复风机轴颈的方法	高志强	201310144102.6	2013-4-24	2015-6-10	莱芜钢铁集团有限公司

续表

序号	专利类型	专利名称	发明人	专利号	申请日	授权日	发明人/设计人所在单位
110	发明	一种 80~120mm 特厚高强度钢板及其利用连铸坯生产的方法	胡淑娥 侯东华 王金华 贾慧领 王 兵	201210208413.4	2013-5-30	2015-6-10	山钢股份济南分公司
111	发明	一种宽厚板层流冷却边部遮蔽装置的前馈控制方法	杜 平 刁承民 宋国栋 闫素杰 薛艳龙 孔 雅 郭朝海 赵婷婷 程绍娟	201310247909.2	2013-6-20	2015-6-10	山钢股份济南分公司
112	发明	一种装煤车烟气快速切断装置及其工作方法	高 峰 杨 鹏 翟栋栋 马春雷 孟兆鹏 李贤涛 张国梁 李 勇 冯建华 王冬冬	201310334402.0	2013-8-2	2015-6-10	莱芜钢铁集团有限公司
113	发明	一种电子皮带秤校核方法	徐春玲 杨 潇 侯纪宝 李强之	201310464960.9	2013-10-8	2015-6-10	山钢股份莱芜分公司
114	发明	钢坯翻钢机	逄晓男 李春兴	201210125191.5	2012-4-26	2015-6-17	山钢股份莱芜分公司
115	发明	热轧 H 型钢的机架间冷却装置	孔令坤 刘福宁 张思勋 蒋海涛 李 超 郭秀辉 尹德全	201210230045.9	2012-7-5	2015-6-17	山钢股份莱芜分公司
116	发明	大型转炉托圈制造方法	马利永 吴玉军 张庆魁 亓文学 李光军 陈学明 孟繁亮	201210295581.7	2012-8-20	2015-6-17	莱芜钢铁集团有限公司
117	发明	一种强力顶杆	李建文 陈龙芬 许方泉 郭 明 董恩乐	201210547286.6	2012-12-17	2015-6-17	山钢股份济南分公司
118	发明	一种球团竖炉炉身压力测量装置	王庆河 彭公华 李 晓 刘爱平 马盈盈 张宪芹 王庆山	201310420655.X	2013-9-16	2015-6-17	山钢股份济南分公司
119	发明	一种海洋平台用钢板及其制造方法	王焕洋 孙风晓 徐洪庆 李旺生 李 敏 王 勇 朱延山	201310423507.3	2013-9-17	2015-6-17	山钢股份济南分公司
120	发明	一种数控机床以及一种铣刀和一种月牙横肋加工方法	杨乐彬 张 健 李 剑 陈怀昌 刘红军 张树萍 刘加宝 董毓强 刘 明	201210001444.8	2012-1-4	2015-6-24	山钢股份莱芜分公司
121	发明	非晶母材冶炼方法及装备	孟春光 郭洪卫 徐有芳 孙风晓 王金华	201310387521.2	2013-8-31	2015-6-24	山钢股份济南分公司
122	发明	一种低成本厚规格海底管线钢板及其制造方法	韩启彪 孙卫华 赵 乾 楚世豪 刘晓东 孙风晓 宋国栋 刘晓美 周 波 刘海波 鞠传华	201310457780.8	2013-9-30	2015-6-24	山钢股份济南分公司

续表

序号	专利类型	专利名称	发明人	专利号	申请日	授权日	发明人/设计人所在单位
123	发明	H型钢轧制设备及方法	孙会朝 马 新 孙庆亮 孙翠华 刘 超 吕 霞 李向荣	201210454817.7	2012-11-13	2015-7-1	山钢股份莱芜分公司
124	发明	高锰钢的在线水韧热处理工艺	朱京军 欧阳峥容 邹仲平 董洪壮 许荣昌 刘成宝 许宝玉	201310237644.8	2013-6-14	2015-7-1	山钢股份莱芜分公司
125	发明	一种应急电源供应系统	徐爱萍 房盼盼 林晓辉 郎达慧 李庆睦 张守运 徐 峰 李 闽	201210336762.X	2012-9-12	2015-7-8	山钢股份莱芜分公司
126	发明	加热炉助燃风压力控制方法 装置及系统	柳希泉 张元华 王 芳 康 凯 刘爱强 黄 鑫 王文为 许文菊 汪春鹏 展 杰 刘文奇 曹永芹 丁修龙	201310039775.5	2013-2-1	2015-7-8	山钢股份莱芜分公司
127	发明	一种棒线材轧件用冷却装置	赵瑞明 杨风滨 吴昌飞 张 凯 徐 龙 武 剑 宁 勇 杨兆银 张 鹏	201310229226.4	2013-6-8	2015-7-8	山钢股份莱芜分公司
128	发明	一种控制箱型柱焊接变形的方法	张 晓 韩 勇 史振永 李 娜 牛传波	201310317052.7	2013-7-25	2015-7-8	莱芜钢铁集团有限公司
129	发明	一种氮化钒铁的制备工艺	孙 武 王茂周 孙宗辉 周 波 李 智 杨洪春 孙 勇 张海涛 李 鹏	201310317245.2	2013-10-31	2015-7-8	济南济钢铁合金厂
130	发明	一种转底炉低温烟气预除尘装置与预除尘方法	刘元意 刘运东 曾 晖 李建云 王立宝 林晓辉	201410213484.8	2014-5-20	2015-7-8	山钢股份莱芜分公司
131	发明	一种复合耐磨钢板生产方法	马兴云 赵 乾 孙卫华 崔 健	201210357384.3	2012-9-24	2015-7-15	山钢股份济南分公司
132	发明	测温装置	郭维河 李学清 徐志明 李 涛 王 亮 章 博 刘吉星 王心量 王振中 李彦芹 李 晋 韩 笑 殷倩倩 孔德恩 张艳艳 亓爱峰 陈铁军 王彩琴 赵 晖	201310022135.3	2013-1-21	2015-7-15	山钢股份莱芜分公司
133	发明	转炉氧枪编码器自动校准装置	张学民 李 俊 朱 立 赵圣功 纪瑞东 李 松 解昌胜	201310125066.9	2013-4-11	2015-7-15	山钢股份莱芜分公司
134	发明	轧件运送导向调整装置	纪 涛 任启亮 卢 飞 白如冰 蒋海涛 刘 伟 乔建宏	201310236898.8	2013-6-14	2015-7-15	山钢股份莱芜分公司

续表

序号	专利类型	专利名称	发明人	专利号	申请日	授权日	发明人/设计人所在单位
135	发明	一种连铸中间包挡渣坝及其制备方法	武光君 张海波 李宝实 张其龙 王金洪	201310272727.0	2013-7-1	2015-7-15	山钢股份莱芜分公司
136	发明	一种卷芯和废次品钢卷整合利用生产线及工艺	李洪翠 孙浩 梁保国 刘法奎 何立军 董凯	201310291833.3	2013-7-11	2015-7-15	山钢股份济南分公司
137	发明	钢中铁素体带及内部硫化物对中厚板分层影响的评价方法	崔风平 孙玮 赵乾	201320412392.8	2013-9-11	2015-7-15	山钢股份济南分公司
138	发明	一种500MPa级工程结构用高性能特厚钢板及其制造方法	周兰聚 孙卫华 刘晓东 贾慧领 胡淑娥 侯东华 宋国栋 谢晖 王勇	201310437649.5	2013-9-24	2015-7-15	山钢股份济南分公司
139	发明	一种厚规格抗酸性腐蚀X65管线钢板及其制造方法	孙风晓 安守勇 孙卫华 夏佃秀 牛延龙 黄伟 刘志刚 霍自美 郭朝海 胡根荣 刘海波 张海民 郭弘 李长新	201320447475.0	2013-9-27	2015-7-15	山钢股份济南分公司
140	发明	一套矾土标准样品及其制备方法	郭寿鹏 王向阳 丛红梅 钱延强 张莉 李晓桐	201310216351.1	2013-10-21	2015-7-15	山东省冶金科学研究院
141	发明	连轧机组	刘春伟 武玉利 方金林 马文 邹仲平 王刚 郭跃华 孔令坤 赵新华 孙晓庆 郭秀辉 佟松泽	201310749966.0	2013-12-31	2015-7-15	山钢股份莱芜分公司
142	发明	一种智能烧结控制模型使用的料位计冷却装置	陈海宗 丁玉国 叶正文 李振涛 杨河清 李瑞菊 李长利 张国林 李振玉 游佳慧	201410099188.X	2014-3-18	2015-7-15	山钢股份济南分公司
143	发明	高炉重力除尘器的排灰装置	刘进 贾瑞民 徐瑞阳 徐京义 何海波 马印亭 周家梅 徐兆金 张国营 杨超	201410274935.9	2014-6-19	2015-7-15	山钢股份济南分公司
144	发明	一种磁悬浮列车用轨排的连结结构	姬生永 江代更 李元才	201210541691.7	2012-12-14	2015-7-22	莱芜钢铁集团有限公司
145	发明	快开大型联轴器法兰盘装置及其快开方法	孙强 徐丽丽 孙刚	201310010427.5	2013-1-11	2015-7-22	山钢股份莱芜分公司
146	发明	小型材链条秤组合式拉杆水平限位装置	秦栋 邓扬玉 李磊 段旭飞 夏永青 程涛 王东 马学者 王树	201310384072.6	2013-8-27	2015-7-22	山钢股份济南分公司

续表

序号	专利类型	专利名称	发明人	专利号	申请日	授权日	发明人/设计人所在单位
147	发明	一种具有机械限位控制系统的鱼雷罐	董　英　徐学军　高海根　方　伟　史伟峰	201310385790.5	2013-8-29	2015-7-22	山钢股份济南分公司
148	发明	一种低合金耐热钢板及其制造方法	蒋善玉　孙卫华　夏茂森　王金华　孙风晓　肖丰强　周　波　李春梅	201310222962.7	2013-6-6	2015-7-29	山钢股份济南分公司
149	发明	一种 LF 精炼炉中加入合金重量的获取方法及装置	刘　强　王相锋　席晓卿　张　峰　高爱军　牛传峰　亓鹏飞　毕研然　朱琳琳　马世雷　王　栋	201310254482.9	2013-6-24	2015-7-29	山钢股份莱芜分公司
150	发明	利用转底炉直接还原生产高炉护炉用含钛金属化球团的方法	曾　晖　周小辉　魏开庆　梁　栋　陈　伟　张　英　罗霞光　王延平　周　林　安进博	201210339382.1	2012-9-13	2015-8-5	山钢股份莱芜分公司
151	发明	一体式设备快速找正器及设备找正方法	邹　伟　郑希增　徐翠翠　葛庆涛　谷树林　申洪斌　郭仲利　于德录　陈　静　纪小强　王占辉　王继良	201310068284.3	2013-3-4	2015-8-5	莱芜钢铁集团有限公司
152	发明	一种解决风机振动的双面动平衡方法	高志强　尹彦周　邹澎涛　亓俊海　葛勤宪　罗宗尧　亓爱民	201310145592.1	2013-4-24	2015-8-5	莱芜钢铁集团有限公司
153	发明	一种更换夹送辊下辊道的方法	陈传盛　栾兆华　王春芹　刘东华　庞廷庆　刘纯玉　汪定态　杨　鹏　袁　林　魏颖颖　苏全明　张华伟　梁玉萍　耿莹莹	201310533777.X	2013-10-31	2015-8-5	莱芜钢铁集团有限公司
154	发明	一种烧结机点火器简易更换方法	高志强	201410153296.0	2014-4-16	2015-8-5	莱芜钢铁集团有限公司
155	发明	一种中频炉炉体坩埚即时修补的方法	崔建军　何孝文　赵英杰　申士刚	201410248071.3	2014-6-5	2015-8-5	山钢股份莱芜分公司
156	发明	一种生产纳米二氧化钛的方法	郭寿鹏　李晓桐　王向阳　丛红梅　贺　军　吕海晶	201410268636.4	2014-10-6	2015-8-5	山东省冶金科学研究院
157	发明	一种在线清理旋转喷雾浆液精滤装置	尹雄峰　李红卫　李军卫　潘　鹤　马明锴　王裕龙　张　瑜　于志明　白朝亮　赵祥峰	201410084755.4	2014-10-8	2015-8-5	济钢集团国际工程技术有限公司
158	发明	一种风机出力不足的故障检测方法及装置	亓玉敏　赵兴永　杜宪伟　张海港　郎达慧　张作程　胡江山	201310014599.X	2013-1-15	2015-8-12	山钢股份莱芜分公司

续表

序号	专利类型	专利名称	发明人	专利号	申请日	授权日	发明人/设计人所在单位
159	发明	纯钙包芯线快速检验方法	刘　伟　蒋　薇　初珍珠　宋兰会　张宪芹　甄洪香	201320236033.1	2013-6-14	2015-8-12	山钢股份济南分公司
160	发明	一种利用中厚板轧机生产高成型性能钢板的方法及其制得的钢板	胡淑娥　侯东华　刘晓东　冯　勇　蒋学庆　于彦飞	201320405935.3	2013-9-9	2015-8-12	山钢股份济南分公司
161	发明	一种510MPa级汽车大梁用热连轧板带钢及其生产工艺	宋振官　孙风晓　陈福山　魏代斌　王　勇　赵登报　鞠传华　胡宝印　王克柱　侯续廷	201320427205.3	2013-9-18	2015-8-12	山钢股份济南分公司
162	发明	一种缓冲器	管延科　张文周　黄一声	201310391827.5	2013-10-9	2015-8-12	济钢集团有限公司
163	发明	一种通过调整锰钛硼的含量提高钢板性能的方法	冯　勇　孙卫华　刘晓东　孙风晓　王宪德　张　磊　王南辉　贾慧领　贾希光　史金柱　谢　晖　毕玉顺　宋雷明	201310469229.5	2013-10-10	2015-8-12	山钢股份济南分公司
164	发明	一种钢板轧机用除尘装置	魏　玲　冯　攀　李刚田　王衔玉　孙秀菊　郑晓萍　王　涛　白洪光	201410110195.5	2014-3-14	2015-8-12	山钢股份济南分公司
165	发明	一种快速调整对中的轧机推床及其调整方法	董恩乐　时义祥　刘　健　李若明　张爱琴　崔风平　陈龙芬　王茂蕤　刘玉珍	201410115025.6	2014-3-26	2015-8-12	山钢股份济南分公司
166	发明	一种步进式加热炉基于热平衡的炉温优化方法	焦吉成　孔德奎　徐守新　赵传领　马永力　周广生　邵　薇　黄亚飞　邓君堂　商桂梅　苏秀梅	201410192763.0	2014-5-8	2015-8-12	山钢股份济南分公司
167	发明	一种LF精炼炉用电极	李君彦　胡勤东　尚玉民　牛宏波　梁　亚	201410296099.4	2014-6-27	2015-8-12	山钢股份济南分公司
168	发明	一种支撑辊辊径无损探伤方法	时连宾　常大勇　陈传玉　王玉洁	201210353648.8	2012-9-21	2015-8-19	山钢股份济南分公司
169	发明	高洁净度中碳车轴用钢及其制备方法	梁　娜　翟正龙　张　伟　杜国强　卢乃双　袁淑君　郑桂芸　戈文英　范黎明	201310128309.4	2013-4-15	2015-8-19	山钢股份莱芜分公司
170	发明	起重机械用不对称工字钢及其生产方法	谷风波　袁鹏举　杨　栋　李　超　蒲红兵　霍喜伟　马　强　韩文习　宋恒俊　孙晓庆　雷　刚　韩蕾蕾　赵新华	201310145653.4	2013-4-24	2015-8-19	山钢股份莱芜分公司

续表

序号	专利类型	专利名称	发明人	专利号	申请日	授权日	发明人/设计人所在单位
171	发明	一种用于高炉的供电装置	高忠升 商汉军 孙喜亮 曹军礼 吴 伟 苏 丹 王立新 朱晓莉 李 键	201310158794. X	2013-5-3	2015-8-19	山钢股份济南分公司
172	发明	精炼钢水包吹氩保温隔热装置	陈国华 袁本明 陈显著 李慎霞 王景志 刁玉兰 高 岩 陈大文 解昌胜 孙翠华 李怡凝	201310482634. 0	2013-10-15	2015-8-19	山钢股份莱芜分公司
173	发明	万能轧机及其立辊旋转轴线角度可调的轧机立辊装置	王中学 霍喜伟	201310482933. 4	2013-10-15	2015-8-19	山钢股份莱芜分公司
174	发明	螺纹紧固装置	李雪涛 张 戈	201410128923. 5	2014-4-1	2015-8-19	莱芜钢铁集团有限公司
175	发明	一种真空炉、中频炉冷却循环水系统防冻方法	毕永谦 魏灿珉 张继虎 赵立霞	201410162040. 6	2014-4-22	2015-8-19	山钢股份莱芜分公司
176	发明	利用烟气余热分离粗苯乳化物的系统	刘 亮 祝仰勇 张顺贤 牛爱宁 魏晓芳 李瑞萍 宁述芹 范华磊	201410233720. 2	2014-5-29	2015-8-19	山钢股份济南分公司
177	发明	对干燥硫酸铵用振动流化床干燥器尾气的循环利用系统	刘 亮 祝仰勇 张顺贤 魏晓芳 李瑞萍 宁述芹 范华磊	201410236298. 6	2014-5-29	2015-8-19	山钢股份济南分公司
178	发明	钢板的制造方法	周 平 杨建勋 魏军广 冯文义 吴德发 李 艳	201310002259. 5	2013-1-5	2015-8-26	山钢股份莱芜分公司
179	发明	大展宽比钢板头尾宽度的控制方法	秦 港 张长宏 侯 刚 单传东 陶 玲 张兴锦 张 梅 庞芳芳	201310295698. X	2013-7-15	2015-8-26	山钢股份莱芜分公司
180	发明	一种行车目标定位系统	李书蓬 李 明 彭 彬 康华伟	201310298137. 5	2013-7-16	2015-8-26	山钢股份莱芜分公司
181	发明	用于铁路接触网支柱的厚规格耐低温H型钢及其制备方法	韩蕾蕾 李 超 邹春锋 袁鹏举 付常伟 武玉利 杨 栋 尹德全	201310415949. 3	2013-9-12	2015-8-26	山钢股份莱芜分公司
182	发明	一种旋转浇注车	李明波 王 铮 杨 超 孙根领 王茂周 林来斌	201310318161. 0	2013-10-31	2015-8-26	济南济钢铁合金厂
183	发明	一种桥梁锚板用钢板生产方法	赵 乾 孙卫华 毕志超 马兴云 崔 健 尹世友	201210263225. 7	2012-7-27	2015-9-2	山钢股份济南分公司

续表

序号	专利类型	专利名称	发明人	专利号	申请日	授权日	发明人/设计人所在单位
184	发明	铣床辅助支撑装置	姬生永 江代更 李元才	201210557980.6	2012-12-20	2015-9-2	莱芜钢铁集团有限公司
185	发明	一种600MPa级水电工程用调质高强度低焊接裂纹敏感性钢板及其制备方法	成小龙 邵正伟 孙卫华 刘晓东 孙风晓 刘金泉	201310426852.2	2013-9-18	2015-9-2	山钢股份济南分公司
186	发明	一种煤气切断阀应急关闭系统	夏江波 袁望浪 郝之峰 戚大波 付延亮 王 军 冯会玉 金立坤 陈 健 孔凡强	201410112805.5	2014-3-25	2015-9-2	山钢股份济南分公司
187	发明	一种单辊破碎机的修复方法	高志强 亓俊海 冯义平 冯 磊	201310121523.7	2013-4-9	2015-9-9	莱芜钢铁集团有限公司
188	发明	中频炉炉体打结用捣固机冲头及其应用	娄永涛 孙庆亮 赵英杰 何孝文	201410189008.7	2014-5-6	2015-9-9	山钢股份莱芜分公司
189	发明	一种高拉延性能药芯焊丝用冷轧钢带及其制造方法	张瑞堂 李 平 徐宝杰 李洪翠 董 凯 刘爱民 李长新	201310227691.4	2013-6-8	2015-9-16	山钢股份济南分公司
190	发明	一种调质型高强度抗硫化氢石油管用钢及其制造方法	翟正龙 戈文英 梁 娜 李业才 裴建华	201310280322.1	2013-7-4	2015-9-16	山钢股份莱芜分公司
191	发明	物料影像位置保持方法和物料影像位置保持系统	秦 港 汤化胜 张长宏 桑 森 陶 玲 候 刚 李海明 李新东	201310298076.2	2013-7-16	2015-9-16	山钢股份莱芜分公司
192	发明	履带型钢轧辊双孔型及轧制方法	张 戈 李雪涛	201310306720.6	2013-7-19	2015-9-16	莱芜钢铁集团有限公司
193	发明	高炉布料中溜槽料流开度的调整方法及装置	柳希泉 刘建华 苏 毅 段崇庆 闫新宏 王庆光 郭元亮	201310391293.6	2013-8-30	2015-9-16	山钢股份莱芜分公司
194	发明	适用于双机架冷轧机的焊接引带提高成材率的装置及方法	穴俊莲 吴国海 陈五升 张春苗 刘 洁 曾 静 韩学好 徐金来 刘绍华 孙广庭 杨景山 王文涛 戴秀红 张沛学	201310085655.9	2013-10-8	2015-9-16	济钢集团国际工程技术有限公司
195	发明	一种连铸中间包复合式湍流控制器的制备方法	武光君 武文健 张海波 张其龙 王航民 徐立亚	201310633194.4	2013-11-29	2015-9-16	山钢股份莱芜分公司
196	发明	一种减轻中频炉坩埚损耗的冶炼方法	尹彦兵 孙庆亮 赵英杰 何孝文	201410206287.3	2014-5-15	2015-9-16	山钢股份莱芜分公司
197	发明	加热炉及其复合炉门	张 戈	201410284120.9	2014-6-23	2015-9-16	莱芜钢铁集团有限公司

续表

序号	专利类型	专利名称	发明人	专利号	申请日	授权日	发明人/设计人所在单位
198	发明	一种石灰窑布料器上下节对口装置	田京刚 郑希增 郑希颖 赵　成 尹猛猛 梁　博 宫必祥 朱忠广	201410307622.9	2014-6-30	2015-9-16	莱芜钢铁集团有限公司
199	发明	石油套管连接件用钢及其制造方法	李法兴 徐锡坤 蔡朝华 翟正龙 何庆文 李业才 刘永昌 张　伟 李　顺 时振明 郑桂芸	201310468761.5	2012-5-23	2015-9-23	山钢股份莱芜分公司
200	发明	钢包熔渣层厚度测量装置、其制备方法及其测量方法	张冠锋 李华萍 王　博 刘洪银 马　琳 杨　州 郭跃华 刘　美 刘　超 周茂林 许　倩 孙会朝	201210381083.4	2012-9-29	2015-9-23	山钢股份莱芜分公司
201	发明	型钢收集码垛装置	李春兴 刘福宁 田一枫	201310180356.3	2013-5-15	2015-9-23	山钢股份莱芜分公司
202	发明	F型钢轧辊孔型及轧制方法	张　戈 李雪涛	201310309509.X	2013-7-19	2015-9-23	莱芜钢铁集团有限公司
203	发明	铸轧H型钢冷却装置	吴　允 韩　杰 孙会朝 杨　琼 李向荣 赵　晖 许荣昌	201310335481.7	2013-8-2	2015-9-23	山钢股份莱芜分公司
204	发明	带钢冷轧机用带钢厚度控制装置	闻青山 李　宁 梁保国 李　群 刘　丽 吴冬梅 臧廷利 冯德文 秦甲卫 高　健 徐卫国 孙清泉 孔德奎 赵希坤 林建民 唐怀军 孙玉龙	201310395058.6	2013-9-3	2015-9-23	山钢股份济南分公司
205	发明	钢带生产用电动机摩擦转矩自动测量装置	闻青山 李　群 梁保国 李　宁 吴冬梅 刘　丽 林建民 朱科峰 孙清泉 徐卫国 孔德奎 秦甲卫 赵希坤 冯德文 唐怀军 孙玉龙	201310396272.3	2013-9-3	2015-9-23	山钢股份济南分公司
206	发明	具有良好低温冲击韧性的热轧H型钢及其制造方法	韩文习 李　超 张思勋 邓存善 方金林 石　磊	201310682903.8	2013-12-13	2015-9-23	山钢股份莱芜分公司
207	发明	一种新型钢包包盖及生产工艺	王　键 张学民 姜兴辰 梁景玥 郭　达 李　振 孙翠华 李　俊 赵圣功 纪瑞东 王尖锐 王玉春 李　松 刘志民	201310229675.9	2013-6-9	2015-9-30	山钢股份莱芜分公司

续表

序号	专利类型	专利名称	发明人	专利号	申请日	授权日	发明人/设计人所在单位
208	发明	一种6~8mm高强度结构钢板及其制造方法	冯　勇　孙卫华　刘晓东　孙风晓　周兰聚　韩启彪　王南辉　贾慧领　胡淑娥　侯东华　王　杰　许方泉　姜广林　周　波　彭新华	201310411340.9	2013-9-11	2015-9-30	山钢股份济南分公司
209	发明	一种建筑钢筋表面防锈方法	韩　杰　种法国　刘成宝　马世成　张兴锦　李雪峰　许荣昌	201310633371.9	2013-11-29	2015-9-30	山钢股份莱芜分公司
210	发明	一种高耐久性增强型抗裂胶凝材料及其制备方法	曲丽娜　郭永智　李培彦	201400360493.X	2014-3-1	2015-9-30	济南鲁新新型建材有限公司
211	发明	一种银行ATM机高强抗爆钢板及其制造方法	冯　勇　孙卫华　孙德民　张爱民　贾慧领　梁　英　肖丰强　周兰聚　宋汝贵　刘　朋　周　波　刘凤兰　贾希光	201410101840.7	2014-3-19	2015-9-30	山钢股份济南分公司
212	发明	一种氧枪口氮封装置	张润生　孙争取　刘　丽　荀文竹　张明亚　刘建伟　李寿金　王玲珑　孔　雅　刘　莉	201410113001.7	2014-3-25	2015-9-30	山钢股份济南分公司
213	发明	一种扒捞渣机	马　琳　陈　颜　王　莉　刘洪银　张冠锋　丁增佳　赵　剑　尹克进	201210371828.9	2012-9-28	2015-10-7	山钢股份莱芜分公司
214	发明	带钢卷塔形消除装置及其消除方法	李　亘　张　震　刘继梅	201310704408.2	2013-12-19	2015-10-7	山钢股份莱芜分公司
215	发明	一种平整机自动停车控制方法和平整机自动停车控制器	李　晓　宋晓云　王　伟　刘丽英　宋　健　张　凯　马　平　赵剑波　孙　凯　高文晖　刘继梅　张　章	201410001528.0	2014-1-2	2015-10-7	山钢股份莱芜分公司
216	发明	一种内燃机车蒸汽换热加温设备	翟大强　杨　刚　段崇义　韩树森　刘向宇	201410005325.9	2014-1-6	2015-10-7	山钢股份莱芜分公司
217	发明	一种断路器合闸回路	李传东　傅守滨　赵兴永　李传红　付兆升　朱　根	201410119610.3	2014-3-27	2015-10-7	山钢股份莱芜分公司
218	发明	一种转底炉中低温烟气在线预清灰装置	曾　晖　刘元意　刘运东　李建云　张　毅　王　莉	201410213195.8	2014-5-20	2015-10-7	山钢股份莱芜分公司

续表

序号	专利类型	专利名称	发明人	专利号	申请日	授权日	发明人/设计人所在单位
219	发明	一种高炉煤气封罩隔热层的施工方法	王子金 亓玉敏 廉 波 刘长忠 杨士岭 胡江山 吴少波	201410308903.6	2014-6-30	2015-10-7	山钢股份莱芜分公司
220	发明	熔炼炉和炼钢设备以及炼钢工艺	董 杰 李丰功 曾 晖 王学斌 王 博	韩国 KR 10-1561930	2009-9-16	2015-10-14	山钢股份莱芜分公司
221	发明	用于热轧型钢生产线的活塞式弹簧液压缸及其操作方法	孔令强 李 娜 谢 晶 魏光兵 王效军 梁筱伟 薛 鹏	201310128278.2	2013-4-12	2015-10-21	山钢股份莱芜分公司
222	发明	锥形辊道	李春兴 刘福宁 张 帅	201310132546.8	2013-4-16	2015-10-21	山钢股份莱芜分公司
223	发明	一种酸洗线破鳞拉矫机导向辊的轴承密封装置	何立军 刘法奎 李群	201310269421.X	2013-6-29	2015-10-21	山钢股份济南分公司
224	发明	一种钢筋批量热处理的方法	许荣昌 韩 杰 李文钱 冯文义 孙庆亮	201310410036.2	2013-9-10	2015-10-21	山钢股份莱芜分公司
225	发明	炼铁生产信息在线管理系统及管理方法	赵 斌 刘云雷 王贤斌 卫 宏	201310452990.8	2013-9-27	2015-10-21	山钢股份济南分公司
226	发明	一种对脱硫液提盐后所得清液的回收装置	刘 亮 祝仰勇 张顺贤 范华磊 牛爱宁 魏晓芳 李瑞萍 宁述芹	201410235972.9	2014-5-29	2015-10-21	山钢股份济南分公司
227	发明	一种储槽内固液混合介质循环搅拌系统	王佰虎 王贺红 陈 庆 姜 颖 张顺贤	201410239627.2	2014-5-30	2015-10-21	山钢股份济南分公司
228	发明	一种圆坯非晶合金母材的生产方法	李明波 马明锴 卢 刚 张永宽 徐宝杰 孙宗辉 谢京全 郭宜鑫 李 智 张新凯 张岐涛	201410198498.7	2014-10-19	2015-10-21	济南济钢铁合金厂
229	发明	一种梯度钢铁材料的连铸设备和连铸方法	刘成宝 李法兴 于学文 刘洪涛 刘 涛	201210124862.6	2012-4-25	2015-10-28	山钢股份莱芜分公司
230	发明	一种变压器降温风扇控制装置	张永护 王 炜 李兆华 饶丽慧 赵永平 高忠升 王立新 杜 鹏	201310343450.6	2013-8-8	2015-10-28	山钢股份济南分公司
231	发明	低压缩比特厚容器板生产工艺	邵正伟 孙风晓 成小龙 刘金泉 张海民 王振华	201310428146.1	2013-9-18	2015-10-28	山钢股份济南分公司

续表

序号	专利类型	专利名称	发明人	专利号	申请日	授权日	发明人/设计人所在单位
232	发明	氧化钼直接合金化炼钢的方法	马传庆 吴 兵 杨 波 王学利 孙永喜 李法兴 张君平 杨密平 刘金玲 赵冠夫 范夕荣 倪友来 周艳丽 于学文 于 辉	201310591050.7	2013-11-21	2015-10-28	山钢股份莱芜分公司
233	发明	高强度、高热震氧化铝空心球砖及其制备方法	刘玉瑛 刘 伟 王文学 王佑宝 史成龙 刘春霞	201310660559.2	2013-12-5	2015-10-28	山东耐材集团鲁耐窑业有限公司
234	发明	一种转炉双联炼钢方法	郭伟达 张 佩 温福新 毕永杰 王明杰 沈彬彬 于亮涛 王 强 胡增跃	201410035168.6	2014-1-24	2015-10-28	山钢股份莱芜分公司
235	发明	一种电磁感应脱硫铁水罐	马 琳 王 博 许荣昌 陈 颜 吕 霞	201310019480.1	2013-1-18	2015-11-4	山钢股份莱芜分公司
236	发明	一种大型传动电动机轴瓦检测系统	张明山 王 涛 李小庚 张令华 杨淑美 李永峰 史官勇 李 磊 肖 旭 柳洪胜 宋国柱 郭 猛 魏 玲	201310249240.0	2013-6-21	2015-11-4	山钢股份济南分公司
237	发明	一种具有Z向性能的建筑用热轧H型钢及其生产方法	张思勋 韩文习 王慧玉 杨志杰 王建军	201310278397.6	2013-7-4	2015-11-4	山钢股份莱芜分公司
238	发明	一种装配式集成房屋	李渤生 罗桂林 李金文 赵 飞 姜旭锋 张路红	201310320554.5	2013-7-26	2015-11-4	莱芜钢铁集团有限公司
239	发明	正火轧制型细晶粒压力焊接钢管用宽厚钢板及其制备方法	黄少文 霍孝新 吴会亮 吴德发 李新东 代 平	201310456778.9	2013-9-29	2015-11-4	山钢股份莱芜分公司
240	发明	一种通用型液压插装阀更换工具	马朝刚	201410112785.1	2014-3-25	2015-11-4	山钢股份济南分公司
241	发明	一种便于粉料回收的导料管	张殿志 董龙果 梁兆瑞 韩俊杰 陈 霞 楚 强 张雷忠 胡小龙 李 波 刘晓晨 石玲翠 芦 玮 宋会昌	201410115096.6	2014-3-26	2015-11-4	山钢股份济南分公司
242	发明	小型棒材倍尺飞剪后上卸钢护板装置	范 伟 王金华 王春梅 王建宾 雷 电 崔 嵬 刘振学 贾跃文	201410298817.1	2014-6-26	2015-11-4	山钢股份济南分公司

续表

序号	专利类型	专利名称	发明人	专利号	申请日	授权日	发明人/设计人所在单位
243	发明	一种加工大圆弧面方法	颜　莉　韩建国	201310076731. X	2013-3-11	2015-11-11	莱芜钢铁集团有限公司
244	发明	一种焦炭热态性能检测设备	刘学燕　高新运　袁宇皓　曲建华　李传辉　耿红杰　肖海龙　张　哲　曹洪志　范德红　王玉莲　刘汉林　贾瑞民	201310087685. 3	2013-3-19	2015-11-11	山钢股份济南分公司
245	发明	一种检测钢卷位置的装置及方法	李书蓬　李　明　刘化军　张晓东　李　强	201310097919. 2	2013-3-25	2015-11-11	山钢股份莱芜分公司
246	发明	一种热态炉渣高效回收利用工艺	刘　国　张润生　刁承民　马洪德　佟圣刚　谢岩平　贾秀英　苗振鲁　叶　勇　史　涛　吴克刚　孙金明　李寿金	201310295280. 9	2013-7-15	2015-11-11	山钢股份济南分公司
247	发明	一种钢丝带热胶接方法	高志强	201310329473. 1	2013-7-31	2015-11-11	莱芜钢铁集团有限公司
248	发明	一种台车轮拆装小车	高志强　周忠源　薛　鹏　王　佳　魏义胜	201310350099. 3	2013-8-12	2015-11-11	莱芜钢铁集团有限公司
249	发明	全留渣-单渣法转炉冶炼方法	李洪建　王　键　李　俊　张学民　姜兴辰　张永青　任科社　韩汝文　赵圣功　纪瑞东　李　松　曹　平　刘志民　王尖锐	201310557987. 2	2013-11-11	2015-11-11	山钢股份莱芜分公司
250	发明	一种小压缩比条件下使用连铸坯生产管线钢板的方法	霍孝新　周　平　黄少文　汤化胜　吴会亮　吴德发	201310618897. X	2013-11-28	2015-11-11	山钢股份莱芜分公司
251	发明	红土镍矿一步法制备含镍不锈钢原料	姜　雷　曾　晖　孙永波　闫小卫　孙吉才　张笃增　林　敏	201410087974. 8	2014-3-11	2015-11-11	山钢股份莱芜分公司
252	发明	一种炼铁厂鱼雷罐残铁再回收系统	王径成　刘学燕　朱　涛　冯会玉　孙文涛　李　玮　薛　赞　危尚友　夏拥华　高贤敏　武丽娟	201410115493. 3	2014-3-26	2015-11-11	山钢股份济南分公司
253	发明	一种高炉煤粉喷吹量的控制方法	梁丽桢　季陆伟	201410115618. 2	2014-3-26	2015-11-11	山钢股份济南分公司
254	发明	小型棒材切头飞剪后跑槽装置	程　涛　王金华　梁云彩　邓扬玉　秦　栋　王　东　夏永青　李　磊　段旭飞　王　树　马学者	201410238658. 6	2014-5-30	2015-11-11	山钢股份济南分公司

续表

序号	专利类型	专利名称	发明人	专利号	申请日	授权日	发明人/设计人所在单位
255	发明	一种高炉喷煤系统喷煤量的计量方法	王　铁	201410300034.2	2014-6-27	2015-11-11	山钢股份济南分公司
256	发明	一种用于高强度钢生产的增氮增锰方法	王　强　毕永杰　王明杰　于亮涛　胡增跃　温福新　邹春锋	201410484062.4	2014-9-22	2015-11-11	山钢股份莱芜分公司
257	发明	固定挡板装置	李春兴　吕智勇	201310131394.X	2013-4-16	2015-11-18	山钢股份莱芜分公司
258	发明	一种自水冷辊道盖板	谷海龙	201410074032.6	2014-3-3	2015-11-18	山钢股份济南分公司
259	发明	一种硅砖热风炉排温方法	张国营　贺秀丽　高照强　刘学燕　肖广勇　陈　霞　刘　欣　何海波　王成泉　曹献春　刘其峰　刘建斌　巩志刚　张　哲	201410099165.9	2014-3-18	2015-11-18	山钢股份济南分公司
260	发明	带肋H型钢的轧制设备及其生产方法	赵新华　王中学　袁鹏举　付常伟　杨　栋　孔令坤　纪进立　李　超　谷凤波　佟松泽　蒲红兵　杨志杰	201410118152.1	2014-3-27	2015-11-18	山钢股份莱芜分公司
261	发明	一种计量数据还原方法　装置及系统	吴晓峰　王文为　吴德科　张丽荣　李　青　王　玮　尹承俊　王　芳　苗凤明　赵　冰　王　博　曲新华　王圣章　苏生华　龙　英　郑瑞斌	201210140145.2	2012-5-8	2015-12-2	山钢股份莱芜分公司
262	发明	铁路尽头线车挡防撞报警系统及方法	崔利久　翟大强　段崇义　姚文君	201310156937.3	2013-4-28	2015-12-2	山钢股份莱芜分公司
263	发明	一种有效提高钢包灌砂效果的装置	苗振鲁　刘建伟　吴克刚　张润生　刁承民　刘立华　张海民　叶　勇　史　涛　薛　燕	201310245850.3	2013-6-20	2015-12-2	山钢股份济南分公司
264	发明	一种粉末冶金铁基混合粉的一段式干法混合方法	李建云　杜春峰　曾　晖　王金洪　罗霞光　袁　勇　刘增林　张　毅	201310317465.5	2013-7-25	2015-12-2	山钢股份莱芜分公司
265	发明	一种高硅轧制钢板及其制备工艺	冯　勇　孙卫华　刘晓东　王金华　王南辉　贾慧领　贾希光　李永亮　谢　晖　尹　辉	201310457659.5	2013-9-30	2015-12-2	山钢股份济南分公司
266	发明	用于海洋天然气开采平台结构的热轧H型钢及其生产方法	袁鹏举　李　超　邓存善　石　磊　方金林　杨　栋　郭秀辉　赵传东　于铭杰　李同敬	201310483029.5	2013-10-15	2015-12-2	山钢股份莱芜分公司

续表

序号	专利类型	专利名称	发明人	专利号	申请日	授权日	发明人/设计人所在单位
267	发明	低屈强比X100高钢级管线钢热轧钢板及其制造方法	霍孝新 周　平 黄少文 张长宏 吴会亮 秦　港 冯文义	201310686700.6	2013-12-13	2015-12-2	山钢股份莱芜分公司
268	发明	一种用于大断面铸坯的连铸生产系统	陶务纯 朱宝晶 王　宝	201410001584.4	2014-1-2	2015-12-2	山钢股份莱芜分公司
269	发明	内燃机车静态加温隔离换热设备	翟大强 韩树森 段崇义 刘向宇 杨　刚 邵　学	201410004728.1	2014-1-6	2015-12-2	山钢股份莱芜分公司
270	发明	一种全台面动态轨道衡的整车计量方法	刘爱平 刘晓敏 韩晓莹 王庆河 戴兴中 朱长宏 李洪涛 付延明	201410065490.3	2014-2-26	2015-12-2	山钢股份济南分公司
271	发明	球团回转窑耐材修补方法	高志强	201410151693.4	2014-4-15	2015-12-2	莱芜钢铁集团有限公司
272	发明	轨道式移动装置的定位方法、设备及系统	郭永良 柳希泉 鲍广荣 秦昌国 李玉平 周文胜 张　军 田　伟 任　伟 王　波 李宝实 贾海涛 李　亮	201310071279.8	2013-3-6	2015-12-9	山钢股份莱芜分公司
273	发明	轧机及其自动伸缩型万向联轴器	李春兴 吕智勇 杨建华	201310131395.4	2013-4-16	2015-12-9	山钢股份莱芜分公司
274	发明	一种用于冶金生产线上的单向移钢装置及方法	郎春钰 吕智勇 魏光兵 段西山 孔令强 王效军	201310145534.9	2013-4-24	2015-12-9	山钢股份莱芜分公司
275	发明	一种制氧机多机组联合变负荷运行装置及方法	赵云河 刘玉良 李宗辉 赵时卷 郭桂彬 刘　欣 刘泗波 陈增凯	201310198338.8	2013-5-24	2015-12-9	济南鲍德气体有限公司
276	发明	具有低裂纹敏感指数和高强度的耐磨钢板及其制备方法	麻　衡 周　平 马光亭 吴德发 霍孝新 代　平 李　艳 李新东	201310322344.X	2013-7-29	2015-12-9	山钢股份莱芜分公司
277	发明	一种中间包多功能稳流冲击桶及其砌筑方法	陈　民 丰　年 陈　良 谢兴军 王　凯 魏　潇 范　斌 张　飞 朱　波 尹崇丽 鹿洪利 刘　杰	201310326480.6	2013-7-30	2015-12-9	山钢股份莱芜分公司
278	发明	一种气体压缩机检测方法及装置	张国华 韩梦云 亓　涛 赵　琳 李学波 赵成文 孙英云 李　源 王利昌 张年刚 楚志发 郑文静 马　玲 刘君祎 于成龙 李　明	201310533110.X	2013-10-31	2015-12-9	山钢股份莱芜分公司

续表

序号	专利类型	专利名称	发明人	专利号	申请日	授权日	发明人/设计人所在单位
279	发明	一种采用辅助装置更换钢丝绳的方法	陈延霞 王光成	201310631132. X	2013-11-28	2015-12-9	山钢股份莱芜分公司
280	发明	一种在线制造低成本超细晶粒双相钢无缝管的制备方法	侯晓英 王业勤 许荣昌	201410095812. 9	2014-3-14	2015-12-9	山钢股份莱芜分公司
281	发明	一种高炉热风炉保温装置	刘进 周家梅 贾瑞民 何海波 朱涛 张国营 李晓红 徐京义 马印亭 刘欣	201410112828. 6	2014-3-25	2015-12-9	山钢股份济南分公司
282	发明	一种钒微合金化热轧相变诱导塑性钢及制备方法	侯晓英 王业勤 韩杰 许荣昌	201410174042. 7	2014-4-28	2015-12-9	山钢股份莱芜分公司
283	发明	螺旋输送机尾部支撑轴承连接件	赵湘顺 李明 李振远 张德祯 于兴国 刘传周 杨八一 张荣华	201410246395. 3	2014-10-20	2015-12-16	济南鲍德炉料有限公司
284	发明	一种梭式布料装置	李春雷 周广生 扈素红 白洪强 程程 刘连杰 邓君堂 刘真 罗飞霞 黄亚飞 张强 谭芹 商桂梅	201410285205. 9	2014-6-24	2015-12-23	山钢股份济南分公司
285	发明	一种不规则型钢的宽度或高度公差测量装置	霍喜伟 孙晓庆 袁淑君 宋玉卿 王刚 方金林 郭跃华 郭峰	201310456175. 9	2013-9-29	2015-12-30	山钢股份莱芜分公司
286	发明	一种高强高韧耐磨挖掘机斗齿用钢及其制造方法	时振明 翟正龙 李小雄 戈文英 路礼堂 郭峰	201310528730. 4	2013-10-30	2015-12-30	山钢股份莱芜分公司
287	发明	一种电炉短流程冶炼含镍钢的方法	李法兴 张君平 王学利 翟正龙 孙永喜 刘永昌 杜国强 卢乃双 袁淑君 李小雄	201310658614. 4	2013-12-9	2015-12-30	山钢股份莱芜分公司
288	发明	一种低合金钢板及钢板的热处理方法	张鹏 周平 王腾飞 李灿明 冯文义 武文健 刘清	201310744482. 7	2013-12-30	2015-12-30	山钢股份莱芜分公司
289	发明	一种烧结系统及其烧结终点控制方法	张明 徐春玲 赵长安 成昌省 毛友庄 张惠 张立冬	201410057429. 4	2014-2-20	2015-12-30	山钢股份莱芜分公司
290	发明	超薄宽幅耐磨钢板和以大压缩比生产该钢板的方法	周平 麻衡 马光亭 汤化胜 陈爱娇 王月香 张长宏 秦港 黄少文	201410075844. 2	2014-3-3	2015-12-30	山钢股份莱芜分公司

续表

序号	专利类型	专利名称	发明人	专利号	申请日	授权日	发明人/设计人所在单位
291	发明	一种用于磁化煤粉的耐磨软管	刘学燕 李传辉 陈 霞 辛虹霓 高新运 毛雪芹 薛 燕 贺秀丽 张波强 刘建华	201410101651. X	2014-3-19	2015-12-30	山钢股份济南分公司
292	发明	一种热轧粗轧机工作辊顶杆防护装置	张嘉良 郭宏伟 陈传玉 常大勇 刘彩华 孙建飞	201410111421. 1	2014-3-25	2015-12-30	山钢股份济南分公司
293	发明	一种可燃气体管道及容器漏点带压焊接用装置及方法	陈义超 李训智 王 喆 杜 军 宿国宝 陈 淼	201410283448. 9	2014-6-23	2015-12-30	山钢股份济南分公司
294	实用新型	一种用于盲斜井开拓建井的排矸系统	冯英俊 姜东泉 魏 鹏 陈 旺 郭 峰 杜一民 韩科周	201420497799. 5	2014-2-4	2015-1-7	济南钢城矿业有限公司
295	实用新型	一种螺旋粉末取样器	杨洪春 孙 勇 张海涛	201420489017. 3	2014-4-8	2015-1-7	济南济钢铁合金厂
296	实用新型	一种高压电动机启动控制电路、控制系统及空分系统	齐登业 刘 欣 张永生 李克海 梁 军 田现德 朱圣华 亓效亮 李锡刚 徐 霞	201420303511. 6	2014-6-9	2015-1-7	山钢股份莱芜分公司
297	实用新型	卷扬料车防倒滑装置	陈 峰 顾华杰 李新平 张海平 郑 杰 焦红芳 郭 标 许 杰	201420541924. 8	2014-9-19	2015-1-7	莱芜钢铁集团有限公司
298	实用新型	一种轧制滑轮片轮槽测量卡规	李冬青 谢兴军 丰 年	201420554615. 4	2014-9-25	2015-1-7	山钢股份莱芜分公司
299	实用新型	一种电炉炉门口过桥	刘 兵 刘超群 吴明洋 尹崇丽 闻小德 刘 利 于学文 王 升	201420554753. 2	2014-9-25	2015-1-7	山钢股份莱芜分公司
300	实用新型	一种废钢料篮	刘 兵 刘超群 吴明洋 尹崇丽 闻小德 刘 利 于学文 王 升	201420554779. 7	2014-9-25	2015-1-7	山钢股份莱芜分公司
301	实用新型	一种铸坯端部在线清渣装置	赵冠夫 马传庆 尹 莉 陈菲菲 王俊凤 杨密平 刁 峰 魏莉莉	201420592320. 6	2014-10-14	2015-1-7	山钢股份莱芜分公司
302	实用新型	一种液态精炼渣在线改质喷氧装置	马传庆 吴 兵 范夕荣 杨密平 刘金玲 赵冠夫 倪友来 周艳丽	201420599414. 6	2014-10-16	2015-1-7	山钢股份莱芜分公司
303	实用新型	一种液态精炼渣在线改质喷吹装置	马传庆 吴 兵 范夕荣 杨密平 刘金玲 赵冠夫 倪友来 周艳丽	201420599415. 0	2014-10-16	2015-1-7	山钢股份莱芜分公司

续表

序号	专利类型	专利名称	发明人	专利号	申请日	授权日	发明人/设计人所在单位
304	实用新型	一种液态精炼渣在线改质喷粉装置	马传庆 吴兵 范夕荣 杨密平 刘金玲 赵冠夫 倪友来 周艳丽	201420600874.6	2014-10-16	2015-1-7	山钢股份莱芜分公司
305	实用新型	一种数控龙门火焰切割机副割炬连接装置	侯广尧 严爱勇 吕化国 丁宏元 韩英杰 张开元 任建平	201420272231.3	2014-2-2	2015-1-8	济南钢铁集团总公司生产服务公司
306	实用新型	一种双圆锥形烟囱防雨帽	何绪友 马培旭 崔德伟 刘贞海 张英华 费秀荣	201420335587.7	2014-6-23	2015-1-14	山钢股份济南分公司
307	实用新型	一种新型管道除尘装置	张殿志 胡小龙 董龙果 梁兆瑞 李波 张成强 王文排 侯宗亮 高庆峰 武丽娟	201420339299.9	2014-6-24	2015-1-14	山钢股份济南分公司
308	实用新型	一种用于高炉鼓风机检修的起重装置	李兆华 吴晓磊 王官辉 张卫东 滕世秋 曹敬秋 张晓婷	201420348758.X	2014-6-27	2015-1-14	山钢股份济南分公司
309	实用新型	一种轧钢生产沉淀池用水位监控装置	张忠良 张爱琴 焦义伟 王永 古特 梁恒学 解法智 刘明飞	201420367630.8	2014-7-4	2015-1-14	山钢股份济南分公司
310	实用新型	一种液压系统漏油快速检测装置	王京先 赵培建 郭强 胡淑娥 彭宾	201420385942.1	2014-7-14	2015-1-14	山钢股份济南分公司
311	实用新型	眼睛阀安全保护装置	孙久荣 周家进 王东升 李兆华 滕云涛 徐文芳 邱历军 生军涛	201420397597.3	2014-7-18	2015-1-14	山钢股份济南分公司
312	实用新型	多层过滤器	陈传盛 丁玉栋 李亮 张谱 刘争 林士杰 杨峰 卢刚 熊双双 王斌	201420555699.3	2014-9-25	2015-1-14	莱芜钢铁集团有限公司
313	实用新型	环冷机	高志强 孙卫 初鑫 孟辉	201420555731.8	2014-9-25	2015-1-14	莱芜钢铁集团有限公司
314	实用新型	烧结机及其烧结机台车	高志强 刘宝国 梁睿 狄会爱 冯义平 张波	201420556941.9	2014-9-25	2015-1-14	莱芜钢铁集团有限公司
315	实用新型	烧结机台车及其密封装置	张戈 李雪涛 亓荣秀 尹建强 李山峰 陈国宝	201420560416.4	2014-9-26	2015-1-14	莱芜钢铁集团有限公司
316	实用新型	烧结机及其底部保温密封装置	李雪涛 张戈 亓荣秀 孔峰 李山峰 陈国宝	201420562073.5	2014-9-26	2015-1-14	莱芜钢铁集团有限公司

续表

序号	专利类型	专利名称	发明人	专利号	申请日	授权日	发明人/设计人所在单位
317	实用新型	多功能螺旋CT结肠三维成像充气或充液装置	王世东 付 玲 张玉敏 王振强 刘丹丹 栾贻新	201420558859. X	2014-9-26	2015-1-14	莱芜钢铁集团有限公司
318	实用新型	烧结机及其侧边保温密封装置	张 戈 李雪涛 张 坤 孔 峰 李山峰 陈国宝	201420559901. X	2014-9-26	2015-1-14	莱芜钢铁集团有限公司
319	实用新型	连铸大包水口用密封吹氩保护的装置	张学民 郭 达 姜兴辰 赵圣功 任士印 李 振 梁景玥 彭久铭 杜增路 张广杰 周 巍 陈 峰 尹 峰 乔新峰 张晓辉	201420545783. 7	2014-9-22	2015-1-21	山钢股份莱芜分公司
320	实用新型	烧结机台车及其密封装置	李雪涛 张 戈 张 坤 尹建强 李山峰 陈国宝	201420559490. 4	2014-9-26	2015-1-21	莱芜钢铁集团有限公司
321	实用新型	一种废油回收装置	陈传盛 孟兆鹏 李 亘 张广鑫 高 峰 武文健 朱迎春 李 颖	201420575563. 9	2014-9-30	2015-1-21	莱芜钢铁集团有限公司
322	实用新型	卷扬控制装置及冶金高炉卷扬系统	陈 峰 张海平 郑 杰 顾华杰 李新平 庄中晓 郭 标 许 杰	201420591148. 2	2014-10-13	2015-1-21	莱芜钢铁集团有限公司
323	实用新型	一种连铸液面自控用放射源固定装置	赵冠夫 尹 莉 刁 峰 陈菲菲 梁建国 邵明海 王俊凤 杨密平 马传庆 魏莉莉	201420592192. 5	2014-10-14	2015-1-21	山钢股份莱芜分公司
324	实用新型	电动机保护启动器和型材切割机	吴玉军 亓文学 刘学猛 牟崇国 王 盛 朱小波	201420594074. 8	2014-10-14	2015-1-21	莱芜钢铁集团有限公司
325	实用新型	一种圆管带式输送机的纠偏装置	梁 睿 牟 真	201420599475. 2	2014-10-16	2015-1-21	莱芜钢铁集团有限公司
326	实用新型	一种超声波流量计安装结构	柳希泉 王秀华 陈新峰 张洪亮 滕敬启 赵世栋 徐 波 张国强	201420598798. X	2014-10-16	2015-1-21	山钢股份莱芜分公司
327	实用新型	连铸机及其连铸辊	张 玮 赵 鹏 贾世忠	201420603532. X	2014-10-17	2015-1-21	莱芜钢铁集团有限公司
328	实用新型	一种混合机内衬装置	白 玮 肖 强 张加芹 吕明秀 尚根凤 尹 星	201420606385. 1	2014-10-20	2015-1-21	山钢股份莱芜分公司

续表

序号	专利类型	专利名称	发明人	专利号	申请日	授权日	发明人/设计人所在单位
329	实用新型	一种混合机衬板	张加芹 白玮 肖强 吕明秀 尚根凤 尹星	201420606637.0	2014-10-20	2015-1-21	山钢股份莱芜分公司
330	实用新型	一种液压阀台的过渡装置	陈传盛 邵宪伟 葛本伍 陈利 李亮 张谱 刘争 高伟 朱迎春	201420610039.0	2014-10-21	2015-1-21	莱芜钢铁集团有限公司
331	实用新型	一种风口渣铁清除装置	张戈 朱小波 李雪涛 郑蕾	201420610127.0	2014-10-21	2015-1-21	莱芜钢铁集团有限公司
332	实用新型	高压隔离开关	袭建富 尹庆 何敬国 杨爱华 王敏 付炳哲 石东 代永恒 贾斌 李倩 崔永刚 邢忠 魏洪军 和法亮	201420646473.4	2014-10-31	2015-1-21	山钢股份莱芜分公司
333	实用新型	一种拆卸组合式放样用地规	秦光文 李义林 张新凯 李学付 赵志洪 肖百文	201420487481.9	2014-4-8	2015-1-27	济南济钢铁合金厂
334	实用新型	一种埋弧焊机的轨道	张晓 李晓建 刘程 薛玉燕	201420479037.2	2014-8-22	2015-1-28	莱芜钢铁集团有限公司
335	实用新型	一种氧气瓶、乙炔瓶专用扳手	张继虎 石振英 杨洪国 岳敏 张帅 毕永谦	201420515912.8	2014-9-10	2015-1-28	山钢股份莱芜分公司
336	实用新型	一种制氧机快速加温装置	李宗辉 丁玲 李康 赵时卷 王勇 高绪震 刘泗波 黎梅 赵波 王德刚	201420521248.8	2014-9-11	2015-1-28	济南鲍德气体有限公司
337	实用新型	一种自洁式的空气布水器	赵时卷 李宗辉 丁玲 孟凡刚 张艳 高绪震 杨绪文 张绍海 赵波 许保明	201420522274.2	2014-9-11	2015-1-28	济南鲍德气体有限公司
338	实用新型	一种真空炉扩散泵铸铁外壳裂纹修补用粘贴加固装置	毕永谦 赵立霞 张继虎 姜晓艳 毕永强	201420609545.8	2014-10-21	2015-1-28	山钢股份莱芜分公司
339	实用新型	一种蒸发塔底残液放空结构	邓群 朱玉建 张兴佑 苑路 田茂林 李拴运	201420610414.1	2014-10-21	2015-1-28	莱芜钢铁集团有限公司
340	实用新型	加热炉炉内空间跟踪修正装置	杨锦华 刘珍 董京帅 张元华 庄宁宁 耿智勇 吕霞 曹永芹 邱芳	201420610567.6	2014-10-21	2015-1-28	山钢股份莱芜分公司
341	实用新型	弯曲变形工具	孔令强 李娜 徐永波 李波 孙丰海 高会彬	201420623202.7	2014-10-24	2015-1-28	山钢股份莱芜分公司

续表

序号	专利类型	专利名称	发明人	专利号	申请日	授权日	发明人/设计人所在单位
342	实用新型	一种单向循环冷却的空压机电机冷却结构	堵琳洁 杨秀玉 曲 燕 林 波 李金原 赵洪彬 李 琳 钟 锋 白鹏菲 王爱民	201420638913.1	2014-10-29	2015-1-28	济南鲍德气体有限公司
343	实用新型	内燃机车控制器辅助发电控制电路	段崇义 孟 东 邵 学 郭宣召 陈 兴 刘向宇 尹 星	201420646236.8	2014-10-31	2015-1-28	山钢股份莱芜分公司
344	实用新型	一种轧机气帘除鳞装置	杨志杰 袁鹏举 付常伟 佟松泽 宋志国 赵新华	201420306978.6	2014-6-10	2015-2-4	山钢股份莱芜分公司
345	实用新型	一种用于落锤撕裂试验的样品输送机	王 斌 孙 岭 王兴赞 鞠传华 王爱霞 刘雪丽 张建辉 刘兴坤	201420338387.7	2014-6-24	2015-2-4	山钢股份济南分公司
346	实用新型	直连式编码器固定装置	王书涛 赵 鹏 李晓宾 郝 阳	201420524648.4	2014-9-12	2015-2-4	莱芜钢铁集团有限公司
347	实用新型	一种防风扰振动筛	卢 静 张 明 赵 军 姬光刚 包文琦	201420524926.6	2014-9-12	2015-2-4	山钢股份莱芜分公司
348	实用新型	一种合金筛分装置	王 强	201420531054.6	2014-9-16	2015-2-4	山钢股份莱芜分公司
349	实用新型	一种隔离动铁芯和线圈的导程套	王书涛 李晓宾 赵 鹏 郝 阳 王振录	201420531748.X	2014-9-16	2015-2-4	莱芜钢铁集团有限公司
350	实用新型	一种小型棒材生产线防止轧机横向位移装置	程 涛 梁云彩 邓扬玉 秦 栋 王 东 夏永青 李 磊 王 树 马学者	201420553534.2	2014-9-24	2015-2-4	山钢股份济南分公司
351	实用新型	一种轧辊辊颈保护胶套	刘精华 孙 浩 闻青山 史伟峰 马 昊 胡国雄 程 龙 刘爱民 韩克刚 孙立刚	201420559522.0	2014-9-26	2015-2-4	山钢股份济南分公司
352	实用新型	一种防水接近开关固定装置	李 群 孔德奎 林建民 李 陆 李 宁 刘 闯 史伟峰 臧廷利	201420575180.1	2014-9-30	2015-2-4	山钢股份济南分公司
353	实用新型	一种用于加工环形槽的环形刀	赵 鹏 李晓宾 王书涛 王振录 郝 阳	201420580519.7	2014-10-9	2015-2-4	莱芜钢铁集团有限公司
354	实用新型	一种转炉出钢口的挡渣装置	付常伟 杨志杰 马 文 方金林 宋恒俊	201420593489.3	2014-10-14	2015-2-4	山钢股份莱芜分公司
355	实用新型	一种用于多种物料同步筛分的圆辊筛	李建云 曾 晖 杜春峰 张 毅	201420594456.0	2014-10-14	2015-2-4	山钢股份莱芜分公司
356	实用新型	连铸机喷嘴检测装置	肖 强 咸光勇 赵兴涛 张治沛 陈 永 王衍栋	201420597557.3	2014-10-15	2015-2-4	山钢股份莱芜分公司

续表

序号	专利类型	专利名称	发明人	专利号	申请日	授权日	发明人/设计人所在单位
357	实用新型	一种降低冷却台鼓风机进风湿度的装置	耿宏烨 刘丽 闻青山 胡国雄 刘爱民 刘精华	201420612986.3	2014-10-22	2015-2-4	山钢股份济南分公司
358	实用新型	三臂夹钳吊运对流板调节装置	马玖峰 路义山 刘成群 张明利 耿宏烨	201420614904.9	2014-10-22	2015-2-4	山钢股份济南分公司
359	实用新型	一种热工自动化仪表试验考核装置	王庆河 毕立群 刘爱平 刘萍 韩万鹏 戴兴中 韩晓莹 房英翠 朱长宏 周军	201420710643.0	2014-11-24	2015-2-4	山钢股份济南分公司
360	实用新型	一种新型干熄焦数据处理和预警装置	邵克志 周莉 王斌 陈辉	201420565632.8	2014-2-5	2015-2-11	济钢集团国际工程技术有限公司
361	实用新型	一种环冷机回转体密封装置	战立刚 翁旭霞 董宝利 李兵 孙雅文	201420612039.4	2014-2-6	2015-2-11	济钢集团国际工程技术有限公司
362	实用新型	一种用于精整工序的吊具装置	石军强 温建波 王宗斌 郭志元 李飞 韩政 周艳丽 倪友来	201420554613.5	2014-9-25	2015-2-11	山钢股份莱芜分公司
363	实用新型	自带密封的立辊轴承以及具有该立辊轴承的轧机	张戈 董吉广 李雪涛	201420564446.2	2014-9-28	2015-2-11	莱芜钢铁集团有限公司
364	实用新型	适用于轧钢冷床长轴的球面剖分轴承	张戈 董吉广 薛志勇 李雪涛	201420564450.9	2014-9-28	2015-2-11	莱芜钢铁集团有限公司
365	实用新型	一种铣削轧机牌坊的装置	朱小波 鞠军修 亓观新 徐静 李雪涛 郑蕾	201420579162.0	2014-10-8	2015-2-11	莱芜钢铁集团有限公司
366	实用新型	一种螺母及接近开关紧固结构	孙国平 翟诺 李山 申敏 张芬 赵琳 赵宗垚 张杰 曹永芹 边芳 朱荣涛	201420585512.4	2014-10-11	2015-2-11	山钢股份莱芜分公司
367	实用新型	一种吊具	朱小波 吴玉军 鞠军修 郑蕾	201420602097.9	2014-10-17	2015-2-11	莱芜钢铁集团有限公司
368	实用新型	管式输送机及其托辊装置	梁睿	201420602140.1	2014-10-17	2015-2-11	莱芜钢铁集团有限公司
369	实用新型	减速箱及其箱体	马利永 李开伦	201420602217.5	2014-10-17	2015-2-11	莱芜钢铁集团有限公司
370	实用新型	一种溢流调节阀	杨锦华 王栋 马平 张凯 孔德明 刘娟 丁梦怡 张婷婷 朱荣涛	201420602137.X	2014-10-17	2015-2-11	山钢股份莱芜分公司

续表

序号	专利类型	专利名称	发明人	专利号	申请日	授权日	发明人/设计人所在单位
371	实用新型	一种用于热轧H型钢轧件的导卫装置	佟松泽 刘 铮 张秀山 徐永波 谈群峰 赵西义 周长秀	201420607630.0	2014-10-20	2015-2-11	山钢股份莱芜分公司
372	实用新型	一种矫直机钢板输送辊道	庞芳芳 候 刚 张兴锦 李 亘 秦 港 范新庆	201420607680.9	2014-10-20	2015-2-11	山钢股份莱芜分公司
373	实用新型	一种轴承拆卸装置	陈学明 崔希新 栾卫娟	201420610499.3	2014-10-21	2015-2-11	莱芜钢铁集团有限公司
374	实用新型	绳槽检测工具	孔令强 李 娜 程新军 杨洪章 王须革 何爱国 张纯龙	201420646462.6	2014-10-31	2015-2-11	山钢股份莱芜分公司
375	实用新型	电动机控制回路	顾华杰 庄中晓	201420648449.4	2014-11-3	2015-2-11	莱芜钢铁集团有限公司
376	实用新型	一种分段式去毛刺辊	张文周 黄一声 管延科 徐振华 田常松	201420284946.0	2014-2-3	2015-2-18	济钢集团有限公司
377	实用新型	一种风冷式制动轮	黄一声 张文周 刘 伟 管延科 田常松	201420314727.2	2014-2-3	2015-2-18	济钢集团有限公司
378	实用新型	粘性腐蚀性物料输送溜子修复板	曲丽娜 李 巍 刘富增 郭永智 李培炎	201420345503.8	2014-2-3	2015-2-18	济南鲁新新型建材有限公司
379	实用新型	一种矿渣粉计量设备	曲丽娜 郭永智 李培炎	201420345524.X	2014-2-3	2015-2-18	济南鲁新新型建材有限公司
380	实用新型	一种球墨铸铁管防滑脱结构	杨洪彬 王季 李 静 李先亮 纪明松 马海波 滕文峰	201420635400.5	2014-2-6	2015-2-18	山东球墨铸铁管有限公司
381	实用新型	一种整体道床铁路稳定加强装置	田 杰 蔡开云 鹿丽娜 赵 玲 施文俊 汪道和 杨春旭 赵 亮	201420554785.2	2014-9-25	2015-2-18	山钢股份莱芜分公司
382	实用新型	轧机用立辊轴承	张 戈 董吉广 李雪涛	201420566088.9	2014-9-28	2015-2-18	莱芜钢铁集团有限公司
383	实用新型	行车电气控制系统	陈 峰 郑 杰 张海平 顾华杰 李新平 焦红芳	201420593533.0	2014-10-14	2015-2-18	莱芜钢铁集团有限公司
384	实用新型	一种用于更换液压剪机剪刃的装置	陈国华 马 霄 魏兆茂 李爱国 刁玉兰 杜守虎	201420627785.0	2014-10-27	2015-2-18	山钢股份莱芜分公司

续表

序号	专利类型	专利名称	发明人	专利号	申请日	授权日	发明人/设计人所在单位
385	实用新型	一种继电器用壳体	史志敏 黄韩宏 李风振 司长雷 厉云娜 李天旭 朱亚洲 孔德明 王林静	201420658887.9	2014-11-7	2015-2-18	莱芜钢铁集团有限公司
386	实用新型	辊子输送装置及其辊子、冶金生产线	孔令强 李业强 左 发	201420148586.1	2014-3-28	2015-2-25	山钢股份莱芜分公司
387	实用新型	一种分子筛阀门系统	孔凡魁 胥 波 王 军 潘新卿	201420614199.2	2014-10-22	2015-2-25	山钢股份莱芜分公司
388	实用新型	一种悬挂式限位开关	孔德奎 刘法奎 毛雪芹 高新运 苏秀梅 梁保国 李 群 袁绍霞	201420638594.4	2014-10-30	2015-2-25	山钢股份济南分公司
389	实用新型	一种异型断面型钢	孔令强 李 娜 刘春伟 孔令坤	201420623284.5	2014-10-24	2015-3-4	山钢股份莱芜分公司
390	实用新型	以钢带为工具头的连铸结晶器用超声波处理的系统	刘成宝 张冠锋 刘 美 王 博 刘洪银 韩 杰 许 倩 谢 晶	201420635246.1	2014-10-29	2015-3-4	山钢股份莱芜分公司
391	实用新型	可调复式漏斗翻板	丁鑫志 张凡敏 徐春玲	201420284864.6	2014-5-30	2015-3-11	山钢股份莱芜分公司
392	实用新型	一种叉车门架用槽钢	付常伟 王中学 张 涛 任维杰 袁鹏举 蒲红兵 宋恒俊 谷风波 方金林	201420403720.8	2014-7-21	2015-3-11	山钢股份莱芜分公司
393	实用新型	一种盘圆钢筋存取装置	靳海兴 张 晓 乔秀增 李锦霞	201420412515.8	2014-7-24	2015-3-11	莱芜钢铁集团有限公司
394	实用新型	一种提高精炼钢水测温精度的测温筒装置	王 强 张 佩 毕永杰 王明杰 于亮涛 胡增跃 温福新 邹春锋	201420531061.6	2014-9-16	2015-3-11	山钢股份莱芜分公司
395	实用新型	一种罩式退火炉冷却水喷淋装置	张晓东 王春刚 扈 伟 刘化军 康华伟	201420545421.8	2014-9-23	2015-3-11	山钢股份莱芜分公司
396	实用新型	一种热线轧线轨道电机防水保护装置	张晓东 王春刚 扈 伟 刘化军 康华伟	201420545474.X	2014-9-23	2015-3-11	山钢股份莱芜分公司
397	实用新型	管路连接装置	郭承勇 王 波 耿国伟 陈传盛 邵宪伟	201420562839.X	2014-9-28	2015-3-11	莱芜钢铁集团有限公司
398	实用新型	一种真空炉、中频炉感应线圈除垢装置	毕永谦 赵立霞 毕永强 赵立峰 姜晓艳	201420606801.8	2014-10-20	2015-3-11	山钢股份莱芜分公司
399	实用新型	一种轴承座	贾友剑 白 玮 张 伟 赵建磊	201420613348.3	2014-10-23	2015-3-11	山钢股份莱芜分公司
400	实用新型	锯机及防磨旋转轴	孔令强 左 发 李 娜 何爱国	201420646675.9	2014-10-31	2015-3-11	山钢股份莱芜分公司
401	实用新型	一种大型齿轮毛坯	马利永 朱 超 吴玉军 李晓斌	201420653716.7	2014-11-4	2015-3-11	莱芜钢铁集团有限公司
402	实用新型	滚动进口导卫	石军强 王宗斌 吴 兵 郭志元 周艳丽 倪友来	201420663204.9	2014-11-7	2015-3-11	山钢股份莱芜分公司

续表

序号	专利类型	专利名称	发明人	专利号	申请日	授权日	发明人/设计人所在单位
403	实用新型	一种可调节安装支架	吴晓峰 翟诺 申敏 赵琳 李传静 李坤 刘丽英 边芳 张杰 曹永芹 姜琳	201420670848.0	2014-11-11	2015-3-11	山钢股份莱芜分公司
404	实用新型	一种煤塔取煤控制系统	朱玉建 宋健 赵琰 张其龙 石荣翔	201420673062.4	2014-11-12	2015-3-11	莱芜钢铁集团有限公司
405	实用新型	一种铁水运输对位信号系统	崔利久 段崇义 翟大强 姚文君	201420690099.8	2014-11-17	2015-3-11	山钢股份莱芜分公司
406	实用新型	一种圆钢无损检测用对比样棒	闻小德 马贵良 杨振国 马丙涛 陈良 尹崇丽 刘利 刘兵 刘超群 吴明洋 梁艳	201420694220.4	2014-11-18	2015-3-11	山钢股份莱芜分公司
407	实用新型	一种电气设备散热装置	张富军 亓淑红 吴茂盛 王金鹏 孙芳	201420741925.7	2014-12-2	2015-3-11	山钢股份莱芜分公司
408	实用新型	一种可加油的润滑型电机轴承	陈涛 江乾坤	201420763011.0	2014-12-8	2015-3-11	莱芜钢铁集团有限公司
409	实用新型	一种链篦机的隔料篦板	李建云 曾晖 杜春峰 张毅	201420593487.4	2014-10-14	2015-3-18	山钢股份莱芜分公司
410	实用新型	一种除尘杂物分离器	孙瑞瑞 孔祥伟 王玉元 邹磊明 倪军	201420606874.7	2014-10-20	2015-3-18	山钢股份莱芜分公司
411	实用新型	一种清理圆锥体灰仓内壁上贴仓料的装置	王玉元 王立宝 陶永革 邹磊明 孙瑞瑞	201420606875.1	2014-10-20	2015-3-18	山钢股份莱芜分公司
412	实用新型	一种冶金生产线输送链条的润滑装置	孔令强 李娜 左发	201420618256.4	2014-10-23	2015-3-18	山钢股份莱芜分公司
413	实用新型	一种包容件与被包容件的拆装装置	孔令强 李娜 李业强	201420618334.0	2014-10-23	2015-3-18	山钢股份莱芜分公司
414	实用新型	一种可在线拆装辊身的辊道装置	孔令强 左发 李娜	201420618392.3	2014-10-23	2015-3-18	山钢股份莱芜分公司
415	实用新型	一种皮带漏斗堵料保护性停机装置	陈江涛 孙树峰 张超 杨永秀	201420634944.X	2014-10-28	2015-3-18	山钢股份莱芜分公司
416	实用新型	一种用于高炉进风口进风面积的调节装置	蒋学健 王燕 王连昌 林晓辉	201420646192.9	2014-10-31	2015-3-18	山钢股份莱芜分公司
417	实用新型	一种中型炼铁高炉炉缸	李纲 李培言 刘卫国	201420667979.3	2014-11-11	2015-3-18	山钢股份莱芜分公司
418	实用新型	一种喷煤烟气炉系统	杨永秀 张超 赵宗垚 陈江涛 刘海伟 宋勇	201420684698.9	2014-11-14	2015-3-18	山钢股份莱芜分公司
419	实用新型	一种防结晶器内坯壳快速收缩用支撑件	张树彬 张炳光 孙建华 刘永平 赵登报 赵孝伦 刘德宏 柳彩枫 梁亚 潘清红 仇加磊	201420338879.6	2014-6-24	2015-3-25	山钢股份济南分公司

续表

序号	专利类型	专利名称	发明人	专利号	申请日	授权日	发明人/设计人所在单位
420	实用新型	一种棒线材飞剪转折器快速定位系统	施　坪	201420571062.3	2014-9-30	2015-3-25	山钢股份济南分公司
421	实用新型	一种天车磁性门仓开关	刘　振　江永波　庞志忠　陈传磊　于文杰　郭庆鹏　董　慧　高龙永　陈常义　付庆林	201520176548.1	2013-9-23	2015-3-26	山钢股份济南分公司
422	实用新型	一种用于高炉的增温装置	白　玮　孔　菊　贾友剑　赵建磊　杜　宁　吕明秀　尚根凤　杨中国	201420670906.X	2014-11-11	2015-4-1	山钢股份莱芜分公司
423	实用新型	继电器安装支架	郑　雷　黄公娟　宋希光　王　朋　庄宁宁　董昌群　李洪哲　王圣章　李　山	201420754433.1	2014-12-4	2015-4-1	山钢股份莱芜分公司
424	实用新型	一种用于充保护气体焊接管道的封堵装置	张　晓　李　娜　徐小云　董贞花	201420469587.6	2014-8-19	2015-4-8	莱芜钢铁集团有限公司
425	实用新型	一种可调式的弯钢阻挡器	闻小德　李　锐　刘　利　刘　兵　刘超群　尹崇丽　吴明洋　陈　良　马丙涛	201420694606.5	2014-11-18	2015-4-8	山钢股份莱芜分公司
426	实用新型	一种冷轧带钢表面清洁装置	胡国雄　闻青山　程　龙　刘精华　刘爱民　刘　丽　耿宏烨　王　栋　帅　奇	201420717527.1	2014-11-25	2015-4-8	山钢股份济南分公司
427	实用新型	一种大型焊机电极板加工夹具	李广阔　路义山　董　凯　毛新锋　程　龙　孙清泉	201420717605.8	2014-11-25	2015-4-8	山钢股份济南分公司
428	实用新型	一种平整液快速放空装置	刘　闯　刘法奎　史伟峰　公茂海　唐怀军　袁绍霞　李　群　邢风华	201420720004.2	2014-11-25	2015-4-8	山钢股份济南分公司
429	实用新型	焦炉煤气冷却及余热回收利用装置	甄玉科　祝仰勇　张顺贤　杨　繁　牛爱宁　宁述芹　刘　亮	201420719618.9	2014-11-26	2015-4-8	山钢股份济南分公司
430	实用新型	一种圆钢轧制装置	袁庆慧　于光远　池振峰　田家栋　池清波　王兴田	201420739744.0	2014-11-28	2015-4-8	山钢股份莱芜分公司
431	实用新型	叉车门架用热轧小规格槽钢	赵新华　王中学　纪进立　霍喜伟　付常伟　孔令坤　宋玉卿　刘春伟　孙晓庆　王　刚　杨志杰	201420749314.7	2014-12-2	2015-4-8	山钢股份莱芜分公司
432	实用新型	一种缓冲反作用力挡车装置	蔡玉萍　卜德勋　李念会　李振江　朱迎春　赵　玲　李明升	201420747537.X	2014-12-2	2015-4-8	山钢股份莱芜分公司

续表

序号	专利类型	专利名称	发明人	专利号	申请日	授权日	发明人/设计人所在单位
433	实用新型	一种用于热轧型钢导卫的横梁装置	佟松泽 鞠军修 宋恒俊 刘 铮 张秀山 和 华 徐永波 贾大海	201420761630.6	2014-12-4	2015-4-8	山钢股份莱芜分公司
434	实用新型	一种带有氨气封闭回收装置的机械化焦油氨水澄清槽	曹 毅 隋明明 林金良 王元顺	201420760687.4	2014-12-5	2015-4-8	山钢股份莱芜分公司
435	实用新型	狭窄空间齿轮齿条变向螺栓拆装装置	张 戈 李山峰 陈国宝 赵 娜 李雪涛 张友志	201420560021.4	2014-9-26	2015-4-15	莱芜钢铁集团有限公司
436	实用新型	一种用于热修补转炉出钢口的喷补机喷嘴	王长宝 方金林 张昕豪 席 超 李金灵 刘 杰 种振宇	201420584995.6	2014-10-10	2015-4-15	山钢股份莱芜分公司
437	实用新型	一种连铸中间包湍流器	王 博 张冠锋 战东平 刘 美 邱国兴 张慧书 唐 磊 张洋鹏 姜周华	201420651458.9	2014-11-3	2015-4-15	山钢股份莱芜分公司
438	实用新型	一种钢包引流砂导流管	王 博 张冠锋 战东平 刘 美 邱国兴 张慧书 唐 磊 张洋鹏 姜周华	201420652026.X	2014-11-3	2015-4-15	山钢股份莱芜分公司
439	实用新型	一种用于废旧传送带的卷取装置	刘传振 王新章 贺方亮 母先金	201420657196.7	2014-11-5	2015-4-15	山钢股份莱芜分公司
440	实用新型	一种耐磨短节	桑子亮 张守旗 王金刚 牛燕光 王 青 张灿星 尚振增	201420667865.9	2014-11-10	2015-4-15	山钢股份莱芜分公司
441	实用新型	一种直动式溢流阀	史志敏 朱亚洲 李天旭 厉云娜 司长雷 孔德明 黄韩宏 马文睿 李风振	201420670979.9	2014-11-11	2015-4-15	莱芜钢铁集团有限公司
442	实用新型	滚动轴承	赵 鹏 贾世忠 张 玮	201420678071.2	2014-11-13	2015-4-15	莱芜钢铁集团有限公司
443	实用新型	联轴器的扁头孔的清理工具	孔令强 李 娜 李 波 段西山 程新军 王 强 高会彬	201420678634.8	2014-11-13	2015-4-15	山钢股份莱芜分公司
444	实用新型	一种喷吹罐煤粉循环输送装置	赵宗垚 张 超 杨永秀 陈江涛 刘海伟 宋 勇	201420684696.X	2014-11-14	2015-4-15	山钢股份莱芜分公司
445	实用新型	清渣装置	朱小波 张 戈 李雪涛 郑 蕾	201420725829.3	2014-11-26	2015-4-15	莱芜钢铁集团有限公司
446	实用新型	一种用于RH精炼炉的超声波冶金装置	张冠锋 刘 美 张 丽 任 琪 刘成宝 韩 杰 张 炯	201420731842.X	2014-11-26	2015-4-15	山钢股份莱芜分公司

续表

序号	专利类型	专利名称	发明人	专利号	申请日	授权日	发明人/设计人所在单位
447	实用新型	一种新型烧结机台车挡板	刘丰生 李 鑫 程继涛 李曙光	201420741850.2	2014-12-2	2015-4-15	山钢股份莱芜分公司
448	实用新型	烧结机台车新型吊装工具	刘丰生 张子元 谢登高 李 勇	201420741903.0	2014-12-2	2015-4-15	山钢股份莱芜分公司
449	实用新型	胶带运输机新型清扫器	刘丰生 程继涛 吕海滨 李 勇	201420742030.5	2014-12-2	2015-4-15	山钢股份莱芜分公司
450	实用新型	一种多角度多轨距平面轨道交叉的组合辙岔	段崇义 李振江 刘鲁群	201420742161.3	2014-12-2	2015-4-15	山钢股份莱芜分公司
451	实用新型	排泥机组及其捞网装置	郭 慧 袭建富 郭 峰 赵燕鹏 王 站 刘滨滨 张 婷 任士荣 蒋超友 梁振国	201420747886.1	2014-12-3	2015-4-15	山钢股份莱芜分公司
452	实用新型	一种防泄漏减速机箱体	李传璋 张 健 于小波	201420753594.9	2014-12-4	2015-4-15	山钢股份莱芜分公司
453	实用新型	一种电力系统的绝缘管母线	齐登业 尹 庆 何敬国 王 敏 付炳哲 代永恒 崔 青 邢 忠 魏洪军	201420765027.5	2014-12-8	2015-4-15	山钢股份莱芜分公司
454	实用新型	一种轧钢轧机连接轨座	江乾坤 陈 涛 朱庆华	201420762972.X	2014-12-8	2015-4-15	莱芜钢铁集团有限公司
455	实用新型	一种双重防跳电路	尹 庆 齐登业 何敬国 王 敏 石 东 崔 青 贾 斌 李 倩 崔永刚 和法亮	201420770726.9	2014-12-9	2015-4-15	山钢股份莱芜分公司
456	实用新型	连铸机辊道轴承游隙的测量装置	张广鑫 张 谱 陈传盛 马 武 陈 军	201420784163.9	2014-12-11	2015-4-15	莱芜钢铁集团有限公司
457	实用新型	主副塔配合就地冲渣设备	王明磊 刘洪东 董宝利 刘继安	201420707899.6	2014-2-7	2015-4-22	济钢集团国际工程技术有限公司
458	实用新型	一种宽度可调上下水冷冶金输送辊道	贾世忠 张 玮 赵 鹏	201420763031.8	2014-12-8	2015-4-22	莱芜钢铁集团有限公司
459	实用新型	楔键加工装置	颜 莉 尹茂建 郝 阳	201420564359.7	2014-9-28	2015-4-29	莱芜钢铁集团有限公司
460	实用新型	一种轧件位置模拟装置	吴晓峰 赵 亮 吕 霞 邱 芳 刘 疆 王 鹏 钟 闻 胡 猛 翟 诺 赵 鹏 朱荣涛	201420669915.7	2014-11-11	2015-4-29	山钢股份莱芜分公司
461	实用新型	堆取料机和堆取料机联锁控制系统	陈 峰 郑 杰 张海平 庄中晓	201420723681.X	2014-11-26	2015-4-29	莱芜钢铁集团有限公司
462	实用新型	一种弯曲试样放置架	杨 波 程文章 李 健 孙永涛 许子海 符 浩	201420742160.9	2014-12-2	2015-4-29	山钢股份莱芜分公司
463	实用新型	一种查漏装置	郭 慧 郭 峰 赵燕鹏 刘滨滨 周玉春 王瑞真 武文健 张文庆 王 瀛 刘 君	201420749379.1	2014-12-3	2015-4-29	山钢股份莱芜分公司

续表

序号	专利类型	专利名称	发明人	专利号	申请日	授权日	发明人/设计人所在单位
464	实用新型	一种用于压紧冷剪剪刃的液压设备	郭高升 杨风滨 孙永涛 王元春 孙延刚 孙 啸 李君美 张 印	201420760324.0	2014-12-5	2015-4-29	山钢股份莱芜分公司
465	实用新型	一种易更换的下水滤网	高 恺	201420762988.0	2014-12-8	2015-4-29	莱芜钢铁集团有限公司
466	实用新型	集电器滑块更换预警装置及桥式起重机	李 超 张 章 亓 刚 许 鹏 陈怀刚 仝玉华 亓 鹏 王 亮 赵文禹	201420770810.0	2014-12-9	2015-4-29	山钢股份莱芜分公司
467	实用新型	浊环水处理系统、连铸机系统和轧机系统	亓 斌 高 恺	201420775481.9	2014-12-10	2015-4-29	莱芜钢铁集团有限公司
468	实用新型	一种样品和样品模快速分离冷却用装置	杜泽国 江永波 赵友虎 尹卫平 张世建 楚志宝 尹秀锦 杨晓清 陈传磊	201420793288.8	2014-12-16	2015-4-29	山钢股份济南分公司
469	实用新型	一种元器件识别与检测技能训练装置	赵云伟	201420495125.1	2014-7-11	2015-5-13	山东工业职业学院
470	实用新型	一种空冷塔液位检测装置	傅守滨 张国华 张佳华 赵成文 李学波 孙英云 李 源 韩梦云 张纪康 宗德城 林 琳 亓子超 孙亚宁 向兆永 马春霞 邢纹娜 赵 琳 赵 洁 周莉萍 刘志强 袁 蓉 王立昌 屈立军 戴 军	201420555801.X	2014-9-25	2015-5-13	山钢股份莱芜分公司
471	实用新型	一种连铸机在线喷号机	肖 强 咸光勇 于铭杰 杨 波 郭 峰	201420597589.3	2014-10-15	2015-5-13	山钢股份莱芜分公司
472	实用新型	冶金设备及其螺栓的防护套	孔令强 张 坤 梁福江 李 娜	201420678073.1	2014-11-13	2015-5-13	山钢股份莱芜分公司
473	实用新型	一种烧结机的双层布料装置	刘传振 王新章 贺方亮	201420726062.6	2014-11-26	2015-5-13	山钢股份莱芜分公司
474	实用新型	焦炉看火孔密封装置	郭 涛	201420744022.4	2014-12-1	2015-5-13	山钢股份莱芜分公司
475	实用新型	一种水泵控制阀	孙瑞瑞 王立宝 孔祥伟 陶永革	201420765256.7	2014-12-8	2015-5-13	山钢股份莱芜分公司
476	实用新型	一种高温物料冷却系统及高温物料冷却机	李建云 杜春峰	201420770445.3	2014-12-9	2015-5-13	山钢股份莱芜分公司
477	实用新型	干熄炉及其自清洗水封槽装置	张振夫 郭 涛 曹 毅 王 磊 刘 晨	201420771508.7	2014-12-9	2015-5-13	山钢股份莱芜分公司
478	实用新型	一种防溅高温物料下料槽	李建云 杜春峰 曾 晖 张 毅 张 炯 罗霞光	201420770756.X	2014-12-9	2015-5-13	山钢股份莱芜分公司
479	实用新型	一种粒煤制粉系统	陈江涛 孙树峰 张 超 杨永秀 房盼盼	201420784631.2	2014-12-11	2015-5-13	山钢股份莱芜分公司
480	实用新型	一种千斤顶	吕明玺 孙其奎 梁 睿 高志强	201420784161.X	2014-12-11	2015-5-13	莱芜钢铁集团有限公司

续表

序号	专利类型	专利名称	发明人	专利号	申请日	授权日	发明人/设计人所在单位
481	实用新型	一种轴端挡圈装入装置	吴云云　李玉凤　王安胜　郝　阳　韩长坡　李开伦	201420785973.6	2014-12-12	2015-5-13	莱芜钢铁集团有限公司
482	实用新型	一种通风机系统、除尘器	王立宝　陶永革　孙瑞瑞　邹磊明　王玉元	201420799400.9	2014-12-16	2015-5-13	山钢股份莱芜分公司
483	实用新型	一种钢丝绳夹安装装置	王光成　刘　喆	201420800983.2	2014-12-16	2015-5-13	山钢股份莱芜分公司
484	实用新型	活套器	赵瑞明　王军新　张　凯　宁　勇　武　剑　杨兆银	201420813283.7	2014-12-18	2015-5-13	山钢股份莱芜分公司
485	实用新型	焦炉烘炉水平道砖缝密封装置	郭　涛	201420842596.5	2014-12-25	2015-5-13	山钢股份莱芜分公司
486	实用新型	振动测量装置	李雪涛　张　戈	201520028110.9	2015-1-15	2015-5-13	莱芜钢铁集团有限公司
487	实用新型	一种转换开关	陈龙飞　张兆国　黄　伟　林卫全　王春芹　段伦刚　李　波　景东坡	201520053798.6	2015-1-26	2015-5-13	莱芜钢铁集团有限公司
488	实用新型	一种外墙保温材料板块	宋洪光　王运章　王继良　董建文　石　刚　吴会勇	201420610130.2	2014-10-21	2015-5-20	莱芜钢铁集团有限公司
489	实用新型	一种改进的正压送样系统	陈俊江　高建国　赵贵芬　殷暾光　李　萍	201420769889.5	2014-12-9	2015-5-20	山钢股份济南分公司
490	实用新型	一种铸坯自动喷点装置	英信亮　王代国　刘德红　孙建华　刘永平　徐学永　赵登报　李　震　马玉沅　王安东　朱建业	201420793388.0	2014-12-16	2015-5-20	山钢股份济南分公司
491	实用新型	一种铸坯半自动喷号装置	王代国　英信亮　刘德红　孙建华　刘永平　徐学永　赵登报　李　震　魏鹏举　修立策　李惠琴　李柏君	201420808531.9	2014-12-19	2015-5-20	山钢股份济南分公司
492	实用新型	炉膛保护性气体再回收利用系统	刘洋洋　刘海波　于彦飞　李文华	201420808572.8	2014-12-19	2015-5-20	山钢股份济南分公司
493	实用新型	一种用于烧结机的导料箱	刘丰生　崔永诗　程继涛　李曙光	201420819879.8	2014-12-19	2015-5-20	山钢股份莱芜分公司
494	实用新型	一种道岔转辙器	姜立松　蔡开云　于雪莲　田　杰　卜德勋　石　磊　谢　勇　张晓晨	201420820212.X	2014-12-22	2015-5-20	山钢股份莱芜分公司

续表

序号	专利类型	专利名称	发明人	专利号	申请日	授权日	发明人/设计人所在单位
495	实用新型	一种卸灰阀装置及除尘器	许文峰　刘文杰　王雪朋　张启志　宫文垒　王绪宜	201420826924.2	2014-12-23	2015-5-20	山钢股份莱芜分公司
496	实用新型	一种带有导向卡套的机床	董建民　李东晶	201420826015.9	2015-1-12	2015-5-20	山东工业职业学院
497	实用新型	一种组合式手动扳手助力装置	张　辉　张润生　高玉珍　刘建伟　赵婷婷　李永峰　柳洪胜　王新东　都志斌	201420803184.0	2014-12-18	2015-5-27	山钢股份济南分公司
498	实用新型	一种宽幅轧机工作辊的防漏水装置	李福平　张　浩　王云雷　李复磊　麻世忠　李永峰　范龙坤	201420803585.6	2014-12-18	2015-5-27	山钢股份济南分公司
499	实用新型	一种车辆检测装置	李鹏华　宋百京	201520058241.1	2015-1-26	2015-5-27	山钢股份莱芜分公司
500	实用新型	高温高压强制热水循环泵用机械密封装置	马学者　邓扬玉　孙冠功　王　东　程　涛　秦　栋　夏永青　王　树	201520362770.0	2013-9-23	2015-5-30	山钢股份济南分公司
501	实用新型	鱼雷罐车轮轴承压力注油设备	周　瑞　宋艳丽　张俭福　于小明　何国金　杨　阳	201520365710.4	2013-9-23	2015-5-30	山钢股份济南分公司
502	实用新型	铁路运输鱼雷罐车制动装置	周　瑞　宋艳丽　李大军　刘淑洁　张　文　刘成军	201520367377.0	2013-9-23	2015-5-30	山钢股份济南分公司
503	实用新型	一种控制出钢过程钢水增氮装置	孙争取　刘　丽　马洪德　丁　中　杨　勇　张海民　佟圣刚　刘　国　叶　勇　张立标　孔祥辉	201520367242.4	2013-9-23	2015-6-1	山钢股份济南分公司
504	实用新型	一种钢铁包粘渣勾包器	刘　国　丁　中　鲁荣杰　史　涛　钱　瑞　叶　勇　张海民　崔美棠　马宝宝　张令华　吴克刚　李寿金	201520367566.8	2013-9-23	2015-6-1	山钢股份济南分公司
505	实用新型	热轧叉车门架槽钢出口滚动导卫装置	孙晓庆　霍喜伟　纪进立　宋玉卿　刘春伟　王　刚	201420832134.5	2014-12-24	2015-6-3	山钢股份莱芜分公司
506	实用新型	一种钢铁生产用料斗	赵冠夫　尹　莉　陈菲菲　王俊凤　杨密平　马传庆　刁　峰　魏莉莉	201420545422.2	2014-9-23	2015-6-10	山钢股份莱芜分公司

续表

序号	专利类型	专利名称	发明人	专利号	申请日	授权日	发明人/设计人所在单位
507	实用新型	一种钻孔时用轴夹持工具	吴云云 李晓宾 郝阳 韩长坡	201420712522. X	2014-11-24	2015-6-10	莱芜钢铁集团有限公司
508	实用新型	一种叉车门架用热轧J型钢	纪进立 王中学 赵新华 刘圣 任维杰 吕晓峰	201420751708. 6	2014-12-3	2015-6-10	山钢股份莱芜分公司
509	实用新型	一种烧结布料装置	刘丰生 贺方亮 谢鹏	201420789844. 4	2014-12-11	2015-6-10	山钢股份莱芜分公司
510	实用新型	一种铁水包用除渣装置	杜泽国 江永波 赵友虎 尹卫平 张世建 楚志宝 展军 张贺全 尹秀锦	201420808264. 5	2014-12-19	2015-6-10	山钢股份济南分公司
511	实用新型	一种基于超声波的钢坯凝固检测系统	苏秀梅 焦吉成 徐守新	201420810862. 6	2014-12-19	2015-6-10	山钢股份济南分公司
512	实用新型	一种中心孔加工工装及中心孔加工系统	亓文学 栾卫娟 孙式瑞	201520003719. 0	2015-1-4	2015-6-10	莱芜钢铁集团有限公司
513	实用新型	一种用于浇注高炉主沟工作层的模具	吴修堂 随红军 徐志强 王云术 张峰 肖颖 冷荣成	201520018358. 7	2015-1-12	2015-6-10	莱芜钢铁集团有限公司
514	实用新型	一种电气操作箱	陈峰	201520083590. 9	2015-2-6	2015-6-10	莱芜钢铁集团有限公司
515	实用新型	长LED灯珠串恒流驱动器	刘卓雷	201520131860. 9	2014-9-7	2015-6-17	山东工业职业学院
516	实用新型	一种可筛除粉末的回转窑	唐凌剑 张大晶 徐春玲 姬广刚 胡守忠 张均宾 秦立国 邵雪平	201420613347. 9	2014-10-23	2015-6-17	山钢股份莱芜分公司
517	实用新型	一种带锁紧环式梅花键	宋恒俊 蒲红兵 刘思功 尚国明 王京亮 佟松泽 谷凤波	201420613930. X	2014-10-23	2015-6-17	山钢股份莱芜分公司
518	实用新型	一种皮带机耐磨漏斗	王学军 朱彦台 谭松涛 张海旋 化玉荣	201420783821. 2	2014-12-15	2015-6-17	山钢股份莱芜分公司
519	实用新型	一种干熄焦红焦装入料斗布料器装置	朱振环 安冉 刘欣明 刘元杰	201420783947. X	2014-12-15	2015-6-17	山钢股份莱芜分公司
520	实用新型	一种发电机接地检测装置	齐登业 张汝刚 吕宜国 逯斌 张继 胡奇峰 丁昊 亓海燕 孟燕 于洋 郝鹏	201520115498. 6	2015-2-25	2015-6-17	山钢股份莱芜分公司
521	实用新型	滑座式设备及防跑偏装置	张戈 李雪涛	201520028618. 9	2015-1-15	2015-6-24	莱芜钢铁集团有限公司
522	实用新型	一种磁力搅拌仪	赵洪雨 吴子良 卢永岭 王宝进 徐春玲 毛友庄 熊伟 亓荣秀 林森	201520052699. 6	2015-1-26	2015-6-24	山钢股份莱芜分公司

续表

序号	专利类型	专利名称	发明人	专利号	申请日	授权日	发明人/设计人所在单位
523	实用新型	一种高炉吹管灌焦处理装置	曹洪杰 李强 王付华 薛俊玺 庄新军 李秋林 段天雨 赵风雏 王宝进	201520054615.2	2015-1-26	2015-6-24	山钢股份莱芜分公司
524	实用新型	伺服作动器更换工具	纪田宇 黄伟 胥华 林卫全 王春芹 吕辉良 朱付庆 张兆国	201520058311.3	2015-1-27	2015-6-24	莱芜钢铁集团有限公司
525	实用新型	一种滑座式锯机及其振动测量装置	李雪涛 张戈 辛鹏	201520061529.4	2015-1-28	2015-6-24	莱芜钢铁集团有限公司
526	实用新型	一种滑座式锯机及其偏斜测量装置	张戈 李雪涛 辛鹏	201520061528.X	2015-1-28	2015-6-24	莱芜钢铁集团有限公司
527	实用新型	一种用于更换焦炉横拉条的炉柱固定装置	陈勇 童利民 王元顺 林金良 曹毅 翟瑞津	201520068113.5	2015-1-30	2015-6-24	山钢股份莱芜分公司
528	实用新型	一种熔剂取样装置	李真明 李兴文 周金生 郑志强 李晓华 丁玉国 孙曙光 陈继伟	201520156094.1	2015-3-19	2015-6-24	山钢股份济南分公司
529	实用新型	一种SF6断路器监测系统	李传东 尹庆 杨爱华 李传红 赵兴永 何敬国 李传瑾 付兆升 赵晨光	201520158710.7	2015-3-20	2015-6-24	山钢股份莱芜分公司
530	实用新型	一种电流互感器的电气接线回路	李传东 尹庆 杨爱华 赵兴永 李传红 何敬国 穆建国 邢忠 付兆升	201520167494.2	2015-3-24	2015-6-24	山钢股份莱芜分公司
531	实用新型	一种环冷机支撑辊	熊伟	201420783995.9	2014-12-15	2015-7-1	山钢股份莱芜分公司
532	实用新型	一种干熄焦圆形干熄炉调节棒装置	朱振环 安冉 郭飞 刘元杰 宋健	201420784057.0	2014-12-15	2015-7-1	山钢股份莱芜分公司
533	实用新型	一种新型转炉用挡渣塞	温福新 郭伟达 张佩 王明杰 王强 于亮涛 张海波 胡增跃 邹春锋	201420784109.4	2014-12-15	2015-7-1	山钢股份莱芜分公司
534	实用新型	一种小型法兰的钻孔工装	张庆魁 李玉凤 邱卫东	201420784465.6	2014-12-15	2015-7-1	莱芜钢铁集团有限公司
535	实用新型	表面覆盖特性材料钢材的连铸生产设备及连铸机	刘成宝 张冠锋 王毅 刘美 韩杰 侯晓英	201420818290.6	2014-12-18	2015-7-1	山钢股份莱芜分公司
536	实用新型	轧件冷却装置	逄晓男 刘福宁 李夕平 郑国防 李江波 王秀华 张亚凯 柳卫东 姚明	201420857565.7	2014-12-30	2015-7-1	山钢股份莱芜分公司

续表

序号	专利类型	专利名称	发明人	专利号	申请日	授权日	发明人/设计人所在单位
537	实用新型	加热炉及其烧嘴管路系统	赵瑞明 王军新 武 剑 张 凯 赵培胜 徐 雷 张 亮	201520021710. 2	2015-1-13	2015-7-1	山钢股份莱芜分公司
538	实用新型	H 型钢	付常伟 宋志国 杨 芹	201520029774. 7	2015-1-16	2015-7-1	山钢股份莱芜分公司
539	实用新型	H 型钢混凝土结构	付常伟 杨王辉	201520033232. 7	2015-1-16	2015-7-1	山钢股份莱芜分公司
540	实用新型	钢结构板	付常伟 黄海玉	201520032177. X	2015-1-16	2015-7-1	山钢股份莱芜分公司
541	实用新型	H 型钢	付常伟 杨 芹 宋志国	201520032995. X	2015-1-16	2015-7-1	山钢股份莱芜分公司
542	实用新型	新型组合式料口格栅	姬光刚 王宝进 毛友庄 陈艳辉 熊 伟 亓荣秀 徐春玲 王丰巧 林 森	201420784159. 2	2014-12-15	2015-7-8	山钢股份莱芜分公司
543	实用新型	平型炉箅子	马如还 李 峰 徐福昌 鲁 明	201420805196. 7	2014-12-17	2015-7-8	淄博张钢有限公司
544	实用新型	线材试样直读光谱仪夹具	李 刚 韩 新 李建军 于 彤 刘立斌	201420805250. 8	2014-12-17	2015-7-8	张钢钢铁有限公司
545	实用新型	烧结机台车边部压辊装置	何际多 张先堂	201420856373. 4	2014-12-30	2015-7-8	张钢钢铁有限公司
546	实用新型	防烧结机台车起拱轨道	张先堂 张吉增 何际多 徐泽臣	201420856421. X	2014-12-30	2015-7-8	张钢钢铁有限公司
547	实用新型	一种轧钢用轧辊调整装置	李 坤 李成锋	201520018982. 7	2015-1-12	2015-7-8	山钢股份莱芜分公司
548	实用新型	一种轧钢用冷轧机机架	李成锋 李 坤	201520019874. 1	2015-1-12	2015-7-8	山钢股份莱芜分公司
549	实用新型	一种耐火材料试样夹紧钳	王航民 董丙成 李佃明 吴秀杰 李庆美	201520019875. 6	2015-1-12	2015-7-8	山钢股份莱芜分公司
550	实用新型	转炉滑动出钢口油缸用液压防松接头	侯风岭 吴 强 马志海 闫仲存	201520037938. 0	2015-1-20	2015-7-8	山钢股份莱芜分公司
551	实用新型	一种通尺材分离装置	王寿利 燕中旺 巩立刚 孙延刚 李效然 芦 阳 王德勇	201520041649. 8	2015-1-21	2015-7-8	山钢股份莱芜分公司
552	实用新型	一种风动送样样盒装置	于 辉 路建法 孙永喜 王永强 于学文 吴明洋	201520082194. 4	2015-2-6	2015-7-8	山钢股份莱芜分公司
553	实用新型	一种 VD 炉无水密封橡胶圈防烤装置	王永强 路建法 于 辉 孙永喜 于学文 吕 峰	201520082195. 9	2015-2-6	2015-7-8	山钢股份莱芜分公司
554	实用新型	一种更换电极吊钩	石荣山 黄训建 孙永喜 王永强 毕京辉 耿 健 吕新庆 刘明明 吕安明	201520082236. 4	2015-2-6	2015-7-8	山钢股份莱芜分公司

续表

序号	专利类型	专利名称	发明人	专利号	申请日	授权日	发明人/设计人所在单位
555	实用新型	一种在线皮带更换打捆装置	高志强 张丽 魏义胜 王佳	201520082624.2	2015-2-6	2015-7-8	莱芜钢铁集团有限公司
556	实用新型	一种白灰料仓自动放散装置	高志强 魏义胜 王佳 张丽	201520083434.2	2015-2-6	2015-7-8	莱芜钢铁集团有限公司
557	实用新型	一种混合机液压马达在线拆装装置	高志强 王佳 张丽 魏义胜	201520087802.0	2015-2-6	2015-7-8	莱芜钢铁集团有限公司
558	实用新型	一种土建用脚手架连接装置	李伟涛 李孝阳	201520119186.2	2015-2-17	2015-7-8	莱芜钢铁集团有限公司
559	实用新型	煤气加压机喷淋除尘装置	张汝刚 胡奇峰 朱可 吕宜国 张继 丁昊 亓海燕 孟燕 亓玉亭	201520115495.2	2015-2-25	2015-7-8	山钢股份莱芜分公司
560	实用新型	一种小空间阀门开关扳手	张生凯 张化宾 王晋友 刘光伟 张喜庆 刘喆 柏进财 焦红 薛永岭 宋百京 冯惠平	201520115501.4	2015-2-25	2015-7-8	山钢股份莱芜分公司
561	实用新型	一种高炉水渣皮带输送机的清扫装置	高海根 刘德楼 高海山 安铭 方伟 吕化军 张旺和 董英 孔振兴 赵英	201520129459.1	2015-3-6	2015-7-8	山钢股份济南分公司
562	实用新型	一种拉伸试样放置架	杨波 程文章 李健 孙永涛 许子海 符浩	201520132151.2	2015-3-9	2015-7-8	山钢股份莱芜分公司
563	实用新型	一种粒化塔渣水混合物恒液位控制装置	娄海波 郭焕军 位连增 管襄华 朱涛 刘德楼 刘继安 刘标 马向魁 孔凡强	201520143361.1	2015-3-13	2015-7-8	山钢股份济南分公司
564	实用新型	一种燃气发电生产工艺放散煤气回收系统	韩清珊 李兆华 李凯 黄振盛 李仲革 程芳 吕骞 江应忠	201520149405.1	2015-3-16	2015-7-8	山钢股份济南分公司
565	实用新型	一种圆形物体起吊用防滑工装	刘健 陈锦标 于张喜 郭警惕 张大成 吴宁	201520157284.5	2015-3-19	2015-7-8	山钢股份济南分公司
566	实用新型	一种用于高炉的供电装置	商汉军 孙喜亮 吴伟 毛伟峰 苏丹 王立新 时磊 李剑辉 廉鹏 张慧梅	201520170623.3	2015-3-25	2015-7-8	山钢股份济南分公司
567	实用新型	一种用于对除尘布袋检漏的装置	亓海燕 逯斌 王瑞真 胡奇峰 吕宜国 吕德玉 张继 张汝刚 丁昊 孟燕 吕福龙	201520185442.8	2015-3-30	2015-7-8	山钢股份莱芜分公司

续表

序号	专利类型	专利名称	发明人	专利号	申请日	授权日	发明人/设计人所在单位
568	实用新型	一种楔形垫铁装置及高炉送风系统	许文峰 刘文杰 王雪朋 宿正方 宫文垒 王绪宜	201420823509.1	2014-12-23	2015-7-15	山钢股份莱芜分公司
569	实用新型	一种低压验电器	黄国威 王站 亓德栋 刘春霞 尹茂建	201520068649.7	2015-1-30	2015-7-15	山钢股份莱芜分公司
570	实用新型	一种高度限位系统	黄国威 赵军	201520068920.7	2015-1-30	2015-7-15	山钢股份莱芜分公司
571	实用新型	一种防脱钩的装置及一种吊钩	黄国威 赵军	201520070706.5	2015-1-30	2015-7-15	山钢股份莱芜分公司
572	实用新型	一种移动式洗轮机	周瑞 李大军 陈增治 赵修华 林冬梅 刘成军 车彦亮	201520136314.4	2015-3-11	2015-7-15	山钢股份济南分公司
573	实用新型	一种鱼雷罐车车钩锁铁锁闭装置	周瑞 李大军 丁学清 于小明 张俭福 张文 刘淑洁 夏传刚 曹宏宇	201520136425.5	2015-3-11	2015-7-15	山钢股份济南分公司
574	实用新型	一种鱼雷罐车清障器	周瑞 李大军 丁学清 张文 林冬梅 刘淑洁 何国金	201520136427.4	2015-3-11	2015-7-15	山钢股份济南分公司
575	实用新型	一种轻质油槽循环冲渣装置	王欢 罗玉辉 蒋淑艳 李健 林金良 秦立琴 许坤 李国军 国徽	201520139076.2	2015-3-12	2015-7-15	山钢股份莱芜分公司
576	实用新型	焦油蒸馏中二次蒸发器串联生产装置	田茂林 邓群 张希隆 石荣翔 张帅 梁亚锋	201520141142.X	2015-3-12	2015-7-15	莱芜钢铁集团有限公司
577	实用新型	一种无人值守火车运输物料取样系统	张瑞堂 宋兰会 张洪志 耿后安 于文忠 张兴东 李萍 高帅	201520148445.4	2015-3-16	2015-7-15	山钢股份济南分公司
578	实用新型	一种隔板保护套	冯义平	201520153372.8	2015-3-18	2015-7-15	莱芜钢铁集团有限公司
579	实用新型	一种异型坯连铸中间包湍流控制器	武光君	201520153519.3	2015-3-18	2015-7-15	山钢股份莱芜分公司
580	实用新型	一种压盖固定装置	尹茂建 贾秀梅 毕京涛 黄国威 刘洋	201520156432.1	2015-3-19	2015-7-15	山钢股份莱芜分公司
581	实用新型	一种机械密封结构	邱南南 王海燕 赵墅茵 仇保荣 陈森	201520156564.4	2015-3-19	2015-7-15	山钢股份济南分公司
582	实用新型	一种自洁式凉水塔空气过滤装置	张满 王同彦 陈庆 党勇 赵孟 杨勇 张顺贤	201520157351.3	2015-3-19	2015-7-15	山钢股份济南分公司
583	实用新型	一种低温结晶物质在线取样装置	温希利 陈狄新 张峰 张毅 杨繁	201520157992.9	2015-3-19	2015-7-15	山钢股份济南分公司

续表

序号	专利类型	专利名称	发明人	专利号	申请日	授权日	发明人/设计人所在单位
584	实用新型	一种便携可移动式中包水口烘烤装置	楚志宝 江永波 于 峰 苏建军 解鸿刚 张森林 高龙永 庞志忠 宋西存 刘存芳	201520158179.3	2015-3-20	2015-7-15	山钢股份济南分公司
585	实用新型	转炉漏钢防爆装置	张炳光 孙德宏 曹先锋 魏福强	201520158214.1	2015-3-20	2015-7-15	山钢股份济南分公司
586	实用新型	一种钢包导向装置及钢包车	王永强 于 辉 勾新勇 徐 鹏 孙永喜 王尖锐 路建法 于学文 宋玉显 魏丕峰 王 升 和彬彬	201520164816.8	2015-3-23	2015-7-15	山钢股份莱芜分公司
587	实用新型	焦炉煤气脱萘装置	董 凯 邵传收 李广阔 邹玉萍 王铭南 刘 江 胡国雄 王 乐 张永宽 闫丽薇 姜 起 李 贺 陈 飞	201520165010.0	2015-3-23	2015-7-15	山钢股份济南分公司
588	实用新型	一种静态复合称重装置	谢琛谟 王圣章 于 敏 李 柏 耿 波 赵 伟 张绪雷 毕英明 王 勇 杜德文 屈传军	201520168678.0	2015-3-24	2015-7-15	山钢股份莱芜分公司
589	实用新型	一种气体分析仪供气装置	柳希泉 赵成文 李学波 孙英云 李 源 董芳芳 江 楠 林 琳 亓子超 张国华 赵 琳 周莉萍 赵 洁 韩梦云 陈铁军 张佳华	201520171757.7	2015-3-25	2015-7-15	山钢股份莱芜分公司
590	实用新型	板带位置控制器灯管保护装置	马 平 张 凯 翟 诺 李传静 刘丽英 李 坤 赵 琳 曹永芹	201520171760.9	2015-3-25	2015-7-15	山钢股份莱芜分公司
591	实用新型	一种H型钢翼缘斜度测量工具	宋恒俊 蒲红兵 佟松泽 刘思功 黄晓军 谷凤波 李 亮 刘学强	201420545389.3	2014-9-23	2015-7-22	山钢股份莱芜分公司
592	实用新型	防脱落烧结机固定滑板	高 振 刘德训 马振军 李克峰 吕 枭 曹 斌 张大晶 董贻胜	201420613349.8	2014-10-23	2015-7-22	山钢股份莱芜分公司
593	实用新型	除铁器分料台	王学军 刘长春 何剑飞 王绍杰 张发忠 来彬彬	201420613941.8	2014-10-23	2015-7-22	山钢股份莱芜分公司

续表

序号	专利类型	专利名称	发明人	专利号	申请日	授权日	发明人/设计人所在单位
594	实用新型	一种滚珠定位板球面球面孔的加工工装	崔希新	201420784464.1	2014-12-16	2015-7-22	莱芜钢铁集团有限公司
595	实用新型	一种手动薄板弯曲装置	付常伟 刘涛 董平 柴晓峰	201420849091.1	2014-12-29	2015-7-22	山钢股份莱芜分公司
596	实用新型	一种防止易挥发物质尾气外排装置	陈义超 李训智 汪涓 张敏 宿国宝	201520158079.0	2015-3-19	2015-7-22	山钢股份济南分公司
597	实用新型	一种泵出口及管道压力限制保护装置	陈义超 李训智 张敏 汪涓 宿国宝 杜军	201520158255.0	2015-3-20	2015-7-22	山钢股份济南分公司
598	实用新型	焦炉煤气余热发电系统	宁述芹 祝仰勇 刘兆峰 张顺贤 刘亮 牛爱宁	201520171661.0	2015-3-25	2015-7-22	山钢股份济南分公司
599	实用新型	一种加热炉装钢机鞍座固定专用螺栓	李清强 王振南 刘健 宋保国 赵文承 曹文莉	201520172442.4	2015-3-25	2015-7-22	山钢股份济南分公司
600	实用新型	一种卧卷夹钳	程龙 李群 姜起 闻青山 李广阔 刘丽 胡国雄 刘爱民	201520172444.3	2015-3-25	2015-7-22	山钢股份济南分公司
601	实用新型	一种钢卷打包捆带定尺装置	姚长新 马昊 张虎 李凯 闻青山 查凯 耿宏烨 王德志 张明利 赵磊	201520172670.1	2015-3-25	2015-7-22	山钢股份济南分公司
602	实用新型	用于设备安装找正的调节装置	凤成龙 曹文莉 赵海峰 杨艳召	201520179306.8	2015-3-27	2015-7-22	山钢股份济南分公司
603	实用新型	利用荒煤气余热回收焦炉荒煤气苯类物质的系统	刘亮 杨繁 张顺贤 牛爱宁 宁述芹 李超	201520181734.4	2015-3-27	2015-7-22	山钢股份济南分公司
604	实用新型	一种新型捣固焦用弹性凸轮装置	刘世文 孙广胜 孔祥伟 陈克松 姬生杰 许明 孙冬杰 万柯 丁鑫	201520147454.1	2015-3-16	2015-7-29	山钢股份济南分公司
605	实用新型	一种板坯连铸中间包工作衬	郭伟达 武光君 王航民 徐立亚 张海波 石磊	201520148458.1	2015-3-16	2015-7-29	山钢股份莱芜分公司
606	实用新型	一种新型的皮带下料口翻板装置	周长强 陈淑龙 杨哲 杨鲁光 齐江涛 夏世元 杨魁 张宝宁 王红梅 田富官	201520150659.5	2015-3-17	2015-7-29	山钢股份济南分公司
607	实用新型	一种直线位移传感器拆装专用工具	李晓辉 段文宇 周涛 宋光鑫 李德松 王信尧 张国锋 王成龙	201520155756.3	2015-3-19	2015-7-29	山钢股份济南分公司

续表

序号	专利类型	专 利 名 称	发 明 人	专利号	申请日	授权日	发明人/设计人所在单位
608	实用新型	一种皮带称刮料装置	吴　平　纪同森　赵　斌　毕思东　马永胜　魏允冲　李小伟　齐　婳　汤儒平　赵　健	201520155858. 5	2015-3-19	2015-7-29	山钢股份济南分公司
609	实用新型	一种法兰以及使用该法兰的动态平衡阀	王文涛　战玉生　奚道鑫　梁敬斌　李波涛　梁丽萍　韩晰宇	201520156053. 2	2015-3-19	2015-7-29	山钢股份济南分公司
610	实用新型	一种自动润滑装置	冯　攀　张令华　李刚田　田　成　宋洪林　张子义	201520156102. 2	2015-3-19	2015-7-29	山钢股份济南分公司
611	实用新型	一种镶嵌式烧结布料辅助装置	周金生　李兴文　宋亚男　魏学军　陈　虎	201520156224. 1	2015-3-19	2015-7-29	山钢股份济南分公司
612	实用新型	一种大功率可控硅测试台	段文宇　李晓辉　王信尧　张国锋　王　晔　李德松　王成龙	201520156858. 7	2015-3-19	2015-7-29	山钢股份济南分公司
613	实用新型	一种焦炉煤气紧急切断装置	王即胜　孙广胜　刘成雷　许　明　窦宝芬　肖午政　李宣亮　于振东　刘海涛　王　杰	201520156059. X	2015-3-19	2015-7-29	山钢股份济南分公司
614	实用新型	一种自润滑托辊	宋国柱　张　晋　于　恩　孙双印　郑晓军　田　成　李　磊　单为春　孟庆晓　徐淑涛　王志波　冯　攀	201520163409. 5	2015-3-23	2015-7-29	山钢股份济南分公司
615	实用新型	一种炼钢装置	于　辉　勾新勇　孙永喜　王永强　王尖锐　路建法　黄训建　宋玉显　和彬彬　魏丕峰　王　升	201520164916. 0	2015-3-23	2015-7-29	山钢股份莱芜分公司
616	实用新型	一种冶金铸造起重机主起升机构及起重机	贾从杰　张克柱　吕登宏　王汝波　马祥景　张丽红　刘　涛　谢昌胜　林增钦　王景志　李　超　丁洪周　任秀恩	201520164917. 5	2015-3-23	2015-7-29	山钢股份莱芜分公司
617	实用新型	一种应用于工业炉冷却水的分配装置	张　宁　乔　松　刘洋洋　于彦飞　李文华　高　伟　董绪勇　唐国红　焦广亮　杜小翠	201520166978. 5	2015-3-24	2015-7-29	山钢股份济南分公司
618	实用新型	一种工业强力吸尘器	张　辉　张润生　高玉珍　荀文竹　刘建伟　尹世友　刘洋洋　李复磊　唐国红　孔　雅	201520170565. 4	2015-3-25	2015-7-29	山钢股份济南分公司

续表

序号	专利类型	专利名称	发明人	专利号	申请日	授权日	发明人/设计人所在单位
619	实用新型	一种组合式矫直机边辊升降机构	张　辉　张润生　高玉珍　荀文竹　柳洪胜　佟圣刚　杨堂建　刘　畅　肖　旭　史官勇	201520170612.5	2015-3-25	2015-7-29	山钢股份济南分公司
620	实用新型	一种齿轮箱润滑系统	田　成　冯　攀　宋洪林	201520170619.7	2015-3-25	2015-7-29	山钢股份济南分公司
621	实用新型	一种矫直机边辊升降防卡阻机构	张　辉　张润生　高玉珍　荀文竹　柳洪胜　佟圣刚　杨堂建　刘　畅　肖　旭　史官勇	201520170630.3	2015-3-25	2015-7-29	山钢股份济南分公司
622	实用新型	一种精轧机鼓形齿接轴安装专用工装	刘　健　赵海峰　陈锦标　郭警惕　杨　恒　于张喜	201520170809.9	2015-3-25	2015-7-29	山钢股份济南分公司
623	实用新型	一种同轴焊接定位装置	蒲　昕　吕石君　张　谱　刘锡芸　王　丽	201520173852.0	2015-3-26	2015-7-29	莱芜钢铁集团有限公司
624	实用新型	连杆驱动装置及其所应用的工业炉风机	刘　喆　张化宾　韩传峰　逯　斌　王晋友　刘光伟　薛永岭　魏传波　冯惠平　张生凯　张喜庆　焦　红	201520175357.3	2015-3-26	2015-7-29	山钢股份莱芜分公司
625	实用新型	一种煤气管道排污装置	王营营　邵长琚　王　站　张世明　孙建胜　赵玉国　巩　鹏　李尚刚　刘　坤　王馨薇　高智群　王端东	201520184722.7	2015-3-30	2015-7-29	山钢股份莱芜分公司
626	实用新型	锅炉及其燃烧器	张生凯　王瑞真　王晋友　逯　斌　刘光伟　张喜庆　刘　喆　焦　红　薛永岭	201520191233.4	2015-3-31	2015-7-29	山钢股份莱芜分公司
627	实用新型	一种高压除鳞水系统	马朝刚　王　涛　刘　畅　张令华　肖　旭　王新东　韩妍妍　杨堂建　李永峰　陶建学	201520191866.5	2015-4-1	2015-7-29	山钢股份济南分公司
628	实用新型	一种用于加热炉的炉门定位装置	刘海波　于彦飞　董连委　张建辉　孔　雅　李文华　刘洋洋	201520192000.6	2015-4-1	2015-7-29	山钢股份济南分公司
629	实用新型	一种门式吊用滑线轮及门式吊	蒲　昕　吕石君　张庆慧　张　谱　李　岳　杨增晖　孙光泽　宋　凯	201520192783.8	2015-4-1	2015-7-29	莱芜钢铁集团有限公司
630	实用新型	一种推焦杆支撑装置及推焦车	宋一格　王元顺　宋宪锋　戴孝佩　李国军　史延芳　王　欢　郑晓明　蒋秀香　代淑娟	201520198081.0	2015-4-3	2015-7-29	山钢股份莱芜分公司

续表

序号	专利类型	专利名称	发明人	专利号	申请日	授权日	发明人/设计人所在单位
631	实用新型	一种双边剪夹送辊装置	李文华 王兵 刘洋洋 汤文博	201520206345.2	2015-4-8	2015-7-29	山钢股份济南分公司
632	实用新型	一种放散管路除尘装置及旋风除尘器	随红军 徐志强	201420804547.2	2014-12-17	2015-8-5	山钢股份莱芜分公司
633	实用新型	一种矫直机工作辊定位槽	张辉 张润生 高玉珍 赵婷婷 李永峰 柳洪胜 刘建伟 王新东 都志斌	201420808399.1	2014-12-19	2015-8-5	山钢股份济南分公司
634	实用新型	用于辙叉系统的稳固装置	卜德勋 蔡玉萍 邱涛 陈雷 王成新 李念会 刘治法	201420872387.5	2014-12-31	2015-8-5	山钢股份莱芜分公司
635	实用新型	一种单向闭锁式破碎机	张明 王宝进 徐春玲 张丽彦 刘健真 张宝丽 侯纪宝 李霞	201520061692.0	2015-1-28	2015-8-5	山钢股份莱芜分公司
636	实用新型	焦罐台车防偏装置	李晓红 汪高春	201520073550.6	2015-2-7	2015-8-5	济钢集团国际工程技术有限公司
637	实用新型	一种苯加氢装车尾气净化回收装置	隋明明 王欢 曹毅 林金良 刘村 王元顺	201520092807.2	2015-2-9	2015-8-5	山钢股份莱芜分公司
638	实用新型	一种连铸机引锭杆的导向装置	张丽红 马波 颜景春	201520092649.0	2015-2-10	2015-8-5	山钢股份莱芜分公司
639	实用新型	一种高炉炉前耐材浇筑模具	殷宝龙 王志刚 宋百京 崔学峰 王宝进 徐春玲 侯继宝	2015200954791.0	2015-2-10	2015-8-5	山钢股份莱芜分公司
640	实用新型	一种轧辊切割装置	李成锋 李坤	2015201043767.0	2015-2-12	2015-8-5	山钢股份莱芜分公司
641	实用新型	更换焦炉炉柱时保护板固定装置	郭涛 隋明明 曹毅 林金良 陈勇 刘涛 李树华	201520108135.X	2015-2-13	2015-8-5	山钢股份莱芜分公司
642	实用新型	一种薄型垫片的制作装置	郑贵峰 吕云平 王盛	201520132755.7	2015-3-6	2015-8-5	莱芜钢铁集团有限公司
643	实用新型	轧机及其水平辊轴承座自位调整装置	逄晓男 纪涛 王建军 李亚林 李亮 刘会军	201520132497.2	2015-3-9	2015-8-5	山钢股份莱芜分公司
644	实用新型	一种液体工业萘储存装车装置	王欢 罗玉辉 林金良 张希隆 蒋淑艳 李健 曹毅 苑路 许坤	201520134850.0	2015-3-10	2015-8-5	山钢股份莱芜分公司
645	实用新型	一种防护液压缸的水膜装置	孙业华 陈传盛 梁玉萍 纪冬丽 王宝 刘明 王奇 邹元甲	201520145316.X	2015-3-13	2015-8-5	莱芜钢铁集团有限公司

续表

序号	专利类型	专利名称	发明人	专利号	申请日	授权日	发明人/设计人所在单位
646	实用新型	大圆钢坯装载加固支架	国际建 李强之 杨庆修 马宗升 张旭东 王友维	201520172633. 0	2015-3-25	2015-8-5	山钢股份莱芜分公司
647	实用新型	地下铲运机后桥摆动架固定焊接工装	郭 兵 张建刚 张吉伟 商 瑜 傅 挺 江善清	201520180302. 1	2015-3-27	2015-8-5	金岭矿业
648	实用新型	加固防护型电动铲运机小摇臂	刘圣刚 包瑞斌 刘从强 常汝刚 王晓华 王文顺	201520182028. 1	2015-3-27	2015-8-5	金岭矿业
649	实用新型	连铸机中间包渣子的厚度测量装置	肖 强 王小璞 于铭杰 杜允跃 杨 波	201520190512. 9	2015-3-31	2015-8-5	山钢股份莱芜分公司
650	实用新型	一种将编码器安装在减速机输出轴上的装置	陶务纯 朱宝晶 王 宝 葛本武	201520246885. 3	2015-4-22	2015-8-5	山钢股份莱芜分公司
651	实用新型	一种钢板表面吹扫装置	张 辉 张润生 高玉珍 荀文竹 唐国红 尹世友 李复磊 刘洋洋 孔 雅 都志斌	201520163450. 2	2015-3-23	2015-8-12	山钢股份济南分公司
652	实用新型	一种输送辊	郑贵峰 吕云平 崔西新 李开伦	201520207274. 8	2015-4-8	2015-8-12	莱芜钢铁集团有限公司
653	实用新型	一种自动喷水装置	王 静 仝玉华 邱 芳 李 霞 桑 森 赵 亮 刘 疆	201520221777. 0	2015-4-14	2015-8-12	山钢股份莱芜分公司
654	实用新型	移动式多功能超声检查椅	牟建民 贾汇刚 孟桂兰 牟 童	201520226211. 7	2015-4-15	2015-8-12	莱芜钢铁集团有限公司
655	实用新型	一种钢包复合工作衬	武光君 郭东昊	201520245131. 6	2015-4-22	2015-8-12	山钢股份莱芜分公司
656	实用新型	一种耐磨型料套结构及圆盘给料机	穆南村 吕海滨	201520262088. 4	2015-4-27	2015-8-12	山钢股份莱芜分公司
657	实用新型	一种韧性除灰装置及眼镜阀	王营营 任甲涛 邵长琚 林旭光 李平均 刘 洋 王炳玉 尹茂建 赵玉国 李尚刚 郭云亭 王 鹏	201520262165. 6	2015-4-27	2015-8-12	山钢股份莱芜分公司
658	实用新型	一种用于腐蚀性实验的实验箱	郭 峰 郭 慧 刘斌斌 魏恩双 周 平 刘金超 王念俊 黄少文	201520265798. 2	2015-4-28	2015-8-12	山钢股份莱芜分公司
659	实用新型	一种钢板板形校正装置	庞义行 周 平 候 刚 秦 港 张长宏 吴德发 吕 游 庞芳芳 韦瑞务 李新东	201520267188. 6	2015-4-28	2015-8-12	山钢股份莱芜分公司

续表

序号	专利类型	专利名称	发明人	专利号	申请日	授权日	发明人/设计人所在单位
660	实用新型	一种棒材锯切机系统	姚晓锋 孙荣安 许 锌 薛志勇 马 龙 朱永新 周艳丽 崔瑞辉	201520271894.8	2015-4-29	2015-8-12	山钢股份莱芜分公司
661	实用新型	综合节能的沸腾炉系统	陈宝刚 王历国 李振远 法泉营 卢 刚 董绪林 刘传周 杨八一 张洪震 马丹红 王玉全 张荣华	201520229706.5	2015-2-20	2015-8-19	济南鲍德炉料有限公司
662	实用新型	防止衬板脱落的自磨机	赵湘顺 李振远 张 彬 丁庆水	201520223885.1	2015-2-23	2015-8-19	济南鲍德炉料有限公司
663	实用新型	一种移动式自动恒温控制的内燃机车预热装置	李大军 陈增治 丁学清 于小明 周 瑞 孙传勇 张洪强 罗青平 李 刚 杨连安	201520147774.7	2015-3-16	2015-8-19	山钢股份济南分公司
664	实用新型	一种冷轧平整机吹扫辅助装置	胡国雄 李广阔 董 凯 刘精华 邹玉萍 刘 丽 耿宏烨 帅 奇	201520173152.1	2015-3-25	2015-8-19	山钢股份济南分公司
665	实用新型	焦炉烟道气余热蒸氨脱硫一体化系统	宁述芹 张顺贤 牛爱宁 刘 亮 杨 繁	201520169786.X	2015-3-25	2015-8-19	山钢股份济南分公司
666	实用新型	连轧机组轧辊临时替代装置	凤成龙 王化胜 胡小江 赵海峰 杨艳召	201520179938.4	2015-3-27	2015-8-19	山钢股份济南分公司
667	实用新型	一种焦化废水除油除渣系统	梁荣华 刘 亮 张顺贤 宁述芹 李 超 杨 繁	201520182000.8	2015-3-27	2015-8-19	山钢股份济南分公司
668	实用新型	塔式焦炉烟道气余热利用及同时脱硫脱硝系统	刘 亮 张顺贤 李 超 牛爱宁 宁述芹 杨瑞霞 杨 繁	201520181733.X	2015-3-27	2015-8-19	山钢股份济南分公司
669	实用新型	一种工业污水回收循环利用系统	李训智 梁荣华 张 敏 杨 繁 陈义超 刘 亮	201520207404.8	2015-4-8	2015-8-19	山钢股份济南分公司
670	实用新型	一种挂吊到位提示机构	姜和信 康 鹏 冀传玖 陈树勇 张海东 赵文玉 王 平 张 健	201520310334.9	2015-5-14	2015-8-19	山钢股份济南分公司
671	实用新型	管道支撑装置	秦军强 林卫全 王春芹 段伦刚 陈淑杰 吕辉良 胥 华 张广云	201520040177.4	2015-1-20	2015-8-26	莱芜钢铁集团有限公司

续表

序号	专利类型	专利名称	发明人	专利号	申请日	授权日	发明人/设计人所在单位
672	实用新型	一种钢坯垛坯运行控制系统	吴晓峰 江 楠 吕晓茜 张国华 赵成文 孙英云 李 源 李学波 张佳华 韩梦云 陈铁军 王 辉 李 红 于成龙 罗 峰 吴 鹏	201520168677.6	2015-3-24	2015-8-26	山钢股份莱芜分公司
673	实用新型	侧卸式地下铲运机	刘远清 王友峰 王晓华 王文顺 张 奇	201520182034.7	2015-3-27	2015-8-26	金岭矿业
674	实用新型	胆道T形管道造影及静脉尿路造影药物注射助推器	牟建民 李恒平 潘倩倩 不 了 孟桂兰	201520222516.0	2015-4-14	2015-8-26	莱芜钢铁集团有限公司
675	实用新型	一种新型开睑器	牟建民 牟 童 孟桂兰 刘邦强	201520222517.5	2015-4-14	2015-8-26	莱芜钢铁集团有限公司
676	实用新型	CT强化扫描静脉给药上肢固定装置	牟建民 牟 童 孟桂兰 滕丽娜	201520222561.6	2015-4-14	2015-8-26	莱芜钢铁集团有限公司
677	实用新型	一种清洗刷具	郭 慧 郭 峰 袭建富 刘滨滨 赵燕鹏 陈阳春 张文庆 盛国峰	201520265800.6	2015-4-28	2015-8-26	山钢股份莱芜分公司
678	实用新型	一种连铸中包整体水口在线烘烤装置	赵冠夫 马传庆 尹 莉 梁建国 杨密平 魏莉莉 邵明海 刁 峰 刘金玲 范夕荣	201520292733.7	2015-5-8	2015-8-26	山钢股份莱芜分公司
679	实用新型	一种热剪及其剪前平移推钢装置	姚晓锋 孙荣安 许 锌 周艳丽 李修峰 张 军 邱 倩	201520300068.1	2015-5-11	2015-8-26	山钢股份莱芜分公司
680	实用新型	一种钢板轧机用大型下置式部件的吊运工具	马朝刚 史官勇 张令华 肖 旭 李永峰 杨堂建 王新东 刘 畅 陶建学 韦 星	201520187501.5	2015-3-31	2015-9-2	山钢股份济南分公司
681	实用新型	一种前置式燃机进气粗过滤装置	马庆涛 周 波	201520293472.0	2015-5-8	2015-9-2	山钢股份济南分公司
682	实用新型	一种干熄炉水封槽水冷盖	刘 进 贾瑞民 徐瑞阳 孙广胜 姜和信 吴宝国 周家梅 徐兆金 廖 敏	201520322606.7	2015-5-19	2015-9-2	山钢股份济南分公司
683	实用新型	一种除尘升降罩	刘 进 贾瑞民 周家梅 姚 元 李晓红 徐瑞阳 王鲁济 廖 敏 徐兆金	201520322682.8	2015-5-19	2015-9-2	山钢股份济南分公司
684	实用新型	一种混送式无放料阀输灰设施	刘 进 贾瑞民 廖 敏 周家梅 徐瑞阳 姚 元 李晓红 吴宝国 马印亭	201520322683.2	2015-5-19	2015-9-2	山钢股份济南分公司

续表

序号	专利类型	专 利 名 称	发 明 人	专利号	申请日	授权日	发明人/设计人所在单位
685	实用新型	一种鱼雷型铁水罐内衬监测装置	董 英 徐学军 何海波 庄臣良 高海根 尹秀芬 张小伟 方 伟 梁龙清 孔振兴	201520345068.3	2015-5-26	2015-9-2	山钢股份济南分公司
686	实用新型	一种优质连铸坯的冷却装置	王中学 韩蕾蕾 邹春锋 付常伟 霍喜伟 纪瑞东 梁锦玥 刘志民	201520022622.4	2015-1-13	2015-9-9	山钢股份莱芜分公司
687	实用新型	一种轧辊夹紧装置	李 坤 李成锋	201520092975.1	2015-2-9	2015-9-9	山钢股份莱芜分公司
688	实用新型	一种活塞式氧压机活塞体拆装装置	厉洪波 张敬涛 刘传辉 朱宪强 张春林 徐 娜 卢继峰 王同宇 冯琪杰	201520155714.X	2015-3-19	2015-9-9	山钢股份济南分公司
689	实用新型	一种振动筛	潘 林 王 珂 宋百京 李 霞 王尚东 林金良 徐春玲 侯纪宝 付宏伟	201520170228.5	2015-3-25	2015-9-9	山钢股份莱芜分公司
690	实用新型	轴承密封圈的推送装置	吕云平 郑贵峰 张 健 王利平 栾卫娟	201520184877.0	2015-3-30	2015-9-9	莱芜钢铁集团有限公司
691	实用新型	一种捆绑带	赵英亮 李 剑 关中华 杨风滨 吴昌飞 任 鹏	201520234383.9	2015-4-17	2015-9-9	山钢股份莱芜分公司
692	实用新型	一种低氨HP法煤气串联脱硫装置	王元顺 李树华 张利杰 张 燕 王密军 侯金明 李 刚 安增琴	201520248490.7	2015-4-22	2015-9-9	山钢股份莱芜分公司
693	实用新型	一种复合式高寿命低成本钢包水口座砖	武光君 郭伟达 杜显彬	201520329237.4	2015-5-20	2015-9-9	山钢股份莱芜分公司
694	实用新型	一种料仓及破拱装置1	杨继刚 魏建立 李晨峰 李京业 徐洪源 朱明琦 张卫东 张焕前	201520329838.5	2015-5-21	2015-9-9	山钢股份莱芜分公司
695	实用新型	一种转运漏斗	李京业 徐洪源 毛友庄 朱明琦 魏建立	201520330082.6	2015-5-21	2015-9-9	山钢股份莱芜分公司
696	实用新型	一种料仓及破拱装置2	杨继刚 魏建立 徐洪源 李晨峰 张卫东 秦书财	201520333157.6	2015-5-21	2015-9-9	山钢股份莱芜分公司
697	实用新型	一种大容积焦炉上升管易操作式水封盖	于振东 刘海涛 常庆明 李义超 王华明 卢兴峰 朱仁强 王新国	201520340535.3	2015-5-25	2015-9-9	山钢股份济南分公司
698	实用新型	一种设有可调式限位保护装置的摆动溜嘴	娄海波 管襄华 吕化军 陈 钧 刘 标 董 庆 马向魁 刘继峰 王 萌	201520349637.1	2015-5-27	2015-9-9	山钢股份济南分公司

续表

序号	专利类型	专利名称	发明人	专利号	申请日	授权日	发明人/设计人所在单位
699	实用新型	一种排球训练用捡球机	李敬强	201520128929.2	2014-11-21	2015-9-16	山东工业职业学院
700	实用新型	管式炉交替运行控制装置	王欢 罗玉辉 张希隆 蒋淑艳 李健 林金良 许坤 国徽 李国军 赵飞	201420787718.5	2014-12-11	2015-9-16	山钢股份莱芜分公司
701	实用新型	一种电机保护系统	张海平 陈峰 郑杰 顾华杰 程昊 陈新	201520132499.1	2015-3-9	2015-9-16	莱芜钢铁集团有限公司
702	实用新型	快速更换水平轧机下接轴的装置	阴法亮 吕霞 王静 吕石君 刘明 邱芳 李绪东	201520305753.3	2015-5-13	2015-9-16	莱芜钢铁集团有限公司
703	实用新型	棒材冷床用对齐辊	杨兆银 王军新 安佰花 苗增军 宁勇	201520328755.4	2015-5-20	2015-9-16	山钢股份莱芜分公司
704	实用新型	剪机及其承载面板的定位装置	闻小德 张军 孙荣安 刘超群 武文健 姚晓峰 张平	201520330518.1	2015-5-21	2015-9-16	山钢股份莱芜分公司
705	实用新型	一种混合机密封装置与一种混合机	杨继刚 徐洪源 李晨峰 魏建立 秦书财 朱明琦 袁广财 邱同军 杨荣兴	201520343097.6	2015-5-25	2015-9-16	山钢股份莱芜分公司
706	实用新型	一种提升机电缆导车加油装置	姜和信 刘维洲 张海东 张健 陈树勇 冀传玖 赵文玉	201520354534.4	2015-5-28	2015-9-16	山钢股份济南分公司
707	实用新型	煤气排水器下降管疏通装置	曹敬秋 徐文芳 刘海洋	201520366600.X	2015-6-1	2015-9-16	山钢股份济南分公司
708	实用新型	一种烧结料仓粘料的清理装置	周长强 夏世元 华旭军 宋玉前 陈淑龙 杨哲 杨鲁光 杨魁 齐江涛 张宝宁	201520155717.3	2015-3-19	2015-9-23	山钢股份济南分公司
709	实用新型	组合式型钢轧机导卫装置	张戈 李雪涛	201520342736.7	2015-5-25	2015-9-23	莱芜钢铁集团有限公司
710	实用新型	模块组合式型钢轧机导卫装置	张戈 李雪涛	201520343185.6	2015-5-25	2015-9-23	莱芜钢铁集团有限公司
711	实用新型	一种鱼雷型铁水罐自动寻优烘烤装置	董英 徐学军 张旺和 何董英 庄臣良 高海根 尹海波 张小伟 方伟 李忠刚	201520400564.4	2015-6-11	2015-9-23	山钢股份济南分公司
712	实用新型	一种干熄焦机械式振动给料器在线排灰装置	朱振环 刘欣明 安冉 郭飞 孙万领	201420783919.8	2014-12-15	2015-9-30	山钢股份莱芜分公司
713	实用新型	一种水泥梁上行车道轨的固定装置	孔令强 左发 李娜	201520184890.6	2015-3-31	2015-9-30	山钢股份莱芜分公司

续表

序号	专利类型	专利名称	发明人	专利号	申请日	授权日	发明人/设计人所在单位
714	实用新型	一种新型在线清井装置	张丽红 赵景泉 颜景春 贾丛杰 张其龙	201520184912.9	2015-3-31	2015-9-30	山钢股份莱芜分公司
715	实用新型	一种连铸机保护浇注中间包用氩封盒	张丽	201520185212.1	2015-3-31	2015-9-30	山钢股份莱芜分公司
716	实用新型	一种新型铁水罐渣壳去除装置	韩鸿 陈庆凯 吕彦斌 孙一苏 宋开亮	201520185290.1	2015-3-31	2015-9-30	山钢股份莱芜分公司
717	实用新型	一种英格索兰离心式压缩机扩压器拆卸装置	侯成涛 杨兆亮 肖志一 朱宪强 付建永 于启涛	201520301183.0	2015-5-11	2015-9-30	济南鲍德气体有限公司
718	实用新型	一种带叶片的高炉风口	辛虹霓 李丙来 朱涛 高新运 安铭 张金秋 王聪 刘存芳 王灵栋 程冰	201520400340.3	2015-6-11	2015-9-30	山钢股份济南分公司
719	实用新型	一种不粘料及高耐磨的振动溜槽	秦大刚 李真明 李兴文 刘乃杰 王允清 宋亚男 陈虎 廖敏 申爱民 魏国庆	201520400353.0	2015-6-11	2015-9-30	山钢股份济南分公司
720	实用新型	一种粉状物料输送管道堵塞快速疏通装置	高海根 刘德楼 安铭 吕化军 马印亭 樊平 董英 尹秀芬 王聪 魏国庆	201520400330.X	2015-6-11	2015-9-30	山钢股份济南分公司
721	实用新型	一种电表及电量监控系统	王岩 侯世杰 奚道鑫	201520440919.2	2015-6-25	2015-9-30	山钢股份济南分公司
722	实用新型	一种 LF 加料流道装置	赵冠夫 范夕荣 尹莉 杨密平 马传庆 魏莉莉 刘金玲 周艳丽	201420545765.9	2014-9-23	2015-10-7	山钢股份莱芜分公司
723	实用新型	一种快速轴承座定位键槽测量装置	郑蕾 杨立昌 李晓慧 訾学波 王常锋	201520184120.1	2015-3-30	2015-10-7	莱芜钢铁集团有限公司
724	实用新型	一种液压缸吊运装配工装	吕云平 郑贵峰 张健 王利平 栾卫娟	201520184914.8	2015-3-31	2015-10-7	莱芜钢铁集团有限公司
725	实用新型	一种滴油器	孔令强 李娜	201520187611.1	2015-3-31	2015-10-7	山钢股份莱芜分公司
726	实用新型	一种异型断面型钢	孔令强 李娜	201520300746.4	2015-5-11	2015-10-7	山钢股份莱芜分公司
727	实用新型	一种储料仓	徐洪源 朱明琦 胥长城 毛友庄 郎达慧	201520403194.X	2015-6-11	2015-10-7	山钢股份莱芜分公司
728	实用新型	用于稀有气体提纯的氮气供给装置	陈增凯 刘庆玉 李宗辉 丁玲 李全龙 裴承武 常松松 程磊 王继松 黄宁	201520408002.4	2015-6-12	2015-10-7	济南鲍德气体有限公司
729	实用新型	一种空分装置氮水预冷系统	丁玲 李康 初勇 陈增凯 高绪震 张文元 刘秀丽 毛宏观 肖志一 孟凡刚	201520408026.X	2015-6-12	2015-10-7	济南鲍德气体有限公司

续表

序号	专利类型	专利名称	发明人	专利号	申请日	授权日	发明人/设计人所在单位
730	实用新型	一种热风炉与一种阀门限位装置	李 军 许 辉 随红军 汤登军 吕政昌 唐继学 郭新超 包卫华 弭希雨 杨 雷 韩 谦	201520425387.5	2015-6-18	2015-10-7	山钢股份莱芜分公司
731	实用新型	一种湿式除尘风机	吴修笃 韩 帅 陶红芳	201520404361.2	2015-6-12	2015-10-14	莱钢粉末冶金
732	实用新型	一种钢铁粉末烘干机	韩 帅 吴修笃 李丛丛 孙 涛 卢进书 于永亮 张德金	201520404632.4	2015-6-12	2015-10-14	莱钢粉末冶金
733	实用新型	一种苯加氢原料储槽中的槽底冲渣结构	田茂林 邓 群 张希隆 梁亚锋 李栓运	201520138764.7	2015-3-12	2015-10-21	莱芜钢铁集团有限公司
734	实用新型	一种酸洗在线自动冷却装置	姚长新 吕静波 马 昊 张 虎 李 凯 查 凯 刘传滨 吴冬梅 魏红灯 刘 奔	201520383771.3	2015-6-5	2015-10-21	山钢股份济南分公司
735	实用新型	一种电动干油泵用干油枪	王 晓 刘 健 刘宽宏 卢传经 王 勇 秦振波	201520438717.4	2015-6-24	2015-10-21	山钢股份济南分公司
736	实用新型	一种三接触面分段导轨	王 晓 刘 健 刘宽宏 王 勇 秦振波	201520438718.9	2015-6-24	2015-10-21	山钢股份济南分公司
737	实用新型	一种接近开关支架	王振南 赵海峰 杨 恒 李清强 赵文承 刘 健 孙清泉	201520439061.8	2015-6-24	2015-10-21	山钢股份济南分公司
738	实用新型	一种钢卷打捆带包吊具	王克柱 李 文 赵 磊 张 焱 王 鹏 赵月强 郗来朋 陈 飞 张晶波 姚长新	201520449782.7	2015-6-26	2015-10-21	山钢股份济南分公司
739	实用新型	一种沥青软化点试验样本的制样装置	解宝山 汪 娟 李 超	201520450483.5	2015-6-26	2015-10-21	山钢股份济南分公司
740	实用新型	一种用于差压式流量计的便携式在线吹扫装置	王玉弟 吴福俊 王 波 张德华 赵文红 付延长	201520450554.1	2015-6-26	2015-10-21	山钢股份济南分公司
741	实用新型	一种旋转楔形自锁紧空滤门锁扣	李大军 丁学清 于小明 赵修华 刘成军 罗青平 杨连安	201520455712.2	2015-6-29	2015-10-21	山钢股份济南分公司
742	实用新型	一种非接触式车辆自动识别汽车衡计量系统	戴兴中 刘爱平 刘凤芹 王庆和 韩晓莹 刘晓敏 房英翠 李鹏立 朱长宏	201520459205.6	2015-6-30	2015-10-21	山钢股份济南分公司

续表

序号	专利类型	专利名称	发明人	专利号	申请日	授权日	发明人/设计人所在单位
743	实用新型	一种热剪与一种用于热剪剪刃的冷却装置	姚晓锋 孙荣安 许 锌 李修峰 李风振 周艳丽 邱 倩	201520270250.7	2015-4-29	2015-10-28	山钢股份莱芜分公司
744	实用新型	一种热连轧精轧机工作辊移动块更换专用工具	刘 健 王 晓 宋保国 赵海峰 曹文莉 王 启 付延亮	201520409823.X	2015-6-15	2015-10-28	山钢股份济南分公司
745	实用新型	一种新型弹性柱销联轴器	刘 健 王江臣 王乃征 胡小江 王振南 宋保国 付延亮	201520422894.3	2015-6-18	2015-10-28	山钢股份济南分公司
746	实用新型	一种威金斯气柜导轮防窜轴装置	滕云涛 孙久荣 朱 琳 房 军 张 平 田 峰 李兆华	201520441666.0	2015-6-25	2015-10-28	山钢股份济南分公司
747	实用新型	一种皮带机底托辊悬挂装置	崔 刚 李 静 张曙涛 樊增彬 郑振祥 郭亚楠 李井磊 冯会玉 陈玉宝	201520445967.0	2015-6-26	2015-10-28	山钢股份济南分公司
748	实用新型	带补油接口的管接头	刘 健 陈锦标 陈建民 李玉峰 王乃征 王振南	201520451684.7	2015-6-29	2015-10-28	山钢股份济南分公司
749	实用新型	一种安全滑触线间隙自动调节装置	纪志宏 冯兆琛 付宏伟	201520497768.4	2015-7-12	2015-10-28	山钢股份莱芜分公司
750	实用新型	一种超声波测距仪保护装置	吴晓峰 康 凯 方光深 展 杰 董京帅 曹永芹 谈建功 刘 疆 李海滨 赵 鹏 翟 诺 赵 琳	201520528085.0	2015-7-20	2015-10-28	山钢股份莱芜分公司
751	实用新型	一种联轴器	冯 攀 张令华 王 涛 李刚田 宋洪林 田 成	201520155631.0	2015-3-19	2015-11-4	山钢股份济南分公司
752	实用新型	一种在线清除热处理炉炉底辊结瘤的装置	彭 宾 李永亮 丛 亮 薄其伟 李 梁 王旭峰 王京先 崔立镇	201520462241.8	2015-7-1	2015-11-4	山钢股份济南分公司
753	实用新型	一种合金破碎筛分装置	李明波 王 铮 张海涛 郭兴浩	201520545312.0	2015-5-2	2015-11-11	济南济钢铁合金厂
754	实用新型	一种工业烟气除尘装置	王文涛 战玉生 奚道鑫 梁敬斌 李波涛 隗玉凯 郝士杰 崔大成 王 凯 王 岩	201520441269.3	2015-6-25	2015-11-11	山钢股份济南分公司
755	实用新型	一种焦油渣分离回收系统	林宪喜 李训智 尹进鸣 刘 军 杨庆山 林晓博 王 华 杨 繁 宿宝国	201520449784.6	2015-6-26	2015-11-11	山钢股份济南分公司

续表

序号	专利类型	专利名称	发明人	专利号	申请日	授权日	发明人/设计人所在单位
756	实用新型	一种处理焦炉煤气的富油脱苯系统	梁永飞 王贺红 朱宁征 李祝涛	201520450592.7	2015-6-26	2015-11-11	山钢股份济南分公司
757	实用新型	一种焦炉煤气脱硫塔	梁永飞 王贺红 姜 颖 牟振龙 朱宁征 李祝涛	201520450719.5	2015-6-26	2015-11-11	山钢股份济南分公司
758	实用新型	一种C型吊具定位装置	刘 健 王江臣 王福强 胡小江 王新亭 夏汝滨	201520452032.5	2015-6-29	2015-11-11	山钢股份济南分公司
759	实用新型	一种折流板捕雾器	牟振龙 姜 颖 朱宁征 王佰虎 李祝涛	201520455729.8	2015-6-29	2015-11-11	山钢股份济南分公司
760	实用新型	一种工矿机车磁性过滤装置	李大军 陈增治 于小明 车彦亮 宋绪松 周 瑞 罗青平 李 刚	201520456413.0	2015-6-29	2015-11-11	山钢股份济南分公司
761	实用新型	一种磁选颗粒钢上料仓短流程装置	赵友虎 高龙永 田桂茹 尹卫平 付庆林 杨晓清 张贺全 张立新 刘学军 刘正华 汤晓辉 徐红艳	201520545376.0	2015-7-24	2015-11-11	山钢股份济南分公司
762	实用新型	托圈耳轴块定位装置	张庆魁 陈 健 王 盛 李 千	201520565174.2	2015-7-30	2015-11-11	莱芜钢铁集团有限公司
763	实用新型	建筑工水泥浇灌用导管关卡	王 月	201520477353.0	2014-10-15	2015-11-18	山东工业职业学院
764	实用新型	建筑工地用物料自卸推车	李志波	201520477158.8	2015-2-13	2015-11-18	山东工业职业学院
765	实用新型	一种煤气鼓风机平衡管及煤气鼓风机	李栓运 邓 群 田茂林 高立军 张兴佑	201520498915.X	2015-7-10	2015-11-18	莱芜钢铁集团有限公司
766	实用新型	一种皮带助卷装置	杨锦华 张 凯 马 平 孙 凯 赵剑波 翟 诺 赵 琳 赵宗垚 曹永芹 张 杰	201520513281.0	2015-7-15	2015-11-25	山钢股份莱芜分公司
767	实用新型	一种连铸板坯测量装置	吴晓峰 李 克 孟祥彬 刘文鹏 刘海鲲 张晓峰 颜 伟 杨垣峰 蔡 森 鲍红宾	201520516405.0	2015-7-16	2015-11-25	山钢股份莱芜分公司
768	实用新型	一种用于测量叉车门架槽钢翼缘内侧斜度的量具	王 刚 霍喜伟 纪进立 梁福江 陈豪卫 孔令坤 孙晓庆 宋玉卿 赵新华 刘春伟 张园华 任 伟	201520541429.1	2015-7-23	2015-12-2	山钢股份莱芜分公司
769	实用新型	一种光电式防止皮带跑偏的装置	贠建新 许贵成 李建云 李 扬 姚 勇 魏广波	201520546802.2	2015-7-24	2015-12-2	山钢股份莱芜分公司

续表

序号	专利类型	专利名称	发明人	专利号	申请日	授权日	发明人/设计人所在单位
770	实用新型	一种热轧叉车门架槽钢轧辊侧壁在线修磨装置	孙晓庆 霍喜伟 纪进立 陈 辉 王 刚 刘春伟 孔令坤 宋玉卿 赵新华	201520559468.4	2015-7-29	2015-12-2	山钢股份莱芜分公司
771	实用新型	一种火焰切割装置	马光亭 麻 衡 周 平 张长宏 李庆华 魏军广 耿大力	201520560860.0	2015-7-29	2015-12-2	山钢股份莱芜分公司
772	实用新型	一种异形扳手	阴法亮 吕 霞 吕石君 刘金明 李绪东 梁玉萍	201520572067.2	2015-7-31	2015-12-2	莱芜钢铁集团有限公司
773	实用新型	一种探伤设备及其干燥装置	梁玉萍 李 深 杨 鹏 阴法亮 任丽萍 耿莹莹 王玉忠 杨 芳	201520605108.3	2015-8-12	2015-12-2	莱芜钢铁集团有限公司
774	实用新型	环冷台车轮用拆卸拉马	吕明玺 张庆慧 孙其奎	201520615321.2	2015-8-14	2015-12-2	莱芜钢铁集团有限公司
775	实用新型	一种光电管固定及调准系统	邱 芳 王 静 仝玉华 吕 霞 刘 疆 赵 亮 桑 森 弥春霞 李 闯 郭 群	201520623084.4	2015-8-17	2015-12-2	山钢股份莱芜分公司
776	实用新型	一种结晶器自动加保护渣喷吹系统固定调节装置	赵冠夫 马传庆 尹 莉 邵明海 杨密平 魏莉莉 刁 峰 范夕荣 刘金玲 周艳丽	201520635665.X	2015-8-23	2015-12-2	山钢股份莱芜分公司
777	实用新型	处理切割槽悬顶的扇形回采中深孔	韩科周 冯英俊 郭 峰 陈 旺	201520756265.4	2015-2-7	2015-12-3	济南钢城矿业有限公司
778	实用新型	一种中深孔角度测量装置	郭 峰 姜东泉 韩科周 陈 旺	201520756397.7	2015-2-7	2015-12-3	济南钢城矿业有限公司
779	实用新型	中间包烘烤抽风装置	梁 亚 李士波 贾崇雪 赵晓伟 王 乐 康华伟 尹翠兰 亢业峰 李相前	201520760211.5	2015-9-29	2015-12-4	钢铁研究院
780	实用新型	一种轧机用滑板	高广洲 赵晓伟 郭宏伟 白 彦	201520759441.X	2015-9-28	2015-12-7	钢铁研究院
781	实用新型	一种超厚海洋石油机械用半弦板型钢	周长秀 董 杰 张爱民 霍喜伟 马秉涛 顾大庆 王 勇 李灿明	201520122425.X	2015-3-3	2015-12-9	钢铁研究院
782	实用新型	一种防静电不锈钢板	刘 圣 杨东利 王爱敏 陈 亮 朱永顺 陈豪卫	201520261632.3	2015-4-27	2015-12-9	山钢股份莱芜分公司
783	实用新型	一种复合式高寿命 低成本钢包透气砖座砖及座砖模具	武光君 李洪建 杜显彬	201520328099.8	2015-5-20	2015-12-9	山钢股份莱芜分公司

续表

序号	专利类型	专利名称	发明人	专利号	申请日	授权日	发明人/设计人所在单位
784	实用新型	一种用于步进式加热炉液压系统的能量回收装置	郭高升 关中华 杨凤滨 孙永涛 王寿利 宁銮凤 孙圣刚 王元春 于小波 王宝进	201520522304.4	2015-7-17	2015-12-9	山钢股份莱芜分公司
785	实用新型	液压站的液体过滤装置	陈传盛 熊双双 梁玉萍 田遵超 陈 利 苏全明 朱景山 邵宪伟	201520528097.3	2015-7-20	2015-12-9	莱芜钢铁集团有限公司
786	实用新型	一种叉车内门架	霍喜伟 陈 辉 孙晓庆 宋玉卿 张树伟 王 刚	201520535583.8	2015-7-22	2015-12-9	山钢股份莱芜分公司
787	实用新型	一种棒线材轧后控冷装置	吴昌飞 李 剑 苗增军 赵英亮 赵瑞明 武 剑 张 凯	201520565340.9	2015-7-30	2015-12-9	山钢股份莱芜分公司
788	实用新型	拖链内管件安装用输引装置	阴法亮 吕 霞 刘 疆 刘 明 黄 晨 邱 芳 刘金明 李绪东	201520596987.8	2015-8-10	2015-12-9	莱芜钢铁集团有限公司
789	实用新型	扳手	邓 群 张兴佑 田茂林 李栓运 张国义 唐修金 薛暮庆	201520611139.X	2015-8-14	2015-12-9	莱芜钢铁集团有限公司
790	实用新型	一种防护装置	杜守虎 马祥景 张 勇 刁玉兰 王 永 龙启雨 张广鑫 山 峰 徐钦国	201520569808.1	2015-7-31	2015-12-16	莱芜钢铁集团有限公司
791	实用新型	卷扬松绳检测装置及卷扬输料系统	张海平 陈 峰 吕 凤 陈 新 程 昊 郑 杰	201520633666.0	2015-8-21	2015-12-16	莱芜钢铁集团有限公司
792	实用新型	机电控制装置及牵引设备	刘天菊	201520660963.4	2015-8-28	2015-12-16	莱芜钢铁集团有限公司
793	实用新型	一种在线绝缘检测系统	高忠升 丁利生 李 陆 郑培迎	201520674523.4	2015-9-2	2015-12-16	日照公司
794	实用新型	冷轧机助卷器间隙调整装置	康华伟 尹翠兰 韩光燕 张晓东 李玉功 易绍川 赵庆宇 王 乐 吴庚亮	201520760213.4	2015-9-29	2015-12-17	钢铁研究院
795	实用新型	一种吹氩钢包盖	杨密平 马传庆 张 伟 王建国 王丰巧 赵冠夫 刘金玲 范夕荣 安 杰 王俊凤	201520185353.3	2015-3-31	2015-12-23	山钢股份莱芜分公司

续表

序号	专利类型	专利名称	发明人	专利号	申请日	授权日	发明人/设计人所在单位
796	实用新型	蒸发冷却器粗灰输送装置	周茂林 袁本明 吴 强 崔金强 曹玉峰 杨洪超	201520673674.8	2015-9-1	2015-12-23	山钢股份莱芜分公司
797	实用新型	一种热轧高压水除鳞设备	栾兆华 吴晓光 陈庆军 郭 靖 王 涛 李 亘 吴 涛 郑 强 纪召红 张以良	201520673503.5	2015-9-2	2015-12-23	日照公司
798	实用新型	一种高炉铁沟监测装置	张作程 刘长忠 胡江山	201520673666.3	2015-9-2	2015-12-23	日照公司
799	实用新型	一种热轧轧机传动轴扁头衬板	栾兆华 田敬刚 吴晓光 李 亘 郑 强 王 涛 陈庆军 郭 靖 吴 涛 纪召红 张以良	201520676912.0	2015-9-2	2015-12-23	日照公司
800	实用新型	一种事故管道抢修导流装置	张义才	201520680230.7	2015-9-6	2015-12-23	日照公司
801	实用新型	一种真空获得系统气体分析控制装置	施汉生 齐 滨 陈宝堂 孙风晓 王学新 温维新 孙金明 王者堂	201520680360.4	2015-9-6	2015-12-23	日照公司
802	实用新型	一种风机轴承座 轴瓦冷却水监控系统	朱小平 梅庆峰	201520680571.4	2015-9-6	2015-12-23	日照公司
803	实用新型	一种全干法转炉烟气余热和煤气回收装置	施汉生 邵明天 陈宝堂 孙风晓 刘 凯 王学新 张永青 王者堂	201520680582.2	2015-9-6	2015-12-23	日照公司
804	实用新型	一种滑线除瘤工具	程 昊	201520738261.3	2015-9-22	2015-12-23	莱芜钢铁集团有限公司
805	实用新型	变电站远程智能监控系统	王 跃 刘清峰 王继伟 张本明 张光明	201520182051.0	2015-3-27	2015-12-30	金岭矿业
806	实用新型	一种远距离水平测量尺	孙连生 武其涵 张 锐 王 辉 徐春玲 侯纪宝 黄泗军	201520546803.7	2015-7-24	2015-12-30	山钢股份莱芜分公司
807	实用新型	一种用于清理地面积水的系统	刘 栋 姬云霄 冯兆琛 马云飞 王宝进 周玉海	201520551644.X	2015-7-27	2015-12-30	山钢股份莱芜分公司
808	实用新型	喷号机用墨线调整辅助装置	梁玉萍 李 深 阴法亮 耿莹莹 杨 鹏 任丽萍 林雅琴 田方滨	201520614254.2	2015-8-14	2015-12-30	莱芜钢铁集团有限公司

续表

序号	专利类型	专利名称	发明人	专利号	申请日	授权日	发明人/设计人所在单位
809	实用新型	喷号机墨路系统用快速连接装置	梁玉萍 李 深 阴法亮 耿莹莹 杨 鹏 任丽萍 林雅琴 田方滨	201520614268.4	2015-8-14	2015-12-30	莱芜钢铁集团有限公司
810	实用新型	一种导辊油气润滑系统检测装置	赵冠夫 尹 莉 马传庆 陈菲菲 杨密平 魏莉莉 范夕荣 刘金玲 周艳丽	201520635909.4	2015-8-23	2015-12-30	山钢股份莱芜分公司
811	实用新型	烧结系统及烧结系统的密封装置	李雪涛 张 戈 吴钦国	201520663409.1	2015-8-31	2015-12-30	莱芜钢铁集团有限公司
812	实用新型	烧结系统及烧结系统的密封装置	李雪涛 张 戈 吴钦国	201520668578.4	2015-8-31	2015-12-30	莱芜钢铁集团有限公司
813	实用新型	烧结系统及烧结系统的密封装置	张 戈 李雪涛	201520668604.3	2015-8-31	2015-12-30	莱芜钢铁集团有限公司
814	实用新型	一种铁路道口护轨稳固装置	蔡开云 田 杰 薛洪科 李振江 赵 玲 毕玉民	201520676844.8	2015-9-4	2015-12-30	山钢股份莱芜分公司
815	实用新型	一种焦炉炉墙喷补辅助装置	李贤涛 程绍良 戴孝佩 杨 鹏 刘 涛 狄明三 鞠 玲 李 彬 王 强 吕 强 苗士云 类维华	201520676833.X	2015-9-4	2015-12-30	山钢股份莱芜分公司
816	实用新型	一种平煤杆	李义超 刘海涛 于振东 常庆明 王华明 李 军 阎 峰	201520689598.X	2015-9-8	2015-12-30	山钢股份济南分公司
817	实用新型	一种煤气柜柜位超限警报装置	吴 伟 商汉军 李 键 王立新 毛伟峰 苏 丹 孙喜亮 时 磊 桑毅磊 李剑辉	201520703060.X	2015-9-12	2015-12-30	山钢股份济南分公司
818	实用新型	一种推焦车摘炉门用接焦油装置	于振东 李义超 刘海涛 王华明 罗维忠	201520707729.2	2015-9-14	2015-12-30	山钢股份济南分公司
819	实用新型	桥式起重机更换大车车轮承压板	马敬勋 赵培建 王圣文 潘玉斌 卢 峰 李 梅 王京先	201520720271.4	2015-9-17	2015-12-30	山钢股份济南分公司
820	实用新型	一种叶轮给料机远距离监控装置	高海根 朱 涛 刘德楼 吕化军 董 英 周 亮 马本瑞 王 岩 尹秀芬 刘 标	201520720231.X	2015-9-17	2015-12-30	山钢股份济南分公司
821	实用新型	一种湿式静电除尘器喷淋水管在线排污装置	田 峰 孙久荣 朱 琳 邱历军 张 平 房 军 武建波 滕云涛	201520724712.8	2015-9-18	2015-12-30	山钢股份济南分公司

续表

序号	专利类型	专利名称	发明人	专利号	申请日	授权日	发明人/设计人所在单位
822	实用新型	一种高炉烧铁口用氧气管快装接头	王径成　朱　涛　管襄华　夏拥华　高贤敏　李传辉　陈　霞　钱　瑞　姜训伟　娄海波	201520725112.3	2015-9-18	2015-12-30	山钢股份济南分公司
823	实用新型	一种用于高炉原料的输送装置	李建沛　高新运　杨传举　朱　涛　谢超雄　魏　彤　李云雪　王径成　董良健　王鲁济	201520725124.6	2015-9-18	2015-12-30	山钢股份济南分公司
824	实用新型	一种快速检测钢板不平度的工具	彭　宾　李永亮　薄其伟　丛　亮　王旭峰　李　梁　张宏宇　杨艳召　史金柱　谢　晖	201520731409.0	2015-9-21	2015-12-30	山钢股份济南分公司
825	实用新型	火车皮车帮存料清理装置	许贵成　阴宝忠　闫新亭　李　扬　姚　勇　魏广波	201520731529.0	2015-9-21	2015-12-30	山钢股份莱芜分公司

（撰稿：胡　玉　审稿：李传峰）

集团公司2015年获国家级管理、科技创新成果统计表

类别	成果类型	成果名称	获奖等级	授予部门	获奖单位
管理创新成果	冶金企业管理现代化创新成果	钢材销售价格提升体系的建立与应用	一等	中国钢铁工业协会	山钢股份济南分公司
	冶金企业管理现代化创新成果	以价值创造为导向的精益运营改善项目管理	二等	中国钢铁工业协会	山钢股份济南分公司
	冶金企业管理现代化创新成果	炼钢生产过程六化精益管理的构建与实施	二等	中国钢铁工业协会	山钢股份莱芜分公司
	冶金企业管理现代化创新成果	基于订单贡献的钢轧一体化品种结构优化方式	三等	中国钢铁工业协会	山钢股份济南分公司
	冶金企业管理现代化创新成果	平衡计分卡的研究与应用	三等	中国钢铁工业协会	莱钢集团银山型钢公司
	冶金企业管理现代化创新成果	以能源价值最大化为目标的能源管理	三等	中国钢铁工业协会	山钢股份莱芜分公司
	冶金企业管理现代化创新成果	“法制莱钢”的系统构建与全面实施	三等	中国钢铁工业协会	莱钢集团
科技创新成果	冶金科学技术奖	180吨以下转炉冶炼洁净钢的高效稳定生产技术创新	二等	中国钢铁工业协会 中国金属学会	莱钢集团

（撰稿：毛春友　审稿：李传峰）

集团公司 2015 年多元产业发展情况表

名称	序号	企业名称	地址	法人代码	所属国民经济行业（大类）	主要指标		存续状态
						从业人员平均人数	营业总收入/万元	
济钢集团	1	济南钢城矿业有限公司	山东省济南市历城区矿源路 9 号	72386511-2	黑色金属矿采选业	493	77379.11	正常经营
	2	济南鲍德冶金石灰石有限公司	山东省济南市章丘埠村街道办事处	75544265-9	非金属矿物制品业	41	9153.09	正常经营
	3	山东鲍德翼板有限公司	山东省济南市历城区董家	75825316-7	金属制品业	283	3051.51	正常经营
	4	济南鲍德钢结构有限公司	山东省济南市历城区曹家馆西首路南	75177087-4	金属制品业	209	10414.10	正常经营
	5	山东鲍德金属复合板有限公司	山东省济南市历城区工业北路 21 号	74241344-5	金属制品业	106	10661.96	正常经营
	6	济南钢铁集团总公司菏泽五金厂	山东省菏泽市人民路中段耿庄西	16889089-5	金属制品业	48	211.53	正常经营
	7	济南鲍德炉料有限公司	山东省济南市历城区郭店镇	72621907-9	废弃资源综合利用业	906	65437.12	正常经营
	8	济钢集团国际工程技术有限公司（设计院）	山东省济南市高新区舜华东路 666 号	26427037-0	专业技术服务业	277	36294.38	正常经营
	9	山东省冶金科学研究院	山东省济南市历下区解放东路 66 号	16305994-7	专业技术服务业	215	11993.38	正常经营
	10	山东省冶金地质水文勘察公司	山东省济南市历城区烈士山北路 6 号	16304547-3	专业技术服务业	151	17856.36	正常经营
	11	济钢集团山东建设工程有限公司	山东省济南市历城区工业北路 21 号	16305599-7	房屋和土木工程建筑业	519	6385.32	正常经营
	12	济南鲍德汽车运输有限公司	山东省济南市历城区工业北路 21 号	72541017-0	道路运输业	1118	206290.86	正常经营
	13	青岛保税区济钢国际物流有限公司	山东省青岛市保税区莫斯科路 43 号	74397661-0	道路运输业	67	63929.71	正常经营
	14	济钢集团重工机械有限公司	山东省济南市历城区工业北路 21 号	16342738-3	专用设备制造业	895	16131.76	正常经营
	15	山东融鑫投资股份有限公司	山东省济南市历城区工业北路 46 号	74657039-2	资本市场服务	10	833.12	正常经营
	16	济南市历城区钢城小额贷款股份有限公司	山东省济南市历城区工业北路 21 号	06115470-8	货币金融服务	17	4075.04	正常经营

续表

名称	序号	企业名称	地址	法人代码	所属国民经济行业（大类）	主要指标		存续状态
						从业人员平均人数	营业总收入/万元	
济钢集团	17	济钢国际融资租赁有限公司	山东省济南市高新区崇华路1587号黄金时代三区1号楼1-108	09427824-8	资本市场服务	21	9508.85	正常经营
	18	山东球墨铸铁管有限公司	山东省济南市工业北路铁骑路25号	61407250-0	黑色冶炼及压延加工业	1573	185013.80	正常经营
	19	济钢集团商业贸易有限公司	山东省济南市历城区工业北路21号	16315293-0	商务服务业	543	41101.86	正常经营
	20	济南济钢铁合金厂	山东省济南市历城区机场路11977号	16314420-1	金属制品业	232	61643.03	正常经营
	21	济南黄河爆破工程有限公司	山东省济南市历城区机场路11977号	16314418-0	其他建筑业	30	849.09	正常经营
	22	济钢总医院	山东省济南市历城区工业北路21号	74659046-5	卫生	700	21162.00	正常经营
	23	济南鲍德房地产开发有限公司	山东省济南市历下区解放东路66号	72755652-8	房地产业	149	4587.67	正常经营
	24	济钢香港控股有限公司	香港	商业登记证17461170-000-10-13-4	批发业、货币金融服务	8	646294.50	正常经营
莱钢集团	1	莱芜钢铁集团莱芜矿业有限公司	山东省莱芜市鲁中西大街71号	86953276-7	黑色金属矿采选业	2924	62406.77	正常经营
	2	莱芜钢铁集团鲁南矿业有限公司	山东省沂水县诸葛镇鲁南矿业有限公司	70607850-4	黑色金属矿采选业、塑料制品业	1691	42003.61	正常经营
	3	莱芜钢铁集团新泰铜业有限公司	山东省新泰市高新技术开发区双山路1号	72498085-X	黑色金属矿采选业、有色金属冶炼及压延加工业	366	24531.15	正常经营
	4	莱芜钢铁集团淄博锚链有限公司	山东省淄博市淄川区黑旺镇黑旺村北	72541659-9	金属制品业	628	19188.46	正常经营
	5	莱芜钢铁集团泰东实业有限公司	山东省莱芜市钢城区双泉路	72499693-1	废弃资源综合利用业	2788	62549.75	正常经营
	6	山东莱钢汽车运输有限公司	山东省莱芜市钢城区南岭大街28号	73261805-X	道路运输业、仓储业	2051	64043.18	正常经营
	7	山东省冶金设计院股份有限公司	山东省济南市高新开发区舜华路1969号	49557140-2	专业技术服务业	911	97328.12	正常经营
	8	莱芜钢铁集团金鼎实业有限公司	山东省莱芜市钢城区新兴路21号	73171916-6	物业管理、住宿和餐饮业、批发和零售业	3326	48739.90	正常经营
	9	山东莱钢建设有限公司	山东省青岛市东海西路43号凯旋大厦东塔32层	75044189-2	房屋和土木工程建筑业、建筑安装业	2218	703334.89	正常经营

续表

名称	序号	企业名称	地址	法人代码	所属国民经济行业（大类）	主要指标		存续状态
						从业人员平均人数	营业总收入/万元	
莱钢集团	10	莱钢集团矿山建设有限公司	山东省莱芜市莱城区凤城东大街57号	16953118-1	房屋和土木工程建筑业	669	79645.62	正常经营
	11	莱芜钢铁集团有限公司设备检修中心	山东省莱芜市钢城区新兴路21号	07965778-4	生产性服务产业	3466	7122.09	正常经营
	12	莱钢集团机械制造有限公司	山东省莱芜市钢城区钢都大街西首	74567859-6	专业设备制造业、通用设备制造业	3642	4247.69	正常经营
	13	鲁银投资集团股份有限公司	山东省济南市经十路20518号	16306841-3	资本市场服务	2532	234232.42	正常经营
	14	中泰证券股份有限公司	山东省济南市市中区经七路86号	72924634-7	资本市场服务	5765	1655875.39	正常经营，2015年9月更名
	15	山东莱钢永锋钢铁有限公司	山东省齐河经济开发区	74021051-3	黑色冶炼及压延加工业	5912	1150336.34	正常经营
	16	莱钢集团烟台钢管有限公司	山东省烟台市芝罘区芝罘屯路92号	16504348-X	黑色冶炼及压延加工业	1153	69016.06	正常经营
	17	山东莱钢铁源炉料有限公司	山东省莱芜市鲁中西大街71号	75828286-5	黑色冶炼及压延加工业	130	26582.45	正常经营
	18	莱芜钢铁集团有限公司医院	山东省莱芜市钢城区新兴路68号	F5026010-9	卫生	954	37444.60	正常经营
	19	莱钢集团蓝天商旅车业有限公司	山东省莱芜市钢城区昌盛路16号	66135800-X	道路运输业、商务服务业	401	14886.50	正常经营
	20	山东鲁碧建材有限公司	山东省莱芜市钢城区颜庄镇	61372005-1	非金属矿物制造	2044	156324.81	正常经营
	21	莱芜市钢城区鲁中小额贷款有限公司	山东省莱芜市钢城区钢城大街10号1幢（鲁中大厦）	05093207-6	金融	10	1137.50	新增
淄博张钢	1	淄博市张店广顺炉料有限公司	山东省淄博市张店区湖田镇	76367077-4	资源产业	40	3140.44	正常经营
	2	淄博张店宝山超细粉有限公司	山东省淄博市张店区华光东路10号	77209500-3	循环经济产业	71	3749.81	正常经营
	3	淄博泰成冶金建设有限公司	山东省淄博市高新区万杰路137号206室	73369007-X	生产性服务业	102	6169.87	正常经营
	4	山东冶金机械厂有限公司	山东省淄博市张店区南定镇新村1号	16410915-X	机械加工制造产业	779	31720.38	正常经营
	5	淄博东方星城置业有限公司	山东省淄博市张店区中心路176号	67222874-5	房地产类	27	22251.21	正常经营
	6	张店钢铁总厂宾馆	山东省淄博市张店区中心路176号	16416428-X	住宿和餐饮业	10	159.60	正常经营
	7	山东钢铁集团淄博张钢有限公司医院	山东省淄博市张店区中心路176号	F4908968-2	卫生	37	366.00	正常经营
	8	淄博铁鹰进出口有限公司	山东省淄博市张店区中心路176号	73172109-8	批发业	2	57188.71	正常经营
	9	张店钢铁（香港）有限公司	香港	878084	批发业	2	59706.31	正常经营

续表

名称	序号	企业名称	地址	法人代码	所属国民经济行业（大类）	主要指标		存续状态
						从业人员平均人数	营业总收入/万元	
集团公司	1	山东钢铁集团财务有限公司	山东省济南市高新区舜华路2000号舜泰广场4号楼	59032838-X	货币金融服务	34	30096.73	正常经营
	2	山东钢铁集团房地产有限公司	山东省青岛市崂山区株洲路139号	73575693-3	房地产	1122	298096.21	新增，正在整合过程中
							240466.49	原莱钢建设置业合并
	3	山东金岭铁矿	山东省淄博市张店区中埠镇	16410519-1	铁矿采选	4202	83616.77	正常经营
	4	山东省新力冶金实业公司	山东省济南市历山路134号	16305928-5	批发业、餐饮业	66	1966.81	正常经营
	5	山东省冶金物资公司	山东省济南市浆水泉路3号	163051427-7	批发业	22	7032.82	正常经营
	6	山东耐火材料集团有限公司	山东省淄博市周村区王村宝山工业园	16307910-4	非金属矿采选业、非金属矿物制品业	2953	60824.62	正常经营
	7	山东钢铁集团国际贸易有限公司	山东省济南市舜华路2000号舜泰广场4号楼19层	08510336-6	批发业	215	1246120.29	正常经营
	8	山东钢铁集团聊城加工配送有限公司	山东省聊城市冠县工业园区	57662976-8	批发业	4	23486.24	
	9	烟台钢铁企业集团公司	山东省烟台市芝罘区芝罘岛西路91号	26564570-1	市场管理	21	397.71	正常经营
	10	山东冶金烟台宾馆	山东省烟台市芝罘区芝罘岛西路91号	16502136-0	住宿业	15	46.60	正常经营
	11	济南鲍德气体有限公司	山东省济南市历城区工业北路21号	72498681-3	化学原料及化学制品制造业	236	61141.97	正常经营
	12	莱芜天元气体有限公司	山东省莱芜市钢城区棋山大街东首57号	74451412-7	化学原料及化学制品制造业	327	69051.60	正常经营
	13	莱芜钢铁集团电子有限公司	山东省莱芜市钢城区友谊大街33号	74987859-5	软件和信息技术服务业	80	11639.79	正常经营
	14	山东鲁冶项目管理有限公司	山东省济南市历山路134号	26717840-6	专业技术服务业	76	760.23	正常经营
	15	山东工业职业学院	山东省淄博市	49322415-9	教育	356	13906.48	正常经营
	16	山钢国际投资有限公司	香港	1694076	批发业	6	-3873.27	正常经营
	17	山钢金融控股（深圳）有限公司	广东省深圳市前海深港合作区前湾一路1号A栋201室	35647113-7	货币金融服务	34	0.00	新增

注：截至2015年末共71家，比2014年增加3家，分别是山钢房地产、山钢金控、莱钢鲁中小额贷款公司。

（撰稿：胡　玉　审核：李传峰）

2015年全国钢铁企业主要产品产量排序表（前10名）

（单位：万吨）

粗钢			生铁			钢材		
名次	企业	指标	名次	企业	指标	名次	企业	指标
1	河钢集团	4774.54	1	河钢集团	4670.59	1	河钢集团	4436.22
	其中：唐钢	1542.43		其中：唐钢	1594.61		其中：唐钢	1465.01
	邯钢	1300.28		邯钢	1166.70		邯钢	1165.68
	承钢	819.11		承钢	861.08		承钢	807.30
	宣钢	672.23		宣钢	694.07		宣钢	597.47
	舞阳	211.80		舞阳	115.57		舞阳	178.54
	石钢	228.69		石钢	238.56		石钢	146.56
2	宝钢集团	3494.19	2	宝钢集团	3401.41		衡板	26.41
	其中：宝钢股份	1514.84		其中：宝钢股份	1467.70	2	宝钢集团	3468.35
	八一	444.74		八一	440.18		其中：宝钢股份	1489.53
	韶钢	520.49		韶钢	524.92		八一	435.38
3	沙钢集团	3421.39	3	鞍钢集团	3233.18		韶钢	496.05
	其中：沙钢	2209.97		其中：鞍钢	2287.71	3	沙钢集团	3388.14
	永钢	747.78		攀钢	945.47		其中：沙钢	2260.07
	淮钢	293.65	4	沙钢集团	3163.73		永钢	735.42
4	鞍钢集团	3158.18		其中：沙钢	1912.63		淮钢	241.39
	其中：鞍钢	2261.37		永钢	796.19	4	鞍钢集团	2925.86
	攀钢	896.82		淮钢	293.59		其中：鞍钢	2104.83
5	首钢集团	2855.25	5	首钢集团	2905.77		攀钢	821.03
	其中：首钢	1901.95		其中：首钢	1943.33	5	首钢集团	2715.68
	水钢	335.98		水钢	340.79		其中：首钢	1768.06
	长治	240.37		长治	233.02		水钢	328.16
	贵阳	7.08		通钢	388.63		长治	242.72
	通钢	369.88	6	武钢集团	2551.61		贵阳	7.97
6	武钢集团	2577.62		其中：武钢	1515.49		通钢	368.77
	其中：武钢	1541.69		昆钢	698.33	6	武钢集团	2460.23
	昆钢	700.53		鄂钢	337.78		其中：武钢	1432.67
	鄂钢	333.45	7	**山钢集团**	**2263.56**		昆钢	682.86
7	**山钢集团**	**2169.21**		**其中：莱钢**	**1492.26**		鄂钢	369.62
	其中：莱钢	**1446.77**		**济钢**	**653.97**	7	**山钢集团**	**2131.50**
	济钢	**606.60**		**张钢**	**117.33**		**其中：莱钢**	**1422.91**

续表

粗钢			生铁			钢材		
名次	企业	指标	名次	企业	指标	名次	企业	指标
7	**张钢**	**115.84**	8	马钢集团	1800.90	7	**济钢**	**584.10**
8	马钢集团	1882.02		其中：马钢股份	1800.90		**张钢**	**124.49**
	其中：马钢股份	1881.56	9	北京建龙	1597.33	8	马钢集团	1832.05
9	渤海钢铁集团	1626.90	10	渤海钢铁集团	1580.05		其中：马钢股份	1823.55
	其中：天管	178.65		其中：天管	88.35	9	渤海钢铁集团	1787.26
	天钢	594.39		天钢	619.88		其中：天铁	428.99
	天铁	284.94		天铁	314.96		天钢	354.70
	天冶	568.92		天冶	556.86		天冶	671.22
10	北京建龙	1514.12					天管	332.35
						10	华菱集团	1463.70
							其中：湘钢	678.56
							涟源	633.34
							衡阳	104.11
							锡钢	47.68
	全国合计	80383.00		全国合计	69141.00		全国合计	112350.00

注：数据来源于中国钢铁工业协会。

2015年世界钢企20强粗钢产量排名及2011年至2015年产量表

（单位：百万吨）

2015年产量排名	公　司	总部所在国	2011年	2012年	2013年	2014年	2015年
1	安赛乐米塔尔	卢森堡	97.248	93.575	96.096	98.088	97.136
2	河钢集团	中国	44.36	42.84	45.786	47.094	47.745
3	新日铁住金（NSSMC）	日本	33.388	47.858	50.128	49.3	46.374
4	浦项制铁	韩国	39.118	39.875	38.417	41.593	41.975
5	宝钢集团	中国	43.34	42.7	43.908	43.347	34.942
6	沙钢集团	中国	31.92	32.31	35.081	35.332	34.214
7	鞍钢集团	中国	29.75	30.23	33.687	34.348	31.582
8	日本钢铁工程控股公司	日本	29.902	30.409	31.161	31.406	29.825
9	首钢集团	中国	30.04	31.42	31.523	30.777	28.553
10	塔塔钢铁集团	印度	23.82	22.974	25.272	26.202	26.314
11	武钢集团	中国	37.68	36.42	39.311	33.053	25.776

续表

2015年产量排名	公司	总部所在国	2011年	2012年	2013年	2014年	2015年
12	**山钢集团**	**中国**	**24.02**	**23.01**	**22.793**	**23.336**	**21.692**
13	现代制铁株式会社	韩国	16.292	17.124	17.303	20.576	20.481
14	纽柯钢铁公司	美国	19.892	20.125	20.162	21.411	19.624
15	马钢集团	中国	16.68	17.34	18.794	18.903	18.82
16	蒂森克虏伯钢铁公司	德国	17.936	14.461	15.864	17.233	17.339
17	盖尔道集团	巴西	20.501	19.807	18.966	19.001	17.033
18	天津渤海钢铁集团	中国			19.326	18.488	16.269
19	新利佩茨克钢铁公司	俄罗斯	12.112	14.923	15.468	16.108	16.049
20	建龙集团	中国	12.36	13.76	14.295	15.256	15.141

注：数据来源于世界钢铁协会。

2001年至2015年全国铁、钢、材历年产量表

（单位：万吨）

年份	生铁	粗钢	钢材
2001年	15554	15163	16068
2002年	17085	18237	19252
2003年	21367	22234	24108
2004年	26831	28291	31976
2005年	34375	35324	37771
2006年	41245	41915	46893
2007年	47652	48929	56561
2008年	47824	50306	60460
2009年	55283	57218	69405
2010年	59733	63723	80277
2011年	64051	68528	88620
2012年	66354	72388	95578
2013年	71150	81314	108201
2014年	71375	82231	112513
2015年	69141	80383	112350

注：数据来源于国家统计局。2013年、2014年的数据为修正后的。

山钢年鉴 2016

山钢集团
SD STEEL

荣誉

山钢集团
SD STEEL

山钢文化

核心理念

山钢愿景：

打造具有国际竞争力的钢铁强企

获省级以上荣誉的先进集体

获得荣誉单位	荣誉称号	授予单位	授予时间
山钢集团	2014年度财务指标快报工作先进单位	中国钢铁工业协会	2015-02
济钢	全国文明单位（复审合格）	中央精神文明建设指导委员会	2015-02
山钢股份莱芜分公司炼钢厂运转一车间连铸水处理大班	全国五一巾帼标兵岗	中华全国总工会	2015-02
山钢集团	2014年度钢铁工业环境保护统计工作先进集体	中国钢铁工业协会信息统计部	2015-03
山东球墨铸铁管有限公司烧结车间吸风机班	全国“安康杯”竞赛优胜班组	中华全国总工会、国家安全生产监督管理总局	2015-04
济钢鲍德炉料公司团委	2014年度全国钢铁行业“五四红旗团委”	全国钢铁行业共青团工作指导和推进委员会	2015-04
山钢股份济南分公司团委	2014年度全国钢铁行业“五四红旗团委”	全国钢铁行业共青团工作指导和推进委员会	2015-04
山钢股份济南分公司炼铁厂炼焦二车间团支部	2014年度全国钢铁行业“五四红旗团支部”	全国钢铁行业共青团工作指导和推进委员会	2015-04
莱钢	全国“安康杯”竞赛活动示范单位	全国总工会、国家安全生产监督管理局	2015-04
莱钢建设公司团委	2014年度全国钢铁行业“五四红旗团委”	全国钢铁行业共青团工作指导和推进委员会	2015-04
莱钢设备检修中心焦化检修部团支部	2014年度全国钢铁行业“五四红旗团支部标兵”	全国钢铁行业共青团工作指导和推进委员会	2015-04
山钢股份莱芜分公司型钢炼铁厂机动设备科电修站团支部	2014年度全国“五四红旗团支部”	共青团中央	2015-04
山钢股份莱芜分公司焦化厂团委	2014年度全国钢铁行业“五四红旗团委”	全国钢铁行业共青团工作指导和推进委员会	2015-04
山钢股份莱芜分公司自动化部网维中心团支部	2014年度全国钢铁行业“五四红旗团支部”	全国钢铁行业共青团工作指导和推进委员会	2015-04
山钢股份莱芜分公司炼钢厂	全国“安康杯”竞赛优胜单位	中华全国总工会、国家安全生产监督管理局	2015-05
山钢股份莱芜分公司能源动力厂	全国“安康杯”竞赛优秀组织单位	中华全国总工会、国家安全生产监督管理局	2015-05
山钢股份莱芜分公司自动化部银山轧区维护车间厚板站	全国“安康杯”竞赛优胜班组	中华全国总工会、国家安全生产监督管理局	2015-05
山钢股份能源动力厂党委	山东省省管企业先进基层党组织	山东省国资委	2015-06

获得荣誉单位	荣誉称号	授予单位	授予时间
山钢股份济南分公司薄板厂热轧车间团支部	2014年度全国钢铁行业青年安全生产示范岗	全国钢铁行业共青团工作指导和推进委员会	2015-06
莱钢电视台	优秀电视台	中国电视艺术家协会企业分会	2015-07
张钢张店区铁山社区	2015年全国社区网络春晚“优秀组织奖”	全国社区网络春晚组委会	2015-07
山东工业职业学院	“天煌杯”大气环境监测与治理技术比赛团体二等奖	全国职业院校技能大赛组委会	2015-07
山钢集团	2014年度财务决算编报工作先进单位	中国钢铁工业协会	2015-08
济钢团委	2014年度全国钢铁行业“青安杯”竞赛先进单位	全国钢铁行业共青团工作指导和推进委员会	2015-08
青岛保税区济钢国际物流有限公司	2014年度全国钢铁行业“青安杯”竞赛青年安全生产示范岗	全国钢铁行业共青团工作指导和推进委员会	2015-08
济南鲍德炉料公司团委	2014年度全国钢铁行业“青安杯”竞赛先进集体	全国钢铁行业共青团工作指导和推进委员会	2015-08
山东鲍德翼板有限公司轧钢车间粗轧调整岗位	2014年度全国钢铁行业“青安杯”竞赛最佳青年安全监督岗	全国钢铁行业共青团工作指导和推进委员会	2015-08
山东球墨铸铁管有限公司团委	2014年度全国钢铁行业“青安杯”竞赛先进集体	全国钢铁行业共青团工作指导和推进委员会	2015-08
济钢供热公司综合项目部	2014年度全国钢铁行业青年安全生产示范岗	全国钢铁行业共青团工作指导和推进委员会	2015-08
济南鲍德汽车运输有限公司货运一队	2014年度全国钢铁行业青年安全生产示范岗	全国钢铁行业共青团工作指导和推进委员会	2015-08
济南鲍德钢结构公司结构厂	2014年度全国钢铁行业青年安全生产示范岗	全国钢铁行业共青团工作指导和推进委员会	2015-08
济钢彩板厂镀锌作业区	2014年度全国钢铁行业青年安全生产示范岗	全国钢铁行业共青团工作指导和推进委员会	2015-08
济钢集团国际工程技术有限公司烟气脱硫现场运营岗	2014年度全国钢铁行业“青安杯”竞赛最佳青年安全监督岗	全国钢铁行业共青团工作指导和推进委员会	2015-08
山钢股份济南分公司团委	2014年度全国钢铁行业“青安杯”竞赛优秀组织单位	全国钢铁行业共青团工作指导和推进委员会	2015-08
山钢股份济南分公司炼铁厂团委	2014年度全国钢铁行业“青安杯”竞赛先进集体	全国钢铁行业共青团工作指导和推进委员会	2015-08
山钢股份济南分公司薄板厂团委	2014年度全国钢铁行业“青安杯”竞赛先进集体	全国钢铁行业共青团工作指导和推进委员会	2015-08
山钢股份济南分公司炼钢厂120t连铸丁班浇钢青年安全生产示范岗	2014年度全国钢铁行业“青安杯”竞赛青年安全生产示范岗	全国钢铁行业共青团工作指导和推进委员会	2015-08
山钢股份济南分公司化工厂回收一车间冷鼓青年安全生产示范岗	2014年度全国钢铁行业“青安杯”竞赛青年安全生产示范岗	全国钢铁行业共青团工作指导和推进委员会	2015-08
山钢股份济南分公司自动化信息技术公司市场部青安岗	2014年度全国钢铁行业“青安杯”竞赛最佳青年安全监督岗	全国钢铁行业共青团工作指导和推进委员会	2015-08

获得荣誉单位	荣誉称号	授予单位	授予时间
山钢股份济南分公司鲍德气体有限公司稀有气体班青安岗	2014年度全国钢铁行业“青安杯”竞赛最佳青年安全监督岗	全国钢铁行业共青团工作指导和推进委员会	2015-08
山钢股份济南分公司计量质检中心物理实验室力学检验青安岗	2014年度全国钢铁行业“青安杯”竞赛最佳青年安全监督岗	全国钢铁行业共青团工作指导和推进委员会	2015-08
山钢股份济南分公司物流管理中心工厂站甲班调车组青安岗	2014年度全国钢铁行业“青安杯”竞赛最佳青年安全监督岗	全国钢铁行业共青团工作指导和推进委员会	2015-08
山钢股份济南分公司宽厚板厂天车车间3500线原料一跨1#车操作岗	2014年度全国钢铁行业“青安杯”竞赛最佳青年安全监督岗	全国钢铁行业共青团工作指导和推进委员会	2015-08
山钢股份济南分公司能源动力厂维修保障车间电仪班青安岗	2014年度全国钢铁行业“青安杯”竞赛最佳青年安全监督岗	全国钢铁行业共青团工作指导和推进委员会	2015-08
莱钢团委	2014年度全国钢铁行业“青安杯”竞赛优胜单位	全国钢铁行业共青团工作指导和推进委员会	2015-08
莱钢设备检修中心团委	2014年度全国钢铁行业“青安杯”竞赛先进集体	全国钢铁行业共青团工作指导和推进委员会	2015-08
莱钢淄博锚链公司团委	2014年度全国钢铁行业“青安杯”竞赛先进集体	全国钢铁行业共青团工作指导和推进委员会	2015-08
莱钢设备检修中心焦化检修部综合班	2014年度全国钢铁行业青年安全生产示范岗	全国钢铁行业共青团工作指导和推进委员会	2015-08
莱钢建设公司济南分公司铆焊一班	2014年度全国钢铁行业“青安杯”竞赛青年安全生产示范岗	全国钢铁行业共青团工作指导和推进委员会	2015-08
莱钢泰东公司资源分公司热闷班	2014年度全国钢铁行业“青安杯”竞赛青年安全生产示范岗	全国钢铁行业共青团工作指导和推进委员会	2015-08
莱钢设备检修中心银前检修部铸机机械一班	2014年度全国钢铁行业“青安杯”竞赛最佳青年安全监督岗	全国钢铁行业共青团工作指导和推进委员会	2015-08
莱钢淄博锚链公司制链车间7#-2机组	2014年度全国钢铁行业“青安杯”竞赛最佳青年安全监督岗	全国钢铁行业共青团工作指导和推进委员会	2015-08
莱芜矿业公司选矿厂化验班	2014年度全国钢铁行业“青安杯”竞赛最佳青年安全监督岗	全国钢铁行业共青团工作指导和推进委员会	2015-08
莱钢矿建公司银山分公司专业管理班	2014年度全国钢铁行业“青安杯”竞赛最佳青年安全监督岗	全国钢铁行业共青团工作指导和推进委员会	2015-08
莱钢鲁碧公司熟料分厂生料磨班	2014年度全国钢铁行业“青安杯”竞赛最佳青年安全监督岗	全国钢铁行业共青团工作指导和推进委员会	2015-08
莱钢粉末冶金公司原料车间隧道窑工段	2014年度全国钢铁行业“青安杯”竞赛最佳青年安全监督岗	全国钢铁行业共青团工作指导和推进委员会	2015-08
山钢股份莱芜分公司型钢炼铁厂400m^{3}烧结机	全国重点大型耗能钢铁生产设备节能降耗对标竞赛2014年度创先炉	中国机冶建材工会全国委员会、中国钢铁工业协会	2015-08

获得荣誉单位	荣誉称号	授予单位	授予时间
山钢股份莱芜分公司型钢炼铁厂3号3200m^{3}高炉	全国重点大型耗能钢铁生产设备节能降耗对标竞赛2014年度优胜炉	中国机冶建材工会全国委员会、中国钢铁工业协会	2015-08
山钢股份莱芜分公司团委	2014年度全国钢铁行业“青安杯”竞赛先进单位	全国钢铁行业共青团工作指导和推进委员会	2015-08
山钢股份莱芜分公司型钢厂团委	2014年度全国钢铁行业“青安杯”竞赛先进集体	全国钢铁行业共青团工作指导和推进委员会	2015-08
山钢股份莱芜分公司焦化厂团委	2014年度全国钢铁行业“青安杯”竞赛先进集体	全国钢铁行业共青团工作指导和推进委员会	2015-08
山钢股份莱芜分公司棒材厂中小型轧钢班	2014年度全国钢铁行业“青安杯”竞赛青年安全生产示范岗	全国钢铁行业共青团工作指导和推进委员会	2015-08
山钢股份莱芜分公司炼钢厂连铸四车间4号机生产乙班	2014年度全国钢铁行业“青安杯”竞赛青年安全生产示范岗	全国钢铁行业共青团工作指导和推进委员会	2015-08
山钢股份莱芜分公司特钢事业部中型成材车间点检运行作业班	2014年度全国钢铁行业“青安杯”竞赛最佳青年安全监督岗	全国钢铁行业共青团工作指导和推进委员会	2015-08
山钢股份莱芜分公司型钢厂大型轧钢车间轧钢大班	2014年度全国钢铁行业“青安杯”竞赛最佳青年安全监督岗	全国钢铁行业共青团工作指导和推进委员会	2015-08
山钢股份莱芜分公司运输部车务二段17调车组	2014年度全国钢铁行业“青安杯”竞赛最佳青年安全监督岗	全国钢铁行业共青团工作指导和推进委员会	2015-08
山钢股份莱芜分公司自动化部网络及系统运行维护中心机务设备班	2014年度全国钢铁行业“青安杯”竞赛最佳青年安全监督岗	全国钢铁行业共青团工作指导和推进委员会	2015-08
山钢股份莱芜分公司宽厚板事业部热处理车间热处理班	2014年度全国钢铁行业“青安杯”竞赛最佳青年安全监督岗	全国钢铁行业共青团工作指导和推进委员会	2015-08
山钢股份莱芜分公司型钢炼铁厂烧结一车间看火班	2014年度全国钢铁行业“青安杯”竞赛最佳青年安全监督岗	全国钢铁行业共青团工作指导和推进委员会	2015-08
山东钢铁股份有限公司济南分公司	2015年度中国两化融合最佳实践单位	中国两化融合联盟	2015-09
莱钢	模范职工之家	中华全国总工会	2015-11
山钢股份莱芜分公司工会	模范职工之家	中华全国总工会	2015-11
山钢股份莱芜分公司工会	全国模范职工之家红旗单位	中华全国总工会	2015-11
山钢股份莱芜分公司型钢炼铁厂高炉三车间	全国模范职工小家	中华全国总工会	2015-11
山东工业职业学院	首届钢铁行业技能知识网络竞赛特别贡献奖	中国钢铁工业协会	2015-11
济南钢铁电视台	2015年度全国企业先进电视台	中国电视艺术家协会企业电视分会	2015-12
山钢集团	2013~2014年企业人事劳资年报统计先进单位	中国钢铁工业协会	2015-12
张钢侯庄矿	全国模范职工小家	中华全国总工会	2015-12

获得荣誉单位	荣誉称号	授予单位	授予时间
济钢总医院麻醉手术科	2014年度山东省青年安全生产示范岗	共青团山东省委、省安全生产监督管理局	2015-01
莱钢建设公司济南凯旋公馆项目部	2014年度山东省青年安全生产示范岗	共青团山东省委、省安全生产监督管理局	2015-01
山钢股份莱芜分公司型钢炼铁厂烧结二车间看火班	2014年度山东省青年安全生产示范岗	共青团山东省委、省安全生产监督管理局	2015-01
山钢股份莱芜分公司宽厚板事业部电气运行班	2014年度山东省青年安全生产示范岗	共青团山东省委、省安全生产监督管理局	2015-01
莱钢设备检修中心焦化检修部综合班	2014年度山东省青年安全生产示范岗	共青团山东省委、省安全生产监督管理局	2015-01
莱钢永锋集团有限公司团委	2014年度山东省非公有制企业“红旗团委”	共青团山东省委办公室	2015-01
莱钢	2014年度山东省工会工作创新奖	山东省总工会	2015-01
莱钢	工会“开发建立网上学习系统”项目获2014年度山东省工会工作创新奖	山东省总工会	2015-01
山钢股份莱芜分公司工会	2014年度山东省工会工作创新奖	山东省总工会	2015-01
山钢股份莱芜分公司供应部一站铁区	2014年冶金黄金有色金属行业安全生产标准化班组	山东省冶金黄金有色金属行业协会	2015-01
山钢股份莱芜分公司能源动力厂	山东省文明单位	山东省精神文明建设委员会	2015-01
济南钢城矿业有限公司	山东省级安全文化建设示范企业	中共山东省委宣传部、山东省安全生产监督管理局、山东省总工会	2015-02
山东省冶金科学研究院	山东省自主创新模范企业	山东省职工技术协会、《山东工人报》社	2015-02
山东球墨铸铁管公司	2014年度山东省冶金有色行业环境保护污染治理工作先进单位	山东省冶金工业总公司	2015-02
山钢股份济南分公司	山东省冶金有色行业安全生产标准化工作示范单位	山东省冶金工业总公司	2015-02
山钢股份济南分公司能源环保部	2014年度山东省冶金有色行业环境保护污染治理工作先进单位	山东省冶金工业总公司	2015-02
山钢股份济南分公司炼铁厂	2014年度山东省冶金有色行业环境保护污染治理工作先进单位	山东省冶金工业总公司	2015-02
莱钢永锋钢铁有限公司	2014年度冶金有色行业环境保护污染治理工作先进单位	山东省冶金工业总公司	2015-02
莱钢永锋钢铁有限公司	2014年度冶金有色行业安全生产标准化工作示范单位	山东省冶金工业总公司	2015-02
莱钢银山公安局直属分局侦查大队	齐鲁先锋警队	山东省公安厅	2015-02
莱钢银山公安局直属分局治安管理大队	全省优秀公安基层单位	山东省公安厅	2015-02

获得荣誉单位	荣誉称号	授予单位	授予时间
莱芜钢铁集团银山型钢有限公司	2014年度山东冶金有色行业安全生产基层基础工作先进单位	山东省冶金工业总公司	2015-02
山钢股份莱芜分公司焦化厂	2014年度山东冶金有色行业环境保护污染治理工作先进单位	山东省冶金工业总公司	2015-02
山钢股份莱芜分公司型钢炼铁厂	2014年度山东冶金有色行业环境保护污染治理工作先进单位	山东省冶金工业总公司	2015-02
山钢股份莱芜分公司炼铁厂工会	2014年度工会财务会计管理模范单位	山东省总工会	2015-02
山钢股份莱芜分公司炼钢厂工会	2014年度工会财务会计管理模范单位	山东省总工会	2015-02
莱钢	山东省地震安全示范企业	山东省地震局	2015-03
山钢股份莱芜分公司运输部车务二段行车丙班	山东省安全生产优秀班组	山东省安全生产监督管理局	2015-03
山钢股份莱芜分公司工会女职工委员会	山东省先进工会女职工委员会	山东省总工会	2015-03
山钢股份莱芜分公司炼铁厂动力车间烧结供电班	山东省建功立业标兵岗	山东省总工会	2015-03
山钢股份莱芜分公司板带厂成品车间成品管理班	山东省巾帼建功立业标兵岗	山东省总工会	2015-03
山钢股份莱芜分公司棒材厂行车车间行车丙班	山东省建功立业标兵岗	山东省总工会	2015-03
山钢股份莱芜分公司能源动力厂汽机车间风机一班	山东省工人先锋号	山东省总工会	2015-03
淄博张钢能源动力事业部轧钢供水班	山东省女职工建功立业标兵岗	山东省总工会	2015-03
财务公司	山东省“2014年度兼业保险代理先进集体”	山东省保险中介行业协会	2015-03
山钢集团	2014年度工会工作先进单位	山东省冶金工会	2015-04
山钢集团	工人先锋号	山东省冶金工会	2015-04
济南鲍德汽车运输有限公司客车队蒋峰车组	工人先锋号	山东省冶金工会	2015-04
山钢股份济南分公司自动化信息技术公司工程维修中心二班	工人先锋号	山东省冶金工会	2015-04
山钢股份济南分公司复合连铸坯轧制生产特厚钢板技术开发团队	山东省省管企业杰出创新团队	山东省国资委	2015-04
莱钢建设公司建安分公司机电安装工程部团支部	2014年度山东省五四红旗团支部	共青团山东省委	2015-04
莱钢医院	山东省志愿服务先进集体	共青团山东省委	2015-04
莱钢永锋钢铁有限公司	富民兴鲁劳动奖状	山东省总工会	2015-04
莱钢设备检修中心团委	2014年度山东省省管企业五四红旗团委	共青团山东省国资委委员会	2015-04

获得荣誉单位	荣誉称号	授予单位	授予时间
淄博锚链公司机关团支部	2014年度山东省省管企业五四红旗团支部	共青团山东省国资委委员会	2015-04
山钢股份莱芜分公司棒材厂中小型车间	山东省工人先锋号	山东省总工会	2015-04
山钢股份莱芜分公司自动化部银山轧区维护车间	山东省“安康杯”竞赛优胜班组	山东省总工会、省安监局	2015-04
山钢股份莱芜分公司能源动力厂	山东省“安康杯”竞赛组织工作优秀单位	山东省总工会	2015-04
山钢股份莱芜分公司型钢厂团委	2014年度山东省五四红旗团委	共青团山东省委	2015-04
山钢股份莱芜分公司能源动力厂团委	2014年度省管企业五四红旗团委	共青团山东省国资委委员会	2015-04
山钢股份莱芜分公司板带厂热轧车间团支部	2014年度山东省五四红旗团支部	共青团山东省委	2015-04
山钢股份莱芜分公司炼钢厂炼钢一车间团支部	2014年度省管企业五四红旗团支部	共青团山东省国资委委员会	2015-04
淄博张钢有限公司	山东省“安康杯”竞赛优胜单位	山东省总工会、省安监局	2015-04
山东省冶金科学研究院“王向阳创新工作室”	工人先锋号	山东省总工会	2015-05
莱钢财务部资金与管理科	2013~2014年山东省青年文明号	共青团山东省委	2015-05
建设公司济南分公司铆焊一班	2013~2014年山东省青年文明号	共青团山东省委	2015-05
莱钢建设公司建安分公司机电安装工程部仪表班	2013~2014年山东省青年文明号	共青团山东省委	2015-05
莱钢金鼎公司东区餐厅	2013~2014年山东省青年文明号	共青团山东省委	2015-05
莱钢金鼎公司型钢物业管理委员会	2013~2014年山东省青年文明号	共青团山东省委	2015-05
莱钢女子管乐团	2013~2014年山东省青年文明号	共青团山东省委	2015-05
莱钢银山公安局110报警服务台	2013~2014年山东省青年文明号	共青团山东省委	2015-05
山钢股份莱芜分公司工会	全省工会财务工作先进集体	山东省总工会	2015-05
山钢股份莱芜分公司自动化部网络及系统运行维护中心系统组	山东省青年文明号	共青团山东省委	2015-05
山钢股份莱芜分公司板带厂成品车间成品管理班	山东省青年文明号	共青团山东省委	2015-05
山钢股份莱芜分公司运输部工务段姜立松班	山东省青年文明号	共青团山东省委	2015-05
山钢股份莱芜分公司运输部机务段19机车组	山东省青年文明号	共青团山东省委	2015-05
山钢股份莱芜分公司能源动力厂电气车间银前发配电班	山东省冶金系统二零一五年度质量信得过班组	山东省冶金工业总公司	2015-05

获得荣誉单位	荣誉称号	授予单位	授予时间
山钢股份能源动力厂党委	山东省省管企业先进基层党组织	山东省国资委	2015-06
莱钢设备检修中心党委	山东省省管企业先进基层党组织	中共山东省国资委委员会	2015-06
山钢股份莱芜分公司能源动力厂汽机车间风机一班	山东省工人先锋号	山东省总工会	2015-06
山钢股份莱芜分公司焦化厂	山东省职工职业道德建设先进单位	山东省总工会	2015-06
山钢股份莱芜分公司炼钢厂	山东省省管企业先进基层党组织	山东省国资委党委	2015-06
山东钢铁集团国际贸易有限公司党委	山东省省管企业先进基层党组织	中共山东省国资委委员会	2015-06
山钢股份莱芜分公司炼钢厂工会	工会财务先进单位	山东省总工会办公室	2015-07
山钢股份莱芜分公司特钢事业部	安全生产标准化二级单位	山东省安全生产监督管理局	2015-07
山钢股份莱芜分公司型钢厂	安全生产标准化二级企业	山东省安全生产监督管理局	2015-07
青岛保税区济钢国际物流有限公司	“四星级”物流企业	山东省物流与交通运输协会	2015-08
山钢济南分公司宽厚板厂天车工	团体总分第二名	山东省冶金工会	2015-09
莱钢集团矿山建设有限公司	安全生产标准化二级企业（冶金烧结球团）	山东省安全生产监督管理局	2015-09
莱钢	山东职工法律知识竞赛“优秀组织奖”	山东省总工会、省司法厅、省普法办公室	2015-09
莱钢	2015 年山东省钢铁黄金有色金属行业职工职业技能竞赛决赛（钳工）团体总分第一名	山东省冶金工会委员会、三年行动委员会	2015-09
莱钢	2015 年山东省钢铁黄金有色金属行业职工职业技能竞赛决赛（电工）团体总分第二名	山东省冶金工会委员会、三年行动委员会	2015-09
莱钢	2015 年山东省钢铁黄金有色金属行业职工职业技能竞赛决赛“优秀组织单位”	山东省冶金工会委员会、三年行动委员会	2015-09
莱芜钢铁集团电子有限公司	山东省维护女职工权益先进企业	山东省企业联合会、省总工会、省企业家协会	2015-09
山钢股份莱芜分公司自动化部	全省职工法律知识竞赛先进组织奖	山东省总工会	2015-09
山钢股份莱芜分公司	山东省钢铁黄金有色金属行业职工职业技能竞赛高炉炼铁工团体总分第一名	山东省钢铁黄金有色金属行业职工学习培训技能提升三年行动组委会办公室	2015-09
山钢股份莱芜分公司	山东省钢铁黄金有色金属行业职工职业技能竞赛转炉炼钢工团体总分第一名	山东省钢铁黄金有色金属行业职工学习培训技能提升三年行动组委会办公室	2015-09

获得荣誉单位	荣誉称号	授予单位	授予时间
山钢股份莱芜分公司	山东省钢铁黄金有色金属行业职工职业技能竞赛棒材轧钢工团体总分第一名	山东省钢铁黄金有色金属行业职工学习培训技能提升三年行动组委会办公室	2015-09
山钢股份莱芜分公司	山东省钢铁黄金有色金属行业职工职业技能竞赛电工团体总分第一名	山东省钢铁黄金有色金属行业职工学习培训技能提升三年行动组委会办公室	2015-09
山钢股份莱芜分公司	山东省钢铁黄金有色金属行业职工职业技能竞赛钳工团体总分第二名	山东省钢铁黄金有色金属行业职工学习培训技能提升三年行动组委会办公室	2015-09
山钢股份莱芜分公司	山东省钢铁黄金有色金属行业职工职业技能竞赛起重机驾驶员团体总分第一名	山东省钢铁黄金有色金属行业职工学习培训技能提升三年行动组委会办公室	2015-09
山钢股份莱芜分公司工会	“中国梦　劳动梦”全省职工法律知识竞赛优秀组织奖	山东省总工会	2015-10
山钢股份莱芜分公司型钢炼铁厂	安全生产标准化二级企业	山东省冶金工业总公司	2015-10
山钢集团	山东省省管企业第三届职工职业技能大赛优秀组织奖	山东省人民政府国有资产监督管理委员会、山东省人力资源和社会保障厅等	2015-11
济钢集团金融服务中心小贷公司业务部	2014 年度山东省省管企业青年文明号	共青团山东省国资委委员会	2015-11
莱钢建设公司济南分公司	2014 年度山东省省管企业青年文明号	共青团山东省国资委委员会	2015-11
莱钢建设公司上海分公司	2014 年度山东省省管企业青年文明号	共青团山东省国资委委员会	2015-11
莱钢建设公司淄博分公司市场经营部	2014 年度山东省省管企业青年文明号	共青团山东省国资委委员会	2015-11
莱钢团委	第十一届山东省青年职业技能大赛优秀组织单位	共青团山东省委、省人力资源和社会保障厅、省总工会	2015-11
莱钢设备检修中心型钢轧材检修部行车动力班	2014 年度山东省省管企业青年文明号	共青团山东省国资委委员会	2015-11
山钢股份莱芜分公司炼钢厂	山东省基层理论宣讲先进单位	中共山东省委宣传部、省委讲师团	2015-11
山钢股份莱芜分公司焦化厂	山东省理论教育基地	中共山东省委宣传部、省委讲师团	2015-11
山钢股份莱芜分公司型钢炼铁厂	山东省理论宣教基地	中共山东省委宣传部、省委讲师团	2015-11
山钢集团	山东省财政企业财务信息工作先进单位	山东省财政厅	2015-12
济钢	2015 年度山东省文明单位（复审合格）	山东省精神文明建设委员会	2015-12
济钢集团中型轧钢厂钢库车间装车乙班	山东省冶金黄金有色金属行业安全生产标准化班组	山东省冶金工业总公司、省黄金集团有限公司、省冶金工会委员会	2015-12

获得荣誉单位	荣誉称号	授予单位	授予时间
济南鲍德汽车运输有限公司综合维修中心维修一班	山东省冶金黄金有色金属行业安全生产标准化班组	山东省冶金工业总公司、省冶金工会委员会	2015-12
山钢股份济南分公司	2015年度山东省企业培训与职工教育重点课题研究先进单位	山东省经信委职工教育办公室、省职工教育协会	2015-12
山钢股份济南分公司	2015年全省冶金行业统计工作先进集体	山东省冶金公司总公司	2015-12
山钢股份济南分公司薄板厂热轧车间	山东省冶金黄金有色金属行业安全生产标准化班组	山东省冶金工业总公司	2015-12
山钢股份济南分公司物流管理中心120站	山东省冶金黄金有色金属行业安全生产标准化班组	山东省冶金工业总公司、省黄金集团、省冶金工会	2015-12
山钢股份济南分公司宽厚板厂3500产线天车丙班	山东省冶金有色金属行业安全生产标准化班组	山东省冶金工业总公司、省冶金工会	2015-12
莱钢	2015年度全省冶金行业统计工作先进单位	山东省冶金工业总公司	2015-12
莱钢设备检修中心	山东省职工技术创新竞赛示范企业	山东省总工会、省经信委、省科技厅、省财政厅、省人社厅、省国资委、省知识产权局、省工商联	2015-12
莱钢设备检修中心型钢轧材检修部行车动力班	山东省冶金黄金有色金属行业安全生产标准化班组	山东省冶金工业总公司、省黄金集团有限公司、省冶金工会委员会	2015-12
莱钢设备检修中心型钢轧材检修部宽带机械班	山东省创新型班组	山东省总工会、省经信委、省科技厅、省财政厅、省人社厅、省国资委、省知识产权局、省工商联	2015-12
莱钢银山公安局“三大活动”安保办公室	全省公安机关“三大活动”安保工作先进集体	山东省公安厅	2015-12
山钢股份莱芜分公司	山东省富民兴鲁劳动奖状	山东省总工会	2015-12
山钢股份莱芜分公司	山东省企业设备管理优秀单位	山东省设备管理协会	2015-12
山钢股份莱芜分公司	山东省第五届职工职业技能大赛计算机程序设计员决赛团体优胜奖第三名	山东省总工会	2015-12
山钢股份莱芜分公司王俊生劳模创新工作室	山东省“劳模（高技能人才）创新工作室”	山东省总工会	2015-12
山钢股份莱芜分公司型钢炼铁厂高炉三车间主控室	山东工人先锋号	山东省总工会	2015-12
山钢股份莱芜分公司特钢事业部新区炼钢车间精炼班	山东工人先锋号	山东省总工会	2015-12

获得荣誉单位	荣誉称号	授予单位	授予时间
山钢股份莱芜分公司特钢事业部新区炼钢车间精炼班	山东省创新型班组	山东省总工会	2015-12
山钢股份莱芜分公司型钢炼铁厂高炉三车间主控班组	山东省创新型班组	山东省总工会	2015-12
山钢股份莱芜分公司特钢事业部	山东省文明单位	山东省精神文明建设委员会	2015-12
山钢股份莱芜分公司板带厂	山东省文明单位	山东省精神文明建设委员会	2015-12
山钢股份莱芜分公司运输部	山东省文明单位	山东省精神文明建设委员会	2015-12
山钢股份莱芜分公司宽厚板事业部	省管企业文明单位	山东省国资委	2015-12
山钢股份莱芜分公司特钢事业部	山东省绿化模范单位	山东省绿化委员会	2015-12
山钢股份莱芜分公司	山东省第五届职工职业技能大赛计算机程序设计员决赛团体优胜奖	山东省总工会、省科技厅、省人力资源和社会保障厅、省经信委	2015-12
山钢股份莱芜分公司	山东省职工技术创新竞赛示范企业	山东省总工会、省经信委、省科技厅、省财政厅、省人力资源和社会保障厅、省国资委、省知识产权局、省工商联	2015-12
山钢股份莱芜分公司	山东省富民兴鲁劳动奖状	山东省总工会、省经信委、省科技厅、省财政厅、省人力资源和社会保障厅、省国资委、省知识产权局、省工商联	2015-12
山钢股份莱芜分公司型钢炼铁厂高炉三车间主控室	山东省创新型班组	山东省总工会、省经信委、省科技厅、省财政厅、省人力资源和社会保障厅、省国资委、省知识产权局、省工商联	2015-12
山钢股份莱芜分公司特钢事业部新区炼钢车间精炼班	山东省创新型班组	山东省总工会、省经信委、省科技厅、省财政厅、省人力资源和社会保障厅、省国资委、省知识产权局、省工商联	2015-12
山钢股份莱芜分公司棒材厂第一轧钢车间精整班	山东省冶金黄金有色金属行业“安全生产标准化班组”	山东省冶金工会	2015-12
山钢股份莱芜分公司棒材厂中小型车间加热班	山东省冶金黄金有色金属行业“安全生产标准化班组”	山东省冶金工会	2015-12
山钢股份莱芜分公司炼铁厂6#高炉车间主控班	山东省冶金黄金有色金属行业“安全生产标准化班组”	山东省冶金工会	2015-12
山钢股份莱芜分公司炼铁厂原料一车间配料丁班	山东省冶金黄金有色金属行业“安全生产标准化班组”	山东省冶金工会	2015-12

获得荣誉单位	荣誉称号	授予单位	授予时间
山钢股份莱芜分公司能源动力厂供电车间东岭变电站	山东省冶金黄金有色金属行业“安全生产标准化班组”	山东省冶金工会	2015-12
山钢股份莱芜分公司能源动力厂电气车间发配电一班	山东省冶金黄金有色金属行业“安全生产标准化班组”	山东省冶金工会	2015-12
山钢股份莱芜分公司特钢事业部新区炼钢车间精炼班组	山东省冶金黄金有色金属行业“安全生产标准化班组”	山东省冶金工会	2015-12
山钢股份莱芜分公司特钢事业部小型成材车间第四作业班	山东省冶金黄金有色金属行业“安全生产标准化班组”	山东省冶金工会	2015-12
山钢股份莱芜分公司运输部车辆段修配班	山东省冶金黄金有色金属行业“安全生产标准化班组”	山东省冶金工会	2015-12
山钢股份莱芜分公司焦化厂化产精制车间苯加氢班	山东省冶金黄金有色金属行业“安全生产标准化班组”	山东省冶金工会	2015-12
山钢股份莱芜分公司焦化厂炼焦一车间热调班	山东省冶金黄金有色金属行业“安全生产标准化班组”	山东省冶金工会	2015-12
山钢股份莱芜分公司炼钢厂行车二车间行车一班	山东省冶金黄金有色金属行业“安全生产标准化班组”	山东省冶金工会	2015-12
山钢股份莱芜分公司型钢厂中型轧钢车间加热大班	山东省冶金黄金有色金属行业“安全生产标准化班组”	山东省冶金工会	2015-12
山钢股份莱芜分公司自动化部铁区维护车间煤化工站	山东省冶金黄金有色金属行业“安全生产标准化班组”	山东省冶金工会	2015-12
山钢股份莱芜分公司板带厂成品车间罩退班	山东省冶金黄金有色金属行业“安全生产标准化班组”	山东省冶金工会	2015-12
山钢股份莱芜分公司板带厂热轧车间轧钢班	山东省冶金黄金有色金属行业“安全生产标准化班组”	山东省冶金工会	2015-12
山钢股份莱芜分公司型钢炼铁厂配料一车间配料乙班	山东省冶金黄金有色金属行业“安全生产标准化班组”	山东省冶金工会	2015-12
山钢股份莱芜分公司宽厚板事业部热处理车间热处理班	山东省冶金黄金有色金属行业“安全生产标准化班组”	山东省冶金工会	2015-12
山东工业职业学院	山东省企业培训与职工教育重点课题研究先进单位	山东省经信委、省职工教育协会	2015-12
山东工业职业学院	2015年山东省大学生综合素质大赛组织奖	山东省经信委、省教育厅、省人力资源和社会保障厅	2015-12
日照公司	2014~2015年度山东省职工教育与职业教育优秀科研成果先进单位	山东省职工教育办公室、省职工教育协会	2015-12

获省级以上荣誉的先进个人

姓　名	所属单位	荣誉称号	授予单位	授予时间
杨怀玲	山钢股份莱芜分公司	全国五一巾帼标兵	中华全国总工会	2015-02
孙明明	山钢股份济南分公司	2014年度全国钢铁行业“优秀共青团员”	全国钢铁行业共青团工作指导和推进委员会	2015-04
李晓礼	山钢股份济南分公司	2014年度全国钢铁行业“优秀共青团干部标兵”	全国钢铁行业共青团工作指导和推进委员会	2015-04
陈文达	莱钢	2014年度全国钢铁行业“优秀共青团干部”	全国钢铁行业共青团工作指导和推进委员会	2015-04
司书鹏	莱钢	2014年度全国钢铁行业“优秀共青团员”	全国钢铁行业共青团工作指导和推进委员会	2015-04
田友成	莱钢	全国钢铁行业特别关注“最美青工”	全国钢铁行业共青团工作指导和推进委员会	2015-04
田友成	莱钢	全国钢铁行业青年岗位能手	全国钢铁行业共青团工作指导和推进委员会	2015-04
魏鹏化	莱钢	全国钢铁行业青年岗位能手	全国钢铁行业共青团工作指导和推进委员会	2015-04
殷煜伟	山钢股份莱芜分公司	2014年度全国钢铁行业“优秀共青团干部”	全国钢铁行业共青团工作指导和推进委员会	2015-04
王岳鹏	山钢股份莱芜分公司	2014年度全国钢铁行业“优秀共青团员”	全国钢铁行业共青团工作指导和推进委员会	2015-04
王俊生	山钢股份莱芜分公司	全国劳动模范	中共中央、国务院	2015-04
朱荣鑫	济钢	2014年度全国钢铁行业最美青工	全国钢铁行业共青团工作指导和推进委员会	2015-05
孟广明	济钢	2014年度全国钢铁行业共青团干部	全国钢铁行业共青团工作指导和推进委员会	2015-05
李　鹏	济钢	2014年度全国钢铁行业优秀共青团员	全国钢铁行业共青团工作指导和推进委员会	2015-05
王俊生	山钢股份莱芜分公司	全国五一劳动奖章	中华全国总工会	2015-05
邢伟明	山钢股份莱芜分公司	全国最美青工	共青团中央	2015-05
史永奎	山钢股份济南分公司	2014~2015年度全国钢铁行业青年岗位能手	全国钢铁行业共青团工作指导和推进委员会	2015-06
田克宁	莱钢	全国企业文化建设突出贡献人物	中国企业联合会、中国企业家协会	2015-07

姓　名	所属单位	荣誉称号	授予单位	授予时间
郭允义	山钢股份莱芜分公司	2014年度优秀钢铁信息员	中国钢铁工业协会	2015-07
刘振海	山钢股份莱芜分公司	2014年度优秀钢铁信息员	中国钢铁工业协会	2015-07
张金良	山钢股份莱芜分公司	2014年度优秀钢铁信息员	中国钢铁工业协会	2015-07
陈　振	山钢股份莱芜分公司	2014年度优秀钢铁信息员	中国钢铁工业协会	2015-07
叶　华	山钢股份莱芜分公司	2014年度优秀钢铁信息员	中国钢铁工业协会	2015-07
周传勇	济钢	2014年度全国钢铁行业“青安杯”竞赛最佳组织者	全国钢铁行业共青团工作指导和推进委员会	2015-08
刘　孟	济钢	2014年度全国钢铁行业“青安杯”竞赛最佳青安岗岗长	全国钢铁行业共青团工作指导和推进委员会	2015-08
沈兆灿	济钢	2014年度全国钢铁行业“青安杯”竞赛最佳青安岗岗长	全国钢铁行业共青团工作指导和推进委员会	2015-08
郭　凡	济钢	2014年度全国钢铁行业“青安杯”竞赛最佳青安岗岗长	全国钢铁行业共青团工作指导和推进委员会	2015-08
李红卫	济钢	2014年度全国钢铁行业“青安杯”竞赛最佳青安岗岗长	全国钢铁行业共青团工作指导和推进委员会	2015-08
李自云	济钢	2014年度全国钢铁行业“青安杯”竞赛最佳青安岗岗长	全国钢铁行业共青团工作指导和推进委员会	2015-08
李盛熙	济钢	2014年度全国钢铁行业“青安杯”竞赛先进个人	全国钢铁行业共青团工作指导和推进委员会	2015-08
张国强	济钢	2014年度全国钢铁行业“青安杯”竞赛先进个人	全国钢铁行业共青团工作指导和推进委员会	2015-08
高海港	山钢股份济南分公司	2014年度全国钢铁行业“青安杯”竞赛最佳组织者	全国钢铁行业共青团工作指导和推进委员会	2015-08
王京巨	山钢股份济南分公司	2014年度全国钢铁行业“青安杯”竞赛先进个人	全国钢铁行业共青团工作指导和推进委员会	2015-08
程　宁	山钢股份济南分公司	2014年度全国钢铁行业“青安杯”竞赛先进个人	全国钢铁行业共青团工作指导和推进委员会	2015-08
侯世杰	山钢股份济南分公司	2014年度全国钢铁行业“青安杯”竞赛最佳青年安全监督岗岗长（员）	全国钢铁行业共青团工作指导和推进委员会	2015-08
裴承武	山钢股份济南分公司	2014年度全国钢铁行业“青安杯”竞赛最佳青年安全监督岗岗长（员）	全国钢铁行业共青团工作指导和推进委员会	2015-08

姓　名	所属单位	荣誉称号	授予单位	授予时间
鞠传华	山钢股份济南分公司	2014年度全国钢铁行业“青安杯”竞赛最佳青年安全监督岗岗长（员）	全国钢铁行业共青团工作指导和推进委员会	2015-08
李玉扬	山钢股份济南分公司	2014年度全国钢铁行业“青安杯”竞赛最佳青年安全监督岗岗长（员）	全国钢铁行业共青团工作指导和推进委员会	2015-08
路西勇	山钢股份济南分公司	2014年度全国钢铁行业“青安杯”竞赛最佳青年安全监督岗岗长（员）	全国钢铁行业共青团工作指导和推进委员会	2015-08
毛宗宝	山钢股份济南分公司	2014年度全国钢铁行业“青安杯”竞赛最佳青年安全监督岗岗长（员）	全国钢铁行业共青团工作指导和推进委员会	2015-08
曹学红	莱钢	2014年度全国钢铁行业“青安杯”竞赛先进个人	全国钢铁行业共青团工作指导和推进委员会	2015-08
范海宝	莱钢	2014年度全国钢铁行业“青安杯”竞赛最佳青安岗岗长	全国钢铁行业共青团工作指导和推进委员会	2015-08
韩　波	莱钢	2014年度全国钢铁行业“青安杯”竞赛最佳青安岗岗长	全国钢铁行业共青团工作指导和推进委员会	2015-08
刘　欣	莱钢	2014年度全国钢铁行业“青安杯”竞赛最佳青安岗岗长	全国钢铁行业共青团工作指导和推进委员会	2015-08
刘志刚	莱钢	2014年度全国钢铁行业“青安杯”竞赛最佳组织者	全国钢铁行业共青团工作指导和推进委员会	2015-08
颜　楷	莱钢	2014年度全国钢铁行业“青安杯”竞赛最佳青安岗岗长	全国钢铁行业共青团工作指导和推进委员会	2015-08
张　博	莱钢	2014年度全国钢铁行业“青安杯”竞赛先进个人	全国钢铁行业共青团工作指导和推进委员会	2015-08
张　猛	莱钢	2014年度全国钢铁行业“青安杯”竞赛最佳青安岗岗长	全国钢铁行业共青团工作指导和推进委员会	2015-08
赵　宽	莱钢	2014年度全国钢铁行业“青安杯”竞赛最佳青安岗岗长	全国钢铁行业共青团工作指导和推进委员会	2015-08
季立飞	山钢股份莱芜分公司	2014年度全国钢铁行业“青安杯”竞赛最佳组织者	全国钢铁行业共青团工作指导和推进委员会	2015-08
李　锐	山钢股份莱芜分公司	2014年度全国钢铁行业“青安杯”竞赛先进个人	全国钢铁行业共青团工作指导和推进委员会	2015-08
亓　萍	山钢股份莱芜分公司	2014年度全国钢铁行业“青安杯”竞赛先进个人	全国钢铁行业共青团工作指导和推进委员会	2015-08
胡　阳	山钢股份莱芜分公司	2014年度全国钢铁行业“青安杯”竞赛最佳青安岗岗长	全国钢铁行业共青团工作指导和推进委员会	2015-08
池　涛	山钢股份莱芜分公司	2014年度全国钢铁行业“青安杯”竞赛最佳青安岗岗长	全国钢铁行业共青团工作指导和推进委员会	2015-08

姓 名	所属单位	荣誉称号	授予单位	授予时间
何 进	山钢股份莱芜分公司	2014年度全国钢铁行业“青安杯”竞赛最佳青安岗岗长	全国钢铁行业共青团工作指导和推进委员会	2015-08
卢永岭	山钢股份莱芜分公司	2014年度全国钢铁行业“青安杯”竞赛最佳青安岗岗长	全国钢铁行业共青团工作指导和推进委员会	2015-08
刘明明	山钢股份莱芜分公司	2014年度全国钢铁行业“青安杯”竞赛最佳青安岗岗长	全国钢铁行业共青团工作指导和推进委员会	2015-08
石润涛	山钢股份莱芜分公司	2014年度全国钢铁行业“青安杯”竞赛最佳青安岗岗长	全国钢铁行业共青团工作指导和推进委员会	2015-08
邢伟明	山钢股份莱芜分公司	2014~2015年度全国钢铁行业青年岗位能手	全国钢铁行业共青团工作指导和推进委员会	2015-08
邢伟明	山钢股份莱芜分公司	第二季全国钢铁行业特别关注最美青工	全国钢铁行业共青团工作指导和推进委员会	2015-08
刘晓红	莱钢	2015年钢铁工业统计工作先进工作者	中国钢铁工业协会	2015-09
周传勇	济钢	全国先进企业电视台台长	中国电视艺术家协会企业电视分会	2015-11
李 栋	济钢	全国企业电视优秀记者	中国电视艺术家协会企业电视分会	2015-11
薛文博	济钢	全国企业电视优秀工作者	中国电视艺术家协会企业电视分会	2015-11
孙凤汉	济钢	全国企业电视优秀工作者	中国电视艺术家协会企业电视分会	2015-11
马晋宇	山钢股份济南分公司	全国优秀工会工作者	中华全国总工会	2015-11
王凤智	山钢集团	2013~2014年企业人事劳资年报统计先进个人	中国钢铁工业协会	2015-12
王延玲	山东工业职业学院	第二届“星科杯”全国冶金院校（虚拟炼钢）技能大赛模范领队	中国冶金教育学会	2015-12
卞 博	莱钢	2014年度山东省非公有制企业“优秀青年工作者”	共青团山东省委办公室	2015-01
刘志刚	莱钢	2014年度山东省优秀青年工作者	共青团山东省委	2015-01
丁 东	莱钢	2014年度全省冶金有色行业环境保护工作先进个人	山东省冶金工业总公司	2015-02
付 磊	莱钢	齐鲁先锋警员	山东省公安厅	2015-02
胡培林	莱钢	2014年度全省冶金有色行业安全生产工作先进个人	山东省冶金工业总公司	2015-02
姜 涛	莱钢	2014年度全省优秀派出所长	山东省公安厅	2015-02
孟立军	莱钢	2014年度全省优秀人民警察	山东省公安厅	2015-02

姓名	所属单位	荣誉称号	授予单位	授予时间
秦立彬	莱钢	2014年度全省优秀人民警察	山东省公安厅	2015-02
邵长涛	莱钢	2014年度全省冶金有色行业安全生产工作先进个人	山东省冶金工业总公司	2015-02
谭茂新	莱钢	2014年度全省冶金有色行业环境保护工作先进个人	山东省冶金工业总公司	2015-02
田世国	莱钢	2014年度全省冶金有色行业安全生产工作先进个人	山东省冶金工业总公司	2015-02
尹训亮	莱钢	2014年度全省冶金有色行业安全生产工作先进个人	山东省冶金工业总公司	2015-02
张　亮	莱钢	2014年度全省冶金有色行业环境保护工作先进个人	山东省冶金工业总公司	2015-02
张如江	莱钢	2014年度全省冶金有色行业环境保护工作先进个人	山东省冶金工业总公司	2015-02
周帮谦	莱钢	组织民警参加司法考试工作先进个人	山东省公安厅	2015-02
曹成峰	日照公司	2014年度全省冶金有色行业安全工作先进个人	山东省冶金工业总公司	2015-02
刘岁霜	济钢	文明和谐职工家庭	山东省总工会	2015-03
张　鹏	轧钢事业部	山东省女职工建功立业标兵岗	山东省总工会	2015-03
于基勇	财务公司	2014年度保险兼业代理十佳人物	山东省保险中介行业协会	2015-03
李　岩	财务公司	2014年度保险中介行业服务标兵	山东省保险中介行业协会	2015-03
赵培建	山钢股份济南分公司	山东省省管企业杰出创新人才	山东省国资委	2015-04
张忠良	山钢股份济南分公司	山东省富民兴鲁劳动奖章	山东省总工会	2015-04
程　赟	莱钢	山东省优秀共青团员	共青团山东省委	2015-04
傅胜利	莱钢	山东省省管企业“优秀共青团员”	共青团山东省国资委委员会	2015-04
秦小宝	莱钢	山东省“最美青工”	共青团山东省委	2015-04
田友成	莱钢	山东省特别关注“最美青工”	共青团山东省委	2015-04
魏鹏化	莱钢	山东省省管企业五四青年奖章	共青团山东省国资委委员会	2015-04
于振江	莱钢	山东省志愿服务先进个人	共青团山东省委	2015-04
张海燕	莱钢	山东省“最美青工”	共青团山东省委	2015-04
满生堂	张钢	山东省富民兴鲁劳动奖章	山东省总工会	2015-04
马晋宇	山钢股份济南分公司	山东省优秀工会工作者	山东省总工会	2015-05
徐亚丽	山钢股份济南分公司	省冶金工会优秀工会工作者	山东省冶金工会	2015-05

姓　名	所属单位	荣誉称号	授予单位	授予时间
郑　楠	莱钢	网上打假行动成绩突出个人	山东省公安厅	2015-05
王景洲	山钢集团	山东省省管企业优秀党务工作者称号	中共山东省国资委委员会	2015-06
于　华	山钢集团	齐鲁最美档案人	山东省档案局	2015-06
魏信栋	济钢	山东省省管企业优秀共产党员	中共山东省国资委委员会	2015-06
刘秀元	山钢股份济南分公司	山东省省管企业优秀党务工作者	山东省国资委	2015-06
张永护	山钢股份济南分公司	山东省省管企业优秀共产党员	山东省国资委	2015-06
张拥军	山钢股份济南分公司	山东省冶金行业首席技师	山东省冶金工业总公司、省冶金工会	2015-06
阎　震	山钢股份济南分公司	山东省冶金行业优秀青年技能人才	山东省冶金工业总公司	2015-06
李开伦	莱钢	省职代会条例、厂务公开条例网上学习竞赛优秀奖	山东省冶金工会	2015-06
刘　东	莱钢	省职代会条例、厂务公开条例网上学习竞赛优秀奖	山东省冶金工会	2015-06
娄公镇	莱钢	省职代会条例、厂务公开条例网上学习竞赛优秀奖	山东省冶金工会	2015-06
孟繁亮	莱钢	省职代会条例、厂务公开条例网上学习竞赛优秀奖	山东省冶金工会	2015-06
时庆永	莱钢	省职代会条例、厂务公开条例网上学习竞赛优秀奖	山东省冶金工会	2015-06
王　超	莱钢	省职代会条例、厂务公开条例网上学习竞赛优秀奖	山东省冶金工会	2015-06
吴焕峰	莱钢	省职代会条例、厂务公开条例网上学习竞赛优秀奖	山东省冶金工会	2015-06
张　英	莱钢	省职代会条例、厂务公开条例网上学习竞赛优秀奖	山东省冶金工会	2015-06
赵云伟	职业学院	山东省省管企业优秀共产党员	山东省国资委	2015-06
王继超	日照公司	山东省省管企业优秀党务工作者	中共山东省国资委委员会	2015-06
赵建顺	日照公司	山东省省管企业优秀共产党员	中共山东省国资委委员会	2015-06
韩云朝	济钢	2015 年度山东省冶金（有色）行业首席技师	山东省冶金工业总公司	2015-07
杨德强	济钢	2015 年度山东省冶金（有色）行业首席技师	山东省冶金工业总公司	2015-07
刘　峰	莱钢	全省百城禁毒会战先进个人	山东省公安厅	2015-07
张　花	职业学院	信息化课堂教学二等奖	山东省教育厅	2015-08
杨　娜	职业学院	信息化课堂教学二等奖	山东省教育厅	2015-08
吴　洋	职业学院	信息化课堂教学二等奖	山东省教育厅	2015-08

姓 名	所属单位	荣誉称号	授予单位	授予时间
宋振海	职业学院	2015年山东省冶金系统优秀党建思想政治工作研究会干部	山东省冶金企业职工思想政治工作研究会、山钢党建思想政治工作研究会	2015-08
王月聪	日照公司	山东省冶金系统优秀党建思想政治工作研究会干部	山东省冶金政研会	2015-08
张拥军	山钢股份济南分公司	天车工决赛三等奖	山东省冶金工会	2015-09
孙书刚	山钢股份济南分公司	天车工决赛三等奖	山东省冶金工会	2015-09
阎 震	山钢股份济南分公司	天车工决赛三等奖	山东省冶金工会	2015-09
郭贞来	山钢股份济南分公司	山东省钢铁黄金有色金属行业职工职业技能竞赛钳工决赛三等奖	山东省冶金工会委员会	2015-09
段 强	莱钢	省钢铁黄金有色行业职业技能竞赛钳工二等奖	山东省冶金工会委员会	2015-09
耿晓强	莱钢	省钢铁黄金有色行业职业技能竞赛电工二等奖	山东省冶金工会委员会	2015-09
贾 川	莱钢	省钢铁黄金有色行业职业技能竞赛电工一等奖	山东省冶金工会委员会	2015-09
刘 东	莱钢	省钢铁黄金有色行业职业技能竞赛钳工一等奖	山东省冶金工会委员会	2015-09
赵国锋	莱钢	省钢铁黄金有色行业职业技能竞赛电工二等奖	山东省冶金工会委员会	2015-09
李修芳	济钢	第三届山东省省管企业道德模范	山东省省管企业精神文明建设委员会	2015-10
宋林海	山钢股份济南分公司	山东省富民兴鲁劳动奖章	山东省总工会	2015-10
董永生	山东金岭铁矿	省管企业道德模范（诚实守信）	山东省省管企业精神文明建设委员会	2015-10
耿晓强	莱钢	山东省第十一届青年职业技能大赛二等奖	共青团山东省委、省人力资源和社会保障厅、省总工会	2015-11
黄友堂	莱钢	在第十一届山东省青年职业技能大赛中荣获维修电工组三等奖	共青团山东省委、省人力资源和社会保障厅、省总工会	2015-11
贾 川	莱钢	山东省第十一届青年职业技能大赛一等奖	共青团山东省委、省人力资源和社会保障厅、省总工会	2015-11
刘永发	莱钢	2015年度全省信息网络安全管理工作先进个人	山东省信息安全等级保护协调工作小组办公室、省信息网络安全协会	2015-11

姓　名	所属单位	荣誉称号	授予单位	授予时间
赵国锋	莱钢	山东省第十一届青年职业技能大赛一等奖	共青团山东省委、省人力资源和社会保障厅、省总工会	2015-11
刘　畅	山东工业职业学院	第六届“山东高校优秀辅导员”	中共山东省委高校工委	2015-11
胡　玉	山钢集团	2015年度全省冶金统计工作先进工作者	山东省冶金工业总公司	2015-12
郑　丽	山钢集团	2015年度全省冶金统计工作先进工作者	山东省冶金工业总公司	2015-12
刘　辉	山钢集团	2015年度全省冶金统计工作先进工作者	山东省冶金工业总公司	2015-12
于晓飞	山钢集团	山东省财政企业财务信息工作先进个人	山东省财政厅	2015-12
于晓飞	山钢集团	山东省冶金行业生产经营工作先进个人	山东省冶金工业总公司	2015-12
张　颖	山钢集团	山东省冶金行业生产经营工作先进个人	山东省冶金工业总公司	2015-12
魏信栋	济钢	山东省诚信建设示范企业领军人物	山东省诚信建设促进会	2015-12
潘力戈	济钢	全省冶金行业统计先进工作者	山东省冶金工业总公司	2015-12
陈俊颖	济钢	全省冶金行业统计先进工作者	山东省冶金工业总公司	2015-12
张拥军	山钢股份济南分公司	山东省冶金（有色金属）行业技术能手	山东省冶金工业总公司、省冶金工会	2015-12
刘　强	山钢股份济南分公司	山东省冶金有色金属行业安全生产标准化班组创建活动优秀班组长	山东省冶金工会	2015-12
王华明	山钢股份济南分公司	山东省创新能手	山东省总工会	2015-12
陈　飚	山钢股份济南分公司	全省冶金行业统计先进工作者	山东省冶金工业总公司	2015-12
卜德玲	莱钢	2015年度全省冶金统计工作先进工作者	山东省冶金工业总公司	2015-12
曹东海	莱钢	全省公安机关“三大活动”安保工作先进个人	山东省公安厅	2015-12
陈为顺	莱钢	2015年度全省冶金行业生产经营工作先进个人	山东省冶金工业总公司	2015-12
付德燕	莱钢	2015年度全省冶金统计工作先进工作者	山东省冶金工业总公司	2015-12
谷有坤	莱钢	2015年度全省冶金统计工作先进工作者	山东省冶金工业总公司	2015-12
侯青云	莱钢	2015年度全省冶金统计工作先进工作者	山东省冶金工业总公司	2015-12
姜　涛	莱钢	全省公安机关“三大活动”安保工作先进个人	山东省公安厅	2015-12

姓　名	所属单位	荣誉称号	授予单位	授予时间
姜书奇	莱钢	2015年度全省冶金行业生产经营工作先进个人	山东省冶金工业总公司	2015-12
林群力	莱钢	2015年度全省冶金统计工作先进工作者	山东省冶金工业总公司	2015-12
刘晓红	莱钢	2015年度全省冶金统计工作先进工作者	山东省冶金工业总公司	2015-12
倪友峰	莱钢	2015年度全省冶金行业生产经营工作先进个人	山东省冶金工业总公司	2015-12
欧伏岭	莱钢	2015年度全省冶金行业生产经营工作先进个人	山东省冶金工业总公司	2015-12
潘世谦	莱钢	2015年度全省冶金统计工作先进工作者	山东省冶金工业总公司	2015-12
宋家来	莱钢	2015年度全省冶金行业生产经营工作先进个人	山东省冶金工业总公司	2015-12
宋家来	莱钢	2015年度全省冶金统计工作先进工作者	山东省冶金工业总公司	2015-12
孙秀刚	莱钢	2015年度全省冶金统计工作先进工作者	山东省冶金工业总公司	2015-12
王晓霞	莱钢	2015年度全省冶金统计工作先进工作者	山东省冶金工业总公司	2015-12
吴玲丽	莱钢	2015年度全省冶金统计工作先进工作者	山东省冶金工业总公司	2015-12
夏焕来	莱钢	2015年度全省冶金行业生产经营工作先进个人	山东省冶金工业总公司	2015-12
杨文霞	莱钢	2015年度全省冶金统计工作先进工作者	山东省冶金工业总公司	2015-12
于大平	莱钢	2015年度全省冶金行业生产经营工作先进个人	山东省冶金工业总公司	2015-12
赵　辉	莱钢	2015年度全省冶金统计工作先进工作者	山东省冶金工业总公司	2015-12
邹积凯	莱钢	2015年度全省冶金行业生产经营工作先进个人	山东省冶金工业总公司	2015-12
邹积凯	莱钢	2015年度全省冶金统计工作先进工作者	山东省冶金工业总公司	2015-12
刘建兴	炼钢事业部	山东省职工职业道德建设先进个人	山东省总工会	2015-12

集团公司授予的各类先进集体

2014年度审计工作先进单位

（山钢审字〔2015〕1号　2015年1月7日）

济钢集团有限公司
莱芜钢铁集团有限公司
山东钢铁股份有限公司济南分公司
山东钢铁股份有限公司莱芜分公司
山东钢铁集团财务有限公司
山东金岭铁矿

2014年度山钢集团文明单位

（山钢文明委〔2015〕2号　2015年3月3日）

济钢集团济南钢城矿业有限公司
济钢集团国际工程技术有限公司
莱钢集团保卫部/银山公安局
山钢股份济南分公司炼铁厂
山钢股份济南分公司宽厚板厂
银山型钢有限公司宽厚板事业部
莱芜钢铁新疆有限公司
山东钢铁集团淄博张钢有限公司炼钢事业部
山东金岭矿业股份有限公司供应销售部

2014年度信息工作先进单位

（山钢办字〔2015〕13号　2015年3月19日）

莱钢办公室
济钢办公室
金岭铁矿矿部办公室
张钢党群工作部
日照公司办公室
山钢股份莱芜分公司办公室
山东耐材办公室
山钢股份济南分公司办公室
工业职业学院办公室
山钢报社
财务公司/资金中心
山钢国贸/采购中心
钢铁研究院
集团公司办公室/党委办公室/外事办公室
集团公司企业管理部/安全环保部
集团公司审计部/监察部
集团公司党委组织部

2014年度档案工作先进集体

（山钢办字〔2015〕20号　2015年4月23日）

莱芜钢铁集团有限公司
山钢股份济南分公司
山东工业职业学院
山东金岭铁矿

淄博张钢有限公司
山东耐火材料集团有限公司
济钢集团商业贸易有限公司
山东莱钢建设有限公司
山钢股份济南分公司发展规划部
山钢股份济南分公司计量质检中心
山钢股份莱芜分公司办公室
山钢股份莱芜分公司棒材厂

2014 年度年鉴工作先进集体

（山钢办字〔2015〕22 号　2015 年 5 月 13 日）

济钢集团有限公司
莱芜钢铁集团有限公司
山东工业职业学院
山东耐火材料集团有限公司
山东钢铁集团淄博张钢有限公司
山东金岭铁矿
销售中心
信息化中心
山钢报社
集团公司办公室/党委办公室/外事办公室
集团公司财务部
集团公司资本运营部/产权管理部
集团公司企业管理部/安全环保部
集团公司党委组织部
集团公司人力资源部
集团公司党群工作部
集团公司审计部/监察部
山钢股份证券部

2014～2015 年度“四强”党组织

（山钢党字〔2015〕38 号　2015 年 6 月 26 日）

济南钢城矿业有限公司党委
山东省冶金科学研究院党委
济钢集团商业贸易有限公司党委
济钢集团有限公司青岛保税区济钢国际物流有限公司党总支
济钢集团有限公司供热公司党支部
济钢集团有限公司组织部/人力资源部党支部
莱芜钢铁集团有限公司设备检修中心党委
莱芜钢铁集团有限公司培训中心党委
莱芜钢铁集团有限公司保卫部党委
莱芜钢铁集团有限公司医院党委
山东莱钢建设有限公司济南分公司党支部
莱芜钢铁集团有限公司办公室党总支
山钢股份济南分公司检修工程公司党委
山钢股份济南分公司薄板厂党委
山钢股份济南分公司机关党委
山钢股份济南分公司气体厂党总支
山钢股份济南分公司计量质检中心衡器仪表党支部
山钢股份济南分公司机关发展规划部党支部
山钢股份公司莱芜分公司炼钢厂党委
山钢股份莱芜分公司型钢厂党委
山钢股份莱芜分公司运输部党委
山钢股份莱芜分公司自动化部党委
山钢股份莱芜分公司办公室党支部
山钢股份莱芜分公司焦化厂回收一车间党支部
莱钢集团银山型钢有限公司板带厂热轧车间党支部
莱钢集团银山型钢有限公司炼铁厂生产准备车间党支部
山钢集团淄博张钢有限公司冶金机械厂有限公司党委
山钢集团淄博张钢有限公司炼钢事业部党总支

山东金岭铁矿侯庄矿党总支
山东金岭铁矿金钢矿业党支部
山东耐材集团鲁耐窑业公司党委
山东耐材集团机关党总支
山东工业职业学院冶金工程系党支部
山钢集团日照有限公司办公室/党委办公室党支部
山钢集团国际贸易有限公司济钢分部党总支
山东钢铁集团房地产有限公司上海分公司党支部
山东钢铁集团有限公司办公室/党委办公室党支部
山东省新力冶金实业公司办公室党支部
山东钢铁集团财务有限公司党总支

2014~2015年度“四好”领导班子

（山钢党字〔2015〕38号　2015年6月26日）

济南鲍德汽车运输有限公司
济钢集团国际工程技术有限公司
济南鲍德炉料有限公司泉州鲁新新型建材有限公司
山东球墨铸铁管有限公司炼铁车间
莱芜钢铁集团有限公司培训中心
莱芜钢铁集团有限公司保卫部
莱芜钢铁集团有限公司医院职业病科
莱芜钢铁集团有限公司设备检修中心轧材检修部
山钢股份济南分公司能源动力厂
山钢股份济南分公司财务部
山钢股份济南分公司炼钢厂210炼钢车间
山钢股份济南分公司宽厚板厂2500热轧车间
山东钢铁股份有限公司莱芜分公司炼钢厂
山东钢铁股份有限公司莱芜分公司焦化厂
莱芜钢铁集团银山型钢有限公司宽厚板事业部
莱钢集团银山型钢有限公司板带厂成品车间
山东钢铁股份有限公司莱芜分公司特钢事业部银前运行车间
山钢集团莱芜钢铁新疆有限公司炼钢作业区
山钢集团淄博张钢有限公司湖田石矿
山钢集团淄博张钢有限公司能源动力事业部
山东金岭铁矿铁山矿
山东金岭铁矿选矿厂
山东耐材集团王铝分公司
山东工业职业学院建筑与信息工程系
山钢集团日照有限公司热连轧项目部
山钢集团国际贸易有限公司煤炭部
山东钢铁集团房地产有限公司济南分公司

山钢文化建设先进集体

（山钢文化字〔2015〕2号　2015年6月26日）

济钢集团
济钢集团钢城矿业公司
山钢股份济南分公司炼铁厂
山钢股份济南分公司气体厂
莱钢集团党委宣传部
莱钢集团检修中心
山钢股份莱芜分公司
山钢股份莱芜分公司炼钢厂
日照公司
淄博张钢公司炼钢事业部
金岭铁矿选矿厂
山东耐材鲁耐窑业

工业职业学院冶金工程系　　国贸公司

山钢房地产公司济南分公司

2015 年度财务工作先进单位

（山钢财字〔2015〕41 号　2015 年 12 月 23 日）

济钢集团有限公司　　山东钢铁集团财务有限公司

山东钢铁股份有限公司莱芜分公司

集团公司授予的各类先进个人

2014 年度内部审计先进个人

（山钢审字〔2015〕1 号　2015 年 1 月 7 日）

邓　平	付延花	牛　斌	王　远	韩典平	王　伟	李　强
李　琦	刘兰雪	高正伟	闫晓斌	李　莉	颜丙凯	张继军
王　敏	杨海菊	郭利娟	李汝江	梁洪彬	张继光	

2014 年度信息工作先进个人

（山钢办字〔2015〕13 号　2015 年 3 月 19 日）

于晓飞	于家慧	马世鑫	马家泰	王　真	王立军	王德志
毛瑞萍	卢建刚	叶　华	冯学军	邢　勇	乔廷祥	刘　宁
刘　莉	刘玉鹏	孙甲峰	孙立伟	孙丽君	孙耿平	牟春和
杜　鲲	李乃亮	李林凯	李勇实	李效生	杨玉晶	肖海莲
吴　昊	宋宪斌	张　军	张　亮	张玉廷	张仲文	张庆斌
张金良	岳　刚	宓小婷	赵　坤	郜俊奇	娄焕民	徐　霞
徐加彬	唐继臣	常生德	韩　朔			

2014 年度档案工作先进个人

（山钢办字〔2015〕20 号　2015 年 4 月 23 日）

刘　爽	孙　杰	杨建东	刘丽云	黄美珍	严会荣	李建爱
吕微青	毛瑞萍	赵延红	王　薇	刘英华		

2014年度年鉴工作先进个人

（山钢办字〔2015〕22号　2015年5月13日）

于　华	于家慧	王　涛	王天立	王凤智	毛瑞萍	卢建刚
邢　勇	朱向前	刘玉鹏	孙甲峰	孙耿平	杜　鲲	李勇实
李海新	杨瑞山	吴　昊	邱玉生	宋　军	张　军	张　瑾
张作金	张海明	陈　萝	金连华	胡　玉	徐继山	

2014~2015年度“四优”共产党员

（山钢党字〔2015〕38号　2015年6月26日）

孙日东	傅国水	孙跃光	蒋雪军	孙德东	马宝久	杜祖伦
秦德俊	郝之峰	李健民	杜　平	郝　灏	孙圣刚	李传瑾
胡广聚	陶务纯	丁　海	董　良	李东胜	巩振林	王毅民
谢红委	李文科	王友峰	张　峰	李文亮	薄纯尧	王永良
王延玲	王　蕾	李林凯	张吉刚	姚启峰	李宏伟	于晓飞
李卫东	于家慧	阎国强	张广灵	王　勇	张　永	韩建芬
丛云伟	邢尚波	郭宏伟	王尧伟			

2014~2015年度优秀党务工作者

（山钢党字〔2015〕38号　2015年6月26日）

赵欣华	黄善兵	邓　北	张晓燕	李国华	李　林	李作鑫
贯玉芬	赵培建	许家明	莫盛春	李洪建	孙兆华	宗作波
齐　军	钟耕发	张春成	董　星	郝龙河	梁会禄	姜立峰
高　峰	刘洪波	张　勇	李勇实	张庆斌		

第三届“山钢集团道德模范”

（山钢文明委〔2015〕3号　2015年6月26日）

助人为乐模范：韩章祥　谷林祥

见义勇为模范：李　冬

诚实守信模范：马向魁　董永生

敬业奉献模范：张　佩　董龙果　王明刚　吕　军　赵云伟

孝老爱亲模范：李修芳　戴　爽

山钢文化建设先进个人

（山钢文化字〔2015〕2号　2015年6月26日）

侯继庚	刘传佳	陈　亮	郭洪卫	时传华	高庆喜	李金勇
王励强	甄玉科	崔德伟	张灿国	姜世远	郭维河	韩树森
瞿守民	马家泰	任解慧	钟耕发	周东海	王文学	陈　宇
张　波	张　勇	李凤强	王振海	刘　慧	王天立	

2014年度财务工作先进个人

（山钢财字〔2015〕41号　2015年12月23日）

欧艳秋	杨　栋	陈清文	潘小丽	丁双旗	王增英	周丽华
马丽萍	栾　奕	李新峰	汤万全	刘武修	王子京	焦玉琴
王光峰	刘　波	马英荣	吴佃峰	王砚庆	卢　炜	崔春红
孙丰桂	张　红	徐学东	周元涛	李兵强	张启凤	李玉梅
耿　丽						

山钢年鉴 *2016*

山钢集团
SD STEEL

附 录

山钢集团
SD STEEL

山钢文化

核心理念

山钢核心价值观：共创、共进、共赢

上级文件选录

中共山东省委办公厅、省政府办公厅关于深化省属国有企业改革几项重点工作的实施意见

（鲁办发〔2015〕10号　2015年3月6日）

为加快推进省属国有企业改革，根据《中共山东省委、山东省人民政府关于深化省属国有企业改革完善国有资产管理体制的意见》（鲁发〔2014〕13号），经省委、省政府同意，现就当前几项重点工作提出如下实施意见。

一、建立完善现代企业制度和公司治理结构

（一）加强董事会建设。省属国有企业董事会一般设置成员7~9人，在平稳过渡的前提下，逐步提高外部董事在董事会成员中的比例。完善选聘条件和程序，拓宽外部董事来源，从律师事务所、会计师事务所、高等院校、社会科学研究机构、企业咨询机构等选聘专家学者担任外部董事，从国内外知名企业选聘优秀企业家担任外部董事，从财政、审计、发展改革、经济和信息化、国资等省经济管理部门退休3年以上、从事相关经济工作5年以上的领导干部中选聘适合人员担任外部董事。退休领导干部担任外部董事实行一年试用期制度。建立专职外部董事制度，常驻企业但不履行执行职责，以解决董事会信息不对称问题。加强外部董事人才储备，2015年6月底前建立外部董事人才库。制定完善任职标准，配齐配强配好执行董事。尽快启动董事会运转，在此过程中逐步配齐董事会成员，部分重点企业2015年5月底前配齐，2015年9月底前省管企业董事会人数全部达到法律和公司章程规定要求。建立健全董事会专门委员会，开展董事会授权试点，逐步落实董事会业绩考核、薪酬管理和经营层选聘等职权，落实总经理经营管理职权。建立董事评价、问责制度，促进董事会成员依法履行职责、独立平等发表决策意见。建立股东与董事会协调沟通机制，规范股东与董事会沟通交流程序，拓宽沟通交流渠道。对符合人数要求的省管企业董事会和部分重点权属企业董事会，2015年年内开展一次运行情况检查，重点检查决策程序、董事独立发表意见、决策质量等情况。

（二）加强监事会建设。按公司法要求在省管企业设置监事会，充实监事会力量，提高监事能力水平。监事会成员一般为5~7人。其中，职工监事不少于三分之一。完善监事会监督检查工作机制，明确职责边界和履职要求，突出监督重点，强化激励约束。健全监事会制度体系，制定完善省管企业监事会管理、监事责任追究、监事行为规范、监事会监督检查报告编报运用等方面制度。抓好相关制度的落实，促进监事认真履行职责。加大监事会揭示问题处理力度，建立问题整改督办和公示制度，及时汇总整理监事会揭示问题，逐项提出处理意见，严格责任追究。

（三）加强职业经理人制度建设。建立健全企业领导人员市场化选聘机制，合理提高市场化选聘比例。继续开展高级管理人员契约化管理试点工作，努力发挥示范带动作用。加快建立职业经理人制度，逐步在省管企业及其权属企业推进实施。加强协调配合，尽快启动职业经理人人才库建设工作。加强企业家队伍建设，实施优秀企业家培养工程，优化企业家干事创业环境。

（四）发挥企业党组织的政治核心作用。正确处理企业党委与“三会一层”（股东会、董事会、监事会、经理层）的关系，充分发挥企业党委在保证监督党和国家方针政策在企业的贯彻执行、参与企业重大问题决策、落实党管干部和党管人才原则、加强对企业领导人员的监督、领导企业思想政治工作等方面的政治核心作用，积极探索企业党委与公司治理结构职责明确、有机融合、运转协调的领导体制和运行机制。完善企业党委参与重大问题决策的内容、程序和途径，对关系企业改革发展的重大问题，党委应事先研究，董事会、经理办公会按法定程序决策。健全企业党委研究重大问题的议事规则，保证党委成员充分发表意见，规范会议记录，形成明确的审议意见。加强企业党风廉政建设和反腐败工作，认真落实党委主体责任和纪委监督责任，严格工作要求，强化监督检查，确保党风廉政建设责任制有效落实。

（五）完善“三重一大”决策制度。按照中央精神和公司法规定，完善省管企业“三重一大”（重大问题决策、重要干部任免、重大项目投资决策、大额资金使用）决策机制，明确决策主体，明晰决策范围，规范决策程序，强化监督检查和责任追究，提高决策水平。企业党委、董事会、经理层等决策机构依据党内法规、国家法律和公司章程规定的职责、权限和程序，以会议形式讨论决定“三重一大”事项。2015年年内对省管企业“三重一大”决策情况进行一次专项检查。

（六）稳妥发展混合所有制经济。与中央出台的相关办法相衔接，出台配套办法，选择部分企业试点，取得经验后在省属国有企业稳步推开。提高资本证券化水平，加快省管企业及优质权属企业上市步伐，推动一批符合新三板条件的权属企业实现挂牌。促进股权多元化权属公司中小股东发挥制衡作用，支持中小股东派出的董事、监事积极履行职责，充分发挥独立董事作用，保护股东利益，避免盲目决策。

二、建立健全现代财务、审计制度

（一）加强企业财务监管。严格执行国家财务会计法律法规制度，以上市公司标准规范省属国有企业财务管理和会计核算，提高财务信息质量，防范财务违规行为。2016年省管企业全面达到上市公司财务管理标准。推动省管企业完善财务管理体制，探索实施首席财务官（CFO）制度，通过派出会计、财务总监、监事等多种形式，加强对权属企业的财务监管。加强出资人财务监督，综合运用预算管理、决算管理、中介审计、绩效评价等手段，对企业财务状况进行事前、事中、事后的动态监督和控制。充分发挥监事会的作用，加强当期监督。完善财务总监制度，2015年6月底前实现省管企业财务总监全覆盖。建立常态化检查评价制度，定期对省属国有企业财务制度执行情况进行检查评价，对违规行为依法处理，检查评价结果和处理情况报告省政府。

（二）强化审计监督。建立完善企业审计、国家审计与社会审计共同参与的大审计格局，推进内部审计与外部审计相结合，提高审计的覆盖面和有效性。完善企业内部审计体制，建立内部审计部门直接向董事会、监事会报告工作制度，提高内部审计部门的独立性和权威性。扩大内部审计监督范围，将经理层成员纳入其中。增强内部审计的计划性，企业制定内部审计年度计划并向省国资监管机构报告。加大社会审计力度，严格选聘第三方中介机构，对省属国有企业年度财务决算进行审计，按计划对省属国有企业决策经营管理情况进行全面审计。完善中介机构管理评价机制，引入国内外知名中介机构，建立中介机构“黑名单”制度。加大政府审计力度，严格实行企业负责人离任审计，建立任前告知、任中审计制度。建立常态化审计机制，每年年初制定外部审计计划，每3年对省属国有企业及其权属企业全部审计一次。2015年上半年选择5~7户省管企业，由第三方中介机构或政府审计机关对其法人治理的规范性、内部控制的有效性、决策管理的科学性、经营成果的真实性及财务制度的合规性、财务稳健性和可持续性等情况进行全面审计。加强审计结果运用，将审计结果及审计责任追究情况在一定范围内公开，并逐步扩大公开范围。

（三）推进省管企业财务等重大信息公开。2015年3月底前建立省管企业财务等重大信息公开披露制度，将企业财务预决算、“三重一大”事项、履行社会责任、履职待遇及业务支出等方面有关信息，以适当方式向社会公开。自2016年开始，按照上市公司要求规范地进行信息披露，提高企业经营管理透明度，保护出资人、投资者及相关利益人的权益，积极打造“阳光国企”。2015年6月底前，省管企业公开向社会披露2014年度应当披露的有关信息。

三、进一步深化企业内部改革

（一）深化企业三项制度改革。坚持以市场化为导向，加快推动省属国有企业形成干部能上能下、员工能进能出、收入能增能减的机制。抓好《山东省国资委关于深化省管企业用人制度改革的指导意见》（鲁国资企干〔2014〕1号）、《关于进一步规范国有企业招聘行为的意见》（鲁人社发〔2014〕10号）的贯彻落实，年内对省管企业用人行为开展一次检查评价，评价结果予以公开。完善省管企业人才工作目标责任制考核指标体系，将在岗职工人力资本增加值、人力资本投资回报率等作为定量考核的重要内容，引导企业科学用人、提高效率。完善劳动用工和薪酬分配制度，分类推进企业用工与分配制度改革，促进企业形成反映劳动力市场供求关系和企业经济效益的用工分配机制。宣传推广兖矿集团、山东重工集团等企业3项制度改革的经验做法，推动企业加大改革力度。按照现代企业制度要求，优化内部机构设置，严格实行定编、定岗、定员，大力压缩冗余机构人员。完善选人用人机制，强化激励约束，扩大权属企业经营自主权，推广竞聘上岗、自主组阁、授权经营的管控模式。

（二）推进企业内部市场化改革。积极推动企业母子公司之间、权属企业之间按照市场化方式规范运营，真正实现自主经营、自负盈亏、优胜劣汰。加大力度推动企业构建内部市场化运营机制，建立系统完善的内部市场架构，使企业每个单位、每个岗位都成为内部市场主体，形成市场化的竞争激励和利益分配机制，实现岗位增值、个人增收、企业增效。2015年年内推动每户省管企业选择部分权属企业推行内部市场化运营机制，取得经验后在权属企业全面实施。2015年年底前对省管企业推行情况进行一次检查评价。

（三）建立规范透明的激励机制。推进上市公司股权激励，2015年4月底前制定国有控股上市公司股权激励推进计划。协调重点上市公司提出股权激励方案，选择条件较好的企业进行试点。2015年上半年制定办法，下半年选择部分企业开展试点，以多种方式对非上市企业核心骨干人才实施中长期激励。探索授予高级管理人员捐赠额度的激励方式，鼓励企业家捐助公益事业，更好地体现个人贡献的社会价值。

（四）加快解决历史遗留问题。按照分类改革、成本分摊、协调推进的思路，2015年3月底前提出一揽子解决省属国有企业办社会职能和其他历史遗留问题的方案，省政府研究决定后组织实施。一是分类推进改革。按照公用事业类、市场化服务类进行分类，采取不同的解决办法。对社区居委会、离退休人员等按有关规定实行社会化管理；对家属区的供水、供气、供暖等社会公用事业，移交有关社会组织或企业管理；对物业管理等社会化服务类机构，由企业采取市场化方式进行改革。二是建立改革成本分摊机制。改革成本由公共财政、国有资本经营预算和企业共同承担。三是强化组织领导。省政府统一组织领导，省有关部门、有关市县和企业组成工作班子。由省业务主管部门根据企业办社会职能的性质和作用，研究制定具体政策措施并组织落实，其他部门密切配合。省管企业负责制定分类改革的具体方案并组织实施。有关市县成立接收班子与企业具体交接。

四、健全完善防止利益冲突机制

（一）建立完善省属国有企业领导人员任职回避、公务回避和报告说明制度。为保证企业领导人员公正履行职责，按照中央有关规定和国家有关法律，制定原则性办法，明确省属国有企业领导人员任职回避、公务回避和报告说明的范围、要求。同时，由省属国有企业根据各自实际，按照循序渐进、逐步加严的原则，制定具体实施细则。2015年年内对企业领导人员任职回避、公务回避和报告说明制度执行情况进行一次检查。

（二）加强关联方交易监管。建立省管企业关联方交易监管制度，明确关联方的范围，提出关联方交易的管理、监督、回避和信息披露办法，从制度上切断利益输送的通道。2015年年内开展一次省管企业关联方交易专项效能监察，对违规交易行为提出处理意见。

（三）加强招投标监管。全面落实公开招投标制度，省属国有企业工程建设、物资采购、服务项目采购等活动应按规定实行公开招投标。推动企业完善招投标过程监管，健全企业领导人牵头和审计、法律、财务等部门参与的监督机制。加大职工民主监督力度，在企业推行职工评议制度，对招投标过程及结果是否合理提出评议意见。建立常态化监督机制，每年选择部分企业进行抽查，重点对招标价格明显高于市场公允价格的招投标活动进行倒查。设立监督举报电话，对涉及招投标方面的举报线索一查到底。

五、建立以管资本为主的国有资产监管模式

（一）划转省属国有企业部分国有资本充实省社保基金。将省属国有企业30%的国有资本转由山东省社保基金理事会持有管理，行使出资人职能，促进省属一级企业股权多元化和现代企业制度建设。按照一次划转、分步到位、逐户完善的原则，稳妥做好相关手续办理、企业章程修订、出资人权责落实等工作。完善股东议事规则，由出资人按持股比例派出董事、监事，尽快在省属国有企业建立规范的公司治理结构。

（二）启动组建国有资本投资运营公

司试点。按照分步推进原则，将具备条件的省属国有企业改建为国有资本投资运营公司。同时，根据全省经济发展需要，新建国有资本投资运营公司。通过组建国有资本投资运营公司，构建起国有资本合理流动、有效配置、保值增值、健康发展的平台，推动全省国有经济布局结构调整优化。2015 年上半年确定 2~3 户省属国有企业改建为投资运营公司，首批改建企业 2015 年基本完成改建重点工作并逐步进入规范运行。根据首批改建进展情况，下半年再启动一批企业改建。

（三）推进省属经营性国有资产统一监管。省国资监管机构对省直部门目前管理的经营性国有资产、事业单位投资形成的经营性国有资产、非经营性转经营性国有资产，依法实施统一监管。对国有文化企业等一些特殊领域的国有资产，国资监管机构依法履行国有资产基础管理职责，其他监督管理工作由政府委托有关部门或机构实施。制定省属经营性国有资产统一监管的实施意见，2015 年下半年启动一批省直部门管理企业的清产核资和产权划转。

（四）改进国资监管方式。按照管资本的模式进一步改进国资监管方式，切实赋予国有资本控股和参股企业法人财产权与自主经营权。抓紧研究制定国有企业对外投资的决策程序、政府审查机制和责任承担机制。规范国资监管机构职责，加大简政放权力度，2015 年年底前向企业和社会发布行使出资人职权清单。推进分类监管，对省属国有企业进行合理分类，制定相应的监管措施。强化章程管理，分类制定省属国有企业章程范本，2015 年年底前完成省管企业章程的新一轮修订。完善业绩考核办法，突出提高质量效益、突出资本回报的价值导向、突出对标考核的思路，引导企业加快从规模速度型向质量效率型转变。强化监督问责，建立监督检查工作联席会议制度，加大违规决策经营责任追究力度。

各市、县（市、区）要参照本意见，抓紧制定具体实施办法，加快推进市、县（市、区）属国有企业改革。

山东省国资委、山东省审计厅
关于加强省管企业审计监督工作的意见

（鲁国资财监〔2015〕1 号　2015 年 2 月 28 日）

为切实加强省管企业审计监督，促进企业规范管理、依法经营、防范和化解风险，服务企业改革发展，实现国有资产保值增值，现提出以下意见。

一、充分发挥审计监督的作用

构建内部审计与外部审计相结合，国家审计、企业内部审计与社会审计共同参与的审计监督体系，对省管企业依法依规开展各项审计，提高审计覆盖面和有效性，充分发挥审计监督的作用。

（一）定期开展全面审计。由国家审计机关或聘请国内外知名第三方中介机构对省管企业进行全面审计，重点审计企业法人治理结构完善和运行情况、财经及国资监管制度执行情况、投融资及并购重组等重大事项决策和实施情况、企业改革改制及产权流转情况、选人用人及薪酬分配制度完善和执行情况、财务信息和经营绩效的真实性，以及政府交办和出资人关注

的其他事项。按照上市公司标准对企业法人治理结构的规范性、管理制度的合规性、内部控制的有效性、决策管理的科学性等作出全面客观的综合评价。建立全面审计常态机制，从2015年开始，每3年对省管企业全面审计一次。加强全面审计结果的应用，审计结果在一定范围内公开，加大审计发现问题的整改力度，需要追究责任的，按规定分别移送有关部门严格处理问责，发挥全面审计在揭示问题、规范管理、防范风险、促进改革等方面的作用。同时将审计结果作为评价企业年度决算审计中介机构执业质量的重要依据。

（二）加强企业领导人员经济责任审计。充分发挥国家审计的作用，国家审计机关按照《审计法》、《党政主要领导干部和国有企业领导人员经济责任审计规定》及其实施细则、《山东省审计监督条例》等的规定，开展省管企业领导人员经济责任审计，科学评价企业领导人员的经营业绩和经济责任。重点审计企业领导人员贯彻执行党和国家有关经济方针政策和决策部署，推动企业可持续发展情况；遵守有关法律法规和财经纪律情况；企业发展战略的制定和执行情况及其效果；有关目标责任制完成情况；重大经济决策情况；企业财务收支的真实合法和效益情况，以及资产负债损益情况；国有资本保值增值和收益上缴情况；重要项目的投资、建设、管理及效益情况；企业法人治理结构的健全和运转情况，以及财务管理、业务管理、风险管理、内部审计等内部管理制度的制定和执行情况，厉行节约反对浪费和职务消费等情况，对所属单位的监管情况；履行有关党风廉政建设第一责任人职责情况，以及本人遵守有关廉洁从业规定情况；以往审计发现问题的整改情况等。坚持任中审计和离任审计相结合，对企业主要领导一个任期内至少审计1次。开展企业领导人员离任经济事项交接审计，确保交得清楚、接得明白。加强经济责任审计结果的运用，建立健全经济责任审计情况通报、审计整改及责任追究等结果运用制度。

（三）强化企业年度财务决算审计。公开选聘第三方中介机构开展企业年度财务决算审计，重点审计编报范围的齐全性、经济业务确认计量的合规性、财务成果的真实性、内控机制的有效性，夯实企业会计信息质量。省国资委加大对经审计的决算报告审核力度，完善审计发现问题整改落实制度，落实整改责任，实施责任追究。省国资委和省管企业建立健全审计质量评价制度，将执业质量达不到委托要求的中介机构列入黑名单管理。

（四）严格企业改制清产核资和财务审计。公开选聘第三方中介机构开展企业改制清产核资和财务审计，客观反映企业财务状况、经营成果和资产质量，重点关注影响企业净资产的事项，防止改制过程中的国有资产流失。省管企业要建立健全审计结果审核制度，完善工作程序、落实工作责任。省国资委要加强对企业审核工作的督导检查力度，着力完善相关配套监管措施。对审计发现因失职、渎职和利用改制之机隐匿、转移、侵占国有资产的，严肃追究责任。

（五）完善企业内部审计。省管企业要进一步建立健全内部审计工作制度，完善企业内部审计体制，明确内审机构的职责权限。建立内审部门直接向董事会或高级管理层主要负责人报告制度，确保内部审计工作的独立性和权威性。拓展内部审计监督范围，将企业发展战略计划和年度经营计划执行情况、内部控制、信息化系统纳入审计，发挥内部审计的确认和咨询功能。加强对内部管理的领导干部的经济责任审计。建立境外企业定期审计制度，强化对境外企业的内审监督。建立企业内部审计情况向省国资委报告制度，企业内审年度计划、年度工作情况、重大审计事项、重要人员的经济责任审计结果要向省国资委报告，省国资委对企业内部审计情况进行检查和评估。建立审计公告制度，提高审计的透明度和影响力。加强审计结果运用，建立完善审计整改落实和审计问责制度，对审计发现的涉嫌违法违纪问题，及时移送有关部门处理。

二、提高审计监督的成效

强化审计结果的运用，落实审计发现问题整改和问责，切实提高审计监督的成效。

（一）加强审计工作协调配合。建立国家审计、社会审计和内部审计工作协调和审计结果运用机制，加强国家审计、社会审计和内部审计在数据提供、调查取证、情况通报、结果反馈、落实整改等方面的协调配合。审计机关依法对社会审计机构出具的审计报告进行核查，对内部审计进行业务指导和监督，促进提高社会中介机构执业质量和内部审计工作水平。充分利用已有的检查结果等信息，提高审计监督整体效能。

（二）开展审计整改联动。被审计单位的主要负责人作为第一责任人，要切实抓好审计发现问题的整改工作，对重大问题亲自抓、亲自管，列出整改清单，逐个问题对账销号。建立整改检查跟踪机制，加强整改督促检查，确保整改到位。省国资委督促企业对审计发现问题整改落实并及时反馈整改结果。

（三）强化审计整改问责。把各类审计结果及其审计问题整改情况作为考核奖惩的重要依据。对审计反映的典型性、普遍性和倾向性问题，要查找产生根源，完善制度规定，堵塞管理漏洞。对审计发现的重大问题，要依法依纪处理，对整改不力的，要依法严格追责问责。

（四）实行审计结果公开。根据审计结果的不同类型，采取不同方式进行公开。国家审计结果公开按照省政府办公厅《关于印发山东省审计厅审计结果公告试行办法的通知》等规定执行：社会审计及内部审计结果，按照“公开为常态，不公开为例外”的原则，通过公司内外部网站、职代会等在一定范围内公开，接受监督。根据审计情况和工作需要，以适当方式向社会公开。拓展审计结果公开内容，将被审计单位存在的问题及整改情况一并纳入公开范围。

三、提升审计监督能力

加强企业审计人才队伍建设，探索审计方式和手段创新，扩大购买社会审计服务，不断提升审计监督能力。

（一）充分借助中介机构社会审计力量。利用外部中介机构的客观独立性和专业技术密集优势，按照规定公开选聘中介机构开展各类专项审计，扩大购买社会审计服务。为中介机构开展审计业务提供必要的条件，支持中介机构审计工作的开展。落实中介机构审计工作责任，在审计业务约定书中对审计工作要求、执业质量和工作责任等事项进行约定，确保审计工作质量。对执业质量不高或造成国有资产流失的中介机构，按合同约定给予扣减服务费用、通报行业管理部门、追偿损失等处理。

（二）推进审计方式创新和审计信息化。创新审计方法和审计手段，探索运用先进的审计理念、方法和技术提高审计工作质量和效率。省管企业要加强内部审计理论和审计方法的研究与创新，探索企业绩效审计、风险导向审计，提高审计业务增值能力。提高运用信息化技术核查问题、评价评判、宏观分析的能力。省管企业的财务管理信息系统，应为国家审计机关预留接口，满足开展审计业务需要。

（三）加强企业内部审计人才队伍建设。提高省管企业内部审计队伍的专业化水平，加强审计人员任职资格管理，省管企业内部审计机构负责人的任免要向省国资委备案。按照建立现代企业制度的要求，配备既懂财务又懂经营管理的高素质人才充实审计力量。加强审计人员的业务知识和廉政教育，不断提升能力和水平，保证审计工作有效开展。

山东省国资委、山东省财政厅
关于进一步加强省管企业财务监督管理工作的意见

（鲁国资财监〔2015〕2号　2015年3月2日）

为进一步促进省管企业依法依规经营，加强财务监督管理，完善企业财务约束机制，维护国有权益，实现国有资产保值增值，现就省管企业财务监督管理工作提出以下意见。

一、认真贯彻执行国家财务管理相关制度。省管企业要严格执行国家财经纪律、财务会计制度和出资人有关财务管理的各项制度，并根据国家相关法律法规、规章制度的变化及监管机构的最新规定，按照上市公司执行情况，结合自身实际，对现行财务管理办法和会计制度进行全面修订，及时进行完善，确保制度落实到位。

二、强化财务制度落实情况的监督检查。省国资委建立对省管企业执行财务法规制度情况进行监督检查的长效机制，加大监督力度，提高检查频率，通过第三方中介机构审计，对财务制度落实情况和国资监管制度执行情况进行定期和不定期常规性检查，对企业经营中出现的苗头问题和特定业务进行专项检查。省管企业要通过内部审计和外部审计等手段，每年对所出资企业规章制度执行情况进行常规检查和专项检查，确保各项制度有效实施。

三、健全重大财务事项决策制度。省管企业要按照《关于进一步推进国有企业贯彻落实“三重一大”决策制度的意见》要求，根据《企业财务通则》有关重大财务事项范围的规定，从定量和定性两个方面，具体确定本企业筹资、投资、担保、捐赠、大额资金调动和使用、工程项目、资产采购、资产处置、债务重组等重大财务事项的标准、内容，健全重大财务事项决策制度和决策失误责任追究制度。

企业所有重大财务事项，应由企业有关业务部门提出方案，经过财务部门审核提出意见后，按企业内部有关程序并根据相应权限报企业董事会审议决定。董事会研究、审议财务管理重大事项，必须作出会议纪要，任何个人不得单独决策或者擅自改变集体决策意见。企业分管财务负责人（总会计师或财务总监，下同）和财务部门负责人应当出席或列席董事会等相关财务管理重大事项的会议，其在会议上对决议事项的专业意见应记录在案备查。属于省国资委权力清单规定审批、核准的重大财务事项，须报经省国资委审核同意后实施，属于备案管理的，应在规定时间内向省国资委履行备案手续。

四、完善企业内部控制体系。省管企

业要按照《企业内部控制基本规范》及配套指引要求，全面梳理各类各项业务流程，查找经营管理风险点，编制分类风险与缺陷清单，明确关键控制节点和要求。要积极开展内部控制评价与审计工作，在省管企业范围内设计适合自身特点的评价体系和内控缺陷认定标准。依据中介机构出具的内部控制审计报告，分析评价内部控制缺陷，并有针对性地落实整改，做好与风险管理有机结合。要统筹规划，着力做好省管企业与权属企业内部控制体系同步优化和实施工作。省管企业每年5月31日前应向省国资委报送年度《内部控制评价报告》，同时抄送派驻企业监事会。省国资委将定期选取企业针对关键业务流程开展内部控制有效性专项检查。

五、严格关键风险点和事项的财务管理。省管企业要按照《企业财务通则》等要求，结合本企业实际，重点加强以下关键风险点和事项的财务管理。

1. 资金调度控制管理。加强资金集中管理，建立内部资金调度控制制度，明确资金调度的条件、权限和程序，统一筹集、使用和管理资金。要严格实行资金预算管理，大额资金支出应纳入年度预算。支付、调度资金，必须严格按照企业内部财务管理制度的规定，依据有效合同、合法凭证，按授权批准权限和程序，办理相关手续；要严格银行账户管理，所有银行账户的开立和销户都要严格履行企业内部审批程序，要指定出纳人员以外的专人按规定定期核对银行账户，编制银行存款余额调节表。要严格银行预留印鉴的管理，严禁一人保管支付款项所需的全部印章，需要有关负责人签字或盖章的经济业务，必须严格履行签字或盖章手续。

2. 应收款项和商业票据管理。要完善应收款项管理制度，加强对销售、发货、收款业务的会计系统控制，建立应收账款清收核查制度，落实收账责任，严格考核奖惩和责任追究。建立健全商业票据管理制度，明确商业票据的受理范围，规范票据受理、保管、转让、贴现、兑付等各环节管理流程，严格审查商业票据的真实性和合法性，防止票据欺诈和舞弊。

3. 收入管理。要按照《企业会计准则》和有关财务管理规定，规范收入确认标准，不得随意调整合并范围，不得跨期确认收入，对无交易实质的“空转”贸易以及变相融资行为不得按照贸易业务确认收入。对一切收入都要及时入账，严禁收款不入账，不得账外设账，不得私设“小金库”，要建立从源头上防治“小金库”的长效机制。

4. 工程项目管理。要全面梳理工程项目各个环节可能存在的风险点，规范工程立项、招标、造价、建设、验收等环节的工作流程，明确相关部门和岗位的职责权限，做到可行性研究与决策、概预算编制与审核、项目实施与价款支付、竣工决算与审计等不相容职务相互分离，强化工程建设的全过程监控，防范商业贿赂等舞弊行为，控制工程成本，提高工程质量。

5. 对外担保及高风险业务管理。企业要按《山东省省管企业担保管理办法》规定，严格履行内部审批程序并报省国资委核准或备案，不得为个人及无产权关系且不含国有股份的企业提供担保，不得为高风险投资项目（包括任何形式的委托理财、买卖股票、期货、期权）以及不符合国家产业政策的项目提供担保。省国资委将对省管企业的担保事项进行随机抽查和定期检查。从事委托理财及金融衍生品等高风险业务，要严格履行报批程序。涉及高风险业务的企业，应确定专门机构，专职负责各项高风险业务的监管和监控，通过内部审计等方式对高风险业务建立定期检查和报告制度。

6. 资产处置管理。以出售、置换、报废等方式处置资产时，应当按照国家有关规定和企业内部财务管理制度规定的权限和程序进行。资产处置后，保证资产处置涉及的收入和费用及时入账，资金及时回收。

六、加强财务人员队伍建设。要建立重要财务岗位人员定期轮换制度，推行财务负责人（财务总监）、财务部门负责人委派制，明确并统一省管企业和权属企业的出纳、稽核、资金核算等财务岗位定期轮换制度。财务负责人、财务部门负责人原则上任期不超过3年。要支持财务人员制止和纠正违反国家统一的财政、财务、会计制度规定的行为。加强财务人员业务培训和职业道德教育，完善财务人员的考核评价制度。

七、全面落实财务监督管理责任。企业负责人对企业会计工作和会计资料的真实性与完整性负责。财务负责人具体组织企业执行国家有关财经法律、法规、方针、政策和制度，应及时修订完善各类审计和检查反映的制度方面的漏洞和缺陷。财务负责人和财务部门负责人有责任对存在问题的财务事项提请总经理办公会讨论纠正，财务负责人有责任向董事会和省国资委报告。企业负责人、财务负责人、财务部门负责人以及会计工作人员等未履行或者未正确履行工作职责，造成企业内部控制制度存在严重缺陷、财务会计信息严重失真、财务基础管理混乱以及重大财务决策失误的，按照《会计法》《公司法》等国家现行法律法规进行处理。发生损失的，按照相关规定追究其工作责任。构成犯罪的，依法移交司法机关处理。

山东省国资委、山东省财政厅
山东省省管企业财务等重大信息公开暂行规定

（鲁国资财监〔2015〕3号　2015年3月2日）

第一章　总　　则

第一条　为贯彻落实党的十八大和十八届三中、四中全会及省委省政府《关于深化省属国有企业改革完善国有资产管理体制的意见》精神，规范企业财务等重大信息公开行为，根据相关法律、法规和有关规定，结合我省实际，制定本规定。

第二条　本规定所称企业，是指山东省人民政府国有资产监督管理委员会（以下简称省国资委）代表省政府出资的国有独资企业、国有独资公司和国有资本控股公司。

第三条　本规定所称企业财务等重大信息，是指企业财务预算，年度、中期、季度财务信息，“三重一大”有关事项，履行社会责任以及其他可能对出资人、企业和职工利益产生较大影响与社会关注度高的信息。

第四条　企业重大信息公开，应当遵循依法、客观、及时和保密原则，不得有虚假记载、误导性陈述或者重大遗漏。企业公开的信息不得涉及国家秘密、商业秘密和个人隐私，不得危及国家安全、公共安全、经济安全和社会稳定。

第五条　企业是财务等重大信息公开的义务人，省国资委负责省管企业重大信息公开的推进、指导、协调、监督等工作。

第二章　公开的内容

第六条　年度公开信息

（一）财务预算信息

1. 主要财务预算指标：预算年度营业收入、营业成本、销售费用、管理费用、财务费用、利润总额、应交税费总额、资产总额、所有者权益等；

2. 管理和发展指标：职工薪酬预算、职务消费预算以及生产经营企业主要产品生产和销售预算、重大投资预算、安全生产预算等；

3. 上一年度财务预算执行情况。

（二）年度报告

1. 企业基本情况；

2. 主要会计数据和财务指标：资产总额、负债总额、所有者权益、营业收入、营业成本、销售费用、管理费用、财务费用、营业利润、投资收益、重大营业外收支、利润总额、已交税费总额、净利润、营业利润率、净资产收益率等；

3. 董事会报告摘要；

4. 财务会计报告和审计报告摘要；

5. 董事、监事、高级管理人员的任职情况和年度薪酬情况、经营业绩考核结果情况，企业领导人员经济责任履职情况等；

6. 政府扶持政策的信息，包括：获得大额政府补贴或拨款，国家为企业提供的任何形式的担保等；

7. 年度内发生的重大事项及对企业的影响。

（三）“三重一大”有关事项

1. 有关重大决策；

2. 有关重大人事任免；

3. 有关重大项目投资及境外投资情况；

4. 大额资金的调动及使用情况。

（四）社会责任的履行

1. 职工劳动合同的签订、履行等劳动法律法规的遵守和执行情况；

2. 人才引进、职工招聘、职工培训等人才队伍建设情况；

3. 职工劳动、安全及卫生保护情况；

4. 企业开展的环境治理及保护情况；

5. 企业提供安全的产品和服务，遵守商业道德情况；

6. 对外大额捐赠、赞助情况。

（五）履职待遇及有关业务支出情况

1. 企业领导人员公务用车配备、使用、维修情况或车辆补贴发放情况；通信、业务招待、差旅、国（境）外考察培训等费用的支出情况；

2. 企业有关业务人员车辆使用或车辆补贴发放情况；通信、业务招待、差旅、国（境）外考察培训等费用的支出情况。

（六）有关部门规定的其他事项。

第七条　中期公开信息

（一）企业基本情况；

（二）主要会计数据和财务指标：资产总额、负债总额、所有者权益、营业收入、营业成本、销售费用、管理费用、财务费用、营业利润、投资收益、利润总额、已交税费总额、净利润、营业利润率、净资产收益率等；

（三）财务预算执行情况；

（四）财务会计报告摘要；

（五）年度中期内发生的重大事项及对企业的影响。

第八条　季度公开信息

（一）企业基本情况；

（二）主要会计数据和财务指标：资产总额、负债总额、所有者权益、营业收入、营业成本、利润总额、净利润等；

（三）财务预算执行情况；

（四）季度内发生的重大事项及对企业的影响。

第九条　企业发生的需要及时公开的重大事项实行临时公开。

第十条 除本规定明确必须公开的事项外，公民、法人或者其他组织可以根据自身生产、生活或科研的需要，依法向企业书面申请获取相关信息。

企业对申请公开的有关信息，依法属于公开范围的，应当按照规定向申请人公开；依法属于不予公开范围的，应当告知申请人并说明理由。

第三章　公开的方式及时限

第十一条 企业财务等重大信息可通过下列方式公开：

（一）省国资委网站；

（二）本企业网站；

（三）广播、电视、报纸等公众媒体；

（四）省国资委及其他有关部门规定的其他公开方式。

第十二条 企业应当通过厂务公开、向职代会报告等方式在企业内部公开有关信息，方便公众查阅企业重大信息。

第十三条 企业年度财务预算信息应当在会计年度起始4个月内公开；年度公开信息应当在会计年度结束之日起6个月内公开；中期公开信息应当在每个会计年度的上半年结束之日起2个月内公开；季度公开信息应当在每个会计年度第3个月、第9个月结束之日起1个月内公开。

需要临时公开的重大事项应当自该信息形成或变更时立即予以公开，法律、法规另有规定的，从其规定。

涉及上市公司信息的公开，依《上市公司信息披露管理办法》规定时间执行。

第四章　重大信息公开事务管理

第十四条 企业应当制定重大信息公开管理制度，管理制度应当包括：

（一）企业应当公开的重大信息的内容和程序；

（二）企业信息公开事务管理部门及其负责人在重大信息公开中的职责；

（三）重大信息的编制、审核、上报流程；

（四）重大信息的保密措施，有关负责人的保密责任；

（五）相关文件、资料的档案管理；

（六）未按规定公开重大信息的责任追究机制，对违反规定人员的处理措施。

企业信息公开管理制度应当经企业董事会审议通过，并向省国资委报告。

第十五条 企业在公开财务等重大信息之前，应当依照《中华人民共和国保守国家秘密法》等法律、法规和有关规定，对拟公开的信息进行保密审查。

第十六条 企业董事、监事及高级管理人员应当关注信息公开文件的编制情况，敦促企业信息公开事务管理部门履行相关公开程序，保证企业财务等重大信息在规定时限内公开，履行信息公开义务。

第五章　监督和保障

第十七条 省国资委负责对企业财务等重大信息公开实施情况进行监督检查。

第十八条 企业董事、监事和高级管理人员应当认真履行职责，保证企业财务等重大信息公开的真实、准确、及时。

第十九条 企业发现虚假或不完整反映的企业财务等重大信息，应当及时发布准确信息予以澄清。

第二十条 企业及省国资委有关人员违反本规定，有下列情形之一的，由省国资委责令改正；情节严重的，对负有直接责任的主管人员和其他直接责任人员依法给予处分；构成犯罪的，依法追究刑事责任。

（一）不依法履行信息公开义务；

（二）公开不应当公开的信息；

（三）公开的信息有虚假记载、误导性陈述或者重大遗漏的；

（四）违反本规定的其他行为。

第六章 附 则

第二十一条 涉及上市公司的财务等重大信息公开，国家有关法律、法规另有规定的，从其规定。

第二十二条 企业自2016年起参照上市公司的信息披露标准，对财务等重大信息进行公开披露。

第二十三条 本规定由省国资委负责解释。

第二十四条 本规定自印发之日起施行。

山东省国资委与省管企业董事会协调沟通机制暂行规定

（鲁国资董监〔2015〕1号 2015年3月13日）

第一条 为进一步完善国资监管体系，促进省管企业董事会规范运作，根据《中华人民共和国公司法》《中华人民共和国企业国有资产法》《山东省企业国有资产监督管理条例》等法律法规，制定本规定。

第二条 本规定适用于山东省人民政府国有资产监督管理委员会（以下简称省国资委）及其依法履行出资人职责的国有独资公司（以下简称省管企业）董事会。

第三条 省国资委与省管企业董事会按照职责明晰、运行规范、信息充分的原则，加强协调沟通。

第四条 省管企业董事会向省国资委报告工作，执行省国资委决议，在职责范围内自主决策并独立承担责任。

第五条 省国资委应当就省级国有经济布局结构调整、国有资本投向等长远规划，与省管企业董事会进行信息沟通，以便董事会依据出资人意图组织实施。

第六条 对于依照《公司章程》，需省国资委决定、批准、审核、备案的事项，省管企业董事会应当及时向省国资委提供相关材料。

第七条 发生不可抗力或者重大危机侵害出资人权益需作出应急反应的情形，省管企业董事会可依据法律法规和维护出资人利益的原则行使特别裁决和处置权，并及时报告省国资委。

第八条 “三重一大”或者其他对出资人权益将产生重大影响的董事会决策事项，应当按照要求，在决策后的规定时间内将相关信息送达省国资委。

第九条 省管企业董事会应当编制和报送年度工作报告。董事会年度工作报告应准确反映工作成果和运行情况，查摆存在的问题和差距，明确下年度工作计划。

省国资委采取书面和会议两种方式审议省管企业董事会年度工作报告。

第十条 省管企业董事会应当督促总经理等高级管理人员按照有关法律、行政法规和部门规章要求，建立生产安全事故、突发公共事件等即时报告制度，确保上述事件发生后，在第一时间报告事发地人民政府、省有关部门，同时报告省国资委。

第十一条 省国资委内设机构根据职能配置负责就相关事项与省管企业董事会协调沟通。需多个内设机构共同协调的事项，按照《山东省国资委内设机构有关事项分工协作说明》办理。

第十二条 省管企业董事会应当制定与省国资委协调沟通的规章制度，规范有关程序，明确董事长、董事会秘书及内部管理机构的职责。相关规章制度经董事会研究决定后及时报送省国资委。

第十三条 省管企业董事会应当真实、准确、完整、及时地向省国资委提供相关信息，不得有虚假记载、误导性陈述或者重大遗漏，确保出资人的知情权。

董事会应当建立健全信息报送系统，规定信息报送的程序和有关责任，并定期评估信息报送系统的有效性，对发现的问题及时要求整改。

第十四条 省国资委与省管企业董事会协调沟通的形式，采用发送纸质文件、传送电子邮件、调研、会议等方式。

第十五条 省管企业董事会应当按照监事会要求报送有关文件。董事会向省国资委报告的事项及相关材料，同时抄送监事会。

第十六条 本规定由省国资委负责解释。

第十七条 本规定自2015年4月1日起施行，有效期为2年。

山东省国资委
关于开展混合所有制改革试点工作的通知

（鲁国资收益字〔2015〕67号 2015年12月2日）

各省管企业：

为贯彻落实党的十八大和十八届三中、四中、五中全会精神，促进各种所有制资本取长补短、相互促进、共同发展，切实解决国有企业在体制机制方面存在的深层次问题，形成一批可复制、可推广的经验，稳妥有序推进省管企业混合所有制改革，决定在省管企业开展混合所有制改革试点工作。现将有关事项通知如下。

一、总体目标

坚持问题导向，针对国有企业存在的活力不强、动力不足、效率不高等突出问题，通过混合所有制改革，引入战略投资者，规范员工持股，推动形成定位清晰、权责对等、协同运转、制衡有效的经营机制，争取用3~5年时间打造一批市场竞争力强、发展前景好的混合所有制企业，形成良好的示范带动效应。

二、基本条件

试点企业应满足以下基本条件：产权关系清晰、治理结构完善、市场化程度较高、管理基础较好；板块业务相对独立且具有一定市场竞争力和成长空间；管理层和职工有较强的改革意愿。重点选择省管二级及重要权属企业开展试点，探索开展一级企业及省国资委直接持股企业试点。

三、工作要求

（一）试点企业应针对制约企业发展的突出问题拟定一企一策方案，以形成股权结构多元、股东行为规范、激励约束有效、运行高效灵活的投资主体多元化企业为目标，加快实现体制机制创新，充分释放活力，增强竞争力。

（二）国有股东应根据企业发展战略定位、行业发展前景、并购重组计划、潜在战略投资者特点等因素综合考虑，合理确定国有股比例。

（三）试点企业应将战略投资者引进作为工作重点，广泛接触不同类型潜在战略投资者，投资比例和董事会成员设置应在各方充分协商基础上确定，引进战略投资者方案应面向社会公开发布。

（四）试点企业员工持股计划可与引入战略投资者同步进行，入股价格按国家有关规定执行。

（五）战略投资者和企业职工应主要以增资扩股方式参与改革，原则上不涉及企业存量资产。

（六）将建立党的组织、加强党的领导作为试点企业推进混合所有制改革的重要前提，企业党建工作应与企业改革同步谋划、同步开展。

（七）试点工作应依法依规，严格执行审计评估、进场交易等有关规定，确保改革经得起历史检验，不留后患。

四、试点内容

试点方案应包括但不限于以下内容：

（一）企业诊断报告。包括企业基本情况、基本评价、SWOT 分析、解决方案等。

（二）企业战略规划。包括企业发展目标定位、细化战略（板块业务）目标、并购重组计划、资本市场对接计划等。

（三）一企一策混改方案。包括混改的主要目标、效益发展目标、引进战略投资者方案、员工持股方案、股权比例设置方案、法人治理方案、募集资金用途等。

（四）组织保障措施。包括工作团队、工作时间表路线图、请求协助解决的问题和给予的政策支持等。

五、工作程序

各试点企业要结合企业实际，按照《公司法》、《企业国有资产法》和公司章程等研究拟定试点方案，履行相应的决策和审批、备案程序。省管一级企业混合所有制改革试点方案，由企业董事会研究提出，经省国资委批准后实施；二级及重要子企业混合所有制改革试点方案，经省管一级企业董事会研究通过，报省国资委备案后实施。

附件

混合所有制改革试点企业名单

1. 山东交通运输集团有限公司
2. 深圳东华实业集团有限公司
3. 鲁华能源集团有限公司
4. 泰山财险股份有限公司
5. 国泰租赁有限公司
6. 山东省国际信托股份有限公司
7. 山东鲁信文化产业创业投资有限公司
8. 山东泰山文化艺术品交易所股份有限公司
9. 泰信基金管理有限公司
10. 山东鲁信影城有限公司
11. 山东鲁信高新技术产业有限公司
12. 淄博理研泰山涂附磨具有限公司
13. 山东鲁信文化旅游产业有限公司
14. 兖矿贵州能化有限公司
15. 兖矿东华建设有限公司
16. 兖矿集团邹城金通橡胶有限公司
17. 山东新风光电子科技发展有限公司
18. 兖矿科蓝煤焦化有限公司和济宁凯模特化工有限公司（合并后混改）
19. 兖矿东华建设公司地矿分公司物探研究所
20. 山东高速信联支付有限公司
21. 山东高速科技集团有限公司
22. 山东高速信息工程公司
23. 山东高速轨道设备材料有限公司

24. 山东高速建设材料有限公司
25. 山东高速生物工程有限公司
26. 山东省装饰集团总公司
27. 山金金控资本管理有限公司
28. 赤峰山金瑞鹏贸易有限公司
29. 山东易通发展集团有限公司
30. 鲁商传媒集团有限公司
31. 山东福瑞达医药集团公司
32. 山东银座汽车有限公司
33. 山东银座家居有限公司
34. 山东钢铁集团淄博张钢有限公司
35. 山东耐火材料集团有限公司
36. 山东钢铁集团日照有限公司
37. 莱芜钢铁集团有限公司医院
38. 莱钢集团淄博锚链有限公司
39. 山东莱钢建设有限公司
40. 济南钢铁集团有限公司医院
41. 济钢集团国际工程技术有限公司
42. 济南鲍德钢结构有限公司
43. 济南济钢铁合金厂
44. 山钢集团莱芜钢铁新疆有限公司
45. 山东球墨铸铁管有限公司
46. 济南鲁新新型建材有限公司
47. 山东鲁抗中和环保科技有限公司
48. 山东鲁抗医药集团赛特有限责任公司
49. 华鲁国际融资租赁有限公司
50. 山东能源重型装备制造集团有限公司
51. 济南泰星精细化工有限公司
52. 日照中兴森工实业有限公司
53. 山东八一轮胎制造有限公司
54. 龙矿集团 2×50MW 半焦发电项目
55. 山东玻纤集团股份有限公司
56. 山东东华水泥有限公司
57. 山东省水利工程局有限公司
58. 山东龙信投资有限公司

内部文件选录

山东钢铁集团有限公司
证券市场运作管理办法（暂行）

（山钢董事会〔2015〕5号　2015年4月17日）

第一章　总　　则

第一条　为规范山东钢铁集团有限公司（以下简称集团公司）证券市场运作管理，进一步提高决策工作效率，防范保密信息泄露风险，根据国家有关法律、法规等有关规定和集团公司《公司章程》，结合集团公司实际，制定本暂行办法。

第二条　本暂行办法所称证券市场运作项目包括所属上市公司的股份变动、资产重组等；非集团公司所属上市公司股份的收购、出售以及资产重组等。

第三条　集团公司作为实际控制人统一审批集团公司所属上市公司、非上市权属企业证券市场运作项目，以及集团公司各级参股企业需要股东表决的证券市场运作项目。

第四条　证券市场运作应按照“保密第一、规范运作”的原则，严格遵守相关法律、法规和公司章程，履行必要审议审批程序，切实防范相关风险。

第二章　机构及职责

第五条　集团公司成立证券市场运作管理工作小组（以下简称管理工作小组）。

组　长：集团公司董事长

成　员：集团公司总经理、集团公司分管副总经理、资本运营部部长、财务部部长、法律事务部部长

职　责：

（一）按照公司章程，在集团公司董事会权限范围内及需要上报上级主管部门审批的证券市场运作事项，董事会授权管理工作小组进行调研、沟通、论证、制订方案等。

（二）决定按规定由上市公司国有股东决定的证券市场运作事项。

第六条　集团公司资本运营部为证券市场运作管理主责部门，按照集团公司发展战略，负责证券市场运作方案的前期调研、论证、制订等工作。

第七条　集团公司审计、监察等部门根据证券市场运作方案需要，参与研究和监督。

第三章　工作程序

第八条　各子公司（含所属上市公司）按照集团公司发展战略，结合本企业经营实际情况，在严格执行保密规定的前提下，主动、系统研究分析证券市场运作思路及方案，及时上报集团公司（资本运营部）。

第九条　资本运营部组织研究各子公司提报的证券市场运作方案，在与各子公司充分沟通、商讨的基础上，形成初步运作思路，向管理工作小组汇报；资本运营部对各子公司的证券市场运作独立形成思路，向管理工作小组汇报。

第十条　管理工作小组召开会议审议资本运营部提报的证券市场运作方案，根据职责权限予以决定或安排相关工作。

第十一条　需要由集团公司董事会审议决策的证券市场运作事项，在管理工作小组讨论后，由资本运营部提报董事会审议。

第四章　附　　则

第十二条　各相关人员应严格遵守国家相关法律、法规和上市公司有关规定，不得泄露保密信息。

第十三条　本管理办法由集团公司董事会解释，自通过之日起执行。

中共山东钢铁集团有限公司委员会纪委书记、副书记提名考察办法（试行）

（山钢党字〔2015〕50号　2015年8月12日）

第一条　为贯彻落实党的十八届三中全会关于“各级纪委书记、副书记的提名和考察以上级纪委会同组织部门为主”的精神，规范各单位纪委书记、副书记提名和考察工作，根据省委、省国资委党委有关规定，结合集团公司实际，制定本办法。

第二条　各单位纪委书记、副书记人选应当具备党章规定的党的领导干部的基本条件，敢于监督、善于监督。拓宽选人视野和渠道，可以从纪检监察系统内和纪检监察系统外提名，注重从履行党风廉政建设主体责任、监督责任表现突出的优秀干部中选拔。

第三条　集团公司纪委会同集团公司党委组织部和各单位党委，掌握各单位纪委书记、副书记备用人选，为提名提供人员储备。

第四条　各单位纪委书记人选可以从本单位产生，也可以交流任职。

第五条　各单位纪委书记的提名和考察以集团公司纪委会同集团公司党委组织部为主，按以下程序办理：

（一）集团公司纪委会同集团公司党委组织部提出人选；

（二）集团公司党委组织部就人选听取所在单位党委意见；

（三）集团公司党委研究确定考察对象；

（四）集团公司纪委会同集团公司党委组织部根据有关规定进行考察。

第六条　各单位纪委副书记的提名和考察以集团公司纪委和所在单位党委为主，按以下程序办理：

（一）集团公司纪委与所在单位党委酝酿提出人选；

（二）集团公司纪委会同所在单位党委组织部根据有关规定进行考察。

第七条　纪委副书记日常管理由所在单位党委负责。因工作需要、到达本单位规定的任职年龄界限等，纪委副书记需要调整的，所在单位党委提前提出调整建议，与集团公司纪委沟通后，按以上规定办理。

第八条　本办法由集团公司纪委和集团公司党委组织部负责解释。

第九条　本办法自印发之日起生效。

中共山东钢铁集团有限公司委员会领导干部退出现职年龄规定

（山钢党字〔2015〕53号　2015年8月17日）

第一条　为进一步规范干部管理，根据集团公司《职工内部退养指导意见》

（山钢人字〔2013〕25号）精神，对集团公司党委管理的领导干部退出现职年龄制定本规定。

第二条　处级领导干部，男年满58周岁；女年满53周岁，应当退出现职。

第三条　领导干部，男年满55周岁、女年满50周岁，经个人申请、组织批准，可以退出现职。

第四条　退出现职的领导干部，可以居家休息。

第五条　本规定自下发之日起执行。原文件与本规定不一致的，按本规定执行。

第六条　本规定由党委组织部负责解释。

中共山东钢铁集团有限公司委员会
党风廉政建设约谈制度

（山钢党字〔2015〕70号　2015年10月15日）

为加强对党员领导干部的教育和监督，突出抓早抓小，促进正确履职和廉洁从业，深入推进党风廉政建设和反腐败工作，根据《中国共产党党内监督条例（试行）》《关于实行党风廉政建设责任制的规定》等法规制度，以及省国资委党委《关于建立省管企业党风廉政建设约谈制度的通知》（鲁国资党字〔2015〕35号）精神，经研究，决定建立党风廉政建设约谈制度。

一、约谈对象

约谈对象为各单位、各直属机构领导班子成员和机关各部室负责人。

二、约谈内容

（一）对各单位党委书记/直属党总支（支部）书记的约谈，主要针对党委主体责任落实情况。履行组织领导之责不力，未能将党风廉政建设和反腐败工作纳入企业改革发展工作总体布局；不遵守政治纪律和政治规矩，大局意识不强；落实集团公司决策和重大工作安排不力；选人用人方面存在不正之风，职工群众反应强烈；存在损害职工群众利益的突出问题，造成不良后果；落实“三重一大”决策制度不到位，出现违规投资、失职渎职、违规关联交易、利益输送、违规担保以及其他损害企业利益的问题；存在形式主义、官僚主义、享乐主义和奢靡之风等违反中央八项规定及集团公司正风肃纪“十条禁令”的行为；班子成员出现严重违纪违法问题，造成不良影响；党风廉政建设责任制满意度测评群众满意率低于70%；故意干扰阻碍纪检监察机构查处案件；存在其他苗头性、倾向性问题等。主谈人一般为集团公司党委书记或副书记。

（二）对各单位纪委书记的约谈，主要针对纪委监督责任落实情况。深化“三转”、聚焦监督执纪问责主业主责力度不够；惩治和预防腐败体系建设滞后，对重点领域和关键环节监督检查不到位，导致问题和案件频发；落实中央八项规定精神、集团公司正风肃纪“十条禁令”和上级有关规定不到位，“四风”问题突出；监督执纪问责不严，存在违反审查纪律、跑风漏气、选择性办案、压信不报、瞒案不查等行为。主谈人一般为集团公司纪委书记或副书记。

（三）对其他领导干部的约谈，主要针对个人履行“一岗双责”情况。未能将党风廉政建设要求融入到分管业务工作，分管范围内发生违纪违法案件、违反中央“八项规定”、集团公司正风肃纪“十条禁令”和上级有关规定的行为；廉洁自律意识不强，违反《国有企业领导人员廉洁从业若干规定》；落实集团公司决策和重大工作安排不力；对亲属和身边工作人员教育、监管力度不够，存在违规违纪行为，职工群众反映较大；个人在党风廉政建设中职工满意度低于60%。主谈人一般为集团公司党委分管领导。

（四）对问题反映较为集中的干部的约谈，主要针对被反映人存在苗头性、倾向性问题。职工群众有一定反映，所反映的内容违纪情节轻微，需要被约谈人作出说明，但不需要启动纪律审查程序的。主谈人一般为集团公司党委分管领导或纪委书记、副书记。

三、工作程序

（一）集团公司纪委根据工作需要提出约谈建议，制定约谈方案，报集团公司党委书记、副书记或纪委书记审批。也可由党委领导提出约谈要求，由集团公司纪委制定约谈方案。

（二）约谈方案经领导审批同意后，一般由集团公司纪委提前3个工作日将约谈内容、约谈时间和地点等事项以《党风廉政建设约谈通知书》形式书面通知约谈对象。约谈对象根据约谈通知，认真做好接受约谈的相关准备工作。

（三）约谈按照以下程序进行：

1. 主谈人向约谈对象通报有关情况，指出存在问题，提出整改要求。约谈对象对主谈人指出的问题和提出的要求作出明确表态。集团公司纪委参加约谈并做好记录，填写《党风廉政建设约谈情况登记表》。

2. 约谈对象按照整改要求，制定整改方案，逐项提出整改措施，并在约谈结束10个工作日内书面报告集团公司纪委。整改期限一般不超过2个月，整改结束后，及时书面报告整改落实情况。

3. 集团公司纪委对约谈对象整改落实情况进行监督检查，并根据实际情况对整改结果形成评价意见，记入《党风廉政建设约谈情况登记表》。

四、结果运用

对被约谈后限期整改措施不力或整改进度缓慢的，将进行诫勉谈话，诫勉谈话后问题仍得不到解决的，将严肃追究相关人员责任。

约谈、诫勉谈话等有关材料将存入个人廉洁档案，并抄送集团公司党委组织部备案，作为干部考核评价、选拔任用、奖励惩处的重要依据。

山东钢铁集团有限公司
印信管理办法

（山钢办字〔2015〕39号　2015年9月25日）

第一章　总　　则

第一条　为规范山东钢铁集团有限公司（以下简称集团公司）印章和介绍信管理，维护企业合法权益，根据国家、省有关规定，结合工作实际，制定本办法。

第二条　集团公司印章指集团公司行政、党委及董事会、监事会的普通印章、套印印章、钢制印章，法定代表人名章，财务专用章、合同专用章等专用印章。介绍信指“山东钢铁集团有限公司介绍信”。

第二章　印章和介绍信管理

第三条　集团公司办公室、党委办公室负责集团公司印章的管理工作，负责各单位行政、党委印章及各直属机构、机关各部门印章的刻制、备案、启用、停用、销毁管理工作；负责集团公司介绍信的开具和管理工作。

第四条　集团公司普通印章为圆形，直径不超过4.2厘米，中央刊五角星，五角星外刊单位名称，自左而右环行。各权属单位印章为圆形，直径不超过4.2厘米，中央刊五角星，五角星外刊单位名称，自左而右环行。集团公司财务专用章、合同专用章等专用印章，各直属机构、机关各部门印章为圆形，直径不超过4.0厘米，中央刊五角星，五角星外刊公司名称，自左而右环行；五角星下方刊专用印章名称、单位名称，自左而右横行。集团公司管理范围的钢制印章，直径3.7厘米，中央刊五角星，五角星外刊单位名称，自左而右环行。套印印章、印模，规格、式样与正式印章等同。集团公司党委及下属单位党组织的印章，按上级党委机关规定的样式执行。

第五条　集团公司管理范围的印章由集团公司制发。集团公司成立的单位、部门刻制印章，须向集团公司办公室、党委办公室提出申请，经集团公司审查批准后，以集团公司办公室名义出具公函，并到公安机关办理备案手续，在指定的公章刻制单位刻制。

第六条　集团公司管理范围的印章由集团公司授权集团公司办公室、党委办公室行文公布启用。启用印章的内容包括：启用印章的依据，启用印章的名称、时间、印模等。如系变更机构名称或原印章磨损更换印章，在启用新印章的同时，声明旧印章作废。印章启用前后应办理印模备案手续和印章领用手续。

第七条　因机构撤销、更名或其他原因而作废的印章，应及时交送集团公司（办公室、党委办公室），并办理停用、销毁或存档手续。

第八条　坚持“谁管理、谁负责”的原则。集团公司各类印章和介绍信由各有关单位依职权领取、保管、使用，必须由专人负责保管，责任到人。管理人员要妥善、安全保管印章和介绍信。印章和介绍信的持有情况纳入员工离职、离岗时移交工作的一部分，持有集团公司印章的员工离职、离岗，须办理归还、移交印章书面手续。

第九条　实施公章登记管理。公章使用管理单位要建立公章登记台账，注明公章名称、使用管理单位、公章编号、启用日期、保管人、交接情况等信息。

第三章　印章和介绍信使用

第十条　严格执行印章使用审批手续。使用印章，必须经领导人签字批准，做到手续完备，登记在案，底稿归档，一丝不苟。原则上盖哪一级机关的印章，应由哪一级负责人批准。使用集团公司印章，须经集团公司领导批准。涉及合同、协议、重大合作意向书的印章使用，须履行合同审批程序，根据集团公司授权签署用印。用印人应有明确的文字批准手续。根据实际工作需要，对常规业务性工作可由集团公司主要领导进行书面授权，经相关业务部门严格审核把关签字并加盖行政部门印章后，按程序办理用印事宜。

第十一条　严格审核把关。用印前，须认真查看用印的文件、信函签发手续是否完备，格式是否规范，正文与底稿是否完整齐全。需有关部门审核的，先由有关部门审核、部门负责人签字并加盖部门公章后报集团公司领导批准。对不符合要求的，须退回补办手续。

第十二条　使用印章须按照有关标准盖印，保证位置恰当、文字端正、图形清晰。不准在空白处或无实际内容处盖印，确实需要用印时，要在用印页上注明“此页无正文”等文字，并压字用印。

第十三条　以集团公司名义出具介绍

信，须由申请单位开具证明信并经本单位领导签字，加盖本单位印章。越级要求开具介绍信的，一般不予办理。

第十四条 开具介绍信前，要仔细审查所办事项，对不符合政策规定的不予办理。

第十五条 有固定格式的介绍信，由本单位出具经负责人签字并加盖公章的介绍信，经介绍信经办管理部门分管领导和人员审核后，按规定程序办理。

第十六条 介绍信要内容确切、文字简明，收信单位和落款单位要填全称；被介绍人的姓名、人数、政治面貌、身份要填写准确；要签署生效时限，并加盖骑缝章；1份介绍信只能用于1个单位。严禁开具空白介绍信。

第十七条 介绍信和印章的使用情况要详细登记存档。印章使用情况登记内容包括：用印日期、单位、材料名称、经办人、份数、审批信息等。用印后的底稿、附件及有关材料应予归档。对涉密事项要严格保密，有关材料按相关保密规定单独妥善存放。介绍信每开具1次，都要留有存根、申请单位证明，并存档备查。

第十八条 印章和介绍信必须妥善保管。印章的使用，限定在办公室内，一般不得带出集团公司。确因工作需要将印章带出使用的，应事先办理印章带出请示，经集团公司主要领导批准后由监印人带印使用。

第四章 相关责任

第十九条 保管人必须妥善保管印章和介绍信，如发现介绍信、印章异常或丢失，要保护好现场，报告有关领导，查明情况，及时处理，必要时报告公安部门。

第二十条 印章是行使组织权力的具体表现形式，集团公司相关管理人员要在印章和介绍信的管理与使用中严格把关，避免用印差错，杜绝各种漏洞。各单位必须严格在本单位的权限范围内使用印章，不得越权用印。

第二十一条 任何人员必须严格依照本办法规定程序使用印章和介绍信，未经本办法规定的程序，不得擅自使用。

第二十二条 单位或个人越权用印、监印人不按规定用印及因监印人管理不善造成印章丢失的，属工作失职行为并追究当事人责任；严重越权用印行为或造成公司重大损失的，按严重失职和重大责任事故处理，追究当事人的行政责任；发生涉及违反法律或构成犯罪的，将向有关司法机关追诉当事人法律责任。

第五章 附 则

第二十三条 本办法解释权归集团公司办公室、党委办公室，并由集团公司办公室、党委办公室负责组织修订。

第二十四条 本办法自发布之日起执行，集团公司原有关管理规定停止执行。

第二十五条 集团公司各单位、各直属机构、机关各部门印章和介绍信管理参照本办法执行。

山东钢铁集团有限公司
因公临时出国公务普通护照管理办法

（山钢办字〔2015〕40号 2015年9月25日）

第一章 总 则

第一条 为加强对山东钢铁集团有限公司（以下简称山钢集团）因公临时出国（境）人员护照的收缴与管理工作，强化收缴措施，完善保管机制，根据《外交护照、公务护照签发管理办法》（外发〔2015〕6号）与《山东省因公护照签发管理实施细则》，制定本办法。

第二条 山钢集团因公临时出国人员的护照由外交部颁发，护照种类为：公务普通护照。

第三条 山钢集团因公临时出国的省管干部人员的护照收缴与管理工作，由山东省人民政府外事办公室负责。

第四条 山钢集团因公临时出国的非省管干部人员的护照收缴与管理工作，由山钢集团外事办公室负责。

第五条 未经山东省人民政府外事办公室同意，不得委托其他单位收缴保管本单位的因公护照。

第二章 护照的收缴与管理

第六条 山钢集团配备专用密码铁柜存放因公临时出国人员护照，护照收缴与管理工作实行专人负责制。

第七条 规范使用“山东省因公出入境综合管理系统”，及时录入数据信息，做到准确无误。

第八条 运用“山东省因公出入境综合管理系统”随时管理并及时监控护照催缴、收缴情况。

第九条 在收缴因公护照时按照出国任务批件严格查验出入境记录，必要时与本人见面或抽查见面。

第十条 严格执行证照借用手续，由出国团组翻译或领队统一借用和交还护照。借用护照必须出示出国任务批件和政审批件，借照人要履行登记手续，写明借照日期和出境日期。

第十一条 出访任务完成后，因公出国人员须在回国5个工作日内交回其所持护照。对逾期不交或不执行证照管理规定的单位或个人，暂停审批其所在单位人员因公临时出国任务。

第十二条 派往国外长期执行公务人员临时回国，护照可由持照人自行保管，但要妥善保存，严防丢失或被窃；出国任务完成回国后，应将所持护照及时上交护照保管单位。

第十三条 领取护照后因故未出境者，自上级决定取消此次出国任务之日起，由所在单位5个工作日内收缴护照，并交还护照保管单位保管。

第十四条 因工作调动或离、退休等离开原单位的人员所持护照，由原单位交山东省人民政府外事办公室注销。

第十五条 山钢集团外事办公室对收缴的护照做好登记、造册工作。对失效护照，指定专人（2人以上）登记注销，并将填写的“护照销毁清单”交山东省人民政府外事办公室，由其在电脑系统内注销。

第十六条 如持照人或护照自管单位在境内不慎将护照遗失，应立即报山东省外事办公室并通知外交部领事司注销护照。如护照在境外遗失，持照人应立即向我驻当地使、领馆报告，由驻外使、领馆报外交部领事司注销护照。

第十七条 定期与山东省外事办公室核对护照清单，每半年将护照收缴保管情况书面报告山东省人民政府外事办公室。

第三章 法律责任

第十八条 对在护照收缴与管理工作中未按规定履行职责，或发生问题后不及时报告、不处理的，承担山东省外事办公室追究的相应责任；触犯法律的，依法追究其法律责任。

第四章 附 则

第十九条 本办法自发布之日起施行。凡以往发文与本办法相抵触的，以本办法为准。

第二十条 本办法由山钢集团外事办公室负责解释。

山东钢铁集团有限公司
内部借款管理办法

（山钢财字〔2015〕5号　2015年2月4日）

第一章　总　　则

第一条　为规范山东钢铁集团有限公司（以下简称集团公司）内部借款行为，加强内部借款管理，明确借贷双方权利义务，根据集团公司《资金集中统一管理办法》，参照商业银行贷款管理相关规定，结合集团公司实际情况，特制定本办法。

第二条　本办法规定的贷款主体是集团公司，具体业务授权集团公司资金中心办理，借款对象为集团公司合并报表范围内的子公司和分公司。

集团公司原则上仅对一级子公司、山钢股份济南分公司和莱芜分公司发放内部借款。

第三条　内部借款实行有偿使用、按期归还原则。按规定收取贷款利息，按期收回贷款，保证资金有序衔接。

第二章　借款种类、期限、利率和计结息

第四条　借款种类：流动资金借款、项目建设借款和其他特定用途的专项借款。

流动资金借款是指日常经营资金周转借款，包括一般流动资金借款和临时周转借款。

项目建设借款是指符合集团公司发展战略规划，并经集团公司批准的建设项目所需借款。

其他特定用途的专项借款是指开展特定业务所需的专项借款及集团公司转借的借款。

第五条　借款期限：流动资金借款原则上不超过12个月，其中临时周转借款期限不超过2个月，项目建设借款原则上不超过2年，其他特定用途的专项借款原则上不超过2年。

第六条　内部借款原则上执行固定利率。新增借款利率执行集团公司最近一期人民币借款融资的实际成本；续借借款利率执行集团公司人民币借款融资平均成本。

临时周转借款到期原则上不再续借，逾期执行原贷款利率上浮50%的临时利率。

集团公司转借的借款计息方式执行原合同计息方式。

第七条　利息结算：按月结算利息，计结息日为每月20日，每月20日前借款单位将应付利息汇到资金中心指定账户，遇节假日自动顺延。

第八条　提前归还借款。根据资金预算，集团公司可要求借款单位提前归还借款。

借款单位在资金充裕时须积极主动归还内部借款。集团公司优先保证主动归还内部借款单位借款资金发放。

第三章　借款流程

第九条　借款申请：申请新增借款和到期借款续借，须提交正式文件，内容需包括企业目前经营情况及现金流状况、借款金额、期限和用途、还款资金来源及其他需要说明的事项。

第十条　借款审批：集团公司自上而下逐级审批借款。

第十一条　借款合同的签订。内部借

款履行完审批程序后，资金中心负责与借款单位签订借款合同，明确双方经济责任。

第四章　违约处罚

第十二条　借款单位须严格按照借款合同约定监督使用借款资金，不得挪作他用。

发生不按约定用途使用借款资金的，集团公司可要求提前归还借款，并对挪用借款自挪用之日起执行贷款利率上浮100%的罚息利率。

第十三条　借款单位应按期归还到期内部借款。逾期归还的到期借款自到期日次日起执行原贷款利率上浮50%的罚息利率。集团公司要求须提前归还的借款，未按期归还的，自要求提前还款日次日起执行原贷款利率上浮50%的罚息利率。超过6个月未归还的，借款利率执行在原贷款利率上浮50%的基础上再上浮50%的罚息利率。

借款单位申请续借的，须按照要求向集团公司报送续借申请。续接申请包括月度续借申请和单笔续借申请，临时周转借款只能采用单笔续借申请。采用月度续借申请的，借款单位应至少在本月结束前5个工作日报送下一个月到期借款续借申请；采用单笔续借申请的，申请续借日期，应至少在借款到期日5个工作日前；集团公司办公室收文日期作为借款单位申请续借的起始日期。

借款单位未按期报送续借手续，造成集团公司同意续借批准日晚于借款到期日的，借款到期日和集团公司同意续借批准日期间，视同借款逾期。

第十四条　利息逾期借款自结息日次日起执行原贷款利率上浮20%~30%的罚息利率。

利息逾期1个月以内的，借款利率执行原利率上浮20%的罚息利率，利息逾期1个月以上的，借款利率执行原利率上浮30%的罚息利率。

经集团公司同意，日照公司和矿业公司等单位在未有经营收入期间，借款利息按月计算、核算入账，年末一次办理借款手续转为借款。

第十五条　同时出现多种情形违约的，择重计收罚息。

第十六条　借款和利息逾期期间，集团公司不向借款单位提供新增借款。

第十七条　责任追究。借款单位不按合同约定监督使用借款资金和承担罚息的，追究单位主要负责人、分管财务负责人和财务部门负责人的责任，并责令改正；因个人未尽职，给单位造成经济损失的，借款单位应追究有关人员责任。

第五章　附　　则

第十八条　本办法由集团公司财务部负责解释。

第十九条　本办法自下发之日起执行。

山东钢铁集团有限公司
财务总监管理办法（试行）

（山钢财字〔2015〕20号　2015年6月1日）

第一章　总　　则

第一条　为推进山东钢铁集团有限公司（以下简称集团公司）母子公司管控体系建设，健全集团内部管控机制，强化对所属单位的财务管理和监督，依照《中华人民共和国公司法》《中华人民共和国企业国有资产法》《企业财务通则》《山东省企业国有资产监督管理条例》《山东省省管企业财务总监管理办法》《山东钢铁集团有限公司章程》等法律、法规、规章，制定本办法。

第二条 本办法中的"财务总监"是指由集团公司向各单位委派，依法履行财务管理、财务监督职责的高级管理人员。派驻财务总监的单位不再安排其他副职履行应由财务总监履行的职责。

第三条 本办法适用于集团公司所属全资、控股或具有实质性控制权的子公司、经营单位。

第四条 集团公司负责财务总监管理制度的制定和实施，并负责财务总监选聘、委派、培训、考核及奖惩等工作。

第五条 财务总监对集团公司和派驻单位董事会负责。

第六条 集团公司设立财务总监管理办公室，负责对财务总监的管理。办公室主任由分管财务的集团公司领导兼任，人员由组织、财务、资本运营、企业管理、审计、监察等相关部门负责人组成，分工负责。

第二章 任职资格

第七条 担任财务总监必须具备以下条件：

（一）具有较全面的财务会计或相关专业理论知识，熟悉国家相关法律、财经法规和集团公司制定的各项规章制度；具备丰富的实践经验及较强的综合协调能力和分析判断能力；熟悉企业经营管理工作；

（二）具有财会或相关专业大学本科及以上文化程度，并取得高级（或注册）会计师、高级审计师等相关专业技术职务任职资格，从事财务或审计专业工作经历十年以上；

（三）身心健康，能胜任工作。

第八条 财务总监的委派要遵守不相容职务分离和回避制度。与派出单位领导班子成员、财务、审计机构负责人存在利益相关者不得担任派出单位财务总监。

第九条 违反国家财经纪律、财会制度负有个人责任，或受过行政处分的；或有违法、违规、违纪行为的，不得担任财务总监。

第三章 工作职责

第十条 负责派驻单位财务管理工作，参加（或列席）派驻单位董事会、经理办公会及其他重要会议，并就会议决策事项发表意见（或建议）。

第十一条 负责派驻单位的财务预算、财务决算、财务报告、审计报告、筹融资管理、资金收支、大额资金调度、担保、捐赠、资产清查、资产处置方案、利润分配方案、亏损弥补方案以及涉及财务收支的重大经济合同、协议审签等财务相关工作，参与投资方案、产权转让、资产重组等资本运营工作。

第十二条 组织制定派驻单位的财务管理制度，建立健全会计核算制度体系和财务风险防控体系等。

第十三条 对派驻单位及下属企业财务机构的设置，财务机构负责人的任免、调动、奖惩提出意见。

第十四条 审核在派驻单位发放工资的董事、监事、经理、副经理等人员的薪酬和年度职工工资总额情况。

第十五条 定期向集团公司书面报告派驻单位的资产经营和运营情况。

第十六条 对规定的联签事项进行联签。

第十七条 财务总监对下列情况应承

担责任：

（一）所签署的企业财务预算方案、年度财务决算报告、所出具的审核意见及所提交的工作报告严重失真，存在严重瑕疵或重大遗漏的；

（二）对参与决策的企业重大事项，未尽职提出意见的；

（三）派驻单位财务管理制度、内部控制制度未建立、不健全、执行不严格，并造成重大损失的；

（四）对派驻单位和有关人员违法违规行为不制止、不报告，或直接参与的；

（五）应当联签的事项因本人失职未履行联签手续的；

（六）其他因工作严重失职或渎职造成国有资产损失的。

第四章　联签制度

第十八条　联签制度，是指企业在执行内部财务决策过程中，涉及公司重大资金支出、财务运作和可能对企业财务状况等产生重大影响的经济活动实行财务总监与企业负责人共同签署审批意见的工作制度。

第十九条　对企业发生的重大财务会计事项实行财务总监联签，包括但不限于以下事项：

（一）对外提供贷款担保、债务担保、资产抵（质）押等事项；

（二）大额资金支付；

（三）企业负责人薪酬的支付；

（四）向境外汇出资金；

（五）设立、合并、撤销银行账户和证券账户；

（六）其他非经营性支出；

（七）应报集团公司审批的其他财务事项；

（八）企业董事会认为应当联签的其他事项。

第二十条　凡规定联签的事项，应当在企业负责人签署之前送财务总监审签。

第二十一条　联签事项有下列情形之一的，财务总监有权拒绝签字：

（一）违反国家法律法规和财经纪律；

（二）违反集团公司及企业财务管理规定；

（三）违反企业决策程序；

（四）财务总监认为可能造成经济损失、存在重大风险或者导致国有资产损失的。

第二十二条　财务总监应当积极支持派驻单位的生产经营行为，无正当理由不得拒签联签事项。

第二十三条　对董事会审议通过并需财务总监联签的事项，财务总监不得拒签，有不同意见的，应按本办法工作报告制度中规定的要求向集团公司报告。

第五章　工作报告制度

第二十四条　财务总监实行定期报告和临时报告制度。定期报告包括季度和年度报告。每一会计年度终了60日内，季度终了15日内，财务总监向集团公司财务总监管理办公室提交报告，财务总监管理办公室对报告内容汇总审核后，上报集团公司总经理办公会和集团公司董事会研究。重大事项实行专题报告，突发事件实行及时报告。

第二十五条　财务总监提交报告应包括但不限于以下事项：

（一）派驻单位执行国家财经法律、法规和财务会计制度及集团公司有关规定的执行情况；

（二）派驻单位财务状况、经营成果和财务会计信息的质量情况；

（三）派驻单位经营决策程序的执行和重大投资项目的实施情况；

（四）派驻单位重要财务事项，重大

经营计划、方案的执行情况；

（五）其他职权履行情况。

第六章 聘任与管理

第二十六条 财务总监实行聘任制，由财务总监管理办公室、组织部提出意见，由集团公司董事会确定。

第二十七条 财务总监实行委派和定期轮换制度，每届任期3年，经考核合格者可以连任，但在同一个单位任职连续不得超过两届。

第二十八条 财务总监有下列情况之一者应予解聘：

（一）因健康原因无法正常履行岗位职责的；

（二）经财务总监管理办公室、组织部门考核不称职的；

（三）指使、授权财务会计人员做假账、编制虚假会计报告，提供虚假会计信息的；

（四）指使、授权他人或受他人指使违反国家财经制度及集团公司有关规定，给国家或企业造成重大损失的；

（五）因渎职造成公司重大资产流失的；

（六）对单位财务会计活动监督不力，造成重大损失而负直接责任的；

（七）严重违反会计人员职业道德的；

（八）有其他违法行为的。

第二十九条 财务总监如因个人原因提出辞职的，应至少提前30天向集团公司董事会提出书面辞呈，经批准并交接完工作后方可办理离职手续。

第三十条 财务总监的人事、工资关系由集团公司（财务总监管理办公室）统一管理。薪酬及相关待遇参照派驻单位高管副职标准确定。

第三十一条 财务总监在年终要向集团公司进行工作述职，并将述职报告与考核结果存入信息档案及作为续聘、解聘、奖惩的依据。财务总监考核由集团公司和派驻单位共同负责，考核办法另行制定。

第七章 派驻单位职责

第三十二条 派驻单位应积极支持和配合财务总监的工作，为财务总监创造必要的工作条件，确保财务总监按规定履行职责。

第三十三条 派驻单位不得阻挠干扰财务总监正常开展工作，禁止任何人授意或指使他人向财务总监提供虚假信息。

第三十四条 派驻单位负责人要切实履行法律赋予的职责，督促财会部门加强规章制度建设，保证本单位财务收支活动严格按照《会计法》和相关财经法规进行，并对报送的会计信息的真实性、完整性、合法性承担法律责任。

第三十五条 派驻单位负责人要加强对会计机构的领导，并监督财务总监和其他会计人员执行相关法律法规，保证会计资料真实、完整、合法，保障财务总监及其他会计人员的职权不受侵犯。

第三十六条 派驻单位应当听取财务总监对企业经营管理等方面的意见和建议。对财务总监拒签的事项，企业经过认真研究，认为必须办理的，可以组织实施，但因此造成损失的，应追究企业有关人员的责任。

第八章 附　　则

第三十七条 集团所属单位可参照本办法，制定实施本单位的财务总监管理办法。

第三十八条 本办法由集团公司财务部负责解释和组织修订。

第三十九条 本办法自下发之日起施行。

山东钢铁集团有限公司
财务等重大信息公开管理制度

（山钢财字〔2015〕22号 2015年7月21日）

第一章 总 则

第一条 为贯彻落实山东省委、省政府《关于深化省属国有企业改革完善国有资产管理体制的意见》和省国资委、省财政厅《关于印发山东省省管企业财务等重大信息公开暂行规定的通知》精神，规范集团公司财务等重大信息公开行为，打造阳光企业，推进依法治企，结合集团公司实际，制定本制度。

第二条 本制度适用于集团公司总部机关。

第三条 本制度所称财务等重大信息，是指集团公司财务预算，年度、中期、季度财务信息，“三重一大”有关事项，履行社会责任以及可能对出资人、企业和职工利益产生较大影响及社会关注度高的信息。

第四条 集团公司重大信息公开，应当遵循依法、客观、及时和保密原则，不得有虚假记载、误导性陈述或者重大遗漏。不得涉及国家秘密、商业秘密和个人隐私，不得危及国家安全、公共安全、经济安全和社会稳定。

第二章 成立信息公开工作领导小组与工作组

第五条 集团公司成立财务等重大信息公开领导组和工作组，负责信息公开的组织领导、全面协调，具体如下：

（一）领导小组

组 长：任 浩

副组长：陈启祥 崔聚荣

成 员：公司副总级以上领导

（二）工作组

组长：李自然 杨再昌

成员：办公室、财务部、规划部、资本运营部、企业管理部/安全环保部、党委组织部、人力资源部、党群工作部、法律事务部、审计部、监察部、矿业部等相关部门负责人。

工作组办公室设在集团公司办公室，负责信息公开的综合协调、全程督导。

第六条 各部门要安排专人负责本部门信息公开工作。

第三章 信息公开内容

第七条 根据《暂行规定》的要求，信息公开分为：年度公开信息、中期公开信息、季度公开信息和临时公开信息。

第八条 年度公开信息

（一）财务预算信息

1. 主要财务预算指标：预算年度营业收入、营业成本、销售费用、管理费用、财务费用、利润总额、应交税费总额、资产总额、所有者权益等；

2. 管理和发展指标：职工薪酬预算、职务消费预算以及生产经营企业主要产品生产和销售预算、重大投资预算、安全生产预算等；

3. 上一年度财务预算执行情况。

（二）年度报告

1. 企业基本情况；

2. 主要会计数据和财务指标：资产总额、负债总额、所有者权益、营业收入、营业成本、销售费用、管理费用、财务费用、营业利润、投资收益、重大营业外收支、利润总额、已交税费总额、净利润、营业利润率、净资产收益率等；

3. 董事会报告摘要；

4. 财务会计报告和审计报告摘要；

5. 董事、监事、高级管理人员的任职情况和年度报酬情况、经营业绩考核结果情况，企业领导人员经济责任制履职情况等；

6. 政府扶持政策的信息，包括：获得大额政府补贴或拨款，国家为企业提供的任何形式的担保等；

7. 年度内重大事项及对企业的影响。

（三）“三重一大”有关事项

1. 有关重大决策；

2. 有关重大人事任免；

3. 有关重大项目投资及境外投资情况；

4. 大额度资金调动及使用情况。

（四）社会责任的履行

1. 职工劳动合同的签订、履行等劳动法律法规的遵守和执行情况；

2. 人才引进、职工招聘、职工培训等人才队伍建设情况；

3. 职工劳动、安全及卫生保护情况；

4. 企业开展的环境治理及保护情况；

5. 企业提供安全的产品和服务，遵守商业道德情况；

6. 对外大额捐赠、赞助情况。

（五）履职待遇及有关业务支出情况

1. 企业领导人员公务用车配备、使用、维修情况或车辆补贴发放情况；通信、业务招待、差旅、国（境）外考察培训等费用的支出情况；

2. 企业有关业务人员车辆使用情况或车辆补贴发放情况；通信、业务招待、差旅、国（境）外考察培训等费用的支出情况。

（六）有关部门规定的其他事项

第九条　中期公开信息

（一）企业基本情况；

（二）主要会计数据和财务指标：资产总额、负债总额、所有者权益、营业收入、营业成本、销售费用、管理费用、财务费用、营业利润、投资收益、利润总额、已交税费总额、净利润、营业利润率、净资产收益率等；

（三）财务预算执行情况；

（四）财务会计报告摘要；

（五）年度中期内发生的重大事项及对企业的影响。

第十条　季度公开信息

（一）企业基本情况；

（二）主要会计数据和财务指标：资产总额、负债总额、所有者权益、营业收入、营业成本、利润总额、净利润等；

（三）财务预算执行情况；

（四）年度中期内发生的重大事项及对企业的影响。

第十一条　企业发生的需要及时公开的重大事项实行临时公开。

第四章　公开的方式和时限

第十二条　重大信息应当通过下列方式进行公开：

（一）省国资委网站；

（二）集团公司网站；

（三）广播、电视、报纸等公众媒体。

第十三条　集团公司应当通过厂务公开或向职代会报告等方式在集团公司内部公开有关信息，方便广大职工查阅企业重大信息。

第十四条　集团公司年度预算信息应当在会计年度起始4个月内公开；其他年度公开信息应当在会计年度结束之日起6个月内公开；中期公开信息应当在每个会计年度的上半年结束之日起2个月内公

开；季度公开信息，应当在每个会计年度第3个月、第9个月结束之日起1个月内公开。

需要临时公开的重大事项应当自信息形成或者变更时立即予以公开，法律、法规另有规定的，从其规定。

第五章　信息公开程序

第十五条　责任部门或单位填报内容→部门或单位负责人审核→财务部汇审→办公室牵头审核→信息公开领导组审定→办公室组织发布。

第六章　信息公开工作要求

第十六条　统一思想认识。各部门要认真学习相关规定，提高认识，准确把握信息公开的重要意义和工作要求，强化责任意识，尽快进入角色。

第十七条　做好流程衔接。各责任部门要主动履行职责，认真落实制度要求，扎实做好信息填报、审查、公开等工作。财务部要根据业务职能范围，及时提供财务信息并汇总各部门信息公开内容，确保流程衔接顺畅、公开内容准确一致、满足时间节点要求。工作组办公室要做好全程督导，督促各部门、各单位在规定时间内，保质保量完成任务，实现公开信息的客观、准确、及时，并做好相关文件、资料的档案管理工作。

第十八条　严格信息审查。各部门对信息的真实性、准确性、可靠性负责，保证公开数据和信息的一致性，对拟公开的信息要逐条审核、逐级把关、审阅签字。信息内容公开发布前，要严格按照《中华人民共和国保守国家秘密法》等法律、法规和相关规定，对拟公开的信息进行保密审查，确保不损害经济安全、不泄露集团公司秘密。同时要按照“谁公开谁负责”的原则，严格做好本部门的信息审查工作。

第十九条　重视公开效果。信息公开后，党群工作部要搜集、汇总社会公众、企业干部职工对信息公开的意见建议等舆情信息，及时反馈工作组办公室。发现虚假或不完整的财务等重大信息，应当及时发布准确信息予以澄清。

第二十条　强化责任追究。对因工作拖延、责任心不强造成信息公开延误、泄密、引发不良影响等现象，依据《山东钢铁集团职工违规违纪处理暂行规定》等相关制度，追究责任。

第七章　附　　则

第二十一条　本制度由集团公司办公室负责解释。

第二十二条　本制度自发布之日起执行。

山东钢铁集团有限公司
实物资产转让管理办法（暂行）

（山钢资字〔2015〕34号　2015年6月23日）

第一章　总　　则

第一条　为进一步规范山东钢铁集团有限公司（以下简称集团公司）实物资产转让行为，有效盘活集团范围内存量资产，提高资产利用效率，依据《中华人民共和国公司法》《中华人民共和国企业国有资产法》《山东省国资委关于加强省管企业实物资产和无形资产处置管理的通知》等有关法律法规，制定本办法。

第二条 本办法所称实物资产是指机器设备、房产、运输工具、在建工程等。

第三条 实物资产转让原则

（一）公开、公平、公正；

（二）优化配置，效率优先；

（三）市场化运作、有偿转让。

第四条 本办法适用于集团公司及权属各级企业、事业单位（以下简称集团权属单位）。

第二章 管理机构及职责分工

第五条 产权管理部是集团公司实物资产转让的主管部门，在集团公司领导下，负责集团范围内资产转让工作。主要职责：

（一）拟定集团公司实物资产转让相关制度；

（二）负责限额以上资产转让行为的审查、报批工作；

（三）负责限额以上资产评估中介机构的选聘工作；

（四）负责实物资产评估项目的审核、备案工作；

（五）指导集团权属二级单位申请注册集团公司认可的资产处置电子商务平台（以下简称资产电商平台）会员以及办理资产交易相关手续；

（六）监督、检查集团权属单位资产转让实施情况；

（七）组织开展集团范围内资产转让情况的统计工作。

第六条 集团公司其他相关职能部室按照部门职责参与实物资产转让工作。

第七条 集团权属二级单位是实物资产转让的责任主体，其主要职责是：

（一）制定本单位实物资产转让相关制度；

（二）负责限额以下资产转让行为的审批工作；

（三）负责限额以下资产评估中介机构的选聘工作；

（四）负责实物资产评估项目的审查、报备工作；

（五）负责资产转让项目完成后相关材料的报备工作；

（六）负责资产转让情况的年度统计汇总工作；

（七）做好集团公司安排的其他工作。

第三章 审批权限及工作流程

第八条 资产转让行为根据集团公司的授权限额实行两级审批。限额（指单批次，下同）以上项目由集团公司审批；限额以下项目由集团权属二级单位审批，二级单位不得再下放审批权限。授权限额见下表：

序号	单位	授权限额/万元
1	济钢集团有限公司	资产原值≤500
2	莱芜钢铁集团有限公司	资产原值≤500
3	山东钢铁集团日照有限公司	资产原值≤50（投产前） 资产原值≤500（投产后）
4	山东钢铁集团淄博张钢有限公司	资产原值≤300
5	山东金岭铁矿	资产原值≤300
6	山东耐火材料集团有限公司	资产原值≤200
7	山东工业职业学院	资产原值≤200
8	山东冶金烟台宾馆	资产原值≤50
9	山东省新力冶金实业公司	资产原值≤50

续表

序号	单　位	授权限额/万元
10	山东钢铁集团国际贸易有限公司	资产原值≤50
11	烟台钢铁企业集团公司	资产原值≤50
12	山东鲁冶项目管理有限公司	资产原值≤50
13	山东钢铁集团财务有限公司	资产原值≤50
14	山东钢铁集团聊城加工配送有限公司	资产原值≤50
15	山东钢铁集团矿业有限公司	资产原值≤50
16	山钢国际投资有限公司	资产原值≤50

第九条　由集团公司审批的资产转让行为须按照内部程序进行审批。其中，资产账面净值在1000万元以下（含1000万元）的，由集团公司总经理审批；资产账面净值在1000万元以上的，由集团公司董事会审批。

由集团权属二级单位审批的资产转让行为，按照本单位内部程序进行审批。

第十条　资产转让原则上须进行资产评估。资产评估中介机构须从山钢集团中介机构备选库里选聘。中介机构的选聘依据上述资产转让行为的审批权限划分，分别由集团公司和集团权属二级单位选聘。

第十一条　资产评估工作须按照《山东钢铁集团有限公司资产评估管理暂行办法》要求组织实施。资产评估结果经企业逐级审核后上报集团公司（核准性）备案。

集团公司批准的资产转让行为，其资产评估结果经集团公司分管副总经理审核后，按上述审批权限分别报集团公司总经理和集团公司董事长签字后备案。

集团权属二级单位批准的资产转让行为，其资产评估结果由集团公司分管副总经理签字后备案。

第十二条　实物资产转让时，资产转让价格以集团公司备案通过的净资产评估值为底价。

第十三条　集团权属单位转让实物资产时，应首先在集团内部权属单位之间调剂，内部不能调剂的，须通过资产电商平台公开处置。

第十四条　资产转让工作流程

（一）根据上述实物资产转让行为的审批权限划分，集团公司或集团权属二级单位批准实物资产转让行为；

（二）资产转让行为经批准后，选聘中介机构对拟转让资产进行评估，出具资产评估报告书；

（三）资产评估结果经逐级审核后，由权属二级单位组织填报《资产评估项目备案表》，连同备案请示及相关材料一并上报集团公司；

（四）集团公司对资产评估结果进行（核准性）备案；

（五）权属二级单位注册资产电商平台会员，将拟转让资产通过该平台以集团公司备案通过的净资产评估值为底价公开挂牌转让；

（六）资产交易双方依据签署的《资产转让协议》和山东产权交易中心出具的《资产交易凭证》办理资产交割，并做好转让资产的账务处理工作。

第十五条　实物资产在集团权属全资单位间的转让事项，可采取协议转让方式，可不进行资产评估。其中：二级单位权属全资单位间的转让事项，由二级单位决定，实施后报集团公司备案；涉及二级单位之间的转让事项，由集团公司组织实施，实施后由转让方所在二级单位报集团公司备案。

第十六条　涉及上市公司的实物资产

转让，按照上市公司有关规定执行。

第四章　考　　核

第十七条　实物资产转让的实施情况，纳入各单位及其负责人年度绩效考核体系。

第十八条　发生下列情况时，集团公司将对权属二级单位考核处罚：

（一）超越权限，擅自批准实物资产转让行为的；

（二）未按规定进行资产评估的或未按规定程序选聘中介机构的；

（三）资产评估结果未经集团公司（核准性）备案实施的；

（四）未按规定使用资产电商平台进行资产交易的；

（五）未按规定将资产转让有关材料报集团公司备案的。

第五章　附　　则

第十九条　各单位参照本办法，修订完善本单位的实物资产转让办法。

第二十条　本办法由集团公司董事会负责解释，自印发之日起施行。

山东钢铁集团有限公司
安全总监管理暂行办法

（山钢安字〔2015〕14 号　2015 年 4 月 24 日）

为了进一步加强安全生产监督管理，依据《山东省生产经营单位主体责任规定》（山东省人民政府令 260 号）、《山东省省管企业安全生产监督管理办法》（鲁国资综合〔2013〕4 号）及安全生产的要求，制定本办法。本办法适用于集团公司及所属各主要生产经营单位。

一、安全总监的职责和权利

（一）安全总监的职责

安全总监在本单位安全第一责任人的领导下，全面负责本单位的安全生产工作。

1. 严格执行国家安全生产方针、政策、法律法规及各项规章制度，落实安全生产责任制，对本单位安全生产行使监督检查职能。

2. 主持制定安全生产责任制及各项规章制度，组织审核安全生产操作规程。

3. 负责建立有效的安全生产保证体系，配置符合安全生产法律法规要求的安全管理机构和人员，按规定配备注册安全工程师。

4. 负责组织制定并实施安全生产教育和培训计划。

5. 负责审定本单位安全生产投入计划，按规定提取安全生产费用，并监督执行。

6. 督促、检查安全生产工作，及时消除安全生产事故隐患。组织对重点生产工序、要害岗位的安全风险评价、隐患排查、重大危险源的辨识。

7. 组织制定安全生产应急救援预案并监督实施。

8. 及时、如实报告事故，组织事故抢救。主持或参加安全生产事故调查和处理工作。

9. 法律、法规、规章规定的其他职责。

（二）安全总监的权利

1. 主持安全生产会议，掌握安全生产运行情况。

2. 纠正和阻止一切不符合安全工作要求的决定和行为，并及时向单位安全第一责任人报告。

3. 纠正和制止有关职能部门及人员违反安全生产规章制度、安全技术规程的决定和行为。

4. 督察和纠正生产运行和管理中出现的危害安全生产的一切行为。

5. 对安全生产提出奖惩意见。

二、安全总监任职条件

安全总监必须在德、能、勤、绩等方面符合任用标准，同时，应当具备下列基本条件：

（一）忠于职守、爱岗敬业、坚持原则、认真负责、秉公尽责，具有较强的执行和组织协调能力。

（二）从事安全管理工作10年以上，具有丰富的安全生产工作经验，掌握相关的安全管理、安全技术、事故处理等专业知识，熟悉安全生产法律法规和相关安全标准。

（三）经过省级组织的安全生产管理培训，考核合格并取得安全生产考核合格证书。

（四）具有高级及以上技术职称，并取得国家注册安全工程师执业资格证书。

三、安全总监的设置与管理

（一）在集团公司各高危生产经营单位实行安全总监制度。济钢集团、莱钢集团、日照公司、济南分公司、莱芜分公司、张钢、金岭铁矿、耐材公司等子（分）公司分别设置安全总监。其他单位可参照执行。

（二）安全总监由各单位任命，报集团公司备案。

（三）安全总监任期3年，任期内由各单位对其履职情况进行年度评价与考核；任期期满由集团公司组织对其进行全面的履职评价与考核。

（四）各子（分）公司安全总监应每半年向集团公司安全生产监管部门报告安全生产工作情况，有关安全生产工作的重要事项应做出专题报告。

四、附则

本办法由集团公司安委会办公室负责解释，自下发之日起执行。

山东钢铁集团有限公司
关于新进人员统筹外补贴的规定

（山钢人字〔2015〕3号　2015年1月21日）

根据省国资监管部门有关要求，结合集团公司实际，经集团公司研究，现就新进人员退休后统筹外补贴作如下规定，请遵照执行。

一、适用范围

由集团公司外调入、引进、招聘的新进人员。

二、新进人员统筹外补贴规定

（一）新进人员退休后不享受统筹外补贴。

（二）各单位增加新进人员时，须依据本规定提前清晰告知新进人员，并在与其签订劳动合同中注明“经双方协商一致，乙方（劳动者）退休后不享受由甲方（用人单位）发放的统筹外补贴等”。

三、本规定自下发之日起执行，由集团公司人力资源部负责解释。

山东钢铁集团有限公司
关于长期外派唐克里里（塞拉利昂）有限公司
人员薪酬福利待遇和考核细则的暂行规定

（山钢人字〔2015〕6号　2015年7月2日）

一、人员范围

集团公司长期外派唐克里里（塞拉利昂）有限公司、铁路与港口服务公司、销售公司等（以下简称“公司”）人员。

二、薪酬

（一）公司负责人薪酬。

根据《山东钢铁集团有限公司企业负责人薪酬管理办法》，公司负责人实行年薪制，由基薪、绩效薪金、业绩突破奖励、境外补贴4部分构成，均为税前收入。

每年根据集团公司业绩考核管理办法，由集团公司负责确定公司主要负责人基薪，公司副职、助理分别为主要负责人的0.8倍和0.75倍。主要负责人2015年基薪为40万元，绩效薪金基数为基薪的1.5倍，业绩突破奖励根据经营业绩情况考核确定。

（二）其他工作人员薪酬。

其他人员薪酬由公司自定，包含境外补贴在内，年收入原则上不超过国内同级别同岗位人员的4倍，由公司提出计划后报集团公司备案。

（三）境外补贴。

每人每日标准如下：

驻在国（地区）	币种	公司负责人	公司中层	其他人员
塞拉利昂	美元	100	80	65

境外补贴自驻外人员到达驻在国（地区）国境之日起计发，离开国境之日起停发。

三、绩效考核

（一）年度绩效薪金。实行百分制考核。

1. 矿石销售量2015年400万吨。

以400万吨为基数，每增1%加1分，30分封顶。

2. 产品FOB现金成本（包括存货的现金成本）2015年不超过32美元/吨，奋斗目标为不超过28美元/吨。

成本每降低0.1美元/吨加1分，28美元以下每降低0.1美元/吨加2分，上不封顶。

3. 吨矿利润基本指标：2015年亏损小于2美元/吨矿，奋斗目标为1美元/吨矿。

以亏2美元/吨为基数，每减亏0.1美元/吨加1分，30分封顶。市场矿价发生重大幅度波动时由集团公司酌情调整。

（二）年度业绩突破奖励。

全年累计销售量完成目标，吨矿成本和吨矿利润均完成奋斗目标时，对企业负责人实行业绩突破奖励，业绩突破奖励原则上按绩效薪金的1倍奖励。

（三）年度绩效薪金和业绩突破奖励当年计发50%，另外50%作为长期激励，与长期KPI指标挂钩考核，3年后累计循环发放。

（四）长期激励。长期激励期限按3年计，KPI指标考核目标滚动设置，具体考核目标另文下达。KPI指标涉及以下内容：

1. 产品FOB现金成本（包括存货的现金成本）。

2. 单位产品利润及矿山总利润。

3. 各公司综合资产负债率。

4. 销售量。

5. 矿山开发建设符合进度要求。

6. 安全、环保、社区关系支撑矿山发展。

（五）暂不执行总部降低考核基数的办法。

四、福利待遇

（一）长期驻矿人员国内不再发放其他薪酬，由集团公司总部每月按封顶线代扣代缴社会保险和住房公积金，个人缴纳部分由个人按年支付。

（二）工作制度原则上按当地法律法规执行，采用灵活工作制度与国内工作制度及法定节假日差额天数，由公司调剂安排休息；节假日值班人员安排同等时间调休。

（三）长期驻矿人员每年享有60天（含调休、节假日及路途天数）带薪年假，分两次休完，配偶可反探亲，公司共报销两次往返费用。

确因工作需要无法休假的，经公司领导批准，不休息的部分核发工资，最多增发一个月。

五、本暂行规定自下发之日起执行。

六、集团公司改革需调整时，按照新办法执行。

山东钢铁集团有限公司
合同管理办法

（山钢法字〔2015〕1号　2015年1月8日）

第一章　总　　则

第一条　为加强合同管理，防范法律风险，维护企业合法权益，根据《合同法》及有关法律、法规，制定本办法。

第二条　本办法适用于集团公司和实行法律事务统一管理的企业（以下简称派驻单位）；其他集团公司的全资、控股企业应当参照本办法建立合同管理制度并报集团公司法律事务部备案。

第三条　本办法所称合同，是指集团公司和派驻单位（以下统称公司）因经营管理需要，与自然人、法人或其他法律主体签订的设立、变更、终止民事权利义务关系的协议。

公司签订合同实行法定代表人授权委托制度。

第四条　本办法所称重要合同是指：

（一）涉及资产处置、股权转让、投资、担保、融资、关联交易的合同；

（二）赊销或与其他业务交叉等特殊形式的销售合同、预付款200万元以上的或与其他业务交叉的采购合同；

（三）200万元以上的建设工程、检修合同；

（四）100万元以上的勘察、设计合同；

（五）50万元以上的技术合同；

（六）50万元以上咨询、中介服务合同；

（七）50万元以上的经营承包、劳务、委托加工合同；

（八）50万元以上的土地、房屋等租赁合同；

（九）能源管理合同；

（十）知识产权合同；

（十一）其他超出职能部门职责范围的合同。

第五条 本办法所称重大合同，是指属于重要合同的下列合同：

（一）章程规定的需要董事会审议通过或股东批准后方可生效的重大资产处置、股权转让、投资、担保、融资、关联交易等合同；

（二）标的额2000万元以上的赊销合同、标的额2000万元以上的预付款采购合同；

（三）知识产权转让、许可使用合同；

（四）其他法律关系复杂的合同。

第六条 本办法所称签约部门，是指公司负责对外签订合同的职能部门、直属机构等。

第七条 本办法所称合同管理员，是指签约部门根据管理需要指定的负责本部门合同管理的专门人员。

第八条 本办法所称委托代理人，是指经公司法定代表人授权的，代理公司签署合同的人员。

第二章 职 责

第九条 集团公司法律事务部为合同管理的主管部门，其派出机构承办所派驻单位的合同管理业务。集团公司法律事务部及其派出机构的职责为：

（一）制定、完善合同管理制度；

（二）考核签约部门的合同管理工作；

（三）参与重大合同的前期调查、商务谈判和招投标工作，起草、审查有关法律文件，并根据有关规定提出法律意见；

（四）规范合同文本，审查、修改报批合同，组织开展合同评审；

（五）监督合同的签订、履行情况，指导、组织处理合同签订、履行中发生的法律争议和纠纷；

（六）管理合同印章，检查、监督签约部门合同印章的使用管理情况；

（七）办理与合同管理有关的授权、登记、公证等事宜；

（八）宣传合同法律、法规，组织合同培训。

第十条 签约部门是合同管理的主责部门，职责为：

（一）组织谈判、招投标，负责起草、签订、履行合同；

（二）执行合同管理制度，完善本单位合同登记、存档、统计、合同印章使用管理等基础工作；

（三）审查合同对方资质，对其主体的适格性、履约能力、信誉等进行综合评价，并做好对方相关资料的收集和管理；

（四）负责本单位业务范围内合同的签订、变更和解除，负责合同的履行及协调，将合同签订、履行情况报法律事务部门备案；

（五）处理合同争议，将处理情况报法律事务部门备案，及时将出现的法律纠纷报法律事务部门组织处理；

（六）明确合同管理人员的职责，落实业务培训；

（七）负责合同印章的使用管理和合同档案管理。

第十一条 委托代理人根据公司授权签订、履行或监督履行合同，及时发现、处理和报告纠纷情况。

第十二条 会签部门根据部门管理职责提出会签意见。

第十三条 签约部门、财务、审计、质量检验等相关部门根据部门职责，互相配合，全面履行合同。

第三章　合同的起草、审查、审批和签订

第十四条　签约部门在招标、谈判或起草合同前，应当：

（一）了解合同对方的资信情况和履约能力，包括：生产能力、技术水平、装备能力、资金情况、经营业绩、商业信誉及债权债务等情况；

（二）审查对方资格并确认下列文件是否合法、有效：

1. 营业执照，自然人的身份证；

2. 组织机构代码证、税务登记证；

3. 特殊行业生产经营许可证或资格证书；

4. 授权委托书等证明委托代理人身份与代理资格的文件以及委托代理人身份证明。

第十五条　合同应当采用书面形式订立。

因情况紧急，先使用传真方式签订合同的，应当在5个工作日内取得原件。

第十六条　签约部门起草合同应优先使用公司发布的标准文本，标准文本无法满足实际需要的，可以修改标准文本或起草新文本。

第十七条　合同通常应包括以下主要内容：当事人的名称、住所，合同标的及其数量、质量、验收方式，价款及结算方式，履行期限、地点和方式，违约责任，解决争议的方法和保密条款等。

除以上主要内容外，合同签订各方可根据交易性质协商确定其他条款。

第十八条　非重要合同由签约部门自行审查，签约部门负责人审批同意后，组织委托代理人签订合同。

签约部门认为确有需要的，可以在签订前交法律事务部门审查，也可以根据需要组织其他部门会签。

第十九条　重要合同签订前，应经法律事务部门审查，对存在的重大问题应出具法律意见。

第二十条　签约部门送审合同，应确保合同条款齐全，并附带以下材料：

（一）所涉项目或行为的立项、审批等相关背景资料；

（二）合同及相关附件、技术协议；

（三）签约部门内部审查情况。

第二十一条　法律事务部门受理送审合同后，可根据需要对重要合同组织会签。

会签部门应在收到拟会签合同后的3个工作日内反馈意见。

第二十二条　法律事务部门从以下方面审查送审合同：

（一）对方主体是否适格，对方是否存在对公司违约或侵权的记录；

（二）内容是否违反法律、法规的强制性规定；

（三）条款是否齐全，是否有重大漏洞，是否损害公司利益；

（四）是否存在法律风险。

第二十三条　法律事务部门自收到拟审查合同及相关资料或完成会签后，应在3个工作日内根据职责签署明确的审查意见，完成审查。对重大、疑难或复杂的合同可适当延长审查时间。

第二十四条　派出机构审查派驻单位的重大合同后，应提交集团公司法律事务部复核。

第二十五条　法律事务部门就重大合同出具审查意见后，应当报公司总法律顾问审批。

第二十六条　经法律事务部门审查完毕的合同，由法律事务部门按照公司的管理权限上报审批或反馈给签约部门签订。

第二十七条　合同审批完成后，签约部门应及时按照授权规定，督促委托代理人签字，并加盖具有相应权限的合同印章。

第二十八条 集团公司的合同印章由法律事务部保管和使用。派驻单位的合同印章由派出机构管理、配置和监督使用。

第二十九条 签订后的合同应当根据集团公司或派驻单位的具体要求编号备查。

第三十条 禁止先履行后签订合同。禁止为绕开审查、审批权限拆分合同。

第三十一条 在订立合同过程中对方当事人有下列任一情形，给公司造成损失的，相关签约部门应当要求对方承担赔偿责任；造成重大损失的，应及时上报法律事务部门组织处理：

（一）假借订立合同，恶意进行磋商；

（二）故意隐瞒与订立合同有关的重要事实或者提供虚假情况；

（三）其他违背诚实信用原则的行为。

第四章 合同履行、变更和终止

第三十二条 合同签订后，签约部门应正确履行合同义务，全面行使合同权利。

第三十三条 签约部门应建立有效的合同履行跟踪和监督制度，全面掌握履行情况，保证履行质量。

第三十四条 签约部门在合同履行过程中，应妥善收集和保管双方为履行合同而制作的各类书面文件及往来邮件。

第三十五条 合同签订后需要变更条款的，签约部门应当负责重新谈判，起草变更协议、补充协议或新合同。

原合同属于重要合同或新起草的变更协议、补充协议和新合同属于重要合同的，应报法律事务部门审查。

变更协议、补充协议、新合同加盖的印章应当与原合同的印章相同。

第三十六条 签订后的合同需要中止或延迟履行的，签约部门应注意保存相关证据，并将原因书面报法律事务部门备案。

第三十七条 对方出现下列情形之一的，签约部门应当立即中止履行合同，并于5日内报告法律事务部门：

（一）合同约定对方先履行义务而对方拒不履行或者履行不符合约定；

（二）经营状况严重恶化；

（三）转移资产、抽逃资金，以逃避债务；

（四）面临重大诉讼或者违法行为，丧失商业信誉；

（五）有破产迹象或者其他丧失、可能丧失履行能力的情况。

第三十八条 合同签订后，有下列情形之一的，签约部门应当书面通知对方，解除合同：

（一）存在不可抗力致使不能实现合同目的；

（二）在履行期限届满之前，对方明确表示或者以自己的行动表明不履行主要义务；

（三）对方迟延履行主要义务，经催告后在合理期限内仍未履行；

（四）对方迟延履行义务或者有其他违约行为致使合同目的不能实现；

（五）出现本办法第三十七条规定情况，我方中止履行后，对方在合理期限内未恢复履行能力并且未提供适当担保。

第三十九条 其他原因需要终止履行合同的，签约部门应负责谈判、起草终止协议，原合同属于重大合同的，终止协议应按照原合同审查批准流程，上报批准后签订。

第五章 合同的归档与考核

第四十条 签约部门应当建立健全合同的签订、履行和印章使用台账。

第四十一条 合同履行完毕后，签约部门应当将下列文件整理成卷，存档备查：

（一）合同及其变更、解除协议；

（二）对方营业执照副本复印件、代理人身份证复印件、资质证明副本复印件、授权委托书等；

（三）招标、投标文件；

（四）发货单或者验收单；

（五）双方相互往来的信件、电报、传真、电传、确认书、会议记录等；

（六）其他应当存档的文件。

上述存档文件应为原件。

第四十二条　合同由签约部门自行保存或按规定移交档案管理部门。

第四十三条　对违反本办法或者在合同签订、履行过程中不负责任给公司造成经济损失的部门或个人，按照《职工违规违纪处理暂行规定》等有关制度予以处理；对在合同管理中认真负责并取得显著成绩的部门或个人予以奖励。

第四十四条　对在合同签订、履行过程中营私舞弊、行贿受贿或者渎职的人员，由审计、纪检部门负责查处；构成犯罪的，移交司法机关。

第六章　附　　则

第四十五条　本办法自印发之日起实施，原《山东钢铁集团有限公司合同管理办法（试行）》（山钢法字〔2012〕7号）同时废止。

第四十六条　本办法由法律事务部负责解释。

山东钢铁集团有限公司内部控制审计管理规定

（山钢审字〔2015〕3号　2015年1月29日）

第一条　为了加强和规范企业内部控制，提高企业经营管理水平和风险防范能力，促进企业可持续发展，进一步规范山东钢铁集团有限公司（以下简称公司）内部控制审计工作，保证审计质量，根据《山东钢铁集团有限公司内部审计管理规定》，制定本规定。

第二条　本办法适用于公司所属单位及职能部门。

第三条　本办法所称内部控制审计，是指内部审计部门对企业内部控制的健全性、可靠性、有效性、效率性和效益性进行的审计监督。其主要目的是通过内部控制审计，促进企业建立健全内部控制制度，确保各类资源控制措施的可靠性，经营管理的有效性和经营活动遵循各种法规的合法性，强化风险控制。

第四条　公司实施内部控制审计，应当遵循下列原则：

（一）全面性原则。内部控制审计应当贯穿决策、执行和监督全过程，覆盖企业及其所属单位的各种业务和事项。

（二）重要性原则。内部控制审计应当在全面控制的基础上，关注重要业务事项和高风险领域。

（三）制衡性原则。内部控制审计应当重点关注企业在治理结构、机构设置及权责分配、业务流程等方面形成相互制约、相互监督机制的健全有效性。

（四）适应性原则。内部控制审计应当与企业经营规模、业务范围、竞争状况和风险管控水平等相适应，并随着情况的变化及时加以调整。

（五）成本效益原则。内部控制审计应当权衡实施成本与预期效益。

第五条　公司董事会对公司内控制度的建立健全、有效实施及其检查监督负责，董事会及其全体成员应保证内部控制相关信息披露内容的真实、准确、完整。

第六条 监事会及其全体成员应对公司经理层执行公司内控制度的情况进行监督。

第七条 公司审计部门负责内部控制审计工作的组织和管理。

第八条 公司各职能部门、各单位具体负责制定、完善和实施本专业系统、本单位的风险管理和内部控制制度，配合完成对公司各专业系统和各单位风险管理与内部控制情况的审计。

第九条 对企业机构设置、人员分工内部控制进行审计监督的主要内容包括：

（一）审查企业各部门、各环节、各层次分工及机构设置是否合理、有效，有无自动检查和纠正功能。

（二）审查企业是否按照职务分离的原则，建立健全各种管理制度，各项经济业务授权、经办、核准、执行、记录等步骤的职务是否恰当分离，相互牵制作用是否有效。

第十条 对企业授权批准内部控制进行审计的主要内容是，审查企业是否建立健全了授权批准管理控制制度，各部门、各层次和各分支机构以及有关人员是否按授权和批准执行经济业务。

第十一条 对企业文件记录内部控制进行审计监督的主要内容包括：

（一）审查企业各部门、各级管理人员的任务、职权和责任以及企业所有的方针和工作程序是否以书面形式予以明确，企业内部组织图、岗位说明、经济业务系统流程图是否合理、健全、有效。

（二）审查企业各类资产记录制度是否符合制度要求，记录是否真实、恰当地反映了经济业务的发生、处理和结果。

第十二条 对企业实物资产管理的内部控制进行审计的主要内容是，审查企业限制接触财产、定期盘点、记录保护、资产保险制度的健全性和有效性。

第十三条 对企业人力资源管理内部控制进行审计监督的主要内容是，审查企业招聘程序、作业标准、培训计划、考核奖惩和工作轮换制度的健全性和有效性。

第十四条 对企业预算内部控制进行审计监督的主要内容是，审查企业预算制度的健全性和企业预算的完整性与有效性。

第十五条 对企业绩效报告内部控制进行审计监督的主要内容是，审查企业绩效报告控制制度的健全性和企业绩效报告内容是否简明易懂、及时、完整、准确。

第十六条 公司审计部门对企业内部控制的审计监督，实行就地审计方式，远程网上审计方式或调账、调资料审计方式。

第十七条 内部控制审计程序：

（一）了解企业岗位设置、人员配备是否符合内部控制要求。

（二）审阅企业各种文件，了解各项内部控制制度，取得与审计内容有关的信息。

（三）找出企业各项内部控制关键控制点，绘制内部控制标准流程图。

（四）运用《内部控制制度问题式调查表》对企业内部控制状况进行调查。

（五）对内部控制调查结果进行分析，进行健全性测试，找出企业内部控制的弱点。

（六）对企业内部控制的健全性和合理性进行初步评价，对控制弱点进行分析。

1. 初步评价企业所有控制目标是否已经达到，各种管理制度是否体现了内部控制的要求。

2. 内部控制的设置是否合理；有无不必要的控制点；每个需要控制的地方是否都建立了控制环节；控制职能是否划分清

楚；人员之间的分工和牵制是否恰当。

3. 分析内部控制弱点是否有补偿性控制；控制弱点产生的潜在错误及其重要影响。提出进一步审查的目标。

（七）对企业内部控制进行符合性测试。

1. 对实物资产进行盘点。

2. 对有关业务人员操作情况进行“实地观察”。

3. 用“检查证据法”，对分项审计内容逐个选择若干笔业务进行“穿行测试”。

4. 对“穿行测试”中发现的问题进行重点检查。

5. 审计人员认为可以采用的其他方法。

（八）收集审计证据，编制审计工作底稿。

第十八条　根据审计结果，审计组对企业内部控制状况进行评价，出具审计报告。对查出的违反国家法律、法规的经济行为，应当依照有关法律、法规和规章的规定进行处理。对审计中查出的企业内部控制重大、重要和一般缺陷，应当认真研究，有针对性地提出可行的改进意见与建议。内部控制审计报告提交审计部门负责人审阅后，应征求被审计单位领导人员及其所在单位的意见，被审计单位和单位领导人员应在审计报告征求意见书上签署同意与否的明确意见。对审计报告提出的意见，审计组应当认真研究、核实，根据核实情况，决定是否对审计报告进行修改。审计组应对出具的审计报告的客观真实性承担责任。

第十九条　审计部门要及时将审计报告呈报公司主要负责人或权力机构审批。

第二十条　根据公司主要负责人或权力机构的批示，审计部门向被审计单位下达审计整改意见或内部控制审计建议书。

第二十一条　审计部门对主要负责人或权力机构批示后的审计报告下达给被审计单位。

第二十二条　被审计单位应及时按要求向审计部门写出整改落实报告。

第二十三条　审计部门可在审计后3个月内进行后续审计。

第二十四条　审计部门因受职责权限和审计手段限制，或由于被审计单位的原因无法实施必要审计程序的，可对有关内部控制审计事项出具有保留意见的审计报告。对审计中发现的重大违规违纪问题，审计部门及时向纪委、监察等部门移交有关证明材料。

第二十五条　本规定由集团公司审计部负责解释。

第二十六条　本规定自印发之日起施行。

山东钢铁集团有限公司
审计统计工作管理办法

（山钢审字〔2015〕4号　2015年1月29日）

第一条　为规范山东钢铁集团有限公司（以下简称集团公司）审计统计工作，保障审计统计资料准确、及时和完整，实现审计工作的系统化、规范化、标准化，提高审计效率和效果，根据《中华人民共和国审计法》和《中华人民共和国统计法》有关规定，结合集团公司实际情况，制定本办法。

第二条 审计统计工作实行统一领导，分级负责，归口管理。集团公司审计部主管集团公司范围内的审计统计工作，各分支机构负责派驻单位及其派驻单位所属单位的审计统计工作，其他单位负责组织本单位以及所属单位的审计统计工作。

第三条 各单位应当建立、健全审计统计的各项基础工作制度，严格审计统计工作程序。

第四条 审计统计队伍由专职或兼职的审计统计人员组成。

第五条 各单位审计部门具体负责和管理审计统计工作。

第六条 审计统计工作的基本任务是：对审计工作进展情况和工作成果进行统计和统计调查，开展统计分析，提供统计资料，实行统计监督，为加强审计工作管理和促进集团公司管控服务。

第七条 审计统计软件应用是审计统计工作的基础，各单位要强化对审计统计人员的计算机培训，搞好统计软件的应用和硬件配备，为深化审计统计分析工作奠定基础。

第八条 负责审计统计工作的部门履行下列主要职责：

（一）根据集团公司下达的审计工作计划，结合本单位的工作部署或被派驻单位的审计委托，研究制定审计统计工作计划，并组织实施；

（二）做好审计统计报表及审计统计分析的上报工作；

（三）为本单位或被派驻单位和上级审计部门提供信息、咨询服务、发挥审计统计监督作用；

（四）组织开展审计统计工作经验交流、统计工作调研，了解和指导下级单位的审计统计工作；

（五）有计划地组织本级和下级审计统计人员的专业培训。

第九条 审计统计人员职责：

（一）认真贯彻统计法规和统计制度，履行职责，真实、准确、及时、全面地提供审计统计资料，完成各项审计统计工作任务。

（二）审计统计人员不得虚报、瞒报、伪造、篡改或拒报审计统计资料。未经批准，不得自行编制、发布统计调查表。未经各单位或部门领导核定和批准，不得自行公布审计统计资料。

（三）审计统计人员应当会同有关审计人员，根据《审计工作底稿》《审计报告》《审计决定书》《审计意见书》等审计文书中的数据资料，应用审计统计软件，核对审计统计台账，生成审计情况统计报表，切实保证数出有据，并健全审计统计档案。按项目填报审计项目登记表，分项目填报内部审计情况报表，及时填制审计统计台账。

（四）审计统计人员有权要求有关审计组和审计人员提供审计统计资料的相关情况，检查审计统计资料的准确性，要求改正不正确的审计统计资料。有关审计组和审计人员应当予以积极支持、配合。

（五）审计统计人员应主动向审计组组长了解后续审计执行情况，并将已确定落实的情况及时填制审计统计台账。

第十条 为反映审计项目计划执行情况和审计工作成果，揭示生产经营、企业管理中带有普遍性、倾向性的问题，充分发挥审计统计的信息、监督和咨询服务作用，实行按月度填制审计统计台账，按季度上报审计项目登记表、内部审计情况报表、审计统计综合分析及审计专题分析报告制度。季报上报时间为每季度结束后的10日内，年报的上报时间为每年12月5日前。

第十一条　审计统计工作依据有关规定按季度进行考核。

第十二条　审计统计资料应当按照国家有关规定，实行保密制度，定期上报和通报审计统计资料时，应经本单位、本部门负责人审核、签字或盖章。

第十三条　本制度由集团公司审计部负责解释。

第十四条　本制度自下发之日起施行，2011年5月3日下发的《山东钢铁集团有限公司审计统计工作管理办法》（山钢审字〔2011〕6号）自行废止。

媒体看山钢

山钢集团：负重潜行

4月11日，在上交所上市的山东钢铁股份有限公司（以下简称“山钢股份”）发布的关于董事会换届选举的议案公告引起了媒体的“围观”。虽然这只是出于规范运作的例行公事，虽然公告中明示该议案尚需于一个月后的股东大会审议通过，一些媒体还是迫不及待地在当天的报道中特别强调“山东钢铁董事会‘大换血’”。谈及近来个别媒体对山东钢铁集团有限公司（以下简称“山钢集团”）的无端猜测，山钢集团董事长、党委书记任浩一脸平静又不失幽默地对本刊记者说：“与前几次相比，这回算是‘手下留情’啦。”

借势下潜

任浩所说的“前几次”，最早一次可以追溯到其刚刚接盘山钢集团的2013年。

2013年3月，山东省政府发布通知，对山钢集团等两家省管企业进行人事调整。根据通知，时任山钢集团总经理的任浩开始担任董事长、党委书记，成为山钢集团新掌门。省管企业是山东经济的“台柱子”，尤其是有“山东第一大国企”之称的山钢集团，其人事变动可谓备受瞩目。当时，即有媒体跳出来表达了对山钢集团未来发展的忧虑，质疑山钢这个“钢铁巨人”在钢铁企业整体亏损的情况下能否有新的变化、能否扭亏为盈？

这份担忧或许来自一串财务数据。2008年3月，肩负国家钢铁产业改革试点使命的山钢集团以100亿元的注册资本落户济南市高新区。公开资料显示，2009～2011年，山钢集团净利润分别为28.02亿元、25.89亿元和20.50亿元，呈逐年下降趋势。2012年，山钢集团由盈转大幅亏损，深陷舆论漩涡。山钢集团2013年3月19日拟发20亿元中票的募集说明书显示，截至2012年9月30日，集团负债率超过70%。与此同时，山钢集团甫一成立就提出的日照精品钢铁基地，则一直处于搁浅状态。任浩正是在这个风口浪尖的时刻，走进公众视野的。

之后，在国际经济复苏缓慢与国内经济增速下调的双重夹击下，钢价持续大幅下跌，相对理智的忧虑很快演变成了带有明显偏见的质疑。2014年以来，一些媒体在未经核实的情况下，对所谓的山钢集团内部文件进行断章取义式的“曝光”，以“山东第一国企巨亏3年裁员1万人”“巨亏山钢集团疯狂下注”等博人眼球的字眼大肆炮制和传播唱衰山东钢铁工业的所谓“新闻”，将山钢集团捏造为毫无担当的“亏损王”。这些媒体的敌意和中伤，在制造恐怖气氛误导投资者判断的同时，也给正在集中精力减亏创效的山钢集团带来了很多不必要的麻烦，甚至一度波及了山钢股份的股价。

作为一名“老钢铁”，1982年入行的任浩显然非常熟悉这些年钢铁工业的兴衰轨迹。据他回忆，我国钢铁工业的颓势早在2000年就初现端倪，当时粗钢的产量和表观消费量持续增长，但产量的增长速度要快于表观消费量；2005 年是一个重要的转折点，国内钢材供求基本达到平衡，此后便持续处于供给过剩的状态中，且过剩的程度逐年加剧。这种供求关系的转变导致 2008 年 8 月份以来的钢价开始下行，虽然 2009 年 4 万亿的货币投放促使之后的两年内钢价有所上扬，但刺激效应过后继续呈现掉头向下的趋势。近两年，随着宏观经济结构的深度调整，我国钢铁工业也迎来了“三低一高”的“新常态”——低增长，在产能过剩与需求不足的上下挤压下，钢铁生产与消费量在峰值平台波动发展；低价格，目前的钢价水平不足 20 年前的 70%，钢价总体处于绝对低位并很有可能持续相当长的一段时间；低效益，市场竞争异常激烈，经营困难长期存在；高压力，环保治理保持高压态势，金融环境也不利于钢铁行业。

“目前正处在最困难的时期，却也正是转调升级的最佳时期。”在任浩看来，身处发展疲软期的钢铁熊市，恰恰为整个行业的重新洗牌创造了契机。从短期来看，国内钢铁产能将逐渐减少，钢铁企业投资行为会越来越理性，随市场的需求控制其产量、提升其品质的动力越来越大。从长期来看，随着淘汰落后产能措施的加大和环保压力的增加，我国钢铁企业将由粗放型逐渐过渡到集约型，而那些跟不上市场节奏的企业将会被淘汰，国内钢厂的数量将会逐渐减少。届时，那些抓住换挡期机遇而生存下来的企业将会壮大，钢铁企业亦将真正“重生”。而对于当前的山钢集团来说，最需要做的便是韬光养晦与厚积薄发。在任浩的架构中，精益化转型是跟企业做优做强关系密切的重要布局。

山钢集团钢铁研究院院长孙卫华告诉记者，产能过剩的根源在于长期的粗放式生产。我国虽然是世界上最大的钢铁生产国，特种钢材却严重依赖进口。世界范围内，特种钢材在一个国家钢产量中所占的平均比例为 10%～15%，我国的这一数字只有 6%左右。在当前每吨粗钢效益不抵白菜价的情况下，特种钢材的利润是其几百甚至几千倍。山钢集团这几年破题的特厚钢板高端轧制技术填补了国内空白，目前已经实现规模化生产，畅销国内外多家知名高端装备制造企业；高可焊性高性能 CF 钢的研制，近日已被省国资委申报为“2015 年度山东省科学技术进步奖”。

“我过几天要去参加一个国际研讨会，任浩董事长说如果看上合适的人才，可以请回来，企业现在虽然困难一些，但不能委屈了科研。”曾赴澳大利亚伍伦贡大学工学院深造的孙卫华自称是位典型的“工科男”，但当谈及企业在困难时期对科研事业的“特别照顾”，却有着溢于言表的感动。或许正是因为这份感动，他一次次拒绝了猎头公司的高薪诱惑。

我国钢铁工业的粗放问题不单暴露在产品质量上，还弥漫在整个运营流程当中，表现在从决策到执行的方方面面。值得欣慰的是，伴随着产能过剩问题的显现，一些钢企追求精细化运作的意识也在逐步增强，山钢集团更是将之提升到了集团统一调度的高度。

在明确粗放发展方式已经难以为继的基础上，山钢集团于 2014 年开启了以“止血止损、降本增效、精益管理、转型升级”为主题的“运营转型 管理提升”活动，建立起全集团纵向贯通的指标体系、业绩对话体系。并按照“目标指标化、指标参数化、参数精准化”的思路，把全年经营目标通过预算系统分解到岗位，促进各项技术经济指标或指标组合不断优化。活动推行不久，山钢集团便实现了月度扭亏为盈，2014 年全年创汇近 6.5 亿美元，实现营业收入 1100 多亿元，利润超过 2 亿元。山钢集团总经理陈启祥表示，企业运营中隐藏的采购商机、能源平衡等潜力，都值得深挖。

2015年5月26日上午，记者赶到山钢股份莱芜分公司炼钢厂采访时，该公司“大学堂”内正在举行“精益管理进班组”工作推进会。这是山钢集团“运营转型 管理提升”活动的延伸。据介绍，该厂充分运用精益管理的工具和方法展开攻关，通过各种措施全面提高产品质量，提升市场盈利水平。其中，二车间在8个班组中开展“精益管理英雄榜”竞赛，转炉工序改变了坚持30余年的高拉补吹工艺，一枪到底比例和自动化炼钢比例均达到90%以上，独创的“一键式炼钢”更是成为国内钢铁工业“两化”融合的品牌。“随着多项工艺突破，我们完全具备了‘家电面板’钢的生产能力。”厂长李洪建告诉记者。

而在山钢股份济南分公司宽厚板厂4300热轧车间生产现场，清晰整洁的标识、看板随处可见，地面凸起、台阶、坑道等部位，都用黄黑色相间的斑马线清晰标注；在精轧机这种耗能设备的周围，摆放着写有“每根精轧机机架辊空转1小时浪费62元”内容的标识；操作室的门把手上方都有一个“推”或者“拉”的小标示牌……宽厚板厂推行8小时成本核算，业绩完成情况按周、天、时进行对比展示，生产成本由日控制逐步向8小时班控制转化，将结果管理向过程管理、行为管理转变。今年一季度该厂成材率继续列国内同类企业首位，综合改判率继续保持了较低水平。

据统计，“运营转型 管理提升”活动开展以来，山钢集团已累计实现系统降本增效30亿元。在近日公布的阶段性评审结果中，记者看到，山钢集团济南分公司轧钢成本、能源成本等分别取得了降低100元/吨的成绩，山钢集团莱芜分公司吨钢挖潜增效400元。

“如火如荼的场平工作即将开始”，5月27日上午，山钢集团日照分公司3楼的一间办公室里，该公司副总经理左海青指着挂在墙上的日照钢铁精品基地项目规划图告诉记者。在这张项目规划图的上方，清晰地标示着“第15版”这样几个字。左海青看出了记者的疑惑，解释道：“磨刀不误砍柴工！项目获批以后，我们一直没闲着，不断地进行优化工作。经充分研讨，目前项目出资总额比国家批复降低167亿元，与第一版可研报告同口径相比降低投资27.53亿元。”

如此“瘦身”，不会是以牺牲工程质量为代价吧？

“涉及关键工艺的，涉及安全的，涉及环保的，投资一分不降。”山钢集团副总经理、日照公司总经理陈向阳表示，相比一次性投资的降低，他们更关注今后的综合运营效益，在设备精度上，不打任何折扣。据介绍，日照钢铁精品基地环保投资高达64.7亿元。自投产之日起，提前3年执行第四阶段排放标准。不久的将来，拥有更高质量更低成本的“超级板材”，将打着山钢集团精品钢的烙印从这里出发，走向世界各地。

“我们要确保这些成果的进一步深化。粗放式运营是潜伏在钢企深处的‘内伤’，其在企业上扬期往往被高速增长的业绩冲淡，却在低谷阶段给企业带来雪上加霜的打击。不过，低谷期又是最好的修整期，因为这个时候的企业是最清醒最谨慎又最放得开的。就像武侠小说中，那些盖世武功往往是在当事人被打成重伤之后炼成的。”任浩如是说。

借势下潜、全力增效和优化结构，对于当下的山钢集团，显然并非困难时期的权宜之计，而是化危为机的顺势而为，更是培育优势和后劲的强基之功。

聚焦发展

精益化转型似乎只解决了防守的问题。止血的同时还需要造血。

然而，战略探寻的过程并不轻松。

作为典型的“组装型”国企，在发挥集聚效应的同时，如何让“大象”灵活起舞是山钢集团必须要解决的重大课题。

尽管山钢集团重组了济钢集团、莱钢集团等几乎山东所有的国有钢厂，整合起近3000万吨钢的整体产能规模，在“家底”得到充实的同时，却无形中造成了内部体系的庞杂。据悉，山钢集团下辖的各级子公司多达209家，涉猎行业门类超过40多种，大集团进行统一管控的难度之大可想而知。最令人头疼的是，体系如此庞大，但摊开看，除了钢铁，似乎又没有别的支柱产业，因此一开始很难找到方向。

这种情况下，一旦选错了方向，那种南辕北辙的悲剧将是无法挽回的。而企业要想实现可持续发展，一些改变又是躲不过也绕不开的，当然也更拖不起。

面对这种局势，任浩决定先做好一件事情。

2014年5月，山钢集团发布了两家国际国内知名管理咨询机构对其进行全面诊断的结果，就企业的发展战略、集团管控、管理运行等，初步形成了一套板块化聚焦发展的战略药方。

以此为基础，山钢集团消化吸收再创造，印发了《推进钢铁业务管理规范化专业化，聚焦发展实施方案》。根据该《方案》，山钢集团将分散在各下属单位的钢铁业务以山钢股份济南分公司、山钢股份莱芜分公司等形式全部纳入山钢股份进行统一管控，济钢集团、莱钢集团等不再参与钢铁业务的日常运营工作，只持有山钢股份的股权，作为股东享受相应的权益并按照省国资委和山钢集团的要求参与山钢股份的重大决策。如此一来，山钢股份实现实质性独立运营，形成聚集资本的条件，钢铁主业管理得到系统提升，整体经济指标得以全面改善，有力提振了投资者的信心。《方案》推行当月，山钢股份济南分公司就甩掉了“亏损王”的帽子。

板块调整的步伐自此驶入快车道。在2014年7月20日召开的干部大会上，山钢集团宣布，通过增资扩股方式，实质性整合济钢集团和莱钢集团的房地产业务。目前，山钢集团房地产业务板块的关系已经全部归集理顺，新成立的房地产公司在济南、青岛等地已经形成一定的集聚发展优势，并进入上海保障房领域开疆拓土。新组建的山钢国贸公司在2014年实现了大宗原燃料采购及进出口业务统一计划、统一谈判、统一招标、统一对外签订合同、统一对内平衡资源、统一议价、统一结算等一系列“统一行动”。当年同口径相比降低矿石采购成本10元/吨，实现营业收入近145亿元，利润总额3000多万元。目前，以山钢集团为中枢，辐射上游矿山和下游钢厂的贸易物流链条正在被打通，意在通过贸易量的积累，将大集团企业的谈判话语权转化为可以惠及中小钢厂的稳定资源。据最新消息，山钢集团以财务公司为核心，正在打造拟将集团全部金融业务整合在一起的金融控股公司，以探路资本运营。

值得一提的是，在山钢集团的整体规划中，各板块之间的协同效应是更高的顶层设计。这个顶层设计的落脚点在于大产业集团的构建。

“成为具有国际竞争力和影响力的绿色钢铁产业集团”——2015年4月24日，伴随着《山钢集团2015～2020年发展战略》（以下简称《山钢战略》）的正式发布，山钢集团谋求产业化布局的战略愿景已然明晰。根据《山钢战略》，山钢集团将“十二五”收官之年以及整个“十三五”期间的发展定位明确为“聚焦发展，精益运营”，将造血战略与止血战术进行有机搭配；结合企业的外部环境和内部实际，从对行业吸引力和自身业务能力两个维度进行分析，山钢集团把钢铁列为集团公司的核心业务，把矿业、金融、房地产、贸易物流作为重点发展业务，把环保节能、信息技术、粉末冶金、铸管、新材料、农用机械等作为培植业务，形成了“1+4+*N*”的产业格局，共同构筑起大产业集团的清晰蓝图。

行业专家指出，钢铁企业具有现金流量大、资源丰富的特点，具备发展成为大产业集团的先天优势。《山钢战略》明确提出，必须注重协同。山钢集团内部各产业间以及产业内部存在较大的协同价值，挖掘这些潜在的价值，要发挥大集团统一对外的作用，把资源优势和规模优势充分发挥出来，实现集团效益最大化；要充分发挥钢铁业务的带动和辐射功能，充分发挥钢铁工业庞大产业链和巨大现金流的创效能力，加快各业务内生能力市场化步伐；通过提高各业务的外部市场竞争力，最大化地发挥整个产业体系的耦合作用，实现由单纯注重钢铁板块竞争力转变为重视企业综合竞争力的提高。

国资主管部门对《山钢战略》给予了指导意见。在《山钢战略》发布的前几天，省国资委召开专题会议，审议了山钢集团2014年度董事会工作报告。省国资委主任张新文要求山钢集团董事会要抓住国资国企改革的重要契机，深入查找问题症结，制定切实可行的战略目标和改革措施，加强风险管控，提升运营质量，努力推动企业实现平稳健康发展。

对关键资源与核心业务进行整合，是集团化企业改革发展的必修课。事实上，早在山钢集团成立之初，即对此作了一些探索，当时组建了几个业务中心。其中大宗原燃料采购和产品出口基本整合到位并展现了广阔的发展前景，后来的山钢国贸公司即在此基础上深化而来。不过，由于种种原因，其他业务的整合没有按照预期目标实现。以任浩为首的新任领导班子上任以后，对山钢集团销售中心、运行协调中心、信息化中心、钢铁研究院等机构及其业务进行深度“排列组合”，为今天的产业化聚焦发展奠定了基础。

人员冗余是老国企的通病。2014年，山东省最大的民营钢铁企业日照钢铁集团以不到2万人的用工，实现粗钢生产1241万吨。相比之下，山钢集团2014年粗钢产量为2322万吨，却养活着近10万名员工。人工成本的巨大差距，成为山钢集团钢铁业务扭亏为盈的巨大障碍之一。据了解，仅离退休人员统筹外补贴，每年山钢集团就需支出5亿多元。

“树挪死，人挪活。无论是探索向民企派出生产经营团队，精简各级机关机构和人员，还是限期清理各类临时用工，探索向其他产业和法人单位转移安置，目的都是促进人力资源的优化配置，将曾经的‘包袱’变为发展的‘支柱’。按照规划，山钢集团要在3年内将1万名钢铁主业用工转移到非钢业务。”任浩道出了“裁员1万人”的真相，这1万名在有些媒体眼中将要“被裁掉”的钢铁工人实际上会在山钢集团的非钢板块实现“再就业、再发展”，包括金融、房地产等“高大上”的产业。其意义不仅在于提高钢铁主业的人均生产效率，更是企业聚焦发展的现实需要。当然，任浩也表示，在集团统一进行培训的同时，更需要钢铁工人加强学习，尽快掌握新技术，跟企业一起转型。

至于咨询机构具体是什么时间入驻山钢集团的，至今还是个谜。对此，任浩给出的答案是：“在做这个决定之前，我们内部思考和研讨了许久，甚至针对其必要性还有过争论。选择两家咨询机构，也是出于客观性的考虑。虽说是当局者迷，最熟悉企业情况的还是我们自己。借用外脑的最关键因素在于，我们需要大数据的支撑和又好又快的分析系统。其实，战略整合的思路一直就有，很多工作也早就已经展开，只是未体现在文本上。”

对此，进化论创始人达尔文的一句名言或许可以作出一些解释：“能够生存下来的物种，并不是那些最强壮的，也不是那些最聪明的，而是那些对变化做出迅速反应的。”

混合动力

国内钢铁企业在寒冬中苦苦挣扎之时，在中国的近邻印度，一条山钢人建设的钢铁生产线却火遍了“天竺国”。

2015 年初，以山钢集团自有生产线技术为基础建设的“印度电钢（EIL）220 万吨钢综合钢厂一期工程”完成交付。这条生产线不仅技术指标国际领先，其传奇的建设历程更在印度传为美谈。而其总包方——山钢所属莱钢集团山东省冶金设计院股份有限公司（以下简称“山冶设计”），一个曾经名不见经传的企业院，因此成为技术先进、诚信可靠的代名词。

更多的订单毫无悬念地纷至沓来。

故事还得从 2005 年说起。

2005 年底，由山冶设计负责设计的莱钢集团十五技改工程全线投产，高炉干法除尘等十大绿色工艺扬名业内。这天，山冶设计董事长姚朝胜接到一个特别的电话，对方自称来自印度的一家铸管企业，对十五技改工程表现出浓厚的兴趣。

没过多久，一位个子不高、面容清瘦、胡须花白的印度老人站到了姚朝胜面前。在考察完莱钢集团银山前区生产线后，他说：“这就是我想要的，我的工程由你们总包。”这位老人正是 EIL 董事长 U. Kejriwal 先生，跟姚朝胜通话的人。他控制着印度近半数铸管的产能，正在寻找有能力为其建设新产线的总包单位，此前已经走访过中国多家大型冶金设计院和工程技术公司，一个合作伙伴给他推荐了山冶设计。

面对这突如其来的橄榄枝，山冶设计高层讨论激烈。情况很快反映到莱钢集团，时任莱钢集团副总经理、总工程师的任浩牵头组织有关部门展开研讨，认为国内钢铁产能已趋于饱和，而印度钢铁业正方兴未艾，决定大胆一试。2007 年 11 月，双方签订了总包合同。2009 年初，山冶设计深入印度加尔各答察可汗得邦一片人迹罕至的荒野开始施工。2015 年 1 月，一期工程基本完工，其先进的自控水平震动印度业界，EIL 放心地将二期工程也交给了山冶设计。

采访中，记者了解到，在总包 EIL 一期工程的过程中，从 45℃旱季高温、文化冲突到中途停工、合作方资金紧张等，一次又一次的“意外”考验着山冶设计，而最终总能化险为夷。究其原因，山冶设计总经理魏新民认为，健全的现代企业管理制度起了关键作用，“山冶设计抓住企业改制的机遇建立了一个好的机制”。

魏新民所说的机遇，是指始于十年前的国有体制改革。2003 年，国务院国资委成立之后，国有经济布局结构调整进入由出资人主导的新阶段，推出了联合重组、主辅分离辅业改制等系列举措。山冶设计正是搭上了“国企辅业改制”的顺风车，于 2007 年完成主辅分离辅业改制，并在两年后改制为股份制企业。目前，山冶设计职工持股比例超过 60%。股份制改革为公司带来了“三会一层”的法人治理结构，使山冶设计在面对各种突发状况时，能够快速反应作出科学决策。灵活的机制大大激发了职工们的工作热情，2014 年山冶设计主营业收入8.9亿元，净利润超过1亿元，工程技术板块新签合同及中标额逾100亿元。

据介绍，山冶设计目前形成了工程总包为主，合同能源管理、融资租赁等业务协同发展的格局，正在积极推进企业上市。细想之，这种多元化布局的发展路径可谓深得山钢集团聚焦发展思路之真传。

作为改革的受益者，山冶设计只是山钢集团的一个小小缩影。谈及改革，山钢集团并不陌生，其原本就是变革重组的产物。“如果不重组，由莱钢集团和济钢集团单独面对当前的市场环境，情况可能会更糟糕。”任浩说。

2013年，党的十八届三中全会提出深化国有企业改革，混合所有制的魅力再次引起决策层的重视。

“混合经济并非新话题。”莱钢集团规划发展部部长姜书奇介绍说，早在1988年国家进行的国企试点股份制改造，从某种意义讲就是在探索混合所有制经济。此后，国家对混合经济进行过一系列推进。2003年，党的十六届三中全会决定实施产权多元化改制，由此2003~2008年形成了国有企业混合所有制改革的一波高潮。初步统计，全国有近十万家地方中小型国有企业在这一轮混合所有制改革中完成了改制。莱钢集团便是其中的先行先试者。

早在十多年前，莱钢集团就积极响应国家政策，探索并实施混合所有制改革。当时，莱钢集团制定了“优化和适度发展钢铁主业，大力发展非钢产业，以改革和资本运营为手段，做大做强莱钢”的发展战略，拟将非钢产业打造成其经济发展的半壁江山。2006年，借助国资国企改制步伐提速的东风，莱钢集团依据国家有关政策及省委、省政府要求，先后对矿业、资源综合利用、汽车运输、工程设计等非钢产业单位实施了混合所有制改革。其中，工程设计便涉及山冶设计等企业院单位。

建立规范化的法人治理结构是这次改革的亮点之一。改革之初，按照《公司法》规定，莱钢集团进行了法人治理结构的顶层设计，建立起理事会，各改制公司纳入理事会管理，并修改了《莱钢集团章程》与《莱钢集团管理条例》。各改制公司均依法选举或聘任股东会、董事会、监事会及经营团队成员。

莱钢集团制定的改制方案充分考虑职工利益。在岗职工原则上由改制企业全部接收。同时，设立职工持股会，鼓励职工增加持股比例，改制公司职工持股比例最低为25%。因工致残等离岗职工以自愿为基础，与改制后企业签订劳动合同，对自谋职业者一次性发放补助金；离退休等其他职工由各改制企业委托集团公司建立“统筹外预留费用基金”，实行专户管理。另外，莱钢集团拥有对改制公司的监督权和经营团队的绩效考核权，以及重大事项一票否决权，通过派驻监事会主席，确保职工利益不受侵犯。改革后，莱钢集团各单位与钢铁主业建立起完全市场化的交易机制，原则上保持同等优先的政策，支持改制企业发展的同时，促进各公司内生能力的提升。这些措施，即便放在今天，依然具有先进性。

“通过2年多的努力，平稳完成了物业管理、后勤服务、汽车运输、商贸等11个单位的混合所有制改革工作，有1.7万名职工转换了身份，每年仅人工成本就降低10亿元以上，极大地减轻了钢铁主业负担。”记者注意到，谈到平稳时，姜书奇的语气中透着一股自豪。

据统计，莱钢集团11家改制单位资产总额由2007年改制时的43.7亿元跃升至2013年的120亿元，增长2.74倍，年均保持29.1%的增速。截至2013年底，11家改制公司所有者权益总额达到46.4亿元，相比改制时的15.61亿元，增长了3倍。其中，国有资本权益2013年达到15.48亿元，是改制时的3.1倍，年均保持35%的增长率。同时，2007~2013年莱钢集团11家改制单位现金分红总额达到14亿元，莱钢集团获得现金分红达到4.8亿元，分红率6年达到120.8%，国有资产实现大幅度保值增值。

前段时间，省国资委已明确提出要求，加快推进混合所有制试点。对此，任浩认为，山钢集团转型的下一步就是混合所有制，“增长的动力只能从改革中来，必须通过改革激发企业内部活力，拓宽发展道路，促进扭亏增盈和运营目标实现，这是破解困局的重要出路。”

据悉，山钢集团的设想是，以员工持股为主要特征，引进其他社会资本，探索非上市公司混合所有制建设，培育和推进企业上市发展。对钢铁产业维修业务领域实施公司化、市场化改革；实施制氧系统、医院体制改革；在新疆喀什钢铁、张钢、耐材公司等单位推进混合所有制改革。

目前，山钢集团正在加紧推进新一轮三项制度改革，建立新型分配机制，严格执行效益决定收入的原则，单位亏损、未完成绩效目标的，干部职工收入严格按考核结果下浮。去年9月份以来，任浩带领集团领导班子成员率先降薪50%，随后其他各级管理人员也相应降薪调整。

“等我们完成对人员能上能下、员工能进能出、收入能增能减的制度改革，就能给混合所有制改革创造出足够的空间。”任浩说。

5月6日，晴空万里。日照市岚山区虎山镇龙王河畔的一处项目工地上，随着一声巨响，山钢集团日照钢铁精品基地第一爆完美落幕，剥离土石方1700多立方米。

据了解，2013年6月，搁浅多年的日照钢铁精品基地正式开工，预计到2017年上半年，项目全部竣工投产，设计年产铁810万吨、钢850万吨、钢材790万吨。不过，开工之初，项目的推进并不顺利。主要原因是缺钱——一个在行业大好情况下获批的项目，投建期却尴尬地遭遇了国内市场的急转直下。

转机发生在去年5月16日，山钢集团董事会审议并原则通过《日照钢铁精品基地项目可行性研究报告》，日照钢铁精品基地兼顾“当前”与“长远”、“竞争”与“差异”、“投资”与“增值”的路径选择“一锤定音”。之后，为其募资的山钢股份在复牌当天即一字涨停，此后3个交易日连续涨停。股民的反应传达出资本市场对日照钢铁精品基地的巨大兴趣。很快，投资机构也主动找上了门。

在日照钢铁精品基地渐入佳境之时，另一利好消息从海外传来。

4月20日，山钢集团唐克里里铁矿项目复产仪式在塞拉利昂首都弗里敦举行。塞拉利昂总统科罗马出席并讲话，中国驻塞拉利昂大使赵彦博出席仪式。从塞拉利昂的“最高礼遇”中可以看出山钢集团对于这个非洲国家的重要性。此前一个月，任浩应塞拉利昂政府邀请赴塞协商推动项目公司股权重组，4月中旬成功全资控股该公司。

“目前全球铁矿石价格下跌已经触底，一些有实力的中国钢铁企业去海外抄底无疑是较佳时机。”业内人士分析，我国铁矿石对外依存度很高，获得更多稳定的上游资源供应对钢铁行业的长期发展非常关键。不过，该人士也指出，随着铁矿石价格开始回升，这种效应才会显现。短期来看，特别是目前国内市场低迷，钢铁行业处于亏损或微利的状态下，经营情况还十分严峻。

山钢集团在新疆喀什的钢厂布局，亦是基于同样的长远打算。而随着“一带一路”等国家战略的深入推进，山钢集团这艘钢铁巨舰已然开启破浪前行模式。

采访中，任浩多次表示：“功成不必在我。”或许，功成的日子不会太远呢。

（原载于2015年6月《山东国资》总第47期，作者：张庆斌、王利峰）

精益改善步步为营

——山钢“运营转型　管理提升”活动略影

日前，山钢集团揭晓了集团层面监管类“运营转型　管理提升”活动项目结题评审结果：61个项目中44个通过结题验收，创效19.31亿元。这是山钢集团充分利用国际知名咨询公司诊断结果，深入开展“运营转型　管理提升”活动取得的阶段性成果。

市场永远比我们料想的复杂多变。2015年以来全球钢铁市场行情再度陷入持续低迷。面对这次市场大滑坡，山钢集团领导清醒地认识到：钢铁企业面临的困境，从本质上来讲不是市场低迷带来的，更不是竞争对手带来的，而是企业在体制机制中有不适合于市场竞争的地方，尤其是管理中存在着大量“粗糙”现象，必须全面深入推进运营转型、管理提升活动，从根本上解决制约企业发展的瓶颈问题，全面推进精益管理，增强应对钢铁“严寒”的强健体格。

用山钢集团董事长、党委书记任浩的话说，“无论企业发展到怎样的程度，基础管理始终是固企之基、强企之道、盈利之源，是企业创造效益最基本的能力，是企业核心竞争力的重要组成部分。只有全力抓好基础管理才能真正提升企业竞争力，而运营转型正是强化基础管理的重要抓手和平台。”

让标准成为习惯　让习惯符合标准

一年多来，在任浩和公司高层的重视下，运营转型、管理提升已成为山钢的头等大事。进入2015年，山钢集团各单位持续深化“目标指标化、指标参数化、参数精准化”的思路，运营转型、管理提升已逐渐形成稳固机制。

山钢股份济南分公司宽厚板厂2500产线在麦肯锡专家的帮助下，对生产工艺、水处理工艺进行流程梳理，查找影响新水指标的关键因素，开展降低新水消耗劳动竞赛，竞赛标准以水表实际数据说话，改变了职工的操作习惯，引导职工增强节能意识，今年一季度每天新水的补充量由原来的1600立方米降低到500立方米。

4月28日一上班，山钢股份莱芜分公司自动化部铁区动力站班长李兴旺就接到风机主控室打来的故障报警电话。去现场前，他习惯先打开部里的“安全预警信息系统”，查看风机区域内的《常规作业安全预警信息表》。这套系统涵盖859个作业区域3171项作业内容，包含79类、1988项作业风险和1988项故障分析。这就是一个安全标准库，不仅让职工知道此处的标准是什么，更清楚应该怎么干。“通过制度再对这些标准加以固化，使之成为每个人行为的准则。久而久之，标准成为了习惯，行为都符合标准，精益管理就真正落了地。”自动化部主任郭维河表示。

推行目视化管理　一“眼”晓全局

精益管理要既要找准穴位、精准聚焦，

又要及时拓展，扩大战果，让精益管理的“星星之火”造就转型升级的“燎原之势”。面对2015年运营转型、管理提升任务目标，山钢集团广大干部职工更加充满信心。

走进济南分公司宽厚板厂4300热轧车间生产现场，清晰整洁的标识、看板随处可见，地面凸起、台阶、坑道等部位，都用黄黑色相间的斑马线清晰标注，在精轧机这种耗能设备的周围，摆放着写有“每根精轧机机架辊空转1小时浪费62元”内容的标识，操作室的门把手上方都有一个“推”或者“拉”的小标示牌……这些细节无不彰显着车间目视化管理的用心之处。对于能效这个降成本的关键指标，车间运用麦肯锡工具细致对比分析找差距并将指标科学分解，从130元的整体指标到岗位上的几毛几分钱，每项分解都制定有效制度、措施，并落实到具体负责人。该车间2月份成材率突破91.42%，使4300产线的综合成材率在国内同类型企业中保持领先水平。

山钢股份莱芜分公司炼钢厂连铸四车间应用价值流图对定尺控制精度进行分析，应用看板工具标示定尺控制系统关键指标，将宽厚板0~20毫米定尺合格率提升至58.5%，0~30毫米定尺合格率提升至82.8%；运转二车间应用流程图分析影响水耗降低的六大要因，制定相应的改善措施，吨钢水耗0.486立方米，比改善目标低0.024立方米。

项目带动　让精益变革行动落地

进入2015年，山钢集团各单位坚持“问题无大小，工作无小事”的原则，以精益改善项目为载体，从大处着眼，小处着手，精于细微，真正完善，不断实现精准操作、精细管理、精益运营。

山钢股份济南分公司宽厚板厂以项目带动为切入点，推行8小时成本核算，业绩完成情况按周、天、时进行对比展示，生产成本由日控制逐步向8小时班控制转化，将结果管理向过程管理、行为管理转变。一季度该厂成材率继续列国内同类企业首位；综合改判率继续保持了较低水平。济南分公司气体厂推行“项目指标生根到班组、过程控制到班次”制度，促进各项经济技术指标取得突破性改善，氧气放散率由2013年的0.41%降到2014年的0.13%，位居行业第一。

为促进“提高窄成分合格率”“提高一枪到底命中率”等精益项目的实施，山钢股份莱芜分公司炼钢厂二车间在8个班组中开展“精益管理英雄榜”竞赛，转炉工序改变了坚持30余年的高拉补吹工艺，一枪到底比例和自动化炼钢比例均达到90%以上。

以精益改善工具支撑　突出问题导向

进入2015年，山钢集团各单位更加突出问题导向意识，充分运用精益改善工具，坚持自学习、自适应、自提高、自完善，持续改进、持续提升。

山钢股份莱芜分公司棒材厂中小型车间强化“问题即资源”的理念，依据精益管理理念、工具和方法，确定KPI指标和关键点的工作标准、工作程序，全员、全过程、全方位梳理归纳出完整的车间“用电去向”分支图，对可能影响电耗关键的“问题树”逐一梳理，分专业、分区域、分工序进行改善性技术改造，初步建立以问题为导向的管理改善机制，有效降低了轧线电耗。

莱芜分公司炼钢厂炼钢一车间运用问题树方法对转炉渣量高的问题找到了9个关键因素进行控制，将2号转炉的总渣量由95千克/吨钢降到85千克/吨钢以内。

济南分公司炼铁厂对体制机制、管理

架构、制度与标准、流程与体系、员工技能和状态等要素进行全视角辨识、诊断，强化问题立项整改，截至目前已实现总效益3774.1万元。

2015年5月1日，山钢集团董事长、党委书记任浩到山钢股份济南分公司调研时指出，开展“运营转型 管理提升”活动的关键是把精益管理的理念渗透到广大职工的思想和行为之中，把山钢打造成具有精益特质的钢铁强企。

在对山钢集团运营转型活动近身观察中，记者深刻感受到：运营转型、管理提升已成为山钢集团一场“勇于否定自我、勇于挑战经验、勇于突破传统”的管理变革，所有山钢人正在发起新一轮的自我挑战——在一切工作中坚持精准、精细，直至完美，建设具有持续发展活力的和谐幸福新山钢。

（原载于2015年5月25日新华网、
齐鲁网、中国冶金新闻网，
作者：李宪华）

山钢集团“三严三实”专题教育让学习更严更实

面对生存发展的严峻考验，山钢集团党委和各级党组织扎实开展“三严三实”专题教育。自6月3日开展“三严三实”专题教育第一专题第一次学习研讨活动后，山钢党委先后组织召开5次专题学习研讨，围绕“加强党性修养，坚定理想信念，把牢思想和行动的‘总开关’”和“严守党的政治纪律和政治规矩，自觉做政治上的‘明白人’”等主题，通过集中学习、观看教学片、专家辅导、交流心得、集体讨论等方式，深挖问题根源不遮掩，明确整改方向不含糊，激发领导干部勇于担当、真抓实干的强烈共识，提振发展信心，凝聚改革发展合力。

以上率下集团党委带头学习研讨

严以用权是“三严三实”专题教育第三个专题学习研讨主题。9月24日，山钢党委以“严以用权，真抓实干，实实在在谋事创业做人，树立忠诚、干净、担当的新形象”为主题，组织召开第三专题第一次学习研讨会。

“严以用权，首先要明白权力是怎么来的、是谁赋予的，掌握这些权力应当干什么、怎么干、如何干好，有没有用权不严、有权不为，甚至滥用权力、以权谋私的情况。”山钢党委书记、董事长任浩在主持研讨会时如是说。

在为期一天的专题研讨中，与会人员首先集体学习了中共中央、国务院《关于深化国有企业改革的指导意见》等上级文件和领导讲话，观看了中国（海南）改革发展研究院院长迟福林主讲的《走向服务业大国的转型与改革——2020我国经济转型大趋势》专题辅导光盘。

“集团党员领导干部要带好头，总部处以上党员干部要做到作风好、做表率，能力强、会干事，敢担当，多干事。”任浩在主持学习研讨时强调，要把学习好、领会好、宣传好、贯彻好《指导意见》作为一项重要的政治任务抓紧抓好，激发全员活力，不断提升山钢综合竞争力。要系统查摆不严不实的各类问题，建立领导班子和个人问题台账，即查即改，推进重点工作和领导干部思想作风的转变。

在“三重一大”决策中，党员领导干部应如何正确履职尽责、使用权力？如何做到出以公心、科学务实，让言行和业绩经得起时间、实践和职工群众的检验？在制定集团“十三五”规划中，如何坚持

"三严三实"，使方案符合实际、符合规律、符合科学精神？如何在深化改革中全面加强党的建设，使党的组织、宣传、纪检、统战、群团等工作提升到新的高度？

遵守规矩不能无所作为，严以用权就要为企业谋发展、为职工谋利益。当天下午，研讨会在对上述问题的剖析中继续进行。与会人员根据会议主题谈体会说措施。

"要坚持从严管理国有企业领导人员，包括从严教育以及深化对企业领导人员履职尽责的监督。建立领导班子和个人问题台账，即查即改，推进重点工作和领导干部思想作风的转变。"

"要加快推进深化改革的各项举措，对重点工作要倒排工期，一个一个突破。要把加强党的领导和完善公司治理统一起来，将党建工作总体要求纳入公司章程，使之得到根本的制度保证。"

"做到'严以用权'，尤为重要的是严格按照'三重一大'决策程序办事。对重大决策事项，党员领导干部应该会前主动调查了解清楚，做足功课，深思熟虑，提出有参考价值的意见和建议。"

"直面矛盾和问题，从山钢实际出发，建立在客观实际基础上做工作计划、远景策划，按照规律探讨解决问题的路径，这是我们的责任，我们必须勇于担当。"

这次专题教育学习，从集中静学到交流研学、观看专题报告，学习形式丰富多样，学习纪律井然有序。山钢集团党员领导干部不停留于学，把自己摆进去，把职责摆进去，把实际思想和工作摆进去，言由心生、言之有物、言以载道，学有所思、学有所悟、学有所行。

加强督导检查，旁听让专题学习更严更实

9月25日14时，一场"不一样"的理论学习研讨会在山钢股份济南分公司召开。除了济南分公司党委理论学习中心组成员外，会场里还多了来自山钢党群工作部和山钢国贸党群部、日照公司党群部的旁听人员。这是山钢党委首次在基层党委中心组学习会上开展旁听工作。

开展党委理论中心组学习，是全面加强山钢集团党建工作的需要，也是提高领导班子和领导干部理论素养、指导推动工作实践的重要途径。9月15日，山钢党委组建旁听小组，对各单位党委中心组学习情况进行旁听。旁听小组成员由山钢党群工作部、各单位党委理论学习中心组学习秘书组成。根据各单位党委申报的中心组理论学习时间，首次旁听单位确定为济南分公司。

学习会上，济南分公司党委中心组聚焦"三严三实"专题，对照省委组织部列举的3类18条不担当不作为的具体表现和山钢集团干部队伍中存在的共性问题，深入查摆自身存在的个性问题，对分公司领导班子在"攻坚克难的信念和走出困境的信心不够坚定"等4个方面存在的"不担当不作为"问题进行深入剖析；分公司党委中心组成员根据自身岗位职能，结合个人认知、见解，分别作了重点发言。

"坚持严字当头、实字为本，对存在的差距和查找出的问题盯紧看牢，不遮不掩、不等不靠，及早改、主动改，立说立行、立行立改。"济南分公司党委书记、总经理徐有芳在发言中表示，要把思想问题和实际问题一起抓，大问题和小问题一起改，列出问题清单，有一件改一件，要即知即改、应改尽改，真正让职工群众满意，努力实现"城市能接受，企业能生存"的企业目标。

"山钢党委组织旁听，是贯彻'三严三实'要求的有效实践，对提高我们的学习水平和学习效果必将起到积极的推动作用。"徐有芳希望旁听的同志推广山钢其他单位党委中心组的好做法，指导济南分公司进一步提高学习质量。

旁听小组组长、山钢党群部部长卢彤书对学习研讨情况进行了点评，并对进一步做好新常态下的中心组组学习提出了要求。

“问题越讨论越明，工作思路越讨论越清。”一位干部在学习会议上说，旁听人员现场监督，并就活动开展情况提出可行性意见和建议，无疑会更进一步提升学习质量和效果。

“对各单位党委中心组学习情况进行旁听，在集团层面过去没有过。据我们了解，在省管企业也没有先例，是一个新举措。”卢彤书认为，通过旁听可以实现上下互动和左右互动。上下互动就是集团公司主管部门能够更好地掌握各单位党委理论中心组的学习情况和学习诉求，总结、推广各单位党委的好做法、好经验；同时对各单位党委中心组的学习质量等进行检查、督促和指导。左右互动就是各单位通过参加旁听可以取长补短，互相启发，共同提高。

“旁听不是权宜之计，要通过尝试形成制度，长期坚持下去。”卢彤书介绍说，今年9月份至12月份，将对各单位党委理论中心组学习情况组织一次普遍旁听，明年将出台旁听制度，促进各单位党委中心组学习实现规范化、制度化、常态化。旁听过程中，旁听人员还将对各单位党委中心组学习台账、学习笔记等进行抽查，旁听和抽查情况将纳入党建责任制考核，确保党委中心组理论学习有安排、有部署、有检查、有督导、有考核、有效果，实现闭环管理。

“每个单位都有自己的特点和亮点，启发颇大。”9月28日，由山钢党群工作部、济钢集团和山钢财务公司等单位相关人员组成的旁听小组，先后参加了山钢股份莱芜分公司党委、莱钢集团党委中心组的专题学习研讨会。

参加旁听的各单位党委中心组学习秘书在旁听过程中认真听、仔细记，并利用会议间隙“套取”同行者的学习“秘诀”。大家纷纷表示，要把旁听中学到的好经验好做法用起来，进一步提升中心组学习的制度化、规范化和科学化水平。

（原载于2015年9月30日新华网、人民网，作者：李宪华、郭万静）

《山钢年鉴》(2016)撰稿、审稿人员名单

序　号	撰稿人	审稿人	单位名称
1	董保树　刘烈涛　张海明 于　华　刘伟民　彭　超 孙　波　杨　波　刘　宁	李自然　封常福	公司办公室 党委办公室 外事办公室
2	邹　红　聂延忠　张　军	刘　宇	规划部
3	孙耿平	杨再昌	财务部
4	吴玉峰	付　博	资本运营部
5	胡　玉　郑　丽　张广军 赵玉潮　李金怀　毛春友 杨富廷　张炳哲	李传峰	企业管理部 安全环保部
6	李勇实　马金宝　张　序 张　岳	来现民　周　庆　陈茂文	党委组织部
7	王凤智　张传友　韩　朔 于英超	孙永和	人力资源部
8	李宪华	卢彤书　张兰润	党群工作部 机关党委 团委
9	张晓晨	赵宽荣	法律事务部
10	石本军　卢建刚　李　琦	陈明玉	审计部
11	张　明	王景洲	纪委 监察部
12	张作金	刘圣刚	矿业部
13	王全才　李　丽	金立山	山钢股份证券部
14	李　岩　戴　君	孙建东	山钢股份财务部
15	刘志飞	田玉山	山东钢铁报社
16	赵伟田	杨再昌　王　勇	资金中心
17	王　涛	朱玉廷	采购中心
18	孙甲峰	王向东	销售中心
19	吴　昊	王　兵	运行协调中心
20	张　瑾	万鲁愚	信息化中心
21	刘　慧	孙卫华	钢铁研究院
22	金连华	张俊芳	济钢集团有限公司
23	王立军	田克宁	莱芜钢铁集团有限公司
24	毛瑞萍	焦明熠	山东工业职业学院
25	李　林	陈向阳	山东钢铁集团日照有限公司
26	刘玉鹏	刘　伟	山东耐火材料集团有限公司
27	陈　萝　周佳溪	董杰吉	山东钢铁集团淄博张钢有限公司

续表

序号	撰稿人	审稿人	单位名称
28	耿嘉鑫	刘远清	山东金岭铁矿
29	于晓飞	贺　强	烟台钢铁企业集团公司
30	冷爱明	贺　强	山东冶金烟台宾馆
31	赵　坤	姚　斌	山东省新力冶金实业公司
32	徐学东	刘　军	山东鲁冶项目管理有限公司
33	魏水才	王广云	山钢国际投资有限公司
34	张　永	王泉云	山东钢铁集团聊城加工配送有限公司
35	沈桂权	杨士东	山东钢铁集团财务有限公司
36	王　涛	朱玉廷	山东钢铁集团国际贸易有限公司
37	贾友志	邱　峰	山东钢铁集团房地产有限公司
38	王励强	黄振辉	山钢集团金融控股（深圳）有限公司
39	马世鑫	王广云	山钢集团塞拉利昂矿业有限公司
40	李　辉　陈　剑　徐文芳 邹玉萍　王　勇　韩晰宇 李晓礼　房克余　胡建军 宋秀江　魏士红　陈　飚 韩飞华　肖海莲　张超君 孙根领　李　霞　李晓华 李文进　马广伟　谭　刚 梁乃勤　王京巨　崔　健 刘　刚　孔　倩　刘韶山 程　宁　王贤志　吕仁波 季宏杰　刘　耿　李振清 杜　慧　王雅桢	徐有芳　徐西刚　曹庆良 刘学燕　王文涛　曹孟博 柳润民　张瑞堂　张省军 李晓斌　赵培建　高传华 何玉东　孙德民　董胜峰 赵　云　张润生　李丙来 高海港　魏安庆　陈　奋 王金华　房克朋　张永护 陈增治　张希元　高岩军 张元福　李永亮	山东钢铁股份有限公司济南分公司
41	叶　华　李传军　滕国兴 冯　丽　葛庆卫　孔德勇 孟继庆　朱英爱　朱　炜 管庆刚　王文生　李希海 林七女　杨永和　张　洋 郭　青　李海霞　李　铁 赵胜强　商启亮　龙　英 齐　敏　王训达　董　鹏 张怀鹏　李　汀　李　晨 穆允生　王　伟　冯　峰 牛　芳　王　彬　李文光 张　建　赵呈德　赵士链 赵学爱　孙亚宁　孙　进	刘振东　孙成玉　王培文 李秀英　刘晓军　陶教祥 赵红光　孙业华　王中学 商福成　周宪海　刘立华 李强之　郭维河　焦卫东 许家明　莫盛春　陈肖鸿 季立飞　王元顺　孙建设 李洪建　李丰功　齐登业 刘立华　韩树森　刘建国	山东钢铁股份有限公司莱芜分公司
42	肖海莲　刘常花　李海军 韩白光　王庆炜　许　峰 刘运丽　穆允生　王　伟 王桂芬　姜　杰　王晓妍 赵学爱　孙亚宁　叶　华 顾　钊　牛　芳　王　鹏 伊　瑞　薛升波　姜　杰 赵呈德　贾鲁峰　李传军	高传华　潘文东　于资刚 张　峰　高　明　孔旭祥 王中学　王元顺　马晋宇 齐登业　郭维河　刘振东 刘元意　李洪建　王化巨 马光亭　李　纲　孙成玉	山钢股份全资和控股子公司、代管单位